3194

8° R
18680

# MORALE

## DU MÊME AUTEUR

---

**Esquisse d'une Psychologie fondée sur l'expérience.** 2ᵉ édition française traduite sur la 3ᵉ édition allemande par Léon Poitevin. Paris, 1903 (Félix Alcan, éditeur). 1 vol. in-8 de la *Bibliothèque de philosophie contemporaine* . . . . . 7 fr. 50

# MORALE

## ESSAI
## SUR LES PRINCIPES THÉORIQUES
### ET LEUR APPLICATION
### AUX CIRCONSTANCES PARTICULIÈRES DE LA VIE

PAR

## Le D<sup>r</sup> HARALD HÖFFDING
Professeur à l'Université de Copenhague.

---

TRADUIT D'APRÈS LA DEUXIÈME ÉDITION ALLEMANDE
PAR
### LÉON POITEVIN
Professeur de philosophie au collège de Menton.

---

PARIS
LIBRAIRIE C. REINWALD
SCHLEICHER FRÈRES ET C<sup>ie</sup>, ÉDITEURS
15, RUE DES SAINTS-PÈRES, 15
—
1903

A

MM. Émile BOUTROUX et Victor BROCHARD

Membres de l'Institut

*En témoignage de gratitude et de respect.*

Le Traducteur

# PRÉFACE
## DE LA PREMIÈRE ÉDITION DANOISE

Lorsqu'on aperçoit au loin des montagnes couvertes de neige, elles paraissent flotter en l'air. C'est seulement, si l'on s'approche qu'on voit distinctement qu'elles reposent sur un terrain ferme et solide. Il en va de même avec les principes moraux. Dans le premier mouvement d'enthousiasme, on s'imagine pouvoir seulement, en toute justice, leur assigner une place aussi élevée que possible au-dessus de la nature et de la vie réelles. En y réfléchissant davantage et grâce à une plus longue expérience, peut-être chèrement achetée, on découvre qu'ils ne peuvent diriger la vie que s'ils en sont eux-mêmes issus. Je me suis proposé dans cet ouvrage de montrer quelles sont les idées fondamentales en morale, d'où elles proviennent et quelle application elles trouvent dans les circonstances les plus importantes de la vie. La pratique et la théorie ont de plus en plus fortifié en moi la conviction que les principes moraux — base et critère de tous les jugements sur le bien et le mal — ont leur origine dans la nature et la condition même de l'homme, sans dépendre d'une autorité quelconque. Fonder cette conviction et la pousser jusqu'au bout, voilà ce que j'ai essayé de faire ici.

Je n'ai pas seulement voulu donner une théorie abstraite des principes moraux, mais encore montrer qu'ils sont applicables et comment. Cette tâche réclamait des matériaux considérables et variés, et j'ai rencontré de continuelles difficultés soit pour trouver la matière, soit pour la restreindre. Afin de resserrer mon exposition dans un cadre relativement limité, je me suis efforcé de donner à mon style toute la concision et toute la densité possibles. Personnellement, je n'aime guère les dissertations prolixes, et j'espère que nul lecteur habitué à penser ne se plaindra de ma brièveté.

Les discussions morales sont fréquentes de nos jours. Si les questions religieuses, sociales, politiques et esthétiques agitent si violemment les esprits, on voit de plus en plus nettement que le signe de la contradiction se trouve proprement dans leur aspect moral. Le moment semble dès lors opportun d'instituer une recherche où l'on se propose de mettre au jour la base et le critère des jugements moraux et d'en tirer les conséquences par rapport à certaines des circonstances les plus importantes de la vie. Une pareille recherche ne saurait naturellement épuiser tous les domaines spéciaux considérés. Elle trouvera sa justification dans la clarté qu'elle projettera sur les circonstances particulières, en les soumettant avec d'autres à une commune lumière. Elle suppose toutefois un besoin de remonter aux questions de principe les plus profondes. Or, on peut s'occuper avec beaucoup d'ardeur de politique, d'esthétique, de dogme ou même de morale, sans éprouver ce besoin. Il importerait beaucoup, selon moi, qu'il se fît davantage sentir ; notre vie mentale y gagnerait plus de solidité et de profondeur. Dans quelle mesure mon livre est-il capable de le satisfaire ? C'est évidemment tout autre chose.

En 1876, je fis paraître un opuscule intitulé « La Base de la morale humaine », traduit en allemand en 1880. Cet opuscule a souvent, probablement à cause de sa brièveté, été représenté comme une « morale humaine », quoiqu'il ne traitât point de la morale dans son ensemble, mais seulement de questions particulières. Certaines de ces questions ont été l'objet d'une étude toute nouvelle; pour les autres (comme la théorie de l'autorité) je renvoie entièrement à ce premier écrit. Pourtant, la majeure partie de ce qu'on trouvera dans l'ouvrage actuel, n'avait été ni traité ni même effleuré dans l'autre.

Au moment de me séparer d'un travail qui a été pendant si longtemps le fil conducteur de ma pensée et de mes études, je ne sens que trop combien j'ai peu réalisé mes espérances, pour ne rien dire de ce qu'on serait en droit d'exiger d'un livre portant le titre vénérable de Morale. En même temps, je crains qu'on ne rencontre dans ce livre plusieurs vues trop personnelles à l'auteur et auxquelles il n'ait pas réussi à donner une forme et un fondement scientifiques. Il n'en saurait aller autrement dans une œuvre de cette nature. De plus, je dois faire ici un aveu qui pourra paraître aux yeux de savants distingués une monstrueuse hérésie. Je souhaite que la philosophie, et particulièrement la morale, revête un caractère aussi scientifique que possible, et j'y ai travaillé de toutes mes forces; pourtant l'attrait spécial que les études philosophiques ont exercé sur moi dès mon adolescence tient à ce que leurs objets ont un rapport beaucoup plus étroit avec la personnalité du chercheur que les objets des autres sciences. Cela ne m'a naturellement pas empêché de sentir à chaque pas l'obligation de donner à mes vues un fondement objectif.

Sur ce, j'abandonne ce livre à son destin. Puisse-t-il seulement rencontrer un cercle de lecteurs qui, après l'avoir attentivement lu et médité, ne le trouvent pas trop en désaccord avec sa devise finale! C'est tout ce que j'en ose espérer.

HARALD HÖFFDING.

Le 7 avril 1887.

# PRÉFACE
## DE LA PREMIÈRE ÉDITION ALLEMANDE

L'ouvrage aujourd'hui présenté aux lecteurs allemands un an après ma Psychologie a paru dans ma langue maternelle cinq ans après, la première édition danoise de la Psychologie remontant à 1882. Les deux livres font partie d'un seul et même plan. L'intérêt des problèmes moraux m'a poussé d'abord à faire de la psychologie l'objet d'études approfondies, puis à en donner un exposé. J'y gagnai l'avantage de pouvoir restreindre, dans mon exposition de la morale, la partie relative aux principes, et consacrer une place d'autant plus grande à montrer comment ils s'appliquent aux diverses circonstances de la vie. J'espère que le lecteur voudra bien excuser pour cette raison les fréquents renvois à la Psychologie.

J'ai déjà fait connaître mes idées sur les principes moraux dans un article de la « Vierteljahrsschrift für wissenschaftliche Philosophie » (1886), que j'ai fait entrer, avec quelques modifications, dans le troisième chapitre du présent ouvrage. En relisant la traduction, j'ai fait en plusieurs endroits de légères modifications et additions, de sorte que cette édition allemande est, souhaitons-le, une édition améliorée.

J'espère que l'intérêt excité par les questions morales

dans les grands pays, comme il l'est également ici dans le Nord, profitera à mon livre et qu'il apportera sa modeste contribution à l'éclaircissement de ces importantes questions.

Harald Höffding

Copenhague, le 5 mai 1888.

# PRÉFACE
## DE LA DEUXIÈME ÉDITION ALLEMANDE

J'ai introduit dans cette nouvelle édition, correspondant à la deuxième édition danoise, divers développements, explications et corrections. J'y ai fait entrer en particulier plusieurs idées que j'avais d'abord exprimées sous forme d'articles dans « International Journal of Ethics » (1890) et « The Monist » (1881), puis dans mes « Etiske Undersögelser » (Études morales) et mes leçons de Zürich (« Ethische Prinzipienlehre » 1896). Je n'ai conscience d'aucun changement capital dans mes vues et ma doctrine, bien que de nouvelles observations et une réflexion renouvelée aient pu m'amener parfois à mettre certaines nuances.

J'ai tenu compte de toutes les critiques, nationales ou étrangères, dont j'ai pu avoir connaissance ; mais je me suis rarement vu obligé d'y répondre directement. Quand le changement d'une expression isolée m'a paru susceptible de redresser une erreur (qu'elle provînt du peu de clarté de l'exposition ou de l'inattention du lecteur) je l'ai introduit sans plus d'explication, laissant à ceux que cela peut intéresser le soin de comparer entre elles les deux éditions.

HARALD HÖFFDING.

Copenhague, le 4 novembre 1900.

*N.-B.* — Cette édition française a subi quelques légères retouches approuvées par l'auteur.

Le manuscrit et les épreuves ont été revisées, avec le plus grand soin par M. Albert Millot, professeur agrégé de philosophie au lycée de Quimper, auquel je dois une foule d'heureuses corrections. Je le remercie bien cordialement de cette preuve d'amitié.

Je remercie également M. Roubert, élève de philosophie au collège de Menton, pour la part qu'il a obligeamment prise à la confection des tables.

L. P.

# SOMMAIRE

## LES PRINCIPES

I. — Moralité positive et morale scientifique . . . . . . . . . . 1
   1. Base et contenu des jugements moraux. — 2. Difficultés que soulève la tentative de donner un fondement aux jugements moraux par une méthode scientifique. — 3. Possibilité et nécessité de la morale scientifique. — 4. Morale historique et morale philosophique.

II. — Morale théologique et morale philosophique . . . . . . . . 11
   1. Le principe d'autorité. — 2. Contradiction interne du point de vue de l'autorité. — 3. La morale philosophique est indépendante de la théologie et de la métaphysique. — 4. La morale chrétienne primitive n'est pas théologique.

III. — Les principes et la méthode de la morale . . . . . . . . 20
   1. La morale comme science pratique. — 2. Morale subjective et objective. — 3. L'appréciation suppose un sentiment de plaisir ou de douleur. — 4. La souveraineté de l'instant. — 5-7. La souveraineté de l'individu. — 8-10. Le sentiment moral fondé sur la sympathie. — 11-12. Le principe du bien général. — 13-14. Ses postulats psychologiques et historiques. — 15. Insuffisance du principe subjectif. — 16. Rapport entre la base et le contenu. — 17. Division de la morale objective en individuelle et sociale. — 18. Rapport entre la base (mobile de l'appréciation) et les motifs de l'action. — 19. Idéal et réalité. — 20. L'idéalisation morale comme négation, renforcement et combinaison.

IV. — Théorie de la conscience morale . . . . . . . . . . . . 62
   1. La conscience morale comme instinct, comme tendance et comme raison pratique. — 2. Différences individuelles. — 3. Infaillibilité de la conscience comme autorité. — 4. La sanction morale. — 5. Qu'elle suffit. — 6. La morale et l'hypothèse de l'évolution. — 7. Le devoir aura-t-il un jour fait son temps ? — 8. Peut-on faire plus que son devoir ?

V. — La liberté de la volonté . . . . . . . . . . . . . . . . 88
   1. La morale et la loi de causalité. — 2. Six sens différents de l'expression « liberté de la volonté » : a. Liberté causale ; b. Liberté de toute contrainte extérieure ; c. Liberté de toute contrainte intérieure ; d. Pouvoir, force et capacité ; e. Liberté du choix ; f. Volonté

dirigée par des motifs moraux. — 3. Déterminisme et indéterminisme : *a*. L'indéterminisme rend impossible une conception totale de l'être ; *b*. La détermination par soi-même et la liberté causale s'excluent ; *c*. L'indéterminisme fait de la volition un hasard ; *d*. Le caractère moral de l'action dépend de sa connexion avec la personnalité totale ; *e*. La forme atténuée de l'indéterminisme ne fait qu'en multiplier les difficultés ; *f*. Nature psychologique et importance morale du repentir ; *g*. Impuissance de la morale sans le déterminisme ; *h*. Théorie et pratique.

VI. — Le mal moral. . . . . . . . . . . . . . . . . . . . 101
    1. Le mal considéré comme un isolement dû à l'inertie ou à l'orgueil. — 2. Le mal effet de l'ignorance et de l'aveuglement. — 3. L'endurcissement.

VII. — Théorie du bien . . . . . . . . . . . . . . . . . 113
    1. Concept général du bien. — 2. Deux principaux problèmes. — 3. Toute satisfaction complète n'a-t-elle pas une égale valeur ? — 4. La culture est-elle un chemin vers le bien universel ?

VIII. — Morale individuelle et morale sociale. . . . . . . . . 131
    1. Les notions morales formelles ne sont pas aptes à fournir le fondement d'une division de la morale : celle-ci doit être divisée en individuelle et sociale. — 2. Evolution historique du rapport entre l'individu et la société. — 3. La morale individuelle considérée comme la morale proprement dite. — 4. L'altruisme absolu. — 5. Essai de juxtaposition des deux morales, individuelle et sociale. — 6. Le centre autour duquel gravite la morale est de nature sociale.

## MORALE INDIVIDUELLE

IX. — Division de la morale individuelle. . . . . . . . . . 157
    1. La justice est la vertu morale par excellence : elle comprend l'affirmation de soi et le dévouement. — 2. Diversités individuelles.

X. — La base personnelle de la vie morale. . . . . . . . . 161
    1. Importance de l'exercice. — 2. L'effort pour augmenter la force, l'étendue et la pureté de la conscience morale. — 3. L'entraînement corporel et moral. — 4. La vertu morale par excellence.

XI. — L'affirmation de soi-même. . . . . . . . . . . . . 180
    1. Ses trois grandes formes.
    A. *La Conservation personnelle*. . . . . . . . . . . . . 180
    2. La conservation personnelle comme instinct et comme devoir. — 3. Santé et vigueur corporelles. — 4. Le suicide comme effet d'une maladie de l'esprit et comme moyen de se soustraire à ses obligations. — 5. Le suicide comme manifestation d'un affaiblissement de la volonté. — 6. Le suicide peut-il être un droit ou même un devoir ? — 7. L'État et les suicidés.
    B. *L'Empire sur soi-même*. . . . . . . . . . . . . . . 192
    8. Sa psychologie. — 9. L'empire sur soi-même au point de vue individualiste et humano-social. — 10. Des diverses espèces d'empire

sur soi-même et en particulier de son rapport à l'instinct sexuel. — 11. Égarement et stagnation.

C. *L'Indépendance* .................................................. 203
12. Le véritable sentiment du moi (mégalopsychie). — 13. Pas d'isolement. — 14. Liberté personnelle extérieure. Honneur et propriété. Droits civiques.

XII. — LE DÉVOUEMENT. .............................................. 208
A. *L'Amour des autres êtres* ...................................... 208
1. Intensité et étendue. — 2. Des différentes formes de l'amour et en particulier de la générosité. — 3. Des devoirs envers les animaux.

B. *L'Amour de la vérité* .......................................... 220
4. Fondement du devoir de sincérité. — 5. Limite pédagogique de ce devoir dans l'intérêt de la vérité même. — 6. Tolérance et piété.

## MORALE SOCIALE

XIII. — INTRODUCTION ET DIVISION .................................... 233
1. La morale et la sociologie. — 2. Relativité historique. — 3. Humanisation et émancipation. — 4. Le principe aristotélique. — 5. Société et organisme. — 6. Le royaume de l'humanité. — 7. La famille, la libre association de culture et l'État.

### A. — LA FAMILLE

XIV. — L'IMPORTANCE MORALE DE LA FAMILLE ............................ 246
1. La famille considérée comme la société la plus étroite et la plus parfaite. — 2. La famille considérée comme une association favorable à la vie sous toutes ses formes. — 3. La famille et les associations plus considérables.

#### 1. Le Mariage.

XV. — DONNÉES SOCIOLOGIQUES ........................................ 250
1. Différentes formes du mariage. — 2. Rapport entre l'étude sociologique et l'étude morale.

XVI. — LA MONOGAMIE LIBRE ......................................... 254
1. Raisons morales de la monogamie. — 2. Le mariage et l'« amour libre ». — 3. Destinée et responsabilité dans le mariage. — 4. Importance de la communauté des tâches et de la destinée. — 5. Le mari et la femme sur le pied d'égalité. — 6. La monogamie libre et l'hétaïrisme.

XVII. — LA CONCLUSION ET LA DISSOLUTION DU MARIAGE ................. 268
1. Influence des différences d'idées et de caractère. — 2. Responsabilité de ceux qui se marient. — 3. Mariage consanguin. — 4. Constatation extérieure du mariage. Droits égaux des deux parties. — 5. Divorce.

#### 2. Situation et condition de la femme.

XVIII. — Données sociologiques . . . . . . . . . . . . . . . . . 278
 1. La situation de la femme est encore aujourd'hui un sujet de discussions. — 2. Action réciproque de la nature et des conditions vitales. — 3. Triple forme de la division du travail entre l'homme et la femme.

XIX. — La situation morale de la femme . . . . . . . . . . . 283
 1. La femme dans la famille. — 2. Surabondance des femmes. — 3. Particularités féminines. — 4. Témoignage de l'expérience. — 5. L'émancipation considérée comme un devoir. — 6. Droits politiques.

#### 3. Parents et Enfants.

XX. — Données sociologiques . . . . . . . . . . . . . . . . . . 294
 1. Pouvoir illimité des parents aux premières étapes de la culture. — 2. Motifs qui ont amené la reconnaissance des droits de l'enfant.

XXI. — La morale et la pédagogie . . . . . . . . . . . . . . . 298
 1. L'évolution du sentiment de la famille. — 2. Valeur propre de l'enfance. — 3. Éducation inconsciente et consciente. — 4. Éducation intellectuelle. — 5. Éducation religieuse.

XXII. — L'État et les enfants . . . . . . . . . . . . . . . . . . 307
 1. Devoir de prendre soin du bien-être physique des enfants. — 2. Droit de l'enfant à l'instruction.

### B. — LA LIBRE ASSOCIATION DE CULTURE

XXIII. — La liberté et la culture . . . . . . . . . . . . . . . . 311
 1. Le principe de la liberté dans la famille et dans l'association de culture. — 2. La liberté comme fin et moyen. — 3. Liberté et non-liberté. — 4. Prix exagéré attribué par le xviiie siècle au principe de la liberté. — 5. Différentes sortes de culture.

#### 1. La Culture Matérielle

XXIV. — Oppositions sociales . . . . . . . . . . . . . . . . . . 327
 1. Ancienne et moderne appréciation du travail matériel. — 2. Propriété et travail. Fâcheux effets de la division du travail.

XXV. — La question sociale . . . . . . . . . . . . . . . . . . . 333
 1. Pourquoi elle se pose surtout de notre temps. — 2. Connexité entre la question sociale et la question de la population. — 3. La question sociale est une question morale. Notion de la « masse ». — 4. Deux conceptions extrêmes. — 5. Nécessité de points de départ historiquement donnés. Que personne n'est exclu du débat.

XXVI. — Solutions possibles . . . . . . . . . . . . . . . . . . . 343
 1. Organisation de la masse par les forces libres ou par l'intervention de l'État. La morale et l'économie politique.

A. *Organisation du travail par l'association libre*................ 344

2. Émancipation et association. — 3. Syndicats professionnels. — Système de la participation des ouvriers aux bénéfices. — 5. Sociétés coopératives de production. — 6. Sociétés coopératives de consommation. Importance de ces sociétés.

B. *Organisation du travail par l'intervention de l'État et de la commune* ................ 354

7. Idée générale du socialisme. — 8. Que sa pensée fondamentale et sa critique de l'organisation actuelle sont justes. — 9-12. Critique du socialisme. — 13. Importance pédagogique du socialisme. — 14. Formes sous lesquelles l'État, sans entrer en conflit avec le principe de la liberté, peut exercer une influence sur l'organisation du travail. — 15. Justification et valeur morales de la propriété privée. — 16. Le commerce et sa valeur morale.

## 2. *La Culture Idéale.*

XXVII. — CULTURE MATÉRIELLE ET CULTURE IDÉALE............ 389

1. Leurs rapports mutuels. — 2. Importance du loisir. — 3. Bons et mauvais côtés de la culture idéale.

### A. *La culture intellectuelle.*

XXVIII. — IMPORTANCE MORALE DE LA CONNAISSANCE SCIENTIFIQUE... 395

1. Oscillations dans l'appréciation de l'importance morale de la culture intellectuelle. — 2-3. Importance psychologique et historique de ces oscillations. — 4. Connexité entre la connaissance et la vie réelle. — 5. Unité de la connaissance scientifique, malgré sa division en branches spéciales; la science en tant qu'œuvre commune de l'espèce. — 5. Écoles et partis.

XXIX. — LA LIBERTÉ ET L'INDÉPENDANCE DE LA CULTURE INTELLECTUELLE 405

1. La liberté de la science. — 2. La science comme élément indépendant concourant à la vie de l'espèce. — 3. L'école et les partis politiques ou religieux.

### B. *La culture esthétique.*

XXX. — L'ART ET LA VIE.......................... 413

1. Rapports entre la science et l'art. — 2. L'art en tant que vie idéale. — 3. Appréciation esthétique et morale de la valeur. — 4. L'art ne doit pas prendre la place de la vie. — 5. Influence des circonstances de temps et de lieu.

### C. *La culture religieuse.*

XXXI. — LA MORALE ET LE SENTIMENT RELIGIEUX............ 421

1. Comment la culture religieuse touche à la morale. — 2. Le sentiment de la vie cosmique. — 3. Ses éléments intellectuels et moraux. — 4. Diversités individuelles. Secours spirituels.

XXXII. — IMPORTANCE ÉTHICO-SOCIALE DES RELIGIONS POSITIVES... 431

1. Éléments moraux du dogme et du culte. — 2. La religion positive considérée comme une condensation d'éléments empruntés à

toutes les faces de la vie mentale. — 3. Contradiction dans la situation occupée par la religion positive par suite de la division du travail dans le domaine mental. — 4. Toute religion positive est une religion sociale. — 5. Contradiction dans l'idée d'une religion édifiée sur une confession dogmatique. La foi et l'amour. — 6. La liberté religieuse et ses conséquences. — 7. Position différente des croyants et des libres penseurs en face de ces conséquences.

XXXIII. — L'Église et l'État . . . . . . . . . . . . . . . 446
1. L'Église comme puissance éducative de culture. — 2. Église nationale et liberté religieuse. — 3. La séparation de l'Église et de l'État n'est point une scission complète. — 4. Relâchement progressif du lien entre l'Église et l'État.

### 3. La Culture Philanthropique.

XXXIV. — Nature et importance de la philanthropie . . . . . . . . 457
1. Rapports de la culture philanthropique avec la culture matérielle et idéale. — 2. Son indépendance. — 3. Les droits humains des malheureux. — 4. Rapports entre le donateur et le donataire. — 5. Inconvénients de la philanthropie confessionnelle.

XXXV. — L'organisation de la philanthropie . . . . . . . . . . 468
1. Nécessité et inconvénients de l'organisation. — 2. Intervention de l'État. — 3. Inconvénients de la philanthropie publique.

### C. — L'ÉTAT

XXXVI. — Le peuple et l'État . . . . . . . . . . . . . . . 474
1. Rapports de l'État avec la famille et la libre association de culture. — 2. Un peuple doit son origine à la communauté du sort et de l'activité, qui engendre la communauté des mœurs. — 3. Le sentiment national comme sentiment de contraste. — 4. Le sentiment national comme instinct. — 5. L'État c'est le Peuple organisé.

XXXVII. — Le droit et la morale pratique. . . . . . . . . . . 482
1. Connexion originelle entre le droit et la moralité. — 2. Leurs différences. — 3. L'organisation du droit comme partie de l'organisation morale. — 4. Légalité et moralité. — 5. Deux points capitaux de l'évolution historique du droit. — 6. Rapports entre l'opinion publique, le droit et la morale pratique.

XXXVIII. — Importance morale de l'État. . . . . . . . . . . 496
1. Doctrine théologique de l'État. — 2. L'État considéré comme la morale réalisée. — 3. L'État considéré comme la force pure et simple. — 4. Doctrine individualiste de l'État. — 5. Rapports de l'État avec la vie morale du peuple, la famille, la culture et le droit. — 6. L'État a pour mission d'organiser en formes fixes la matière donnée de la vie. — 7. L'État comme expression de l'unité et de la puissance du peuple.

XXXIX. — Le pouvoir répressif de l'État. . . . . . . . . . . 511
1. L'instinct de vengeance. — 2. Limitation du talion. — 3. Transfert du talion à l'État. Métamorphose de l'instinct de vengeance. —

4. Fondement moral du droit de punir (Théorie pédagogique de la peine). — 5. Critique de la doctrine du talion. — 6. De la mesure de la peine d'après la doctrine du talion et la doctrine pédagogique.

XL. — LA CONSTITUTION DE L'ÉTAT . . . . . . . . . . . . . . . . 533
    1. Conditions données et intentions réfléchies. — 2. Le double contrôle, grand problème de la politique. — 3. Importance de la liberté politique. — 4. Constitution libre. — 5. Ses dangers. — 6. Majorité et minorité. — 7. Partis politiques. — 8. L'autonomie.

XLI. — CONCLUSION . . . . . . . . . . . . . . . . . . . . . . . . . . 553
    1. L'empire de l'humanité et les sociétés plus petites. — 2. Tendances dans le sens de la paix perpétuelle. — 3. Enthousiasme pour les grandes choses, exactitude dans les petites.

*Appendices* . . . . . . . . . . . . . . . . . . . . . . . . . . . . . 561
*Index des noms propres* . . . . . . . . . . . . . . . . . . . . . 567
*Table des matières* . . . . . . . . . . . . . . . . . . . . . . . . 573

# MORALE

## I

## MORALITÉ POSITIVE
### ET MORALE SCIENTIFIQUE

1. Base et contenu des jugements moraux. — 2. Difficultés que soulève la tentative de donner un fondement aux jugements moraux par une méthode scientifique. — 3. Possibilité et nécessité de la morale scientifique. — 4. Morale historique et morale philosophique.

1. — Les jugements moraux contiennent une appréciation des actions humaines. Lorsque nous appelons une action bonne ou mauvaise, nous n'expliquons point par là comment elle s'est produite, mais nous exprimons la valeur qu'elle possède à nos yeux. Toute appréciation de ce genre suppose d'une part qu'il existe un besoin, un sentiment qui nous pousse à juger l'acte (que ce jugement soit d'ailleurs simplement porté dans notre pensée, ou qu'il soit de plus formulé en paroles adressées à d'autres hommes), d'autre part que nous possédons une règle, un idéal avec lesquels nous confrontons l'acte et d'après lesquels il se juge. J'appelle *base* de la morale *le mobile de l'appréciation morale*. Elle consiste dans les sentiments et les tendances qui se font jour et s'expriment par les jugements moraux, et avec la nature desquels, par suite, ces derniers varient. Quant au *critère de l'appréciation morale*, il influe sur le *contenu* de la morale en ce qu'il décide quelles actions, quelles directions et formes de la vie doivent être appelées bonnes à son point de vue. La base est le principe subjectif, le critère le principe objectif de la morale.

Le caractère d'une conception morale dépend de la base qu'elle suppose, du critère qu'elle adopte et du rapport qui existe entre la base et le critère.

Toutefois les jugements moraux sont le plus souvent formulés sans qu'on ait une conscience claire et expresse des principes qu'ils supposent. Une telle conscience conduit par une évolution progressive à la morale scientifique. Mais elle ne s'éveille que lorsque interviennent la réflexion et le doute. La question se pose donc ici tout naturellement de savoir quelles raisons peuvent engager et quelle importance il peut y avoir d'une manière générale à mettre en lumière et à discuter consciemment les principes moraux.

2. — Non seulement on porte des jugements moraux, des jugements sur le bien et le mal, avant l'éveil de la pensée proprement dite et de la recherche scientifique, mais il faut encore que des jugements moraux, qui doivent avoir une vérité personnelle et une importance pratique, jaillissent continuellement d'un vif sentiment et d'une vive tendance qui ne nous laissent aucun repos jusqu'à ce que nous nous soyons prononcés. C'est la condition d'une vie saine et vigoureuse que nous n'allions pas chercher au loin, et par une méditation pénible, les principes de nos résolutions les plus importantes, mais que la décision jaillisse, au contraire, de ce qui est devenu notre chair et notre sang. Par les jugements moraux nous mettons à jour notre personnalité : il faut donc qu'ils soient déterminés par la totalité de notre nature, et non pas seulement par les raisonnements que nous pouvons bâtir dans nos heures de loisir, si nous en avons. Au surplus, la vie ne nous laisse pas toujours le temps de méditer : il arrive qu'elle exige au contraire la manifestation instantanée du jugement.

Et même si nous avons le temps et la faculté de méditer, est-ce qu'alors nos sentiments et nos tendances ne seront pas assez forts pour déterminer notre pensée en entier et à notre insu, au lieu d'être dirigés par elle ? N'est-ce pas un préjugé depuis longtemps battu en brèche par la psychologie, de croire que la raison doive exercer en nous l'autorité souveraine, et ne s'est-il pas assez souvent trouvé qu'un apparent décret de la raison ne fût en réalité que l'expression d'un besoin du cœur ? Il se peut qu'en logique et en mathématique la raison pure parle dans nos jugements ; mais sa voix est bien trop faible quand il s'agit de ce qu'il y a en nous de plus concret et de plus personnel, je veux dire les actions humaines.

Bien plus, la réflexion et la critique ne seront-elles pas ici dangereuses, sinon tout à fait nuisibles? La réflexion a toujours une certaine influence dissolvante; elle nous enlève cette sûreté et cette insouciance instinctive avec lesquelles nous débutons dans la vie. Alors même qu'elle ne nous paralyse pas avec les doutes qu'elle éveille, elle affaiblit notre force. Nous n'agissons plus alors avec toute notre énergie et nous n'exprimons plus nos jugements avec la même assurance et la même ingénuité; il se peut même que nous finissions par être portés à suspendre notre jugement, parce qu'il nous paraît impossible d'arriver à une décision sûre. Mais alors aussi la vie se flétrit et finit par s'arrêter complètement. Car les jugements moraux ne sont pas de simples curiosités théoriques. Ils ne sont pas seulement des manifestations affectives, mais ils exercent encore sur le sentiment et l'action, aussi bien de celui qui juge que des autres hommes, une influence déterminante. Non seulement ils sont *motivés*, mais deviennent eux-mêmes à leur tour des *motifs*, des forces pratiques de la plus grande importance.

La difficulté augmente encore si nous portons notre regard au delà de l'individu. Les sentiments et les tendances de l'individu sont déterminés par *la nature, les conditions vitales et les traditions de l'espèce entière*. L'individu particulier reçoit quelques-unes de ses facultés, quelques-uns de ses instincts les plus efficaces, comme un legs de l'espèce. Plus tard son développement et son éducation le conduisent, comme membre d'une famille, d'une race et d'un état, dans une certaine atmosphère mentale, tandis que se présentent à lui des habitudes de vie, des idées, des impulsions et des devoirs qu'il reçoit involontairement, sans pouvoir en faire l'objet de sa réflexion ni de son choix. Comme il est sorti du sein maternel de l'espèce, il en suce aussi les traditions avec le lait maternel. Sa manière de penser, de sentir et d'agir est un héritage inconscient des générations antérieures. Les instincts et les traditions de la race, l'imitation et l'exercice involontaires constituent à l'individu le fondement de sa morale, avant que sa méditation consciente puisse intervenir. Sa volonté est orientée sans qu'il le veuille dans certaines voies, et cette orientation involontaire de sa volonté détermine les intérêts et les forces de sa vie, qui déterminent à leur tour ses jugements sur le bien et sur le mal. Les vertus naissent, comme le dit quelque part Jacobi, avant de recevoir des noms et d'être érigées en commandements. Car dans les jugements moraux, dans les fortes manifestations affectives, par lesquels se formule une appréciation de la valeur des actions humaines, nous n'avons pas seulement l'expression de la pensée de l'individu particulier, mais il s'y révèle le *résultat des expériences de l'espèce*. L'individu ne se fait pas lui-même sa morale, ne l'invente pas, ne la construit pas absolument depuis le commencement. Et c'est par là seulement qu'elle acquiert toute sa puissance. La morale qui vit dans l'espèce est une condition de la santé et de la force de la vie humaine. Celui qui, grâce à sa réflexion et à sa critique, prétend dissoudre ce que la nature a combiné, n'a pas seulement à surmonter une résistance énorme, mais il doit aussi bien savoir ce qu'il fait, afin de ne pas aboutir à un labyrinthe inextricable et de ne pas y entraîner d'autres avec lui.

On a appelé *moralité positive* cette morale réelle et active de l'espèce et de la vie. Elle apparaît dans les *jugements et les principes courants*, qui revêtent souvent la forme de proverbes et peuvent être soit des manifestations durables de la sagesse pratique d'une nation, d'une race, d'une communauté religieuse, soit avoir une existence plus courte, comme constituant l' « opinion publique » d'un siècle ou d'une époque. Elle apparaît également dans les *modèles vivants* (fondateurs de religions, héros, législateurs, etc...), sur lesquels une génération, ou plusieurs successivement, portent leurs regards comme sur l'expression la plus haute de l'humanité véritable. Elle apparaît enfin aussi dans la manière dont sont organisées les *différentes relations et les différentes formes* de la vie (famille, société civile, État, Église). La législation positive contient toujours une certaine part de la moralité positive. Toutes les formes de cette moralité ont ceci de commun que les actes la contredisant provoquent une réaction de la part de la société. Toute atteinte portée aux principes et aux modèles régnants ou aux formes de vie dominantes amène une explosion d'irritation ou de colère dans le verdict de l'opinion publique d'où dépendra désormais l'honneur de celui qui l'a portée. Ou bien cette censure morale ne sera pas la seule conséquence : il faudra que l'auteur de l'acte fournisse une réparation, que peut-être il expie son acte par la douleur ou par la mort, apaisant ainsi la colère qu'il a soulevée. Ce maintien de la moralité positive par la réaction sociale est désigné par le mot de *sanction*. Il n'est pas nécessaire qu'elle se fasse sentir à l'individu uniquement comme quelque chose d'extérieur; parce qu'il s'est trouvé lui-même à l'origine, sans le vouloir, engagé par la vie dans la moralité positive, l'individu pourra ressentir cette contrainte dans son for intérieur comme ne faisant qu'une avec celle de sa conscience, si toutefois on peut se servir ici de ce mot, car à vrai dire la conscience n'existe nullement alors comme facteur purement individuel.

La moralité positive forme le lit où passe le torrent de la vie humaine et qu'il a de plus en plus creusé, car il y continue sa course jusqu'à ce que de nouveaux canaux ou les reflux du courant l'en empêchent. Mais sera-t-il possible d'intervenir ici avec la pensée consciente? Et, dans ce cas, n'en résultera-t-il pas un fâcheux affaiblissement de la force qui emporte le torrent?

3. — A l'encontre de ces objections sérieuses et fortement motivées, je veux essayer de montrer que la morale scientifique, bien loin d'être impossible, nuisible ou inutile, n'est au contraire qu'un développement de la moralité positive elle-même, qu'elle réagit sur celle-ci en l'épurant et en l'affranchissant, et qu'elle résout des problèmes qui autrement ne seraient point solubles.

Tout d'abord, il est clair qu'on ne saurait défendre la moralité positive ni soutenir son importance comme condition de la santé et de la force de la vie humaine, sans avoir une règle d'après laquelle on la juge. Cette règle, on ne saurait la tirer de la moralité positive elle-même, à moins de vouloir tourner dans un cercle. Il faut donc qu'on cherche à se rendre un compte exact du principe que l'on met à la base de son appréciation — mais on se trouve alors déjà sur le chemin qui mène à la morale scientifique. Dès qu'on admet que la santé et la force sont meilleures que la maladie et la faiblesse, on se trouve avoir posé un principe d'appréciation. Alors naîtra tout naturellement la question de savoir si la moralité positive satisfait réellement toujours aux exigences de ce principe, s'il n'y a pas d'autres principes qui demanderaient à être appliqués dans l'appréciation — et nous sommes alors en pleine discussion.

Il est contradictoire de se donner comme un défenseur de la moralité positive, quand on voit un danger dans toute réflexion et dans toute critique. A l'égard de ce qui doit agir avec la force de l'inconscient, le mieux c'est de garder le silence. On ne saurait combattre un doute sérieux qu'avec des raisons décisives ou en faisant la preuve qu'il y a des questions dont la réponse peut demeurer en suspens sans que la vie en souffre. Demander le « pourquoi » des choses est l'un des plus nobles besoins de l'homme, et empêcher de poser une telle question conduit facilement à supprimer la vie mentale en général. Même les questions et les doutes peuvent manifester la santé et la force de la vie.

La vie elle-même conduit par sa voie propre à l'interrogation. Ce n'est que si le champ visuel est étroit et les problèmes limités qu'on rencontre une complète quiétude. Mais à mesure que s'accroît l'expérience, on commence à comparer les diverses lois, les divers idéals, les diverses institutions des différentes époques que l'on apprend à connaître chez différents peuples. Ou bien les expériences et les situations nouvelles posent des problèmes qui ne peuvent se résoudre au moyen de la morale traditionnelle. Ou bien encore on cherche à mettre de l'ordre dans la grande diversité des jugements moraux que l'on porte soi-même, ou que l'on entend porter aux autres, pour distinguer ce qui est plus important de ce qui l'est moins. Sans doute, les jugements moraux sont à l'origine des expressions involontaires du sentiment, et sur les sentiments on ne saurait discuter; mais on le peut sur la valeur des idées auxquelles les sentiments sont liés, et sur celle des actes auxquels ils conduisent.

C'est assurément un moment difficile dans l'évolution mentale que celui où la réflexion et la critique s'éveillent soit dans l'individu isolé soit dans le peuple. L'instinct et la tendance perdent leur force et leur certitude immédiates, et le grand problème est de savoir si l'on peut compenser cette perte[1]. Mais lorsque c'est la vie même qui nous met les questions à la bouche, il faut ou bien qu'elles trouvent une réponse, ou qu'on décide pourquoi elles ne le peuvent pas. Et il importe de bien remarquer que l'assurance et la force ne sont pas des biens absolus. Le somnambule marche plus sûrement que ne pourrait le faire un homme éveillé; pourtant nous le réveillons ou nous le retenons, pour l'empêcher de s'approcher de l'abîme. La force la plus grande peut se manifester dans une direction souverainement funeste. Essayer de diminuer cette force c'est donc aussi

---

[1] Cf. ma *Psychologie* VII. B, 3.

en diminuer les funestes effets. Il faut ensuite chercher à donner à la vision meilleure qu'on aura obtenue des choses toute l'énergie qui se trouvait auparavant au service de l'instinct immédiat. Toute saine évolution mentale consiste précisément en ce que l'énergie est déviée de fins plus étroites vers d'autres plus grandes. Rien ne naît de rien.

La morale scientifique ne prétend pas se substituer à la moralité positive et ne le peut pas non plus. Elle ne prétend que l'étayer, la développer et la compléter. Dans la morale scientifique, nous cherchons seulement à nous comprendre nous-mêmes, à voir clairement d'après quels principes nous conduisons notre vie, à mettre ces principes davantage en lumière, et dans une harmonie plus intime entre eux. Dans la vie de l'esprit humain se produit une action réciproque incessante entre le conscient et l'inconscient, comme d'ailleurs entre la connaissance, le sentiment et la volonté. Les acquisitions faites dans un domaine de l'esprit peuvent profiter à tous les autres.

4. — La morale scientifique peut se proposer deux tâches qu'il ne faut pas confondre. Elle peut être une science soit historique, soit philosophique. La *morale historique ou comparée* cherche à exposer la moralité positive telle qu'elle se présente à une époque donnée chez un peuple donné, à montrer quelle évolution elle subit en différentes circonstances, et à comparer les diverses formes qu'elle peut prendre à différentes époques chez différents peuples. Elle cherche à découvrir les causes de ces différentes étapes et de ces diverses formes de l'évolution dans des circonstances physiques, psychologiques et historiques déterminées. La *morale philosophique* n'a pas pour objet la description et l'explication de phénomènes moraux donnés, mais leur *appréciation*. Elle est une science pratique et suppose que nous nous sommes proposé des *fins* qui doivent être réalisées par les actions humaines. Tout jugement moral suppose une telle fin, car le sentiment n'est mis en mouvement par la vue ou la pensée d'une action que si elle sert ou met obstacle à quelque chose dont le maintien et le succès nous tient à cœur. Le jugement moral suppose un intérêt vital qui est soit favorisé soit lésé par l'acte d'un homme ou par une organisation des relations humaines.

Ce qui s'est développé historiquement n'est d'ailleurs pas moralement justifié par cela même. Nous pouvons comprendre comment la moralité positive a évolué jusqu'à la forme qu'elle a prise de notre temps et dans notre pays, et pourtant la condamner dans une plus ou moins large mesure. La morale historique ne saurait nous apprendre que ce qui existe en fait et comment cela est venu à exister; mais si l'on n'admet point que le réel comme tel et le rationnel ne font qu'un, il faut encore porter une appréciation sur ce qui existe. La morale philosophique est une appréciation systématiquement poursuivie en partant d'une base déterminée, fournie par la nature humaine, et d'après le critère correspondant à cette base. Un examen ainsi poursuivi peut conduire à condamner certaines actions et certaines formes de vie et à en approuver d'autres. Il peut se faire qu'au sein de la moralité positive *on découvre des inconséquences*, et comme il faut nécessairement partir de ce principe que tous les jugements moraux doivent s'accorder intimement entre eux, la tâche s'impose de développer la moralité positive de telle sorte que les contradictions disparaissent. De plus, l'*étude comparative* de diverses formes de la moralité positive peut montrer que telle de ces formes est préférable à telle autre; ce qui suppose une règle précise d'après laquelle la comparaison est instituée, et peut faire chercher des moyens de développer le type de moralité positive reconnu comme inférieur dans le sens de celui qu'on trouve supérieur. Souvent enfin il peut arriver que les raisons primitives de certaines actions et institutions soient devenues inacceptables, sans que pourtant celles-ci aient perdu leur importance et leur valeur. Même dans les conditions nouvelles et si on les considère sous un autre aspect qu'auparavant, elles peuvent entraîner des effets jusque-là inconnus. Des qualités du caractère comme le courage chevaleresque, la chasteté, l'empire sur soi-même, qui se sont développées dans des milieux rudes et barbares, peuvent être employées aux services de tout autres fins qu'à l'origine. Historiquement, la propriété privée est née sous l'influence du désir de dominer et de l'instinct d'acquisition, puis elle a été reconnue, dans l'intérêt de la paix, par la puissance sociale. Mais dans l'exposition morale de sa valeur et de sa légitimité présentes, il faut faire intervenir de tout autres considérations. Il en est ici de même que lorsque dans une ville on utilise comme promenades et comme lieux d'agrément les remparts primitivement construits pour la défendre. Dans les cas de ce genre, il se produit dans le domaine moral une *substitution*, par laquelle les motifs primitifs tombent et sont remplacés par d'autres, tandis que les actes, les habitudes et les institutions demeurent les mêmes. On voit clairement par là que l'explication historique d'un phénomène moral n'est pas, à elle seule, décisive pour son appréciation, puisqu'une telle substitution demeure toujours possible. La morale philosophique n'estime rien de ce qui existe, uniquement parce que cela existe ; mais en essayant de dépasser ce qui est, elle cherche à montrer comment ce qui s'est développé dans l'histoire peut se changer et s'utiliser en de nouvelles formes.

S'il est vrai que la morale historique et la philosophique, considérées de ce point de vue, ont un caractère très différent, on va voir, d'autre part, qu'il est difficile de les séparer l'une de l'autre d'une manière tranchée. Le moraliste historien sera incapable de s'affranchir de certains postulats moraux qui pourront influencer le jour sous lequel il considérera le passé. Il faut même qu'il sache discerner comment se constitue une appréciation systématique et qu'il y soit exercé, afin de pouvoir saisir la cohérence interne (ou le manque de cohérence) des idées et des habitudes morales d'autres temps et d'autres peuples. Et, comme nous l'avons déjà dit, dès qu'il entreprend de faire une comparaison de la valeur des diverses formes de la moralité positive, dès qu'il met les unes au-dessus, les autres au-dessous, il suppose une règle déterminée (et un mobile déterminé de l'appréciation) et se trouve par là même déjà sur le terrain de la morale philosophique. Le moraliste philosophe sera naturellement toujours un enfant de son temps et de son pays, et la moralité positive qui règne dans ceux-ci exercera en bien des manières son influence sur les résultats auxquels il arrivera. Mais il n'en découle d'autre conséquence sinon que le travail de la morale philosophique doit être continuellement repris à nouveau. Dans les travaux de nos prédécesseurs, il nous faut examiner et séparer ce qui n'est dû qu'à des circonstances et à des influences passagères. Dans la morale de Kant, par exemple, on reconnaît clairement qu'il est un Allemand, qu'il a été élevé sous l'influence du piétisme, et que son âge mûr a coïncidé avec l'époque du rationalisme. C'est par des raisons de ce genre qu'il faut expliquer quelques-uns des mérites et des défauts de sa morale. Ce fait qu'il est ainsi déterminé par son pays et son temps[1] n'empêche d'ailleurs pas qu'un grand moraliste philosophe puisse exprimer des pensées qui garderont leur valeur pour un grand nombre de générations. La morale philosophique ne serait vraiment rendue impossible par sa limitation historique que si elle devait être une science purement rationnelle, une exposition d'éternelles vérités. Mais elle n'est jamais que l'achèvement systématique d'un point de vue historiquement donné, et ne saurait construire des idéaux et des normes que pour certaines conditions de vie déterminées ; elle est à sa manière, tout comme la moralité positive, un moyen dans la lutte pour la vie : moyen pour conserver un degré de vie acquis, et moyen d'acquérir un degré de vie nouveau, qui puisse mériter d'être appelé supérieur. Son caractère scientifique dépend de la clarté avec laquelle elle établit sa base et son critère et de la rigueur avec laquelle elle poursuit ses principes jusque dans le détail. Sa valeur pratique dépend de la mesure où les idées et les résultats ainsi obtenus peuvent passer dans la chair et le sang de fractions plus ou moins considérables de l'espèce humaine, trouver un appui dans des sentiments intenses et dans de fortes habitudes, et arriver à diriger ainsi l'organisation des différentes relations vitales. Or l'expérience montre que le chemin qui va des idées morales générales à leur application pratique peut être souvent très long et très compliqué.

[1] Un intéressant exemple de la manière dont l'esprit national détermine l'œuvre et les résultats des penseurs individuels nous est fourni par l'histoire de la philosophie italienne, surtout en ce qui concerne la morale. Cf. LUIGI FERRI : *National Character and classicism in Italian Ethics* (International Journal of Ethics, 1895) — Cf., en ce qui concerne l'ancienne Grèce, LEOPOLD SCHMIDT : *The Unity of the Ethics of ancient Greece* (Ibid., 1894).

## II

# MORALE THÉOLOGIQUE

### ET MORALE PHILOSOPHIQUE

1. Le principe d'autorité. — 2. Contradiction interne du point de vue de l'autorité. — 3. La morale philosophique est indépendante de la théologie et de la métaphysique. — 4. La morale chrétienne primitive n'est pas théologique.

La morale théologique est en opposition radicale aussi bien avec la morale historique qu'avec la philosophique. — Elle se fonde sur la tradition, sur la vérité considérée comme quelque chose de donné, sur l'idéal considéré comme quelque chose d'historiquement révélé. A ce titre, sans doute, elle appartient à la morale historique : de même que la science positive du droit tire son système des règles et des prescriptions établies par les lois juridiques d'un pays déterminé, de même toute morale théologique tire son système des jugements moraux qui dérivent des croyances professées par une association religieuse déterminée. La morale théologique ne reconnaît cependant pas la méthode de la recherche scientifique, puisque la révélation sur laquelle elle s'appuie est due, suivant elle, à une intervention de forces surnaturelles qui ne sauraient s'expliquer par les lois physiques, psychologiques et sociales. Elle réclame pour sa base historique une place à part et soutient qu'il faut la considérer d'une toute autre façon que le reste de l'histoire de l'univers. Elle se rapproche de la morale philosophique dans la mesure où, comme celle-ci, elle institue une appréciation des actions et des formes de vie historiquement données. Mais elle n'entreprend pas cette appréciation d'après des principes dont l'origine serait assignable dans la nature humaine. Elle ne prend pas son point de départ dans cette nature, mais au-dessus, dans la révélation surnaturelle d'un idéal. Elle repose sur le *principe* absolu *de l'autorité*[1].

Autorité signifie prestige et le prestige peut se manifester de manières très diverses. Il peut se fonder sur la force physique, de manière à agir par la crainte qu'elle inspire. Il peut se fonder sur la supériorité de l'intelligence et de la vertu, et avoir de l'action parce qu'il présente aux autres un modèle qu'ils admirent et s'efforcent d'imiter. Il peut se fonder sur la faculté et la volonté de donner aide et protection, de manière à agir non seulement en produisant la crainte et l'admiration, mais encore en excitant la reconnaissance, la confiance et l'amour. La vie humaine ne peut se passer de ce genre d'autorités. La génération précédente sert d'éducatrice et de modèle à la suivante. Les parents sont les autorités des enfants, les maîtres sont celles des écoliers ; partout celui qui est plus avancé est une autorité pour celui qui n'a pas fourni une carrière aussi longue. La relation d'autorité est un élément important de la moralité positive. Celle-ci n'a pas besoin pourtant de se soumettre au principe de l'autorité absolue.

Toutes les fois que le principe d'autorité est posé d'une manière expresse et considéré comme inconditionnel, la raison s'en trouve toujours dans une certaine réflexion, dans une pensée naissante. Les hommes suivent involontairement ce qui leur paraît grand et élevé et n'ont besoin pour cela d'aucun commandement spécial. L'instinct d'imitation et l'habitude leur font même suivre ce qui est insignifiant et sans portée, quand cela agit par la puissance de la répétition et qu'il y a des précédents. C'est seulement aux époques où la critique s'est éveillée et où le doute remplace le tranquille repos dans une demi-inconscience, que l'on érige consciemment le principe d'autorité, sous la forme absolue, en dernier fondement de la morale. Quand une question en appelle une autre de sorte que, semble-t-il, rien ne soit solide, le besoin se fait sentir d'un point d'arrêt absolu pour qu'on ne soit pas entraîné soi-même dans le tourbillon. La sensibilité et la pensée humaines paraissent n'offrir à la morale qu'une base peu sûre. La question la plus considérable que soulève la vie humaine : « qu'est-ce qui est bien et qu'est-ce qui

---

[1] Sur la notion d'autorité cf. mon ouvrage *Ueber die Grundlage der humanen Ethik.* Bonn, 1880, chap. III.

est mal ? » semble exiger aussi la plus solide des bases, et pourrait-il en être une plus solide que la volonté d'un être tout-puissant ? Si l'on peut faire appel à une semblable volonté, il faut nécessairement que toute discussion cesse et que les doutes bruyants se taisent devant l'autorité inconditionnelle.

Le bien c'est alors ce qui se confond avec la volonté de Dieu, et il n'est bien que pour cette unique raison (*bonum est quia Deus vult*). PLATON se voit déjà obligé de combattre cette doctrine dans l'*Eutyphron*, mais elle n'a trouvé sa formule complète que vers la fin du moyen âge, chez DUNS SCOT. Ce dernier allait même jusqu'à dire que le meurtre ne serait pas un péché, si Dieu l'avait prescrit. Sous cette forme extrême, bien peu de gens consentiraient sans doute à professer cette doctrine, et pourtant tout point de vue théologique s'en rapproche en quelque façon. Le principe de l'autorité inconditionnelle se trouve impliqué dans le dogme de l'infaillibilité du pape et dans la foi littérale de l'orthodoxie protestante. La parole vivante du chef suprême de l'Église ou la parole écrite des livres transmis par l'Église font connaître ce qui est bien ou mal en vertu de la volonté de Dieu, et ceux auxquels cette parole s'adresse n'ont qu'à la recueillir et à s'y soumettre avec une obéissance sans réserve.

Essayons de nous placer à ce point de vue pour voir si les principes qu'il implique n'amènent pas avec eux des contradictions internes et d'insurmontables difficultés.

2. — Nous demandons d'abord d'où l'on sait que telle chose est la volonté de Dieu et quelle garantie on en a. Il ne peut me servir de rien de savoir qu'une chose est bonne *lorsqu'elle* est conforme à la volonté de Dieu, tant que je ne sais pas avec une entière certitude *ce qui* est la volonté de Dieu dans tel cas particulier. Or, si l'on se place à ce point de vue, c'est cette certitude qui, par la force des choses, est pour moi le grand point. Par suite, la croyance sur laquelle se fonde la morale théologique deviendra logiquement la croyance à l'Église, gardienne de la révélation et de la tradition religieuses. L'Église me garantit que son chef suprême est le successeur légitime de son fondateur, ou que les livres bibliques renferment la véritable révélation. C'est pourquoi le dogme catholique de l'infaillibilité est le point d'aboutissement logique de la morale théologique. — Si je prétends au contraire connaître la volonté divine par une expérience

immédiate, je suis obligé de m'en tenir au témoignage de l'esprit dans mon for intérieur ; mais comment distinguer d'une façon précise entre la voix divine et les sentiments et les pensées qui me sont naturellement propres? Quelle règle appliquer pour tirer une ligne de démarcation entre ce qui est divin et ce qui est humain ? Nous perdons alors cette absolue solidité qui devait précisément être le grand avantage du principe d'autorité. Nous glissons de la théologie dans la psychologie.

« Oui, dit-on, si nous nous cramponnons au principe d'autorité, c'est justement parce que nous en éprouvons le besoin. Ce sont notre faiblesse et notre incertitude propres qui nous jettent dans les bras de l'autorité inconditionnelle ». Mais insister sur ce besoin personnel c'est également transporter la question du domaine théologique dans celui de la psychologie. Ce n'est plus alors l'autorité elle-même, mais bien le *besoin que j'en ai* qui devient la base véritable. Je légitime ma soumission à l'autorité par mon besoin : mais ce besoin peut-il lui-même se légitimer ? Est-il bon de le satisfaire ? Comment distinguer, entre nos multiples désirs et nos multiples besoins, ceux qu'il faut satisfaire pour bien agir, et ceux qu'il faut comprimer ? Vouloir, pour résoudre cette question, faire appel à l'autorité, c'est tourner dans un cercle.

On aboutit à un cercle analogue quand on essaie, avec quelques théologiens, d'associer ensemble ces deux propositions : « le bien est bien parce que Dieu le veut » et « Dieu le veut parce que cela est bien ». — Si le bien, c'est ce qui se confond avec la volonté de Dieu, que peut bien vouloir dire cette assertion : Dieu le veut parce que cela est bien ! Cela ne peut manifestement signifier autre chose que ceci : Dieu le veut, parce que telle est sa volonté. Nous piétinons donc sur place. Si d'autre part, Dieu connaît d'abord quelque chose comme bon, et ensuite le veut, alors sa volonté se plie devant une loi et une règle, et par suite sa volonté n'est plus en soi et par soi la cause que le bien est bien. Ceux-là même qui s'attribuent la connaissance la plus intime de la psychologie divine ne pourront s'empêcher d'hésiter devant la division qui serait introduite ici dans l'essence de la divinité. Aussi les théologiens conséquents ont-ils bien vu que du point de vue du principe d'autorité il ne saurait être question ni de bien ni de mal en ce qui concerne la Divinité même. Dieu ne saurait avoir ni conscience morale ni devoir. Toute transposition d'idées morales de l'homme à Dieu mène à des contradictions, et la seule issue est de se borner à faire appel à la volonté divine et de s'incliner humblement devant elle. Sans cela, on abandonnerait précisément le principe théologique. Dès qu'on reconnaît d'autres sources de la connaissance du bien que la certitude touchant ce que Dieu veut, on se trouve à vrai dire avoir franchi le passage de la morale théologique à la morale philosophique. « Le bien est connu », voilà le principe, et « le bien ainsi connu est la volonté de Dieu » devient une conséquence — conséquence sans doute d'une grande importance pratique, puisqu'elle rend possible une sanction surnaturelle, mais qui ne s'en fonde pas moins sur de tout autres considérations que le principe, et par suite pourrait très bien tomber sans que celui-ci devînt caduc.

L'autorité inconditionnelle émet une grande variété de commandements et de défenses. Dès que la réflexion s'éveille, nous cherchons naturellement à mettre en accord et en harmonie intimes les prescriptions particulières de l'autorité. Or cela ne se peut qu'en y appliquant la loi fondamentale de notre raison et en partant de ce principe qu'aucune prescription ne saurait en contredire une autre. Mais si nous avons le droit d'appliquer cette loi rationnelle, pourquoi les autres lois de notre connaissance naturelle devraient-elles être exclues ? Et en appliquant celle-là, n'avions-nous pas déjà rompu avec le principe de l'autorité inconditionnelle ?

3. — Ces contradictions internes ne sont pourtant pas le seul obstacle qui empêche la morale philosophique de se fonder sur des considérations théologiques.

Ce qui, à l'origine, a donné naissance à la morale philosophique et ce qui fait encore qu'elle excite toujours un intérêt nouveau, c'est la conviction que la raison dernière de la moralité doit se trouver dans la nature elle-même. Le critère de tout ce que l'homme est tenu de reconnaître pour vrai et pour bon, pour beau et pour grand, doit en définitive résider en lui-même. Les principes de toute compréhension et de toute appréciation, de toute activité théorique et pratique, doivent se trouver dans son for intérieur. Si haut que les idéaux puissent s'élever au-dessus de lui, quelle que soit la force avec laquelle se manifeste à sa conscience la majesté de la loi, pourtant les idéaux et la loi ne sont tels *pour lui* que parce qu'il les reconnaît librement, et leur accorde son adhésion en vertu de sa nature. C'est pourquoi Socrate, par sa maxime « Connais-toi toi-même », a été le véritable fondateur de la morale. Il a en effet ainsi posé le *principe de la personnalité* ou de la subjectivité, le principe de la libre recherche en même temps que de la libre conscience. Ce principe s'oppose à l'obéissance aveugle, érigée en état permanent ; par celle-ci, on se dépouille de sa libre personnalité, pour se transformer en une impersonnelle machine.

Une autre cause encore nous pousse à faire effort pour développer une morale philosophique, savoir le désir de rendre la moralité aussi *indépendante* que possible de tout postulat contestable. C'est justement parce que les jugements sur le bien et le mal ont une action si puissante sur la vie humaine et qu'ils entraînent dans ce domaine les oppositions les plus tranchées, qu'il importe beaucoup de ne mêler aucune autre controverse à celles de la morale. C'est pourquoi les questions morales doivent être tenues dans une indépendance aussi complète que possible des problèmes religieux et métaphysiques. Si la morale était obligée d'attendre que l'accord se fût fait sur les questions dogmatiques, elle risquerait d'attendre longtemps. Or il vaut la peine d'examiner si dans le domaine moral il ne pourrait pas y avoir un accord plus grand que dans les domaines religieux et métaphysique. Et comme c'est précisément la signification *morale* des problèmes religieux et métaphysiques qui doit leur donner leur grand intérêt, il faut bien, par la force des choses, qu'on possède une base et un critère de la moralité, qui soient — au moins dans une certaine mesure — indépendants des postulats métaphysiques et religieux[1]. Car en attribuant à ces pos-

---

[1] Un critique théologien (dans la Revue *Vidar* 1888) a trouvé dans les expressions « aussi indépendante *que possible* de tout postulat contestable » et « au moins *dans une certaine mesure* » qui se rencontrent dans cet alinéa, l'indice d'un « côté faible » de mon point de vue. Or je les ai employées en toute connaissance de cause, étant convaincu qu'il ne peut être question ici que d'un effort pour réduire les postulats contestables au minimum, effort qu'aucun homme ne saurait achever complètement. Chaque penseur a ses limites et doit savoir qu'il opère inconsciemment avec des postulats qui peut-être ne pourront être dégagés et examinés que plus tard. C'est donc par scrupule scientifique que je me suis servi de ces expressions. Mais elles n'ébranlent pas le principe, savoir que la morale doit être étudiée en elle-même et non pas *déduite* d'hypothèses religieuses ou métaphysiques. Cela n'empêche d'ailleurs pas que le penseur moraliste ne puisse faire appel à des idées qui méritent peut-être d'être appelées religieuses ou métaphysiques (Cf. IV, 5 et XXXI, 3), pourvu qu'il ne s'en serve pas pour *fonder* la morale.

tulats une signification morale, on entreprend de les *apprécier*, et il faut se demander alors sur quelle base on s'appuie pour faire cette appréciation, et quel critère on applique.

Cet axiome général des sciences, qu'il ne faut pas multiplier les principes sans nécessité, a donc également ici une signification pratique. En cherchant à se placer en dehors de la lutte des diverses confessions religieuses et des diverses théories métaphysiques (spiritualisme, matérialisme, etc.), non seulement la morale philosophique acquerra une base plus sûre de la moralité, mais elle agira pour le plus grand profit de la tolérance, de la liberté de croire et de la liberté d'enseigner. Elle neutralisera notamment ce détestable mode de discussion qui consiste à tirer des doctrines de l'adversaire des conséquences immorales.

Le problème moral occupe par conséquent dans la philosophie, à l'égard des autres grands problèmes, une situation très libre et très indépendante. Il existe naturellement un lien entre la théorie de la connaissance, qui étudie la base, les principes et les limites de notre faculté de connaître, la métaphysique, qui s'efforce d'arriver à une conception du monde, à une théorie générale de la nature de l'être, et la morale. Pourtant ce lien n'est pas si direct et si immédiat qu'on l'a souvent admis. Il y a en tout cas intérêt à maintenir les problèmes aussi séparés que possible, ce qui n'empêche pas qu'ils puissent en bien des façons s'éclairer mutuellement.

La morale philosophique, qui veut être une théorie scientifique de l'appréciation morale, doit se fonder sur la même base que toute autre science. Elle ne cherche point à ébranler les principes, les hypothèses et les résultats auxquels on aboutit dans les autres sciences ; elle ne réclame aucune place à part. Si elle devait faire appel à des principes contredisant ceux qui servent de fondement aux autres sciences, elle tomberait dans le domaine du contestable. La voie la plus sûre pour elle sera de s'appuyer sur les principes ordinaires. Pourtant, on admet très souvent, aujourd'hui encore, qu'au moins sur *un* point, dans la question de savoir si le principe de causalité s'applique à la vie volitive, la morale serait obligée de faire appel à des principes qui non seulement s'écartent des principes généraux des sciences, mais les contredisent ouvertement. Cette question sera traitée à part dans la suite.

**4.** — Si nous avons parlé, dans ce qui précède, de la morale théologique, il faut bien remarquer que la morale *chrétienne*, sous toutes ses formes et à tous ses degrés, ne mérite pas toujours cette qualification. Le christianisme n'a pas commencé avec un système théologique, pas plus qu'avec une organisation ecclésiastique. Comme partout où il y a évolution, le système et l'organisation ont été précédés ici d'une forme de vie moins précise et plus homogène. La morale enseignée dans les trois premiers Évangiles, c'est essentiellement la doctrine de l'amour de l'humanité. Sans doute, elle s'appuie sur des idées théologiques et il y est question de récompense et de châtiment dans l'au-delà. Mais le Dieu à la puissance duquel on s'en remet pour cela, apparaît toujours essentiellement comme l'idéal de la perfection, ce qui d'après l'ensemble (Matth. V, 43-48)[1] signifie l'amour des hommes. Jésus fonde le royaume messianique, dont l'entrée est ouverte à ceux qui ont le cœur pur, qui ont faim et soif de justice, sont pacifiques et aiment les autres comme soi-même. L'esprit et les conditions de ce nouveau royaume étaient tout autres que dans les superbes royaumes de la terre connus jusque-là dans l'histoire, et tout autres que l'imagination du peuple juif ne se les était représentés.

Ce qui caractérise essentiellement la morale chrétienne primitive, c'est qu'elle a introduit dans le monde un amour de l'humanité à la fois plus large et plus profond. C'est seulement avec le développement dogmatique du christianisme, dont le principal auteur fut saint Paul, que les doctrines théologiques prirent une importance décisive pour la morale chrétienne. Le christianisme reçoit dès lors deux principes, la foi et l'amour, qu'il n'a pe  réussi à mettre en parfait accord entre eux. La diversité de: croyances pose des bornes à l'amour des hommes. Désormais ce qui décide de la valeur d'un homme, ce n'est plus qu'il soit affectueux et aimant, qu'il ait le cœur pur et qu'il cherche la vérité, mais qu'il croie comme il faut. C'est seulement lorsqu'on observe à l'égard des diversités de croyances la même attitude que le christianisme avait lui-même observée à l'égard des diversités nationales et des autres différences extérieures que la grande idée morale expri-

---

[1] Le passage correspondant de Luc VI, 36, porte miséricorde au lieu de perfection.

mée dans l'ancien christianisme atteint son complet développement[1].

Toutefois, pour apprécier exactement la morale du christianisme primitif, il faut bien prendre garde que son mobile le plus profond ne fût pourtant pas l'amour des hommes mais la conviction vivante et enthousiaste que le royaume céleste était proche et que la fin de toute chose terrestre allait bientôt venir. Devant ce grand espoir, toutes les fins et toutes les tâches humaines perdaient leur importance. Il ne pouvait être question d'un effort moral systématique et il ne fut point donné à l'idée proprement dite de l'amour des hommes de développer ses conséquences. C'est seulement lorsque l'Eglise rejeta cet espoir à l'arrière-plan que le christianisme devint une puissance civilisatrice ; et il se trouva que cette idée de l'amour des hommes (que d'ailleurs le christianisme primitif n'a pas inventée) possédait assez de vie pour franchir les limites aussi bien de cette attente extatique que des dogmes confessionnels[2].

---

[1] Cf. *Ueber die Grundlage der humanen Ethik* (Bonn, 1880, p. 48 sqq.) — En traitant ce point dans ce livre, je n'ai pas assez tenu compte du christianisme primitif, antérieur à la formation précise des dogmes théologiques.

[2] Cf. mon travail : *Hedenske Sandhedssögere* (Les chercheurs païens de la vérité) Tilskueren 1892, et la conclusion de mon ouvrage *Sören Kierkegaard als Philosoph*, dans les « Klassiker der Philosophie » de Frommann. Stuttgart, 1896.

## III

## LES PRINCIPES ET LA MÉTHODE
### DE LA MORALE

1. La morale comme science pratique. — 2. Morale subjective et objective. — 3. L'appréciation suppose un sentiment de plaisir ou de douleur. — 4. La souveraineté de l'instant. — 5-7. La souveraineté de l'individu. — 8-10. Le sentiment moral fondé sur la sympathie. — 11-12. Le principe du bien général. — 13-14. Ses postulats psychologiques et historiques. — 15. Insuffisance du principe subjectif. — 16. Rapport entre la base et le contenu. — 17. Division de la morale objective en individuelle et sociale. — 18. Rapport entre la base (mobile de l'appréciation) et les motifs de l'action. — 19. Idéal et réalité. — 20. L'idéalisation morale comme négation, renforcement et combinaison.

1. — Les jugements moraux, les jugements sur le bien et le mal, naissent à l'origine sans être motivés. « Cela est bien », nous écrions-nous en présence d'une action humaine, comme nous nous écrions « cela est beau » en présence d'une œuvre d'art ou du spectacle de la nature. Nous nous abandonnons au sentiment immédiatement excité en nous par la vue de l'acte ou par son souvenir. Quelles actions seront appelées bonnes ou mauvaises, cela dépendra, pour chacun, de la « moralité positive » (cf. I, 2) dans laquelle il aura été engagé dès le début par la vie. Un problème moral ne se pose que lorsque la voix de la moralité positive n'est pas claire, ou bien que des contradictions internes s'y manifestent. Des *principes*, des *idées directrices* sont alors nécessaires pour déterminer le choix entre les possibilités qui se présentent.

On pourrait mettre en doute la possibilité d'établir des jugements moraux motivés, et par conséquent celle d'une morale philosophique. En effet, les jugements moraux renferment une exigence, ils expriment *ce qui doit être*, et non pas seulement *ce qui est*. Alors même qu'ils louent et blâment une action réellement accomplie, ils marquent l'exigence que de telles actions soient accomplies ou évitées à l'avenir. Or toute science n'a-t-elle pas pour but d'expliquer ce qui est et d'en trouver la cause? Peut-il y avoir une science de ce qui n'est pas, mais doit-être? La morale philosophique va même plus loin : elle prétend encore enseigner *quels jugements moraux nous devons porter!* Comment une pareille science est-elle possible? Ajoutez à cela que les jugements sur le bien et le mal émanent du sentiment — or les sentiments ne se discutent point. D'ailleurs l'expérience même ne montre-t-elle pas que la plupart du temps les discussions morales se terminent par un appel fait par chacun à son sentiment?

Pour éclaircir ce problème, remarquons tout d'abord que ce que nous appelons bon ou précieux se rapporte à une fin : ou bien c'est une fin par soi-même ou bien c'est un moyen en vue d'une fin. De cette fin nous n'avons pas toujours conscience. Plus le jugement et l'appréciation sont involontaires, moins nous avons conscience de la fin ; nous sommes immédiatement saisis et nous nous reposons entièrement dans la pensée de l'objet à apprécier. L'appréciation peut se faire d'une manière toute instinctive. Mais si, dans les cas douteux, elle doit se fonder sur des principes déterminés, il faut tout d'abord décider à quelle fin nous rapportons l'acte. Le jugement de l'acte dépendra de la question de savoir si, après plus ample examen, il favorise ou empêche la fin consciemment ou inconsciemment présupposée. Tout acte produit un effet quelconque : sans quoi il serait impossible et absurde. Cette remarque n'est pas inutile, car de grands moralistes, notamment KANT, ont pensé que c'était rabaisser la volonté d'attribuer une importance spéciale à l'effet et d'accorder au but une influence déterminante sur l'appréciation. C'est ce que SCHLEIERMACHER réfute par cette excellente remarque[1] : « Si je ne veux rien produire, pourquoi est-ce que j'agis? »

Nous nous appuyons déjà sur un terrain solide quand il est une fois établi que tout acte doit avoir une fin. Car il sera dès lors possible de rechercher si l'acte est réellement ou non profitable à cette fin. Le rapport du chemin au but, du moyen à la fin, peut s'établir scientifiquement. Si l'on pose fermement la fin, il faut

---

[1] *Ueber den Begriff des höchsten Gutes.* Werke zur Philosophie 2° Band. p. 452.

appliquer certains moyens déterminés. Le rapport du moyen à la fin est en somme le même que celui de la cause à l'effet : ce que nous appelons moyen, c'est la cause qui amène la réalisation de la fin. Nous apercevons donc ici la possibilité d'une science de ce qui doit être : le mot *doit* désignant *la nécessité de moyens pour atteindre une fin donnée*. Au fond de toute impulsion, de toute tendance, se trouve une nécessité de ce genre, et ce que nous appelons la conscience morale est une tendance du plus profond de notre être à conserver ou à produire quelque chose de précieux dans le monde. — Grâce au rapport nécessaire qui existe entre la fin et les moyens, une morale scientifique devient possible. Mais cela suppose que la fin est donnée, et, comme on le verra, le problème renaît, lorsqu'il s'agit de savoir *quelle* fin nous supposons comme donnée.

Nous aboutissons au même résultat auquel vient de nous conduire la considération de l'acte dans son rapport à la fin, si nous examinons de plus près cette proposition que les jugements sur le bien et le mal sont des manifestations du sentiment. La manifestation du sentiment suppose ici que la vue ou l'idée d'un acte a excité dans notre for intérieur, a favorisé ou empêché en nous un effort spontané, un intérêt conscient ou inconscient. Les sentiments du plaisir et de la douleur sont liés — comme le montre la biologie de la vie affective — à ce fait que notre vie, ou tout au moins une de ses parties, est favorisée ou empêchée. La vie affective de l'homme n'est intelligible que dans sa liaison avec les conditions de la vie humaine. Ce n'est qu'en ses formes les plus simples et dans les émotions les plus violentes que le sentiment est totalement aveugle. Il n'acquiert sa forme précise et complète qu'en s'associant à des représentations. La joie suppose la représentation d'un objet capable de procurer du plaisir, le chagrin celle de la perte d'un tel objet. L'espérance et la crainte supposent l'idée de la possibilité de certains événements capables d'engendrer du plaisir ou de la douleur.

Par là encore nous nous appuyons sur un terrain solide. Les sentiments, il est vrai, ne se discutent point, mais la discussion est possible sur les représentations qui s'y associent, puisqu'on en peut examiner la valeur objective.

Ainsi, non seulement le rapport de moyen à fin intervenant dans toute action humaine, mais encore le rapport à l'expérience réelle des représentations qui déterminent les sentiments d'où l'appréciation résulte, nous montre la possibilité de motiver les jugements moraux et d'établir par conséquent une morale philosophique. Ces deux rapports ne sauraient d'ailleurs se séparer l'un de l'autre, car une fin suppose toujours un sentiment. Cela seul peut devenir une fin pour nous, qui émeut notre sensibilité.

Les jugements moraux concernent les actions et les institutions humaines, ces dernières pourtant seulement dans la mesure où elles proviennent des actions humaines et sont susceptibles d'être de nouveau modifiées par elles. D'ordinaire, la morale est partie de l'action à apprécier, sans étudier l'appréciation elle-même. Or on verra que c'est justement par l'examen des conditions de l'appréciation qu'il faut commencer.

2. — L'acte jaillit du dedans de l'individu dans ses instincts et ses tendances, ses pensées et ses sentiments. Mais lorsqu'il s'est ainsi développé, il sort dans le monde extérieur à l'état d'effet. La question se pose dès lors de savoir quelle est, dans ce processus total, la partie que l'appréciation morale doit surtout considérer.

Pour porter une appréciation complète, il faudrait tenir compte du processus entier de l'action. Caractériser moralement une action bonne ou mauvaise cela supposerait donc qu'on puisse la suivre depuis ses premiers germes dans la vie interne de l'individu, jusque dans les effets complexes et éloignés qu'elle produit dans le monde extérieur. Mais les moralistes n'ont pas attribué à toutes les parties de l'histoire totale d'un acte une importance égale. Certains ont pris leur point de départ dans l'origine interne de l'acte, c'est-à-dire, dans les mobiles, dans l'état d'esprit qui le produisent. Les effets externes, pensent-ils, sont incalculables et ne sont pas complètement au pouvoir de la volonté; dans l'acte interne seul la volonté se manifeste sans équivoque, lui seul par conséquent peut être l'objet de l'appréciation morale. D'autres, au contraire, partent des effets et des conséquences que l'acte entraîne dans le monde extérieur. Ces derniers seuls, estiment-ils, donnent à l'acte une valeur pratique; c'est d'eux par conséquent que l'appréciation doit surtout tenir compte, d'autant que, l'expérience nous l'enseigne, des actes émanés de mêmes mobiles peuvent avoir des effets différents et des actes émanés de mobiles différents avoir au contraire des effets identiques. C'est seulement d'une manière accessoire que l'appréciation s'étend aux mobiles et à la disposition d'esprit, lorsqu'il peut être établi que certains motifs déterminés amènent infailliblement une certaine façon déterminée d'agir. On distingue donc ici entre l'appréciation de l'acte et celle de la personne agissante : la première est principale, l'autre accessoire.

Cette opposition a eu dans l'histoire de la morale une grande, et certainement bien trop grande importance. On pourrait l'appeler l'opposition de la *morale subjective* et de la *morale objective*. Dans l'histoire philosophique moderne, KANT représente la première, BENTHAM la seconde, et sur le terrain de la morale philosophique, le débat porte essentiellement entre les deux écoles issues de ces deux penseurs. Le règlement du conflit doit nécessairement dépendre d'une détermination plus précise du rapport entre les deux morales, subjective et objective. C'est une détermination de ce genre que je m'efforce de présenter dans ce chapitre. J'insisterai surtout ici sur le point suivant : *l'appréciation même* est et reste toujours un *acte subjectif*, et tout principe d'appréciation suppose nécessairement certaines conditions subjectives — même si l'on est d'accord avec Bentham pour admettre qu'une appréciation objective de l'acte n'est possible qu'en partant de ses conséquences et de ses effets. Le débat entre l'école de Kant et celle de Bentham a roulé beaucoup trop exclusivement sur le rapport entre les motifs et les effets de l'action. Peut-être le problème se posera-t-il plus clairement et sera-t-il plus facile à résoudre si l'on remonte plus haut, pour s'enquérir des *mobiles de l'appréciation même* ; en d'autres termes, si l'on soulève la question de savoir *sur quels postulats psychologiques repose justement ce fait qu'on s'efforce d'arriver à une appréciation générale et objective des actions humaines*. De même que la connaissance théorique nous ramène, par voie d'analyse, à certains principes dont l'exposition est l'objet de la théorie de la connaissance, et qui sont étroitement liés à la nature de la faculté humaine de connaître, il faut aussi que l'appréciation pratique s'appuie en définitive sur des principes ayant leur racine dans l'esprit humain, quand bien même la question devrait être ici un peu plus complexe que dans le domaine théorique. La théorie de la connaissance, aussi bien que la morale, nous ramène à la subjectivité comme base dernière. Le problème est précisément de montrer comment, malgré l'inévitable subjectivité de la base, on peut arriver à une connaissance et à une appréciation objectives. Il y a donc ici un parallélisme, qu'on n'a pas encore assez remarqué, entre le problème de la connaissance et celui de la morale.

De même que la *base* (le *mobile d'appréciation*) forme le principe subjectif de la morale, le critère d'après lequel les actions sont appréciées en vertu de cette base en forme le principe objectif et en détermine le *contenu* (cf. I, 1). L'appréciation suppose en effet deux choses : un mobile qui pousse à exercer la fonction appréciatrice et un critérium d'après lequel cette fonction s'exerce[1].

Pour justifier le point de vue adopté ici, j'essaierai de montrer comment les principes tant subjectif qu'objectif (c'est-à-dire aussi bien la base que le contenu) de la morale dérivent de la nature et de l'évolution historique de l'appréciation morale. Leur rapport réciproque y gagnera en clarté. Mais comme l'appréciation des actes et des relations vitales non seulement se produit chez des individus et des peuples divers, en vertu de mobiles différents et d'après une règle différente, mais encore est conditionnée dans chaque individu par des motifs complexes, il sera nécessaire de se représenter les choses comme plus simples qu'elles ne le sont en réalité. Personne ne poursuit un but unique; la vie est variée et diverse, aussi bien dans notre for intérieur que dans le monde externe, et les différentes fins luttent pour la domination exclusive aussi bien dans la conscience de l'individu isolé que dans la société. Chaque instant particulier, comme d'ailleurs chaque intérêt particulier, réclame son droit; l'individu se sent comme un petit monde, et pourtant aussi comme membre d'un monde plus grand, ou de plusieurs dont chacun revendique son droit. C'est pourquoi la conscience humaine, le sentiment qui détermine l'appréciation, est ordinairement un produit très complexe. Aussi conviendra-t-il d'étudier pour soi-même chacun des éléments de ce tout complexe. L'exposition qui va suivre procède des appréciations

---

[1] Dans mon opuscule *Die Grundlage der humanen Ethik* (Bonn 1883) je n'avais pas encore suffisamment distingué les notions de *base* et de *mobile*, ou plus exactement les notions de *mobile de l'appréciation* et de *mobile de l'action*, mais la base s'y trouve déjà séparée du contenu. (L'opuscule avait paru déjà en 1876 en langue danoise).

les plus simples vers les plus compréhensives ; ce n'est pas une exposition historique, mais elle ordonne les points de vue d'après l'étendue des fins qui déterminent l'appréciation.

3. — C'est un fait que les hommes apprécient leurs propres actes et ceux des autres, et qu'ils les qualifient de bons ou de mauvais, suivant le résultat de cette appréciation. Comment donc une telle appréciation est-elle possible ?

Représentons-nous d'abord le cas le plus simple, c'est-à-dire celui où le sujet agissant juge sa propre action, sans avoir conscience de l'existence d'autres êtres dont il faudrait tenir compte. Le sujet qui agit et qui apprécie est alors conçu comme un petit monde, existant pour soi. Nous faisons ici appel à l'abstration pour avoir un exemple aussi simple que possible.

Le premier postulat supposé par l'appréciation d'un acte c'est qu'on s'en souvienne ; il faut donc qu'il ne soit pas disparu de la conscience lorsqu'il est passé du monde interne dans l'externe. L'image de l'acte doit pouvoir être de nouveau rappelée et soumise à l'examen. Mais cela ne suffit pas. Une pareille image-souvenir pourrait être présente comme une chose tout à fait indifférente, sans émouvoir le cœur. C'est seulement si, d'une manière quelconque et à un degré quelconque de son développement, l'acte a retenti dans l'état total de l'individu et excité ainsi du plaisir ou de la douleur, que son image en éveillera aussi.

Nous voyons apparaître ici, sous sa forme la plus simple, cette vérité dont nous avons déjà parlé, savoir que *toute appréciation d'actes suppose un sujet capable d'éprouver du plaisir et de la douleur*. Sans doute l'appréciation suppose qu'on exige des actes certaines conditions auxquelles ils peuvent répondre à un plus ou moins haut degré. Mais une telle exigence est tout à fait *sans raison*, si l'acte n'est susceptible d'éveiller ni plaisir ni douleur. Ce n'est là, nous l'avons déjà dit, qu'une autre forme de ce principe posé plus haut : toute appréciation suppose une fin d'après laquelle l'acte se puisse estimer. Or une fin n'est posée que parce que la pensée de l'effet de l'acte éveille du plaisir.

Dans le cas simple que nous avons imaginé, le sentiment qui détermine le but de l'action, et qui par conséquent doit être satisfait par elle, ne peut justement être que celui même de l'individu. L'individu qualifiera alors l'action comme bonne ou mauvaise, d'après la manière dont elle aura retenti dans sa vie.

Le caractère et l'importance de l'appréciation différeront suivant que le sentiment de plaisir ou de douleur sera déterminé uniquement par l'état particulier du moment, ou par la considération de la vie de l'individu dans son ensemble, et des conditions sous lesquelles cette vie se développe.

4. — Plus la vie consciente est inférieure, plus aussi les instants particuliers sont isolés et indépendants l'un de l'autre et moins ont de valeur le souvenir et la pensée du moi comme d'un ensemble comprenant les instants particuliers de la vie, avec tout ce qu'ils renferment. C'est alors un instinct à demi-inconscient qui seul empêche l'individu d'être complètement absorbé par les moments particuliers. L'instinct même de conservation pousse l'individu, dans le moment particulier présent, à tenir compte de l'avenir et à utiliser les expériences passées. Plus l'individu est sollicité par les moments particuliers, moins il y y a place pour une appréciation, puisqu'aucune comparaison ni aucune action réciproque des divers états ne peut avoir lieu. Peut-être l'acte lui-même est-il oublié sur-le-champ, dès que son effet se révèle à la conscience. Chaque moment est rempli à sa manière par son état affectif propre, qui n'influe en rien sur les autres moments. Le moment particulier s'oppose aux autres en égoïste absolu, et n'entend rien abandonner, en leur faveur, de sa satisfaction.

On aperçoit ici la possibilité d'un point de vue où toute appréciation tombe, car les sentiments de plaisir et de douleur y sont bien, il est vrai, excités, mais ils correspondent uniquement à l'état du moment, non à la vie dans son ensemble. Aucune fin n'est posée, les instincts eux-mêmes, avec leurs fins inconscientes, sont refoulés; et parce que toute considération de fin tombe, l'appréciation devient impossible. C'est là un point de vue puéril; on peut néanmoins tenter de le transformer en point de vue définitif. Dans l'histoire de la morale, cette tentative a été faite par Aristippe de Cyrène[1]. Il soutient le principe de la *souveraineté de l'instant*. C'est l'attitude la plus radicale qu'on puisse imaginer en morale. Elle renferme le minimum de postulats, si peu même que toute appréciation tombe. Car pour Aristippe le but c'est le plaisir purement momentané. Pourquoi

---

[1] Sur les rapports du point de vue d'Aristippe avec la « phase esthétique » de Sören Kierkegaard, voir mon livre *S. Kierkegaard als Philosoph* (aus dem dänischen übersetzt, Stuttgart, 1896, p. 89.

— telle est la suite des idées — un instant serait-il sacrifié ou subordonné à l'autre? Le premier a par lui-même autant de droit à l'existence que le second. Dans ce point de vue — et dans celui-là seul — le bien se confond absolument avec le plaisir, le mal avec la douleur. Il va de soi qu'un tel point de vue ne saurait être primitif ni naïf. Il prétend être insouciant et irréfléchi comme un enfant, mais cette prétention expresse montre justement qu'il n'est qu'une copie du point de vue puéril. Il faut en effet un certain art et un certain empire sur soi-même pour inhiber la tendance involontaire qui nous porte au delà du moment présent. Déjà les instincts réalisent entre les moments particuliers une liaison que l'on ne saurait admettre, si l'on veut rester fidèle jusqu'au bout aux principes du point de vue du moment. Il y a justement là un très gros obstacle à la valeur pratique de ce point de vue. Il n'en est pas moins très important pour nous de voir comment on l'a justifié théoriquement. Cela n'était évidemment possible que dans une civilisation avancée. Les vues les plus simples ne sont pas du tout celles qui apparaissent toujours les premières dans l'histoire. Mais une tendance naturelle nous porte à rechercher les cas-limites, pour voir quelle forme prennent nos idées lorsque nous considérons les points extrêmes de la vie, et ces essais d'une morale de l'instant sont très instructifs. Il se peut d'ailleurs qu'on en invente des expositions encore plus parfaites que celles qui ont été historiquement données.

Ce point de vue n'est pas dénué de tout fondement. On pourra peut-être objecter qu'il supprime toute morale, puisqu'il exclut toute appréciation et que tout effort moral suppose toujours une subordination d'une fin plus étroite à des fins plus larges. Or, il ne saurait être ici question d'une subordination de ce genre, puisqu'on se représente la vie comme composée d'instants absolument souverains. — Mais on peut répondre que la morale doit elle-même présenter ses titres pour imposer l'abandon d'une satisfaction à un moment donné, pour le plus grand bien des autres moments. C'est à celui qui réclame le sacrifice et la résignation qu'incombe la tâche de faire la preuve. Seule une conception absolument ascétique, c'est-à-dire pour qui l'ascétisme est une fin et pas seulement un moyen, pourrait contester cela. Chaque moment a un droit naturel à l'existence et de plus, si l'on peut dire, son instinct de conservation, puisque le besoin d'une complète satisfaction du moment ne cède aux autres impulsions qu'après leur avoir opposé une certaine résistance. On peut trouver des traces de cette résistance même dans les degrés purement instinctifs de la vie.

5. — Si le principe de la souveraineté du moment pouvait se soutenir jusqu'au bout dans la pratique, il n'est pas de raisonnement qui pourrait l'ébranler. Mais on trouverait difficilement un seul individu qui n'ait en soi des *instincts* et des *tendances* allant au delà du moment présent. Chez tout individu humain, il y aura toujours le *souvenir* et l'*attente* qui fourniront des points d'attache aux sentiments de plaisir et de douleur déterminés par les *conditions constantes ou du moins sans cesse reproduites de la vie de l'individu*. Dans toute réflexion sur lui-même et sur son action, l'individu s'élèvera au-dessus des moments particuliers, considérés dans leur diversité et leur isolement, et son sentiment correspondra (au moins pendant l'instant de la réflexion) à la manière dont se présente à sa conscience non pas seulement le moment particulier, mais la *vie dans son ensemble*. Un *moi réel* ne peut exister que lorsqu'il y a un ensemble de représentations et de sentiments formant dans la conscience un noyau fixe, quand même ils ne se feraient pas sentir à tout moment. Ce noyau fixe se compose avant tout des fins suprêmes que l'individu se propose. Ce sont elles qui dominent toute sa vie, elles forment l'intérêt qui rassemble sa vie en un tout et en fait autre chose qu'une série de moments isolés. Tout sentiment fort tend à se déployer, à dominer l'ensemble de la vie mentale, à teindre de sa couleur tout ce qui forme le contenu de la conscience. Grâce à cette expansion du sentiment, non seulement une disposition éveillée à un moment donné peut étendre ses effets sur plusieurs moments, mais encore il peut se former un moi réel, une tonalité fondamentale et dominante qui détermine, par opposition aux oscillations momentanées, le niveau ordinaire de la vie affective individuelle.

Si maintenant l'état affectif d'un moment particulier, considéré comme effet de l'acte propre de l'individu, rencontre dans la conscience l'état affectif déterminé par la représentation de la vie dans son ensemble, il se produira un sentiment nouveau, déterminé par le rapport mutuel de ces états affectifs, rapport qui pourra être soit harmonieux soit discordant. C'est dans ce sentiment, produit déterminé par la relation de l'état momentané à l'état déterminé par la considération de la vie dans son ensemble, que consiste l'*appréciation*. La faculté d'avoir de tels sentiments c'est la conscience morale, telle qu'elle pourrait se manifester dans un individu absolument isolé. Au sens le plus large, la conscience morale est un sentiment de relation et elle ne suppose autre chose sinon qu'un rapport entre le centre et la périphérie, entre ce qui est plus vaste et ce qui l'est moins, se fait connaître à la conscience psychologique. L'instant particulier et l'acte qui produit l'état de cet instant sont appréciés — au point de vue où nous nous plaçons ici — d'après la manière dont ils peuvent s'insérer comme membres dans l'ensemble de la vie individuelle. Ce qui agit ici, ce n'est pas seulement la tendance du moi réel et des fins dominantes à tout déterminer dans la vie de l'esprit, mais encore une impulsion naturelle, profondément enracinée dans la nature générale de la conscience psychologique, et qui la pousse à réaliser l'unité et la cohésion de tous ses états. Nous désirons que notre vie fasse un tout, non seulement parce que c'est l'unique moyen d'assurer la suprématie à l'intérêt le plus élevé de notre vie, mais aussi parce que l'unité et la cohésion sont par elles-mêmes des biens. C'est le *côté formel de notre personnalité* qui s'exprime dans cet effort pour vouloir une chose *unique*, et pour faire de tous les autres objets de nos désirs des moyens en vue de cette fin. C'est un instinct de conservation mentale, qui ne peut jamais complètement se perdre, et s'il est rare de trouver dans la réalité une cohérence parfaite, il est impossible, en revanche, que l'effort pour être cohérent vienne jamais à manquer tout à fait[1].

Le problème se pose ici pour l'individu de mettre de l'harmonie entre les diverses parties de sa vie. Ce problème n'est résolu par aucun homme spontanément, sans effort conscient. Aussi l'appréciation des actes antérieurs d'après la manière dont ils ont contribué à la solution de ce problème prend-elle ici de l'importance pour l'individu. Elle n'est donc pas seulement *rendue possible*, mais encore *provoquée* par le sentiment central, correspondant à l'ensemble de la vie. Un sens fin et développé de ce qui favorise la vie individuelle, chaîne dont les ins-

---

[1] Sur les idées et les lois psychologiques appliquées ici, consulter ma *Psychologie* V, B, 5; VI, E, 1, et F, 4.

tants sont les anneaux, est une condition du maintien et du développement de cette vie. C'est une sorte d'instinct supérieur de conservation, qui ne se borne pas nécessairement à ce que demande la conservation de la vie physique, mais peut aussi embrasser les besoins idéaux. Cet harmonieux individualisme a trouvé son expression caractéristique dans la morale de PLATON et d'ARISTOTE. Ces philosophes considèrent la vertu morale comme une santé mentale, comme une harmonie. Sous ce rapport, la définition aristotélique de la vertu, comme un milieu déterminé par la nature de chaque individu, est particulièrement intéressante. Néanmoins, la morale de ces penseurs ne tient pas toute dans cette théorie individualiste.

Si, pour dénommer ce point de vue, j'emploie le mot « individualisme » et non celui d' « égoïsme », c'est que ce dernier fait plutôt songer à une mise à l'écart réfléchie et à une subordination consciente du bien des autres au sien propre. L'individualiste n'est pas forcément un égoïste, mais il peut le devenir.

6. — En se plaçant à ce point de vue individualiste, le problème sera non seulement de déterminer *combien* d'énergie doit être employé dans les instants particuliers, mais encore d'appliquer l'énergie dont on dispose d'une manière aussi *variée* et aussi *diverse* que le comporte l'intérêt de la vie dans son ensemble. En vertu d'une loi psychologique, c'est une condition de la vivacité et de la fraîcheur des sentiments que les divers états se trouvent entre eux dans un rapport d'opposition, tandis que l'uniformité et la répétition amortissent ou endorment. En outre, le progrès naturel de la vie fera que peu à peu l'individu ne sera plus uniquement absorbé par la conservation physique, mais acquerra aussi des besoins de nature plus idéale et plus complexe. La vie de l'individu sera d'autant plus complète que sera plus grand le nombre des directions dans lesquelles elle se développera, et qu'elle pourra embrasser un contenu plus riche et plus varié, sans aucune diminution de l'unité et de la force totale. Comme on suppose alors que l'individu s'est proposé des fins dépassant le moment présent et la satisfaction d'un seul côté de sa nature, il peut être question d'exigence, d'obligation, de loi, et les moments ainsi que les actes particuliers seront appréciés d'après la mesure où ils profiteront à la fin poursuivie. Cette fin pourrait être par exemple le développement intellectuel ou esthétique, et par là même

seraient données les conditions qu'on aurait à exiger de chaque instant et de chaque acte particulier.

La *loi morale*, au point de vue individualiste, se trouve en formulant ce qu'exige le rapport harmonieux entre l'intérêt de la vie dans son ensemble et l'impulsion du moment particulier. Elle renfermera deux prescriptions essentielles, l'une positive, l'autre négative : 1° l'instant particulier ne doit pas avoir une plus grande indépendance que ne le comporte son importance relative dans l'ensemble de la vie ; 2° d'autre part, il faut que dans l'instant particulier la vie soit aussi riche et aussi intense que le permettent la conservation de la vie dans son ensemble et la réalisation de la fin suprême poursuivie.

Sera par conséquent *bonne* une action qui conserve la vie dans son ensemble et qui donne à son contenu toute sa plénitude et son intensité, *mauvaise* celle qui tend plus ou moins à briser l'ensemble de la vie ou à en rétrécir le contenu. Le mal sera donc l'instant, la tendance particulière, prétendant se tenir séditieusement à l'écart du reste de la vie, et il sera d'autant plus profond et l'objet d'une répulsion d'autant plus forte de la part du sentiment appréciateur, qu'il sera davantage *voulu*, c'est-à-dire le fruit de la réflexion et du choix, au lieu de l'être seulement d'une impulsion momentanée. La force avec laquelle se manifestera l'appréciation dépendra de celle avec laquelle se manifesteront, dans les sentiments centraux, les intérêts de la vie dans son ensemble.

7. — Nous pouvons répéter du principe de la *souveraineté de l'individu* (individualisme) ce que nous avons dit de celui de la souveraineté du moment : aucun raisonnement ne le saurait ébranler. L'individualiste ou égoïste absolu serait invulnérable. Si l'affirmation de sa propre vie, sa conservation, son unité et sa plénitude forment l'unique fin qu'il reconnaisse, il n'y a aucun passage *logique* de ce point de vue à un autre. Il ne saurait se produire de modifications, si le sentiment central déterminant l'appréciation n'est pas lui-même modifié par son association à un cercle d'idées plus large que celui qui porte uniquement sur la vie propre de l'individu. Jusque-là, il ne peut servir de rien d'en appeler à la conscience morale, puisque celle-ci, nous l'avons vu, est un sentiment de relation, l'expression d'un rapport entre le centre et la périphérie dans la vie affective de

l'individu, et qu'elle est par suite elle-même déterminée par ce qui forme le centre.

La morale philosophique a souvent cru, surtout autrefois, pouvoir prétendre au titre de science purement rationnelle, ne faisant appel à aucun postulat sinon à ceux qu'implique l'essence même de la raison humaine. Mais cette prétention est contraire au caractère pratique de la science morale. L'action ne peut s'apprécier que d'après des fins, et poser une fin cela implique, dans le sujet qui la pose, *des sentiments de plaisir et de douleur*. Aussi, abstraction faite d'une conscience douée de la faculté d'éprouver du plaisir et de la douleur, l'appréciation morale n'a-t-elle plus de sens. D'autre part, la simple faculté d'éprouver du plaisir et de la douleur ne renferme encore aucune détermination de *l'étendue du cercle de représentations auquel ces sentiments sont liés*.

Le passage du point de vue du moment présent à celui de l'individu était dû à la formation, dans la conscience, de sentiments centraux, déterminés par les intérêts de la vie entière et pouvant devenir de puissants liens entre les instants successifs. En s'appuyant sur eux, l'individu sentait son unité en dépit de la succession incessante. S'il est possible de trouver un point de vue supérieur à l'individualisme, il faut qu'il y ait des sentiments qui, tout en s'agitant dans l'individu, le rattachent néanmoins à un ensemble plus vaste, de même que les divers instants et les diverses impulsions particulières sont rattachées en lui à l'ensemble de la vie individuelle. Il faut qu'il y ait une force qui unisse entre eux les individus particuliers et qui supprime leur isolement.

8. — En pratique, c'est seulement d'une manière approximative que l'individualisme peut être poussé jusqu'au bout. La souveraineté de l'individu, la conception de l'individu comme d'un tout fermé et absolument autonome, repose évidemment sur une abstraction excessive et contre nature. L'individu sort de l'espèce et toute sa vie n'est qu'une partie de la vie de l'espèce ; son organisation est le résultat, transmis par l'hérédité, des actes et des souffrances des générations antérieures ; ses conditions de vie et son atmosphère mentale sont le produit de l'évolution de l'espèce. De même que l'instinct de conservation supprime l'isolement des moments particuliers de la vie et devient ainsi la base de sentiments déterminés par les intérêts de la vie

totale, de même les *instincts sympathiques* recèlent des forces qui suppriment l'isolement de l'individu et conservent au fond de lui-même les conditions de vie de l'espèce. Ces instincts sympathiques apparaissent sous leur forme la plus primitive dans l'établissement du lien familial. Si variés que puissent être les formes et les régimes de la famille aux différentes époques et chez les différents peuples, si lâche et si capricieux surtout que se montre souvent le lien de l'homme à la femme, il n'en existe pas moins un lien qui, par la force des choses, ne saurait être supprimé ou essentiellement modifié, c'est celui de la mère à l'enfant. Ici, le sentiment sympathique sort immédiatement de l'instinct naturel. Ce lien forme le noyau solide qui rend possibles les formes plus élevées de la vie familiale. La base se trouve ainsi posée d'une communauté de vie où les sentiments sympathiques pourront être cultivés, et atteindre une telle intensité qu'ils pourront embrasser peu à peu des cercles plus larges. Aussi l'amour maternel reste-t-il l'origine et le type de toute sympathie, aussi bien sous le rapport de l'intensité que de la pureté. L'expression la plus frappante que l'on puisse donner de l'amour universel du genre humain ne se trouve-t-elle pas dans cette phrase : « tous les hommes sont frères » ?

Ce n'est pas ici le lieu d'entrer dans une étude psychologique détaillée des sentiments sympathiques et de leurs différents caractères suivant les éléments dont ils se composent et la sphère dans laquelle ils s'expriment [1]. Lorsque la sympathie a atteint toute sa pureté, elle est *un sentiment de plaisir ou de douleur uniquement provoqué parce que d'autres êtres éprouvent du plaisir ou de la douleur*. En ce qui touche son extension, le point le plus important de son évolution historique fut celui où elle s'élargit de manière à embrasser non seulement la famille, la nation, la race, mais encore l'espèce entière. Déjà la philosophie grecque (avec les écoles péripatéticienne et stoïcienne) était arrivée à l'idée de l'amour universel du genre humain, fondé sur l'union naturelle de tous les hommes en une grande société [2]. Pourtant cette idée n'acquit une importance histo-

---

[1] Cf. ma *Psychologie* VI, C.

[2] Cicéron. *De finibus* V, 65, cf. *De officiis* I, 16-17; III; 6. — Voir mon travail : *Hedenske Sandhedssögere* (Les chercheurs païens de la vérité) (Tilskueren 1892,) pp. 521 sqq; 530-532. — Plusieurs critiques théologiens se sont plaints de ce qu'on ne voyait pas d'où proviennent les sentiments

rique plus considérable que du jour où elle devint, comme prescription capitale du christianisme, l'une des idées directrice d'une des grandes religions du monde.

9. — Au point de vue moral, la grande importance de cette évolution réside dans l'élargissement de l'horizon, d'où il résulte que les sentiments de plaisir et de douleur ne sont plus désormais uniquement déterminés par le sort propre de l'individu, mais aussi par les *conditions vitales d'une société au milieu de laquelle l'individu n'est qu'une unité particulière*. Or, lorsque de tels sentiments deviennent dominants, les actes sont appréciés d'après le rapport existant entre les états qu'ils créent et les intérêts de cette société, de cet ensemble plus vaste. La règle n'est plus désormais uniquement empruntée à la vie isolée de l'individu ; cette vie apparaît maintenant comme insérée dans un ordre universel plus vaste, et il s'agit de savoir si les actes influent sur cet ordre pour le favoriser ou l'arrêter.

Il ne serait pas exact d'identifier, à ce point de vue, la sympathie avec le sentiment moral ou avec la conscience. Celle-ci est ici encore un sentiment de relation, déterminé par le rapport qui existe entre les sentiments dominants ou centraux de l'individu et les résultats des actes. La différence entre ce point de vue et le point de vue individualiste c'est qu'ici la base est plus large ; par suite l'appréciation pourra devenir tout autre : un seul et même acte pourra être appelé bon du point de vue individualiste et mauvais de celui de l'espèce. Lorsque l'individu sent ses intérêts propres et personnels comme immédiatement subordonnés au bien du tout dans lequel, grâce à la sympathie, il se considère comme une simple unité, le sentiment moral se mani-

sympathiques. Ils auraient pu voir, par ma *Psychologie*, que j'admets un point de départ physiologique et une évolution psychologico-sociologique de ces sentiments. Sous le rapport des degrés, de l'espèce et de l'extension, ils sont soumis à des conditions déterminées que j'ai brièvement indiquées. Il est curieux de voir combien on rencontre fréquemment l'opinion que l'amour de soi est le seul sentiment naturel. On la trouve notamment de deux côtés opposés : d'une part chez les sceptiques et les gens du monde blasés, qui s'en réfèrent ici à leur prétendue expérience, de l'autre chez les théologiens orthodoxes, pour lesquels par suite l'amour provient d'une source surnaturelle. Même un théologien d'esprit aussi éclairé et aussi critique que l'est Adolf Harnak conteste que l'amour des hommes puisse être un produit naturel et pense que seul l'amour de soi est dans la nature. Voir son rapport au congrès évangélico-social de Francfort-sur-le-Mein, 17 mai 1894. Voir aussi F. C. Krarup : *Grundriss af den christelige Etik* (Précis de morale chrétienne). Copenhague 1894 p. 11.

feste comme *sentiment du devoir*. Déjà du point de vue de l'individualisme on pourrait parler de devoir. Car la notion du devoir n'implique par elle-même qu'un rapport tel, entre des vues plus étroites et des vues plus larges, que ces dernières doivent avoir le pas sur celles-là. L'individu peut se sentir obligé, même dans un instant isolé, par la considération de sa propre vie dans son ensemble. Le sentiment du devoir — lorsque le devoir est quelque chose de plus qu'une contrainte extérieure — jaillit du sein de l'individu, et a pour conditions la nécessité et le besoin de conserver la cohésion de sa vie, en maintenant dans les instants particuliers et dans les circonstances spéciales, les fins et les intérêts vitaux suprêmes, de se retrouver soi-même, dans l'instant ou l'acte particuliers, en accord avec son être central. Le devoir exprime donc une volonté fondamentale : nous *devons*, parce que, au plus profond de nous-mêmes, nous *voulons*. Notre volonté centrale devient un devoir, parce que des tendances volontaires périphériques peuvent s'opposer à elle et que pourtant nous entendons rester « fidèles à nous-mêmes et à nos meilleures aspirations ». Au point de vue que nous décrivons ici, la considération de la vie totale de l'individu sera subordonnée, à son tour, à celle de la vie totale de l'espèce, et de même, la sympathie dirigée vers une société plus étroite sera subordonnée à la sympathie dirigée vers une société plus large. Ou pour mieux dire, l'individu a fait ici de l'intérêt vital de la société ou de l'espèce l'intérêt suprême de sa propre vie, l'objet de sa propre volonté centrale.

Considéré sous un autre aspect, le sentiment moral se manifeste, par une évolution plus avancée, sous forme de *sentiment de la justice*. En effet, la sympathie qui en forme la base sera guidée dans son mode d'expression (aussi bien sous le rapport de l'espèce que du degré) par la considération de la nature propre des êtres auxquels elle s'étend. Et lorsqu'elle arrive à s'étendre à tous les êtres doués de sensibilité, elle doit, dans chaque cas spécial, s'exprimer de telle sorte que l'être particulier auquel elle s'applique soit satisfait suivant sa nature propre, sans léser pour cela d'autres êtres dans la nature qui les distingue d'une manière tout aussi tranchée. Toute différence, toute inégalité de traitement doivent nécessairement avoir leur raison dans la considération du bien de l'empire auquel appartiennent aussi bien celui qui donne que celui qui reçoit. Sous la forme active, la sympathie est une tendance à partager; or il faut que ce partage, s'il ne doit pas être fait à l'aventure, soit dirigé par des principes, et que ces principes jaillissent de la nature propre de la sympathie. Lorsque la sympathie est universelle, les différences dans la distribution des biens peuvent seulement se fonder sur l'idée que ces biens, dans une autre distribution, ne seraient pas réellement des biens ou ne le seraient pas à un si haut degré pour ceux à qui ils échoiraient, ou bien qu'ils ne réaliseraient pas en somme, un si grand progrès pour la société. En se fondant sur la sympathie, le sentiment moral se développe donc en sentiment de la justice distributive. De même que l'individu se sent lui-même une unité dans une multitude, il considère aussi chaque autre individu comme une unité dans une multitude, à moins que des raisons spéciales ne motivent des considérations spéciales. — Au point de vue de l'individualisme, on pourrait trouver quelque chose d'analogue à la justice distributive, puisque le rapport entre les divers instants et les diverses impulsions correspond ici au rapport qui existe, à l'autre point de vue, entre les différents individus. PLATON se servait justement du terme « justice » pour désigner le rapport harmonieux entre les différentes faces ou les différentes parties de la vie consciente de l'individu isolé.

C'est surtout ce caractère logique du sentiment moral et la rigueur avec laquelle il exige la justification de toute différence, de toute inégalité, qui ont fait croire que la loi morale était un dérivé de la raison pure. Ce que KANT donnait comme le contenu de l'impératif catégorique, n'était en réalité qu'une impartialité, une mise à l'écart de toute considération accidentelle et injustifiée, semblables à celles que réclame le sentiment fondé sur la sympathie. Kant exigeait que, pour apprécier la valeur d'un acte, on se plaçât à un point de vue universel. Mais cette exigence ne se comprend nullement d'elle-même. On ne peut l'admettre que lorsque certaines conditions psychologiques se trouvent réalisées, et elle n'a d'ailleurs fait son apparition qu'à un stade déterminé de l'évolution historique. Chez Kant lui-même l'idée de cette exigence naquit sous l'influence d'une étude sur le développement de la société humaine[1], étude

---

[1] Cf. mon livre: *Geschichte der neueren Philosophie*, II, p. 82-80, et mon article: *Rousseaus Einfluss auf die definitive Form der Kantischen Ethik* dans les *Kantstudien* de Vaihinger, II.

où il négligea pourtant justement l'évolution des sentiments sympathiques sous l'influence de la vie sociale, et c'est pourquoi l'impératif catégorique apparaissait comme une puissance mystique dans la nature humaine. Kant regardait tout sentiment de plaisir ou de douleur (y compris la sympathie) comme égoïste et se retranchait ainsi la possibilité de comprendre comment peuvent se développer dans l'homme des intérêts et des fins qui dépassent son existence et sa jouissance propres. Aussi la loi morale s'introduit-elle, chez Kant, dans la nature humaine empiriquement donnée, d'une manière mystérieuse, comme une révélation venue d'un autre monde.

10. — *La loi morale* naît lorsque les conditions vitales de l'ensemble sont formulées en idées précises. Au point de vue que nous considérons, c'est-à-dire *au point de vue de la morale humaine*, son contenu ne peut être autre chose que ce principe : les actions doivent tendre *au plus grand bien et au plus grand progrès possibles du plus grand nombre possible d'êtres conscients*. Nous retrouvons ici deux prescriptions essentielles, l'une négative, l'autre positive : 1° Aucun individu particulier ne doit recevoir plus que ce qu'il lui revient d'après la place que sa nature propre lui assigne au sein de l'espèce ; 2° d'autre part, il faut que les facultés et les tendances de chaque individu soient développées et satisfaites d'une manière aussi pleine et aussi riche que le permettent les exigences de la vie de l'espèce dans son ensemble. Ces deux prescriptions découlent avec une nécessité logique de l'idée de la société, conçue comme une multiplicité d'êtres conscients rassemblée en une unité. Il est contraire à l'unité de la société qu'un ou plusieurs individus particuliers soient mis arbitrairement avant ou après d'autres ; toute place exceptionnelle doit avoir sa raison dans les exigences des conditions générales de la vie commune ; mais, d'un autre côté, une société est d'autant plus parfaite que ses membres se meuvent avec plus de liberté et d'indépendance, qu'un plus grand nombre de possibilités diverses se réalisent, tandis que, simultanément, l'unité est conservée et acquiert un caractère toujours plus profond, une valeur toujours plus haute[1].

Lorsque le sentiment moral se développe, sur la base de la

---

[1] Cf. mon opuscule : *Die Grundlage der humanen Ethik* Bonn 1880, p. 34-36, 66 sqq. 73 sqq.

sympathie, en sentiment du devoir et de la justice, le principe exprimé dans cette loi sera le critère ultime des jugements moraux. De plus, il va de soi, à ce point de vue, que les jugements moraux ne concernent pas seulement les actes propres de l'individu, mais encore ceux des autres ; et que la règle doit être la même dans les deux cas. Seulement l'individu, vis à vis de ses propres actes, sera mieux à même de les suivre jusqu'à leur origine : il pourra par conséquent apprécier de plus grandes phases de leur cours que lorsqu'il se trouve en face d'actes d'autres individus.

Une action sera donc *bonne* si elle conserve ou développe le bien des êtres conscients ; *mauvaise* dans le cas contraire. Le mal sera ici encore (comme dans le point de vue individualiste) ce qui dissocie et isole. Si un individu particulier se prend lui-même ou est pris par d'autres comme une fin absolue, la société des êtres conscients se trouve dissoute. Le mal c'est par conséquent l'égoïsme à ses divers degrés et sous ses diverses formes. Et plus il est conscient, plus le jugement porté sur lui sera sévère ; car plus l'acte a de profondes et solides racines dans l'esprit tout entier, plus aussi il est difficile de triompher de l'isolement et de la dissolution. L'appréciation sévère elle-même trouve son mobile et ses limites dans le désir de ce triomphe. C'est pourquoi elle est *plus qu'un jugement esthétique, elle a un but déterminé, celui-là même d'après lequel sont jugés les actes.*

11. — Le principe objectif, le principe qui détermine le contenu de la morale et l'appréciation des actes humains, est donc ici le principe du *bien universel*. D'après ce principe, aucune action, aucune institution ou forme de vie due à des actes, n'ont de valeur si elles ne favorisent la vie et le bonheur des êtres conscients. Une foule d'autres choses que les actions humaines sont capables de les favoriser ou de les empêcher ; déjà le cours de la vie naturelle inconsciente agit pour ou contre le bien des êtres conscients. L'appréciation de telles actions n'a cependant aucun caractère moral, parce qu'elles ne jaillissent d'aucune conscience et ne sauraient partant être influencées par aucun jugement. Le jugement porté sur des faits étrangers au domaine des actes humains prend un caractère religieux ou esthétique, il est l'expression d'une disposition affective causée en nous par quelque chose qui ne saurait, par essence, être

modifié. Le jugement moral, au contraire, peut avoir pour mobile le principe même en vertu duquel il est porté, et sert par conséquent à cette fin précise de réaliser un bien plus grand. Aussi ne peut-il porter que sur des événements susceptibles d'être provoqués par un jugement, c'est-à-dire sur des actes. C'est ce qui apparaît très clairement lorsque l'appréciateur et l'agent ne sont qu'un seul et même individu, ou lorsque le jugement moral est accepté par le sujet de l'action. Dans les autres cas, ce sera un problème spécial d'amener l'agent à accepter le jugement, problème de nature à la fois psychologique et pédagogique. Mais il suit de là, en même temps, que l'appréciation morale est à son tour elle-même susceptible d'être jugée, et, cela va sans dire, d'après son propre principe. Si les jugements moraux ne peuvent avoir leur mobile que dans leur influence pratique sur les êtres agissants qu'ils concernent, il est évident qu'en définitive on doit les considérer comme des moyens pédagogiques. Des deux idées d'« appréciation » et d'« éducation », cette dernière est la plus haute et la plus large. Une appréciation qui ne pourrait à son tour servir de moyen en vue de la fin constituant sa base serait une inconséquence manifeste. La morale, comme nous le montrerons encore plus d'une fois en détail dans les études qui suivent, conduit ainsi par delà ses propres limites.

J'emploie le mot « bien » de préférence à ceux d'« utilité » ou de « bonheur » parce que ces derniers amènent facilement et ont d'ailleurs amené en fait des malentendus. Par le mot « bien » j'entends tout ce qui sert à satisfaire les besoins de la nature humaine, prise dans toute son extension. La morale doit tenir compte de tous les degrés de la vie et ne saurait par conséquent partir d'une distinction entre un bien externe et un bien interne, un bien supérieur et un inférieur. Une pareille distinction est déjà en réalité une appréciation : elle ne peut donc être faite que si le principe d'appréciation est donné. Les malentendus auxquels a donné lieu le principe du bien général (ou, comme l'appelle Bentham, son plus grand défenseur, le principe du plus grand bonheur possible du plus grand nombre d'hommes possible) proviennent, en majeure partie, de ce qu'on n'a pas assez observé ce point. — Il est pourtant encore un autre avantage présenté par le mot bien sur toutes les expressions similaires, c'est qu'il indique un état de l'ensemble.

Des plaisirs et des douleurs momentanés ne sont pas un critérium sûr de l'état total. Sans doute, d'après une hypothèse psychologique, le plaisir et la douleur sont, en règle générale, un signe du progrès ou du recul de la vie : la douleur est le signe d'une dissolution naissante, le plaisir le signe d'un développement normal et harmonieux de la vie. (Cf. ma *Psychologie* VI, D), 2. 3.) Mais des sentiments particuliers et isolés de plaisir et de douleur on ne saurait rien conclure de certain ; une simple addition de ces états ne nous conduirait pas davantage au but. Il faut au contraire chercher la liaison de ces sentiments avec le caractère total, avec l'unité réelle de la conscience à laquelle ils appartiennent. De même, il faut considérer les plaisirs et les douleurs des individus particuliers dans leur liaison avec l'état social tout entier. La doctrine morale appelée l'utilitarisme, dont Bentham fut le principal fondateur, et qui a le grand mérite d'avoir mis en lumière le principe du bien général, nuisit à sa propre cause en partant d'une théorie psychologique qui résout la conscience en une somme de représentations et de sentiments, et la société en un amas d'individus. L'importance des sentiments de plaisir ou de douleur pour le bien durable et complet ne saurait tenir tout entière dans un simple problème d'arithmétique. Il va de soi que l'obligation de faire la preuve incombe à celui qui, soit dans un instant, soit chez un individu particulier, réclame l'abandon d'un plaisir : il faut mettre en évidence les intérêts en faveur desquels le sacrifice est demandé. (Cf. § 4).

12. — Le principe du bien général ne nous donne nullement une sorte de baguette magique pouvant tenir lieu de clef en tout et pour tout. On se méprend sur la portée d'un principe lorsqu'on croit qu'il peut d'emblée expliquer tous les cas particuliers. Si nous cherchons des principes, c'est justement parce que les cas particuliers peuvent être si embrouillés et si complexes que nous ne soyons en mesure d'y jeter quelque lumière qu'à la condition de partir de postulats déterminés. De plus, comme on l'a déjà indiqué, l'importance essentielle du principe c'est qu'il *détermine à qui incombe le soin de faire la preuve*. Le principe du bien général exige une preuve de celui qui prétend empêcher la vie dans son développement spontané et provoquer de la douleur, tandis que dans les cas où l'on favorise l'évolution de la vie et où l'on produit une augmentation de bonheur,

il n'exige aucune justification. Et, bien que la morale philosophique soit une science pratique, elle présente pourtant aussi un intérêt théorique, en nous permettant de comprendre notre appréciation des actes. C'est ce qu'il nous est impossible de faire à moins de remonter — peut-être à travers une foule d'intermédiaires — du milieu historique complexe où chaque acte se présente, à un principe général qui par lui-même ne renferme rien de plus que l'esprit et le sens dans lesquels l'appréciation morale doit s'engager. Le principe du bien joue en morale le même rôle que le principe de causalité dans la théorie de la connaissance. Pas plus en théorie qu'en pratique, les principes généraux ne nous donnent de solutions complètes des problèmes spéciaux. La théorie des principes est sans doute mise en tête dans l'exposition synthétique ou systématique d'une science, mais il n'en résulte pas qu'ils soient trouvés en premier lieu ; au contraire, ils ne sont d'abord découverts que par l'analyse de certains phénomènes saillants, puis posés hypothétiquement comme postulats dans les explications particulières.

Le raisonnement de la morale philosophique ne doit pas être confondu avec l'examen pratique par lequel nous recherchons si une action doit être exécutée. Dans cet examen, nous sommes guidés par des instincts et des tendances, c'est-à-dire par des causes dont, en majeure partie, nous n'avons pas complètement conscience, par des idées et des sentiments dont nous ne cherchons pas à pénétrer l'origine première. Nous suivons la « moralité positive » dans laquelle la vie nous a engagés et qui est en partie un héritage de l'espèce. L'art moral précède la science morale ; celle-ci cherche d'une part à faire voir, de l'autre à justifier les principes qui guident celle-là à son insu. La réflexion théorique réagira naturellement souvent sur l'examen pratique pour le justifier ou l'éclaircir. C'est pourquoi la complète liberté de discussion a une importance si considérable dans les questions morales. Pourtant ce n'est que dans les cas douteux que la réflexion consciente interviendra directement dans les résolutions morales[1].

13. — Si la considération du bien le plus grand et le plus

[1] Voir mes *Etiske Undersögelser* (Etudes morales) Copenhague, 1891, p. 26-29 (et *The Monist* I, p. 531-533).

général doit être le principe de toute justification morale, il est évident que ce principe ne saurait être lui-même moralement justifié. S'il est réellement le vrai principe moral, c'est-à-dire s'il désigne réellement la règle déterminante de l'appréciation établie de notre point de vue, c'est seulement avec sa reconnaissance, consciente ou non, que commence la possibilité d'une doctrine morale, et avec qui le conteste il n'y a pas de discussion morale possible. Ce n'est que d'une manière *indirecte* qu'il peut être question de justifier le principe lui-même. En effet, si par exemple d'autres principes sont mis en avant par celui qui conteste la valeur du nôtre, on peut essayer de montrer qu'ils supposent celui-ci et que logiquement ils en dérivent. Telle serait la seule manière fructueuse d'instituer un débat entre les écoles de Kant et de Bentham. C'est la marche qu'a suivie avec beaucoup de talent Henry Sidgwick dans son ouvrage *The Methods of Ethics*. Il va même encore plus loin et cherche à faire voir que la tradition morale dominante dans l'Europe moderne ne trouve sa complète explication que si on la considère comme née sous l'influence d'un utilitarisme inconscient. Des prescriptions et des résolutions éparses peuvent se ramener à un ensemble cohérent, le doute et l'incertitude qui peuvent régner touchant la solution de questions isolées sont susceptibles de disparaître, si l'on prend comme base le principe du bien. Nous pouvons également expliquer alors pourquoi certaines vertus ont occupé à certaines époques, chez certains peuples une place particulièrement éminente.

Pourtant, en face de celui qui se place résolument au point de vue de l'individualisme (et à fortiori s'il s'agit de celui de la souveraineté du moment) ce procédé ne sert absolument de rien. Ces points de vue, tant qu'on s'y tient fermement, sont logiquement inattaquables. Il en est de même à l'égard de ceux qui ne veulent appliquer le principe d'appréciation qu'à un groupe social plus restreint et considèrent la famille, la caste, la nation, la race ou la secte comme formant l'ensemble le plus élevé. La société restreinte peut ainsi jouer, en face de la grande, le rôle d'individualiste ou d'égoïste. De la sorte, nous pouvons concevoir autant de systèmes moraux différents qu'il y a de totalités plus ou moins grandes. Le monde moral s'étend depuis l'instant jusqu'à l'humanité; mais entre ces points extrêmes il y en a un grand nombre où l'on peut s'arrêter et que l'évolution psychologico-historique peut seule faire dépasser, grâce aux modifications qu'elle produit dans la vie affective humaine. Nous en trouvons un grand exemple dans l'évolution historique de la civilisation qui se fit à la suite des guerres d'Alexandre le Grand, amenant la formation d'un sentiment général de l'humanité et, avec lui, la base d'une nouvelle morale. C'est l'affaire de la psychologie et de l'histoire de montrer comment naissent les différents points de vue et les différents mobiles d'appréciation en morale. Un point de vue est remplacé par un autre grâce à une évolution psychologique et historique. Il y a une liaison continue des points de vue ou des mobiles d'appréciation en tant qu'ils sortent tous de la nature humaine et qu'ils naissent au cours de l'histoire de l'humanité[1]. La morale historique ou comparée (cf. I, 4), qui précisément s'appuie sur l'histoire et la psychologie, commence là où s'arrête la morale philosophique, qui cherche la justification des jugements moraux. Les limites de la morale comme science philosophique ne sont donc pas celles de toute considération scientifique des jugements moraux. Dans l'histoire, les différents systèmes moraux se combattent et cherchent à se détruire, ou plutôt à s'absorber mutuellement, au moyen de l'éducation et de la propagande. La manière dont s'exerce cette éducation et cette propagande doit — si elle veut être conséquente — être déterminée par les propres principes de chaque système : on n'élève pas les hommes d'après leurs idées, mais d'après les siennes propres. Il s'agit de produire la base psychologique qui jusque-là faisait défaut, d'éveiller un certain mobile d'appréciation déterminé. On veut élever le niveau des autres hommes, non abaisser le sien propre. Néanmoins, avant que cette éducation soit achevée, les autres hommes peuvent repousser les principes d'après lesquels ils ont été élevés.

Bref : *toute règle d'appréciation des actes s'appuie sur certains postulats psychologiques et historiques déterminés.* Celui qui veut accepter en théorie et appliquer en pratique le principe du plus grand bien possible du plus grand nombre possible d'êtres conscients, ne doit être ni égoïste, ni individualiste, ni sectaire, ni patriote fanatique, mais être à même de considérer les actes humains avec une sympathie universelle et désinté-

---

[1] Cf. *Etiske Undersøgelser* p. 7-14.

ressée. Tel est *le postulat subjectif du principe objectif*. Sans lui, lorsqu'on applique le principe et ses conséquences au jugement des actes, on ne fait que satisfaire une pure curiosité intellectuelle.

Ce fut la grande faute de Bentham de ne pas avoir clairement aperçu que le principe objectif en postule un autre subjectif. Il réclamait un principe objectif pour contrôler et régler les diverses idées et opinions subjectives dans le domaine moral, et le trouvait dans celui du plus grand bonheur possible. Mais *la subjectivité (la conscience) qui doit être réglée par le principe objectif reste toujours elle-même le fondement qui le fait accepter*. Une morale qui perd cela de vue garde toujours un caractère dogmatique, quelque aptitude qu'ait d'ailleurs son principe à servir de fil conducteur dans le détail de la discussion. *Il faut que la morale philosophique constate expressément à quel point de vue se trouve placée la subjectivité qu'on présuppose.* Le chemin qui mène à ce point de vue peut être, dans l'histoire, très long et très compliqué[1]. — Quelques mots sur la genèse de la conception exposée dans ce chapitre, touchant l'importance et les limites de la morale, trouveront ici leur place naturelle. Je suis parti de ce fait incontestable qu'on porte des jugements moraux, qui approuvent ou blâment les actes humains ou les formes de la vie humaine, c'est-à-dire des jugements sur le bien et sur le mal. Le premier postulat qui intervient dans notre attitude en face de ces jugements est qu'ils ne doivent pas se contredire entre eux. Il faut que la règle appliquée dans l'approbation ou le blâme soit toujours la même, que l'appréciation soit logiquement poursuivie en partant du point de vue donné. Il y a une règle que nous appliquons à tous les systèmes moraux, c'est la suivante : il faut qu'il y ait une liaison nécessaire entre la fin posée à la base et les moyens adoptés pour y parvenir. Quand Socrate attachait une si grande importance à sa maxime : « Connais-toi toi-même », il posait un principe dont la valeur et la sphère d'application sont indépendantes de la différence réelle des sys-

---

[1] Cf. *Die Grundlage der humanen Ethik*, ch. III : Die Autoritat. — J'ai cherché là à montrer que le lien d'autorité était la source la plus considérable de l'évolution du sentiment moral dans l'histoire. Aujourd'hui j'insisterais davantage, sous ce rapport, sur l'importance de la sympathie et du sentiment social.

tèmes. Il faut qu'on puisse s'accorder sur ce point : étant posé une fin de compréhension et d'extension déterminées, est-il logique d'approuver ou de blâmer tel acte en question ? Mais la cohérence formelle ne résout pas tout. La nature des jugements portés ne dépend pas seulement de la cohérence de la pensée, mais encore de la nature de la fin qu'on se propose. Changez la fin (et partant aussi la base, le mobile d'appréciation) et tout le système des jugements moraux se trouve également changé. C'est pourquoi deux individus qui dans leur appréciation prennent comme base des fins suprêmes toutes différentes, ne peuvent poursuivre leur discussion que jusqu'à un certain point. La différence des fins entraîne celle des appréciations. Or, se proposer des fins nouvelles c'est à quoi l'on pousse les hommes par l'action pratique, l'influence personnelle (l'éducation et la propagande) mais non par des déductions théoriques. L'homme grandit en même temps que ses fins deviennent plus hautes, dit Schiller. Mais il faut que l'homme, pour pouvoir se proposer des fins plus hautes, ait déjà dépassé un certain degré de croissance, et de ce degré de croissance dépendent à leur tour les jugements moraux qu'il tiendra pour bien fondés [1].

Le bien et le mal sont des notions relatives (comme toutes les notions) [2]. Elles expriment la relation à un but conscient ou non, et partant à une volonté. Dire qu'il y a un bien ou un mal en soi — c'est-à-dire indépendant de toute fin — cela présente une apparence idéaliste, mais est en réalité un non-sens. Pourvu qu'on remonte assez loin, on trouvera toujours derrière tout jugement moral, une fin ou une volonté.

14. — Ainsi les jugements moraux — malgré toutes leurs justifications possibles par un principe objectif d'appréciation — ramènent toujours à une *base subjective*. Ce sont en définitive des manifestations d'un sentiment. — Mais, dit-on, les

---

[1] Toute cette série d'idées a d'abord été développée par moi dans un travail danois, traduit sous le titre *Die Principien der philosophischen Ethik* dans la *Vierteljahrsschrift für wissenschaftliche Philosophie* (1886), et qui formait la majeure partie du ch. III de la 1re édit. danoise du présent ouvrage. Plus tard j'ai repris le même sujet dans le 1er chap. de mes *Etiske Undersögelser* (Études morales) (1891) et dans mes leçons de Zürich (*Ethische Principienlehre*. Berne 1896). L'idée directrice est celle-ci : Jusqu'à quel point une justification est-elle possible dans ce domaine ? — Dans l'opuscule *Grundlage der humanen Ethik* (Bonn 1880) je n'avais pas encore serré ce problème d'assez près.

[2] Cf. ma *Psychologie* V, D, 5 trad. fr. 1re éd., p. 287; 2e éd., p. 278.

sentiments ne se discutent point. — Sans aucun doute. Un sentiment est un fait psychologique et il faut le prendre comme tel. Mais tout sentiment est associé à des représentations d'où dépendent son caractère et sa direction, et la liaison, la valeur de ces représentations sont choses qui se discutent. Cette discussion réagira, ne fût-ce que très lentement, sur la base. On pourra montrer combien l'individualiste est peu fondé à se regarder comme un être isolé et solitaire, combien il est illogique de restreindre son amour de l'humanité aux hommes d'une couleur, d'une race ou d'une croyance déterminées. Pourtant il faudra le concours d'expériences personnelles et historiques pour qu'il puisse se produire un changement complet du centre de gravité.

Cette situation est celle de toutes les sciences pratiques. L'importance de leur thèse dépend en définitive d'un intérêt affectif qui pose le but dont elles cherchent les moyens. L'*économie politique* suppose donné l'instinct d'acquisition et le sort de toutes ses théories est lié à l'efficacité de cet instinct. Elle étudie les voies et moyens propres à atteindre les fins qu'il pose. Et comme d'autres besoins s'agitent dans le cœur des hommes et influent sur leurs actes, les thèses de l'économie politique ont un caractère abstrait et hypothétique, puisqu'elles sont vraies seulement dans une supposition que la réalité ne confirme pas complètement. Il faut encore faire un pas de plus, et aller jusqu'à dire que l'économie politique n'est pas une science absolument indépendante de la morale. Elle est la science non seulement de la production, mais encore de la distribution des richesses. Elle ne considère pas le domaine économique à l'état complètement isolé, mais dans ses rapports avec la culture générale et, en fin de compte, avec les fins morales de la société humaine. Le problème économique devient donc en définitive celui-ci : diriger de telle sorte la production et la distribution des richesses qu'une existence vraiment digne de l'homme soit accessible au plus grand nombre possible des membres de la société. L'économie politique est donc une science morale et suppose la même base que la morale humaine. On peut en dire autant de la *science du droit*. Lorsqu'on distingue la morale et le droit, la différence essentielle c'est que le contenu du droit peut être exécuté et réalisé par la force, tandis que ce qui est proprement moral exige l'adhésion et la soumission de la volonté. Mais celui-là seul cédera à la force, qui reconnaît son intervention comme justifiée ou qui se rend compte de sa propre faiblesse, et d'un autre côté, la force ne sert à l'application du droit que lorsque ceux qui sont chargés de cette application ont le pouvoir et la volonté de l'y faire servir. Les formules de la science du droit ont donc, elles aussi, un caractère abstrait et hypothétique. La théorie générale du droit ne se préoccupe même pas de savoir si les moyens d'appliquer le droit sont donnés en fait. Au sens le plus large, en effet, on comprend sous le nom de relations juridiques toutes les relations vitales *susceptibles* d'être organisées juridiquement. On prend donc ici pour base l'idée d'une société où tout ce qui en est susceptible est organisé juridiquement, de même que l'économie politique se fonde, en beaucoup de ses thèses, sur l'idée d'une société où règne l'instinct d'acquisition, et la morale humaine sur l'idée d'une société où domine l'amour de l'humanité (la sympathie universelle et désintéressée) et où l'on s'efforce de réaliser le bien général. Et, en dernière analyse, pour la science du droit comme pour l'économie politique, la différence précise qui la sépare de la morale s'efface et disparaît. En effet, la justification de l'emploi de la force dans la science du droit est, en définitive, une justification morale, car si on la cherche dans la nécessité d'une solide organisation extérieure de la vie, imposant des limites précises à la liberté d'agir, n'est-ce point parce qu'une telle organisation permet seule à la vie morale et aux plus nobles efforts de l'homme de se développer? Ainsi la science du droit est, elle aussi, une science morale, et repose sur la même base que la morale humaine. — Il est certain, dans tous les cas, que lorsqu'on approfondit la base ultime de l'économie politique et de la science du droit, on arrive à des problèmes tout à fait analogues à ceux que soulève la question de la justification des jugements moraux.

La science du droit et l'économie politique ont, tout comme la morale, longtemps souffert du malentendu qui les faisait considérer comme des sciences purement rationnelles. Elles prenaient alors un caractère dogmatique et non historique en contradiction avec leur nature de sciences pratiques. Elles supposent des sujets ayant certains intérêts déterminés, et il n'est jamais impossible que ces intérêts se modifient.

15. — Si l'on voulait, dans la morale, partir uniquement du

point de vue subjectif, de la base, la morale ne serait alors qu'une théorie du sentiment moral. Mais, comme toute morale doit encore enseigner ce qu'on doit faire, il faudrait alors déduire le contenu de la base. Or, si l'on ne se sert pour cela d'un principe déterminé, la morale devient une série de postulats subjectifs, qu'il serait impossible de justifier, même en face d'individus qui se tiendraient sur la même base.

J'ai essayé de montrer comment le principe subjectif et le principe objectif se développent côte à côte et se correspondent mutuellement. Une sympathie universelle et désintéressée ne peut — à moins de vouloir se supprimer elle-même — donner pour fondement à l'appréciation des actes d'autre principe que celui du bien général. Il se peut que, par courte vue et impatience, elle agisse contre ce principe; mais elle agit aussi alors contre son propre but, et plus elle aura conscience de cette particularité, plus aussi, dans le détail, elle suivra le principe du bien. La conscience morale n'est pas infaillible : c'est pourquoi il faut qu'elle soit dirigée par un principe objectif. Il faut sans doute qu'à chaque moment déterminé l'appréciation ait lieu d'après la connaissance présente, car il n'existe pas d'autre tribunal que la conscience aussi bien éclairée que possible. Mais, par cela même, il peut très bien se faire que la décision soit objectivement inexacte; c'est ce que pourra montrer une application plus rigoureuse, fondée sur des expériences plus larges, du principe du bien. La conscience est l'autorité suprême, autorité cependant qui peut toujours se perfectionner elle-même. Le principe objectif rend possible non seulement un accord entre deux consciences placées sur la même base, mais encore le jugement par elle-même de la conscience de l'individu isolé.

De la sorte, le contenu réagit sur la base, le principe objectif sur le subjectif. La subjectivité se contrôle elle-même grâce au principe contenu dans la fin qu'elle pose. C'est d'une façon analogue qu'elle se contrôle aussi dans le domaine théorique, au moyen des principes d'identité et de causalité, bien que ces principes, eux aussi, ne soient en dernière analyse posés que par une activité subjective [1].

---

[1] Voir ma *Psychologie* V, B, 11; D, 3. trad. fr. 1re éd., p. 233. 281; 2e éd., p. 229, 272.

**16.** — Si l'on examine de plus près *le rapport qui existe entre la base et le contenu,* on verra facilement qu'il est plus sûr de conclure de la base au contenu que réciproquement. L'histoire montre qu'un seul et même contenu moral, que des principes, des prescriptions et des lois identiques ont été édifiés sur des bases très différentes. Cela résulte déjà suffisamment de cette circonstance que certains devoirs apparaissent au sein de religions très diverses. Des systèmes moraux de base différente peuvent très bien présenter des éléments communs, mais il se trouvera que ces éléments y occupent une place quelque peu différente. Le système de l'égoïste, par exemple, n'exclut pas la considération de la famille et de l'Etat, bien qu'elle ne soit pour lui qu'un moyen. La morale civique et la morale humaine peuvent attribuer une importance énorme à ce que l'individu particulier s'affirme lui-même, bien que ce ne soit pas là pour elles, comme dans le système de l'égoïste, la fin absolue. Mais, en nous en tenant au principe du bien général comme à l'exemple le plus considérable, est-ce qu'il ne pourrait pas résulter d'autres causes que celles indiquées ici ? — A cela il faut répondre qu'il en va sans doute ainsi *historiquement,* mais qu'on pourra toujours découvrir des inconséquences et des imperfections, lorsque la base et le contenu ne se correspondent pas complètement et réciproquement entre eux.

Il y a notamment, en dehors de celle ici décrite, deux autres voies par lesquelles on a cherché une base au principe du bien.

On a pensé que l'effort pour réaliser le bien général *était le meilleur moyen pour l'individu d'assurer son bien égoïste,* puisqu'il peut ainsi arriver pour son propre compte à des fins auxquelles il ne serait autrement jamais ou du moins pas si facilement ni si sûrement parvenu. L'effort vers le bien général ne serait donc qu'un détour pris par l'individu pour rendre possible sa satisfaction égoïste. Tout commandement moral indiquerait un détour de ce genre, et la morale ne serait par conséquent que la théorie systématique de tous ces détours. Cette conception de la base de la morale était au fond celle qu'admettait BENTHAM, le fondateur de l'utilitarisme moderne, et qu'il a exposée sans aucun artifice dans l'ouvrage posthume intitulé *Déontology*[1]. J'ai critiqué Bentham sur ce point (et sur

---

[1] Dans les *Principes of Morals and Legislation* qui est l'ouvrage capital de Bentham, cette conception n'apparaît pas aussi nettement. Il ne s'y ex-

celui-là seulement) dans mon opuscule « *Die Grundlage der humanen Ethik* ». Je me contenterai ici de remarquer que Bentham emploie comme base de sa morale une grosse et très précaire hypothèse, qui n'est rien de moins que celle-ci : il existe une harmonie entre les intérêts égoïstes de tous les individus, pourvu que chacun de ces derniers sache bien quels sont ses intérêts véritables. Dans cette conception, celui qui travaille pour son intérêt bien entendu, travaille aussi pour l'intérêt de tous les autres. Il ne serait donc proprement besoin d'aucun autre motif que des motifs égoïstes, fût-ce même pour établir le principe de l'appréciation. Tout sujet appréciant jugerait les actes d'après le degré auquel ils favorisent le bien général, parce que ces actes sont en même temps ceux qui servent le mieux son propre intérêt.

Il est facile de voir qu'une pareille hypothèse s'appuie sur une base très fragile et qu'elle réveille sans cesse le doute. Elle conduit à des recherches très complexes qui ne peuvent jamais être achevées ; aussi est-elle une base très peu sûre pour supporter l'édifice de la morale. Ajoutez à cela que, même en admettant cette base, le contenu édifié sur elle, c'est-à-dire la morale objective entière, ne sera qu'un moyen extérieur, et ne correspondra pas immédiatement par lui-même à la base. La morale objective tout entière devient un système de concessions que le sujet, dont le point de vue propre est celui de l'individualisme, est obligé de se laisser arracher. Or la voie directe est toujours la meilleure et un détour ne saurait être qu'un expédient.

Une autre base sur laquelle le principe du bien s'est appuyé est celle de la *théologie*. Ici encore on se fonde sur des hypothèses vastes et contestables. On fait dépendre l'appréciation morale de la solution des problèmes religieux. Mais les efforts tentés pour constituer une morale philosophique sont précisément venus du désir de rendre le problème moral indépendant de ceux-ci. Si la morale doit se constituer sur une base théologique, il faut déclarer toutes ces tentatives non avenues. Ajoutez à cela,

plique pas clairement sur la base de la morale. Il est dit dans un passage : « The dictates of utility are neither more nor less than the dictates of the most extensive and enlightened benevolence. » (« Les prescriptions de l'utilité ne sont ni plus ni moins que celles de la bienveillance la plus étendue et la plus éclairée » [Trad.].) (X, 36). Mais il n'est fait aucun usage de cette proposition dans l'établissement du principe de l'appréciation morale (ch. I-II).

que la morale fondée sur la théologie prête à une objection analogue à celle qui atteint la morale fondée sur l'harmonie présupposée des intérêts égoïstes bien entendus. La morale tout entière devient en effet un moyen pour satisfaire un intérêt qui par lui-même diffère de l'intérêt moral, ou tout au moins ne coïncide pas entièrement avec lui. En fait, toute morale théologique, si haut qu'elle puisse mettre le principe du bien, contient une classe de devoirs spéciaux, issus de la base théologique, qui ne sauraient se justifier par le principe du bien et qui même le contredisent[1].

Lorsqu'on pose les principes d'une science, il faut appliquer la loi d'économie (*lex parcimoniæ*). Or le sentiment moral conditionné par une sympathie désintéressée et universelle nous fournit une base dont la réalité positive est indiscutable, quand même on ne serait pas d'accord sur l'influence qu'elle exerce dans le monde. L'amour du genre humain, comme nous l'avons déjà indiqué, ne s'est manifesté que lentement et c'est encore aujourd'hui une force en lutte, car il lui faut combattre pour obtenir la suprématie aussi bien dans le monde externe que dans le for intérieur de l'individu. Sera-t-elle un jour chez tous les hommes le mobile d'appréciation victorieux de tous les autres, c'est ce que nous ignorons et n'avons du reste pas besoin de savoir[2]. Elle a d'ores et déjà une influence considérable dans le monde, de sorte que l'étude des jugements moraux qui en dérivent logiquement présente un très grand intérêt. Et on verra que le choix de ce mobile d'appréciation pour objet d'étude est

---

[1] Voy. *Die Grundlage der humanen Ethik* p. 68-72.

[2] Axel Hægerström (*Undersökning af den empiristika Etikens möjlighet, med särskild hänsyn till dess moderna hufvudformer* [Étude sur la possibilité de la morale empirique, considérée en particulier dans ses principales formes modernes] Upsal, 1895 p. 20 sqq) pense que je dois nécessairement regarder la sympathie universelle comme également grande chez tous les hommes, parce qu'autrement la morale n'aurait plus de base universelle et perdrait dès lors le caractère de science. Or ma pensée est justement que la sympathie universelle se développe d'une manière aussi bien sporadique que successive, qu'il en va de même de toute autre cause que l'on pourrait nommer, et c'est précisément en cela que je vois une limitation du caractère scientifique de la morale (non seulement de la mienne, mais de toutes). — Un critique théologien (N. Tejsen, dans « Vidar » 1888) demande que peut faire la morale philosophique au cas où le sentiment présupposé comme la cause de l'appréciation vient à manquer. On peut répondre ic en retournant la question : que fait la morale théologique à celui qui ne croit ni à Dieu ni à diable ?

extrêmement bien approprié. Car il n'est peut être pas un seul autre mobile qui produise comme celui-ci, une tendance à suivre les effets des actes dans leur cours entier aussi loin que cela est possible en général. L'individualiste suspend sa recherche dès qu'il s'est convaincu que les effets d'un acte n'intéressent pas *son propre* bien ; celui qui se place sur le terrain de la morale nationale reste indifférent dès lors que son pays n'est pas atteint par les effets d'un acte. Pas une seule fois, l'hypothèse d'une harmonie entre les différents intérêts individuels (des particuliers ou des nations) n'a pour ces points de vue d'importance décisive. Qu'importe à l'individualiste si les intérêts des autres hommes coïncident avec les siens, pourvu qu'il possède les moyens d'assurer ces derniers ? Tout au plus la pensée de cette harmonie peut-elle lui inspirer une certaine sécurité. La sympathie universelle, au contraire, en tant que mobile d'appréciation, pousse à rechercher comment les effets des actes influent sur la vie de tous les êtres personnels, et donne par là aux études physico-naturelles, psychologiques, historiques, sociales et statistiques, un intérêt pratique qui peut très bien aller de pair avec leur intérêt scientifique. Ce mobile d'appréciation nous mène par conséquent au delà de la morale, ou plutôt il oblige la morale à s'appuyer sur la science de la nature, l'histoire, la psychologie, la statistique et l'économie politique de telle sorte que l'appréciation devienne aussi *objective* et *réaliste* que possible. Et ce passage a lieu avec plus de rigueur et d'une manière plus directe que dans les autres points de vue qui essaient d'adopter et de justifier le principe du bien. A la sympathie universelle comme mobile d'appréciation, correspond le principe du bien comme principe objectif d'appréciation des actions humaines, lequel ne fait que tirer les conséquences logiques de la base psychologique, et rendre possible une justification rigoureuse de ses manifestations particulières. La base et le contenu de la morale se trouvent ainsi rapprochés aussi près que cela est en somme possible.

Toute doctrine morale qui prend comme base une autorité — qu'elle soit naturelle ou surnaturelle, qu'elle consiste dans la volonté du détenteur de la force, dans l'attrait des modèles ou la contrainte de l'opinion publique — est pourtant obligée d'accorder que la possibilité pour l'individu de faire immédiatement siennes les fins de l'autorité est la seule base simple et sûre de la moralité, et qu'en même temps elle assure la possibilité de rectifier constamment celle-ci. C'est prendre un détour que d'entrer en relation avec les plus hautes fins reconnues par ma propre volonté seulement par l'intermédiaire de la volonté d'une autorité. L'amour énergique et intellectuellement développé de l'humanité fournit l'unique base sur laquelle les fins individuelles et universelles puissent immédiatement s'identifier. En comparaison d'une pareille force, toute autorité ne saurait avoir qu'une importance provisoire et pédagogique. Toute autorité peut disparaître sans que la base permanente de la moralité s'évanouisse pour cela. Autre chose est le fait que la loi morale (abstraction faite du point de vue du moment et de l'individualisme absolu) consiste en idées précises, où sont formulées les conditions vitales d'un vaste ensemble, autre chose, la manière dont ces idées sont acceptées par l'individu particulier. Même quand ces conditions vitales sont commandées par les lois extérieures et l'opinion publique, l'individu peut très bien être arrivé par sa propre conviction à les réaliser. Il peut même se faire que l'individu ait une vue plus claire et plus pénétrante des conditions vitales de la société, que les lois et l'opinion publique n'ont pu en exprimer jusque-là — et devra-t-on refuser alors à l'intention qui lui fait suivre ses vues lorsqu'il agit, le nom de morale, parce que nulle autorité ne la sanctionne ? Le mobile d'appréciation dont l'examen présentera le plus grand intérêt doit donc être celui qui est susceptible d'apprécier le plus directement chaque autorité d'après la règle à laquelle toute autorité doit satisfaire pour être considérée comme légitime. Si l'on construit toute morale sur l'autorité, où trouvera-t-on alors un point de vue duquel il soit possible d'apprécier moralement les autorités elles-mêmes ?

17. — La différence entre la morale *subjective* et *objective*, au sens où nous venons de développer ces mots, ne se confond pas avec celle qui existe entre la morale *individuelle* et *sociale*. La morale subjective indique la base psychologico historique sur laquelle repose l'appréciation morale guidée par le principe objectif. La morale objective expose aussi bien les qualités individuelles du caractère que les formes de vie sociale qui s'accordent avec le principe d'appréciation. Elle comprend donc aussi bien la morale individuelle que la morale sociale. Par suite, il y aura lieu d'y résoudre la question de savoir si la morale indi-

viduelle et la morale sociale sont indépendantes l'une de l'autre, ou si l'une, et laquelle, est la déterminante de l'autre. Il faut que le principe du bien décide si le libre développement personnel de l'individu doit être restreint par les conditions de la vie sociale, ou inversement celles-ci par celui-là. Il peut se rencontrer dans la morale objective un autre individualisme que celui dont nous avons précédemment parlé, individualisme fondé non plus sur la souveraineté de l'individu, mais sur la considération du bien général, lequel exige le plus possible de sources indépendantes et originales d'action. Il en va de même quand il s'agit de justifier l'existence et le rôle des petites sociétés au sein des sociétés plus considérables. Le principe du bien général demande qu'on ait égard à tous les êtres doués de conscience, dont les plaisirs et les douleurs peuvent être excités par des actes. Mais cette raison même peut précisément faire qu'il soit de la plus grande importance de concentrer son intérêt sur un cercle étroit. Vivre dans la famille et s'adonner à une occupation déterminée est peut-être le meilleur moyen de travailler au progrès du peuple, et peut-être le meilleur moyen de travailler au progrès de l'humanité est-il de participer à la vie nationale. Mais toutes ces questions sont trop spéciales pour rentrer dans le plan de ce chapitre.

18. — Comme nous l'avons vu au paragraphe 2, l'opposition entre la morale subjective et l'objective provient à l'origine de ce qu'on a attribué une importance inégale à la face interne et à la face externe de l'action. J'ai essayé de montrer que cette opposition force à remonter plus haut, et qu'elle est étroitement liée au caractère pratique de la science morale. Je reviens maintenant, en finissant, à ces deux faces, pour déterminer le rapport qui existe entre ce que j'ai appelé la *base* morale ou le *mobile d'appréciation* et les *mobiles* des actions particulières.

L'histoire de la morale nous montre que l'appréciation ne concerne d'abord que l'*acte extérieur et ses effets*, mais qu'elle s'étend ensuite progressivement aux *mobiles, à l'état d'esprit, au caractère de l'agent*. Il est tout naturel que l'on s'occupe d'abord de ce qui apparaît au grand jour et peut être perçu par les sens. La vue mentale se dirige vers l'externe avant de pouvoir saisir l'interne. De plus, aux premiers degrés de l'échelle, les actes ont le caractère de mouvements réflexes et de manifestations instinctives; les mobiles ne ressortent pas de façon particulière et l'intérêt ne s'arrête pas spécialement sur eux. Il n'y a pas non plus de distinction entre la morale et le droit; entre l'accord interne et l'accord externe avec la loi ou l'usage régnants. La loi morale, les mœurs et la loi juridique ne se sont pas encore séparées les unes des autres. Le fait que ces diversités s'accusent forme précisément un point important de l'évolution morale. Mais il suppose la faculté de comprendre la dépendance de l'action à l'égard de certains mobiles et la tendance de ces mobiles à agir dans un sens déterminé. L'appréciation morale est alors étendue également au monde interne. Les grandes révolutions dans le domaine moral apparaissent essentiellement comme des progrès dans l'*intériorisation* de l'appréciation morale. Nous rencontrons un progrès de ce genre quand la morale, en insistant sur la source interne de l'action comme sur sa partie essentielle, se sépare de la science du droit. L'important n'est plus seulement désormais l'exécution ou l'omission de l'acte extérieur, mais l'accord de l'état interne tout entier avec ce qu'exige la loi morale. Cette intériorisation plus grande est liée en même temps à une *généralisation*. En effet, rejeter un mobile (par exemple l'égoïsme ou la haine) c'est en même temps rejeter tous les actes qui en dérivent, sans qu'il soit besoin de les énumérer en détail. De même, approuver un mobile c'est approuver tous les actes qui en découlent. C'est pourquoi enfin le passage de l'appréciation externe à l'appréciation interne est une grande *simplification* de la loi morale. Il s'agit de fixer non pas la multitude des commandements divers, mais les qualités de caractère qui doivent prédominer, ainsi que le sens dans lequel il importe de développer les formes de la société.

Des exemples de ce progrès dans l'intériorité, la généralité et la simplicité nous sont fournis par la rupture du christianisme avec le judaïsme et par celle du protestantisme avec le catholicisme.

Par cette voie encore, la morale objective mène à la subjective. Non seulement l'appréciation objective *suppose* une base subjective, mais elle trouve encore certains de ses objets *les plus parfaits* là où elle est placée en face d'actions qui jaillissent du même état d'esprit d'où l'appréciation même dépend. Ici base et mobile coïncident. La loi morale réclame l'existence de l'état d'esprit grâce auquel elle-même vit dans l'espèce. C'est ce que Kant a exprimé en disant que c'est un devoir d'avoir de la conscience. Comme reconnaître des devoirs suppose qu'on a de la conscience, il pourrait sembler qu'on tourne ici dans un cercle. Mais ce n'est là qu'une apparence car, en fait, la base et le mobile n'ont pas nécessairement besoin de coïncider, et ce n'est pas une imperfection lorsqu'ils ne le font pas. Il peut, en effet, très bien être nécessaire en vertu du principe du bien que d'autres mobiles que le sentiment du devoir entrent en ligne de compte. Par exemple, il peut être nécessaire et sain que l'homme soit poussé par instinct de conservation ou par sympathie immédiate à travailler pour son bien propre ou celui des autres hommes, et que la conscience morale n'intervienne pas dans chaque action particulière. Ce peut même être un signe de perfection, que des actes exigeant de l'effort et du sacrifice soient exécutés autrement que par sentiment du devoir. L'exercice mental en effet arrive à faire que des actes dont l'accomplissement exige au début plusieurs intermédiaires psychologiques, une réflexion expresse et une tension de la volonté, finissent par s'exécuter directement et sans connaissance spéciale du motif.

10. — Toute morale[1] est un idéalisme pratique. Elle suppose que nous nous proposons des fins ; mais une fin n'est pas un être, c'est un *devant* être. Toute morale suppose donc une impulsion, un sentiment vif, une tendance, associés à la représentation de ce vers quoi l'on tend. Si tout besoin était satisfait par la réalité, il n'y aurait pas d'idéal ni par conséquent de morale. Pourtant un idéal dont la morale puisse se servir ne doit pas seulement être au-dessus de la réalité, mais encore avoir dans la réalité donnée des points d'attache qui permettent au moins à celle-ci de s'en rapprocher. Il faut que subjectivement on puisse l'accepter et qu'objectivement on puisse le poursuivre toujours davantage dans le monde des expériences. Les hommes qui doivent vouloir et agir sont des hommes réels, et le monde, théâtre de leur volonté et de leur action, est un monde réel. Ce que la morale exige doit être physiquement, psychologiquement et historiquement possible, et ne pas contredire les lois du monde

---

[1] Dans la suite, le mot « morale », employé seul, désignera toujours la morale philosophique.

réel. Celui qui rejette toute morale parce qu'elle pose des idéals, ne peut donner à ce rejet d'autre sens que celui-ci : les idéals que la morale propose manquent de points d'attache dans la réalité. Il ne pourra s'empêcher de se forger à lui-même des idéals, de manière à renverser en somme la morale par une morale nouvelle. Si par exemple il demande qu'on ait l'honnêteté de reconnaître l'impossibilité d'une morale, ou même s'il rejette radicalement la morale sous prétexte qu'elle serait la source de tous les maux de la vie humaine, il parle alors au nom de l'honnêteté et de l'amour du genre humain, et par conséquent joue le rôle d'un idéaliste moral. La discussion ne peut rouler que sur le point de savoir *quels* idéals on doit proposer. Personne ne s'affranchit complètement de tout idéal, quoi qu'il fasse. Mais les idéals peuvent être de valeur très différente, et le débat porte sur la valeur.

La science théorique elle-même a toujours un caractère idéaliste. Elle opère avec des principes et des postulats si simples que l'expérience réelle ne leur est jamais de tout point conforme. Toute pensée constructive cohérente n'est possible que parce que nous fixons une face isolée, un facteur particulier du donné, et que nous en tirons toutes les conséquences. Ainsi la géométrie considère les objets uniquement comme étendus dans l'espace, et elle déduit les lois générales de l'étendue sans tenir compte des autres qualités des choses. Dans tous les domaines, pour pouvoir penser avec précision, nous sommes obligés de concevoir les choses comme plus simples qu'elles ne le sont en réalité. Cela n'empêche pas que les résultats de notre pensée ne puissent valoir pour les choses, pourvu que les faces que nous en considérons dans notre pensée constructive soient parmi les essentielles et les plus importantes. De même que la géométrie construit un espace idéal, de même la morale, en s'appuyant sur la psychologie et l'histoire, construit une conscience idéale. En fait, la conscience de chaque homme se compose de facteurs divers, parfois même opposés. Imitation et tradition, égoïsme et ambition, souci de l'opinion des autres et crainte du châtiment, piété et amour des hommes, religiosité et sentiment social, tous ces mobiles et d'autres encore s'agitent dans la conscience ordinaire, laquelle n'est pas un sentiment aussi simple qu'on le croit souvent. Les divers systèmes de morale possibles, que nous avons caractérisés dans ce qui précède (4-13), ne se combattent pas seulement dans l'histoire et dans l'espèce, mais encore *dans la conscience de l'homme isolé*. Chacun d'eux possède, ou peut posséder plusieurs intérêts et plusieurs fins, qui luttent pour décider lequel d'entre eux finira par déterminer l'appréciation que tout homme porte sur ses propres actes ou sur ceux des autres hommes. Toute tentative pour développer une morale cohérente doit nécessairement prendre pour base un mobile d'appréciation particulier, considéré comme dominant et déterminant. Et par cela seul qu'on prend ainsi pour base un mobile particulier, on entreprend déjà une idéalisation. L'histoire de la morale philosophique nous montre comment on a essayé de développer jusqu'au bout les différents mobiles possibles d'appréciation. Ainsi Hobbes et Bentham sont partis de l'égoïsme ou de l'intérêt personnel bien entendu, Hutcheson, Hume et Adam Smith de la sympathie des hommes fondée sur la communauté d'intérêts, Hegel de l'idée de l'État et de l'association en vue de la culture (Kulturgesellschaft). L'importance de la morale philosophique ici c'est qu'elle amène à une conscience complète les différentes fins que les hommes peuvent se proposer, et en tire toutes les conséquences. Cela jette une telle lumière sur les différents idéals que leur lutte peut se poursuivre avec une plus grande clarté ; c'est là un des plus grands services que la morale théorique puisse rendre à l'effort moral pratique. La valeur du service dépendra de l'importance du mobile d'appréciation choisi pour l'étude. — Dès lors, en vertu de la base choisie, tous les mobiles et toutes les tendances seront estimés selon qu'ils mènent directement ou non dans le sens de l'idéal que la base nous a fait poser. La différence entre la science théorique et la science pratique est ici que dans la théorie tous nos idéals sont des approximations de la réalité, laquelle est le but que la pensée cherche à atteindre, tandis que dans la pratique c'est la réalité qui doit être modifiée et rapprochée de l'idéal.

20. — Les idéals moraux s'éloignent du donné réel sous trois rapports.

En premier lieu, la volonté et l'action réelles comprennent bien des éléments *directement contraires* à ce que la morale exige. Ces éléments, la morale les *refrène* ou les *nie*, elle réclame leur exclusion du monde moral. A cette action répond, dans la vie volitive pratique, l'influence d'arrêt par laquelle sont réprimés des appétits et des penchants involontaires, primitifs ou acquis[1].

En second lieu, la volonté et l'action réelles ne présentent souvent qu'une *faible* et *imparfaite* réalisation de ce qu'exige la morale. Il faut donc augmenter ici à la fois le degré et l'étendue, il faut un *renforcement* et un *élargissement*. La direction est bonne, mais le mouvement manque de force et d'ampleur. A ces procédés répondent dans la vie pratique la contention de l'attention, le rassemblement de l'énergie, et surtout le pouvoir qu'a la volonté de réagir sur elle-même grâce à son influence sur les représentations et les sentiments[2]. — Ou bien encore la direction est bonne, mais le *mobile* n'est pas acceptable, de sorte qu'il faut de tout autres raisons pour que la volonté ou l'action deviennent parfaites. Une volition issue d'un mobile peut ensuite (grâce à la *substitution*, voir I, 4) être complètement acceptée par un mobile tout autre[3].

Enfin la volonté et l'action réelles peuvent *manquer* de *cohérence*, d'unité et d'harmonie. Diverses impulsions et tendances contraires peuvent se faire sentir. Il est alors besoin d'une *combinaison* et d'une *concentration*, d'une fusion et d'une conciliation des éléments épars et discordants. A tout cela correspond, dans le domaine de la vie volitive pratique, l'exécution de mouvements et de séries de représentations complexes, et le pouvoir de mettre un terme à la réflexion en prenant une résolution[4].

Aussi bien dans l'activité qui arrête que dans celle qui accroît, dans celle qui modifie le mobile que dans celle qui le nie, le principe du bien reste le principe directeur. C'est seulement s'il est satisfait que ces activités prennent de la valeur. On peut arrêter ou accroître tant le bien que le mal; la valeur morale ne réside donc pas dans ces activités prises en elles-mêmes, mais dans le sens où elles s'exercent.

Les opérations que nous venons d'énumérer ne trouvent pas seulement leur application dans le développement moral de l'individu particulier, mais aussi dans celui de la société et de l'espèce. Il peut y avoir des manifestations de la vie individuelle

---

[1] Voir *Psychologie* II. 1 c; 6 e — IV. 4.
[2] *Ibid.* VII, A, 5; B, 2.
[3] *Ibid.* VI, C, 2.
[4] *Ibid.* VII, B, 1. c; 3; b a.

qui s'opposent non pas au bien propre et isolé de l'individu même, mais à celui de l'espèce ; celles-là doivent être inhibées. L'aspiration au bien social peut manquer de force, d'étendue ou de motifs justes ; ici le renforcement, l'élargissement ou la substitution trouveront à s'appliquer. Enfin la cohérence et l'harmonie peuvent manquer, au sein de la société et de l'espèce, entre les diverses manifestations vitales et les divers efforts, nécessaires pour réaliser le bien général ; c'est alors qu'il convient de fondre entre elles et d'organiser les activités éparses.

Ici encore on voit que la morale philosophique est aussi bien conservatrice que radicale (Cf. I, 4). Elle prend ses points de départ dans le donné. Sur un sol nu elle ne saurait rien produire. Mais elle cherche à développer davantage ce donné par les trois procédés que nous avons énumérés.

# IV

# THÉORIE DE LA CONSCIENCE MORALE

1. La conscience morale comme instinct, comme tendance et comme raison pratique. — 2. Différences individuelles. — 3. Infaillibilité de la conscience comme autorité. — 4. La sanction morale. — 5. Qu'elle suffit. — 6. La morale et l'hypothèse de l'évolution. — 7. Le devoir aura-t-il un jour fait son temps? — Peut-on faire plus que son devoir?

1. — Dans le chapitre précédent (§§ 5 et 9) la conscience morale a d'abord été décrite comme un sentiment. Mais aucun sentiment n'est sans liaison avec la vie consciente en général, et il importe de mettre ce point particulièrement en lumière, si l'on veut comprendre la nature de la conscience morale.

Il est intéressant de remarquer que l'idée de « conscience morale » est étroitement liée, à l'origine, à celle de « conscience psychologique ». Chez les Grecs, le mot correspondant (συνείδησις) fut d'abord employé avec le sens général de conscience de soi, de faculté de saisir ses propres états internes, avant de recevoir le sens spécial d'appréciation morale de soi-même; de même l'allemand « Gewissen » (= Mitwissen) avait primitivement une acception théorique plus générale, avant de recevoir son sens moral spécial[1]. L'expression de « conscience » implique que l'homme a la faculté de se diviser en quelque sorte en deux personnes dont l'une sert d'objet à l'autre. Or la caractéristique générale de la vie psychique c'est précisément la présence d'une activité synthétique, grâce à laquelle les expériences particu-

---

[1] RUDOLPH EUCKEN : *Geschichte der philosophischen Terminologie.* Leipzig 1879, p. 175. — Le danois « Samvittighed » a été tiré du bas allemand (probablement au xiv° ou xv° siècle). Le bas allemand « samwittichelt » avait (comme traduction du latin *conscientia*) à la fois le sens de « conscience psychologique » et de « conscience morale ». Plus ancien encore est le vieil haut allemand « gewizzen ou « gewizzida » qui signifiait « savoir, connaissance » et qui ne reçut que plus tard (d'après le latin *conscientia*) les sens de « conscience psychologique » et de conscience morale ». Je dois ces renseignements à des collègues linguistes.

lières sont mises en rapport entre elles. Toute vie psychique est l'expression d'un besoin d'unité et de cohésion, d'une synthèse. Dans la conscience morale, cette propriété se manifeste d'une manière particulièrement intense et concentrée. Si grande que puisse être l'opposition entre ce que l'homme reconnaît comme idéal et d'autre part sa propre volonté et sa propre action réelles, la conscience morale n'en a pas moins pour effet de lui faire reconnaître l'un et les autres comme siens : « Voici mon idéal, quelque contradiction qu'il puisse y avoir entre lui et *ma* façon d'agir » ou bien : « Voici ce que j'ai voulu et fait, quelque contradictoire que cela puisse être avec mon idéal ». L'apparition de la conscience morale suppose qu'il se manifeste, dans la conscience psychologique, une différence entre un contenu central et dominateur et un contenu périphérique, composé des pensées, des dispositions et des volitions particulières et transitoires. La conscience morale c'est en effet la réaction du centre contre la périphérie : elle est un sentiment de relation qui prend un caractère différent suivant qu'il existe dans la personnalité, entre le centre et la périphérie, un rapport harmonieux ou discordant. Il peut y avoir une grande résistance à vaincre avant que la synthèse et la comparaison immédiates des éléments les plus élevés et des éléments les plus bas que la conscience embrasse arrivent à se faire. La descente aux enfers de la connaissance de soi, pour employer une expression de Kant, exige l'emploi d'une grande énergie mentale. Mais elle s'achève d'après les lois psychologiques générales et ne fait qu'exprimer d'une façon particulièrement nette la nature générale de la conscience psychologique. Il n'y a donc aucune raison de considérer la conscience morale comme une faculté ou un sens spécial, qui serait inné dans les hommes une fois pour toutes[1]. La possibilité de la conscience morale est impliquée dans l'essence générale de la conscience psychologique ; mais que cette possibilité se développe, dans quel sens — et quel contenu reçoit alors la conscience morale, c'est ce qui dépend des circonstances sociales au milieu desquelles l'individu naît et se développe lui-même (voir I, 2). La grande importance que présente, dans l'apparition de la conscience morale, le rapport de

---

[1] J'ignore sur quoi s'appuie Victor Cathrein (*Philosophia moralis*, Freiburgi 1895 p. 60), pour dire que j'admets un « sensus moralis » particulier.

contraste des différents éléments, fournit une explication psychologique d'un fait que l'expérience semble établir[1], savoir l'apparition de la « mauvaise » conscience avant celle de la « bonne » : le contraste atteint naturellement son maximum lorsqu'il y a non seulement une différence, mais une opposition tranchée. C'est pourquoi la vie morale personnelle ne naît souvent que parce qu'on se voit en conflit positif avec ce qu'on regarde comme le juste.

Le caractère spécial de la conscience morale dépendra des fins ou des intérêts vitaux que l'individu considère comme les plus élevés et qui forment son moi réel. De cela dépendent aussi, nous l'avons vu, les différences qui séparent les divers systèmes moraux possibles, depuis la morale égoïste jusqu'à celle de l'humanité universelle. Mais si vastes que puissent être les intérêts vitaux auxquels s'est attaché l'individu, pourtant c'est toujours *lui-même* qu'il sent, dans sa conscience, comme un ensemble harmonieux ou discordant. Son « véritable » moi c'est ce qui vit dans ces intérêts, son moi « empirique » c'est ce qui se manifeste dans son vouloir réel; et sa conscience morale lui découvre le rapport de ces deux moi, qui n'en appartiennent pas moins tous deux à sa personnalité. S'il renie l'un d'entre eux, aucune conscience morale ne naît, mais alors aussi il se trompe lui-même. Dans la conscience morale s'exprime, comme l'a montré F. C. Sibbern, une profonde sollicitude pour le moi propre, un instinct mental de conservation personnelle. Et celui-ci s'exprime avant tout dans la volonté d'être sincère avec soi, — alors même qu'on ne s'est pas resté fidèle.

La conscience morale n'a ni toujours ni dès le début ce caractère libre et personnel. Elle peut se sentir obligée par l'autorité et sa tâche devient alors de comparer les prescriptions de l'autorité avec la volonté et l'action propres de l'individu. Le moi « véritable » consiste alors dans l'obéissance et la piété, et il s'agit de savoir si ces sentiments sont froissés ou satisfaits par la conduite de l'homme. La puissante situation de l'Eglise catholique vient de ce que, grâce aux confessionnaux, elle s'est en quelque sorte ramifiée jusque dans les centres personnels de ses adhérents. Il en résulte une grande rigidité et un grand assujet-

[1] Voir ma *Psychologie* VI. C, 8 *a;* VII B. 5 *a*. — Cf. Albrecht Ritschel : *Ueber das Gewissen.* Bonn 1876, p. 12 sqq. — L. Schmidt : *Die Ethik der alten Griechen.* Berlin, 1882, I. p. 248 sqq.

tissement en certaines choses, mais en même temps une grande liberté dans d'autres. Car lorsque l'autorité ne s'exprime pas nettement, je possède dans la morale catholique [1] — en vertu de ce principe qu'une loi incertaine n'en est pas une (*lex non certo promulgata non obligat*) — le droit de suivre l'opinion que je préfère, fût-elle *la moins* vraisemblable — quand encore elle l'est ! — Voici comment on raisonne alors : que je me noie dans dix ou dans trois brasses d'eau, peu importe ! Dès lors que je me trouve en dehors des prescriptions sûres de l'autorité, je n'ai pas besoin d'y regarder de si près ! Le probabilisme est l'accompagnement logique de la soumission à l'autorité.

Il en va tout autrement lorsque l'individu ne trouve pas sa règle en dehors de son moi et que la décision ne dépend, au contraire, que de lui. Ici, il n'est pas aussi facile à la conscience libre de se sentir sûre et certaine : elle ne connaît pas de limite précise entre la certitude et son contraire. Elle a tout à la fois un caractère plus intime — puisque l'individu est ici son propre juge, et une tâche plus vaste, — puisqu'elle doit chercher sans relâche à tirer des enseignements de la vie.

La fin ou l'intérêt vital qui forme l'unité de la volonté et de l'action réelles n'apparaissent pas toujours à la conscience psychologique. On peut se sentir porté à approuver ou à désapprouver un acte, sans se rendre compte de ce qu'il a proprement satisfait ou froissé en nous. Nous avons ici quelque chose d'analogue à ces cas où se manifeste l'effet de contraste d'une sensation dont on ne saurait prouver qu'elle a été présente à la conscience, ou dont la présence, en tout cas, y a été si courte et si fugitive que la sensation n'a été ni remarquée ni retenue[2]. Dans les cas de ce genre, la conscience morale prend un caractère mystérieux sur lequel insistent surtout ceux qui contestent son origine naturelle et qui regardent comme du « matérialisme » toute tentative faite pour expliquer sa naissance d'une manière historico-psychologique. L'explication se trouve, en bien des cas, dans un intérêt permanent qui, à force de se répéter, peut glisser sous le seuil de la conscience psychologique, sans pourtant cesser pour cela d'agir. Entre le conscient et l'inconscient il existe une relation ininterrompue d'action réciproque.

[1] Victor Cathrein, *Philosophia moralis*, p. 152.
[2] *Psychologie*, III, 6.

Dans les cas de ce genre, la conscience morale prend le caractère d'un instinct. L'activité instinctive est caractérisée d'une manière générale par ce fait qu'elle sert à une fin qui n'est pas elle-même objet de la conscience. La manière obscure et inconditionnée dont agit souvent la conscience morale ne peut sans doute s'expliquer que si l'on admet l'intervention d'éléments héréditaires. On peut avec raison parler d'une conscience de la race, et la tradition commune ne fournira pas toujours une suffisante explication. Mais, tout en admettant l'existence d'éléments héréditaires de la conscience morale, il ne faut pas oublier que les dispositions léguées sont toujours indéterminées, et que leur mode de développement dépend des circonstances et des traditions au milieu desquelles l'individu grandit. L'individu s'approprie sans le vouloir la moralité positive et acquiert par là-même les fins et les intérêts vitaux qui déterminent la vie de sa conscience morale. Les mœurs et les coutumes régnant dans la société sont immédiatement senties comme obligatoires. De même que la vie affective dans son ensemble se développe sous l'action constante, mais silencieuse des conditions vitales [1], de même la vie de la conscience morale de l'individu ne se laisse pas toujours ramener à des expériences tout à fait précises et particulières. De là vient en partie le caractère mystérieux des lois non écrites. L'enfant entend ceux qui l'entourent approuver ou désapprouver sa conduite, se voit l'objet de jugements moraux, et, à cause de sa grande tendance à l'imitation, il répète à l'occasion ces jugements, devient par là même sans le vouloir son propre juge et se considère du point de vue de ceux qui l'entourent. En même temps, il est poussé — toujours involontairement — à imiter son entourage dans sa conduite ; il se met ainsi à pratiquer les vertus que la société dans laquelle il vit réclame de préférence. Comme le dit ARISTOTE [2], il agit bien avant de devenir bon, de même qu'on ne devient citharíste qu'en jouant de la cithare. L'action précède en ce sens l'aptitude. Par l'imitation, tant passive qu'active, l'enfant s'engage ainsi dans la morale pratique de la société et reçoit de la sorte en partage sa première forme de conscience morale. La conscience n'existe pas encore ici à l'état de faculté libre et individuelle

---

[1] Voir *Psychologie*, III, 7 et VI, F, 4, c.
[2] *Eth. Nic.*, II, 1. 4103 a 33.

d'appréciation, elle n'est qu'un écho qui résonne — peut-être d'une manière profonde et intime, mais pourtant du dehors — dans le for intérieur de l'individu. Ce qui se produit constamment pour l'enfant est vrai, aux premiers degrés de la civilisation et partout où la moralité positive règne seule, des hommes en général. Leurs idées morales et leur genre de vie sont tout d'abord déterminés par le milieu social. La crainte et le respect des dieux de la race, qui représentent évidemment les expériences du passé, la considération qu'on éprouve pour les mœurs, la coutume et l'opinion publique (δήμου φάτις), voilà ce qui, à ce degré, — comme nous l'apprend notamment l'histoire primitive du peuple grec — détermine les jugements et les actes des hommes. Le respect des dieux empêche de se servir de flèches empoisonnées (*Odyss.*, I, 261-263), et un fils qui dans un mouvement d'irritation projette de tuer son père, est retenu par la pensée de ce que dira le peuple et par celle des railleries nombreuses des hommes; il craint d'être appelé le meurtrier de son père (*Iliad.*, IX, 460 sqq). A ce degré, la conduite morale se présente, sous sa forme la plus noble, comme déterminée par la considération des autres hommes. Celle-ci peut aller jusqu'à la honte et au respect (αἰδώς) et n'être pas seulement ressentie devant les vieillards et les puissants, mais aussi devant des égaux, voire même devant les pauvres et les malheureux, de sorte qu'elle peut se confondre avec la pitié. Nous voyons ici comment la sympathie, en tant que mobile d'appréciation et d'action, exerce une influence caractéristique sur la moralité positive, l'ennoblit et l'empêche d'être un simple souci du qu'en-dira-t-on. Les Grecs distinguaient cette noble pudeur du sentiment de la honte (αἰσχύνη) qui n'est que la peur de s'attirer le blâme. Le passage à la conscience morale proprement dite sous une forme libre et individuelle est indiqué dans ce précepte, formulé par les philosophes Démocrite et Théophraste : « Aie honte devant toi-même, et tu n'auras pas besoin d'avoir honte devant les autres »[1]. En faisant de la connaissance de soi-même la condition nécessaire de l'action droite, Socrate fit un pas décisif pour ce mouvement du dehors vers le dedans ; enfin l'émancipation de la conscience

---

[1] Voir une intéressante étude sur les idées d'αἰδώς et d'αἰσχύνη dans L. Schmidt : *Die Ethik der alten Griechen*, I, p. 168-186.

morale s'achève avec les Stoïciens, qui d'ailleurs fixèrent la signification morale du mot « conscience ». — La dissolution et la ruine de la civilisation antique interrompit cette évolution, et, avec la hiérarchie du moyen âge, le principe d'autorité apparut sous la forme la plus nette et la plus consciente qu'il eût jamais revêtu jusque-là. Le *protestantisme* et la *philosophie moderne* soutiennent de nouveau, en pratique et en théorie, la cause de la conscience libre [1]. Tant que la conscience n'est que « l'écho des autorités », il subsiste une opposition entre la conscience et la liberté car, aussi longtemps, l'appel fait à sa conscience équivaudra à l'abandon de toute tentative pour justifier son jugement et son action. La paix de la conscience devient alors un oreiller commode pour le sommeil, et l'obéissance « scrupuleuse » à l'interne « tu dois » une sorte d'asservissement raffiné. Si par conscience morale on n'entend autre chose qu'un écho social, il est logique de proclamer que l'« homme de raison libre » ne saurait avoir de conscience [2]. Mais, comme nous l'avons vu, la conscience morale est en rapport étroit avec la nature générale de la conscience psychologique. Puis, une fois la connaissance de soi-même éveillée de manière à ce que l'homme soit capable de prendre conscience de ses fins les plus hautes, il sera possible d'entreprendre une étude claire et approfondie de la justification de ses jugements et de ses actes, et non seulement cela sera possible, mais deviendra encore un besoin mental. En particulier, comme on l'a montré plus haut (III, 16), la conscience dont le mobile d'appréciation est la sympathie universelle sera nécessairement poussée à rechercher, par tous les moyens à sa disposition, l'influence de l'acte ou du jugement sur la vie en nous et en dehors de nous. Jusqu'où cette recherche peut-elle s'étendre dans les cas particuliers ? C'est ce qu'il est naturellement impossible de prédire d'avance. Il en sera ici comme en toute connaissance : où l'un s'arrête, un autre pourra peut-être continuer. Nous sommes tous plus ou moins bornés.

La libre conscience morale tendra à se développer jusqu'à prendre d'elle-même une connaissance plus expresse que ne le fait la conscience instinctive, liée à la moralité positive. Des

---

[1] Voir mon ouvrage : *Geschichte der neueren Philosophie*, I, p. 9-74.
[2] Bruno Wille : *Die Philosophie der Befreiung durch das reine Mittel*, Berlin 1894, p. 243 sqq.

images idéales se formeront spontanément, qui s'écarteront plus ou moins des modèles traditionnels. Au pur instinct, qui agit automatiquement, se substitue alors une tendance ayant conscience de son but. Les expériences et les réflexions déterminent l'évolution des images idéales. L'individu cherche à maintenir son idéal contre les résistances du dedans et du dehors ; par là même, cet idéal se présente à lui avec plus de clarté, tandis que la possibilité demeure pour lui de le changer et de le transformer : parfois d'ailleurs la résistance éprouvée peut paraître justifiée, et celle amène alors un nouvel examen de soi-même. Et même si l'homme, à cause de sa faiblesse, n'est pas toujours capable de maintenir son idéal contre les résistances, la tentative pourtant ne demeure pas sans effet : la force a été exercée et pourra peut-être s'accroître jusqu'à la prochaine lutte. Ces essais constituent les expériences de la conscience morale. Dans le détail, elle se développe conformément aux lois psychologiques générales. Tantôt les lois de l'association des représentations suscitent des pensées et des difficultés, tantôt c'est à un effet de contraste que l'éveil de la conscience est dû. Grâce à des fusions de représentations, à des mélanges de sentiments, à des substitutions et à des suppressions, grâce aussi à une concentration expresse de la volonté en des directions déterminées, il se dégage des expériences de l'individu une résultante qui décide de quelle manière il se comportera, quand des occasions nouvelles viendront réclamer son jugement et son action.

Sans perdre complètement son caractère d'instinct ou de tendance, la conscience morale pourra, en se développant, devenir ce qu'on a très bien appelé la raison pratique. Il naîtra un besoin de rigueur et de totalisation des idées morales. Les actes non seulement réels, mais encore simplement conçus, sont poursuivis dans leurs conséquences ; des idées se forment de tous les êtres, doués de la faculté de jouir et de souffrir, qui peuvent être touchés par les actes et par leurs effets. Une expérience historique développée aura surtout de l'importance ici. C'est grâce à elle que la philosophie grecque, dans sa dernière période, fut amenée à triompher de l'opposition entre Hellènes et Barbares, et que la philosophie moderne est arrivée à une conscience de l'humanité qui s'est élevée au-dessus des différences de classe et de religion. L'expérience historique contribue tout aussi bien que la rigueur logique aux continuelles corrections que la conscience morale se fait subir à elle-même. L'appréciation a lieu de plus en plus avec conscience et d'après des principes certains. La morale philosophique n'est qu'une exposition méthodique du contenu de la conscience, tel qu'il se forme à ce degré. Ce que Kant a décrit dans l'impératif catégorique et dans la loi formelle et universelle de la raison pratique, est le résultat d'une longue période d'évolution historique et psychologique.

Quand la conscience morale agit comme instinct, l'individu ignore ce qu'il fait; quand elle agit comme tendance, il en a une représentation crépusculaire; quand elle agit comme raison pratique, alors se produit une connaissance plus claire des idéals et des règles.

2. — La conscience morale se manifeste chez les individus isolés sous des formes et à des degrés très divers. Non seulement elle peut se présenter tantôt comme instinct à demi-inconscient, tantôt comme tendance, tantôt comme raison pratique, mais elle peut aussi renfermer comme principal élément tantôt la sympathie, tantôt le sentiment du devoir, tantôt celui de la justice. Tantôt son action sera négative, pour empêcher, tantôt elle sera plus positive, soit pour renforcer, soit pour relier. (cf. III, 20). Parfois elle prendra la forme d'un dévouement enthousiaste, parfois celle d'une impulsion plus calme et plus constante. Ici, elle s'occupera avec ardeur des intérêts vitaux d'une petite société; là, au contraire, elle sera déterminée par une large vision des besoins d'un grand nombre. Il serait impossible de décrire ne fût-ce que les formes principales sous lesquelles elle se manifeste dans les individus isolés. Mais il importe beaucoup d'être attentif à ces diversités, car nous souffrons encore aujourd'hui d'un dogmatisme qui prétend couler tout le monde dans un même moule. Une des conséquences du principe du bien général est justement que chaque individu doit vivre et agir autant que possible d'après son originalité propre, et nulle part cette conséquence ne doit s'appliquer autant qu'en ce qui touche la base morale. Ce sera justement quand l'individu aura à supporter la plus haute responsabilité, parce qu'il devra sauvegarder les plus hauts intérêts de lui connus, que l'individualisation de la conscience morale deviendra une nécessité, car c'est grâce à elle seulement que l'individu peut agir avec toute sa force. Quand l'individu n'agissait pas

d'après toute son originalité, il n'était pas non plus (comme le dit Schleiermacher) tout à fait actif. Et plus l'individu dans ses actions les plus importantes peut opérer du plus profond de son originalité, d'autant plus il apparaît non pas seulement comme un moyen, mais aussi comme une fin ; son action s'accompagne alors de la plus profonde satisfaction personnelle.

Il faut certainement faire encore un pas de plus. Il peut y avoir des hommes qui ne possèdent proprement aucun sentiment moral et qui n'en éprouvent pas non plus le besoin. Ce que ces hommes peuvent faire, ils le font de tout cœur, sans instituer une appréciation de leurs actes ni de ceux d'autrui. Ils se vouent entièrement à une tâche qui répond à leurs aptitudes et à leurs tendances, sans mettre jamais en doute sa légitimité et sa valeur, et sans se refroidir dans leur zèle. Ils peuvent se consacrer à la culture des arts et des sciences, au service de la société ou à l'entretien de leur famille. Ou bien ils appartiennent à ces heureuses natures qui par leur seule existence répandent autour d'elles la lumière et la joie. Y a-t-il beaucoup d'hommes de cette espèce, il est difficile de le dire ; rien n'empêche pourtant qu'il puisse y en avoir d'une manière générale. Ils accomplissent la loi sans avoir la loi, et qu'est-ce que la morale aurait à objecter là-contre ? La morale est faite pour la vie, non la vie pour la morale.

Les individus peuvent donc présenter d'extrêmes diversités sous le rapport de la conscience et ce serait dogmatiser de prétendre fixer un type déterminé comme le seul bon. Ces diversités ressortent naturellement là surtout où l'on s'éloigne de la moralité positive, car celle-ci a, sous toutes ses formes, une propension à regarder tous les individus comme homogènes. Les tentatives faites pour développer une morale philosophique témoignent des diversités qui existent en fait, car chaque philosophe décrit l'espèce de conscience qu'il connaît le mieux [1], et l'histoire de la morale philosophique, entre autres avantages, a celui d'attirer l'attention sur les différences typiques dans le domaine moral. Néanmoins la plupart des philosophes partagent cette idée que les prescriptions morales, le contenu

---

[1] Cf. Frank Chapman Sharp : *The personal equation in Ethics* (Transactions of the Wisconsin Academy, 1894-1895). — Sharp applique l'idée d'équation personnelle à un autre point que moi (dans mon article *The law of relativity in Ethics*. Journal of Ethics, Vol. I.)

de la loi morale, doivent être identiques pour tous, de sorte que la conscience ne serait qu'une faculté formelle de reconnaître la loi et d'y satisfaire. Il se pourrait pourtant que les diversités ne concernent pas seulement la forme, le mode ou le degré de réflexion de la conscience, mais qu'elles contribuent aussi à déterminer, tant sous le rapport de la qualité que de la quantité, le contenu de la loi morale.

Si par loi morale on entend un ensemble de prescriptions établies par une autorité extérieure ou par la raison absolue, sans tenir compte des individus auxquels elles doivent s'appliquer, il est clair que les différences individuelles ne sauraient avoir aucune influence sur le contenu de la loi. C'est alors ce qui est objectivement juste qui est exigé, et au même degré, de tous les hommes. Mais si l'on admet le principe du bien, il faut maintenir aussi que la vraie loi morale ne saurait être trouvée tant qu'il n'est pas fait droit à l'originalité personnelle de l'individu. Ni sous le rapport de l'espèce, ni sous le rapport du degré de leurs capacités et de leurs mobiles, les individus ne sont égaux entre eux, et une loi qui voudrait exiger, en quantité et en qualité, la même chose de tous les hommes, exigerait d'eux en réalité des efforts extrêmement différents, imposerait à leurs épaules des charges extrêmement inégales. Si l'égalité doit régner devant la loi morale, celle-ci n'a donc pas le droit de réclamer la même chose de tous les hommes ; il faut par conséquent que la conscience de chacun ait pour lui, sous le rapport de la qualité et de la quantité, des exigences différentes de celles que la conscience des autres peut avoir pour eux. Tantôt il est réclamé plus, tantôt il est réclamé moins.

Sous le rapport de la qualité, on l'accordera assez facilement. Chaque individu, par suite de ses aptitudes, a une vocation particulière, une direction spéciale dans laquelle il doit travailler. Là seulement où, sous une forme quelconque, subsiste le régime des castes, la même direction de l'activité est exigée d'individus tout à fait différents. Dans les formes de société plus libres, on reconnaît que la tâche de l'homme ne lui est pas assignée seulement par les lois générales et les circonstances extérieures, mais avant tout par sa nature propre et personnelle. C'est ce dont on s'était déjà aperçu dans l'antiquité grecque. Socrate proclamait la nécessité de connaître sa nature et ses capacités pour pouvoir trouver sa voie. Les Stoïciens donnèrent à cette idée une extension encore plus grande : selon eux, celui qui ne suit pas sa nature propre, ne pourra conserver la cohérence personnelle et l'unité de sa vie ; aussi faut-il faire comme les bons acteurs, qui ne se choisissent pas les plus grands rôles, mais les mieux appropriés à leur talent [1]. La conscience a ici pour mission de sauvegarder l'originalité individuelle, mais en même temps d'empêcher qu'on s'aveugle sur soi-même.

On accordera plus difficilement que la loi morale varie aussi sous le rapport de la quantité suivant les divers individus, et cependant on ne voit guère comment on éviterait cette conséquence, si l'on maintient suffisamment la différence qui sépare une loi morale d'une loi juridique. Au point de vue moral, il se peut qu'un homme, qui pourtant n'atteint pas le niveau moyen exigé du dehors, accomplisse un bien plus grand effort et dénote une maîtrise de soi et un sacrifice bien plus grands que beaucoup d'autres qui remplissent aisément les exigences « sociales », mais qui, par contre, n'ont fait aucun effort pour développer leurs facultés jusqu'au delà du niveau moyen, alors que cela leur était possible. Faudrait-il néanmoins placer le premier moralement plus bas que ces derniers ? C'est l'absurdité dans laquelle tombe toute morale qui se place à un point de vue purement objectif. Le principe du bien, comme nous le verrons plus loin, entraîne comme une conséquence nécessaire qu'en aucun cas un être personnel ne soit traité seulement comme un moyen. C'est pourtant ce qui aurait lieu si la morale avait dit son dernier mot en formulant une loi universelle effaçant toutes les diversités personnelles. La véritable loi morale doit individualiser, c'est-à-dire exiger de chacun le travail qu'*il* est capable d'exécuter. Les vertus et les devoirs imposés à l'individu doivent être aussi des moyens et des voies pour le développement de *son* originalité personnelle. Aussi les lois morales ne sont-elles pas non plus si faciles à trouver qu'on le croit souvent. Le problème sera de faire voir comment l'individu, en suivant *sa* loi, remplit au mieux la loi universelle. Et ce problème est résolu si la loi universelle, valable pour tous les

---

[1] Cicéron : *De officiis* I, 31, 114. — Cicéron suit ici le Stoïcien Panétius (2ᵉ siècle av. J. C.) — Voir Schmekel : *Die Philosophie der mittleren Stoa* p. 41 ; 219.

hommes, n'indique que la direction de l'effort à faire, le type à conserver. Ce n'est que par un dogmatisme arbitraire, et en négligeant les problèmes psychologiques et moraux les plus profonds, qu'on peut fixer, une fois pour toutes et pour tous les hommes, le « *quantum satis* de la volonté humaine ». Ici encore intervient une équation personnelle, qui impose des bornes à la valeur universelle du raisonnement moral. Si les hommes étaient plus homogènes, il serait plus facile d'être un philosophe moraliste. Mais il est impossible que ce soit de la bonne philosophie de prendre les choses comme plus simples qu'elles ne sont [1].

3. — Comme tous les jugements moraux supposent pour base psychologique la conscience, celle-ci est *la suprême autorité, le suprême législateur*, et en regard d'elle tout autre autorité, de quelque espèce qu'elle soit, est secondaire et dérivée. Vouloir dépasser sa conscience c'est vouloir se dépasser soi-même. Si je me plie devant un autre homme, en le jugement duquel j'ai plus de confiance que dans le mien propre, cela n'a de sens que si ma conscience me l'ordonne. La conscience est infaillible, si l'on veut dire par là qu'elle est, à chaque moment particulier, le juge suprême [2].

Mais cette infaillibilité n'est pas de nature objective. Il peut arriver que même la plus haute autorité morale s'égare. C'est

---

[1] Voir *Etiske Undersögelser* p. 51-83 (ou bien *The law of relativity*. Journal of Ethics, I p. 37-62) où j'ai longuement décrit et exposé la relativité individuelle ou l'équation personnelle en morale. — Il est intéressant de remarquer qu'Aristote avait déjà bien saisi ce point, non seulement dans sa théorie de l'harmonie individuelle (*Eth. Nic.*, II, 5), mais encore dans sa théorie de l'équité considérée comme une justice particularisée (*Eth. Nic.*, V, 10). Parmi les philosophes modernes, il eût fallu nommer Hutcheson (*Inquiry* 2ᵉ éd., 1726 p. 194 sqq). Cf. Mon compte rendu de la « Werttheorie » de Meinong dans *Göttinger Gelehrte Anzeigen*. 1896, n° 4. p. 310-312. La différence des qualités naturelles, et par conséquent des aptitudes à travailler dans un sens déterminé, est pour Hutcheson un facteur qui peut exercer une influence capitale sur l'appréciation. Bien qu'il ne songe pas directement à la capacité d'avoir certains mobiles, sa théorie présente cependant un grand intérêt.

[2] Giacomo Laviosa (*La filosofia del diritto in Inghilterra*, I. Torino 1897, p. 629-631) trouve contradictoire que je tienne la conscience pour infaillible et que je déclare néanmoins qu'il faille la corriger grâce à un criterium objectif. Mon opinion est que l'application du criterium objectif ne saurait toujours être achevée avant d'agir et que nous sommes dès lors contraints d'agir d'après la meilleure conviction acquise par nous jusqu'au moment de l'action : cette meilleure conviction est, au moment de l'action, notre suprême juge.

dogmatiser de prétendre avec Fichte que la conscience (représentée par lui comme un sentiment d'accord entre notre « vrai » moi et notre moi réel) ne nous trompe jamais. Pour professer une pareille opinion il faut vouloir, de gaîté de cœur, fermer les yeux devant un des plus tragiques conflits de la vie. La conviction la plus pure et la plus sérieuse peut reposer sur une complète erreur. Pas plus dans le domaine moral que dans les autres, nous ne possédons de signe immédiat et infaillible de la vérité[1]. Toute conviction plus sérieuse se présente toujours sous la forme de la conscience ; mais la vérité absolue ne saurait être garantie par la simple forme. Ceux qui crucifièrent le Christ n'ont-ils pu agir d'après leur meilleure conviction ? Kant a-t-il eu raison de dire qu'un inquisiteur ne *pouvait* pas avoir une bonne conscience ? N'est-ce pas de bonne foi qu'Aristote a soutenu la légitimité de l'esclavage, que Calvin, avec l'assentiment de Mélanchton, livra Servet au bûcher, que Sand tua Kotzebue, le « traître à son pays » ?

On n'est pas moins dogmatique pour trancher le nœud du côté opposé. Ne considérer la morale que du côté objectif et uniquement comme la science des formes de société et des actions extérieures, c'est tout simplement déclarer le sentiment subjectif sans valeur en face des circonstances objectives et de leurs exigences. Des moralistes de points de vue aussi différents que Hegel et Bentham se rencontrent dans leur méfiance à l'égard de la conscience. Elle n'est même pas loin, selon Hegel, d'être le mauvais principe du monde, puisque la conviction subjective peut aboutir aussi bien à une chose objectivement condamnable qu'à une chose objectivement juste[2]. Il est facile, comme le font ces moralistes, de mettre en garde contre la confiance en soi-même et contre l'arbitraire, et d'exiger qu'on se plie devant une

---

[1] Sur le criterium de la vérité dans les autres domaines, cf. *Psychologie* V, D, 3; VII, B, 4.

[2] Cf. Hegel : *Philosophie des Rechts* § 139-140. — Bentham : *Principles of Morals and Legislation* ch. II § 11-19. — James Mill blâmait toute mauvaise action avec une égale sévérité, quel qu'en fût d'ailleurs le mobile. La louange et le blâme étaient pour lui des motifs ; c'est pourquoi ils ne devaient pas être influencés par le mobile de l'action (Stuart Mill *Mes Memoires*). A ses yeux il n'y avait aucun mobile, sans en excepter les sentiments sociaux, qui agisse comme il faut en toute circonstance : c'est pourquoi il importerait sans cesse de calculer les effets de l'acte d'après le principe de l'utilité. (James Mill : *Fragment on Mackintosh*, Londres 1835, p. 176 sqq).

loi objective. Il faut néanmoins toujours que la loi à laquelle nous obéissons se fasse connaître de nous sous la forme de la conscience. La lumière qui nous éclaire tout le reste doit en définitive se trouver en nous-mêmes, et qui nous garantit, dans tel cas particulier, que nous ne nous laissons pas conduire par une fausse lumière ?

Il y a ici la possibilité d'un conflit entre la morale subjective et l'objective, entre les deux principes sur lesquels se fonde la morale. Il ne saurait y avoir à ce conflit d'autre solution que celle déjà indiquée, savoir qu'il faut à chaque instant écouter sa conscience, puisqu'il ne saurait y avoir d'autorité plus élevée. Naturellement, celle-ci est supposée parler clairement et après une suffisante réflexion. Mais il faut ajouter que la conscience peut se contrôler et se corriger elle-même ; la conscience récente, plus exercée et plus expérimentée, juge la conscience ancienne. En suivant sa meilleure conviction du moment, l'homme pourra précisément se frayer la voie vers une conviction plus juste, qui lui apprendra que ce qui lui paraissait le meilleur au moment de la résolution, était pourtant injuste et mauvais[1]. Tant que l'homme agit d'après sa meilleure conviction, son for intérieur est sain, quoi qu'il en puisse être du caractère objectif de l'acte ; et cette santé interne était précisément le germe d'où pouvait se développer une manière de voir plus juste. C'est pourquoi, du point de vue moral, une action nuisible, exécutée avec la conviction qu'elle était bonne, doit être placée au-dessus d'une bonne action, accomplie avec la conviction qu'elle était mauvaise. Dans le premier cas, la source était pure, dans le second elle était corrompue. Le sentiment intime et personnel avec lequel on affirme et pratique ce que l'on regarde comme vrai et comme bon est le point sur lequel un individu comprend le mieux un autre individu, sur lequel une génération peut le mieux sympathiser avec une autre. Dans le domaine des actes externes et des formes de vie, au contraire, les différences et les

---

[1] L'appel à la bonne conscience a lieu souvent de telle sorte qu'on s'enlève justement la possibilité d'une pareille correction. Cf. l'excellente remarque d'ALBRECHT RITSCHL : « On peut observer que celui qui, en cas de conflit, invoque sa conscience comme le suprême tribunal moral pour lui, et qui ne s'engage pas dans une plus longue réflexion sur les règles morales, manifeste souvent par là une susceptibilité qui n'indique pas une conscience tout à fait bonne » *Ueber das Gewissen*. p. 17.

oppositions sont souvent si grandes qu'il est impossible de se comprendre mutuellement.

Celui-là seulement qui a le courage de se tromper peut accomplir de grandes choses. Être prêt à s'exposer ainsi à l'erreur c'est être prêt à souffrir pour la vérité. Au reste, ce ne sont pas les cœurs froids et étroits, mais les enthousiastes pour le vrai et le bien qui se trompent de cette façon. Qui ne risque rien n'a rien.

Mais le pouvoir de la conscience de se corriger elle-même ne se développe que s'il se peut trouver un *principe ou critérium déterminé* de l'appréciation. Ce critérium, la conscience ne saurait naturellement se le laisser imposer du dehors : il faut qu'il jaillisse de sa propre nature. J'ai déjà essayé de montrer (III, 10-15) que le principe du bien, lorsque la conscience est déterminée par une sympathie universelle et désintéressée, est le seul critérium dont il puisse être question. Il n'exprime rien d'autre que les conditions de la fin que doit se proposer une personne animée par la sympathie.

Cependant l'évolution normale se poursuivra difficilement sans amener sans cesse de nouveaux conflits entre la morale subjective et l'objective. De même que la tâche imposée à notre science théorique, c'est-à-dire l'explication de la réalité au moyen du principe de causalité, est une tâche infinie, une tâche infinie nous est également imposée dans le domaine moral, celle d'apprécier tous les actes et toutes les circonstances que présente la vie d'après les exigences du principe du bien.

4. — En étroite liaison avec le concept d'autorité se trouve celui de *sanction*. L'autorité ordonne ou défend, mais c'est la sanction qui met l'ordre ou la défense en vigueur. La sanction consiste dans le plaisir ou la douleur attachés à l'exécution ou à la violation du commandement, dans la récompense ou la punition qu'on s'attire par son acte, dans le ciel ou l'enfer d'où cet acte nous approche.

Ce n'est que si l'autorité est elle-même extérieure, que la sanction se trouve dans ce rapport extérieur avec l'acte. Sous cette forme, elle n'a d'ailleurs aucune valeur morale *immédiate*. Le caractère moral d'une action provient, au point de vue subjectif, de ce qu'elle sort du plus profond de l'esprit ; au point de vue objectif, de ce qu'elle s'accorde avec le principe du bien. Quelle signification morale pourrait-il bien y avoir ici à ce qu'un sentiment de plaisir ou de douleur, qui ne résulterait pas de l'acte même, vint s'y ajouter? Parce que j'agis bien maintenant, est-ce une raison pour qu'à un instant suivant j'éprouve du plaisir? Parce que j'agis mal maintenant, est-ce une raison pour que plus tard j'éprouve de la douleur? Au point de vue moral, il n'y a là rien qui aille de soi. Toutes ces idées de récompense et de punition sont à leur place en pédagogie, non en morale. Il peut être nécessaire pour l'éducation que la récompense et la punition augmentent la force que le sentiment de la valeur et de l'importance de l'acte ne possède pas toujours par lui-même à un degré suffisant, mais ce n'est pas une nécessité morale immédiate. Si l'on croit que l'idée d'une compensation est par elle-même une idée claire, cela tient à ce qu'on se laisse conduire par un instinct (de vengeance ou de reconnaissance) dont la justification morale et la nécessité ne sont pas du tout données d'emblée. Ce qui va de soi c'est bien souvent ce qui est aveugle. La spontanéité de l'impulsion fait qu'on ne cherche pas de raisons, et du même coup, on s'imagine qu'il n'en est pas non plus besoin.

La sanction externe, consistant dans la récompense et la punition, ne saurait, nous l'avons dit, avoir qu'une vertu éducatrice. Quant à la sanction morale, il faut qu'elle soit *interne*. Elle ne saurait consister que dans le sentiment, éprouvé par l'auteur de l'acte, d'être en union et en harmonie avec sa conviction propre la plus élevée, dans le sentiment de l'accord entre son idéal et sa volonté réelle. De là naît une paix intime qui peut être plus forte que toute contradiction et tout obstacle du dehors. L'individu peut avoir le sentiment qu'une force règne en lui, capable de transformer le monde, si elle régnait chez tous les hommes. Il sent un élargissement et une élévation de tout son être. Il pourrait concevoir avec tranquillité comme spectateurs de son action les hommes qu'il admire le plus, pourvu que tous les motifs leur en fussent connus. Le sentiment qui s'éveille alors n'est pas de l'orgueil, mais le sentiment secret d'être, dans sa petitesse, apparenté au grand.

Cette sanction interne n'est pas seulement un effet de l'acte, mais c'est un sentiment pouvant déjà exister avant son exécution. Elle n'est alors que la continuation et le complet développement du sentiment qui a conduit à la résolution et l'a rendue possible. « La béatitude, dit Spinoza, n'est pas la récompense de la vertu, mais la vertu même[1]. » Elle est de la même espèce que le contentement éprouvé lorsqu'une de nos impulsions profondes a été satisfaite. Source et effet de l'acte sont ici en connexion étroite.

Ce contentement peut être si grand et si intense que tous les autres perdent leur valeur en comparaison. Un moment grand et beau peut surpasser toute une longue vie insignifiante. C'est ce qui rend le sacrifice de soi-même psychologiquement intelligible. Entre le contentement éprouvé dans l'accomplissement du sacrifice et tout autre plaisir possible l'éloignement peut être si grand que ce dernier terme s'évanouisse complètement devant la conscience. L'image de la vie, en y comprenant l'acte du sacrifice, peut être si magnifique que la vie sans cet acte perde toute valeur. Ce n'est là qu'un exemple particulier d'une loi psychologique connue. ARISTOTE a déjà bien vu ce point. « L'homme vertueux, dit-il[2], fera beaucoup pour ses amis et sa patrie, il mourra même, s'il le faut. Il sacrifiera richesses, honneurs, et en général tous les biens qu'on se dispute d'ordinaire, se réservant à lui-même le beau[3], car il préférera un plaisir court mais vif à un autre long et faible, une année de vie belle à un grand nombre d'années médiocres, et une seule action belle et grande à une foule de petites. C'est peut-être ce qui arrive à ceux qui sacrifient leur vie : ils choisissent pour eux-mêmes quelque chose de très beau. » KANT exprime une pensée analogue dans la phrase suivante[4] : « Est-ce qu'un honnête homme, dans le plus grand malheur de sa vie, qu'il aurait pu éviter s'il avait seulement voulu se mettre au-dessus du devoir, n'est pas soutenu par la conscience d'avoir, en sa personne, conservé dans sa dignité et honoré l'humanité, de n'avoir aucune raison pour rougir devant lui-même et pour redouter le regard intérieur de l'examen de soi ? ».

5. — Le rôle plus ou moins considérable de la sanction interne dans la vie réelle importe peu ici. Il n'est peut-être qu'un très petit nombre d'actions humaines qui s'appuient uniquement sur elle. Mais il importe beaucoup de maintenir qu'elle *peut* seule

---

[1] *Éthique*, V, prop. 42.

[2] *Éthique à Nicomaque*, IX, 8, 1169 a 18-26.

[3] Par le beau Aristote entend ce que nous recherchons pour soi-même et non comme moyen en vue d'autre chose.

[4] *Critique de la raison pratique*. Ed. Kehrbach, p. 106 sqq.

suffire à soutenir la vie morale. C'est une condition de l'indépendance de la morale à l'égard des dogmes et de la métaphysique, c'est ce qui l'affranchit des postulats et des hypothèses.

Du point de vue moral, le procédé si fréquent qui consiste à faire dépendre la moralité de certaines hypothèses religieuses ou spéculatives déterminées, doit soulever bien des scrupules. D'abord, il semble en résulter tout naturellement que celui qui ne croit plus à ces dogmes s'est du même coup affranchi de la moralité et qu'il agirait peut-être même très logiquement, en suivant le principe : « Buvons et mangeons, car demain il nous faut mourir. » Ensuite, en dirigeant l'attention sur quelque chose d'extérieur à l'essence et à l'origine de l'acte, et en faisant de la considération de la récompense ou de la punition un motif nécessaire, on enlève à l'acte son caractère proprement moral.

Il y a des hommes qui ne sauraient soutenir la valeur de la moralité sans faire appel à la croyance à un ordre supérieur des choses, où se trouve parfait et achevé tout ce que la réalité connue de nous présente de fragmentaire et d'imparfait. La tendance à vivre avec cette croyance ne doit cependant pas être considérée comme un besoin universellement humain, bien qu'elle se soit manifestée chez quelques-uns des hommes les plus éminents qui aient jamais vécu.

Il ne faut pas davantage attribuer de valeur absolue pour la morale à la croyance à un progrès *interne* du monde de l'expérience. Il peut y avoir quelque difficulté, au point de vue théorique, à soutenir une telle croyance. Mais *même si* elle ne supportait pas la preuve, *même si* la tendance dominante du cours du monde devait être défavorable à la morale, les principes moraux n'en seraient pourtant pas ébranlés. Les devoirs changeraient simplement de nature. La compassion et la résignation auraient davantage à s'appliquer, mais si la disposition d'esprit morale existait, on se rangerait du côté du vaincu, quand même les dieux seraient pour le vainqueur. La valeur morale ne dépend pas de la seule puissance. Celui qui suit sa conscience, ne peut naturellement le faire que parce qu'elle est en lui ce qu'il y a de plus fort, mais non parce qu'elle est ce qu'il y a de plus fort dans le monde. L'évolution du monde se terminera-t-elle comme une tragédie ou comme une comédie (si elle se termine jamais) nous n'en pouvons rien savoir, et dans tous les cas, celui qui obéit à la loi de sa conscience, ne modifie rien à son rôle pour cela. Notre morale est celle des voyageurs (*Ethica viatorum*). Nous voyons le chemin ouvert devant nous, mais nous n'en connaissons pas la fin. Nous savons en revanche que nous pouvons aller plus loin, dussions-nous d'ailleurs ne pas atteindre la fin, et nous savons que l'arrêt c'est le recul et la mort.

Le fait que la conscience morale ait pris naissance et se soit développée dans le monde humain, nous fournit cependant une preuve que des forces précieuses agissent dans l'existence. Nous ne vivons donc pas seulement « sur des possibilités » mais encore sur une base réelle que nous cherchons toujours à étendre et à fortifier davantage. La vie morale est une lutte pour un empire qui est en train d'évoluer, et dont le sort est dans la connexion la plus étroite avec tout ce qui donne à la vie de la valeur et du sens. Sur cette considération, la morale se retire pour laisser les discussions dogmatiques et spéculatives suivre leurs voies propres.

6. — Le moment de la naissance de la conscience morale est celui où la différence entre l'idéal et la réalité produit un sentiment déterminé : elle naît comme tout instinct et toute tendance. Le moment de sa mort serait celui où cette différence disparaîtrait pour toujours. Par la nature même des choses, cela peut avoir lieu de deux façons : soit parce que la réalité l'emporte sur l'idéal, soit parce que l'idéal l'emporte sur la réalité.

Si nous nous en tenons pour l'instant à la première éventualité, il pourra y avoir de nouveau plusieurs manières pour la réalité d'étouffer pour ainsi dire l'idéal. Cela pourrait avoir lieu soit par affaiblissement de l'esprit, soit par blasement, soit parce que l'homme s'adonnerait à des appétits purement animaux. Mais les cas de ce genre représentent un caractère individuel et spécial et par suite appartiennent à la morale spéciale. En revanche, comme nous étudions ici les principes généraux de la morale, nous nous demanderons s'il ne pourrait pas y avoir *une conception scientifique de la réalité telle qu'il ne resterait plus aucune place pour l'idéal*.

Bien des gens croient qu'une pareille conception se trouve dans l'*hypothèse moderne de l'évolution*. D'après celle-ci, en effet, règne dans la nature entière, y compris le monde humain, une inexorable loi de sélection, en vertu de laquelle ce qui ne peut s'adapter aux conditions données périt et cela seul subsiste qui s'accommode aux circonstances. Il semble bien alors que la force physique soit mise sur le trône et que la domination du monde soit livrée à la brutalité. Nos idéals peuvent-ils être alors autre chose que de pieux souhaits et de pieux soupirs, ne changeant rien à la marche des choses? Bien plus, ce qu'il y a de plus noble et de meilleur sera écrasé dans la sélection naturelle et dans la lutte pour la vie, s'il ne peut ou ne veut opposer la violence à la violence.

Ce n'est pas l'affaire de la morale de nous apprendre à connaître la réalité. Elle abandonne ce soin aux autres sciences. Elle est incapable soit de fortifier soit d'affaiblir quelqu'une des hypothèses qui, théoriquement, se sont montrées justifiées et fondées. Mais il est pour elle d'intérêt majeur de rechercher si une telle hypothèse se concilie avec les principes moraux.

Si nous examinons de plus près l'hypothèse de l'évolution, elle repose, en tant qu'elle s'applique à la vie humaine, sur une idée capitale qui, bien loin de combattre les postulats de la morale, doit plutôt être mise au nombre de ces postulats. Cette idée est que l'évolution humaine, dès qu'elle est plus qu'une croissance toute physique, n'est rendue possible que par l'éveil de désirs et de tendances déterminées, agissant comme forces motrices. Le plus grand obstacle à l'évolution, voire même à la simple conservation, c'est la stupidité et l'indifférence. Dans les formes purement élémentaires de l'évolution humaine, c'est la nécessité qui pousse en avant; mais au cours de l'évolution naissent des besoins qui portent sur autre chose que sur la simple conservation. Là seulement où ne s'agite, ou bien ne peut s'éveiller aucune impulsion, aucune tendance, tout espoir est perdu. On ne sauve que ceux qui luttent encore. Cette vérité que les doctrines idéalistes ont si souvent proclamée sous des formes plus ou moins vagues, l'hypothèse moderne de l'évolution n'a fait que nous la rappeler d'une manière plus nette et plus pressante, ou si l'on veut plus brutale.

Il n'est pas indifférent que nous contribuions ou non à l'évolution avec conscience et volonté. La tendance qui porte à l'appréciation et à l'action morales est une des forces qui concourent à déterminer la marche et le sens de l'évolution. Or, justement, si nous admettons que cette tendance s'est développée d'après des lois naturelles déterminées, il doit être évident pour nous qu'elle ne se trouve pas en conflit avec l'hypothèse évolutionniste. Sans doute, elle ne s'est éveillée que tardivement dans ses formes plus libres et plus hautes, et n'a pas encore exercé toute son influence. Elle est dans son devenir, mais, précisément pour cette raison, elle a l'avenir devant elle.

Bien que la moderne hypothèse de l'évolution ait si fort insisté sur l'influence des circonstances extérieures, elle affirme pourtant aussi que cette influence est, dans chaque cas particulier, déterminée et délimitée d'une façon plus précise par les conditions internes que chaque être apporte avec soi dans la lutte pour la vie. Plus un être vivant est élevé, plus il est en état d'intervenir *activement* dans cette lutte. Et l'hypothèse de l'évolution mène elle-même directement à la morale, en nous montrant comment, aux degrés supérieurs, la lutte pour la vie devient une lutte *en commun* pour la conservation et le développement de la vie humaine.

Lorsqu'il est question de lutte pour l'existence, on est porté à ne penser qu'aux formes de vie les plus élémentaires et les plus brutales. Mais la vie a une foule de formes et de degrés, et c'est pourquoi la lutte pour l'existence prend également, dans le détail, un caractère très différent. Celui qui travaille au service de la science et de l'art, ou qui lutte pour se conserver honnête et ne pas renier ce qu'il tient pour juste, celui-là lutte aussi bien pour la vie que celui qui se cramponne à l'existence nue et suit l'instinct physique de la conservation[1]. C'est l'affaire de la morale spéciale de montrer quelle est la valeur comparée des divers degrés et des diverses formes de vie.

7. — L'hypothèse de l'évolution ne mène pas seulement à la morale ; elle conduit même, chez certains de ses représentants les plus optimistes, *au delà de la morale*. Suivant SPENCER, le sentiment moral n'a sa place que dans une période intermédiaire de l'évolution de l'humanité, période que naturellement nous sommes encore loin d'avoir parcourue. Tout exercice fait que les actes s'exécutent avec une résistance et une difficulté décroissantes et avec une attention et une tension de la volonté

---

[1] *Die Grundlage der humanen Ethik*, p. 18-20. — *Etiske Undersögelser* p. 17-23.

de moins en moins expresses. Si l'on applique ce principe à la vie morale, nous sommes obligés d'admettre qu'il s'accumule peu à peu dans la nature humaine tant de « moralité organique », tant de pouvoir spontané et de besoin de bien faire, qu'un sentiment moral particulier finisse par ne plus être senti et devienne d'ailleurs inutile, puisque l'harmonie aura été réalisée entre les instincts de l'homme et les exigences du bien de l'espèce. Ce qui primitivement devait être l'objet d'un devoir exprès, s'exécutera désormais instinctivement, sans que la réflexion ait à intervenir[1]. La nature réelle de l'homme aurait alors acquis un caractère si idéal que la conscience morale aurait fini son temps.

La morale, prise en elle-même, n'a rien à objecter à ce que son temps soit un jour passé. Si elle meurt d'une belle mort, c'est-à-dire si elle est remplacée par un état harmonieux et parfait, ce sera un signe qu'elle aura rempli sa tâche. Des êtres parfaits n'ont et ne peuvent avoir de morale, puisque chez eux l'idéal et la réalité ne font qu'un. De même que la relation d'autorité (sous ses diverses formes) est remplacée par la conscience libre, il est concevable que celle-ci soit à son tour remplacée par une vie immédiate dans le bien et le juste. Peut-être, comme nous l'avons déjà dit, y a-t-il dès à présent quelques natures pour lesquelles cette hypothèse soit une réalité.

Cependant, même si l'on concède cette possibilité, nous sommes, dans la réalité, si éloignés d'un pareil état que cela devient une pure affaire de croyance et d'un intérêt purement spéculatif d'admettre que cet état se réalise un jour parfaitement, et la morale, qui ne s'abandonne pas volontiers à des spéculations très vastes, ne saurait y attacher grande importance. Tant que nous n'aurons pas encore jeté notre gourme (suivant l'expression de Sibbern), il ne faut pas laisser de pareils rêves d'avenir détourner notre attention des grands obstacles qui empêchent ou font dévier le progrès. Nous pouvons bien fortifier notre espérance et notre courage par la pensée que la nature humaine est soumise à un changement lent mais continuel, et qu'il y a des raisons de croire que ce changement soit un progrès. Cette croyance ne saurait pourtant acquérir une influence essentielle sur la marche de la morale.

[1] *Data of Ethics*, p. 128, 270. trad. fr. sous le titre *Les Bases de la morale évolutionniste* (Biblioth. scientif. internationale), p. 110, 236.

Il faut même évidemment admettre que le progrès lui-même amènera de nouveaux idéals et de nouvelles tâches. Comme la comparaison entre la morale du civilisé et celle du sauvage nous montre que la première fait rentrer sous le point de vue moral de grands domaines que la seconde laissait complètement en dehors, ainsi en ira-t-il probablement de notre morale actuelle, si on la compare un jour avec un degré supérieur de l'évolution. Bien des circonstances se présenteront sans doute dont, par suite de notre esprit obtus, de notre ignorance et de notre égoïsme, nous n'avons pas encore compris la valeur morale. Chaque fois que nous croirons avoir atteint le but, l'idéal se relèvera encore plus haut.

Spencer part (comme Kant) de cette idée que le sentiment du devoir est nécessairement lié à un sentiment de contrainte et par conséquent de peine. Mais l'idée de devoir, comme nous l'avons remarqué plus haut (III, 9), n'implique autre chose sinon qu'une considération plus bornée est subordonnée à une autre plus large, sans que cette différence ou cette opposition de supérieur à inférieur soit *nécessairement* sentie comme une contrainte. Le sentiment de contrainte peut disparaître sans que le sentiment du devoir ait pour cela fait son temps.

8. — Peut-on faire plus que son devoir? Peut-on acquérir du mérite en dépassant les exigences de la morale? — Cette question comporte seulement une réponse affirmative du point de vue qui se représente les exigences morales comme posées à l'individu du dehors, soit par une autorité surnaturelle, soit par d'autres hommes; on peut dépasser une pareille exigence ou attente extérieure, mais non l'exigence interne de la conscience. Le catholicisme répond par l'affirmative. Il distingue entre le précepte et le conseil. En n'obéissant pas seulement aux préceptes, mais aussi aux conseils, l'homme acquiert un mérite spécial, surabondant[1]. La morale populaire, qui est portée à

---

[1] Mais on justifie parfois la différence établie entre *preceptum* et *consilium* d'une manière qui va directement contre le résultat qu'on se propose. Pour établir qu'il est plus noble de sacrifier le bonheur présent, voici comment raisonne Cathrein (*Philos. mor*, p. 208) : « L'abandon des biens extérieurs n'éloigne pas seulement beaucoup d'obstacles et de dangers pour la paix, mais nous présente continuellement l'occasion d'exercer parfaitement la vertu ». — Et ce ne serait pas pour nous un *devoir* de faire un tel sacrifice, si nous en étions capables? Ce doit toujours être notre devoir de réaliser tout le bien que nous pouvons concevoir et comprendre. *Ce doit être notre devoir de nous acquérir du mérite*, si nous en sommes capables. Si l'on

se représenter la loi morale comme plus ou moins semblable à une loi juridique, établit également une différence entre l'obligation et le mérite. C'est aussi le cas pour les moralistes portés à confondre en une seule l'exigence morale et celle de la société ou de l'opinion publique (Mill et Bain)[1].

Il n'est pas facile de voir comment, à moins de s'en tenir à cette conception extérieure de la loi morale, on pourrait maintenir la distinction entre le devoir et le mérite. Celui dont la conscience est suffisamment développée doit sentir comme son devoir de faire tout ce qui est en son pouvoir pour favoriser le bien de l'univers, et en admettant qu'il dépasse ainsi le but posé par les autres ou par lui-même, est uniquement un signe que le but n'avait pas été placé assez haut. Il ne faut pas confondre ce que certains hommes attendent ou exigent avec ce qui se peut réellement obtenir. Même le plus haut sacrifice qu'un homme puisse faire est simplement son devoir si, dans les circonstances données, ce sacrifice est réellement utile et possible. La morale populaire s'en tient à un certain but habituel et moyen, elle se réjouit quand il est atteint et admire ce qui le dépasse. Il peut être pédagogiquement juste d'attacher une certaine approbation (un certain mérite) aux actes s'élevant au-dessus de l'ordinaire, mais l'auteur de l'acte n'a pourtant la disposition d'esprit convenable que s'il a conscience d'avoir fait simplement son devoir et de n'avoir pu faire autrement. Le spectateur externe qui applique sa mesure moyenne admirera un acte la dépassant de beaucoup. Pourtant, cet acte peut très bien être issu, chez son auteur, du sentiment du devoir. Le niveau d'où partent les différents individus, dans leur jugement et leur action, n'est pas toujours à la même hauteur, et un sentiment hautement développé du devoir, une nature douée de grandes facultés, peuvent donner naissance à des actes qui paraîtront à d'autres surpasser le devoir. — En outre, ici comme ailleurs, la reconnaissance des grandes différences personnelles est décisive pour le débat.

---

peut écarter « des obstacles et des dangers » d'importance essentielle pour soi-même ou pour les autres, il serait contraire à un sentiment développé du devoir de ne pas le faire. — Cf. Mes remarques dans *Göttinger Gelehrte Anzeigen*. 1896. p. 305.

[1] Cf. mon ouvrage : *Den engelske Filosofi i vor Tid* (La philosophie anglaise contemporaine). Copenhague, 1874, p. 82 sqq.

Même si l'on voulait maintenir pour des raisons pédagogiques la différence entre le précepte et le conseil, elle sera toujours relative; ce qui, à un degré inférieur de l'évolution, apparaît comme un simple conseil sera peut-être, à un degré plus élevé, une des exigences morales les plus essentielles. Ce peut être un acte méritoire, chez le sauvage, d'épargner un ennemi vaincu et désarmé; dans la morale des nations civilisées, c'est un des préceptes les plus élémentaires.

# V

# LA LIBERTÉ DE LA VOLONTÉ

1. La morale et la loi de causalité. — 2. Six sens différents de l'expression « liberté de la volonté » : *a.* Liberté causale; *b.* Liberté de toute contrainte extérieure; *c.* Liberté de toute contrainte intérieure; *d.* Pouvoir, force et capacité; *e.* Liberté du choix; *f.* Volonté dirigée par des motifs moraux. — 3. Déterminisme et indéterminisme : *a.* L'indéterminisme rend impossible une conception totale de l'être; *b.* La détermination par soi-même et la liberté causale s'excluent; *c.* L'indéterminisme fait de la volition un hasard; *d.* Le caractère moral de l'action dépend de sa connexion avec la personnalité totale; *e.* La forme atténuée de l'indéterminisme ne fait qu'en multiplier les difficultés; *f.* Nature psychologique et importance morale du repentir; *g.* Impuissance de la morale sans le déterminisme; *h.* Théorie et pratique.

1. — L'appréciation morale jaillit à l'origine du sentiment Mais elle doit son importance durable à la force qu'elle possède comme motif capable de déterminer la volonté. Par là elle devient elle-même une cause concourant à l'évolution vers le souverain bien. Il importe beaucoup de maintenir fermement que la conscience morale est elle-même une cause. Car c'est le véritable point de vue pour résoudre la question si souvent débattue de savoir jusqu'à quel point la morale peut consentir à admettre une application de la loi de causalité à la vie volitive de l'homme. On s'apercevra alors que non seulement la morale n'a nullement besoin de réclamer une restriction à la portée de cette loi, mais qu'une telle restriction lui serait au contraire funeste, bien plus, la rendrait impossible.

D'après une opinion évidemment très répandue, toute vraie morale commence et finit avec la croyance que la volonté humaine n'est pas, ou du moins pas tout entière, soumise à la loi causale. Il ne saurait, pense-t-on, être question de responsabilité morale que si l'homme peut être le commencement absolu d'une série causale, c'est-à-dire être lui-même cause sans être effet On désigne un pareil commencement absolu par l'expression assez impropre de « liberté de la volonté ». Une première raison pour laquelle cette expression est assez impropre, c'est qu'elle peut être et est effectivement employée dans toute une série de sens divers, souvent confondus.

2. — Appliqué à la volonté humaine, le mot « liberté » s'emploie au moins en six sens différents.

*a.* Le seul et unique sens à envisager dans le débat sur « la liberté de la volonté » est celui d'après lequel une volonté « libre » n'est pas soumise à la loi de causalité, ne forme pas comme les autres phénomènes un des termes d'une série causale, est uniquement cause sans être effet. La liberté en ce sens pourrait être appelée « liberté causale ». C'est sur elle que porte le conflit, le déterminisme la niant, l'indéterminisme l'admettant. Vouloir *librement* c'est ici vouloir *sans cause*, sans dépendre d'aucun antécédent.

*b.* Liberté peut ensuite signifier simplement *absence de contrainte extérieure*. Ici par conséquent *toutes* les causes ne sont pas exclues, mais celles-là seulement qui se trouvent en dehors de la personnalité qui veut. Est libre celui dont la résolution n'est empêchée par aucune force externe de passer à l'acte. C'est donc bien plutôt la liberté de l'action que celle de la volonté dont il est question ici. J'ai la liberté de sortir de ma chambre si j'ai la clef dans ma poche et que la porte ne soit pas barrée ; dans le cas contraire, je ne suis pas libre et il me faut rester où je suis.

*c.* Liberté peut aussi vouloir dire *liberté de toute contrainte intérieure*. On dit souvent d'une volition issue de la douleur ou de la crainte qu'elle n'est pas libre, par opposition à celle qui résulte du plaisir ou de l'espérance. Même si la porte est ouverte, il se peut que je ne sorte point, de crainte d'être assailli par un ennemi embusqué. En pareil cas, je ne fais pas ce qui me plaît ; je sens un obstacle qui m'empêche d'agir avec l'adhésion pleine et entière de mon esprit. « Tu te bâtis une maison, dit Saint-Augustin, parce qu'autrement tu n'aurais pas d'habitation. C'est donc la nécessité, non le libre arbitre qui te pousse à agir. » La volonté « libre » prise en ce sens est ce que, dans le langage ordinaire, nous appelons notre « bonne » volonté. Dire que je ne fais pas quelque chose de « bonne » volonté, cela signifie que je le fais à contre-cœur, que je le fais, mais avec un grand déplaisir, parce que je préfère un moindre mal à un plus grand. Celui qui livre sa bourse au voleur le menaçant de mort, agit à bon escient et de propos délibéré ; pourtant il peut dire : « je l'ai voulu par force » (*coactus volui*, selon l'excellente expression d'un ancien jurisconsulte romain) [1].

*d.* Dans un quatrième sens, la « liberté » signifie le *pouvoir*, la *force* et la *capacité* de la volonté. Il s'agit ici de savoir *combien* la volonté peut faire, non dans quelle mesure elle dépend ou non des antécédents. On peut être indéterministe et par conséquent penser que la volonté n'est déterminée par aucun antécédent, tout en admettant que cette volonté libre a très peu d'importance dans le monde. D'autre part, on peut être déterministe et par conséquent penser que la volonté est entièrement déterminée par les antécédents, et cependant admettre que cette volonté déterminée joue dans le monde un rôle considérable. La fameuse querelle entre SAINT-AUGUSTIN et PÉLAGE roulait à vrai dire beaucoup plus sur la force et la capacité de la volonté (de la volonté humaine naturelle [2]) que sur le rapport de cette volonté avec le principe de causalité. Il s'agissait de décider si l'homme a besoin d'un secours surnaturel pour bien faire, c'est-à-dire si la nature humaine dispose de motifs *suffisants*, mais non si des motifs sont nécessaires en général. On sait que la querelle fut reprise au temps de la Réforme. La confession d'Augsbourg (I, 18) emploie aussi comme synonymes les mots force ou pouvoir (*vis*) et liberté (*libertas*). Combien il est facile de confondre ce sens du mot avec celui que nous avons énuméré le premier (la liberté causale) c'est ce qu'on voit par l'usage que les indéterministes font souvent du mot « pouvoir ». Ils parlent de la liberté comme du pouvoir de poser un commencement absolu. Mais s'ils distinguent entre le commencement réel lui-même et le pouvoir de le poser, alors la

---

[1] Cf. IHERING : *Der Zweck im Recht.* I, 2ᵉ Aufl. p. 17.

[2] SAINT AUGUSTIN soutenait que la volonté humaine est divisée contre elle-même et incapable de s'élever par la vérité. « L'âme s'ordonne de vouloir... et ne le ferait pas si elle ne voulait déjà. Pourtant ce qu'elle ordonne n'a pas lieu. C'est qu'elle ne veut pas de tout son être (*ex toto*) et par suite ne commande pas de tout son être... Si la volonté était entière (*plena*), elle ne se commanderait pas d'être, car elle serait déjà... C'est une maladie de l'âme ; car elle ne se dresse pas tout entière, soulevée sans doute par la vérité, mais appesantie par l'habitude. Et c'est pourquoi il y a deux volontés, l'une d'elles n'étant pas entière ; l'une possède ce qui manque à l'autre... C'est moi qui voulais, et c'est moi qui ne voulais pas... Aussi étais-je en lutte contre moi-même et me dispersais-je moi-même (*dissipabar a me ipso*) [*Confessions* VIII, 9-10].

volonté, la volition réelle, devient évidemment dépendante de son « pouvoir ». Pourtant, d'après un indéterminisme rigoureux, rien ne doit précéder la volonté « libre », pas même le pouvoir. Car si le mot « pouvoir » a un sens, il doit désigner les conditions de notre nature requises pour que nous puissions exécuter une certaine action. Le pouvoir de la volonté ne peut raisonnablement signifier que les conditions internes nécessaires pour qu'une volition se produise.

*e.* Très souvent on entend par « liberté » de la volonté la *liberté du choix*, le pouvoir de choisir. Or le choix ne suppose aucunement que la loi causale cesse de s'appliquer. Il suppose seulement qu'on possède les idées de plusieurs actes possibles sur lesquelles on réfléchit, c'est-à-dire que l'on compare entre elles. La détermination de l'acte à exécuter ne dépend pas dès lors d'une impulsion momentanée ou d'émotions passagères, mais elle est provoquée par un débat interne entre une multitude d'idées, d'images et de sentiments. La « liberté » ne signifie pas ici le contraire de la nécessité, mais celui de l'aveuglement. La liberté de choix manifeste une nécessité plus profonde, plus complexe que ne fait l'acte produit par les émotions et les impulsions passagères. La volonté « libre » veut dire ici : la volonté mûre, consciente de soi et qui pourtant, au moment du choix, dit : je ne *puis* faire autrement. Il peut sembler au spectateur du dehors que l'homme aurait pu, au même moment, « tout aussi bien » vouloir le contraire ; par exemple que Luther à Worms eût pu « tout aussi bien » en appeler. Mais pour qui connaissait le caractère de Luther et tous les mouvements de son âme, il devait nécessairement paraître impossible qu'il voulût autrement qu'il ne l'a fait. Le spectateur du dehors ne connaît pas les conditions internes qui font pencher la balance. Or la conception populaire joue ordinairement à l'égard de la volonté le rôle d'un simple spectateur externe.

Celui qui connaît seulement *une* possibilité ne peut choisir, il « n'a pas le choix ». Mais qu'il en connaisse seulement *une*, cela peut tenir à des causes très diverses. Ce peuvent être une expérience limitée, un usage négligent des expériences faites, une indisposition momentanée, la passion, la faiblesse ou même une maladie mentale. Les mêmes causes expliquent aussi que pendant la réflexion les diverses possibilités ne se présentent pas avec autant de netteté qu'elles le feraient autrement. Mais tout cela précède le choix. La possibilité d'un choix dépend par conséquent de ce qui a précédé. La liberté du choix ne contredit pas le déterminisme, et ce n'est pas elle qui est l'objet du conflit.

*f.* Enfin le mot « liberté » peut désigner *la volonté gouvernée par des motifs moraux.* En ce sens, l'homme de bien seul est libre. Il faut supposer ici une évolution mentale si haute et une habitude si forte que la conscience puisse prendre une importance décisive dans chaque délibération et chaque résolution. Mais cela suppose à son tour manifestement l'existence d'une liaison causale psychologique. Il faut que la nécessité ou l'occasion d'agir puisse alors éveiller la conscience en vertu des lois qui régissent l'association des représentations entre elles ou avec les sentiments. Liberté veut dire ici que certaines pensées, certains sentiments ont obtenu la prédominance et refoulé d'autres pensées et d'autres sentiments. La liberté est ici l'opposé de l'asservissement aux tendances et aux passions sensuelles et égoïstes. Parfois on l'appelle la liberté vraie ou supérieure. Ce sens du mot est le plus ancien ; il vient de Socrate et se trouve employé par saint Augustin, Spinoza et plusieurs autres. Il n'a absolument rien à faire avec le conflit du déterminisme et de l'indéterminisme.

Dans ce chapitre nous ne pouvons faire usage que du premier des sens indiqués, quelle que puisse être d'ailleurs l'importance des autres sous d'autres rapports.

3. — On accorde généralement aujourd'hui que ce ne sont pas des raisons théoriques, mais des raisons d'ordre pratique et moral qui amènent à soutenir que notre volonté n'est pas soumise à la loi causale. Si l'on ne considérait la volonté qu'en psychologue ou en historien, on arriverait difficilement à soutenir une pareille opinion. Il y aurait toujours beaucoup de volitions dont on ne pourrait trouver l'explication, mais il n'y aurait là aucune raison de soutenir qu'elles n'ont *point de* cause. En revanche, on croit que cette opinion constitue un postulat nécessaire de la morale. En serait-il vraiment ainsi ? Serions-nous contraints d'admettre entre notre nature intellectuelle et notre nature morale un désaccord tel que nous fussions obligés, pour ne pas nier la valeur de la morale, de nier le principe grâce auquel seul l'existence peut nous devenir intelligible ! En tout cas, nous devons être très prudents avant

de nous abandonner à une solution aussi désespérée. Il n'est pas si facile à tous les hommes de mettre de côté le postulat de la causalité pour établir d'autres postulats à sa place, à peu près comme on quitte son costume d'intérieur pour revêtir le frac.

Aussi m'efforcerai-je de démontrer que l'indéterminisme est intenable [1] et de faire voir que le déterminisme est au contraire lui-même un postulat indispensable de la morale.

*a.* L'indéterminisme brise le lien entre l'individu et l'espèce, voire entre l'individu et tout le reste de l'existence. L'individu n'est plus un terme particulier dans le vaste ensemble de l'existence, mais il en est arraché justement aux points les plus décisifs. Il devient par suite impossible à l'indéterminisme de concevoir l'existence comme une totalité. Toute conception philosophique ou religieuse approfondie devient impossible. La seule conception religieuse conciliable avec l'indéterminisme, c'est le polythéisme, car tout être pouvant former le commencement absolu d'une série causale est un petit dieu, un être absolu, et nous avons par conséquent autant de dieux que nous avons d'hommes « libres ». Mais peut-être n'attache-t-on pas autrement d'importance à une conception totale de ce genre. Cette considération a cependant sa valeur, surtout lorsqu'on reproche au déterminisme d'être une doctrine athée ou anti-religieuse. Si l'on conçoit la divinité comme un être absolu et tout-puissant, la supposition d'une volonté causalement libre dans des êtres finis se contredit directement elle-même. Et si l'on proteste là contre, en soutenant que nous sommes ici en face d'un « mystère »,

---

[1] Dans la littérature danoise, l'indéterminisme est défendu par Heegaard (*Om Intolerance* [De l'intolérance] 1878), Wilkens (*Sociologie*, 1882) Kroman (*Vor Naturerkendelse* [Notre connaissance de la nature] 1883), H. Scharling (*Kristelig Sædelære* [Morale chrétienne], 1884). — Lorsqu'on pense (avec ce dernier auteur) qu'il existe une « conciliation supérieure » du déterminisme et de l'indéterminisme, je ne suis pas à même de discuter cette question, tout simplement parce que je n'y puis trouver aucun sens. De deux choses l'une : *ou bien* la loi causale s'applique à la volonté, *ou bien* elle ne s'y applique pas. Quel moyen terme peut-il y avoir ? — Sur la position prise par le professeur Kroman relativement à ce problème, dans la 2e édition de son ouvrage *Tânke og Sjæleläre* (Théorie de la pensée et de l'âme), je renvoie à mes *Etudes psychologiques* (v. Vierteljahrsschrift für wiss. Philos., XIV). A ne considérer que la littérature danoise sur cette question, on éprouvera une impression différente de celle exprimée il y a quelques années par A. Meinong, en disant que dans le procès du déterminisme contre l'indéterminisme l'instruction était close (Alexander Meinong : *Psychologich-etische Untersuchungen zur Werttheorie*. Graz, 1894. p. 209).

qu'on examine un peu le moyen de distinguer entre mystère et contradiction[1].

*b.* Les indéterministes commettent une évidente confusion entre deux sens différents du mot liberté, en disant tantôt que la volonté n'a *pas de cause*, tantôt que nous sommes *nous-mêmes* les causes de nos volitions. On confond ici entre eux le second, le quatrième et le cinquième des sens énumérés plus haut. Car si c'est « nous-mêmes » qui sommes la cause de nos volitions, notre volonté n'est évidemment pas causalement libre. « Nous-mêmes » c'est à chaque moment quelque chose de tout à fait déterminé. Des pensées et des sentiments, des dispositions, des instincts et des tendances s'agitent en nous, et c'est dans tout cela qu'il faut chercher l'origine de la volition. Les deux idées détermination par soi-même et liberté causale, que l'on regarde souvent comme identiques, se suppriment en réalité mutuellement, dès qu'on attache au mot « soi-même » un sens précis, quel qu'il soit.

Peut-être l'indéterministe répondra-t-il ici : « Je pense justement que dans la série causale c'est à l'homme même qu'il faut s'arrêter. Si nous allons plus loin et que nous donnions aussi une cause à sa volonté [et à son être ?], la cause dernière de sa résolution en viendra à se trouver bien au delà de lui-même ; et alors il n'est pas cause. » La seule réponse possible c'est qu'à ce compte il n'y aurait absolument aucune cause dans le monde. Ce ne serait plus l'éclair qui tuerait l'homme, mais les causes productrices de l'éclair (électricité atmosphérique, etc.) ; celles-ci à leur tour ne seraient pas les vraies causes de l'éclair, et ainsi de suite à l'infini. Cette considération a son intérêt, mais pourquoi l'appliquer uniquement à la seule volonté ? Toute chose, tout être dans le monde est autant effet que cause. Plus un être est original et bien doué, plus il suppose de condi-

---

[1] Il n'est certainement pas historiquement exact de penser, avec KROMAN (*Vor Naturerkendelse*), que le sentiment antireligieux ait ordinairement pris le parti du déterminisme. On pourrait bien plutôt croire le contraire; du moins les rationalistes ont-ils pris le parti de l'indéterminisme (Cf. Pélage contre saint Augustin, Erasme contre Luther, les Arminiens contre les Calvinistes orthodoxes). Lorsque Kroman lui-même dit qu'une formule mathématique du monde est impossible si l'homme a une volonté libre, il doit accorder aussi qu'il y a une contradiction à croire en un Dieu omniscient tout en admettant en même temps la liberté causale de la volonté. Car le Dieu omniscient doit être *summus mathematicus* et tout pouvoir prédire avec une exactitude absolue.

tions et plus il peut engendrer d'effets. On verra que la morale peut fort bien accepter, qu'elle est même *obligée* d'accepter cette manière de voir.

c. Si la volition ou une de ses parties n'est pas soumise à la loi causale, elle se trouve par rapport à la personnalité tout entière comme quelque chose d'*isolé* et d'*accidentel*. Elle n'appartient pas à son essence. Ce n'est pas seulement l'existence qui ne saurait être totalisée par l'indéterminisme; même la personnalité individuelle ne conserve aucune cohésion. L'indéterminisme subit ici une destinée singulière. Il s'imagine conserver la dignité humaine en face du déterminisme qui, lui, ferait de l'homme une machine, et voici qu'il en vient lui-même à faire de l'homme bien moins qu'une machine : quelque chose d'incohérent et d'accidentel. Si un seul et même motif, les circonstances soit internes soit externes restant les mêmes, est suivi tantôt d'une résolution, tantôt d'une autre, qu'est-ce qui distingue donc proprement cette « liberté » du hasard et du caprice? Quelle valeur lui accorder? Et comment oser encore dire, après cela, qu'un homme ait un caractère déterminé.

d. Le jugement moral de mon action part de ce fait que l'action est réellement *mienne*. Aussi n'est-il clair et net que si la connexion psychologique des motifs avec la résolution est évidente. Moins mon action est intelligible par la connaissance de mon caractère et des conditions qui me sont propres, plus sera grande la facilité qu'on aura à me regarder comme irresponsable[1], et moins je pourrai moi-même m'en considérer comme l'auteur. Abandonner la connexion causale de la volonté, c'est précisément abandonner le caractère de la responsabilité.

Les vues juridiques s'accordent ici avec celles de la morale. Le Code pénal considère la surexcitation de l'esprit et le manque de réflexion comme des circonstances atténuantes, la répétition, la récidive et la préméditation comme des circonstances aggravantes. Au fond de ces vues il y a l'idée qu'une volition criminelle doit être châtiée d'autant plus sévèrement qu'elle paraît s'accorder davantage avec le caractère entier de l'homme.

---

[1] Un des caractères de ce qu'on appelle l' « épilepsie masquée » est justement l'absence de motifs des actes exécutés. Cf. TARDIEU : *Étude médico-légale sur la folie*. Paris, 1880, p. 141. KRAFFT-EBING : *Die transitorischen Störungen des Selbstbewusstseins*. Erlangen, 1868, p. 53-61. — Voir aussi ma *Psychologie* VII. B, 5 *a*.

Quoique le jugement juridique ait affaire essentiellement à l'acte extérieur et pas à l'intention, il est pourtant nécessaire que le juge pénètre les motifs et l'origine de l'acte, non seulement pour pouvoir déterminer le degré de la punition, mais aussi pour être pleinement convaincu que l'acte a été réellement exécuté. Plus le juge est en mesure de comprendre comment l'acte résultait nécessairement des circonstances externes et internes données, plus il est certain que l'individu a réellement commis l'acte[1].

e. Lorsque plusieurs auteurs récents (Høgaard, Kroman), pensent pouvoir réduire le postulat de la liberté causale au minimum, « à très peu de chose, à une bagatelle », il n'est pas facile de comprendre quelle importance il peut y avoir à ce qu'une aussi petite partie de la volition soit libre, puisque le jugement moral porte sur *la volition dans sa totalité*. On voit ainsi que l'indéterminisme, qui commence par dissoudre l'ensemble formé par la personnalité, finit même par ne plus considérer la volition isolée comme un tout. Une certaine fraction des éléments de celle-ci est causalement déterminée, une certaine autre est libre. On ne nous dit pas si l'élément libre a la même quantité dans toutes les volitions du même individu et dans celles des individus différents; ni comment celui qui se juge lui-même, et à fortiori celui qui doit juger les autres, peut découvrir l'étendue de cet élément et s'il existe dans tel cas donné. Mais, même en laissant de côté ce point, la supposition n'en reste pas moins tout à fait étrange.

Si, comme on l'a dit[2], c'est le talon d'Achille du déterminisme que chaque individu, après une action basse, aurait le droit de dire « c'était fatal, ce n'est donc pas ma faute », il n'est pas facile de voir comment cet indéterminisme, qui ne considère comme libre qu'une partie insignifiante de l'acte, pourrait éviter la même difficulté, si toutefois elle existe. L'individu dirait alors avec raison : « Je ne suis coupable que d'un *millième* de l'acte, puisque cela seulement en est libre. Pourquoi donc me rendre responsable de l'acte *entier?* Je n'ai point

---

[1] Cf. ma *Psychologie*. VII, B, 4. — ANSELM VON FEUERBACH. (*Aktenmässige Darstellung merkwürdiger Verbrechen* Giessen 1829, II. p. 502 sqq) est d'avis qu'un juge ne doit jamais prononcer de sentence capitale, lorsqu'il n'a pas compris *comment* l'acte a pris naissance.

[2] KROMAN : *Vor Naturerkendelse* (Notre connaissance de la nature).

commis de meurtre, mais seulement un millième de meurtre. »

Cet indéterminisme modéré est empêché justement par sa modération d'arriver à son but, et il essaie de suspendre un poids d'un quintal à une toile d'araignée. Si vraiment la responsabilité commence et finit avec la liberté causale, il faut admettre que l'auteur de l'acte eût pu tout aussi bien laisser de côté la volition *tout entière*, l'acte *tout entier*.

On trouve ordinairement ce genre de modération dans l'histoire des théories quand leur vitalité et leur confiance en soi se sont évanouies et quand, sans le savoir, on loge déjà l'ennemi avec soi. Les vieilles opinions se maintiennent alors encore quelque temps, comme des organes rudimentaires; mais c'est une illusion de penser que ces organes exercent réellement une fonction.

*f.* Les mots de *responsabilité, faute, imputabilité,* sont, comme tant d'autres expressions morales, dérivées du domaine juridique, ou mieux proviennent d'une époque où la différence de ces deux domaines n'était pas encore bien nettement établie. Être rendu responsable d'un acte, cela veut dire être récompensé ou puni à cause de lui. *Pourquoi* récompenser ou punir l'acte? C'est une autre question. Comme nous l'avons déjà montré (IV, 4), il ne va nullement de soi qu'un acte doive être récompensé ou puni. Mais même si, acceptant la théorie de la compensation, nous admettons cela comme évident, il n'est nullement nécessaire que la volonté rendue responsable soit la cause *absolument première*, pose le commencement absolu d'une série causale. La compensation exige seulement qu'il y ait un homme auquel on puisse s'en prendre, et cet homme existe quand on a constaté que l'acte provient d'une volonté humaine. L'instinct primitif de représailles ne va même pas si loin : il est satisfait pourvu que l'acte soit expié par un homme de la même famille ou de la même race que l'auteur, et il réclame satisfaction, que l'acte ait été ou non réellement *voulu*. L'idée de faute individuelle et de responsabilité individuelle ne s'est dégagée que lentement. Mais exiger que la volonté individuelle n'ait pas de cause, cela résulte d'une spéculation métaphysique à laquelle ne se livre ni l'instinct primitif ni le sentiment moral de la faute.

Pourquoi ce sentiment ne remonte-t-il pas plus haut que la volonté? Pourquoi la morale s'arrête-t-elle là, et abandonnet-elle tout ce qui précède à la psychologie ? Nous essaierons ici de répondre à cette question du point de vue purement moral. La question de la responsabilité juridique pourra seulement être traitée lorsque, dans la théorie de l'État, nous arriverons aux raisons qui fondent le pouvoir correctionnel de celui-ci.

Au point de vue moral, le sentiment de culpabilité, de responsabilité ou d'imputabilité signifie que je sens mon acte soumis au jugement de ma conscience. La sanction interne (IV, 4) entre en vigueur. Cela suppose que j'ai conscience d'avoir réellement voulu l'acte. Je me l'attribue parce qu'il n'est pas quelque chose d'étranger à moi, parce que, sans ma résolution, il n'existerait en aucune façon dans le monde. Je suis coupable, parce que j'ai voulu. Si maintenant je remarque la scission entre la volition que je reconnais comme mienne et ce que je reconnais comme le bien, alors naît le *sentiment du remords*, sentiment de désaccord interne, d'indignité et de mépris de soi-même, qui peut aller jusqu'à la douleur morale la plus intense. Il naît comme sentiment de contraste provoqué par l'opposition existant entre ma volonté réelle et l'idéal que j'adopte. La naissance de ce sentiment, dans les circonstances indiquées, est une nécessité psychologique.

Même du point de vue déterministe, on peut très bien définir le repentir : « un mécontentement de soi-même pour n'avoir pas agi autrement »[1]. Ce mécontentement n'est qu'une autre forme du vif désir d'avoir agi différemment qu'on éprouve au moment du repentir et qui présente, nous le verrons dans un instant, une grande importance pratique. Un pareil désir naît tout naturellement lorsqu'*au moment de la réflexion*, on soumet sa volonté et son action à une sévère critique et trouve qu'elles ne la supportent pas. De ce désir et du mécontentement qui en résulte il ne saurait pourtant s'ensuivre qu'*au moment de l'action* on aurait pu aussi bien agir tout autrement qu'on ne l'a fait. Cette illusion se produit peut-être chez bien des hommes : mais ils ne font alors qu'antidater l'expérience chèrement acquise par la faute et le remords[2].

---

[1] KROMAN : *Vor Naturerkendelse* (Notre connaissance de la nature).

[2] *Psychologie*, VII, B, 5 *b* (fin). — J'ai donné une description plus complète des différentes manières dont peut naître l'idée d'une volonté causalement libre dans mes Études psychologiques (Cf. *Vierteljahrsschrift für wiss. Philos.*, XIV).

Cependant l'explication psychologique du remords n'entraîne pas du même coup sa valeur et sa justification morales. Le remords est un sentiment de douleur, et la douleur n'est un bien par elle-même qu'au point de vue purement ascétique. Pourquoi ne pas chercher à oublier mon action condamnable aussi vite que possible, comme je cherche tout naturellement à écarter les souvenirs désagréables ? Lorsque Hamlet a réveillé la conscience de sa mère, celle-ci s'écrie : « O Hamlet ! tu m'as fendu le cœur ! » et il répond : « Ah ! rejetez-en la partie mauvaise et vivez plus purement avec l'autre partie. »[1] Pourquoi la morale ne pense-t-elle pas qu'on puisse aller aussi vite que le croit Hamlet, et que la douleur du remords a une grande importance ?

Ce n'est pas qu'elle admette le principe « œil pour œil, dent pour dent ». La doctrine du talion n'est pas une doctrine morale. La morale ne saurait, comme MÉLANCHTON, voir dans le remords une colère terrible et inexprimable de Dieu, ni, comme les catholiques, une pénitence ou expiation. L'étude du pouvoir correctionnel de l'État nous fournira une meilleure occasion pour entreprendre une critique plus approfondie de la théorie de la compensation. Je me bornerai ici à un seul point, qui présente un intérêt particulier pour ce chapitre. D'après la théorie de la compensation, il faudrait que le remords (quand il est l'unique châtiment) atteigne sa plus grande force chez celui qui a commis le plus grand crime. Mais en fait ce n'est pas le cas. L'explication psychologique en est que le remords repose sur un rapport de contraste entre l'idéal et la volonté réelle, contraste qui ne peut naturellement exister que si la notion de l'idéal est vive. Plus cette notion est vive et développée, plus aussi les actes seront considérés à sa lumière et plus ils seront strictement jugés. Aussi est-ce souvent dans les caractères les plus purs et les meilleurs que le sentiment du remords est le plus intense. Sur un fond de neige on voit des taches qu'autrement on n'aurait pas remarquées.

Du point de vue psychologique, le remords — de même que d'un autre côté le devoir (III, 9) — apparaît comme l'expression de l'effort de la personnalité pour conserver son unité et sa cohésion. Le remords suppose que la conscience du bien

[1] *Hamlet*, III, 4, v. 156-158.

s'est éveillée, ce qu'elle n'était peut-être pas au moment de l'action, ou encore qu'elle a gagné sous le rapport de l'espèce, de l'étendue, ou des deux à la fois, par l'acquisition d'un point de vue moral plus élevé. On éprouve de la pitié pour la victime de l'acte et l'on sent la valeur des intérêts lésés. Le remords est alors déjà un signe que le bien est près de l'emporter dans l'homme. Quant à la douleur, elle a pour cause le conflit aigu qui s'élève entre la conscience de la volonté et de l'action réelles et celle de l'idéal. C'est pourquoi Dante dit que Béatrice, c'est-à-dire la pensée idéale, est la cause de la douleur que lui font éprouver les orties du remords. (*Le Purgatoire*, XXXI). Malgré cette opposition interne et douloureuse, qui lui montre son âme sous un tout autre jour qu'auparavant, l'homme s'efforce de conserver la liaison avec son passé. Il ne peut ni renoncer au moi nouveau, ni méconnaître l'ancien : tous deux forment son moi propre. Malgré le moi nouveau, il se reconnaît lui-même franchement et sans réserves comme le sujet de l'action passée. Cet effort constant pour s'identifier avec soi-même et pour faire coïncider l'ancien et le nouveau moi, en essayant de les concevoir comme un seul, fait que le contraste est d'autant plus fortement senti. C'est seulement sous la forme de la douleur que la personnalité peut maintenir ici son unité. Les essais d'identification peuvent amener une épuration, une fusion, où le nouveau moi triomphe, mais où il s'enrichit en même temps de l'expérience que l'homme a faite de sa limitation. La conscience de l'idéal devient d'autant plus intime que les oppositions de la vie ont été éprouvées à une profondeur qu'elles n'atteignent pas quand l'évolution a lieu en ligne plus directe et moins interrompue[1]. Ce qui a subi l'épreuve de ce feu purifiant possède une solidité qu'il n'est pas facile d'acquérir autrement. L'énergie, d'abord au service de l'aveuglement, peut maintenant, grâce à une métamorphose, arriver à agir en un tout autre sens.

Seule, la conscience expresse de la nature de l'état passé est un signe qu'on en est sorti. Si la volonté de supporter l'opposition de l'ancien au nouveau s'affaiblit, la métamorphose et le solide établissement du nouveau caractère ne s'opèrent point.

---

[1] Cette évolution s'explique par les lois de l'association et de la combinaison des sentiments, exposées dans ma *Psychologie* VI. B, 2 *d* et *e*, et elle aurait pu y être citée comme exemple.

Qui ne peut supporter de penser à son action antérieure, qui ne peut endurer le feu purifiant de la connaissance de soi, est encore prisonnier de son passé, de même qu'un esprit malade n'est point guéri tant qu'il persiste à nier sa maladie. Il n'est évidemment question ici que du tribunal intérieur que l'individu porte en lui-même, et on ne prétend pas qu'un autre ait le droit de régler pour lui ses comptes. Décider où se trouve la limite entre la connaissance nécessaire de soi et l'obstination maladive à s'appesantir sur ce qui est irrémédiable, c'est une des questions les plus difficiles de la vie; il n'y a pas de formule générale qui puisse nous apprendre à la résoudre. Les natures mélancoliques se regarderont facilement, en vertu de l'expansion du sentiment[1], comme plus coupables qu'elles ne sont en réalité. Cela a pour effet de paralyser l'activité et de comprimer la tendance au progrès[2].

En effet, ce qui fait la valeur morale du sentiment vif de la nature mauvaise de l'acte, que la douleur du remords à la fois suppose et suscite, c'est qu'il stimule et pousse en avant. L'attention est appelée sur des choses devant lesquelles on restait auparavant aveugle et insensible. Il se produit une tendance à s'élever à un degré supérieur, un effort qui jaillit naturellement du pénible sentiment de la contradiction. C'est seulement parce qu'il devient un *mobile* que le remords est de nature morale. Il est un moyen pouvant servir au développement ultérieur. La morale regarde devant, mais non derrière elle, ou plutôt elle ne regarde en arrière que pour mieux voir en avant. Dans le désir d'avoir agi autrement et dans la douleur de ne l'avoir pas fait, il se peut qu'on retrouve quelque chose qui s'était manifesté en son temps, au moment de la délibération, mais qui n'avait pu arriver alors à prévaloir. Nous voyons ici l'importance du débat intérieur qui précède la résolution. En admettant même que les inclinations et les tendances qui avaient le

---

[1] *Psychologie* VI, F, 4.

[2] Il y a souvent une sentimentalité égoïste dans le fait de se complaire dans le remords et de s'éplucher minutieusement soi-même. Gœthe (dans son premier entretien avec Eckermann) parle d'un petit garçon qui ne pouvait se consoler d'une légère faute qu'il avait commise : « Cette remarque ne me fit pas plaisir, dit Gœthe, car c'est l'indice d'une conscience trop délicate, qui place si haut sa propre personnalité morale qu'elle ne veut lui rien passer. Une pareille conscience fait des hypochondriaques, lorsqu'elle n'est pas contrebalancée par une grande activité. »

droit pour elles devaient nécessairement avoir le dessous, cette lutte pourtant n'a peut-être pas été vaine. Elles peuvent avoir rendu l'équilibre moins stable, même si elles n'ont pas été capables de vaincre complètement la résistance opposée au mouvement qu'elles suivent. Mais il n'en résulte pas que leur travail ait été perdu. Elles reparaîtront quand l'esprit sera devenu plus calme et, à cause du contraste, elles acquerront peut-être alors la force qui leur manquait, ou bien elles seront aidées et complétées par de nouvelles impulsions et de nouvelles tendances qui, de leur côté, n'auraient pas été par elles seules en état de déterminer la volonté.

*g*. Si la loi de causalité ne s'appliquait pas au domaine de l'esprit, l'effort moral serait sans espoir. Là seulement où règnent des lois, ma volonté peut intervenir de manière à produire quelque chose. S'il nous est possible d'agir sur la nature extérieure et de la faire servir à nos fins, c'est que nous en connaissons les lois et savons quelles conditions remplir pour obtenir ce que nous voulons. Nous nous trouvons dans une situation analogue vis-à-vis de la nature humaine. C'est seulement si des lois la gouvernent que nous pouvons la modifier sur les points où elle est en conflit avec nos idéaux. Il s'agit ici de trouver des mobiles d'espèce et d'intensité appropriées, et cela doit avoir lieu conformément aux lois naturelles de la psychologie. Mais à quoi serviraient tous les efforts imaginables si, dans les mêmes circonstances, un seul et même mobile était suivi tantôt d'une résolution, tantôt d'une autre toute différente? Je ne saurais préparer d'avance ce qui n'a pas de cause, je me trouve alors en face du hasard et du caprice. Je ne suis maître de ma volition future que s'il y a entre elle et ma volition présente un rapport d'effet à cause. Dans ce cas seulement, ce que je sème aujourd'hui pourra devenir plus tard une plante vigoureuse.

Nous comprenons maintenant pourquoi la responsabilité ne remonte pas, dans la série des causes, au delà de la volonté. Cela vient de ce que c'est la volonté qu'il s'agit de changer. Ce qui précède la volition ne nous intéresse en morale qu'autant que cela influe sur la volonté. C'est pourquoi nos pensées et nos sentiments ne sont pour nous que des causes indirectes de responsabilité, savoir dans la mesure où ils sont des forces déterminantes de la volonté. La part qu'il faut leur attribuer sera naturellement très variable selon les différents cas.

Rien ne naît de rien. La morale doit reconnaître ce principe dans son propre intérêt. L'important, en effet, est d'exciter et d'entretenir en soi-même et chez les autres de bons désirs et de bonnes tendances. Jusqu'où chacun peut-il aller dans chaque cas particulier, c'est ce que peuvent seuls lui apprendre l'expérience et les essais.

*h.* Il nous reste enfin à donner quelques éclaircissements à propos de cette singulière opinion qui veut que le déterministe, pour être conséquent, assiste en simple spectateur tant à sa propre vie qu'à celle des autres hommes. Comme si on ne pouvait éprouver dans la vie ni joie, ni douleur, ni envie d'agir, pour la croire soumise à des lois déterminées! Si ma responsabilité ne me laisse pas le temps de penser, il est évident que je ne saurais devenir déterministe. Mais alors, je ne saurais devenir davantage indéterministe, car on ne le devient aussi qu'en pensant. L'indéterminisme est tout autant une théorie que le déterminisme, et il y a même des gens ayant besoin de la contention d'esprit la plus considérable pour essayer de comprendre quel sens exact il peut avoir. Si chacun de mes instants est absorbé par la pratique, je ne puis naturellement spéculer. Le paysan n'a pas le temps d'étudier la chimie, parce qu'il doit sans relâche manier la charrue et la herse. Ce n'est évidemment pas l'affaire de tout le monde d'étudier la psychologie et l'histoire. Il peut y avoir des natures chez lesquelles l'intérêt qu'on éprouve à découvrir les causes de ses propres actions et de celles d'autrui affaiblisse l'intérêt pratique. Mais nous ne devons voir là autre chose que l'opposition générale qui existe entre les natures spéculatives et pratiques. A chacun de voir quelle place il lui convient de faire à la théorie dans sa maison. Il n'est évidemment pas moral de se conduire en pur savant quand l'action nous réclame. Quel est le physicien assez passionné pour étudier encore les effets de la lumière au lit de mort d'un être qu'il aime? Dira-t-on pour cela que la physique et l'amour s'excluent? Que je sois indéterministe ou déterministe, je ne puis étudier la psychologie de la volonté au moment même où je dois agir; mais de ce que je ne puis exécuter à la fois deux choses différentes il n'en résulte pas qu'elles doivent logiquement s'exclure. Je ne puis pas en même temps être assis et debout; mais je puis fort bien m'asseoir d'abord et me lever ensuite.

# VI

# LE MAL MORAL

1. Le mal considéré comme un isolement dû à l'inertie ou à l'orgueil. — 2. Le mal effet de l'ignorance et de l'aveuglement. — 3. L'endurcissement.

1. — Ce qu'est le mal moral, nous le voyons déjà par les développements qui précèdent (III, 6,10,20). Il consiste dans un isolement plus ou moins conscient du moment particulier en dehors de la vie totale de l'individu, de l'individu particulier en dehors de la vie totale de l'espèce, d'où résulte non seulement un obstacle à ce que demande le bien de l'individu ou de l'espèce, mais encore un affaiblissement de l'énergie et une dissolution de l'ensemble formé par chacun d'eux. Nous étudierons ici d'un peu plus près les causes psychologiques de cet isolement.

Deux causes expliquent le tragique désaccord désigné par l'idée du mal. C'est d'abord le *caractère sporadique de l'évolution*. Il consiste en ce que les aptitudes particulières de la personnalité individuelle, ou les individus particuliers dans l'espèce ne se développent pas en même temps, ni avec la même force et la même rapidité, mais de telle sorte que tantôt un élément, tantôt un autre se manifeste avec le maximum d'énergie. Il s'ensuit qu'ils peuvent ne pas se ranger harmonieusement dans la totalité supérieure, et même lui opposer une résistance ouverte. Ce désaccord peut se produire de deux façons. Il peut arriver que l'élément particulier (l'aptitude particulière dans l'individu, l'individu particulier dans l'espèce) continue avec énergie une tendance qui s'est précédemment développée. Par suite d'une sorte de résistance passive, il subsiste et continue d'agir comme auparavant, bien que la totalité exige désormais de lui d'autres services. Ou bien il peut arriver que l'élément particulier varie spontanément, prenne de nouvelles directions, justement parce que la vie s'agite en lui avec tant de force qu'elle a besoin de s'épancher plus abondamment, sans que pourtant, d'autre part, il y ait moyen de trouver un ensemble où le nouveau résultat puisse entrer et acquérir de la valeur. Ce qui paraissait d'abord rendre possible un degré tout nouveau de vie devient maintenant une cause d'interruption, de dislocation et de défiguration. On ne peut se passer ni de la tendance conservatrice ni de la tendance radicale; mais toutes deux impliquent la possibilité d'une interruption dans l'ensemble de la vie et d'une atteinte à la volonté fondamentale que l'appréciation suppose. Ce sont des forces qui, spontanément portées au bien, produisent pourtant souvent le mal. Elles peuvent amener l'isolement, la partie prenant la place du tout, parce qu'elle ne veut pas modifier son état — que ce dernier soit d'ailleurs une continuation ou une perpétuelle variation.

L'autre cause, c'est que le *spontané précède le réfléchi*, l'inconscient ou l'obscurément conscient précède la conscience claire. Il faut que l'idée directrice soit d'abord conquise et elle ne l'est souvent qu'au prix d'erreurs. Souvent on ne devient sage qu'à ses dépens. Zeus, dit Eschyle, a établi cette loi que la science ne peut s'acquérir que par la douleur ($\pi\acute{\alpha}\theta\epsilon\iota$ $\mu\acute{\alpha}\theta o\varsigma$). L'individu s'engage dans la vie sans savoir dans quel milieu il tombe. La première pensée elle-même naît spontanément : il faut naturellement que le passage du spontané au réfléchi soit lui-même spontané. Les premières fins que l'homme se propose ne sont pas le résultat d'un choix : « la première pensée de la volonté, comme le dit Dante (*Le Purgatoire*, XVIII), est excitée d'une manière inconnue et ne mérite ni louange ni blâme. » Et pourtant cette « première pensée » peut être décisive pour la direction de toute la vie. Elle est le point de départ de la vie intellectuelle, le premier centre d'association qui détermine le cours et l'espèce des pensées ultérieures. Mais il se peut que la direction ainsi donnée s'accorde avec les intérêts les plus élevés de la vie.

Isolement et aveuglement, tels sont les deux traits caractéristiques du mal lorsqu'on examine comment il est possible. Le mal c'est l'*inertie* qui ne veut pas changer son état, la lourdeur qui ne veut pas se soulever, l'étroitesse qui ne veut pas s'élargir. C'est tout à fait le contraire du mobile d'appréciation supposé dans ce qui précède, car la sympathie est un besoin de partager, de s'unir à d'autres hommes, de s'ouvrir au monde.

La morale grecque insistait surtout sur l'aveuglement comme cause de l'insolence et de la témérité (ὕβρις); HOMÈRE et LES TRAGIQUES voyaient la source de la *faute* dans l'illusion (ἄτη), SOCRATE, simplement dans l'ignorance. La morale des modernes met surtout en relief l'isolement dû à l'inertie. Ainsi font par exemple SPINOZA et J.-G. FICHTE. Ce dernier penseur montre par un développement psychologique intéressant [1] comment la paresse, en tant qu'obstacle au changement de l'état et de la direction donnés, peut engendrer la lâcheté et la duplicité parce qu'on aime mieux sacrifier sa liberté plutôt que de combattre, et que, s'il le faut pourtant, on préfère la ruse aux armes loyales. Pour les deux penseurs, le mal moral est le contraire de la force et de la liberté de l'esprit. Cette liberté, ils ne la croyaient possible que dans la société des autres hommes, et c'est pourquoi le mal c'est aussi indirectement pour eux la rupture de l'harmonie sociale, l'atteinte à l'effort commun vers la liberté. Mais, au point de vue où nous nous sommes placés ici (III, 8-11), il faut définir le mal moral directement par son caractère antisocial c'est-à-dire par l'absence des mobiles et des qualités qui rendent possible la société spirituelle, et pas seulement de ceux qui rendent possible la liberté de chaque esprit.

Lorsqu'on prend conscience que la direction dans laquelle on s'est engagé est opposée à un degré de vie plus élevé (mais que naturellement on ne connaît pas comme tel) et qu'on persiste cependant dans cette direction, la paresse devient *orgueil*. Le contraste a ici pour effet de provoquer, de rendre plus obstiné et il augmente la résistance. Le point de vue où l'on se trouve placé est alors transformé en un système que l'on soutient parfois avec une logique rigoureuse. Si ce point de vue isolant est appelé mauvais, c'est au regard d'un autre système moral que de celui auquel ce point de vue appartient. Chaque point de vue soutient son droit à l'existence et oppose son appréciation à

---

[1] J. G. FICHTE, *Sittenlehre*. 1798, p. 262 sqq. Voir mon ouvrage : *Geschichte der neueren Philosophie*, II, p. 169 sqq. — SPINOZA voyait dans le péché une impuissance de l'esprit (*Tract. polit.*, II, 7, 11, 20) qui formait le contraire de l'effort pour persévérer dans son être, grâce auquel l'homme peut s'élever des formes inférieures aux formes supérieures de la vie (*Ethica*, III. 6 sqq). Voir *Geschichte der neueren Philos.*, I. p. 363 sqq.— F. C. SIBBERN, dans sa *Psychologie* (1856), p. 110 et sa *Moralphilosophie* (1878), p. 7-11, appliqua au problème du mal sa théorie du cours sporadique de toute évolution.

toutes les autres. Nous retrouvons ici, sous sa forme la plus aiguë, cette lutte de systèmes moraux que nous avons considérée plus haut (III, 13) sous un aspect purement théorique. C'est la grande lutte du monde, où ce que les uns stigmatisent comme inertie, isolement, aveuglement et orgueil est considéré par les autres comme l'expression d'une affirmation naturelle et légitime du moi, ou même comme le début de nouveaux progrès. Dans cette lutte, non seulement la pensée s'oppose à la pensée, mais la passion à la passion, la volonté à la volonté. Toute appréciation morale s'appuie en effet sur une volonté fondamentale, sur une activité qui pose des fins. Quand une appréciation s'oppose à une autre, ce sont les forces fondamentales de la vie de l'esprit qui s'élèvent l'une contre l'autre.

La morale philosophique considère cette lutte autrement que la morale théologique. Elle apprend de la psychologie et de l'histoire comment naissent les points de vue et les systèmes, comment ils sortent peu à peu d'éléments qui occupent une place légitime dans l'ensemble de la vie. La morale théologique conséquente ne peut accepter ce développement progressif de points de vue devant tour à tour être rejetés ou dépassés. Elle ne reconnaît pas cette vérité simple que le spontané précède le réfléchi et que les parties ne se rassemblent pas toujours en un tout. Pour elle, le péché c'est l'orgueil, comme d'autre part l'obéissance est le fond de toute vertu. Si l'homme s'isole, s'arrache à la source de tout bien, il en faut chercher la cause dans sa présomption. D'où viennent à leur tour l'orgueil et la présomption, on ne nous le dit point ; mais depuis SAINT AUGUSTIN[1] ils forment le faîte de l'échelle des vices. Pour la théologie, le péché est une rupture avec la force qui protège la vie : pour le philosophe, il vient de ce que l'un des éléments intégrants de la vie se sépare de l'ensemble. Tandis que pour la philosophie, l'évolution des fautes va de l'inconscient et du spontané au conscient et au réfléchi, suivant la loi que l'expérience nous montre présider à toute évolution psychique, la tâche s'impose à la morale théologique de faire voir comment les formes du mal les moins conscientes et les moins réfléchies sont un développement des formes qui le sont le plus. La

---

[1] *De civitate Dei*, XIV, 12-13 (Malæ voluntatis initium quæ potest esse nisi superbia?) — *De moribus ecclesiæ cath.*, c. 12. — Voir : *Die Grundlage der humanen Ethik*, p. 99-102.

morale du moyen âge a bien essayé de donner des sept péchés capitaux une explication génétique, d'après laquelle de l'orgueil devaient progressivement sortir l'envie, la haine, l'indolence (*acedia*), l'avarice, la gourmandise et la luxure [1]. Bien que cette description renferme d'intéressantes observations, elle n'en part pas moins d'une impossibilité psychologique. F.-C. SIBBERN a dit avec raison que la morale théologique fait dériver le mal du souverain mal. C'est ce qui s'appelle mettre la tête en bas et les pieds en l'air. C'est seulement par une succession de degrés que l'inertie inconsciente, qui peut avoir son utilité, arrive jusqu'au rejet conscient de tout essai pour tirer l'individu de son isolement. C'est seulement une fois arrivé au comble de la résistance opposée par l'inertie que l'individu transforme tous les autres en moyens de sa jouissance ou de son sentiment de domination. Au lieu de n'être qu'une unité entre beaucoup d'autres, il essaye maintenant de se prendre lui-même comme fin absolue. Cependant il n'y a pas ici qu'une seule espèce d'évolution possible; une foule de voies diverses se présentent au contraire à l'étude psychologique.

Les formes plus particulières du mal dépendront des dispositions affectives générales ou des tempéraments des divers individus. Le tempérament sombre amène, chez les natures passives, la mauvaise humeur, l'insensibilité, le découragement. L'individu se soustrait à tout ce qui prétend l'attirer, même aux impressions joyeuses et excitantes. Chez les natures actives, ce tempérament amène la joie du malheur d'autrui, l'envie, la dureté et la cruauté. Le plaisir et le bonheur des autres est senti comme une discordance aiguë ou comme l'expression de la sottise et de la courte vue. On éprouve un penchant à être affecté désagréablement de tout et la fréquence des sentiments pénibles engendre facilement l'égoïsme, à cause de l'attention que l'individu est obligé de diriger sur son moi. La douleur l'empêche de se donner, de s'oublier lui-même. Le tempérament gai conduit, sous sa forme passive, à la recherche de la

---

[1] HUGO DE SAINT-VICTOR fait dériver l'*acedia* des trois premiers péchés, qui amènent l'homme au dégoût de soi-même; de l'*acedia* dérivent à leur tour les trois derniers, l'homme qui a perdu la joie intérieure se tournant vers le dehors pour y trouver des consolations (LIEBNER: *Hugo von Saint-Victor*, Leipzig. 1833. p. 278-280). DANTE indique la même évolution : *Le Purgatoire*, XVII. Cf. OZANAM: *Dante et la philos. cathol. au XIII<sup>e</sup> siècle*. Paris, 1843, p. 94 — ANDREAS SUNESÖN : *Hexaëmeron*, éd. Gertz, p. 153.

jouissance, à la satisfaction des désirs et des tendances du moment. Chez les natures actives, il amène un besoin inconsidéré d'agir, la recherche de l'indépendance, l'ambition ou le fanatisme. Ici encore peuvent se développer la dureté et la cruauté, surtout si la faculté qu'on a soi-même de supporter la douleur est petite. Il se peut qu'on fasse souvent de grands sacrifices et de grands efforts pour satisfaire le besoin de sentir ses propres forces, l'amour égoïste de la puissance. C'est alors le mal sous sa forme héroïque. Sous toutes ces formes, l'individu s'enfonce en lui-même, se prend lui-même pour centre et rend impossible un parfait dévouement. On pourra en trouver encore d'autres si l'on prend garde aux multiples substitutions de motifs rendues possibles par la disposition originelle, et si l'on songe en même temps à l'action modificatrice des conditions historiques et sociales. Le mal n'est pas un phénomène seulement psychologique mais encore social.

2. — Nous insisterons un peu plus sur la question de savoir quel degré de conscience peut exister dans les états que nous venons de décrire. Lorsqu'on prononce la qualification de « mauvais », on se place à un point de vue que ne partage pas celui auquel cette qualification s'applique. L'homme pour qui le présent est tout, ne partage évidemment pas les idées de l'individualiste, ni l'individualiste les idées de celui qui se préoccupe de la famille, de la race, de l'état ou de l'espèce entière. Si l'individu placé au point de vue inférieur ou plus étroit avait la conscience claire et parfaite de mériter cette qualification, les sentiments corrélatifs et les tendances correspondantes seraient mises en mouvement, son caractère et son action deviendraient autres. Le mal renferme toujours de l'ignorance et de l'aveuglement, de l'ignorance en tant que les représentations ne sont ni claires ni complètes, de l'aveuglement, en tant que les sentiments et les passions qui dominent empêchent le développement convenable des représentations. Il se peut qu'on ait l'idée d'un autre degré de vie, mais cette idée n'acquiert aucune force, n'excite aucun sentiment vif, ne pénètre pas jusqu'au moi réel. Au fond, SOCRATE avait raison de penser que toute faute est ignorance, pourvu que par là on entende quelque chose de plus que des lumières insuffisantes de l'entendement, ou pourvu qu'à l'ignorance on ajoute l'aveuglement, afin d'exprimer que ce n'est pas seulement la connaissance juste qui fait défaut, mais qu'en

outre des obstacles positifs l'empêchent de se développer et de régner sur le cœur. Ceux qui agissent mal « ne savent pas ce qu'ils font ». La cause en est sans doute plus profonde que Socrate ne le pensait, plus profonde en tout cas qu'il n'a réussi à l'exprimer. Mais la connaissance de soi-même, réclamée par lui, mettra en lumière, si on la pousse suffisamment loin, la tendance inconsciente qui forme la base cachée du point de vue tout entier. C'est pourquoi toute morale doit en définitive être d'accord avec Socrate.

Une volition proprement dite implique évidemment la conscience de ce qu'on fait. Aussi faut-il distinguer ici entre la conscience des circonstances matérielles auxquelles l'acte se rapporte et celle du caractère moral qu'il présente. L'ignorance et l'aveuglement n'ont pas besoin de porter sur les circonstances de fait. Je puis nettement savoir ce que je fais, comme l'inquisiteur sait ce qu'il fait quand il condamne un homme à mort à cause de sa foi, sans connaître que cela est condamnable d'un point de vue moral plus élevé. Une telle connaissance rendrait l'acte impossible, car il est psychologiquement impossible d'agir contre sa conviction nette et entière, à moins qu'elle ne soit obscurcie et refroidie par d'autres impulsions.

On pourrait croire cependant avoir affaire à une volonté ainsi dirigée contre notre connaissance la plus certaine, dans le cas où l'homme cherche à obscurcir sa conscience morale, pour s'affranchir de la division et de la dualité qui se produisent lorsque celle-ci ne peut arriver de suite à l'emporter, ou bien dans le cas où l'homme cherche à empêcher de se produire des pensées dont il craint qu'elles ne modifient son appréciation présente et son système actuel[1]. Mais en pareil cas la conscience morale supérieure n'a pas encore pris solidement pied; sans quoi le caractère pénible de l'état de division ne pourrait pas devenir le mobile dominant. On ne fait pas le mal avec la conscience claire et complète que cela est mal[2].

[1] Voyez *Psychologie*, VI, F, 2 (fin).
[2] C'est seulement de nos jours que les grands auteurs ont apporté dans la description du mal une psychologie plus subtile et plus profonde que celle qui se trouve au fond du type satanique ordinaire, type que Shakespeare lui-même a encore beaucoup trop reproduit dans son *Richard III* et son *Iago*. Au premier rang de ces nouvelles tentatives il faut mettre le Raskolnikow de Dostoïewski. Je dois cependant mentionner aussi une réplique isolée dans le « Rosmersholm » d'Ibsen. Je ne saurais prendre sur

Aussi l'idée théologique d'un « péché contre le Saint-Esprit » contient-elle une impossibilité psychologique. LUTHER dans un sermon sur ce thème le représente comme « un péché diabolique qui, bien qu'il soit publiquement convaincu, ne veut cependant pas être convaincu »[1]. Mais si l'on ne *veut* pas se laisser convaincre, comment donc peut-on *être* convaincu ? Tant qu'on ne veut pas se laisser convaincre, il faut bien qu'il reste dans l'esprit quelque partie que la conviction n'a pas pénétré avec toute son efficacité ; comment, sans cela, une pareille volonté pourrait-elle naître ? — Luther poursuit : « Quand un homme en vient, pour défendre ses crimes, à ne vouloir rien entendre ni rien voir, tout conseil et tout secours deviennent inutiles ». Se défendre c'est évidemment invoquer des raisons, c'est donc reconnaître encore la force de la vérité, sauf qu'on ne reconnaît pas pour la vérité ce que ses adversaires appellent ainsi. Il reste donc encore quelque chose de bon. Ne reconnaître absolument aucune vérité, voilà qui serait tout à fait satanique, mais cela finirait par amener la perte entière de tout sens et de toute pensée et l'impuissance complète. La méchanceté absolument conséquente serait donc l'absolue sottise.

3. — A un degré plus loin que l'aveuglement se trouve l'*endurcissement*. Mais lui non plus n'est pas identique à la méchanceté consciente. L'endurcissement c'est l'aveuglement qui s'est fixé, qui s'est si bien incorporé au caractère qu'un

---

mot de défendre la peinture tout entière du caractère de Rébecca, mais une de ses réponses du moins est l'œuvre d'un maître : « Et puis n'y a-t-il donc pas dans tout être deux sortes de volonté ? Je voulais écarter Félicie, l'écarter d'une façon ou d'une autre. Et pourtant je ne pouvais croire que les choses en viendraient là. A chaque pas que je tentais, que je hasardais en avant, j'entendais comme une voix intérieure qui me criait : Tu n'iras pas plus loin ! Pas un pas de plus ! et néanmoins je ne pouvais pas m'arrêter. Je *devais* continuer encore, quelques pas seulement. Rien qu'un pas, un seul. Et puis encore un... et encore un. — Et tout a été consommé... » (trad. du norvégien par Prozor Paris, Savine. 1893, I, p. 298-9). — Un auteur de moindre rang l'eût dépeinte comme une diablesse dressant son plan en toute connaissance de cause et calculant avec habileté les multiples petits coups d'épingle qui devaient la conduire au but.

[1] Luther ajoute : Je n'eusse jamais pensé que ce péché existât dans le monde, alors que j'étais un savant docteur ». Mais plus tard il appréhendait que les papistes qui en étaient arrivés à ne rien pouvoir objecter contre la vraie doctrine ne restassent plongés dans ce péché (IRMISCHER : *Luthers deutsche Katechetische Schriften*, III, p. 77 sqq). — Comme savant docteur, Luther était meilleur psychologue que comme grand agitateur.

changement devient chose extrêmement difficile. Il ne serait pourtant pas légitime de considérer cet endurcissement comme équivalant à l'incorrigibilité. Notre pédagogie, tant individuelle que sociale, a fait encore trop peu de progrès pour que nous ayons le droit de déclarer un homme absolument incorrigible. Il se peut que notre art et nos moyens soient insuffisants. Mais il ne semble pas que l'humanité ait jusqu'ici déployé dans ce domaine autant de force et d'habileté que dans les autres. On s'est contenté d'enfermer ce genre d'individus dans « une maison de correction » et de leur donner la perspective d'un enfer dans l'autre monde. L'art et le sentiment humanitaire profond et patient, seuls capables de triompher des obstacles qui se présentent ici, ne sont encore qu'en voie de formation [1].

[1] Voir pour plus de détails mes *Études morales*, p. 73-81 (*The law of relativity in Ethics*. Journal of Ethics, I, p. 54-60).

# VII

# THÉORIE DU BIEN

1. Concept général du bien. — 2. Deux principaux problèmes. — 3. Toute satisfaction complète n'a-t-elle pas une égale valeur ? — 4. La culture est-elle un chemin vers le bien universel ?

Dans les trois chapitres précédents, nous nous sommes occupés de la *base* de la morale. Il nous faut maintenant établir et expliquer avec plus de détails le principe qui donne à la morale son *contenu*. Nous avons déjà montré (III, 10-15) que le seul principe de ce genre qui s'accorde avec la base admise par nous est le principe du bien général. Mais en quoi consiste au juste ce bien ?

Considérée en elle-même, l'idée du bien est une idée purement *formelle*. C'est ce qu'un idéalisme mal compris a souvent fait oublier de sorte qu'on a voué au bien un véritable culte, sans en donner une définition précise. Le vrai bien, pensait-on, c'est le bien en soi et par soi, dont la valeur ne dépend de rien d'autre. Mais qu'est-ce au juste qui a une valeur en soi ? Quel est le contenu qui répond à cette condition ?

Comme nos développements antérieurs l'ont fait voir, cette question comporte autant de réponses diverses qu'il y a de points de vue différents en morale. Si c'est une sympathie universelle et désintéressée qui détermine l'appréciation, cela seul peut être bon qui conserve et accroît le bien être des êtres conscients, augmente leur plaisir ou diminue leur douleur. Tout acte agissant dans ce sens, sans amener ensuite d'effets en sens inverse, est par là même légitime, tout acte contraire est à rejeter.

La morale ne fait ici qu'essayer de poursuivre ce que la nature a commencé. En effet, le plaisir est en somme lié à l'emploi sain et naturel des forces, à ce qui conserve et entretient la vie, et le contraire est vrai de la souffrance. La douleur est le signe d'un commencement de dissolution de la vie [1]. En appréciant notre volonté et notre action d'après le degré où le plaisir l'emporte sur la douleur, — à cause de la connexion étroite qui existe entre le plaisir et la vie, entre la douleur et la mort — la morale travaille au développement de la vie, des facultés et des forces humaines, dans une mesure aussi large et d'une manière aussi harmonieuse que possible. Aussi les problèmes moraux enveloppent-ils également l'appréciation du plaisir et de la douleur des instants particuliers par rapport à la vie totale de l'individu, et celle du plaisir et de la douleur des individus particuliers par rapport à la vie totale de l'espèce. Ce n'est qu'autant que cette appréciation est possible que celle des volitions et des actes peut être fondée et que l'action morale reçoit un contenu déterminé. Chaque volition et chaque acte est comme une pierre qu'on jette dans l'eau : le mouvement se propage en cercles plus ou moins larges, et l'appréciation dépend de la manière dont l'acte retentit dans la vie et la sensibilité des êtres conscients. De même que la science théorique explique un phénomène naturel par un autre, la morale apprécie un sentiment d'après d'autres sentiments : la satisfaction que l'agent éprouve ou obtient par sa volonté et son action ne peut être appelée bonne sans restriction que si les effets de l'acte ne vont pas troubler le plaisir d'autres êtres. Toutes les fois qu'un pareil trouble se produit, il doit être justifié, en montrant qu'il est la condition d'un bien-être encore plus grand, soit de celui que ce trouble atteint, soit des autres hommes.

J'entends donc ici par bien un état durable du sentiment de plaisir. Peut-être ne peut-il s'obtenir que grâce à une évolution au milieu de souffrances et de privations, mais il est le but en vue duquel on supporte les unes et les autres. Il n'est pas besoin d'être optimiste pour faire du bien ainsi entendu le principe objectif de la morale, car on ne préjuge en rien de la sorte la question de savoir s'il est facile à atteindre, ou s'il peut même, d'une manière générale, être jamais atteint. Quand même le pessimisme aurait raison, quand même tout plaisir, tout bonheur serait une illusion, quand même le fond de notre nature consisterait dans une inquiétude et un besoin douloureux, le principe du bien ne serait pas ébranlé pour cela. La tâche consis-

---

[1] *Psychologie*, VI, D.

terait alors à procurer le plus de soulagement possible, et ce soulagement serait le seul bien réalisable dans ce cas.

Le principe du bien ne pourrait être combattu que d'un point de vue absolument ascétique, c'est-à-dire en soutenant que la douleur est éternellement, en soi et par soi, préférable à la joie. Mais on ne saurait pousser un pareil point de vue jusqu'au bout : l'ascète lui-même ne se tourmente, lui et les autres, que pour réaliser par là une joie plus grande. Tout système moral aboutit toujours, en définitive, à donner comme raison dernière de l'approbation d'un acte la production d'un plaisir ou la suppression d'une douleur en un point quelconque de l'univers.

Comme nous l'avons déjà remarqué (III, 11), l'opposition à ce principe est due en partie aux malentendus provoqués par des mots, et c'est pour éviter ces malentendus que je préfère le terme « bien » à ceux de « bonheur » ou d' « utilité ». — Par « bonheur » on entend souvent quelque chose d'accidentel et d'extérieur. « On emploie le mot bonheur (en danois ; « Lykke ») dit P. E. MÜLLER dans sa *Synonymique* danoise, pour dire qu'une chose bonne nous survient, que nous ne pouvons pas produire nous-mêmes ». Ce sens restreint et tout extérieur du mot le rend impropre à exprimer ce que nous voulons dire ici. *Au début*, il ne faut exclure ici aucune espèce ni aucun degré de plaisir : la hiérarchie des divers plaisirs ne pourra être établie que par les études spéciales qui vont suivre. Il faut cependant que toute morale admettant la sympathie comme mobile d'appréciation attribue aussi une valeur à l'acte de faire profiter les autres hommes de biens qu'ils ne peuvent pas se procurer par eux-mêmes ; car s'ils pouvaient se les procurer par eux-mêmes, ils n'auraient évidemment pas besoin de secours. — Quant à « l'utilité », on se représente facilement par là ce qui sert de moyen pour autre chose, sans avoir par conséquent de valeur par soi-même. Ce terme est un terme d'affaires et produit sur bien des hommes une impression fâcheuse, uniquement parce qu'il n'est pas assez noble. Mais en se détournant avec une indignation exagérée de cette vulgarité trop crue, on oublie facilement qu' « avoir de la valeur par soi-même » ne peut rien vouloir dire sinon être un moyen direct de satisfaire une impulsion affective. Comme dernier critère nous retrouvons toujours le plaisir ou la douleur d'un ou de plusieurs êtres conscients. — J'entends par bien le « vrai » bonheur ou le « véritable » intérêt, me réservant d'exposer en détail leurs conditions dans les chapitres suivants.

2. — L'idée générale du bien, défini comme je viens de le faire, renferme pourtant certaines difficultés qu'il nous faut dès maintenant mettre en lumière[1].

Un état durable de plaisir ne peut-il pas s'obtenir à des degrés très divers de l'évolution et par des voies très différentes? Un bonheur « vrai » ou plutôt *réel* ne peut évidemment signifier rien d'autre que la satisfaction complète de tous les besoins qu'on est capable d'éprouver. Or, le besoin qu'on éprouve dépend de la nature qu'on a. Le bien ou le bonheur de l'un ne doit-il pas être mis sur le même plan que celui de l'autre, puisque chacun ne peut évidemment obtenir pour lui-même plus que la satisfaction de *ses* besoins, et que personne n'éprouve naturellement la nécessité de satisfaire un besoin qu'il ne ressent pas lui-même? Comment dès lors le principe du bien peut-il fournir une règle pour apprécier les plaisirs propres à des degrés d'évolution et à des êtres *différents?*

Et en second lieu, est-ce que l'évolution des facultés et des forces humaines, est-ce que le développement de la culture dans son ensemble conduisent réellement au bien? Sans doute la culture a pour effet d'augmenter les moyens dont dispose l'espèce et de développer des facultés et des aptitudes qui n'existaient pas auparavant. Mais n'augmente-t-elle pas aussi en même temps les besoins, tant matériels que moraux, et par conséquent les possibilités de privation, de douleur et de trouble intérieur? Il n'est pas jusqu'à l'évolution et à l'élargissement de la sympathie et du sentiment du devoir qui ne menacent de compromettre le bien, car on devient par là sensible sur beaucoup plus de points, on devient plus exigeant pour soi et pour les autres et on ne trouve plus si facilement la paix du cœur.

J'examinerai à part chacune de ces questions.

3. — Stuart Mill a dit : « Il vaut mieux être un homme malheureux qu'un porc satisfait, être Socrate mécontent plutôt qu'un imbécile heureux ». Il justifie cette opinion en disant que,

---

[1] Dans mes *Études morales*, p. 24-42 (The Monist, I, p. 529-543), j'ai discuté d'un point de vue légèrement différent, et quelquefois avec plus d'étendue que dans les pages suivantes, les diverses objections qui peuvent être ou ont été élevées contre le principe du bien.

## VII. — 3. THÉORIE DU BIEN

même si le porc et l'imbécile pensaient le contraire, leur jugement serait négligeable, parce qu'ils n'ont aucune connaissance du point de vue plus élevé duquel l'homme et Socrate regardent la vie, tandis que l'homme connaît les besoins du porc et que Socrate voit clair au fond de l'imbécile. Or il faut s'en rapporter au jugement de ceux qui connaissent les deux sortes de besoins et qui ont pu, à cause de cela, porter une appréciation sur elles[1].

Il faut pourtant que je dise un mot en faveur du pourceau et de l'imbécile. La difficulté est plus grande que Mill ne le croit. Sans doute, l'homme connaît les besoins du porc et il ne sera pas difficile à Socrate de se représenter ceux de l'imbécile. Mais l'homme n'a pas les besoins du premier ni Socrate ceux du second, en tant que besoins *exclusifs*, et pourtant c'est de cela qu'il s'agit précisément ici. L'homme ne saurait se transformer en porc, sans cesser d'être homme[2], et Socrate pourra malaisément s'identifier si bien à l'imbécile que les besoins du philosophe disparaissent complètement. Or, si le porc peut obtenir l'*entière* satisfaction de tous *ses* besoins, son bonheur n'est-il pas alors plus grand que celui de l'homme, dont les désirs ne sont jamais complètement remplis ? Et l'imbécile, qui n'a pas un si grand nombre d'idées et qui n'exige pas beaucoup de la vie, n'est-il pas plus heureux que Socrate, lequel passe toute sa longue vie à apprendre à se connaître lui-même, à éveiller les autres, pour finir par déclarer que la mort est en somme préférable à la vie ?

Il ne s'agit pas ici d'une somme déterminée de biens extérieurs, mais de biens qui soient réellement des biens *pour* tel être déterminé. Une seule et même somme d'argent peut être pour celui-ci un grand gain, pour tel autre une bagatelle insignifiante. C'est une des grandes lois de la psychologie que le degré d'un sentiment est déterminé par la modification produite dans l'état total de l'individu.

Enfin l'homme qui a obtenu l'*entière* satisfaction de *ses* désirs

---

[1] Stuart Mill : *L'Utilitarisme*, tr. fr., p. 18. — Des idées analogues se trouvent déjà chez Platon (IXe liv. de la *Républ.*).

[2] Si cela se pouvait, la jouissance en deviendrait peut-être d'autant plus grande ; c'est du moins ce que les étudiants dans « Faust » ont l'air de croire, lorsqu'ils s'écrient :

Uns ist ganz kannibalisch wohl
Als wie fünfhundert Säuen

n'a aucune raison de comparer son état avec celui des autres hommes. Que le porc ne se soucie pas de l'homme, ni l'imbécile de Socrate, cela vient naturellement de leur incapacité. Mais là même où se trouvent réalisées les conditions d'une pareille comparaison, on ne sera excité par rien à la faire, on n'éprouvera aucun besoin de dépasser son propre état. Il en sera comme dans le Paradis de Dante, où existent divers degrés de béatitude, mais où la pensée des degrés supérieurs ne cause aucun trouble à ceux qui se trouvent aux degrés inférieurs, parce que leur « volonté est calmée par la vertu de la charité qui leur fait vouloir seulement ce qu'ils ont, et ne leur fait pas souhaiter autre chose ». Le poète ajoute : « Je vis alors clairement comment chaque lieu est paradis dans le ciel, quoique la grâce du souverain bien n'y descende pas d'une égale manière » (*Le Paradis*, III, v. 86-90).

Aussi n'y a-t-il plus dans le Paradis de Dante ni effort ni évolution aucune. Mais en sera-t-il de même partout ? Et comment prendre le principe du bien comme base d'une comparaison entre les états de différents êtres, si chacun de ces états présente de son côté le caractère de la satisfaction parfaite ?

Ayant ainsi exposé le problème aussi nettement que possible, je vais essayer maintenant de le résoudre.

De même que dans la nature extérieure il n'existe pas de repos absolu, mais toujours du mouvement sous différentes formes, de même le bien, comme absolue satisfaction de chaque besoin de chaque être, n'est possible que d'une manière approximative, et toute approximation de ce bien sera soumise à des attaques. Cela tient à ce que chaque être subit des changements externes. La nature et la vie ne restent pas stationnaires, mais sont constamment actives, aussi bien dans l'individu qu'en dehors de lui, et ces changements exciteront de nouveaux besoins et imposeront de nouvelles tâches.

En ce qui concerne les changements extérieurs, il n'est pas besoin d'une démonstration spéciale. Nous cherchons sans cesse en vain à nous retirer en une existence idyllique. Tôt ou tard l'idylle est interrompue par des changements dans le monde extérieur, qui nous obligent à de nouveaux efforts et à de nouveaux labeurs.

En outre, les changements extérieurs s'accompagnent de changements intérieurs. Les représentations de ce qui est nou-

veau ou étranger ne sauraient rester indéfiniment à l'écart, et
mettront en branle le sentiment et la volonté. Si nous appliquons
nos lois psychologiques à ce qui se passe dans le Paradis de
Dante, en même temps que la connaissance des degrés de vie
plus élevés, naîtra dans les bienheureux le désir ardent d'y parvenir. Et même si aucune représentation nouvelle ne naît ni
n'agit, le sentiment aura besoin de contraste et de variation
pour se conserver frais et vif. Uniformité et répétition engendrent faiblesse et atonie. C'est pourquoi l'idylle, comme genre
littéraire, a besoin, pour produire de l'effet, d'un arrière-plan
où se trouve décrite une vie plus intense, plus variée et plus
agitée. Dans l' « Hermann et Dorothée » de Goethe par exemple,
ce fond mouvementé est formé par la guerre et ses effets[1]. Enfin,
si la monotonie et la répétition n'amènent pas le recul et le
relâchement, il naîtra naturellement un besoin de mouvement
et d'activité. Il est certain en effet que nous ne nous remuons
pas uniquement pour atteindre des fins déterminées, mais aussi
simplement pour utiliser nos forces et pour donner à l'énergie
accumulée une occasion de se dépenser. Ce besoin de mouvement croîtra d'autant plus que les forces s'accumuleront davantage et que le repos sera plus prolongé. L'activité ainsi produite
amènera de nouvelles expériences et par là même de nouvelles
luttes.

Quand même ces causes n'agiraient point dans l'individu
arrivé à un certain état d'équilibre, elles agiront pourtant dans
l'espèce, et cela au bout d'un petit nombre de générations. On
s'apercevra qu'atteindre un but, si ce n'est déjà produire un
recul ou une dissolution, c'est seulement commencer à s'en
proposer un nouveau. Aussi le bien est-il une illusion, si l'on
entend par là *un état passif, produit une fois pour toutes*. Le
bien doit consister dans l'*activité*, dans le travail, dans l'évolu-

---

[1] Lorsque Schiller eut dépeint, dans le poème grandiose intitulé
« L'Idéal et la vie », le passage de la lutte pénible contre la réalité à
l'harmonie idéale de l'Olympe, il conçut le projet d'écrire une idylle où
serait décrite une existence bienheureuse supérieure à toute lutte. Il considérait cette tâche comme la plus élevée que pût se proposer la poésie. Il
voyait cependant la nécessité de *rappeler* à tout le moins les luttes de la
vie humaine. « Les figures principales seraient des dieux, mais par l'intermédiaire d'Hercule je puis les rattacher encore à l'humanité, et mettre
ainsi du *mouvement* dans le tableau » (*Briefwechsel zwischen Schiller und
Wilhelm von Humboldt*, Stuttgart und Tübingen, 1830, p. 328). Le projet
ne fut pas exécuté.

tion. Le bien, considéré comme repos, ne peut être qu'un arrêt *provisoire*, marquant l'acquisition d'un degré nouveau d'où va partir un nouveau processus d'évolution. Nous n'avons rien à changer pour cela à notre première définition du bien comme état durable du sentiment de plaisir. Ce qu'il faut écarter, c'est seulement l'idée d'un état *passif*. Car enfin l'activité est un état tout autant que le repos. Par une illusion naturelle, nous nous figurons volontiers nos fins éloignées comme des états de repos. L'éloignement nous empêche d'apercevoir la variété qu'elles renferment et les tâches qu'elles imposent. Mais l'expérience réelle nous arrache sans cesse à cette illusion. Elle nous apprend que ce bonheur là seul, que l'on trouve à travailler au progrès de la vie pour soi-même et pour les autres hommes, est assis sur un terrain solide.

Il y a ici un parallélisme notable entre la théorie du bien et celle de la conscience (cf. IV, 3-4). Aucune d'elles ne peut arriver à un terme absolu, toutes deux au contraire nous amènent à l'idée d'une évolution indéfinie. En même temps, il y a entre elles une action réciproque. Car plus on se fait une haute idée de ce qui constitue le bien, plus aussi la sympathie et la conscience s'exercent et se développent, étant obligées de s'appliquer à un nombre d'autant plus considérable d'objets. D'autre part, plus la sympathie et la conscience sont devenues délicates et clairvoyantes, plus aussi sont grandes leurs exigences de la part de tout ce qui (soit chez les autres, soit en nous-mêmes) veut mériter le nom de bien. On est facile à satisfaire quand on a l'œil affaibli et le champ visuel restreint.

Si de grands esprits, lorsqu'ils parlent du bonheur pouvant être obtenu dans le monde, en font souvent peu de cas, c'est qu'ils songent plus aux états passifs, qui remplissent les intervalles entre les périodes de grande activité, qu'à l'activité même qui les a fait ce qu'ils sont. Il est psychologiquement compréhensible que pendant les périodes d'activité, alors qu'une vie intense s'agitait en eux, ils n'aient point songé à leur propre état, absorbés qu'ils étaient par leur travail. Il y a toujours un inconvénient à ce que l'attention dévie de la pensée du but sur le plaisir que sa réalisation peut procurer [1]. Cela a pour effet de séparer ce qui ne doit pas l'être, et de transformer l'état d'actif

---

[1] *Psychologie*, VII, B, 1 *a*; 3.

en passif. Au moment même où l'on se demande si l'on est heureux, il est facile de s'isoler de la tâche dans et pour laquelle on vit. Aussi cette question ne se pose-t-elle nullement tant qu'on est tout rempli de cette tâche ; lorsqu'elle paraît, c'est un signe que l'hésitation commence. On peut dire de toute réflexion morale, de toute connaissance du bien et du mal, qu'elle *suppose* la cessation de l'état paradisiaque (mais non pas, comme dans le récit biblique, qu'elle l'*amène*). La réflexion peut naturellement être excitée du dehors. Mais cela suppose alors qu'elle est éveillée dans d'autres hommes, et elle n'agirait pas s'il n'y avait pas déjà un commencement de désaccord. Le bonheur est expansion, mais non pas réflexion, ou pour employer une expression de Ludwig Feilberg, il se meut en ligne droite, non en ligne courbe. Aussi peut-on dire en un sens que nous connaissons bien le bonheur seulement lorsqu'il a disparu. L'effort vers le bonheur devient alors un effort pour reproduire, à une étape supérieure, ce que nous avons connu à une étape précédente. Et plus l'activité même est associée au plaisir, c'est-à-dire moins le moyen et la fin — l'effort vers le bonheur et le bonheur lui-même — sont distincts, plus aussi le bien est solidement fondé. Un but *atteint* complètement et une fois pour toutes n'est plus à même d'exciter le besoin d'agir, et le sentiment lié à sa représentation ne saurait plus être par conséquent si fort ni si vif que celui causé par la représentation d'un but pouvant se réaliser toujours à un plus haut degré et avec une extension plus grande.

Le mieux que nous puissions concevoir c'est un progrès dont chaque pas soit senti comme un bien, parce qu'il met nos forces en mouvement sans exiger d'elles plus qu'elles ne peuvent donner.

Nous arrivons ainsi à la seconde des questions soulevées, celle de l'importance morale de l'évolution de la culture.

4. — Le bien consiste dans l'activité, mais toute activité n'est pas profitable pour cela. Cette simple proposition nous indique déjà d'avance le rapport de la *morale* avec la *culture*. Des deux idées, celle de culture est la plus large, celle de morale la plus étroite. Tout effort moral est une activité de culture, mais toute activité de culture n'est pas morale.

Par culture, nous entendons l'élaboration de la matière fournie par la nature. On ne peut cependant tirer entre la nature et la culture aucune ligne de démarcation fixe. Ce qui, vu par un côté, est culture, est nature, vu par un autre. Car ce qu'une génération produit avec peine est pour la suivante une base donnée. La vie naturelle pure et simple ne se trouve même pas dans le monde animal. L'oiseau a son nid qu'il s'est lui-même bâti, et le renard son terrier qu'il a lui-même creusé. En outre, chaque génération a dans sa nature un legs de l'expérience et de l'activité des générations antérieures.

L'idée de « culture » est par elle-même une idée purement formelle. Le travail et l'industrie n'impliquent pas nécessairement qu'on les emploie pour l'utilité et le progrès. Le sentiment de la culture (*Kulturbewusstsein*) peut être souvent une joie sans pitié provoquée par le spectacle des nombreux rouages en action, des nombreux fils entrecroisés qui se rejoignent pour former un tissu ingénieux. On ne pense alors ni aux résultats de tout cela ni aux victimes broyées dans les engrenages. Quelle valeur a proprement tout le travail incessamment poursuivi de génération en génération? Nos aptitudes et nos besoins augmentent, mais ne vaudrait-il pas mieux échapper à ces aptitudes nouvelles et à ces nouveaux besoins, si le bonheur pouvait s'acquérir à des conditions plus simples et plus faciles? Cette question nous reporte à la première difficulté que nous avons signalée dans l'idée du bien. Les deux difficultés que nous présente cette idée sont si étroitement liées que la solution de la seconde n'est que le prolongement de la solution de la première. Nous avons dû passer du bien comme état passif au bien comme activité; mais maintenant une délimitation plus précise devient encore nécessaire.

Cette délimitation nous est fournie par la théorie générale de la connexion du plaisir avec un emploi de nos forces sain, naturel, et qui développe la vie. L'activité cesse d'être un bien si elle tend démesurément nos forces, si elle les disperse et les divise, ou si elle les applique exclusivement dans une direction, aux dépens d'autres directions importantes. Si la *résistance* est plus grande que cela n'est nécessaire pour le déploiement des forces, la douleur et la souffrance se produiront, et une pareille activité douloureuse ne se justifie que si elle sert à passer à un état où se trouve réalisé un rapport plus harmonieux entre les conditions externes et internes. Si les forces ne sont pas à la fin rassemblées dans un but commun, la vie est résolue en *fragments* et aucun sentiment vital complet n'est possible. Et enfin, lorsque certaines forces s'exercent aux dépens d'autres, une disproportion se manifestera entre l'interne et l'externe : les forces internes *exclusivement* développées ne correspondent pas aux multiples exigences des conditions vitales externes. Sous ces trois rapports, le développement de la culture peut se laisser égarer. Il a une tendance à s'engager dans toute direction nouvelle qui s'offre, en se laissant conduire par la satisfaction momentanée qui en résulte. Il y a dans l'activité de culture quelque chose d'aveugle et d'inconsidéré, qui est en liaison avec ses avantages et ses inconvénients. Elle ne néglige volontiers aucune voie ; elle étend ses tentacules dans toutes les directions : il en résulte de précieuses expériences, mais elle peut aussi causer par là du trouble et de la souffrance aux individus et à l'espèce.

La culture n'est pas l'objet d'un choix. Elle est le prolongement de l'évolution naturelle et ne peut pas plus s'arrêter que celle-ci. Le besoin d'une évolution sans trêve, le besoin de tenter des voies nouvelles, de créer des spécialités et de produire des formes variées est pour la nature le grand moyen de permettre la persistance des êtres vivants, quand ils augmentent par trop dans un espace relativement restreint. La différenciation et l'activité sans relâche naissent de la densité de la population[1]. De ce que l'évolution de la culture, telle qu'elle a lieu en fait, est une nécessité naturelle, il ne suit pourtant pas qu'elle soit admirable. La morale ne ressent pas d'admiration pour un ordre du monde où aucune évolution ne semble possible sans une tension excessive des forces, sans étroitesse et dispersion dans l'emploi des facultés. Elle n'est pas tellement impitoyable que les brillantes apparences des résultats extérieurs lui fassent oublier l'angoisse et la douleur, la sueur et le sang qu'ils ont coûté. Aussi demande-t-elle que les lourdes charges soient allégées, que les forces dispersées soient rassemblées et que toutes les facultés précieuses soient développées. Les exigences qu'elle a ainsi à l'égard de l'évolution de la culture sont de même famille que celles qu'elle a relativement à la volonté et à l'action humaines en général (III, 20). En pénétrant les conditions de l'évolution de la culture, elle cherche à trouver des moyens de changer,

---

[1] Cf. Ch. Darwin. *De la variation des animaux et des plantes sous l'action de la domestication*, trad. de l'anglais par J.-J. Moulinié. I, p. 5-7. E. Durkheim. *De la division du travail social*. Paris, 1893, p. 282-291.

d'adoucir et d'humaniser, de manière à ce que la culture et le bien puissent être mis en relation la plus étroite possible. Elle n'est pas sentimentale et bornée au point d'oublier que le progrès ne peut avoir lieu que par l'effort et la souffrance. Seule, la participation au travail de la culture lui paraît constituer une tâche réelle et un réel objet pour la vie volitive. Et elle voit bien notamment que les particularités personnelles ne peuvent arriver à s'épanouir et à s'employer que grâce à l'évolution de la culture et à la différenciation qu'elle amène. Sans doute, chaque individu devient plus dépendant des autres hommes ; mais cette dépendance réciproque va de pair avec un achèvement réciproque et avec un attachement qui devient plus intime que cela n'est possible, tant que la division du travail ne s'est pas produite. La diversité aussi bien que la cohésion peuvent désormais devenir plus grandes et plus stables. Voilà ce que la culture *peut* faire — mais elle a des effets accessoires qui l'empêchent souvent de déployer tous ses effets heureux.

La grande tâche morale vis-à-vis de la culture est de rappeler que la vie ne doit pas être prise comme simple moyen de résoudre des problèmes impersonnels. La culture est un moyen pour les personnes, non inversement. Il ne faut pas que la vie personnelle soit gaspillée en une lutte stérile contre d'insurmontables obstacles ni qu'elle soit dispersée par une trop grande diversité ou rétrécie par un exclusivisme exagéré. La culture renferme la *possibilité* pour les hommes de se proposer des fins plus élevées, puis de grandir en même temps que leurs fins s'élèvent, et la morale veut que cette possibilité ne reste pas vaine. L'enthousiasme pour l'état de nature est immoral s'il conduit à l'abandon du travail. Une matière pauvre est facile à ordonner : lorsqu'il n'y a ni diversités ni oppositions, il est très facile d'écarter la division de l'esprit. Souvent sans doute, limiter les besoins peut être le seul moyen possible de triompher des obstacles qu'ils rencontrent. Mais souvent aussi il peut se faire que le sentiment même qu'on a de la privation et du manque éveille de nouvelles forces et rende possible par là une satisfaction qui autrement ne l'eût jamais été. C'est pourquoi de ces deux opinions : pour atteindre le bien, il faut restreindre les besoins, ou au contraire les augmenter, aucune n'est vraie sans réserve.

Ces idées trouvent leur application lorsqu'on se demande si

l'on a le droit de détruire l'harmonie et le bonheur actuels pour conduire les hommes par des routes nouvelles dans le domaine de la culture morale ou matérielle. De quel droit, par exemple, arrache-t-on les peuples sauvages à leur « état de nature », dépouille-t-on l'enfant de ses illusions ou excite-t-on en lui de nouveaux besoins, éveille-t-on le doute où régnait auparavant une foi aveugle mais sans mélange? La solution ne peut se trouver, dans tous ces cas, que grâce au principe du bien. Est-on assuré que par le nouveau chemin on atteindra une harmonie, une satisfaction nouvelles, ayant un fondement plus solide et un contenu plus riche que les anciennes, alors on a raison d'intervenir. C'est même un devoir, lorsqu'on se trouve en face d'un état de somnambulisme qui peut mal finir pour le somnambule lui-même et pour les autres hommes. L'idylle d'un seul peut causer des dommages et des douleurs aux autres, ou tout au moins diminuer leur bonheur. Il peut y avoir des forces inemployées dont l'espèce ait besoin, quoique l'individu n'ait éprouvé jusqu'ici aucun besoin de les employer. Même si pour les éveiller une secousse douloureuse est nécessaire, ce peut être un devoir de la donner. Dans les cas particuliers, il peut être extrêmement difficile de décider s'il convient ou non de donner cette secousse pénible. Le calcul moral ne saurait conduire jamais à une complète certitude : il faut courir des risques et faire un saut dans l'inconnu. Le principe du bien ne peut ici que servir de fil conducteur. Ce qui lui est contraire, ce n'est pas de courir des risques, mais c'est de faire un saut dans l'inconnu sans avoir la conviction qu'au delà on trouvera la lumière. On peut éclairer ce cas par un rapprochement qui est plus qu'une simple analogie. Il n'est nullement en contradiction avec la méthode de la science empirique de créer des hypothèses, pourvu qu'on s'efforce sans relâche d'en trouver la confirmation dans l'expérience. Toute hypothèse est une entreprise hasardeuse ; mais l'histoire des sciences nous montre que, sans courir ainsi de risques, notre connaissance n'eût fait aucun progrès. De même, c'est une conséquence du principe du bien qu'il faut courir des risques, qu'on ne peut pas toujours attendre d'avoir la complète garantie des heureux effets de l'acte à entreprendre. Il faut que le principe du bien fasse expressément considérer comme une chose périlleuse d'attribuer une importance par trop grande à la réflexion et à l'examen des raisons pour ou contre : car elles excluent une action énergique et décidée, chose pourtant d'une si grande valeur dans la réalité! Paul Hensel[1] dit dans sa critique de l'utilitarisme : « L'utilitariste prudent, en présence d'une tentative pour indiquer à la société des voies tout à fait nouvelles et inexplorées, devra dans tous les cas garder une attitude de défiance ; car toute tentative de ce genre trouble sans aucun doute beaucoup de bonheur, et il est problématique qu'elle puisse en produire un nouveau. » Pourtant le principe du bien nous engage à ne pas pousser trop loin la circonspection. Un proverbe danois appelle la prudence une vertu de bourgmestre ; mais il ne serait pas conforme au principe du bien que nous fussions tous des bourgmestres, et même les bourgmestres peuvent quelquefois pousser la prudence trop loin. Les partisans de l'utilitarisme ont souvent, surtout autrefois — comme d'ailleurs les empiristes — trop méconnu l'importance de l'audace, de l'hypothèse. Mais c'était de leur part une évidente inconséquence, et on ne saurait fonder là-dessus aucune objection sérieuse contre le principe du bien . Lorsque Hensel ajoute ensuite : « Quand de grandes idées entrent en lutte l'une contre l'autre, aux tournants de l'histoire, alors qu'au milieu de mille espèces de tortures une nouvelle époque arrive au monde, l'utilitarisme doit rester muet » — il oublie que les grandes idées dans l'histoire visent précisément toujours un degré de vie plus élevé, un royaume des personnes d'espèce plus parfaite que ne pouvaient le réaliser les sociétés existantes, et que si l'on a risqué la lutte, c'est seulement par suite de la confiance qu'on avait en la valeur plus grande des biens que ce royaume devait apporter. Mais il oublie en même temps que l'histoire n'a en réalité atteint ses résultats ni par les voies les plus courtes ni par les plus pures, et qu'on n'a nullement besoin d'approuver ces voies pour soutenir la valeur des résultats obtenus avec beaucoup de retards en les suivant. La fin ne justifie pas les moyens.

Si nous réglions toujours notre conduite d'après les penchants et les besoins des hommes à un moment donné, nous abaisserions ainsi le niveau de la vie et de la culture humaines. Le principe du bien exige que nous ne craignions pas de combattre

---

[1] *Ethisches Wissen und ethisches Handeln*. Ein Beitrag zur Methodenlehre der Ethik. Fribourg en Br., 1889, p. 31.

les préjugés et l'inertie. Le mieux qu'on puisse faire pour les autres, c'est souvent de leur faire tout simplement sentir qu'ils ne sont pas encore assez élevés dans leurs désirs et leurs besoins et qu'ils ne sont pas assez exigeants. C'est ainsi que le grand artiste — pour prendre un exemple — poursuit souvent sa route solitaire, inconnu des masses ou même méconnu par elles. Et pourtant, en gardant si strictes les exigences de l'art, il suit, sans peut-être y penser, le principe du bien. Il augmente le capital intellectuel de l'espèce et donne à celle-ci une force qui pourra plus tard agir dans de vastes sphères. C'est seulement par une interprétation et une application bornées du principe du bien qu'on s'arrête aux besoins du moment, au lieu de tenir compte des conditions vitales permanentes et des sources permanentes de vie et d'activité nouvelles. Goethe dit (dans un entretien avec Eckermann) : « En suivant ma vocation d'écrivain, je ne me suis jamais demandé : que veut la masse et comment suis-je utile à la totalité? mais je ne me suis jamais efforcé que de me rendre moi-même plus perspicace et meilleur, d'augmenter le contenu de ma propre personnalité, puis de n'exprimer jamais que ce que j'avais reconnu comme bon et comme vrai. » S'il avait voulu se régler sur le goût et les aptitudes du public, peut-être eût-il alors produit un plus grand effet sur le moment, mais ses œuvres auraient eu aussi une vie plus courte, et il ne serait pas devenu le grand maître de nombreuses générations. — On ne peut rien dire d'absolument général touchant la grandeur de l'horizon qu'il faut adopter, dans un cas particulier, pour discuter la valeur d'un acte ou d'un effort. A la forte conviction de posséder les conditions requises pour accomplir quelque chose se joint d'ordinaire un appel plus ou moins conscient et confiant au jugement de la postérité. C'est toujours une entreprise hasardeuse de vouloir introduire quelque chose de nouveau dans l'incommensurable tout que forme l'univers. Et même lorsqu'ensuite l'expérience, à qui il appartient de décider dans l'histoire de la valeur de la tentative, est favorable, il est vrai de dire que cette justification ne peut jamais être complètement achevée, tant que l'évolution historique dure. On pourra toujours parler d'une transmutation de valeur. Nietzsche allait même jusqu'à demander la transmutation de toutes les valeurs. C'est vraiment se faire la part belle; mais on ne saurait fixer d'avance une limite à cette transmutation, qui s'accomplit et doit s'accomplir sans cesse. C'est pourquoi il sera toujours impossible de constituer un système de morale absolument achevé. Toute science soumise à la nécessité d'une confirmation empirique doit constamment porter la marque de l'imperfection. Ce n'est donc pas une objection décisive contre la conception de la morale adoptée ici, de dire qu'elle conduit seulement à une « certitude empirique[1] ». De même que les mobiles humains d'appréciation se trouvent dans une évolution incessante, de même aussi une application plus étendue des principes de l'appréciation sera toujours possible. Nous sommes toujours en route, et pas nous seulement : le monde, l'existence tout entière, ne sont sans doute pas achevés eux non plus, mais ils poursuivent une évolution ininterrompue. L'effort moral est même justement un signe que le monde n'est pas achevé. Il y a une partie du travail universel ne pouvant être exécutée que par les hommes ; en d'autres termes, il y a précisément une partie de l'évolution universelle qui s'accomplit par l'action humaine.

Aussi les voies dans lesquelles cette action s'engage ne sont-elles pas indifférentes. Ces voies seront d'autant plus parfaites que les moyens employés seront davantage empreints de l'esprit du but, ou, suivant l'expression récemment employée par Bruno Wille, qu'ils seront de *purs moyens*. La fameuse maxime : la fin justifie les moyens, part d'une relation extérieure entre les moyens et la fin, qui indique toujours une imperfection. Plus le moyen est dans l'esprit de la fin, c'est-à-dire déjà « juste » par lui-même, plus aussi la fin se trouve atteinte déjà, bien que nous nous trouvions encore en route : nous avons atteint un état d'âme qui nous pousse à agir dans l'esprit du but et qui par conséquent est une anticipation de ce but. Au reste, la maxime : « la fin justifie les moyens » peut avoir sa légitimité. Il peut y avoir des cas où nous fassions en faveur d'un but, ou soyons obligés de faire des choses que nous n'aurions pas faites sans cela — non qu'elles soient mauvaises, mais parce qu'elles sont indifférentes. Ce qui dans d'autres circonstances n'a pour nous aucune valeur, en a maintenant comme moyen. La morale jésuitique moderne limite l'application de la maxime aux cas de ce genre[2].

---

[1] Axel Hägerström. *Undersökning af den empiristiska etikens möjlighet* (Étude sur la possibilité de la morale empirique). Upsala, 1895, p. 16, 122.

[2] Cathrein. *Philosophia moralis*, p. 80.

Il faut cependant encore y ajouter les cas où on est obligé de provoquer un moindre mal pour éviter un mal plus grand. Quand un homme mourant de faim brise la devanture d'une boulangerie et prend un petit pain, il accomplit un acte qui ne se justifie que par le but. Il faut y ajouter aussi toute éducation poursuivie au moyen de peines disciplinaires. En vertu du principe du bien, la production de la douleur est légitime et nécessaire quand elle est l'unique moyen d'obtenir un bien indispensable; mais c'est aussi l'unique raison qui puisse permettre la production de la douleur. Naturellement le point décisif sera de savoir si la fin elle-même est « juste »; car si elle ne l'est pas, elle ne saurait justifier le moyen. Si par exemple ce sont des fins égoïstes, ou des fins de parti (intérêts confessionnels, politiques, littéraires, etc.) qui se trouvent à la base, la maxime devient dangereuse. Et alors même que la fin a une valeur réelle, elle ne saurait pourtant toujours justifier le moyen. L'application d'un moyen peut entraîner des effets secondaires amenant un mal plus grand que n'en produirait l'abandon de la fin. L'homme qui dans un but noble voudrait commettre un assassinat produirait certainement, en violant ainsi les lois élémentaires qui assurent la vie de la société humaine, un mal plus grand que celui qu'il pourrait écarter en réalisant son but. Les attentats n'atteignent d'ordinaire que les conséquences extérieures ou les symptômes d'un mauvais état social, mais non la cause proprement dite, et de plus, ils contribuent souvent à empirer le mal. Les fins importantes ont besoin pour se réaliser d'une longue période d'évolution et ne sont souvent justement possibles que s'il ne se produit aucune violation de ces lois morales élémentaires qu'on se tient pour dispensé d'observer à cause de sa bonne intention. On réalise des états sociaux meilleurs en agissant sur le caractère et sur les idées du peuple, en développant ses forces et ses ressources. Enfin, c'est un problème psychologique de comprendre comment l'intention noble et le moyen barbare ou féroce peuvent coexister dans la même âme. Cela ne peut s'expliquer sans doute que par l'indignation profonde provoquée par la résistance opposée au grand but qu'on se propose; mais les actes qui naissent ainsi doivent être considérés bien plutôt comme des symptômes, comme des manifestations d'un état social malheureux et du sentiment douloureux qu'il a pu exciter dans les natures idéalistes, que comme des volitions de caractère exemplaire et pouvant prétendre à l'héroïsme. Et puis, les effets accessoires sont ici tellement proches ! Par une substitution de motif, ce qui d'abord n'avait été choisi qu'avec répugnance comme moyen, peut s'étendre dans l'âme et finir par devenir le but principal. Ce qui s'était introduit sous une forme toute idéale peut, grâce à une amertume croissante, s'achever en haine aveugle et en violent besoin de destruction. On s'engage dans une voie dangereuse quand on commence à choisir des moyens ayant besoin d'être « justifiés ». L'histoire des coups d'État et des attentats est là pour en témoigner. — En dehors de la substitution spontanée des motifs, il y en a une réfléchie, par exemple lorsqu'on « détourne l'intention » pour avoir le droit d'exécuter l'acte qui nous plaît. Pascal accusait les jésuites d'enseigner la légitimité de tels actes : bien que le Christ défende de rendre le mal pour le mal, il nous serait permis de poursuivre nos ennemis, pourvu que nous le fassions non dans l'intention de leur nuire, mais pour conserver notre honneur![1].

[1] *Lettres écrites à un provincial*, VII. Ed. Havet, I, p. 145.

# VIII

## MORALE INDIVIDUELLE
### ET MORALE SOCIALE

1. Les notions morales formelles ne sont pas aptes à fournir le fondement d'une division de la morale ; celle-ci doit être divisée en individuelle et sociale. — 2. Evolution historique du rapport entre l'individu et la société. — 3. La morale individuelle considérée comme la morale proprement dite. — 4. L'altruisme absolu. — 5. Essai de juxtaposition des deux morales, individuelle et sociale. — 6. Le centre autour duquel gravite la morale est de nature sociale.

1. — On a souvent voulu diviser la morale en théorie des biens, théorie des devoirs et théorie des vertus, parce qu'on croyait trouver dans ces trois notions les trois grands points de vue de la moralité. Nous avons rencontré ces trois notions dans ce qui précède. — La notion de *biens* se forme dès qu'il est question d'action pratique ; car toute action consciente est déterminée par des fins et reçoit par elles son caractère. Un bien, c'est tout ce qui soulage un besoin et excite un plaisir. Une fin non considérée comme un bien serait une contradiction dans les termes. La notion de « bien » dans sa généralité est commune à toutes les sciences pratiques ; elle n'apparaît pas moins dans l'économie politique et le droit que dans la morale (III, 1, 14). — La notion de *devoir* naît dès qu'on assigne à l'homme pour tâche de se procurer des biens, dès qu'il faut que la vue plus étroite soit subordonnée à la vue plus large, dès que l'homme d'une manière générale doit conserver l'accord avec soi-même, en soutenant les intérêts suprêmes de la vie dans les moments particuliers et les circonstances spéciales. Du point de vue de la conservation de soi-même, c'est un devoir de subordonner la satisfaction momentanée à la conservation de la vie dans son ensemble, comme c'en est un du point de vue de l'espèce de subordonner les intérêts purement individuels aux intérêts généraux (III; 5-6 ; 9-10). — Ce qui est devoir par rap-

port aux actes particuliers est *vertu* par rapport aux qualités de caractère qui se font jour dans les actes. La morale fait entre le devoir et la vertu une distinction analogue à celle faite par la psychologie entre l'émotion et la passion. Le devoir suppose une concentration du sentiment moral sur un point isolé, tandis que la vertu dépend d'une disposition permanente et d'un état durable. La vertu (grâce à l'habitude) se forme par une série d'actes de devoir et conduit à son tour à de nouveaux actes de devoir[1].

Il y a encore une notion morale fondamentale faisant suite aux trois notions que nous venons d'indiquer, bien qu'on ne la range pas d'ordinaire avec elles. C'est celle du *droit*. Un acte peut, sans être ni un devoir ni une vertu, être pourtant moralement légitime, pourvu qu'il n'entre en conflit avec aucun devoir ni aucune vertu. Est moralement légitime tout ce qui n'est pas atteint par une défense morale. Je suis moralement dans mon droit toutes les fois que ma conscience n'élève aucune protestation et que j'exige par suite que celle des autres accepte ma conduite. Si les autres se refusent à reconnaître la légitimité morale de ma conduite, cette légitimité ne cesse point pour cela. J'en appelle de leur conscience imparfaite à une conscience plus parfaite qui se développera, je l'espère. Il en va alors comme lorsqu'une décision juridique me dénie mon droit légal : celui-ci ne tombe pas, parce qu'un jugement injuste a été prononcé, jugement d'ailleurs susceptible de revision. Le moralement légitime c'est le libre déploiement de la vie, le libre emploi des forces. La vie n'est pas faite en vue de la conscience, mais la conscience en vue de la vie et c'est pourquoi la conscience me tient pour honnête dans ma conduite, tant que je ne franchis aucune des barrières morales. Aussi le moralement légitime n'est-il pas quelque chose de purement négatif. Il n'est pas juste de le confondre avec le permis, car ce serait laisser entendre qu'il est seulement toléré. Quand la vie peut se déployer librement, sans que la conscience ait à exercer sa fonction régulatrice, le but auquel tend l'évolution morale se trouve déjà atteint, et il est d'importance décisive que le domaine où cela a lieu ne soit pas rétréci. La notion du permis, comme l'a très bien montré

---

[1] On distingue parfois entre le devoir et la vertu, comme si le devoir était ce qui est strictement exigible, et la vertu ce qui serait fait par surcroît. Mais cette distinction ne se soutient pas (IV. 8).

Schleiermacher[1], a sa place dans la science du droit et non dans la morale, à moins de les confondre ensemble (confusion d'ailleurs répétée à chaque instant). Il se peut que les autres hommes puissent seulement trouver mon action permise, sans aller au delà, même si elle a jailli du plus profond de ma vie personnelle — c'est-à-dire de la même source d'où jaillit aussi en fin de compte tout devoir et toute vertu. Mais une conception de la moralité, y voyant quelque chose de plus et d'autre que les exigences de la « police morale », ne saurait attribuer à cette notion aucune importance. Au contraire, la notion du moralement légitime en a une très grande ; elle représente quelque chose de supérieur au devoir et à la vertu et qui vaut même quand ceux-ci ne s'appliquent point.

Il ne convient pas de faire servir ces quatre notions fondamentales à la division de la morale. Elles fournissent les principaux points de vue formels sous lesquels toute action, toute relation morale peuvent être considérées, et le même contenu reparaîtrait par conséquent sous tous les titres, seulement envisagé sous des aspects différents.

En revanche, la division naturelle sera celle qui partage la morale en *individuelle* et *sociale*. Le monde moral s'étend depuis l'instant jusqu'à l'humanité. Ce qui remplit les instants est apprécié du point de vue de la vie totale individuelle, ce qui remplit la vie de l'individu est en même temps apprécié du point de vue de la société, enfin toute société plus ou moins grande est appréciée du point de vue de l'humanité. L'opposition la plus décisive est ici celle de l'individu et de la société. Les diverses sortes de société présentent des traits communs et leurs derniers éléments sont toujours, en définitive, des individus. La question porte donc sur le rapport de la morale individuelle et de la morale sociale. L'une d'elles embrasse-t-elle l'autre, ou sont-elles toutes deux sur le même plan, ayant chacune les mêmes droits ?

2. — Si nous considérons d'abord le rapport entre l'individu et la société *historiquement*, nous trouvons que l'individu, aux premiers degrés de l'évolution, n'est pas le sujet de devoirs ni de droits particuliers. Il est considéré seulement comme un élé-

---

[1] *Ueber den Begriff des Erlaubten* (Werke zur Philosophie, II, p. 443-445).

ment social. L'importance attachée à diverses époques chez différents peuples aux vertus individuelles, telles que la maîtrise de soi, la tempérance, etc., s'explique parce qu'à ce moment la race avait besoin de ces qualités. L'admiration accordée aux vertus individuelles est donc proprement due à leur valeur sociale. Pour ce qui est de la Grèce, les écoles philosophiques représentent l'évolution d'une morale individuelle et en partie individualiste. On attribue une importance croissante à l'harmonie réalisée dans la nature propre de l'individu, à son état d'esprit et à son caractère, et la société finit par être regardée comme un moyen tout extérieur du développement personnel de l'individu. On trouve la même attention accordée à la personnalité particulière dans l'idée chrétienne de l'âme individuelle qu'il faut sauver à tout prix. Les modernes tentatives d'émancipation donnent à l'individu une situation de plus en plus libre en face des formes sociales, et regardent ce qui se passent en lui et par lui comme le vrai point décisif. On verra cependant que, non seulement en fait, mais en droit, la morale individuelle présuppose toujours la morale sociale.

3. — On pourrait croire *la morale individuelle identique à la morale proprement dite*, puisque dans le domaine moral nous avons toujours affaire à des individus particuliers et déterminés. Les jugements moraux portent sur la volonté et l'action, or ce sont toujours des individus particuliers déterminés qui veulent et agissent. Une société n'agit qu'en tant qu'agissent les individus particuliers. De plus, chacun de ces individus agissants semble, en fin de compte, n'avoir affaire qu'à lui-même. Il faut qu'il agisse d'après sa propre conscience, il ne saurait se transporter directement dans le for intérieur des autres hommes ; il a donc seulement à prendre garde que son âme ne subisse aucun dommage, et si chacun s'en acquitte convenablement, la société marchera bien.

Cette conception a exercé une grande influence. Comme nous l'avons déjà dit, elle apparaît tout d'abord dans la philosophie grecque. Ce sont surtout les Cyniques et les Stoïciens qui considèrent le souci de son propre moi, la forme supérieure de la conservation personnelle, comme la grande affaire en morale. Sous ce rapport, ils sont les précurseurs du Christianisme. De notre temps, l'un des grands partisans de la morale purement individuelle a été S. KIERKEGAARD. Son influence se retrouve dans l'ouvrage de HEEGAARD sur « l'intolérance » où cet auteur va jusqu'à caractériser le besoin de fréquenter les autres hommes comme un besoin « de voir, d'entendre, de jouir, ou bien d'être admiré, estimé, honoré ». La même tendance s'accuse dans la « Maison de poupée » d'HENRIK IBSEN, où, en vertu de ce principe que les devoirs envers nous-mêmes priment nos devoirs envers autrui, Nora s'affranchit de ses liens les plus étroits, — pour devenir véritablement humaine !

Malgré tout ce qu'elle a d'exclusif, cette conception dérive d'un ensemble d'idées morales qui n'est pas sans valeur. Les personnes particulières forment la matière vivante où la moralité trouve sa réalisation. Mais il ne s'ensuit pas que la totalité de l'existence, la société et tous les autres individus, doivent servir de moyen à l'évolution personnelle d'un seul. Cela entraînerait un isolement, une absorption exclusive dans son moi propre, qui dégénérerait vite en égoïsme. Il existe un égoïsme ascétique aussi bien qu'un égoïsme jouisseur ou ambitieux. L'individu perd la faculté de se dévouer. Les regards se portent sur le bien propre et non sur le bien total dont le bien propre n'est qu'une partie.

On songe alors avec une sollicitude inquiète à tout ce que le moi supporte ou à tout ce dont il a besoin. On s'imagine ne pouvoir se soutenir qu'en dirigeant sans cesse l'attention sur soi. Mais le moi n'est nullement chose aussi délicate. S'il le devient, c'est justement à cause de la trop grande sollicitude dont on l'entoure. On ne réalise un moi sain et vigoureux que si l'on travaille hardiment et vigoureusement à des tâches générales, si l'on s'identifie à quelque chose de plus grand que le moi lui-même. C'est seulement en s'oubliant que le moi grandit et se développe. En vivant pour d'autres hommes et d'autres choses que soi-même, l'individu reçoit aussi des impulsions nouvelles et vigoureuses pour sa vie individuelle propre. Il s'élève au-dessus de son cercle étroit du début et se remplit d'un contenu plus riche. Tout ce dans quoi et pour quoi un homme vit par la sympathie, est un enrichissement et un élargissement de sa personnalité. Il est à chaque instant à la fois fin et moyen. Le principe de H. C. OERSTED : « Oublie ton moi, mais ne le perds pas » exprime fort bien ce qu'il convient de faire ici. Ainsi la morale individuelle ne doit pas, dans son intérêt même, être transformée en morale unique.

La valeur exagérée attribuée à la morale individuelle tient à un mode abstrait de penser qui dégage l'individu des conditions précises données dans l'histoire et qui s'imagine trouver seulement dans l'entité ainsi isolée l'homme véritable. Mais il est faux que je sois *d'abord* un homme tout à fait général, *puis* un homme dans telles conditions spéciales. Je ne suis pas *d'abord* homme, *ensuite* Danois, bourgeois, père de famille, etc... L'individualisme apparaît tout naturellement aux époques où les conditions de vie historiquement données perdent leur autorité absolue et ne semblent plus les seules possibles ni les seules légitimes. Il offre alors ce grand avantage d'entretenir une conscience de la liberté qui peut devenir une source féconde d'évolution nouvelle. Mais les grandes difficultés qu'il présente ne viennent pas, comme j'ai essayé de le montrer, seulement du point de vue de la morale individuelle même; car il est en outre impossible, dans ce système, de fonder une réelle conception morale de la vie sociale humaine. Les intérêts et les tâches de cette vie deviennent tout au plus des occasions d'exercice pour les individus particuliers, occasions qui pourraient tout aussi bien être remplacées par d'autres.

Une tout autre sorte d'individualisme s'est récemment manifestée, surtout sous la forme littéraire et artistique. La crainte du nivellement et de l'uniformité, celle de la tyrannie intellectuelle de la foule, ont beaucoup contribué à son éclosion, et elle se donne comme le culte de tout ce qui est rare, unique, solitaire, original, hardi. Dans le domaine pratique, cela conduit au culte du « surhomme », que l'on se représente de préférence comme une force supérieure, élevée au-dessus non seulement des préjugés et des coutumes, mais encore des oppositions au sein desquelles s'agite la vie de la masse. Ce qui paraît notamment exciter l'admiration de ce surhomme, c'est le mépris qu'il est capable de ressentir, de son point de vue, à l'égard de la multitude. C'est ce caractère que l'on met au premier plan. Puis il s'y joint souvent le désir et l'admiration que les faibles et les malades éprouvent tout naturellement pour la vigueur et la belle santé. Ces diverses tendances apparaissent chez Frédéric Nietzsche. Beaucoup de partisans de ces vues paraissent d'ailleurs animés de sentiments assez désintéressés, étant semble-t-il fort loin de posséder le point de vue élevé qui justifierait ce superbe mépris.

L'individualisme se manifeste sous une forme plus philosophique dans l'anarchisme idéaliste tel que l'enseignent le prince KRAPOTKINE et BRUNO WILLE. L'ouvrage de Bruno Wille notamment, « *Die Philosophie der Befreiung durch das reine Mittel* » (Berlin, 1894), est une exposition très intéressante et très instructive de ce point de vue. On demande ici que l'individualité se développe du dedans et que tous les idéaux soient des produits spontanés. On proteste contre toute contrainte intellectuelle et matérielle, et, dans cette contrainte, Wille comprend aussi l'influence morale exercée par les autres. Considérant donc la conscience uniquement comme un produit extérieur et social, il déclare que l'homme de raison libre est nécessairement sans conscience.

L'idée sur laquelle s'appuie Bruno Wille a également joué un rôle important dans l'histoire de la philosophie danoise[1]. Il faut que la personnalité produise ou reproduise d'elle-même ce qui doit être pour elle la vérité. Les jugements moraux doivent jaillir de l'expérience et de la conviction de l'individu, sous peine de n'être qu'un écho des jugements portés par l'entourage. Chacun doit être son propre juge interne, sa propre autorité. Toute influence du dehors doit avoir pour but de développer l'aptitude à l'autonomie morale. Mais ce que l'anarchisme idéaliste ne voit pas, c'est l'importance pédagogique que peuvent avoir l'imitation, l'obéissance et d'une manière générale la relation d'autorité. Pour devenir libre et autonome, l'individu a besoin du secours des autres. Sans doute, il y a souvent de meilleurs moyens de fournir ce secours que celui du jugement moral. Donner directement des leçons de morale à quelqu'un, c'est souvent empêcher l'éveil de son activité personnelle, puisque l'appréciation lui est apportée toute faite et toute formulée, au lieu d'être spontanément produite par lui. Pourtant l'enseignement direct est réellement un « pur moyen » (cf. VII, 4) quand il s'efforce d'éveiller la connaissance de soi-même et le besoin de se développer. Cet éveil peut souvent amener des douleurs, mais il y a des douleurs par lesquelles il est nécessaire de passer pour arriver à un degré supérieur.

Vainement l'on s'efforcera d'atteindre l'élévation suprême par l'isolement. Non seulement en effet l'individu reçoit son

---

[1] Voyez mon opuscule : *Sören Kierkegaard als Philosoph*, p. 23-27 ; 101-114.

éducation dans la société, mais encore il ne reçoit son contenu et ses tâches qu'en s'abandonnant à la vie de l'espèce. C'est là seulement qu'il acquiert les fins supérieures avec lesquelles il pourra grandir. Dans le culte du mépris auquel l'individualisme esthétique s'adonne, une sorte de Némésis interne fait éclater au grand jour l'impossibilité de l'isolement. Si c'est le sentiment de la distance, *das Pathos der Distanz* comme Nietzsche l'appelait, qui forme la matière essentielle de ce point de vue, il en résulte précisément la dépendance à l'égard de la foule. Il faut qu'il y ait quelqu'un susceptible d'être méprisé, dont on puisse se tenir à distance. Ce point de vue sublime ne sert essentiellement qu'à regarder de haut ceux qui ne l'ont pas atteint. On oublie que la vraie force et la vraie supériorité intellectuelle se manifestent par la faculté de supporter non seulement sa vie propre, mais encore celle d'un grand nombre d'autres hommes. Il n'y a pas, dit SPINOZA, de meilleur moyen pour un homme de montrer la puissance de son art et de son intelligence que de faire l'éducation des autres de manière à ce qu'ils finissent à leur tour par vivre d'après la loi propre de leur raison.

4. — En opposition à cette doctrine se présente celle qui exige l'*abandon complet du moi propre* et qui regarde l'*oubli de soi comme l'unique vertu*. Dans la morale philosophique moderne, ce point de vue a été soutenu par J. G. FICHTE et A. COMTE. La vraie vie d'après Fichte consiste à se sacrifier pour l'espèce : « Il n'y a qu'*une seule* vertu, celle de s'oublier soi-même en tant que personne, et *un seul* vice, celui de penser à soi... Celui qui pense à soi en tant que personne, ne fût-ce que d'une manière générale, et qui désire une vie, une existence et une jouissance quelconques, si ce n'est dans l'espèce et pour l'espèce, celui-là n'est au fond, malgré toutes les autres bonnes œuvres par lesquelles il cherchera à dissimuler sa difformité, qu'un homme commun, petit, mauvais et de plus malheureux[1]. » COMTE désigne par le mot, créé par lui, d'*altruisme*[2] le complet sacrifice pour les autres, le contraire absolu de l'égoïsme. Sans doute Comte dit bien que l'altruisme ne supprime pas la conservation de soi ; mais cette dernière ne se

---

[1] *Die Grundzüge des gegenwärtigen Zeitalters*. Berlin, 1806, p. 70, sqq.
[2] De *alter* (autrui), comme égoïsme vient de *ego* (moi).

justifie suivant lui que parce qu'elle permet de travailler à des fins altruistes : « le devoir et le bonheur consistent également à *vivre pour autrui*[1] ».

Cette conception a été, elle aussi, provoquée par certaines circonstances historiques ; — en ce qui concerne Fichte et Comte — par l'opposition contre l'individualisme et l'eudémonisme du xviii° siècle. Mais, tout comme l'individualisme, elle part, à sa manière, d'une opposition entre la considération de soi-même et celle d'autrui plus tranchée que les conditions réelles ne le demandent. Il résulte du principe du bien, tel que nous l'avons exposé, que l'individu est *seulement* une unité dans une multitude ; mais il en résulte aussi que l'individu *est* réellement une unité. Tout le monde compte, et le donateur ne doit pas plus s'effacer en faveur du donataire que ce dernier ne doit être transformé en simple moyen de développer certaines qualités du donateur. Il n'y a que la satisfaction personnelle isolée et tout entière limitée au moi propre qui contredise le principe du bien. Si la tendance à se conserver, à s'affirmer et à se développer soi-même était mauvaise, alors notre nature la plus intime le serait aussi, et toute morale serait contradictoire et impossible.

Nous n'acquérons la force et les moyens d'agir pour ce qui est différent de nous et supérieur à nous que parce que nous conservons et développons notre être propre. Si la morale condamne l'instinct de conservation, alors elle condamne ses propres moyens. En se plaçant justement sur le terrain de l'altruisme, c'est pour l'individu un devoir spécial de fortifier et de développer ses forces et ses facultés. L'affirmation et le développement de soi-même travaillent dans le même sens que l'altruisme. Certes, comme le remarque Spencer, le bonheur qui peut rayonner d'un individu sain et dispos sur les autres hommes vaut souvent mieux que celui qu'on peut leur préparer avec conscience et au prix de sacrifices considérables. « Dans nos raisonnements sur la morale, nous tenons peu de compte de cela ; il est évident cependant que, puisque le bonheur et le malheur sont contagieux, le soin de soi-même, en tant qu'il contribue à

---

[1]. *Politique positive*. IV, p. 45-49. — Sur ce point il existe une certaine opposition entre les premières vues de Comte et les dernières (*Geschichte der neueren Philos.*, II, p. 385 sqq, 398 sqq), analogue à l'opposition des deux stades de Fichte (*ibid.*, 169 sqq).

la santé et à la bonne humeur, est un bienfait pour les autres[1] ». Et cette vérité ne trouve pas sa moindre application dans le développement idéal supérieur de la personnalité, qu'on poursuit en travaillant pour des intérêts qui peut-être ne profitent pas directement aux autres, par exemple lorsqu'on se livre à des travaux artistiques et scientifiques.

Sous un autre rapport encore, la morale tomberait en contradiction avec elle-même, si elle prenait pour base l'altruisme absolu. Tout sacrifice pour d'autres hommes se propose évidemment de leur permettre de se conserver, de s'affirmer et de se développer personnellement eux-mêmes : or, comment tout cela serait-il légitime chez ceux pour lesquels on se sacrifie, s'il ne l'est pas chez ceux qui se sacrifient ? L'absolu sacrifice pour autrui peut même avoir une influence funeste. Celui qui reçoit sans cesse les sacrifices des autres devient vite un égoïste, à moins qu'il ne tâtonne à l'aveuglette, sans se rendre compte des choses. Il devient un être passif qui accepte le donné, sans comprendre les sacrifices faits pour lui. Sa puissance de travail s'affaiblit : il devient un parasite, et non un être indépendant, agissant par soi-même. Le sacrifice convenable sera celui qui n'enlèvera sa spontanéité ni au donateur ni au donataire, mais fera de tous les deux des membres libres du royaume des personnes.

Des vues comme celles de Fichte et de Comte ne sont pas loin de regarder la société ou l'espèce comme une totalité mystique, ayant une existence à part des individus particuliers. Une tendance analogue se manifeste chez HEGEL[2] et de notre temps chez WUNDT et PAUL CARUS. D'après Wundt[3], le « bien public » ne consiste pas dans la somme des biens du plus grand nombre possible d'individus. Car chaque individu est un être éphémère : « Que cet être particulier soit aussi heureux et aussi parfait qu'on voudra, ce n'est qu'une goutte dans l'Océan de la vie. Que peuvent importer au monde son bonheur et sa douleur ? » D'autre part CARUS[4] qualifie la vie sociale de « surindividuelle » ;

---

[1] *Les Bases de la Morale évolutionniste*, p. 167.
[2] Voir ma *Geschichte der neueren Philosophie*, II, p. 202-205.
[3] WUNDT, *Ethik. Eine Untersuchung der Thatsachen und Gesetze des sittlichen Lebens*. Stuttgart, 1886, p. 420-431.
[4] P. CARUS, *The Ethical Problem*. Chicago, 1890, p. 111. Cf. p. 33, 38, 40. — Voyez la discussion entre Carus et moi dans *The Monist*, juillet 1891.

pour lui le but de la morale ce n'est « ni le bien du moi propre, ni celui des autres hommes, mais le bien des intérêts surindividuels ».

Pour que l'idée de société comporte une application scientifique, il faut que cette application ait lieu de telle façon qu'on puisse à chaque moment déterminer quel groupe d'individus elle représente. La grande importance de cette idée vient de ce qu'elle exprime les intérêts communs et permanents des individus coexistants ou successifs, par opposition aux intérêts d'un petit groupe ou d'une génération particulière. La morale (au point de vue que nous adoptons ici), nous pousse à examiner l'action humaine non seulement par rapport au bien de l'individu, d'un cercle ou d'une époque limitée, mais aussi par rapport au bien de la société ou de l'espèce entière, autant que nous en pouvons dégager les conditions. Mais dès qu'il paraît impossible de transformer l'idée d'une société en l'idée d'un groupe d'individus, vivant dans certaines conditions déterminées, cette idée ne nous fournit aucun renseignement moral; aucune norme morale ne peut s'en déduire : le mysticisme se substitue à la pensée.

Ce mysticisme peut d'ailleurs avoir son utilité. Il peut arriver qu'on soit dans l'impossibilité de se former une idée distincte de la multitude des intérêts humains sur lesquels un acte ou une organisation de la vie peuvent, dans certaines circonstances, avoir un contrecoup décisif. Des expressions comme celles de « société » et d' « espèce » désignent fort bien ce qu'il y a d'inachevé, d'insaisissable au premier coup d'œil, dans beaucoup de ces sortes d'effets. En même temps, elles désignent les dispositions ou virtualités, l'énergie potentielle que le travail humain est capable de produire et d'accumuler, et qui peut être pourront se transformer seulement plus tard en valeurs actuelles, susceptibles d'être senties par des personnes réelles. Mais en déclarant cette transformation impossible ou inutile, on reste figé dans le mysticisme. Le bien qui n'est pas, à un stade quelconque, le bien d'individus déterminés, est une contradic-

---

Il m'est impossible de trouver que les analyses de Carus rendent son idée moins obscure, tant qu'il conteste (avec Wundt) que toutes les fois qu'on veut opérer en morale avec l'idée de société, il faut toujours penser à un ensemble d'individus (d'extension plus ou moins grande, peut-être même incalculable).

tion dans les termes, et un acte ou une organisation de la vie qui ne mène pas, à un moment quelconque du temps, au bien d'individus déterminés, n'a aucune valeur morale. Une possibilité qui ne peut jamais devenir réalité est une impossibilité.

L'individu particulier n'est qu'une goutte dans l'Océan, et l'Océan n'existe pas en vue de la goutte unique. Mais qu'est-ce qu'un Océan qui ne se composerait pas de gouttes? Et l'Océan tout entier ne sera-t-il pas limpide si chaque goutte particulière l'est? C'est même alors seulement qu'il l'est parfaitement.

Comme il y a des hommes que les arbres empêchent de voir la forêt, il y en a aussi que la forêt empêche de voir les arbres. Cette disposition se manifeste en morale en ce que l'on fait de l'effort humain un moyen pour des fins surhumaines. Toute morale qui ne veut pas abandonner la possibilité d'une vérification progressive doit maintenir fermement que la société est toujours représentée par des individus déterminés. Elle n'a pas besoin pour cela d'oublier que l'action morale, comme tout déploiement de force, est en connexion avec la marche totale de l'univers.

5. — On pourrait essayer de prendre une voie intermédiaire et de *juxtaposer la morale individuelle et la morale sociale comme deux domaines indépendants.* Ainsi Bentham et Stuart Mill admettent qu'il y a un domaine où l'individu est seul maître, un autre où les considérations sociales dominent. Mill va même jusqu'à croire que les fautes ne touchant que nous et n'ayant aucune influence sur le bien des autres ne sont pas « proprement morales ». Une conduite insensée, le mauvais goût, l'empire des appétits inférieurs et sensuels, le manque de dignité personnelle et de respect de soi-même, tout cela peut exister, suivant Mill, sans que les intérêts d'autrui en soient touchés le moins du monde. Personne d'après lui n'est jamais responsable envers ses semblables de son propre développement, « attendu que ce n'est pas la considération du bien de la société qui nous en rend responsables [1] ».

Ce que Mill combat, c'est l'immixtion de l'État et de l'opinion publique (de la « police morale ») dans les affaires les plus intimes

---

[1] *De la Liberté.* — Quant à Bentham, ce qu'il dit de la « morale privée » (*Principles of Morals and Legislation*, XVII, 3, 20) n'est pas très clair, et il y a chez lui une tendance à subordonner entièrement la morale sociale à la morale individuelle. Cf. *supra* III. 16.

de l'individu. Il craint la tyrannie intellectuelle et la contrainte malsaine qui pourraient résulter de ce principe : il n'y a dans la conduite d'un homme rien qui ne regarde que *lui seul*. Mais il confond ici deux choses. Dire que l'individu doit toujours, même dans son fond le plus intime et avec toutes ses qualités, être considéré et se considérer lui-même comme un membre de l'espèce, dire par conséquent que sa volonté et son action sont soumises à une appréciation morale dont la règle est fournie par le principe du bien général, c'est tout autre chose que de décider à *qui*, dans tel cas particulier, il appartiendra de formuler le jugement moral. Au point de vue moral, chacun dépend avant tout du tribunal interne de sa propre conscience, et la morale est la science des jugements que ce tribunal interne doit rendre pour être conséquent. Un des points les plus importants qui rentrent dans la compétence de ce tribunal c'est le degré auquel un homme développe ses aptitudes et ses forces. A. S. OErsted a dit avec raison qu'une violation du droit de propriété est moins grave que la perte, par égoïsme, frivolité ou obtuse inaction de la force qui nous permettrait d'agir au service du progrès[1]. Il ne s'en suit pas cependant qu'il convienne d'accorder aux autres le droit de s'immiscer dans la conduite privée de l'individu. On peut accorder la première proposition tout en contestant la seconde. Mill au contraire conteste la valeur morale du développement personnel, parce qu'il craint de donner par là aux autres le droit de pénétrer dans la vie privée de l'individu. Mais il pourrait atteindre son but, c'est-à-dire protéger la liberté individuelle contre la pression sociale et la police morale, sans exclure le développement personnel du domaine moral. Rien n'est plus dangereux que la grande erreur qui fait confondre la morale avec l'opinion publique et porte à croire qu'une chose cesse d'être soumise au jugement moral dès qu'aucune puissance extérieure n'a le droit de la censurer.

Il n'y a absolument rien, dans le libre développement de l'individu, qui ne soit susceptible de prendre une valeur morale. Il se peut que sa vie intime contienne le premier germe de grands événements sociaux. Toute évolution individuelle peut mettre au jour de nouvelles formes, de nouveaux modèles ;

[1] *Om Grændserne mellem Teori og Praxis i Sædelæren* (Des limites de la théorie et de la pratique dans la morale) Lunomia. I. Copenhague, 1815, p. 105.

les sentiers solitaires suivis par l'individu peuvent devenir plus tard de grandes routes. L'énergie, la constance et la sagesse qu'on apporte à rechercher et à rendre praticables ces chemins peuvent devenir fécondes en résultats. Il est impossible de séparer le développement personnel et la vie privée de l'individu de la vie de la société et de l'espèce entière. Même dans les jeux, dans l'art, dans les croyances et dans la libre vie affective de chacun, la moralité se trouve à l'état latent. De même que dans la nature extérieure le repos absolu existe seulement en apparence et que l'énergie ne cesse pas d'être toujours présente, bien que souvent sous la forme dite latente, ainsi il n'y a dans la vie humaine aucun point qui ne puisse virtuellement être soumis à un jugement moral. C'est surtout l'amour et la religion que l'on a voulu ériger en affaires strictement privées, et cela évidemment par tactique, afin de ne pas être gêné dans l'esthétique par la morale, et de pouvoir se mouvoir à l'aise dans la politique sociale, sans se heurter aux dogmes confessionnels. Mais en réalité, la relation des sexes aussi bien que le fait religieux ont une très grande importance morale. C'est précisément en ces domaines que des qualités comme le courage, la fidélité, la loyauté et l'amour du vrai possèdent leur plus haute valeur, et que les sentiments bas, l'inconstance et l'inquiétude peuvent être très funestes. D'ailleurs la seule constatation de l'existence de ces qualités est évidemment un jugement moral.

Un compromis analogue à celui de Mill a été tenté par STARCKE. Tandis que Mill est arrivé à sa théorie par ses efforts pour limiter l'influence de l'opinion publique, il semble que chez Starcke ce soit le contrecoup de ses études sur les formes primitives de la société qui ait déterminé la sienne. Le clan est encore dans son exposition de la « Vie de la conscience morale » le cadre qui renferme la vie de l'individu, l'estime et le respect des autres étant les conditions principales de la marche sûre de la vie. « Les exigences de la morale sont venues à l'homme du dehors... Les exigences morales sont tantôt de telle nature que la puissance de la société cherche à les faire respecter par la force, en châtiant celui qui les méconnaît; tantôt elles se réfèrent à la sanction que peuvent leur donner l'opinion publique, le jugement favorable et la bienveillance des autres hommes. C'est dans le droit des autres de demander à l'individu compte de ses actes que réside le centre de gravité de la morale[1] ». Cette conception de la moralité conduit logiquement à en restreindre le contenu. Tout ce qui va au delà de la création d'un sentiment de sécurité, lequel naît dans l'homme, parce qu'il se sait, lui et son action, en accord avec la sanction juridique et « morale », doit en être exclu ; une fois la limite atteinte, l'individu peut aller comme il l'entend. Seulement la grosse question est de savoir s'il existe une semblable limite. Il est naturellement facile de montrer qu'elle doit exister, quand on considère la vie sociale tout entière uniquement comme un moyen de permettre à l'individu d'atteindre ce sentiment de sécurité. Mais on oppose ici l'individu et la société l'un à l'autre d'une manière tout à fait extérieure. En aucun point de l'évolution et de l'effort de l'individu, pas même lorsque ce sentiment de sécurité est depuis longtemps devenu une certitude, nous ne sortons du domaine où peuvent naître les valeurs sociales. La poursuite individuelle du bonheur, si loin qu'elle puisse s'écarter du niveau commun, n'est jamais indifférente pour la marche de la vie sociale. Une réaction sur la société est toujours possible et, au début, l'individu est le seul homme capable de juger l'importance de cette réaction. Ces deux sanctions extérieures ne peuvent lui servir de rien. Tous les essais vigoureux pour réformer l'opinion publique ou les idées reçues sur l'honneur ou la législation existante, proviennent de la vie personnelle intime d'hommes isolés. Là seulement naissent l'indignation et l'enthousiasme qui peuvent amener la « transmutation » des valeurs reçues. Le genre de vie intérieure adopté par les individus n'est donc nullement chose indifférente, puisqu'il en peut résulter soit un prix nouveau attaché aux valeurs déjà reconnues, soit la création de valeurs nouvelles, soit au contraire l'absence de toute énergie originale. Et, par la force des choses, personne d'autre que l'individu ne saurait être ici constitué gardien et juge. De lui dépend que dans ce point central du monde de nouvelles valeurs naissent ou qu'au contraire leurs germes dépérissent.

Que le jugement appartienne en fin de compte à l'individu c'est ce que Starcke enseigne aussi. La conscience morale d'un

---

[1] C. N. STARCKE. *Samvittighedslivet, en Fremstilling af Principerne for menneskeligt Samfundsliv* (La vie de la conscience morale, exposition des principes de la vie sociale humaine). Copenhague, 1894, p. 120. Cf. pour ce qui suit les explications données par Starcke aux chap. 3 et 4.

homme, dit-il (p. 30), est déterminée par l'idée de ce qui, d'après sa connaissance, devrait (*sic*) en faire un objet d'estime pour les autres ou devrait (*sic*) le rendre indigne de cette estime ». La même chose se retrouve dans cette proposition que la conscience consiste dans le « plaisir ou la douleur qu'on ressent d'être en accord ou en conflit avec les conditions de la vie sociale » (p. 99). Mais s'il en est ainsi, il est clair que la récompense et la punition, l'estime et le mépris — seules sanctions admises dans l'exposé de Starcke — ne peuvent pas tout décider exclusivement. Pourquoi prendre ce détour de l'estime et du mépris des autres, quand il y a des motifs, qui poussent directement l'homme à apprécier ses actes et ceux d'autrui d'après leur rapport aux conditions de la vie sociale ? Et pourquoi ne pas reconnaître que des exigences ne deviennent morales que si elles sont imposées « du dedans, », et que la morale est autre chose et mieux que la théorie de l'opinion publique ? Ces sanctions, comparées à l'appréciation interne et directe, ne peuvent avoir qu'une valeur pédagogique. En outre, si l'individu considère uniquement la société comme un moyen pour *sa sécurité propre*, il pourrait lui être indifférent que les autres se sentissent en sécurité, et que « les conditions de la vie sociale » fussent remplies sur une échelle plus vaste que sa propre sécurité ne le demande. Nous voyons reparaître ici la différence des divers mobiles d'appréciation (voir chap. III), différence dont les théories de conciliation chercheront vainement à s'affranchir.

6. — Le rapport exact entre la morale individuelle et la sociale nous est, à vrai dire, déjà donné par le principe du bien. La base de l'appréciation est la sympathie universelle et désintéressée, son critère est le bien général. Il suit de là que la morale individuelle doit être subordonnée à la sociale, sans pour cela disparaître devant elle. On ne réussira à justifier complètement les vertus, les devoirs et les droits individuels que si l'on considère l'individu dans le milieu social, comme membre de l'espèce qui lutte et fait effort, dont il a reçu l'héritage dans sa nature et dans les conditions extérieures de sa vie, et dont il doit, selon ses forces, avancer l'évolution. C'est en participant à la vie et aux œuvres de l'espèce qu'il développera son être propre.

La détermination plus précise du rapport de la morale individuelle à la morale sociale s'obtiendra à l'aide de quelques propositions se déduisant du principe général du bien.

La forme la plus simple que revête ce principe est celle-ci : la production de la douleur doit toujours être justifiée, tandis que celle du plaisir et de la joie est légitime par elle-même. L'application de ce principe n'est évidente et facile que dans les cas tout à fait simples, mais, en y regardant de près, on trouvera que même dans les cas complexes il est le postulat suprême. Il n'en est que plus remarquable qu'on ait trouvé ce principe sujet à caution ; à vrai dire il se borne à exprimer ce que tout le monde — excepté peut-être les purs ascètes, s'il en existe — doit accorder. Les ascètes eux-mêmes considèrent ordinairement la douleur comme un moyen de pénitence et d'exercice, et non comme une fin en soi. Si l'on tend un verre d'eau à un homme altéré, on n'a pas besoin de prouver qu'on a raison de le faire, mais si quelqu'un voulait lui arracher le verre des mains, nous lui demanderions compte de son action.

Or, dans ce principe simple, une analyse psychologique plus profonde peut en découvrir un autre très important.

La douleur manifeste un arrêt ou une dissolution de la vie. Cela est très visible dans les douleurs corporelles, par exemple dans les blessures, le mal de dents, la gravelle, le cancer. La douleur correspond ici à l'étape intermédiaire entre la vie libre et intégrale et l'arrêt complet, la dissolution totale, amenés par la mort. Un auteur grec a dit que si l'homme était un être absolument un, il serait incapable de douleur, car aucune dissolution ne pourrait avoir lieu. Mais le contraire est vrai aussi : c'est seulement parce que les éléments de la vie sont toujours dans l'être vivant en union intime, en cohésion étroite et ne forment pas un simple agrégat, que la douleur peut être sentie. Cela est vrai aussi bien de la douleur morale que de la douleur physique : elle aussi exprime un arrêt ou une dissolution. La tristesse provoquée par une perte se manifeste tantôt comme une inhibition, lorsque la pensée de l'irréparabilité de la perte refoule toutes les autres, tantôt comme une dissolution, lorsque le contraste de la valeur de l'objet et de sa perte menace de désagréger la conscience. Le doute est un état pénible, quand la conscience est tiraillée en des sens contraires par des virtualités et des tendances qui se combattent. La douleur du remords a pour condition l'opposition violente existant entre l'idéal adopté par nous et la réalité de nos volitions et de nos actes. D'autre part, tout ce qui favorise l'unité et l'harmonie de la vie consciente est lié à un plaisir. Notre vie psychique s'efforce spontanément de surmonter, par un déploiement de forces synthétiques plus hautes, les souffrances et les douleurs qui ne peuvent être écartées. Il se produit un sentiment nouveau, où l'amertume entre comme élément d'un état plus complexe ou plus mélangé. La plupart de nos sentiments supérieurs présentent ce caractère complexe. Mais la vie affective à tous ses degrés est toujours l'expression du progrès ou du recul de notre vie générale. La différence des sentiments dépend, sous ce rapport, de la place plus ou moins centrale qu'ils occupent dans la totalité de notre vie[1].

A cause de cette connexité étroite qui existe entre le sentiment et l'être de l'individu en général, le principe du bien conduit immédiatement au *principe de la personnalité libre*, en vertu duquel aucune personne ne doit être considérée et traitée *uniquement* comme un moyen, mais toujours en même temps comme une fin. Les personnes sont en effet les centres vers lesquels se propagent les effets de nos actes et où se manifeste leur plus grande importance. C'est dans ces points de l'univers que la valeur de la vie est sentie — et cette valeur n'existe (comme actuelle) que si elle est sentie. Tout trouble ou tout arrêt sur ces points diminuera donc nécessairement la valeur de la vie. Le principe du bien suppose que nous soyons en état de nous mettre à la place des centres étrangers, et de calculer l'influence qu'y exercent les actes qu'il s'agit de juger. Or sur ce postulat repose aussi la possibilité de la sympathie.

Ce principe, qui résulte ainsi du principe du bien, a été établi par KANT sur un tout autre fondement, qu'il est intéressant d'examiner. Kant regardant la loi morale comme purement formelle et *a priori*, ne peut réellement en déduire aucune fin déterminée pour l'action morale. Toute fin qu'on poserait, nous ferait sortir de la pure forme de la loi. Et pourtant KANT se rend bien compte que tout acte doit avoir une fin. Voici comment il croit pouvoir résoudre la difficulté. Puisque la personne humaine possède la faculté de se soumettre librement dans son for intérieur à une loi universelle, elle est elle-même une fin absolue et ne doit jamais être avilie en étant

---

[1] Sur les notions psychologiques appliquées ici, cf. ma *Psychologie*, VI, B, C et D.

employée comme simple moyen. La moralité, par son caractère intérieur et sublime, témoigne de la noble origine de l'homme, et on ne doit jamais la lui enlever, en s'en servant comme de simple moyen. Voici comment Kant s'exprime à ce sujet dans la *Critique de la raison pratique* (édition Kehrbach, p. 106) : « Dans l'ensemble de la création, tout ce qu'on veut et sur quoi l'on a quelque pouvoir peut toujours être employé *simplement comme moyen;* seul l'homme, et avec lui toute créature raisonnable, est *fin en soi.* Il est en effet le sujet de la loi morale, laquelle est sainte, en vertu de l'autonomie de sa liberté. Précisément à cause de celle-ci, toute volonté, même celle qui, propre à chaque personne, est dirigée sur elle-même, est astreinte à la condition de l'accord avec l'autonomie de l'être raisonnable, c'est-à-dire à ne le subordonner à aucun dessein non possible d'après une loi qui pourrait provenir de la volonté du sujet passif lui-même; donc à ne jamais l'employer simplement comme moyen, mais en même temps aussi comme fin. »

C'est le mérite de Kant d'avoir approfondi l'idée de personnalité, en mettant en relief l'intériorité et en même temps l'universalité de la vie personnelle. La personne est un monde interne qui suit sa loi propre, et qui pourtant peut rester en connexion avec l'univers. Mais la question est de savoir si Kant a appliqué comme il convenait cette importante idée. C'est l'expérience seule qui nous apprend à connaître des personnes et qui — par l'action réciproque que comporte la vie sociale, — nous apprend à nous mettre à leur place et à sentir quelle forme la vie prend en elles. Mais ni l'aptitude ni l'intérêt à le faire ne se déduisent de la loi formelle, et, d'une manière générale, nul contenu déterminé ne saurait s'en déduire. Peut-être ce principe de la personnalité n'a-t-il une telle importance que parce qu'il s'est déjà développé sur le terrain de la vie réelle et de l'histoire, avant que nous ayons pu lui assigner sa place systématique dans la morale. Qu'il soit une conséquence directe du principe du bien, cela ne souffre aucun doute.

En outre, Kant a péché par exclusivisme, en restreignant la notion de personnalité au domaine strictement moral. Dans tous les domaines de l'esprit et dans toutes les circonstances de la vie, la personne peut se manifester et tirer d'elle-même la loi de son action. Partout, et pas seulement sur le terrain moral; la spontanéité est la marque distinctive de la personnalité; elle soutient la lutte pour la vie à sa manière propre et de son centre propre. Le rythme du plaisir et de la douleur exprime, à tous les degrés de la vie, les conditions favorables ou défavorables dans lesquelles s'exerce cette activité, peut-être excitée du dehors, mais déterminée par une loi interne.

Sur un autre point encore, la doctrine de Kant a besoin d'être élargie. Souvent il ne parle que de deux éventualités : traiter l'être comme fin en soi ou seulement comme moyen. Or il y en a une troisième, qu'il ne fait qu'indiquer : un être pourrait être à la fois moyen et fin. Et c'est justement celle qui correspond à la situation de l'homme comme unité dans une multitude, comme membre d'un ensemble plus grand. Le libre développement de la personnalité tire précisément sa valeur de ce qu'elle est à la fois fin et moyen.

La liberté est *fin* : car le déploiement sans entraves des facultés et des forces est un bien, puisqu'il est associé à la plus intime satisfaction, tandis que le sentiment de la contrainte et de l'empêchement est une douleur. Sous le règne de la liberté nous demandons : *pourquoi pas ?* Sous celui de la contrainte, nous demandons : *pourquoi ?* Le fardeau de la preuve incombe à ceux qui prétendent exercer la contrainte. C'est seulement comme moyen et préparation du libre déploiement des forces que la contrainte et la restriction peuvent être légitimes, par exemple lorsque le déploiement illimité d'un individu rendrait impossible le développement d'un ou de plusieurs autres.

Mais la liberté est aussi *moyen* : le libre déploiement des individus produit de nouvelles possibilités et mène à la découverte de nouvelles directions pour la vie de l'espèce entière. Une nouveauté commence toujours en un seul point et s'étend de là sur des cercles plus larges. Les personnes ne sont pas seulement les centres où la valeur de la vie est sentie, elles sont en même temps les points d'où les mouvements de la vie ne cessent pas de rayonner de nouveau. La liberté crée de nouveaux centres d'activité spontanée, et, comme l'espèce se compose de centres personnels, la vie de l'espèce en devient aussi plus riche et plus vigoureuse. C'est en cela que réside la grande importance des tentatives modernes d'émancipation : le fait que l'esclave, le paysan, l'ouvrier et la femme deviennent de plus en plus des membres libres et indépendants de l'espèce, ne peut que rendre la vie de l'espèce plus riche et plus féconde. Le propre intérêt de la société exige l'affranchissement. Ce sont précisément les idées que Stuart Mill défend dans son livre « *De la Liberté* » par une singulière contradiction avec son opinion sur l'indifférence, au point de vue moral, du développement personnel de l'individu. Il demande qu'on protège la spontanéité et l'originalité des personnes particulières, car c'est d'individus particuliers que proviant toute impulsion vers ce qui est sage et noble, et la domination intellectuelle des masses amènerait une universelle médiocrité. Par une coïncidence assez remarquable une idée analogue apparut vers le même temps dans la théorie de Charles Darwin sur l'évolution de la vie organique par la lutte pour la vie, grâce aux voies nouvelles et aux nouveaux moyens rendus possibles par les variations individuelles. Là seulement où (pour une cause quelconque) naîtraient de telles variations, la sélection naturelle, exercée par les conditions vitales, pourrait devenir effective. Ainsi, tant au point de vue biologique que sociologique, le libre déploiement de la nature particulière des individus apparaît comme un moyen considérable pour avancer le progrès.

Nous pouvons ici éclairer sous une nouvelle face le rapport entre le motif et l'action. Comme nous l'avons vu (III, 18), l'appréciation remonte logiquement de l'acte au motif, parce que l'essentiel doit être de trouver la source d'où l'acte jaillit. Nous partions alors de la valeur pratique de l'appréciation et des jugements qui la formulent. Ici nous pouvons compléter ces vues à l'aide du principe de la personnalité libre. En effet, d'après ce principe, la vie intérieure de la personne ne doit pas être transformée en simple moyen de produire des effets extérieurs. Elle ne doit pas être un simple rouage d'une machine. Même quand on regarde l'individu comme membre d'une totalité plus grande, son action doit jaillir de son être propre et de sa mentalité interne. L'acte ne peut être appelé parfait que s'il jaillit de l'originalité personnelle et en même temps exerce une action heureuse sur la totalité. Il faut que les devoirs et les vertus exigés de l'individu par la société soient en même temps des moyens et des formes du développement propre de celui-ci.

Provoquer des motifs qui rendent possible l'action spontance, voilà le grand art pédagogique (ou mieux peut-être psychagogique) que peuvent être appelés à exercer aussi bien les individus particuliers que la puissance de la société. Si l'on voulait appeler contrainte toute intervention de la part d'autres hommes, il faudrait donner aussi ce nom à cette action excitatrice de motifs, quelque indirecte et socratique que fût la manière dont on l'exercerait. Il est cependant plus naturel de n'entendre par contrainte qu'une action du dehors provoquant la douleur ou la crainte (cf. V, 2 c). Or l'action excitatrice de motifs ne suppose pas nécessairement de contrainte, en ce sens étroit du mot. Toute intervention de ce genre emporte de la responsabilité, mais lorsqu'elle consiste dans une contrainte proprement dite, elle a besoin d'une justification toute spéciale. Il y a beaucoup à apprendre sous ce rapport des théoriciens anarchistes, qui rejettent toute autorité et toute contrainte, soit morale soit physique. Si l'on demande comment un pareil anarchiste peut élever ses enfants, il répondra qu'il cherche à éveiller en eux, d'une manière indirecte, les sentiments spontanés formant, d'après lui, la base de la morale, de telle sorte qu'ils apprennent à faire le bien sans commandement et sans contrainte. Il cherchera par conséquent à poursuivre ce que Rousseau appelait l' « éducation négative ». Mais c'est une question (que l'anarchiste résout un peu bien hâtivement) de savoir si toute action excitatrice de motifs peut se produire de la sorte, et dans quelle mesure la contrainte proprement dite peut être réduite. Toutefois, il ne s'agit là que du principe très général déterminant à qui incombe la preuve.

Mais alors reparaît la question de savoir si les motifs des actions exigées par la société peuvent naître avec une égale facilité chez tous les individus. A moins de partir dogmatiquement de l'idée que tous les hommes sont entièrement égaux sous ce rapport, on se trouve, comme nous l'avons montré plus haut (IV, 2), dans l'inévitable nécessité d'admettre une individualisation de la loi morale. Celle-ci ne peut donc pas être entièrement donnée par la détermination des « conditions de la vie sociale », sans tenir compte de la position dans laquelle se trouvent les individus particuliers pour satisfaire à ces conditions. Ou plutôt : à moins de partir d'une relation toute extérieure entre l'individu et la société, on ne saurait fixer les conditions de la vie sociale, sans y faire entrer en même temps les particularités propres à chaque individu, sous le double rapport de la qualité et de la quantité. Car enfin, la première condition d'une vie normale de la société n'est-elle pas qu'entre l'évolution de l'individu et les exigences de la totalité il existe un rapport harmonieux ? Un pareil rapport suppose à son tour que la tâche imposée à l'individu réponde aux aptitudes originelles qu'il apporte avec lui, sous le double rapport de la qualité et de la quantité. Comme la société se compose de tous les individus, ce n'est pas lui imposer une exigence extérieure. Il n'y a de société réelle que là où l'individu peut être toujours et partout à la fois fin et moyen. Aussi, lorsqu'il existe un conflit entre l'individu et les exigences de la société, c'est l'indice d'une imperfection de la société et pas seulement ni toujours d'une imperfection de l'individu.

C'est non seulement ce qu'oublie la prédication morale telle qu'on la pratique d'ordinaire, mais ce que doit encore nécessairement rejeter toute doctrine introduisant la moralité dans l'homme « du dehors » (soit qu'elle prenne pour base le principe d'autorité, ou l'idée qui regarde l'espèce comme quelque chose d'autre et de plus qu'un ensemble organique d'individus, ou celle qui réduit la morale à l'opinion publique). On se dispense ainsi de traiter quelques-uns des problèmes les plus fondamentaux relatifs aux personnes. On achète une perfection illusoire et purement formelle de la théorie, en se débarrassant de questions ne pouvant sans doute se résoudre qu'approximativement, mais dont le maintien ne laisse pas d'avoir une importance considérable. Pour nous servir d'une comparaison tirée de l'arithmétique, la morale nous conduit à la fois par sa base (le mobile d'appréciation) et par le développement rigoureux de ses principes à des quantités irrationnelles. Il ne peut être dès lors question que de trouver le plus de décimales possible.

Seules, les considérations que nous venons de développer assurent une relation harmonieuse entre la morale individuelle et la morale sociale. Les deux termes se renvoient mutuellement l'un à l'autre, l'individu devant être regardé comme l'organe d'une société et la société comme un organisme composé d'individus. Si nous mettons la morale individuelle avant l'autre, c'est qu'elle nous présente le contenu le plus simple, mais nous ne cesserons pas d'y regarder le point de vue social comme le fondement dernier. De même, dans la morale sociale, nous ne perdrons jamais de vue que la fin suprême et le meilleur moyen de la société consistent dans le libre déploiement des forces originales de chaque individu.

# MORALE INDIVIDUELLE

# IX

## DIVISION DE LA MORALE INDIVIDUELLE

1. La justice est la vertu morale par excellence : elle comprend l'affirmation de soi et le dévouement. — 2. Diversités individuelles.

1. — Le rapport établi ci-dessus entre la morale individuelle et la sociale conduit d'une manière naturelle à la division qu'il convient d'introduire dans la morale individuelle.

En considérant dès le début l'individu comme membre de la société et comme y étant à la fois fin et moyen, nous voyons apparaître les deux tendances qui doivent être reconnues et favorisées dans la vie personnelle, savoir l'affirmation de soi et le dévouement.

L'individu particulier est fin, puisqu'il est justement un représentant de la société ; sa vie est une partie de la vie sociale, et toute atteinte à la première en est une à la seconde. C'est l'un des deux termes auxquels aboutit l'évolution. Plus l'individu est en mesure de s'affirmer et de développer ses facultés et ses tendances, de manière à ce que la vie atteigne en lui le maximum de force et d'harmonie, plus aussi le degré atteint est élevé non seulement pour l'individu lui-même, mais encore pour la société. La société se compose d'individus et sa vie sera par conséquent d'autant plus pleine et vigoureuse que chaque individu pourra davantage développer ses dispositions naturelles. L'individu forme un petit monde, dont l'existence et le développement constitue une fin qui vaut par elle-même. Aussi *l'affirmation de soi* — sous ses diverses formes : conservation personnelle, empire sur soi-même et indépendance — se présente-t-elle comme une vertu essentielle. Elle est un devoir que l'individu a en même temps envers lui-même et envers la société. La considération de son moi propre et celle de la société se confondent ici d'une manière tellement immédiate qu'il importe peu sur laquelle on insiste. Il n'est pas besoin d'en appeler à l'intérêt conscient de la société ou au principe abstrait du bien, pour montrer que l'affirmation de soi doit aussi avoir une valeur même aux yeux des autres. Un vigoureux et harmonieux déploiement de la personnalité est un objet de sympathie immédiate et d'admiration. Comme Hume[1] le remarquait déjà, il est encore plus difficile d'expliquer par un intérêt égoïste l'admiration des autres pour les vertus qui profitent à l'individu lui-même que d'expliquer de cette manière la reconnaissance de vertus sociales. Nous ne regardons pas nécessairement l'affirmation de soi chez les autres comme un simple moyen. Hobbes[2] prend un détour inutile lorsqu'il explique l'aversion qu'inspire l'ivrognerie par ce motif qu'elle amène en général facilement la rupture de la paix et fait qu'on n'ose plus se confier à l'individu. Quand nous voyons d'autres hommes manquer d'empire sur eux-mêmes, nous avons le sentiment immédiat d'une lacune dans le vigoureux et harmonieux développement du moi dont nous aimons à contempler l'image dans la conduite d'autrui. Il faut naturellement sous-entendre que la force et l'harmonie de l'individu n'empêchent pas d'autres hommes d'atteindre pour eux-mêmes un but analogue, bien plus, qu'elles servent peut-être de moyens pour cela. Comme nous l'avons montré plus haut (VIII, 5), il n'est à peu près rien, dans le développement individuel, même dans sa plus libre originalité, qui ne puisse avoir une portée sociale ; toute affirmation de soi renferme une morale en puissance. Mais, en reconnaissant l'affirmation de soi comme une fin, la morale conduit au delà d'elle-même. Si la morale est faite pour la vie et non la vie pour la morale, il y aura une limite où les normes n'auront plus de valeur, parce que le développement immédiat de la vie n'a besoin d'aucune justification. Il peut être difficile, lorsqu'on a des doutes, de décider où se trouve cette limite et combien on en est près dans tel cas particulier. L'affirmation immédiate de soi a pourtant une valeur comme fin et pas seulement comme moyen : c'est une chose sur laquelle l'ensemble du point de vue adopté ici ne peut laisser aucun doute.

Toutefois, comme l'individu n'est jamais qu'une unité dans une multitude et comme les intérêts vitaux de la société forment une totalité plus considérable où sont compris les intérêts de sa

---

[1] *Inquiry concerning the Principles of Morals*, VI, 1, cf. *Treatise*, III, 3, 6.
[2] *De cive*, III, 25.

## IX. — 1. DIVISION DE LA MORALE INDIVIDUELLE 159

vie isolée, le *dévouement* pourra entrer en opposition avec l'affirmation de soi. Le dévouement à une sphère plus large de fins peut amener une extension de l'intérêt qui fasse obstacle à l'harmonie individuelle vers laquelle tend l'affirmation de soi. Celle-ci s'occupe du petit monde propre de l'individu et le considère comme un tout fermé, tandis que le dévouement exige que ce petit monde soit mis en connexion avec un monde plus grand, ce qui peut amener un trouble provisoire dans l'harmonie interne du premier. Il s'en faut, en effet, que l'organisation du petit monde s'insère purement et simplement dans l'organisation du grand. La perfection interne et l'extension au dehors peuvent être en opposition, voire même en contradiction mutuelle. C'est pourquoi l'affirmation de soi et le dévouement doivent être considérés comme deux tendances différentes du caractère, comme deux vertus différentes, et nous trouvons d'ailleurs que, dans l'histoire de la morale, on leur a aussi attribué une importance différente.

Il n'est pas nécessaire néanmoins qu'elles entrent en conflit. Le besoin d'unité et de continuité qui s'exprime déjà dans l'affirmation de soi, en tant que la personne isolée se considère comme un tout fermé, peut conduire au delà de la totalité individuelle et prendre la forme d'un besoin de connexion avec un ensemble plus vaste. Peut-être l'individu ne saurait-il assurer la cohérence interne de son petit monde que s'il rattache son intérêt à quelque chose de durable, de continuellement en progrès, d'incommensurable. Peut-être ne peut-il être fidèle à lui-même que s'il l'est à quelque chose qui le dépasse. Le dévouement serait ainsi un prolongement de l'affirmation de soi.

En outre, il suit de là qu'il ne serait pas juste de considérer le dévouement comme la vertu passive, par opposition à l'affirmation de soi considérée comme la vertu active. La sympathie véritable, le sentiment qui mène immédiatement au dévouement, n'est nullement une tendance à l'affaissement passif qui formerait le contraire de l'instinct énergique de conservation. On a de nos jours proclamé le droit du plus fort, l'absence égoïste de tout scrupule comme la vertu par excellence, comme la marque du « surhomme », et regardé comme une révolte d'esclaves la proclamation de l'amour de l'humanité comme principe moral. A l'encontre de cette opinion de Nietzsche, il faut établir ici que la sympathie ou l'amour de l'humanité, quand elle est vraie et primitive, est précisément un signe de force, d'énergie mentale. Elle suppose en effet que toute l'énergie n'est pas consommée au service des besoins purement individuels, qu'il reste au contraire un excédent permettant de ressentir du plaisir ou de la douleur à propos de la destinée d'autrui, même quand celle-ci n'a aucun effet direct sur le système clos de notre existence individuelle. Le sentiment dispose alors d'une plénitude plus grande que dans l'affirmation isolée du moi. Grâce à cette surabondance de force et d'intérêt, l'individu possède, dans la sympathie véritable, une réelle supériorité. Sa conduite est déterminée au dévouement du dedans ; elle est indépendante de la haine ou de l'amour, du mépris ou de l'admiration qu'éprouvent les autres. Pour employer une comparaison de MARC AURÈLE, le dévouement est comme une source pure et forte qui déverse ses eaux même lorsqu'on y jette de la boue et des pierres ; elle entraîne tout cela, et sa pureté n'en est pas altérée.

Déjà le *christianisme primitif* représentait l'amour comme une force indépendante de ce que les autres nous aiment ou non en retour. Cet amour rendu, simple résultat des services reçus d'autrui, est insuffisant à ses yeux. L'amour véritable ne fait point de distinction et comprend tous les hommes — de même que le soleil et la pluie profitent à tout le monde. L'amour supporte tout, endure tout, surmonte tout. Il garde sa longanimité devant les plus grands obstacles.

Dans les temps modernes, cette conception de la sympathie comme expression de la force se retrouve chez Spinoza et Rousseau. Pour SPINOZA, la force d'âme qui constitue l'essence de la vertu se manifeste à la fois sous forme d'affirmation de soi (*animositas*) et de générosité (*generositas*) ; l'homme généreux cherche à être utile aux autres et à se lier d'amitié avec eux, car « ce n'est point par les armes mais par l'amour et la générosité qu'on vainc les âmes ». ROUSSEAU expliquait l'amour d'autrui par la force surabondante de l'affirmation de soi qui se répand spontanément sur les autres hommes pourvu qu'ils nous ressemblent. On ne tient pas compte de la différence entre les autres et nous : la plénitude de la vie franchit toutes les barrières. « La force d'une âme expansive m'identifie avec mon semblable ». Comme le dit Rousseau, l'amour est une conséquence de l'amour de soi, qu'il distingue de l'amour-propre. C'est ce dernier qui établit toutes les barrières, l'homme se comparant aux autres et s'en distinguant. Mais par là même nous devenons dépendants des autres, ce que nous ne sommes pas dans l'amour pur et simple. De nos jours, une conception analogue a été développée par Guyau, auquel se rallie Krapotkine [1].

Il y a naturellement une sorte de sentiment mou et passif qui porte aussi le nom de sympathie. Il y a de plus une sentimentalité qui jouit de la prétendue grande sympathie que l'on éprouve (comme il y en a une autre qui jouit des prétendues grandes douleurs que l'on ressent). Mais ces formes ne doivent pas être regardées comme typiques, et la dernière est même bien plutôt une sorte de jouissance égoïste de soi-même.

Une différence caractéristique de l'affirmation de soi et du dévouement consiste en ce que dans la première l'individu est fin et pourtant agit comme moyen, puisque l'affirmation du moi de l'individu fortifie et développe la société — tandis que dans le second il agit comme moyen et devient cependant fin, sa vie personnelle devenant plus riche et plus pleine lorsqu'elle reçoit un plus grand champ d'action. Cette différence montre en même temps le lien qui les unit. Si nous entendons la *justice* de la manière indiquée plus haut (III, 9), nous pouvons trouver en elle l'unité harmonieuse de l'affirmation de soi et du dévouement, l'unité des deux tendances qui portent l'une à s'enfermer en soi-même, l'autre à se rattacher à un ensemble plus grand. En ce qui concerne son origine psychologique, la justice peut prendre racine dans l'affirmation de soi, pourvu que cette dernière s'associe à la reconnaissance du même droit chez les autres, reconnaissance qui a peut-être résulté à l'origine de la violence et de l'autorité, mais qui, par suite d'une substitution de motif, peut finir par s'installer au cœur même de l'individu. Mais elle peut également avoir sa racine dans le dévouement, pourvu qu'on l'associe à la connaissance claire de l'originalité et de la valeur des personnes isolées (y compris la sienne propre). L'affirmation de soi et le dévouement sont l'une et

---

[1] Cf. *Geschichte der neueren Philos.*, I, p. 362 sqq. 552 sqq. — *J.-J. Rousseau und seine Philosophie*, dans les *Klassiker der Philosophie* de Frommann; 2ᵉ éd. 1902, p. 103-106. — Guyau : *Esquisse d'une morale sans obligation ni sanction*, Paris, 1885. — Krapotkine : *La Morale anarchiste*. — Cf. ma *Psychologie*, VI, C, 3, 7.

l'autre des tendances plutôt élémentaires ; quant à la justice, elle est la tendance plus compréhensive qui couronne le développement du caractère moral. La justice suppose d'une part que l'individu s'affirme et se développe lui-même, non seulement de manière à ne pas entraver le développement des autres, mais encore à le favoriser, et d'autre part que l'individu se consacre à des intérêts vitaux très larges, de manière à affirmer par là et à développer sa propre personnalité.

Ce n'est pas seulement l'affirmation de soi et le dévouement, mais encore la connaissance et le sentiment qui se trouvent ici d'accord. Une fin considérable se présente à la pensée, et celle-ci cherche par l'expérience et l'étude des moyens de la réaliser. L'intérêt de l'espèce exige qu'on entreprenne un grand travail de distribution, et la répartition est déterminée par l'intelligence claire des besoins et du plus grand bien des personnes particulières.

Il résulte de tout ce qui précède que la morale individuelle se divise naturellement en théorie de l'affirmation de soi et théorie du dévouement. Si l'on décrit ces deux tendances de manière à faire voir la possibilité de leur harmonie, on se trouvera par là même avoir décrit aussi la justice, qui est la vertu morale par excellence.

2. — Ces tendances jouent un rôle différent suivant les divers individus. Il y a des natures qui donnent tout ce dont elles sont capables, sans que le sentiment moral apparaisse en elles comme un sentiment particulier à côté des autres. L'affirmation de soi et le dévouement se développent en elles sans mobiles spéciaux et sans effort conscient. Ce sont les natures morales privilégiées, dont la possibilité est incontestable. Il peut y avoir des hommes chez lesquels on rencontre cette nature privilégiée à propos de certaines tâches et dans certaines conditions, mais non par rapport à toutes. Autant il leur est facile de résoudre sans y penser certaines difficultés morales, autant il leur faut de réflexion et d'effort pour se tirer des autres. Mais il y a aussi des natures pour lesquelles il est de toute importance que le sentiment moral s'éveille en elles et prononce le dernier mot dans les cas particuliers. Cela tient soit à ce que le besoin de s'affirmer ou de se dévouer n'a pas chez eux assez d'intensité, soit à ce que le rapport convenable ne s'établit pas entre les deux tendances.

Il est évident que toutes ces diversités individuelles ne sauraient tenir dans un exposé systématique. Nous devons nous borner à donner un exposé méthodique et motivé des principales qualités de caractère que réclame le principe du bien.

# X

## LA BASE PERSONNELLE DE LA VIE MORALE

1. Importance de l'exercice. — 2. L'effort pour augmenter la force, l'étendue et la pureté de la conscience morale. — 3. L'endurcissement corporel et moral. — 4. La vertu morale par excellence.

1. — Pour différentes raisons, on a contesté que la préparation et l'exercice eussent une valeur quelconque sous le rapport moral.

C'est surtout par réaction contre l'ascétisme qu'on a soutenu cette opinion. L'ascétisme — et par là nous entendons ici des efforts ou des souffrances librement choisis, servant uniquement à s'exercer, et non à atteindre des fins assignables — ne peut se comprendre, dit-on, que du point de vue du néoplatonisme ou du christianisme médiéval. Pour les néoplatoniciens, en effet, il s'agit d'affranchir l'âme de l'impureté qui la souille à son arrivée sur la terre. D'autre part, du point de vue chrétien rigoureux, l'abstinence, la mortification et l'humiliation de soi-même sont des expiations destinées à apaiser un Dieu irrité. Mais où ne dominent plus de pareilles conceptions, l'ascétisme peut-il encore se justifier et avoir une signification?

Le passage à une nouvelle conception de la vie s'associe facilement au penchant à rejeter, en vertu d'une « rigueur » superficielle, tout ce qui avait une valeur aux yeux de l'ancienne. Pourtant, ce qui s'est historiquement développé sous l'influence de certains motifs peut très bien garder sa valeur lorsque ces motifs tombent et cèdent la place à d'autres (cf. I, 4). *Tout* point de vue moral doit exiger qu'on supporte des efforts et des souffrances, et c'est pourquoi l'exercice sera toujours nécessaire. Sans doute, il faut attribuer une grande importance à ce principe que toute production de douleur exige une justification, tandis que celle d'un plaisir emporte la sienne avec elle[1]. Mais lorsqu'on

---

[1] Ce principe qu'admettaient à vrai dire même le néoplatonisme et le

poursuivra une fin lointaine et complexe, il pourra se faire que de nombreux préparatifs et de nombreuses privations soient nécessaires. Aussi toute conception sérieuse de la vie pourra-t-elle beaucoup apprendre des héros de l'ascétisme. Ceux-ci d'ailleurs ne considéraient, eux aussi, les souffrances et les privations comme des biens que parce qu'elles les fortifiaient et les exerçaient en vue de l'acquisition de la fin considérable et éloignée vers laquelle ils aspiraient. Leur faute était de placer cette fin dans une autre existence, dont les conditions devaient être *tout à fait* différentes de celles de la vie présente, de telle sorte qu'on ne pouvait l'atteindre par un travail positif dans le monde do[nt] leur ascétisme se fondait sur une défiance envers la vie natu[relle et] ses forces. Mais lorsqu'on ne reçoit plus les règles de sa conduite d'une révélation surnaturelle ou d'inspirations mystiques, lorsqu'on fait consister l'essentiel dans le règne autonome de la pensée et de la sensibilité humaines, on exige précisément beaucoup des forces de l'individu, et il devient d'importance capitale d'exercer ces forces, afin que la base de la vie morale soit solide et assurée [1]. Il y a d'ailleurs des natures pour lesquelles il n'existe sous le rapport moral qu'une alternative : ou une éducation sévère, ou une complète atonie. Celles-là ne peuvent se maintenir dans le droit chemin qu'en se soumettant à une discipline soutenue.

On a objecté que c'est un signe d'imperfection d'exécuter des actes uniquement pour s'exercer, parce qu'alors on sépare le moyen de la fin. Sans doute, dit-on, ce procédé peut être nécessaire pour acquérir une habileté mécanique, mais la vie morale doit être la vie de la personne tout entière. Ce procédé peut d'ailleurs très bien se comprendre du point de vue de l'ascétisme mystique et surnaturel, dont les adeptes fuyaient la vie réelle pour exercer leurs forces spirituelles dans la solitude et en arri-

christianisme ascétique, a cependant, lorsqu'il a été expressément formulé, excité souvent une grande répulsion. Ainsi ARNAULD déclarait que c'était de l'épicurisme de regarder tout plaisir par lui-même comme un bien. — C'est PLATON (dans le *Protagoras*) qui a le premier posé ce principe, en enseignant que le plaisir sensible était condamnable seulement à cause de ses suites, mais non à cause du plaisir éprouvé sur le moment. — Cf. parmi les penseurs modernes SPINOZA *Éthique*, IV, 41 sqq (cf. IV, 9 coroll.; IV, 60; app. c. 30) et MALEBRANCHE : *Recherche de la vérité*, IV, 10. C'est Malebranche qui a provoqué la phrase d'Arnauld.

[1] Cf. JAMES SULLY : *On some elements of moral self-culture*, dans son ouvrage : *Sensation and Intuition*, Londres, 1874, p. 158.

valent à considérer comme un mérite spécial l'absurdité de leur travail; témoin ces moines égyptiens occupés à arroser un bâton planté dans le sable.

Cette objection part avec raison de ce fait que la vie est la meilleure, quoique aussi la plus pénible et la plus coûteuse des écoles. Il est inadmissible qu'on se soustraie à ses exigences pour travailler dans la solitude à son propre développement. On ne peut pas sortir du rang pour devenir un homme véritable et tout reprendre par le commencement. Toute vraie éducation a lieu par un échange d'actions avec les conditions réelles. Ce que l'art de l'auto-éducation peut faire ici, c'est de choisir précisément les tâches et les conditions propres à exercer et à accroître nos forces, avant que nous nous attaquions à de plus grands travaux. Il faut toujours exercer ses forces à quelque chose de réellement précieux. Au début, peut-être pouvons-nous tout au plus aller jusqu'à l'imitation et à l'exercice mécanique des fonctions qui nous sont imposées; mais, grâce à la répétition et à l'exercice, il peut se former en nous des dispositions et des aptitudes qui nous permettent de nous en acquitter librement et avec nos seules forces. Il s'est alors formé une vertu correspondante à la carrière choisie. Mais nos tâches réelles n'absorbent pas toujours la totalité de nos forces. On peut alors employer le temps qui reste à se préparer à de nouvelles éventualités. L'exercice devient alors une sorte de jeu ou une sorte d'art. Dans l'art nous n'avons pas affaire à la vie même, mais à son image, et cependant l'art et la vie ont le même contenu : c'est pourquoi l'emploi des forces dans l'art peut servir de préparation à leur emploi dans la vie. En outre, le domaine du possible est plus étendu que celui de la réalité. Il n'y a souvent qu'une petite partie de la vie personnelle qui puisse trouver dans l'action extérieure l'occasion de se développer et de s'achever. Une partie essentielle du travail au développement du caractère s'accomplit souvent sur le théâtre de la vie interne, pendant la lutte des divers sentiments et des diverses idées et par l'action réciproque de motifs naissants. SCHLEIERMACHER a spécialement traité ce point dans ses *Monologues* (chap. 4) : « Sous combien de rapports l'homme ne resterait-il pas indéterminé et inculte, si son action interne ne portait que sur le peu qui l'entoure réellement en dehors?... Je sais que ma vie extérieure n'exprimera et n'achèvera jamais mon être interne sous tous ses aspects... Bien que dans une retraite silencieuse, je vis pourtant sur la scène vaste et animée du monde. » Plus tard, S. Kierkegaard a exprimé des idées analogues : « Celui-là seul qui est formé par le possible, est formé dans son infinité. » Il ajoute que les situations réelles n'étant pas aussi claires et aussi absolues que celles qu'on peut concevoir dans le domaine des possibles, l'épreuve dans ce domaine peut être plus stricte, mais il ne lui échappe pas qu'il est très facile de s'illusionner soi-même, quand on ne subit pas d'autre épreuve que celle-là. L'influence affaiblissante que les possibles sont en outre capables d'exercer sur la volonté est un aspect de la question sur lequel il n'insiste pas[1].

2. — Le développement de toute faculté mentale peut servir à affermir et à développer le sentiment moral. La *force*, l'*étendue* et la *pureté* de la conscience ne dépendent pas seulement de l'éducation de la vie affective, mais aussi du développement de la connaissance et de la volonté. Si l'on se place au point de vue de la conscience libre, il ne s'agit pas seulement, en effet, de montrer une obéissance aveugle, de pouvoir écouter le commandement intérieur et de faire suivre l'acte mécaniquement. La conscience libre cherche à se proposer à elle-même des tâches et à en voir les raisons. Ce n'est pas uniquement au philosophe qu'il appartient de soumettre à l'épreuve les règles traditionnelles et instinctivement acceptées, mais tout homme peut avoir à s'arracher aux idées reçues jusque-là et à tenter des voies nouvelles. La clarté et la rigueur de la connaissance font apercevoir à l'individu tous les cas où, par faiblesse ou par égoïsme, il s'est dispensé de rester fidèle à la loi qu'il avait lui-même acceptée, et elles lui apprennent en même temps à découvrir les lacunes et les barrières injustifiées de la morale usuelle. Il aura alors pour tâche de garder fermement, dans les moments de trouble et d'agitation, la connaissance ainsi acquise dans des temps plus calmes et plus sereins; car ce n'est qu'au prix d'une tension de la volonté qu'il pourra rester fidèle à lui-même et à ce qu'il aura reconnu être la vérité.

La conscience n'acquiert de la *force* et de l'*étendue* que si la pensée et l'imagination sont actives et vivantes. Il faut que la pensée suive les actes dans leurs effets, aux ramifications souvent multiples, et que l'imagination fournisse des images sen-

---

[1] *Sören Kierkegaard als Philosoph.*, p. 53-54.

sibles de ces effets. L'étroitesse et les préjugés dérivent souvent non, comme on pourrait croire, d'un défaut de la vie affective, mais du manque d'imagination ou de rigueur logique. Naturellement, l'intelligence seule ne suffit pas : il faut qu'elle soit exercée et qu'elle ait pris la forme d'une pensée constante, c'est-à-dire pouvant, en vertu des lois de l'association des idées, se présenter facilement et vite lorsqu'on en a besoin. Par là, elle devient une partie de notre moi réel, du cercle de pensées et de sentiments qui forme le centre de gravité de notre nature mentale et auquel nous revenons toujours, si souvent que nous en soyons détournés d'ailleurs par des influences et des impulsions momentanées. — Insistons seulement sur un point. La morale théologique n'est pas la seule qui ait ses livres d'édification. Il peut y avoir des livres auxquels on revienne toujours pour fortifier ses pensées et ses sentiments. La lecture des journaux et des ouvrages amusants ne doit pas être la seule nourriture intellectuelle, quand on ne veut pas affaiblir sa vie intérieure. Le choix de chacun dépendra évidemment de son caractère et de l'orientation de son esprit, mais personne ne saurait se passer du recueillement et de la concentration que comporte la lecture sérieuse. Nous sommes introduits par là dans un monde d'idées et de possibilités d'où nous pouvons revenir à nos besognes pratiques avec un sentiment plus large et plus intense.

En ce qui touche la *pureté* de la conscience, le rôle le plus important est joué par l'examen de soi-même, qui nous apprend à pénétrer nos propres motifs et à connaître nos forces. La connaissance de soi-même a toujours ses limites, car beaucoup des mouvements qui nous agitent n'arrivent que très confusément à la conscience. Il peut exister dans notre individu des virtualités et des dispositions qui ne se soient manifestées jusqu'ici ni au dehors ni au dedans. Aussi ne pouvons-nous jamais être sûrs que le centre de notre conscience soit aussi celui de notre individu[1]. Mais sur les motifs conscients — sur ce que nous avons réellement pensé, senti et résolu — il faut que nous puissions faire la lumière. Sans doute, il se trouve chez la plupart des hommes un penchant à s'illusionner, à se faire meilleur à ses propres yeux qu'on ne l'est réellement, à embellir dans sa propre opinion la pureté de ses motifs et le sérieux de ses résolutions. Mais il faut

---

[1] *Psychologie*, VII, B, 5 *a*.

avant tout être loyal envers soi-même, et apprendre à détruire les illusions dans lesquelles on s'enveloppe si facilement. Cette véracité intérieure est la condition de toute activité vigoureuse et saine : on ne saurait élever d'édifice durable sur un mensonge. — Il est surtout facile de s'illusionner soi-même dans les domaines où l'on ne peut établir aucune règle précise et où les problèmes moraux deviennent très vite si compliqués que nul principe général ne puisse nous résoudre l'énigme. Lors même que nous n'aurions aucun doute sur la nature du juste, des doutes insolubles peuvent naître sur le degré et l'étendue que notre activité doit avoir. Plût au ciel qu'ils eussent raison ceux qui trouvent suffisant pour accomplir leur devoir de faire ce que réclame « la société », et pensent qu'on n'est pas tenu d'acquérir de « mérites ». Il y a cependant des hommes dont le spectateur interne n'est pas aussi facile à satisfaire, et chez lesquels, pour cette raison, reparaît sans cesse la crainte de se faire illusion, quand il s'agit de déterminer le « *quantum satis* de la volonté humaine ».

La vie civilisée des modernes incline à se tourner vers le dehors et conduit aisément à un oubli malsain de soi-même. Comme on est facilement absorbé par la multiplicité et la variété des événements et des circonstances externes, on considère comme une chose indifférente ce qui se passe dans son for intérieur. On regarde ce spectacle extérieur comme la vraie réalité et les événements intérieurs comme leur fugitif reflet. Or, la véritable vie est pourtant toujours la vie intérieure ; c'est elle qui donne à l'autre sa signification. En outre, elle peut être la source de forces dont l'intervention soit capable de produire des changements dans le monde extérieur ; mais ces forces ne se produisent pas quand on suit le courant. Toute vie personnelle est un des foyers spirituels du monde et il s'agit d'en conserver la flamme pure et énergique. Il peut y avoir une sorte de suicide moral qui consiste précisément à laisser, par indolence, le feu de ce foyer intérieur s'éteindre. On répudie tout idéal, aucun mobile d'appréciation ne s'agite en nous, et même l'instinct finit par ne plus pouvoir nous soutenir. Dans ce genre de suicide, on n'entend même pas le noyé se débattre. Sibbern a représenté avec raison la conscience comme un besoin de conservation mentale, comme l'expression d'une sorte de sollicitude pour soi-même. Cette sollicitude, on la montre ici en ne

s'écartant pas des obligations qu'on s'est soi-même imposées ;
il ne faut pas que le niveau du moi s'abaisse.

La connaissance de soi-même peut être rendue quelquefois
très difficile par la complexité du caractère humain et par la
sporadicité de l'évolution humaine. Des motifs et des penchants
divers, voire contradictoires, peuvent se manifester : tantôt
règne une tendance, tantôt une autre ; dans laquelle l'homme
doit-il reconnaître son moi proprement dit ? Les mouvements
intérieurs de nos instants d'enthousiasme, de nos « meilleurs »
instants, peuvent différer beaucoup de ceux de nos mauvais
jours, et pourtant les uns comme les autres appartiennent à
notre moi. Ou bien nos jugements et nos actes sont justes et
sûrs sous certains rapports, tandis que sous d'autres nous nous
laissons aveuglément mener par nos passions personnelles. Si
l'accusation d'hypocrisie est alors si fréquente, c'est que la
morale populaire ne se préoccupe guère, et d'ailleurs est bien
incapable, d'entreprendre une étude psychologique approfondie,
comme elle est moins capable encore de suspendre son jugement.
Pendant ces états d'incertitude, il se produit souvent une fermentation d'où sortira peut-être plus tard un caractère net et
harmonieux. Mais il y a aussi des natures qui sont et restent
incertaines, ou chez lesquelles le conflit entre les éléments de
l'âme finit par désagréger l'unité du caractère[1].

3. — Mais il peut être aussi question d'ascétisme au sens
rigoureux du mot, c'est-à-dire d'exercer et de fortifier sa capacité de supporter l'effort et la souffrance. Chez les peuples sauvages et guerriers, l'éducation, même celle qu'on se donne soi-
même, consiste en majeure partie dans le développement de
l'endurance, de la capacité de supporter le froid, la faim et la
douleur physique. Cet endurcissement physique est sans doute
moins nécessaire dans la vie civilisée ; pourtant bien des inconvénients de cette vie proviennent certainement de ce qu'on l'a
trop perdu de vue. L'hygiène physique est en même temps,
pour une bonne part, une école de volonté. La victoire sur soi-
même et la patience acquises au profit de la santé physique
peuvent avoir une influence heureuse sur la santé mentale.

Il y a cependant aussi un endurcissement moral direct. Le

---

[1] Cf. *J.-J. Rousseau und seine Philosophie*, (2ᵉ éd. allem., p. 17-19) —
Joseph Butler (sermon X) a une série d'intéressantes remarques sur les
illusions qu'on se fait à soi-même.

froid, les ténèbres et l'impuissance peuvent exister aussi bien au dedans qu'au dehors. Même sans cause extérieure précise, des temps sombres et pénibles peuvent venir où rien ne nous réussit, où nous ne pouvons nous arrêter à rien, où tout perd pour nous sa fraîcheur et son éclat. Le refuge que la sanction intérieure de la conscience nous offre d'ordinaire peut lui-même nous être interdit. On se tourne alors facilement vers des moyens extérieurs, pour se soutenir, se consoler ou s'exciter[1], et c'est souvent faire le premier pas vers sa perte. Quand l'état de dépression est de nature purement physique, il peut évidemment être tout à fait légitime de se servir de moyens extérieurs. Mais souvent le seul parti raisonnable sera d'opposer de la résistance, de tendre énergiquement sa volonté pour se maintenir et résister aux atteintes de l'affaiblissement moral. Comme le dit un ancien mystique, il peut être nécessaire « de se passer de toute consolation ». Cela exerce la volonté à ne compter que sur elle-même.

Parmi les pensées sombres et angoissantes qui peuvent nous assaillir dans ces états, on range ordinairement aujourd'hui la pensée de la mort. Mais dans l'antiquité ce n'était pas une habitude aussi générale. Elle l'est devenue seulement depuis que la théologie chrétienne a cherché à exciter particulièrement la crainte de la mort « comme les mères qui retiennent leurs enfants, en leur faisant accroire que l'obscurité est pleine de spectres qui s'emparent de ceux qui ne sont pas sages[2] ». Par opposition à la place dominante accordée par la morale théologique à la pensée de la mort, SPINOZA déclare que l'homme libre, c'est-à-dire vivant d'après le seul commandement de la raison, ne pense à rien moins qu'à la mort, et que la sagesse est une méditation non de la mort mais de la vie[3]. Cela ne veut pas dire qu'il faille n'y pas songer du tout, ce qui cache bien souvent une crainte secrète. Aucune conception sérieuse de la vie ne peut se dispenser de lutter contre l'idée de la mort. Mais la différence entre la morale théologique et philosophique éclate ici d'une manière frappante. Pour la première, la vie

---

[1] « Quand un homme commence à s'attiédir, il redoute un petit effort et reçoit volontiers la consolation extérieure ». — *Imitation de J.-C.*, II, 4, 3.

[2] LECKY : *History of European Morals from Augustus to Charlemagne*, I, p. 221 sqq.

[3] *Éthique*, IV, 67.

tout entière n'est qu'une préparation à une autre vie. Nous vivons devant un rideau qui nous cache la vie véritable et toutes nos actions et omissions doivent servir en définitive à nous rendre prêts pour le jour où le rideau sera enfin levé. La pensée de la mort devient par conséquent une idée directrice qui décide de tout. La morale philosophique, au contraire, ne bâtit point sur des hypothèses qui dépassent l'expérience possible, mais elle estime que la vie doit avoir d'abord en elle-même sa valeur et sa fin. Nous attribuons une valeur à la vie, non parce qu'elle est la préparation d'une autre vie dont nous ne savons rien, mais parce qu'elle renferme en elle-même des choses belles et bonnes méritant qu'on s'y attache et qu'on lutte pour elles. Nous vivons de réalités, non de possibilités. La mort est la limite de la vie et le mieux préparé à s'en approcher c'est encore celui qui a réellement *vécu*, c'est-à-dire participé à la meilleure vie de nous connue.

Sur le monde des possibles, qui commence là où cesse le monde accessible à notre expérience, les idées ne s'accorderont vraisemblablement jamais, car la science ne peut rien décider sur ce point. Nous sommes là en présence d'une question ouverte, et il est loisible à chacun d'avoir, à ses risques et périls, sa croyance ou ses espérances. La philosophie se contente de nous faire observer que tous les traits, toutes les qualités dont sont parées les images que nous pouvons nous former d'un autre monde sont empruntés à celui de l'expérience, mais portés, il est vrai, à un degré beaucoup plus élevé et affranchis de toute imperfection. Si l'on ne connaissait par expérience des choses vraies, belles et bonnes, on ne pourrait se former aucune idée d'une vérité, d'une beauté absolues, ni d'une parfaite béatitude. Mais le vrai, le beau, le bien du monde de l'expérience, n'est-ce pas là un terrain commun sur lequel nous pouvons tous nous rencontrer, que nous croyions ou non à un autre monde? C'est un fait qu'on peut vivre une vie consacrée au service du vrai et du bien, sans éprouver le besoin de croire à un au-delà. On ne saurait indiquer aucune réelle qualité morale uniquement rendue possible par une telle croyance. Alors même que la foi dans un au-delà est pour l'individu un besoin personnel, il n'a pourtant pas le droit d'en faire une nécessité morale pour tous les hommes.

A l'état dans lequel on lutte contre de sombres imaginations s'oppose celui où la pensée se fixe sur de lumineux modèles. Les personnes dont la vie mentale est harmonieuse et forte, grâce au constant concours de l'affirmation de soi et du dévouement, apparaissent comme des modèles à ceux qui sont obligés de lutter péniblement pour s'élever au-dessus de ce qui tend à les rabaisser ou pour maintenir unis les éléments qui menacent de se désagréger. Chose en apparence paradoxale, les personnes ainsi considérées comme des modèles n'ont pas toujours elles-mêmes acquis leur perfection par l'effort et la lutte. L'énergie et l'harmonie peuvent avoir été des dons naturels, et néanmoins servir à nous indiquer la voie et à fortifier notre espoir. Elles nous montrent quelles virtualités existent au fond de la nature humaine. Si ces hommes avaient eu eux-mêmes à soutenir de grandes luttes intérieures, peut-être leur vie ne nous aurait-elle pas présenté alors cette image de force et d'harmonie qui maintenant nous réconforte et nous guide. Déjà les *néoplatoniciens* avaient fait cette remarque. Pour eux, la vertu consistait dans l'effort pour devenir semblable à Dieu, mais la Divinité elle-même, en tant qu'être absolu, ne pouvait avoir aucune vertu. Ce qui est vertu dans la copie, ne l'est pas dans le modèle, dit Plotin (*Ennéades*, I, 2, 2). D'autre part, l'*Église chrétienne* fait du Christ un modèle, bien que, de par sa nature, il ait été sans péché. Au fond de tout cela se trouve cette vérité que la possibilité de l'évolution, dans le domaine moral comme dans le domaine organique, est due à ce que des variations spontanées créent des virtualités nouvelles et conduisent dans de nouvelles directions. Déjà aux degrés inférieurs de l'évolution humaine, ceux qui l'emportent non seulement au physique mais encore au moral peuvent servir de modèles à l'imitation. Ils présentent, sous une forme heureuse et naturelle, un caractère dont on sent la valeur et dont on admet qu'il peut enrichir la vie, s'il réussit à se propager. Les hommes moralement privilégiés ont été les lumières de la route souvent ténébreuse de l'évolution morale. L'automatisme précède toujours la volonté réfléchie, et les qualités érigées plus tard en vertus ont dû se manifester d'abord spontanément, avant que le choix moral fût possible. Ce choix a été déterminé par l'instinct d'imitation, l'admiration et le respect ; à côté de lui, agissait en même temps la discipline sévère des autorités physiques et de l'opinion publique, de sorte qu'une action réciproque s'est établie entre ces deux causes : les détenteurs de la force et l'opinion publique ne pouvant pas eux-mêmes échapper à l'action des circonstances. Fichte, Goethe et Carlyle ont fait ressortir la grande importance des modèles personnels. « La moralité, dit Gœthe dans un entretien avec Eckermann du 1ᵉʳ avril 1827, n'est pas un produit de la réflexion humaine, mais c'est une belle nature créée avec nous, innée en nous. Elle est plus ou moins créée avec tous les hommes en général, mais à un haut degré dans quelques esprits tout à fait supérieurement doués. Ceux-là ont révélé par de grandes actions ou de grandes doctrines leur intérieur divin, qui aussitôt a saisi l'amour des hommes par la beauté de son apparition et les a puissamment entraînés à les honorer et à rivaliser avec eux. Cependant la valeur de la beauté morale et du bien a pu arriver à la conscience par l'expérience et la sagesse, le mal apparaissant comme une source de troubles pour le bonheur de l'individu et de la totalité, le noble et le juste, au contraire, comme une chose capable de produire et d'assurer le bonheur particulier et général. » Ces mots de Gœthe[1] contiennent une grande vérité biologique et morale, vérité qui n'est diminuée en rien parce que nous devons poser comme un problème la cause des variations spontanées (de ce que Gœthe appelle le créé avec nous ou l'inné).

Ce que ne peuvent donner ni la loi morale ni les déductions théoriques, les grands modèles nous le présentent sous une forme vivante et visible. Sans relation aux modèles, la base personnelle de la vie morale ne saurait atteindre dans son développement ni profondeur ni solidité. Les modèles choisis dépendront des besoins de l'individu auteur du choix et des circonstances où il se trouve. Peut-être le même modèle ne pourra-t-il pas nous guider durant toute la vie, de même que ce ne sont pas les mêmes étoiles qui guident le marin dans les mers du nord et dans celles du sud. Comme l'a si bien vu Gœthe, il y a une action réciproque continuelle entre les modèles moraux et l'expérience.

4. — L'histoire montre que l'effort moral, aussi bien des indi-

---

[1] Cf. mon article : *The law of relativity in Ethics* (*Journal of Ethics* I), p. 53 sqq, 61. — Sur Fichte et Carlyle, voir *Geschichte der neueren Philosophie*, II, p. 164, 171, 427, voir aussi p. 401 (calendrier positiviste de Comte).

vidus que de la société, vise à chaque période et chez chaque peuple à provoquer et à développer certaines qualités de caractère qui sont alors considérées comme des vertus. Ce qui définit un point de vue moral, ce n'est pas seulement la base affective d'où dépend l'appréciation, ni le critère objectif adopté, ni les motifs d'action approuvés, mais aussi les qualités de caractère qu'on admire et qu'on encourage. Une vertu, tout comme un devoir, peut se justifier de différentes manières ; mais il y a un intérêt à la fois théorique et pratique à voir quelles sont les principales vertus qui ont joué un rôle éminent aux différentes époques.

Les Grecs ont été les premiers (dans l'humanité européenne) à établir une morale individuelle. De bonne heure il se constitua une série de qualités admirées et encouragées par le peuple grec. Les premières de la série étaient les quatre grandes vertus de la sagesse, du courage, de l'empire sur soi-même et de la justice, et PLATON cherche à montrer, par des raisons à la fois psychologiques et sociologiques, que toute vertu se ramène à l'une de ces quatre. Plus tard on les appela les vertus cardinales (de *cardo*, gond) parce que ce sont les vertus autour desquelles tout pivote. Il est remarquable que chez Platon les considérations psychologiques sont tout à fait indépendantes des considérations sociologiques. C'est évidemment parce qu'il était convaincu que l'individu a par lui-même une tâche propre. Cette tâche consistait suivant lui à faire de sa personne une œuvre d'art, où concourraient harmonieusement les diverses facultés et les diverses impulsions. La sagesse fait de la pensée la puissance directrice, le courage maintient la dignité personnelle contre les obstacles du dehors et contre l'indolence du dedans, l'empire sur soi-même modère les appétits humains, mais sans les détruire. Quant à la justice, elle apparaît comme l'expression de l'accord de tous les éléments psychiques : elle désigne l'état mental où chaque partie de l'âme exerce sa fonction propre, sans entraver les autres, elle est par conséquent une harmonie de l'âme. Bien qu'ARISTOTE n'ait point admis cette théorie des quatre grandes vertus, il ne laissa pas de considérer la vertu comme une harmonie individuelle que chacun aspire à réaliser par lui-même, abstraction faite de son rapport à la société. La morale grecque classique aboutissait ainsi au grave problème de savoir jusqu'à quel point peuvent s'accorder les exigences de la société envers l'individu et celles de l'individu lui-même envers son complet développement personnel. De plus, la morale individuelle de Platon et d'Aristote convenait seulement à ceux qui, libres de tout travail matériel, pouvaient consacrer leur vie à se développer eux-mêmes. Enfin, pour Platon comme pour Aristote, il existait une vertu supérieure en définitive à toutes les autres, et qui menaçait de compromettre l'harmonie personnelle intime : car, aux yeux des grands philosophes grecs, le vrai titre de noblesse de l'humanité résidait dans la pensée et la libre recherche, et surtout dans le pouvoir de se livrer à la contemplation spéculative. La sagesse théorique, voilà ce qu'il y avait à leurs yeux de plus excellent.

Néanmoins les quatre vertus cardinales n'ont pas cessé d'accompagner la pensée morale dans sa marche en avant. Le stoïcien Panétius (II<sup>e</sup> siècle avant J.-C.) reprit cette théorie, sans qu'on voie clairement comment il la conciliait avec sa théorie de l'amour de l'humanité, et c'est à lui que Cicéron l'emprunta pour la reproduire dans son traité bien connu « Des devoirs » (*De officiis*). Si la liste grecque classique des vertus subit vraisemblablement déjà quelque modification en passant du platonisme dans le stoïcisme, elle en subit une très manifeste en passant des mains du penseur grec dans celles de l'orateur romain. Les sentiments de l'honneur civique et du patriotisme prirent alors le premier rang ; l'*honestum*, c'est-à-dire l'ensemble des conditions que doit remplir un bon citoyen, se substitua au beau ; le devoir social à l'harmonie personnelle. Pour un Romain, ce n'est pas dans la vie privée, mais seulement dans l'action politique, que la grandeur d'âme peut se manifester.

Dans le *christianisme primitif*, il y a lutte, comme nous l'avons déjà vu (II, 4), entre l'amour de l'humanité et l'attente extatique. Par une conséquence directe de cette dernière, la relation avec la Divinité consiste dans la foi et l'obéissance, conditions de la béatitude de l'âme. Et, de même que chez Platon et Aristote la sagesse tendait à s'élever au-dessus de l'harmonie personnelle, de même dans la morale chrétienne la foi a sans cesse une propension à dépouiller l'amour de sa prééminence sur les autres vertus. Aussi, à mesure que la morale chrétienne accentuait davantage le principe d'autorité, la docilité de la foi devait-elle nécessairement devenir la vertu suprême — comme la présomption et l'orgueil étaient les plus graves d'entre tous les péchés (VI, 1). Quand les *Pères de l'Église* ramenaient toutes les vertus à la charité, ils entendaient ordinairement sous ce mot l'amour de Dieu, identique à la foi. Or comme nous ne pouvons apprendre à connaître Dieu qu'avec le secours de l'Eglise, le principe : « pas de vertu sans la foi » ne devait pas tarder à être remplacé par cet autre « pas de vertu en dehors de l'Eglise ». Quant aux vertus des païens, elles n'étaient que des vices brillants ; car vouloir cultiver la vertu pour elle-même ce n'était là que présomption et vanité[1].

L'Eglise éprouva néanmoins, aussi bien dans le domaine de la morale que dans celui du dogme, le besoin de faire des emprunts à la pensée grecque. Avec le livre de SAINT-AMBROISE *De officiis ministrorum*, qui fut le manuel de morale du moyen âge, la théorie des quatre vertus, issue de Platon et de Panétius, a passé, par l'intermédiaire de Cicéron, dans l'enseignement de l'Eglise. Ce passage n'a pu naturellement se faire sans divers changements et diverses substitutions. L'harmonie individuelle, que Platon appelait la justice, est remplacée par l'amour vivant du genre humain, qui conduit au dévouement ; la sagesse est remplacée par la foi, par l'obéissance à l'autorité ; le courage prend la forme particulière de la patience, et l'empire sur soi-même devient la pureté[2]. Plus tard SAINT-AUGUSTIN cherche à montrer que les quatre vertus des chrétiens ne sont qu'autant de formes différentes sous lesquelles s'exprime l'amour de Dieu[3]. Au moyen âge, la morale ascétique est unie à la morale chrétienne d'une manière plus extérieure, par exemple chez SAINT-THOMAS D'AQUIN, les trois vertus « théologales » : la foi, l'espérance et la charité étant ramenées aux quatre vertus « philosophiques. » En dépit de tous les changements de signification et d'appréciation, c'est un signe de la continuité de l'évolution morale qu'on ait pu si longtemps utiliser, et qu'on pense quelquefois pouvoir utiliser encore aujourd'hui[4], la vieille distinction grecque des quatre grandes vertus.

---

[1] SAINT AUGUSTIN : *De civitate Dei.* XIX, 25. — Cf. aussi DE WETTE : *Lehrbuch der christlichen Sittenlehre und ihrer Geschichte*, §§ 148, 156, 171.

[2] Une intéressante comparaison entre Panétius, Cicéron et Saint Ambroise se trouve chez R. THAMIN : *Saint Ambroise et la morale chrétienne au IVᵉ siècle*, Paris, 1895.

[3] *De moribus ecclesiæ catholicæ*, c. 15, 25. Saint Augustin renvoie au « Livre de la Sagesse » (VIII. 7), où les quatre vertus sont nommées.

[4] VICTOR CATHREIN : *Philos. mor.*, p. 98-111. — S. ALEXANDER : *Moral Order and Progress*, 2ᵉ éd. Londres, 1891, p. 250 sqq. — P. NATORP : *Grundlinien einer Theorie der Willensbildung* (Archiv. für system. Philos., 1895).

Avec la *Renaissance*, apparaît l'affirmation vigoureuse de soi, considérée comme une tendance individuelle qu'on cultive et qu'on admire. La joie de vivre, la puissance et la jouissance, d'espèce plus ou moins idéale, sont mises en première ligne. Dans la spéculation philosophique, chez toute une série de penseurs allant du xvi$^e$ au xix$^e$ siècle, l'*élévation de l'esprit* (sublimitas) *la force d'âme* (animositas) et la *générosité* (generositas) apparaissent comme les vertus suprêmes. Elles sont déduites de l'instinct de conservation et considérées comme ses formes les plus hautes et les plus nobles. Il faut surtout nommer ici Telesio Bruno, Campanella, Descartes et Spinoza. Kant et Fichte se rattachent à cette série par leur théorie des qualités morales, puisque la plus haute est pour le premier la dignité soutenue par la force d'âme et opposée à la bassesse, pour le second la spontanéité inconditionnée du moi, opposée à l'inertie. Cette manière d'apprécier le caractère est l'effet d'une réaction contre la tendance de la morale chrétienne à faire de l'obéissance et de l'humilité les vertus par excellence.

Chez une autre série de penseurs, le souvenir de la doctrine stoïcienne sur l'amour du genre humain, combiné avec le devoir chrétien de la charité, ont fait attribuer l'importance capitale au *sentiment sympathique* et au *sentiment humanitaire*, considérés comme ayant leur fondement dans la nature humaine elle-même et comme constituant des qualités de caractère de la plus haute valeur. Cette série est représentée par Shaftesbury, Hutcheson, Hume, Adam Smith, Comte, Schopenhauer et Herbert Spencer.

C'est manifestement pour ces derniers qu'il est le plus facile d'établir un lien naturel entre la morale individuelle et sociale. Avec la force d'âme et l'élévation d'esprit, l'individu restait libre et indépendant, soutenu par la conscience d'avoir surtout en lui-même les conditions de sa vie. Un des principaux traits qu'on fait particulièrement ressortir dans ces vertus, c'est que, par la conscience de la valeur interne, elles mènent au mépris de l'honneur extérieur. De même que dans la théorie antique de l'harmonie, l'individu reste ici séparé de la société. Pourtant dans la générosité, telle que Descartes et Spinoza la décrivent, se trouve comme élément essentiel la conscience qu'a l'individu d'appartenir à un ensemble plus grand, dont les intérêts sont mis au-dessus de ceux qui lui sont purement personnels. La condition de la générosité, c'est l'ampleur de l'horizon qui s'étend bien au delà de la personnalité individuelle. Mais c'est aussi pourquoi elle n'est guère possible sans un sentiment de la communauté tel que celui qui constitue, pour la seconde série des philosophes cités, l'élément principal. On n'arrive à la générosité que si, non content de suivre les sentiers de l'affirmation du moi, on ne néglige pas ceux du dévouement. La conservation de la dignité personnelle, décrite par Kant, n'implique pas seulement que l'homme porte en soi-même la loi de son action, mais aussi que cette loi interne soit universelle et valable pour tous les êtres raisonnables. Cette tendance du caractère n'est, elle aussi, psychologiquement et historiquement possible que si l'individu est capable de se sentir solidaire d'un ensemble plus vaste.

Comme nous avons essayé de le montrer plus haut (IX, 1), l'affirmation de soi et le dévouement ne se contredisent pas nécessairement l'une l'autre. Ils expriment deux tendances de la nature humaine dont le rapport réciproque peut être très différent chez les divers individus, mais qui peuvent très bien s'accorder ensemble et qu'il faut regarder toutes deux comme des éléments nécessaires du caractère parfait. Le dévouement développe et élargit l'être individuel, et l'affirmation de soi le rend capable de remplir toute la place qui lui appartient dans l'ensemble. Nous pouvons reprendre la notion platonicienne de la *justice*, en tant qu'harmonie personnelle, pour exprimer la liaison intime, l'unité supérieure de l'affirmation de soi et du dévouement. L'antique notion d'harmonie doit être élargie et approfondie au moyen des expériences morales qui se trouvent condensées dans les appréciations portées sur le caractère par le stoïcisme, le christianisme, la Renaissance et l'humanité moderne. Mais ce changement dans le contenu de la notion est très possible sans qu'il soit besoin d'en faire éclater le cadre. Notre morale c'est la morale grecque, que l'évolution morale ultérieure, avec ses oscillations multiples, a bien pu modifier et rectifier, mais qui ne pourra jamais être supplantée, tant qu'il subsistera une morale humaine vraiment digne de ce nom.

En soumettant à une étude séparée d'un côté l'affirmation de soi, de l'autre le dévouement, nous montrerons la possibilité et la nécessité de les associer en un concours harmonieux et de travailler ainsi à la réalisation des vertus humaines les plus hautes.

# XI

# L'AFFIRMATION DE SOI-MÊME

1. Ses trois grandes formes.
A. *La conservation personnelle.* — 2. La conservation personnelle comme instinct et comme devoir. — 3. Santé et vigueur corporelles. — 4. Le suicide comme effet d'une maladie de l'esprit et comme moyen de se soustraire à ses obligations. — 5. Le suicide comme manifestation d'un affaiblissement de la volonté. — 6. Le suicide peut-il être un droit ou même un devoir? — 7. L'État et les suicidés.
B. *L'empire sur soi-même.* — 8. Sa psychologie. — 9. L'empire sur soi-même au point de vue individualiste et humano-social. — 10. Des diverses espèces d'empire sur soi-même et en particulier de son rapport à l'instinct sexuel. — 11. Égarement et stagnation.
C. *L'indépendance.* — 12. Le véritable sentiment du moi (mégalopsychie). — 13. Pas d'isolement. — 14. Liberté personnelle extérieure. Honneur et propriété. Droits civiques.

1. — Les vertus et les devoirs qui se rapportent à l'affirmation de soi-même se ramènent à trois grandes formes : la conservation personnelle, l'empire sur soi-même et l'indépendance. Dans toutes les trois, on verra que l'effort de l'individu pour s'affirmer lui-même trouve, au point de vue moral, ses conditions et ses limites dans la considération de l'existence et du développement de l'espèce entière. Comme nous l'avons déjà remarqué, il semble que dans les temps modernes, à cause des efforts ardents et de si grande portée vers l'émancipation, on oublie un peu ce fait, tandis qu'il est plus facile à saisir aux étapes plus primitives de l'évolution. Mais si l'on remonte aux raisons morales dernières de ces efforts, on apercevra pourtant la justesse de notre assertion.

## A. — LA CONSERVATION PERSONNELLE

2. — Si la vie n'était par elle-même un bien, toute morale serait dépourvue de sens, car directement ou indirectement elle vise toujours à conserver, protéger et développer la vie. Elle continue ce que la nature même a commencé. Là même où

aucune conscience claire n'est éveillée, se manifeste chez tout être vivant un instinct qui le po    e à rechercher ce qui est utile à sa vie et à fuir ce qui lui est nuisible. Aussi Kant pensait-il que l'instinct ou l'appétit naturel est si fort dans ce cas qu'il ne saurait être question d'aucun devoir de conservation personnelle, parce qu'on ne peut faire à quelqu'un une obligation de ce qu'il veut inévitablement de lui-même[1]. Cette conception tient pour une part à cette opinion inexacte de Kant d'après laquelle nous ne pourrions être obligés qu'à ce que nous ne voudrions *pas volontiers*. Mais elle repose aussi sur cette opinion non moins inexacte que nous rechercherions toujours et inévitablement ce qui peut être utile à notre conservation. Il n'en va pas même ainsi dans le règne animal, où pourtant les instincts ont une étendue et une puissance bien plus considérables que chez les hommes. Même dans l'animal, l'instinct peut se tromper, être affaibli ou modifié : d'ailleurs, il n'y forme nullement une opposition aussi tranchée avec l'intelligence et l'effort conscient qu'on l'a cru, surtout autrefois. Pour l'homme, en tout cas, la conservation de soi-même n'est pas seulement l'affaire de l'instinct, mais aussi de la volonté proprement dite.

3. — La santé et la vigueur corporelles forment la base de toute évolution ultérieure et supérieure de la vie. Nous ne disposons à chaque instant que d'une somme limitée d'énergie, et par suite, c'est pour nous une affaire importante de mettre nos soins à conserver, à augmenter cette somme et à l'empêcher de se perdre. Nous ne sommes pas en état de produire quelque chose de rien ; même le héros n'est rien sans boire et manger. L'ascétisme, avec ses douleurs et ses privations volontaires, ses tourments de toute espèce et sa morosité sans raison, la frivolité et la sensualité déréglée peuvent, chacun à sa manière, dissiper le capital susceptible d'être employé en vue de fins précieuses. L'asservissement aux préjugés, la courte vue et l'entêtement conduisent soit au dédain des moyens nécessaires, soit à leur mauvais emploi. Lorsque l'individu aura compris que les conséquences de sa conduite n'atteignent pas, sous ce rapport, que lui seul, mais encore les autres, soit ceux auxquels il a pu donner l'existence et qui pourront hériter de sa nature affaiblie, soit encore ceux qu'il privera de son secours et de son activité,

---

[1] *Metaphysische Anfangsgründe der Tugendlehre.* Introduction § 4.

le souci de sa conservation physique lui apparaîtra comme un impérieux devoir.

Mais ces mêmes raisons en indiquent les limites. Il serait dépourvu de sens de passer sa vie à accumuler un capital jamais employé, de faire de sa vie uniquement un grand moyen sans but. Alors l'ascète serait encore plus raisonnable, lui qui du moins se soumet à l'épreuve pour atteindre une fin éloignée. Vivre c'est user de ses forces, or en user, c'est aussi les user. Un grand physiologiste a même donné de la vie cette définition paradoxale : « La vie, c'est la mort », parce que toute manifestation vitale entraîne la désagrégation du tissu organique. Une conception étroite de la conservation en ferait l'équivalent d'une accumulation de matière, et oublierait que la consommation est une fonction tout aussi essentielle de la vie que l'acquisition, bien que la consommation finisse par entraîner l'abolition de la vie. Au reste, nous ne pouvons pas toujours maintenir une proportion harmonieuse entre l'acquisition et la dépense : une nécessité morale peut exiger un désaccord entre les deux. Ce peut être un devoir de négliger à un moment donné ce que le devoir de la conservation exigerait dans les circonstances ordinaires. Il faut même faire entièrement le sacrifice de sa vie, si pour la conserver on était obligé de perdre tout ce qui en fait la valeur.

Vivre pour sa santé est un non-sens. Il peut arriver qu'eu égard à ses forces affaiblies on se borne à une tâche plus restreinte ; mais restreindre ses fins ce n'est pas transformer en fin ce qui ne devait être qu'un moyen. PLATON se moque de la conduite du médecin Hérodicus, atteint d'une maladie incurable. « Il n'eut plus dès lors pendant toute sa vie d'autre occupation que de se soigner, tourmenté dès qu'il s'écartait un peu de son régime ordinaire, et en se disputant ainsi à la mort, il arriva, grâce à sa science, jusqu'à la vieillesse. » Platon fait remarquer qu'en ce qui regarde les pauvres, il va de soi qu'ils n'ont pas le temps de passer leur vie au milieu des remèdes ; cela n'est possible qu'aux riches. Et il ajoute qu' « il ne convient pas de soigner celui qui ne peut vivre dans le délai ordinaire établi par la nature, parce que cela n'est avantageux ni pour lui-même ni pour l'Etat[1] ». Nous ne serions pas aussi rigoureux. Nous avons

---

[1] *République*, Livre III, ch. 14 et 15.

appris que dans la souffrance et par la souffrance des qualités peuvent se développer, qui peut-être étaient refoulées jusque-là et qui peuvent prêter une valeur nouvelle à la vie, aussi bien aux yeux de celui qui souffre que pour ceux qui subissent l'influence de son exemple. Peut-être son caractère n'atteint-il que par là son achèvement. Nous attribuons à la vie de la pensée et du sentiment une valeur indépendante des effets extérieurs. Nous ne considérons pas seulement la personne particulière comme membre de l'Etat, mais aussi comme membre de la famille, du cercle de ses amis, et il peut nous arriver de la voir, même dans un état extérieurement inactif, répandre autour d'elle chez les autres la joie et le réconfort [1].

4. — Nous arrivons maintenant à cette question si souvent étudiée : le *suicide* est-il légitime ? Elle ne se pose évidemment que si le suicide est réellement un acte, c'est-à-dire le résultat d'une délibération et d'une résolution. Si le suicide provient toujours d'une maladie déclarée de l'esprit, la morale n'a rien à y voir. Le suicide qui résulte d'une situation désespérée dans laquelle l'individu est tombé par sa propre conduite peut aussi n'être pas un acte réfléchi, mais l'effet d'une disposition d'esprit plus forte que toute réflexion. Dans ce cas toutefois, l'appréciation morale ne tombe point, mais (comme dans les actes accomplis pendant l'ivresse) elle s'applique à la conduite par laquelle l'individu s'est mis dans cet état désespéré. Ainsi, chez celui qui s'est précipité dans le malheur par des spéculations d'argent fallacieuses ou tout au moins injustifiables, le suicide est la conséquence d'une faute personnelle. Il en est de même chez le « Rolla » d'ALFRED DE MUSSET, qui se tue après avoir délabré par des excès sa santé physique et morale. Les excès peuvent diminuer la force de résistance, même s'ils n'amènent pas directement une situation désespérée. L'alcoolisme et le nombre des suicidés croissent simultanément, comme le montre la statistique.

[1] Je ne puis m'empêcher ici de rappeler les derniers jours de souffrance du célèbre libre-penseur STRAUSS, qui furent si édifiants pour ses amis. ED. ZELLER (*D. F. Strauss in seinem Leben und seinen Schriften geschildert*, p. 122) dit de lui : « Il ne réclamait point de la nature de lui épargner rien de ce qu'entraînaient son cours et ses lois; mais il réclamait d'autant plus de lui-même de savoir se soumettre à ces lois, faire servir même la souffrance à son activité morale et spirituelle, et découvrir encore dans la douleur l'élément bienfaisant. Et il témoignait avec reconnaissance, dans des lettres et des poésies, n'y avoir point échoué. »

Dans les cas où le suicide provient nettement de ce qu'on veut se soustraire à des obligations déterminées, il n'y a pas lieu non plus à un long débat. C'est là une désertion manifeste, un acte analogue à la mutilation que se font quelquefois subir ceux qui veulent échapper au service militaire. D'après la loi militaire romaine, la tentative de suicide entraînait la décapitation, parce qu'on la regardait comme une tentative de désertion. Celui qui se tue pour sortir d'une situation pénible ou dangereuse où il est tombé avec toute sa famille, et qui prive ainsi les siens de son aide, commet sans aucun doute une action vile. Mais l'immoralité ne consiste pas, dans ce cas, à mettre fin à ses jours, mais à se soustraire à ses obligations, ce qu'on aurait pu faire encore d'autre façon.

La question est de savoir si toutes les espèces de suicide peuvent se ramener à celles que nous venons de citer. Dans ce cas, le problème tomberait. Mais avant d'entrer plus avant dans cet examen, je veux dire un mot de certaines circonstances qui se rattachent à l'apparente augmentation des suicides dans les temps modernes.

5. — Dans son livre sur « les suicides dans le royaume du Danemark », KAYSER rapporte une série de lettres écrites par les suicidés immédiatement avant leur mort. Le ton général de toutes ces lettres témoigne d'une impuissance à supporter le destin, à continuer la lutte pour la vie dans les circonstances présentes. Si l'on ne déserte pas, du moins l'on capitule. On se sent en face d'un obstacle insurmontable. Dans ces cas de suicide n'apparaît ni courage, ni lâcheté, mais un affaiblissement de la force volontaire, un appauvrissement de l'instinct vital et de la joie de vivre. Il sera facile de montrer que la direction où s'est engagée l'évolution de la culture a pour suites des circonstances qui favorisent ce genre d'affaiblissement[1]. La culture moderne, avec son développement exclusif des facultés intellectuelles aux

---

[1] Dans des événements aussi complexes que ceux-ci, il faut bien se rappeler que le même effet peut, dans des circonstances différentes, être dû à des causes différentes. Les lettres de Kayser proviennent toutes de personnes pas du tout ou à demi cultivées, dont la vie affective n'a pu être fortement influencée par la culture moderne, soit intellectuelle, soit esthétique. Ces lettres n'en peuvent pas moins fournir une indication sur la disposition qui mène le plus généralement au suicide. La même disposition peut évidemment provenir dans des circonstances différentes de causes également différentes.

dépens des autres, avec ses vastes perspectives et son esprit d'entreprise sans relâche, mais souvent aussi sans plan et sans but, rend plus difficile la concentration, la limitation des fins et des moyens, que suppose nécessairement une volonté saine et vigoureuse. Les vastes perspectives plaisent à la pensée et à l'imagination ; mais si la volonté doit être quelque chose de plus qu'une simple tendance ou un simple désir, il faut qu'elle se dirige sur quelque chose de tout à fait déterminé et, de plus, qui soit à sa portée. L'époque moderne est une époque de doute, peu favorable par conséquent à l'harmonie des forces psychiques. C'est affaire à l'hygiène mentale de remédier au désaccord et à l'état morbide qui naissent si facilement dans ces conditions. Il faut ici que le pédagogue et le médecin collaborent. Tout ce qui favorise le développement des facultés actives — parmi lesquelles il faut compter non seulement le travail physique, mais encore la faculté de l'observation et de la pensée indépendantes, ainsi que l'imagination artistique, — produira un effet salutaire sur la maladie de la volonté. Ce n'est pas en interrompant le travail de la culture ou en refoulant le doute — choses d'ailleurs impossibles —, mais en fortifiant l'initiative et en réveillant la confiance dans les forces humaines, quand elles agissent sur leur vrai terrain, que l'on contribue à empêcher le doute immodéré, maladif ou blasé, qui suit la grandiose évolution des temps modernes comme une ombre son corps.

Il faut ajouter encore une autre raison. La culture rend l'individu à la fois plus dépendant, en augmentant ses besoins, et plus isolé en l'« émancipant » et en le livrant à ses propres forces. Cet isolement atteint son plus haut point quand l'individu, avec tous ses besoins inassouvis, se trouve solitaire au milieu de l'activité générale. Les individus ont aujourd'hui plus à combattre par eux-mêmes que dans l'ancien état de choses. Les associations nouvelles s'efforcent sans doute de réagir contre cet isolement, mais elles sont encore dans l'enfance et ont difficilement pu avoir une suffisante influence sur l'esprit des particuliers. L'homme malheureux et souffrant sent qu'il est abandonné à lui-même. Les animaux vivant en troupe maltraitent ou tuent ceux qui ne peuvent prendre part à la course rapide de la troupe ; dans le monde humain, ils sont livrés à eux-mêmes, quand ils ne sont pas encore maltraités ou écrasés. Une sympathie vivante et réciproque, où l'individu se sentirait l'objet de l'intérêt des autres et s'intéresserait lui-même à leurs travaux, empêcherait son attachement à la vie d'être si vite rompu et son horizon complètement assombri. Celui qui n'abandonne pas les autres ne se sentirait pas non plus si facilement abandonné de tous. Le blasement et la lassitude ne prendraient plus aussi aisément la place de la fraîcheur et de l'intérêt. — Il semble que le nombre des suicides diminue durant les grandes crises politiques, et la raison en est peut-être que les esprits sont alors absorbés par les grands événements et par les intérêts généraux. S'il en est ainsi, il faut qu'une sympathie durable jointe à des œuvres communes ait une puissance capable d'empêcher le découragement et l'abandon de soi-même. La résignation qui doit nous soutenir au milieu de grandes déceptions ou d'une extrême détresse n'est psychologiquement possible que si l'on peut trouver dans la vie un intérêt considérable auquel on puisse se consacrer, dans le cas où l'on est obligé d'abandonner tout ce qui jusque-là paraissait former le moi véritable. Le suicide provient de ce que l'on considérait tout ce qui nous semblait jusque-là former notre moi comme la chose unique. Souvent il faut que ce moi primitif soit entièrement désavoué, pour que le suicide n'ait pas lieu. Le suicide est une manifestation de l'affirmation de soi qui peut seulement céder la place à une affirmation de soi plus élevée, laquelle se manifeste par le désaveu du moi antérieur. C'est en ce sens que M$^{me}$ DE STAEL a dit : le renoncement à soi-même est en tout l'opposé du suicide.

Ceux qui ont vécu en étrangers solitaires dans une grande ville savent combien il peut être pénible de se sentir abandonné, et comment une simple parole amicale d'un passant auquel on demande son chemin, ou auquel on rend un service, peut suffire à vous réconforter. De même une marque de sympathie, une parole amicale pourront empêcher celui qui veut se tuer de mettre son projet à exécution. Il sentira que le lien qui le rattache à l'espèce n'est pas encore rompu, et il pourra éprouver le besoin de le renouer plus fortement de son côté. Autrefois les monastères offraient aux âmes malheureuses et découragées un refuge où elles pouvaient trouver dans la vie en commun un appui et des occupations. Depuis la fermeture des couvents, les âmes de cette sorte se trouvent plus qu'auparavant sans foyer et sans patrie. Maintenant c'est à elles seules qu'incombe le soin de trouver un foyer et des occupations. Il faut pour cela mettre en action des forces que l'isolement des facultés particulières dans l'intérieur de l'homme et l'isolement de l'homme dans l'espèce peuvent supprimer. C'est pourquoi la question particulière du suicide, lorsqu'on l'examine jusque dans son fond, se rattache aux grandes questions morales et sociales en général.

6. — Le suicide a-t-il donc toujours sa raison dans une maladie de la volonté, dans une maladie déclarée de l'esprit ou dans un désir conscient de se soustraire à des obligations déterminées ? Ou bien peut-on avoir le droit, voire même le devoir de se suicider ?

Toutes les fois qu'on a reconnu à l'individu une entière liberté de disposer de sa vie, on est toujours parti d'un point de vue purement individualiste. Ainsi les Stoïciens enseignaient que le sage, lequel se suffit à lui-même et est maître absolu de sa destinée, quittera la vie non pas seulement si le bien de la patrie l'exige ou s'il ne peut la garder sans commettre un acte immoral, mais encore si les circonstances extérieures l'empêchent de vivre comme il le voudrait. Les derniers stoïciens étendaient très loin ce droit de « sortir » de la vie. « Ce n'est pas seulement à la dernière extrémité, dit Sénèque (Ep. 70), mais dès que la fortune aura commencé à lui être suspecte » que le sage méditera avec soin s'il doit quitter la vie. Marc-Aurèle demande seulement qu'on s'en aille sans colère ni affliction, comme on s'éloigne d'un lieu rempli de fumée (*Pensées* V, 29 ; X, 8). Mettre un terme à sa vie par lâcheté ou mollesse était aux yeux des stoïciens un acte immoral, bien que d'autre part ils aient pensé que les hommes lâches et mous étaient des convives indignes au festin de la vie et qu'ils feraient peut-être mieux de s'en aller. Dans les temps modernes, une série d'écrivains du xviii° siècle ont soutenu le droit au suicide d'un point de vue tout à fait individualiste. Montesquieu par exemple le justifie en disant qu'il doit être permis de se retirer de la société humaine quand on n'y trouve que des ennuis, parce que cette société est fondée sur un avantage mutuel, et que par suite on ne manque à aucun devoir en renonçant à la vie lorsqu'elle vous devient onéreuse. (*Lettres persanes*, N° 76).

Mais, en admettant même que l'individu ait le droit de quitter la vie lorsqu'elle lui paraît intolérable, il sera très difficile de prouver qu'elle l'est réellement dans tel cas particulier. Car enfin, comment l'individu sait-il s'il est à bout de forces et s'il a employé tous les moyens ? On a répondu : le fait que l'instinct naturel de la conservation soit vaincu et la peur naturelle de mourir surmontée prouve assez que l'homme doit se trouver à la dernière extrémité. C'est ce que dit Holberg dans sa lettre 135 : « L'expérience enseigne que les hommes aiment la vie; d'où l'on peut conclure que ceux qui accomplissent un pareil acte (le suicide) doivent se trouver vaincus par l'angoisse, la souffrance et les revers, c'est-à-dire dans un état qui mérite beaucoup plus de pitié que de colère. » Mais si je me sens tellement accablé par l'angoisse et la douleur que tout ressort soit brisé en moi, il peut très bien arriver que je me fasse illusion. L'instinct n'est pas toujours un guide sûr, et, par suite, la suppression de l'instinct ne saurait être une marque infaillible. Un sentiment momentané d'angoisse ou de détresse n'est pas un signe certain de la nature réelle des choses. Peut-être l'individu se trouve-t-il justement tout à fait en bas de la courbe rythmique du destin, de telle sorte qu'il lui soit possible de se relever de nouveau, pourvu qu'il attende un tout petit peu. Autre chose est le désespoir de l'individu, autre chose la question de savoir si la situation est réellement désespérée. On ne pourra jamais avoir sur ce point de certitude absolument établie. Si, comme il semble résulter des travaux de certains chercheurs [1], le nombre des suicides diminue quand l'émigration augmente, cet exemple nous montre que de nouvelles éventualités et de nouvelles issues peuvent soutenir le courage. L'abattement de l'énergie et du courage peut faire qu'on ne découvre et n'utilise pas les issues possibles ; mais il sera difficile, sinon même impossible, de fournir une preuve objective qu'elles n'existent pas.

Si l'individu est absolument souverain (cf. III, 5-7), il n'y a pas lieu de s'inquiéter autrement de la possibilité d'une pareille démonstration. Mais si l'on cherche la règle suprême de l'appréciation morale dans la liaison de l'individu particulier avec l'espèce et dans son importance pour celle-ci, il est impossible de ne pas l'exiger rigoureusement. Aussi était-ce par suite d'une idée juste que dans certaines cités grecques (Massilia et Chio) le côté blâmable du suicide disparaissait lorsque le suicidé avait démontré à l'autorité avoir de bonnes raisons pour se

---

[1] Legoyt. *Le suicide ancien et moderne.* Paris, 1881, p. 257 sqq.

tuer. Dans l'« Utopie » de Thomas Morus, les prêtres et les autorités invitent à se tuer les malades incurables qui ne peuvent plus travailler et sont une charge pour eux-mêmes et pour les autres, tandis qu'un suicide n'ayant pas été ainsi autorisé entraîne après lui le déshonneur. On suppose ici que l'individu ne vit pas pour lui seul, mais qu'il a pris part à des tâches qui présentent également de l'utilité pour les autres. Il peut être parfaitement exact que la vie dans tel cas particulier soit intolérable, si l'individu ne connaît pas d'autre règle que sa jouissance propre. On trouvera une approximation de cette limitation de l'intérêt chez tous les suicidés ayant agi de propos délibéré. Ils ont tout risqué sur un *seul* coup de dé, et fait de la vie un jeu de hasard. Toute leur passion s'est concentrée sur un point unique, et avec lui subsiste ou tombe toute leur vie [1]. C'est le cas par exemple des suicides admirés dans l'antiquité. Les « derniers Romains » se tuaient parce que leur horizon ne s'étendait pas plus loin que la vie aristocratico-républicaine de Rome. Or nous connaissons des relations humaines beaucoup plus vastes et plus profondes pouvant réclamer notre activité. C'est d'ailleurs ce que reconnaissait Caton lui-même, puisque (d'après Plutarque) il donna à son fils, qu'il ne voulait pas entraîner avec lui dans la mort, le conseil de se tenir dans l'avenir à l'écart de la politique. Si l'honneur du fils ne devait pas être entaché parce qu'il suivrait ce conseil, alors le père l'eût pu suivre également, sans se renier pour cela. La force et la fierté qui constituent l'élément héroïque du suicide réfléchi ont souvent quelque chose de théâtral, et seraient mieux employées à rendre la vie plus supportable sinon pour soi-même, au moins pour les autres.

L'espérance, que l'individu a perdu en ce qui le concerne lui-même, il pourra la conserver à l'égard de l'espèce, surtout s'il a présente à l'esprit la grande théorie de l'importance des petites actions. La science moderne nous a ouvert les yeux sur ce que

---

[1] Même dans le cas où le suicide provient de l'affaiblissement de la volonté décrit plus haut (5), l'individu succombe souvent à l'obstacle sur un point unique, objectivement insignifiant. Mais cette concentration sur un point unique dérive alors de l'affaiblissement préalable de l'énergie. Au contraire, dans les cas décrits ici, l'intérêt a été d'abord rassemblé avec toute l'énergie de la passion sur un point, et avec ce dernier tout s'écroule à la fois. Deux processus psychologiques tout à fait différents peuvent ainsi aboutir au même résultat.

peut faire l'accumulation ininterrompue de petites actions. Les récifs de corail les plus considérables ont été produits par le dépôt des squelettes calcaires d'innombrables animalcules. Ce que la plus grande révolution ne saurait accomplir est réalisé par l'action silencieuse et chaque jour répétée de forces imperceptibles. L'activité la plus modeste, exercée dans le cercle le plus étroit, contribue pour sa petite part à la vie totale de l'espèce. Rien ne se perd complètement. Tout ce qui manifeste un sentiment profond, une direction idéale de la vie, la fermeté du caractère, peut acquérir de l'importance et avoir une influence utile, quand bien même nous n'aurions pas le sentiment théâtral d'avoir accompli quelque grande chose. Rousseau dit avec raison (dans « la Nouvelle Héloïse » ) que si l'individu se sentant porté au suicide se demandait s'il n'y aurait pas encore pour lui quelques bonnes actions à accomplir, comme secourir un pauvre, consoler un malheureux, défendre un opprimé, il serait sûrement détourné de mettre son projet à exécution.

Pas plus qu'on ne peut prouver que toutes les éventualités possibles sont épuisées, on ne saurait démontrer que tous les devoirs sont remplis. Plus on considère la vie avec sérieux et profondeur, plus apparaissent de possibilités et d'obligations. C'est la considération capitale sur laquelle la morale doit insister en cette matière. Au reste, les efforts moraux relatifs au suicide doivent bien plutôt viser à le prévenir, en augmentant la force de résistance, la volonté de vivre et la sympathie pour les vivants, qu'à formuler des jugements sévères sur le suicide une fois exécuté. L'important ici c'est d'arriver à ce que chaque individu se sente aussi bien fin, comme membre autonome de l'espèce, que moyen, en tant que membre dont l'action peut avoir sa répercussion sur les autres. Il vaut mieux assurer solidement la base de la vie que prêcher la morale, surtout quand on le fait après coup et à propos d'un acte qui résulte ordinairement d'un profond aveuglement. L'aveuglement intervient dans tous les actes moralement condamnables; mais aucun de ces actes n'est aussi fréquemment l'effet d'un réel malheur et d'une détresse réelle que celui par lequel on met fin à ses jours.

Il faut encore se demander si, dans certaines circonstances, ce ne peut pas être justement un *devoir* de s'ôter la vie. Le suicide et le sacrifice de soi se rapprochent tellement qu'il peut devenir difficile, sinon parfois impossible, de tracer entre les deux une ligne de démarcation précise. L'individu peut croire qu'il est un obstacle au bonheur des autres, ou que par sa mort il les préservera d'un danger. Ainsi, lorsqu'un homme redoutant de laisser échapper devant un interrogatoire serré des secrets très importants, se tue pour ne pas causer de dommages irréparables. Ou bien lorsqu'une personne, mordue par un chien enragé, se tue aux premiers symptômes de la maladie, pour ne pas s'exposer à mordre les autres. Ou bien encore, lorsqu'un pauvre père de famille se suicide pour faire secourir les siens qui se trouvent exposés à la faim et au plus complet dénuement (et seulement dans ce cas). Dans les cas de ce genre, on ne peut évidemment pas dire que l'individu se soustrait à ses obligations. Son acte même prouve justement qu'il ne se regarde pas, lui et son existence, comme la fin suprême ou unique, mais qu'il se considère comme membre d'une totalité plus grande à laquelle il lui faut se sacrifier. La difficulté subsiste pourtant toujours de savoir si réellement tous les remèdes possibles se trouvent épuisés. Quand il s'agit d'anéantir une vie humaine, c'est-à-dire un des éléments vivants de l'espèce, il faut que la nécessité de l'acte soit démontrée nettement pour qu'on puisse le considérer comme un acte moral.

L'ancienne Eglise, ordinairement si sévère à l'égard du suicide, faisait pourtant une exception pour les femmes qui se tuaient plutôt que de se laisser déshonorer par leurs persécuteurs : on les vénérait comme des saintes[1]. En laissant complètement de côté les idées d'ascétisme exagéré sur lesquelles on s'appuyait en cette occasion, nous pouvons y voir un exemple où le suicide est un acte moral. Le suicide marque ici qu'il peut y avoir une manière de traiter la personne humaine qui égale en brutalité le meurtre, et il contribue ainsi puissamment à préciser et à augmenter l'idée de la valeur de la pureté féminine.

Il est difficile de décider combien souvent le suicide résulte de motifs nobles et élevés, comme il est difficile, d'une manière générale, d'obtenir des éclaircissements sur les motifs con-

---

[1] Cf. BARBEYRAC. *Traité de la morale des Pères de l'Eglise*, Amsterdam, 1728, p. 242 sqq. — Seul SAINT AUGUSTIN éprouvait quelque difficulté, mais il se tirait d'embarras en disant que ces femmes avaient peut-être agi sous l'effet d'une inspiration immédiate de Dieu (*De civitate Dei*, I, 26).

duisant au suicide dans les cas particuliers[1]. MORSELLI[2] combat l'opinion de quelques auteurs d'après lesquels, chez les hommes non atteints d'une maladie mentale, les motifs conduisant au suicide seraient ordinairement de nature élevée. De nos jours tout au moins, dit-il, le suicide est essentiellement une conséquence de l'égoïsme. « Cependant, ajoute-t-il, il ne manque pas non plus tout à fait ici de manifestations de la meilleure partie de notre être, et cela principalement chez les femmes... Chez les hommes, l'intérêt personnel apparaît comme le motif tout à fait prédominant, et comme, parmi les suicides, ceux des femmes ne s'élèvent guère qu'à un quart ou à un cinquième, la rareté des motifs élevés du suicide se trouve déjà certifiée d'une manière générale par cette proportion numérique. » Laissons aux statisticiens le soin d'apprécier ce jugement.

7. — Le suicide ne saurait être considéré que du point de vue médical, psychologique et moral ; il n'y a aucune raison de le considérer encore du point de vue juridique. L'individu n'est un membre de l'Etat que pendant sa vie, et le châtiment de l'Etat ne saurait atteindre le suicidé lui-même. Ce châtiment pourrait en réalité atteindre seulement d'autres, soit qu'il consistât (comme au temps des empereurs romains, lorsque le suicide était un moyen de se soustraire au châtiment d'un crime de lèse-majesté) dans la confiscation des biens, ou (comme la coutume s'en était établie dans tous les pays, depuis le moyen âge) dans un traitement ignominieux infligé au cadavre. — Et pourtant l'évêque MARTENSEN[3] trouve encore dans ce qu'il appelle « la négligence témoignée par l'Etat dans l'enterrement des suicidés » un indice attestant combien s'est « amoindri l'esprit du christianisme » !

## B. — L'EMPIRE SUR SOI-MÊME

8. — Tandis que la conservation personnelle dépend surtout de la victoire remportée sur les obstacles extérieurs, l'empire sur soi-même dépend du triomphe remporté sur la résistance

---

[1] Cf. les remarques critiques faites par MARCUS RUBIN sur la statistique du suicide dans la revue danoise « Tilskueren », 1884, p. 466 sqq.

[2] *Der Selbstmord*, Leipzig, 1881, p. 270 sqq. Cf. également OETTINGEN. *Moralstatistik* 3ᵉ Aufl. p. 780 sqq.

[3] *Individuel Etik*, p. 461.

qui provient de la nature intime et propre de l'homme. L'empire sur soi-même suppose que deux ou plusieurs tendances sont données dans l'homme, et que l'une d'entre elles doit être subordonnée aux autres ou complètement refoulée par elles. Si plusieurs inclinations ou passions opposées ne pouvaient pas coexister dans le moi humain, l'empire sur soi-même serait impossible, car il consiste en ce que le sentiment cède au sentiment, l'appétit à l'appétit, la passion à la passion. On ne devient pas maître de soi par la seule « raison », mais en rassemblant toute l'énergie de la conscience dans un sentiment intense ou une forte passion, dirigée vers ce qui nous paraît le plus excellent. L'empire sur soi est par lui-même une vertu purement formelle, dont la valeur dépend de la fin qu'on s'y propose. Celui qui aime l'argent par-dessus tout est capable, à cause de cette passion, de comprimer toutes les autres tendances et toutes les autres impulsions. Chez d'autres, le plaisir de connaître et la passion de l'étude, chez d'autres encore, l'amour ou le patriotisme formeront la puissance dominante. C'est par ces moyens et par beaucoup d'autres encore que se développe le pouvoir de se rendre maître de soi. Historiquement, ce sont surtout les sentiments déterminés par la soumission aux autorités (dans la famille, l'Etat et l'Eglise) qui ont exercé une grande influence sur ce développement. La soumission à une autorité dont l'homme sent la grande supériorité sous le rapport de la puissance, éveille un sentiment d'assujettissement, dirige toutes les forces sur un but unique, subordonne toutes les autres considérations à une seule, et agit ainsi dans la conscience comme une force de concentration. Sous la domination des autorités, avec l'obéissance comme vertu maîtresse et, comme passions dominantes, l'espérance ou la crainte, ou, aux degrés supérieurs, un respect mêlé d'enthousiasme, l'humanité a reçu des leçons d'empire sur soi-même et acquis des habitudes qui ne doivent pas nécessairement rester perdues parce que les motifs primitifs ont été remplacés par d'autres.

C'est seulement au moyen de la maîtrise de soi qu'on peut acquérir la liberté et l'unité internes qui permettent une activité complète et concentrée. La liberté interne est aussi la condition de la liberté et de l'indépendance extérieures, car les diverses tendances et impulsions de notre nature sont autant de moyens par lesquels le monde extérieur peut s'emparer de nous. Si ce dernier peut sans difficulté éveiller en nous à tout moment n'importe quelle impulsion, il joue de nous comme d'un instrument dont on tire à volonté n'importe quelle mélodie, et nous sommes impuissants en face de lui. Il s'agit alors de savoir si nous avons en nous un centre, un cercle de pensées et de sentiments qui déterminent constamment la direction principale de notre vie. L'empire sur nous-mêmes ne doit pas nous enlever tout sentiment, mais il ne faut pas non plus que nos sentiments se laissent pour ainsi dire emporter à tous les vents. — Il n'est pas besoin de démontrer en détail quelle est l'importance de l'empire sur soi-même pour l'évolution de la conscience et pour la conservation personnelle. Aussi avons-nous dû le supposer déjà maintes fois dans ce qui précède.

9. — La vie mentale se développe d'une manière sporadique : elle commence par plusieurs points, part de différentes dispositions, et c'est seulement peu à peu que l'harmonie des diverses tendances qui s'agitent en nous peut être obtenue. Des forces et des tendances différentes meuvent la conscience dans des directions différentes, souvent opposées. Ce n'est souvent qu'après une période de trouble et d'agitation qu'on parvient à produire l'ordre et l'unité. La condition de l'évolution supérieure de la vie, c'est qu'il y ait une matière riche à élaborer. Mais il peut être difficile d'unifier cette riche matière lorsqu'elle résiste. L'ancien ascétisme tranchait le nœud en comprimant et refoulant les impulsions naturelles. Il témoignait de la méfiance non seulement envers les instincts sensibles, mais aussi envers les besoins intellectuels et esthétiques. Or le grand art consiste au contraire à assurer leur libre cours aux impulsions immédiates et spontanées, ce qui est la condition d'une vie saine et fraîche, tout en restant maître de sa direction de manière à ce qu'il ne contrarie pas ce que l'on regarde comme sa véritable fin. Un ordre mécanique et sans vie, une inquiétude qui se tourmente elle-même, sont des signes d'imperfection. Au reste, il n'est pas toujours sain d'amener à la claire lumière de la conscience les impulsions et les images à demi inconscientes ; il est plus facile de s'en défaire lorsqu'elles restent dans la pénombre. Trop prêcher la morale finit par attirer l'attention justement sur ce qui devrait être refoulé.

L'empire sur soi-même revêt un caractère différent non seulement d'après la nature de ce qu'il favorise, mais encore d'après la nature de ce qu'il refoule. La jouissance, l'intérêt, l'honneur, la vengeance peuvent être les objets de l'émotion ardente qu'il s'agit de combattre. Toute émotion, toute excitation affective est un obstacle à la réflexion claire et tranquille et empêche les représentations de s'associer de la manière qui leur est naturelle. Des dispositions particulières à un individu peuvent lui rendre la lutte plus difficile sur un point que sur les autres. Il peut exister une propension innée au découragement, à l'emportement, au dégoût et à la sensualité. Par suite, ce que chacun aura à surmonter et à supporter pour obtenir sa liberté et son harmonie intérieures sera très différent et ne peut être indiqué d'avance par aucune recette déterminée. Tout le monde est tenu d'être maître de soi-même, mais cette exigence signifie quelque chose de très différent en espèce et en degré suivant les individus. Comme un même fardeau porté par des épaules différentes demande des efforts différents, de même des individus divers ont besoin d'un travail très différent pour se maintenir à un même degré de développement. Bien des gens luttent avec peine simplement pour ne pas tomber au-dessous du niveau moyen de l'évolution morale. Pour un observateur du dehors une lutte de ce genre n'est ni très visible ni digne d'admiration. Pourtant Léonidas n'a pas été un héros moins grand qu'Alexandre, bien que celui-ci ait pu employer son courage à la conquête du monde, tandis que le premier n'a pu que mourir en essayant vainement d'empêcher l'ennemi d'envahir sa patrie.

Déjà ARISTOTE a clairement reconnu ces diversités individuelles dans l'espèce et le degré de l'empire sur soi-même quand il définissait la vertu un juste milieu, c'est-à-dire un rapport harmonieux entre les tendances humaines. Car ce juste milieu suivant lui n'est pas le même chez tous[1]. Comme les prédispositions pour certaines émotions ne sont pas les mêmes chez tous les hommes, ce qui chez l'un sera la marque d'un grand empire sur soi pourra être chez un autre quelque chose de tout à fait spontané. Ce qui chez l'un sera de l'avarice sera chez un autre de l'économie, chez un troisième de la prodigalité. Cependant Aristote considère la chose plutôt en psychologue qu'en moraliste ; en tout cas, il n'aperçoit point les conséquences mo-

---

[1] *Eth. Nic.*, II, 5-9.

rales de sa théorie. Il a pleinement raison en disant que la réalisation de l'harmonie interne des divers individus suppose, par suite de la diversité de leurs natures, des conditions très différentes. Mais il ne voit pas que l'harmonie interne n'épuise pas toujours toutes les exigences possibles. La valeur de l'empire sur soi-même vient évidemment de ce qu'il nous permet de travailler de toutes nos forces à la réalisation de nos tâches. Mais que dire si ma tâche réclame un degré d'empire sur moi-même supérieur à celui qu'exige « le juste milieu » de l'harmonie interne ? Ma nature peut être en équilibre sans que pour cela je satisfasse aux exigences objectives des circonstances. Il se peut que je combatte assez mon emportement pour montrer un plus grand empire sur moi-même que tel autre, dont la nature est plus douce et plus pacifique, sans que j'aie pourtant la certitude de ne plus jamais être emporté d'une manière blâmable par une émotion violente. Chez Aristote se manifeste la tendance individualiste signalée plus haut (III, 5), et elle forme un contraste remarquable avec l'importance ordinairement attribuée par la morale grecque à l'état et à la société.

L'empire sur soi-même aussi bien que la conservation personnelle apparaissent sous un autre jour suivant qu'on se place au point de vue purement individualiste ou à celui de la morale humaine (III, 10). Sans doute l'individualiste doit tendre à l'ordre et à l'harmonie des différents côtés de son être (III, 6). Mais au point de vue de la morale humaine, l'empire sur soi doit satisfaire à des exigences qui seraient sans fondement aux yeux de l'individualiste. Si ce dernier se borne à conserver la paix et l'harmonie de son for intérieur, pourquoi s'abstiendrait-il de suivre son instinct d'acquisition, son instinct sexuel ou son désir de vengeance ? Dans tout rapport avec les autres, il n'a aucune raison de méditer sur les suites de ses actes, quand elles ne sauraient entraîner aucun dommage pour lui.

Il y a cependant au fond de la théorie d'Aristote une vérité incontestable : c'est qu'une seule et même exigence morale peut nécessiter de la part de divers individus un effort très différent. Le problème sur lequel Aristote passait un peu trop vite, parce qu'il n'établissait pas un lien assez étroit entre la morale individuelle et la morale sociale, conserve toute son importance du point de vue de cette dernière, pourvu que ce point de vue reste réellement un point de vue *moral* et ne se confonde ni avec celui du droit positif ni avec celui de l'opinion publique. S'il existe une relation étroite entre l'individu et la société, les prédispositions que l'individu apporte avec lui, sous le rapport moral, ne sauraient être chose indifférente. Seul, un dogmatisme qui prétendrait assurer que tous les hommes sont également bien partagés sous le rapport de l'empire sur soi-même pourrait soutenir que la vraie loi morale consiste à en exiger de tous une égale quantité (cf. IV. 2 et VIII, 6). Plutôt que d'accorder cela, ce qui mènerait à la barbarie et au pharisaïsme, la morale doit reconnaître qu'elle est limitée dans son caractère scientifique. Toutes les fois qu'il faut décidément tenir compte des diversités individuelles, la science trouve sa limite. Tout ce qu'on peut réclamer de chaque homme de qui l'empire sur soi-même est exigible d'une manière quelconque (soit par lui-même, soit par les autres), c'est que ses actes se rangent en une série dont l'achèvement aboutirait à une complète domination de lui-même ; mais à quel point précis de la série l'acte de tel individu doit-il se trouver dans tel cas particulier, c'est ce que la spéculation morale ne saurait toujours déterminer, avec les moyens dont elle dispose, de manière à faire droit à toutes les considérations tant individuelles que sociales. Et cela pour cette raison bien simple que les divers individus ne commencent pas tous au même point.

10. — La différence entre le point de vue où nous nous sommes placés ici et celui de l'individualiste éclate encore dans la manière différente dont ils apprécient les diverses espèces d'empire sur soi-même. Nous ne considérons pas l'individu particulier comme un petit monde fermé et qui se suffit, mais toujours dans son rapport avec les autres hommes. Si l'on demande : que vaut-il mieux dominer : son désir de vengeance, sa cupidité ou sa sensualité ? — on peut sans doute donner une réponse d'après le retentissement que ces diverses tendances ont au fond de l'individu, mais cette réponse ne suffirait pas. La sensualité et la recherche des jouissances font dépendre l'homme du dehors, et par suite arrêtent son libre développement. Elles empêchent aussi le développement des sentiments idéaux, affaiblissent l'énergie de la volonté et entrent peut-être même en conflit avec les exigences de la conservation physique. Une circonstance très grave sous le rapport moral c'est que la recherche

des jouissances sensuelles rétrécit le cœur. La jouissance sensuelle se partage rarement avec les autres, et souvent peut-être ne s'obtient qu'à leur dépens. Il se peut qu'au début ce soit l'irréflexion, produite par l'entraînement, qui empêche l'individu de se préoccuper des conséquences résultant pour les autres de son plaisir; mais l'habitude transforme cette irréflexion en insensibilité. Les débauchés sont souvent plus durs et plus froids que les gens qui s'attaquent au bien d'autrui ou qui se laissent emporter par la colère. La morale et le droit aboutissent ici à un résultat différent. Celui qui vole pour nourrir ses enfants est moralement bien au-dessus de celui qui anéantit par ses débauches un capital matériel ou moral susceptible de profiter à beaucoup d'autres. La moralité positive, et en particulier l'opinion publique, se rapprochent ici, comme il arrive si souvent, beaucoup trop des vues purement juridiques. Le voleur est exclu de la « bonne société », mais le viveur égoïste y occupera peut-être la place d'honneur.

En ce qui concerne spécialement les rapports des sexes entre eux, la question ne saurait être complètement traitée que dans la morale sociale. Dans la morale individuelle, la grande règle c'est que tout est bon pour l'homme de bien. Le mal commence lorsque la conscience est engagée dans les images sensuelles et ne peut plus s'en défaire. Une pudeur et une pruderie exagérées peuvent être des signes inquiétants, parce qu'elles témoignent que les images de cette espèce s'installent facilement dans l'esprit. Ce n'est pas en enveloppant les phénomènes sexuels d'un voile mystérieux, mais en les considérant comme tous les autres phénomènes naturels d'un regard calme et avec une intelligence lucide que l'on travaille à donner au cœur une pureté saine et naturelle. Il n'y a que deux manières saines de considérer le rapport des sexes; la première, que nous venons d'indiquer, est celle de l'observateur physiologiste et psychologue, la seconde, consiste à en éprouver la force par le don intime de soi et partant par autre chose que la jouissance purement sensuelle. Toutes deux diffèrent du libertinage, de la grossièreté et de la rêverie lubrique.

La conduite à tenir en ce qui concerne la vie sexuelle pose un des problèmes les plus ardus de la morale. La nature et la culture se heurtent ici de la façon la plus nette. En tant qu'être naturel, l'homme arrive à la maturité sexuelle longtemps avant que son existence comme être cultivé soit suffisamment assurée pour qu'il puisse prendre soin de sa postérité. La nature élève ici constamment des exigences très fortes, qui ne peuvent être satisfaites dans toute leur étendue à moins de renoncer aux progrès de la culture et de la vie sociale. Il y a lutte entre les instincts qui nous sont communs avec les animaux et les intérêts qui conduisent à une évolution supérieure de la vie humaine. Kant allait jusqu'à en conclure que la nature n'a pas fait l'homme pour la vie civilisée et qu'elle a seulement en vue la conservation de l'espèce humaine comme espèce animale. Il trouvait là un désaccord profond et une source de malheurs à laquelle il serait seulement porté remède lorsque les hommes auraient atteint un degré de culture dont ils étaient encore fort éloignés[1]. Le grand penseur indique ici la grosse difficulté, mais en même temps l'unique manière dont on puisse l'envisager sous le rapport moral. Il est très facile de trancher le nœud et de réclamer purement et simplement la satisfaction illimitée des instincts naturels. Mais celle-ci n'est justement possible qu'à la condition de vouloir revenir au même degré que les animaux. Et pas même à ce degré il n'est vrai que domine l'absence de toute contrainte, ainsi que l'attestent suffisamment la sélection sexuelle et la lutte entre les mâles au moment de l'accouplement. Si l'ascétisme avec sa haine de la nature, et la morale officielle avec sa pruderie, tombent dans le faux et le contre-nature, la réaction en sens inverse dépasse pourtant le but, en soutenant que la relation sexuelle est indifférente ou du moins d'importance secondaire sous le rapport moral. C'est par un instinct juste que l'on a de tout temps considéré la relation sexuelle et son organisation comme l'une des questions morales les plus importantes. Nous n'avons à en traiter ici que du point de vue de l'individu particulier (bien que non considéré comme souverain), et ne pouvons par conséquent le faire d'une manière complète; cela n'est possible que dans la théorie de la famille. Ce qu'il y a de sûr, c'est qu'il ne saurait être question d'une liberté individuelle illimitée, puisque l'instinct sexuel ne peut se satisfaire qu'avec l'aide d'un autre individu. L'instinct sexuel contient en germe ce qu'il y a de plus noble et de plus élevé dans la nature humaine, comme aussi ce qu'il y a en elle de plus grossier et de plus bas. Il peut

---

[1] Kant. *Muthmasslicher Anfang der Menchengeschichte* (1786), in *Vermischte Schriften*. Halle, 1799, III, p. 48 sqq.

conduire l'individu à se dépasser lui-même grâce à l'enthousiasme et à la joie causée par un autre, et se montrer ainsi apparenté à tous les dévouements et à tous les sacrifices ; mais il peut aussi faire que l'individu, emprisonné dans ses appétits, ne voie plus dans les autres que de simples moyens de sa jouissance propre. L'instinct oscille entre ces deux extrêmes, et il faut un remarquable aveuglement pour croire que la maîtrise de soi n'ait ici aucune importance. Il apparaît au contraire justement ici que l'empire sur soi-même est le titre de noblesse de l'humanité, la condition de la continuation de l'évolution par laquelle elle s'est élevée au-dessus de l'existence purement animale.

Aussi bien, l'empire sur soi-même est-il possible à un degré beaucoup plus élevé qu'on ne le pense généralement. On parle souvent de nécessités physiologiques qui n'existent pas, mais qu'on peut bien faire naître, à force d'en parler. Il y a des individus qui restent chastes sans nuire à la santé ni à la vigueur de leur vie mentale et physique. Jusqu'où s'étend la faculté de chacun de se dominer lui-même, lui seul peut le savoir ; mais pas plus qu'on n'a le droit de jeter à quelqu'un la première pierre, on n'a celui d'ériger sa propre faiblesse en nécessité humaine universelle[1]. L'homme obligé de soutenir une lutte ardue pour se maintenir à la surface, peut le faire avec la conscience de supporter sa part de la souffrance que doit endurer l'espèce afin d'atteindre un degré supérieur, et avec le sentiment

---

[1] Il n'y a aucune raison pédagogique d'abaisser le niveau. ESQUIROL remarque : « Si la continence dans quelques cas très rares a causé l'aliénation mentale, le libertinage est une cause plus fréquente. » *Des Maladies Mentales*, Bruxelles, I, p. 30. — Un médecin anglais LIONEL BEALE (*Our morality and the moral question*, chiefly from the medical side, London, 1887), attaque vivement ceux qui soutiennent cette nécessité physiologique. Il cite (p. 99) une phrase dans le même sens de sir James Paget. Cf. également SEVED RIBBING ; *L'hygiène sexuelle et ses conséquences morales*, Paris, F. Alcan 1895. — KRAFFT-EBING (*Psychopathia sexualis* 2ᵉ Aufl. Stuttgart, 1887) soutient aussi bien la possibilité de la continence que sa grande importance : « La présence d'idées capables de réfréner l'impulsion sexuelle est nécessaire et décisive chez les hommes cultivés » (p. 21). « L'éducation et le genre de vie ont une grande influence sur l'intensité de la vie sexuelle » (p. 32). Il parle aussi de « la suppression du besoin, une fois passé un certain stade de réaction » (p. 34), mais ajoute pourtant : « Une constitution neuropathique est fréquemment associée à une exagération morbide du besoin sexuel, et ce genre d'individus traînent souvent une grande partie de leur vie sous le poids de cette anomalie constitutionnelle de leur vie appétitive » (p. 34). — (On trouvera des idées analogues dans CH. FÉRÉ, *L'Instinct sexuel*, Paris Alcan, 1899 (Trad.).

de contribuer pour son compte à avancer l'évolution vers ce but. Nous sommes tous des chaînons dans la grande série évolutive qui mène de l'animal jusqu'à l'homme. Et sous aucun autre rapport peut-être, il n'importe autant d'empêcher l'appétit de retomber à la forme purement animale. L'appétit violent dont il est question ici se manifeste ordinairement chez l'animal d'une manière aveugle, isolée et souvent sans prendre garde à son objet, bien qu'on trouve dans le monde animal des traits attestant que déjà là une forme supérieure est possible. L'appétit s'humanise d'autant plus qu'il se sépare moins des autres éléments de la personnalité, qu'il s'associe davantage aux qualités individuelles propres à son objet et se laisse davantage déterminer par elles, enfin qu'il devient davantage la base de sentiments sympathiques et d'intérêts idéaux.

Pas plus ici qu'à propos des motifs qui poussent au suicide, on ne peut toujours soutenir une lutte directe. On ne peut pas toujours avoir la maîtrise de soi sur-le-champ ni au dernier moment. C'est par l'exercice corporel, par une nourriture saine et vigoureuse donnée à l'imagination et par l'enthousiasme pour des fins idéales qu'on empêche l'instinct de s'étendre et de provoquer les idées fixes et le vertige qui mènent à la chute.

11. — Tandis que la moralité positive ne manque pas de prendre une attitude pharisaïque vis-à-vis des égarements qui proviennent du développement des instincts et des impulsions lubriques, elle n'est pas autant frappée de l'importance considérable que peut encore avoir l'empire sur soi-même dans des circonstances tout autres. Si, dans la période dont nous avons parlé, existe le danger de *s'égarer*, dans une période ultérieure peut exister celui de *stationner sur place*, et souvent le second danger sera d'autant plus grand qu'on aura moins échappé au premier. Bien des hommes qui dans leur jeunesse auraient escaladé le ciel finissent en parfaits Philistins [1]. Pour beaucoup la vie se divise en deux périodes : l'une de débordements, l'autre de scepticisme blasé. Celui qui sera resté fidèle à lui-même durant la lutte occasionnée par les ardeurs impatientes, échappera aussi plus facilement à la stagnation.

L'influence de l'habitude et de la vie régulière rend souvent nécessaire une forte dose d'empire sur soi-même, pour con-

---

[1] Voir *Psychologie*, 2ᵉ éd. franç., p. 362, note (Trad.).

server la liberté et la fraîcheur de son esprit et rendre possible un accroissement sans cesse renouvelé. La nouveauté doit nous trouver nouveaux; ce qui suppose de notre part un perpétuel effort pour conserver l'œil ouvert et lucide. Notre accroissement ne saurait sans doute se poursuivre à l'infini : la nature a pris soin de ne pas laisser les arbres pousser jusqu'au ciel. Mais on doit s'efforcer de développer toutes les virtualités précieuses d'accroissement. Il n'y a pas de plus beau spectacle que celui d'un développement vigoureux et vivant à un âge où généralement tout développement cesse. Une activité mentale perpétuelle et une chaude sympathie pour tout ce qui est grand et beau, voilà les meilleurs moyens d'éviter l'engourdissement. L'empereur Marc-Aurèle dans ses *Pensées* (VI, 30) s'adresse à lui-même les recommandations suivantes : « Prends garde de ne pas te césariser (ὅρα μὴ ἀποκαισαρωθῇς), de ne pas laisser ta situation déteindre sur toi, car cela arrive facilement. Conserve toi donc simple, bon, pur, grave, sans faste, ami du juste, pieux, bienveillant, affectueux, vigoureux pour les actes convenables. Lutte pour rester tel qu'a voulu te faire la philosophie. » Ce danger de devenir un « Philistin » que redoutait l'Empereur philosophe menace tout homme, qu'il soit haut ou bas placé, et le moyen d'y échapper est partout le même que celui qu'il recommande : rester fidèle à soi-même et à ses meilleures aspirations.

## C. — L'INDÉPENDANCE

12. — La conservation personnelle aussi bien que l'empire sur soi-même sont des conditions de l'indépendance personnelle. Il faut que l'individu se maintienne lui-même en face du monde externe et interne, afin de pouvoir être un membre original et indépendant de l'espèce. Il contient en lui quelque chose qui n'apparaît chez aucun autre tout à fait de la même manière. Le besoin d'un développement autonome, le besoin de faire passer à l'acte ses dispositions et ses facultés est un des promoteurs les plus considérables du progrès de la vie humaine. Sans confiance en soi-même et sans la conviction que le moi propre renferme des éléments qui méritent de vivre et de se développer, on ne fait rien. Le découragement, la défiance envers soi-même paralysent toute volonté et tout travail; bien plus, ils indiquent un affaiblissement de la volonté qui peut

approcher de l'imbécillité. Déjà ARISTOTE faisait remarquer que l'homme n'ayant pas un sentiment du moi assez développé n'accomplira pas tout le bien et toutes les belles actions qu'il aurait pu accomplir, parce qu'il s'en juge incapable. Cette « micropsychie », comme Aristote l'appelle, empêche le développement des virtualités contenues dans la nature de l'individu. Le juste sentiment du moi (la mégalopsychie) est sans doute, comme l'indique également Aristote, aussi difficile que rare ; il suppose en effet non seulement qu'on se juge digne de grandes choses mais qu'on l'est en effet. Celui qui possède ce sentiment possède en lui-même une règle fixe. Il ne considère les honneurs et les biens extérieurs que comme une chose accessoire. Il connaît ses limites et cherche à accomplir tout ce dont il est capable dans ces limites ; il ne supporte pas que les autres empiètent sur lui, mais n'empiète pas non plus sur les autres ; il s'avance avec assurance et hardiesse à travers la vie [1].

L'humilité et la modestie ne sont pas d'aussi grandes vertus qu'on l'admet généralement. La grande estime dans laquelle on les a tenues ne s'explique d'un côté que par une réaction contre le sentiment de soi exagéré et sans mesure que l'on rencontre souvent et, d'un autre côté, par un reste de la doctrine ascétique pour qui l'obéissance était la plus haute vertu. Ce qu'il faut, c'est se connaître soi-même, puis s'efforcer d'accomplir tout ce dont on est capable. Pourvu qu'on place l'idéal assez haut, il n'est pas nécessaire d'accorder à l'humilité une estime particulière. Nous aurons toujours bien le temps d'apercevoir nos bornes, et nous n'avons pas besoin d'affaiblir notre courage en nous appesantissant sur notre impuissance [2], au lieu de rassembler et de mettre en œuvre la puissance que nous avons réellement. Celui qui connaît ses limites, croit à son originalité, mais s'aperçoit aussi de sa petitesse. Il se sent à la fois grand et petit. Par là le sentiment vrai du moi se rapproche de l'humour.

---

[1] La théorie d'Aristote sur la mégalopsychie et la micropsychie se trouve dans *Eth. Nic.*, IV, 5-9.

[2] SPINOZA définit l'humilité : « la tristesse provenant de ce que l'homme contemple son impuissance ou sa faiblesse », sentiment qui paralyse vite et mène au mépris de soi-même (*abjectio*). *Eth.*, III, Aff. Def. 26-29. — ARISTOTE non plus ne veut pas que l'on regarde la honte (αἰδώς) comme une vertu. *Eth. Nic.*, IV, 15. — Une étude très intéressante se trouve chez HUME, *Treatise*, III, 3, 7 (Of greatness of mind) et chez ADAM SMITH. *Theory of Moral Sentiments*, VI, 3.

13. — Ce n'est pas en se tenant craintivement en dehors de toute influence étrangère qu'on maintient son indépendance. Plus un homme peut élaborer et s'approprier de matériaux, plus aussi il fera éclater son originalité. La véritable indépendance se montre justement dans la capacité de pouvoir s'enfoncer dans une riche matière. Les hommes les plus originaux sont ordinairement ceux qui reconnaissent le plus volontiers ce qu'ils doivent aux autres. Marc-Aurèle commence son livre par l'énumération de tous ceux qui ont eu de l'influence sur son développement. Goethe qui, mieux que personne, avait le droit de se sentir une personnalité indépendante, dit dans un entretien avec Eckermann : « On parle d'originalité, mais qu'est-ce que cela veut dire? A peine sommes-nous nés que le monde commence à agir sur nous; et cela continue ainsi jusqu'à la fin. Et, somme toute, que pouvons-nous appeler proprement nôtre, sinon l'énergie, la force, la volonté? Si je pouvais dire tout ce dont je suis redevable à mes devanciers ou à mes contemporains illustres, il ne resterait pas grand'chose. »

Souvent on s'imagine ne pouvoir garder son indépendance qu'en se renfermant dans son sentiment et en l'invoquant sans cesse. Le sentiment a en lui quelque chose de plus individuel que la pensée et l'action. Mais si individualité n'équivaut pas à isolement, et s'il y a un remède à l'exclusivisme et à la limitation dont souffre toujours l'individu pris à part, il ne faut pas s'en tenir à un appel mystique au sentiment, mais manifester au contraire son originalité par l'action de la pensée et de la volonté. Un sentiment exagéré de sa personnalité propre, sans force intellectuelle comme contrepoids, est un caractère très fréquent chez les esprits malades [1].

14. — L'indépendance extérieure est nécessaire pour que l'indépendance intérieure puisse nous être assurée. La dépendance à l'égard des autres met des bornes à la liberté de nos mouvements et au déploiement de nos forces. C'est pourquoi toute personne morale arrivée à sa maturité recherchera également la *liberté extérieure*. Aussi bien voyons-nous que l'histoire du monde est à proprement parler une grande histoire d'affranchissement. Dans l'histoire, on ne combat pas seulement pour les moyens de vivre, mais encore pour les moyens de vivre à sa

---

[1] Maudsley. *Pathologie de l'esprit.* Trad. de l'anglais, p. 228 sqq.

guise. HEGEL a dit excellemment qu'en Orient un seul homme était libre, que plusieurs l'étaient en Grèce et que dans les temps modernes nous le sommes tous. Aujourd'hui tout homme est appelé Monsieur; ce qui d'abord indiquait la supériorité de l'un sur les autres, désigne maintenant l'indépendance personnelle de chacun. C'est par l'effet d'une tendance ascétique que le bouddhisme, le stoïcisme et le christianisme primitif voyaient dans la liberté une disposition purement interne et regardaient comme une chose indifférente que l'on fût extérieurement libre ou esclave. Sans doute, l'esclave peut posséder son sanctuaire intime où nul ne saurait pénétrer; mais l'opposition complète entre l'extérieur et l'intérieur n'est pas seulement pénible, elle peut même nuire à la vie morale, en empêchant d'appliquer au dehors les forces du dedans. Si l'histoire, vue par un côté, est un immense processus d'affranchissement, cela veut dire, au point de vue moral, que la vie de l'espèce trouve de plus en plus de points de départ indépendants et personnels. L'espèce ne vit que dans les individus particuliers; plus ceux-ci se mouvront avec vigueur et liberté, plus la vie de l'espèce deviendra pleine et riche. La morale individuelle et la morale sociale se rencontrent donc ici en une même exigence (cf. VIII, 6). La limite de la liberté personnelle de chacun devra être déterminée d'après ce que réclame l'égale liberté des autres, et la tâche sera dès lors de faire coïncider autant que possible ces limites avec celles de la capacité et de la tendance individuelles.

L'honneur et la propriété peuvent être regardés comme des prolongements extérieurs de la liberté personnelle; nous avons aussi besoin de certains égards de la part des autres. Il faut qu'eux aussi nous regardent comme un être ayant légitimement son individualité propre. Dans les circonstances normales, *l'honneur* vient de lui-même comme une condition qui n'a pas besoin d'attirer particulièrement l'attention et qui donne pourtant à notre attitude en face des autres l'assurance et la sécurité. Il n'est pas bon que l'attention soit trop dirigée sur l'image que les autres se font de notre moi, car ce qui devait n'être qu'une condition de notre activité devient alors facilement son but, et l'apparence extérieure finit par l'emporter.

De plus, le développement personnel implique qu'on a des moyens matériels. Tant que l'individu vit au jour le jour, aucun développement supérieur ne peut exister, et dès qu'il vit autrement, il possède une *propriété*. Ici, dans la morale individuelle, nous ne considérons la propriété que comme un moyen de l'indépendance personnelle, comme un prolongement de la personnalité. Dans toute organisation des relations sociales qui ne fait pas de l'individu une simple machine, un outil sans volonté, il faut que celui-ci dispose des moyens qu'il peut se procurer sous certaines conditions. Quelle que soit la formule qu'on veuille donner à ces conditions, quel que soit le contrôle auquel on prétende soumettre la disposition des moyens, il faut toujours qu'il reste un domaine dont il détermine lui-même l'emploi; et ce domaine doit être aussi grand que cela est conciliable avec le bien des autres. Toute restriction au droit de disposer est par elle-même un mal. Pourquoi n'emploierai-je pas mes forces pour élaborer une matière donnée, ou pourquoi n'utiliserai-je pas ma puissance à revendiquer une chose dont je puis m'emparer sans gêner ni léser personne? Pouvoir se déployer dans l'existence cela est par soi-même un bien; le mal commence seulement lorsqu'il y a rencontre entre plusieurs hommes ayant tous le besoin de se déployer. Le soin de se justifier incombe donc à celui qui prétend restreindre la sphère de ma puissance, de même que d'une manière générale (en vertu du principe du bien) le soin de se justifier incombe à celui qui prétend nous faire éprouver de la douleur au lieu du plaisir. Ce besoin de posséder et de déployer sa puissance n'est pas nécessairement de l'égoïsme. Il ne s'ensuit pas en effet qu'on fasse de la propriété et de la puissance ses fins suprêmes. Ce sont, tout comme la santé, la force physique et morale, des moyens applicables au service de l'humanité.

A tous les degrés de l'existence humaine, nous trouvons ce besoin de posséder la propriété, à tout le moins la propriété mobilière. La possession en commun de la propriété, particulièrement du sol, qui est si répandue aux étapes primitives, disparaît partout par suite du développement plus vigoureux des personnalités particulières amené par la civilisation. Elle se montre inconciliable avec un développement plus autonome et plus libre de la vie personnelle. **Là où règne la communauté des biens, comme par exemple dans les *Zadrugas* des Slaves du sud, le sort de chacun est invariablement fixé et ne peut différer essentiellement** de celui des autres. Mais le besoin naît tout naturellement « de vivre à sa guise, de travailler pour soi seul, de boire dans son verre », « de jouir des charmes de la vie indépendante et d'en affronter les risques et les périls [1] ». Il est très possible que le droit de propriété, comme d'ailleurs son fondement et son étendue, subisse et doive même nécessairement subir toutes sortes de transformations. Mais quelque organisation qui s'en produise, une partie essentielle de la valeur qu'on pourrait lui attribuer dépendra de la mesure où elle assurera l'indépendance du plus grand nombre possible d'êtres humains. L'indépendance est en effet l'une des conditions les plus importantes pour le bon emploi des biens [2].

Les droits civiques doivent être considérés d'une manière analogue à celle dont nous venons de considérer l'honneur et la propriété. L'histoire (principalement l'histoire romaine et celle des Anglais) nous montre combien il importe au développement d'un peuple, et même à celui de l'humanité entière, que l'individu maintienne ses droits. L'abandon complet des droits équivaut, comme l'a dit IHERING [3], à un suicide moral. »

---

[1] DE LAVELEYE. *De la Propriété et de ses formes primitives*, 4ᵉ éd., p. 478. Sur l'histoire de la propriété, consulter SPENCER : *Political Institutions*. Chap. 15. — Cl. WILKENS : *Sociologie*. p. 281-295.

[2] V. FALBE HANSEN, dans *Stavnsbaandsløsningen og Landboreformerne* (La suppression du servage et les réformes agronomiques). Copenhague, 1888, I, p. 69-73, remarque que « la communauté, comme toutes les vieilles institutions du même genre, avait eu sa raison d'être... Mais elle la perdit au cours des temps et devint fort nuisible, notamment parce qu'elle empêchait les modifications et les progrès. L'individu était obligé, dans la culture de son champ, de faire comme le voisin ; non seulement il devait continuer le même système d'exploitation, mais même dans les détails, il ne pouvait sans difficulté entreprendre aucun grand changement... Le morcellement mit fin à l'antique coutume et à l'antique routine ; il força le paysan, qui jusque-là avait pris part sans pensée et sans volonté à l'exploitation héréditaire commune du village, à penser et à agir par lui-même. Il permit à l'individu de faire des progrès sans en être empêché par les autres. »

[3] *Le Combat pour le droit*, trad. de Meulenaere. Paris, 1875. — Cf. aussi *Der Zweck im Recht*, I, 9ᵉ Aufl, p. 74 sqq 259. — D'après STEINTHAL (*Allgemeine Ethik*, p. 151) : « en Allemagne, où depuis des siècles l'évolution du droit a été si complètement arrêtée, les caractères sont clairsemés, le sentiment du droit faible, et l'on attend tout de la bienveillance. »

# XII

# LE DÉVOUEMENT

A. *L'amour des autres êtres.* — 1. Intensité et étendue. — 2. Des différentes formes de l'amour et en particulier de la générosité. — 3. Des devoirs envers les animaux.
B. *L'amour de la vérité.* — 4. Fondement du devoir de sincérité. — 5. Limite pédagogique de ce devoir dans l'intérêt de la vérité même. — 6. Tolérance et piété.

## A. — L'AMOUR DES AUTRES ÊTRES

1. — L'amour agit aussi directement que possible en vue de ce qui forme la fin dernière de toute morale. Si l'homme n'avait que ce sentiment et si ce dernier n'était pas si souvent aveugle, aucune morale, ni théorique ni pratique, ne serait nécessaire ni possible. Mais il s'en faut que les hommes soient munis d'une boussole à la fois aussi simple et aussi parfaite.

L'amour présuppose la faculté de reconnaître une vie affective chez les autres êtres. Il s'étend aussi loin qu'il nous est possible de nous mettre à la place d'autrui, de sentir et de souffrir avec lui. L'amour universel de l'humanité s'est développé peu à peu par l'extension progressive du cercle des êtres avec lesquels on pouvait sympathiser. Toutefois l'extension du sentiment n'est pas sans influence sur son espèce et son intensité. Il se manifeste autrement dans les relations très étroites de la famille et de l'amitié que dans les liaisons plus lâches et plus éloignées. Si l'on se demande quelle est l'espèce et l'intensité de l'amour qui convient dans les différentes relations, il est clair que ce sentiment se change en justice, comme on l'a précédemment montré. La justice c'est l'amour ordonné d'après son propre principe. L'amour universel du genre humain (la sympathie universelle et désintéressée) lorsqu'il a pleinement conscience de lui-même, conduit à la nécessité de témoigner l'amour le plus grand dans les cercles les plus étroits, et cela précisément en vue du bien de l'espèce entière, car c'est là que les hommes peuvent le mieux exister et agir en vue les uns des autres. La communauté immédiate et durable de la vie, comme elle existe dans la famille ou dans un cercle étroit d'amis, fournit aux personnes l'occasion de se pénétrer les unes les autres aussi profondément que cela est en somme possible. C'est ici que le sentiment de l'union peut atteindre son plus haut degré. Pour ce qui est de l'intensité, l'amour ne saurait être aussi vif ni aussi profond dans les cercles larges que dans les cercles étroits. Il n'y a pas ici de distinction entre le mien et le tien, entre donner et recevoir, et pourtant les caractères particuliers des personnes se montrent justement au grand jour parce que nulle part ils ne sauraient se déployer avec autant de fraîcheur et de liberté que dans une telle relation. C'est dans les relations étroites de ce genre que la sympathie a commencé par se produire dans l'espèce humaine et qu'elle se reproduit constamment à nouveau. Quoique l'appréciation morale, pour ne rien négliger, se place au point de vue du bien général, c'est précisément de ce point de vue qu'elle réclame le maintien des cercles étroits. C'est en eux que l'on peut atteindre à beaucoup d'égards ce qui peut s'obtenir de plus excellent dans la réalité. Ils servent de modèles aux cercles plus considérables. De plus, c'est d'eux que découle la force capable d'animer ces derniers.

Il peut souvent y avoir une disproportion entre l'intensité de l'amour et son étendue. Celle-ci peut se restreindre de manière à faire naître un égoïsme de groupe, les intérêts de la famille, de la profession, de la nation ou de la race s'exagérant au détriment des intérêts humains universels. Comme le besoin de conservation personnelle de l'individu doit être subordonné à la considération du besoin des autres hommes, de même il faut parfois que la sympathie limitée soit sacrifiée à la sympathie plus large. Nos devoirs comme membres d'une famille ou comme amis ne sont pas au-dessus de nos devoirs comme enfants de la patrie et comme hommes. Mais la disproportion peut aussi être inverse. Certains sacrifices et certains enthousiasmes pour de grands intérêts, soit nationaux, soit universellement humains, peuvent entraîner des manifestations brutales et inconsidérées dans les cercles plus petits. « On ne manque point d'exemples, dit MAUDSLEY[1], qui prouvent que les martyrs de la cause de l'hu-

---

[1] *Pathologie de l'Esprit*, p. 260.

manité peuvent faire des martyrs parmi ceux qui sont en relations intimes et journalières avec eux. Les devoirs humbles et ennuyeux et les abnégations de la vie journalière exigent une discipline personnelle calme et tranquille, ne réclament point l'attention et la sympathie publiques. » Maudsley indique avec raison par là que la sympathie qui conduit à agir dans de vastes sphères se teinte très vite d'ambition et d'ostentation. Souvent aussi c'est une activité infatigable qui nous fait sortir des relations plus étroites mais aussi plus intimes.

S'il est juste de dire d'une manière générale que le dévouement et l'amour doivent être considérés par la morale comme des vertus à pratiquer ou des devoirs à remplir, cela ne va pas sans difficultés psychologiques particulières, que les philosophes ont souvent relevées, — notamment les stoïciens dans l'antiquité, et, dans les temps modernes, Kant et ses disciples.

L'idée de l'amour universel du genre humain s'est manifestée, comme nous l'avons vu (III, 8; IX, 1), chez les philosophes grecs, aux derniers siècles avant l'ère chrétienne. Ce sentiment a revêtu une forme particulièrement profonde chez les stoïciens de l'époque impériale. Ainsi Marc-Aurèle exige que nous ne nous sentions pas seulement une partie (μέρος), mais un membre (μέλος) de l'ensemble des êtres raisonnables [1]. Il ne faut donc pas se comporter envers les autres comme une pierre dans un tas se comporte envers les autres pierres, mais comme un organe envers les autres organes du même organisme. A cela tient l'action profonde grâce à laquelle l'amour devient un enrichissement de la vie intérieure de celui qui aime. « Si tu crois être seulement une partie (et non un membre) de l'humanité, dit Marc-Aurèle, tu n'aimes pas encore les hommes du fond du cœur ; faire le bien n'est pas encore tout à fait pour toi une joie : tu le fais encore simplement comme une chose convenable, mais pas comme le faisant à toi-même. » — Cependant, ce qui a empêché l'amour de jouer dans le stoïcisme un rôle aussi considérable que dans le christianisme, c'est une autre tendance, encore plus propre à cette philosophie que la tendance au dévouement : celle qui porte à l'autonomie et à l'indépendance relativement à toute chose extérieure. Celui qui se dévoue se rend évidemment dépendant, il n'est plus maître de sa vie affective : sa joie et son

---

[1] *Pensées*, VII, 13.

chagrin sont conditionnés par des événements extérieurs, et ses sentiments pourront être soumis à des oscillations plus fortes que ne le comporte la conservation de l'harmonie interne, chose essentielle pour l'individualisme grec. Le stoïcisme tient pour suspecte toute émotion violente, mais surtout si elle est provoquée du dehors. Cet aspect de la question apparaît nettement chez Épictète. Sans doute, nous devons compatir au chagrin des autres, gémir avec eux « mais, dit Épictète, prends bien garde de ne pas gémir en toi-même ». A cette crainte de se rendre dépendant par l'amour s'oppose la croyance du christianisme que la liberté spirituelle peut subsister à côté des plus fortes oscillations de la vie affective, et même existe vraiment chez ceux-là seuls qui vivent dans toute leur intensité et leur plénitude les grandes alternatives du chagrin et de la joie, de la crainte et de l'espérance. Le christianisme revêt ici, en comparaison de la philosophie grecque, un caractère réaliste. Il ne redoute pas qu'en s'engageant dans la réalité de la vie, qu'en s'identifiant pleinement à la destinée de l'espèce, l'individu enlève à sa vie psychique sa force et sa liberté. Il risque la vie pour gagner la vie. Il y a là, dans la morale chrétienne primitive, un élément que la morale philosophique doit s'approprier. C'est là une expérience morale qui conserve une valeur durable, indépendante des circonstances particulières dans lesquelles elle a été faite[1].

Ce n'est point par ce côté que Kant et son école ont envisagé la question. Si Kant a cru se trouver d'accord avec la morale chrétienne, cela tient à ce que, suivant lui, le commandement d'amour pose un idéal de perfection dont nous pouvons bien nous approcher, mais qu'aucun être fini ne saurait pleinement réaliser. L'amour est un sentiment : or un sentiment ne saurait naître par ordre. Ce que le commandement d'amour ordonne, c'est donc simplement l'accomplissement des devoirs sous la forme idéale, c'est-à-dire de telle sorte qu'il provienne du fond du cœur. Mais dans l'homme se manifestent toujours d'autres motifs que celui qui consiste dans le respect de la loi, et partant la contrainte interne est toujours nécessaire chez lui. L'idéal

---

[1] Pour la comparaison du stoïcisme et du christianisme, voir mon article *Hedenske Sandhedssøgere* (Les chercheurs païens de la vérité) dans la revue « Tilskueren » 1892, p. 532-539.

c'est la sainteté, mais l'homme ne peut arriver qu'à la vertu [1]. M. G. Birckner, un des disciples danois de Kant, trouvait au commandement d'amour, tel que le Christ l'avait exprimé, le grand inconvénient de faire reposer en somme la morale sur l'intérêt : « Les qualités qui excitent en nous le sentiment de l'amour sont précisément celles-là seules qui contribuent ou peuvent contribuer immédiatement à nous procurer de la joie ou du profit... L'amour est donc proprement, en vertu de son origine, un sentiment intéressé... Tandis que l'amour a son origine dans l'intérêt, le respect des personnes au contraire a la sienne dans le respect pur, désintéressé, que nous éprouvons en eux pour la loi morale. » Birckner résout la difficulté à peu près de la même manière que Kant. Ce qu'il faut, suivant lui, entendre par amour dans le christianisme, « c'est le désir du bien moral pour lui-même [2]. »

En ce qui concerne leurs difficultés, la psychologie du sentiment donne aux Kantiens à la fois tort et raison. En un sens, il est exact que l'amour ne se commande pas. Il ne sert de rien d'exiger l'amour où il n'y en a pas. Mais si l'on part de ce principe que la morale est quelque chose de plus qu'une jurisprudence établie, et que la moralité peut garder sa valeur, même en supprimant le ton impératif, on verra que les sentiments peuvent très bien être suscités, et que, par suite, il peut très bien être exigé qu'on s'efforce de réaliser les conditions faisant naître l'amour. Souvent un sentiment ne peut être suscité qu'indirectement et par des détours ; cela complique le problème, mais ne le rend pas insoluble. Réaliser les conditions d'un dévouement affectueux est un point important à considérer dans l'organisation des relations sociales et dans l'éducation des autres ou de soi-même. La vie et l'action en commun spontanément produites, lorsqu'elles peuvent se développer tranquillement, agiront silencieusement et lentement en ce sens. D'autre part, l'exemple de la vie profonde et généreuse de grands modèles incitera à l'imitation enthousiaste de la force morale

---

[1] *Critique de la Raison pratique*, éd. Kehrbach, p. 100-102, tr. Picavet, p. 147-150. Cf. *Tugendlere* § 25-26 (L'amour de l'humanité non commé « amour de contentement » mais comme « maxime de la bonne volonté) ».

[2] M. G. Birckner, *Efterladte Skrifter* (Œuvres posthumes). Copenhague, 1800, p. 175-184.

qui s'y exprime. Les Kantiens ont certainement encore raison de dire qu'il ne peut être question ici que d'une approximation. L'amour vrai est une force en comparaison de laquelle tout homme trouvera sans cesse l'occasion de sentir son impuissance et son éloignement de l'idéal. Mais cela est également vrai de tous les idéaux, de ceux de l'affirmation de soi-même non moins que de ceux du dévouement.

C'est en s'appuyant sur une fausse psychologie que les Kantiens croient tout sentiment, à l'exception de la loi morale, de nature intéressée. Pour qu'il y ait intérêt ou égoïsme, il faut qu'on rapporte de propos délibéré toutes choses à soi-même comme fin. Il ne suffit pas qu'un sentiment soit accompagné de satisfaction personnelle, pour qu'on puisse l'appeler égoïste (à moins de prendre ce dernier mot dans un sens très large). De ce qu'en nous dévouant à une chose nous subissons l'attrait des qualités que nous y trouvons, il ne s'ensuit pas que nous nous prenions pour fin et ne traitions cette chose qu'en moyen de notre jouissance. Le dévouement serait psychologiquement impossible si son objet n'avait pour nous quelque charme [1], et le sentiment du respect décrit par Kant est une impossibilité psychologique, si son objet n'exerce absolument sur nous aucun attrait. Si l'amour est de l'égoïsme, le respect en est aussi.

2. — L'amour peut prendre dans chaque cas particulier une forme différente, et chacune de ces formes peut avoir son intérêt moral propre [2]. Il ne saurait présenter toujours le caractère d'un sentiment d'union immédiate, même si les individus auxquels il s'adresse sont proches de nous. Il se peut que l'une des parties soit tellement au-dessus de l'autre que le rapport de celle-ci à celle-là soit empreint d'admiration et de respect ; pourtant cela ne modifie pas nécessairement l'égalité de l'amour réciproque. Il se peut que le sentiment de la communauté et de l'union subsiste malgré la différence du caractère et des facultés. Dans la partie supérieure, l'amour se manifeste sous la forme de la générosité. L'élévation de la générosité ne consiste pas en ce que l'individu a le sentiment d'être placé à un degré supérieur à l'autre, mais précisément en ce que, se trouvant effectivement

---

[1] Cf. ma *Psychologie*, VI, C. 7.
[2] Aux 8ᵉ et 9ᵉ livres de l'Éthique à Nicomaque, Aristote a soumis ces diverses formes à une étude qui reste encore aujourd'hui classique.

à un degré supérieur, il n'a pas ce sentiment. Un dévouement profond fait disparaître toutes les différences de cette sorte. La générosité peut prendre la forme de l'humour si, tout en s'apercevant de la petitesse, des bornes, des contradictions internes et des imperfections des autres, on n'en éprouve pas moins de sympathie pour eux. L'élévation de la générosité consiste encore en ce que la sympathie reste indépendante de la conduite des autres, et subsiste malgré leur ingratitude ou leur indifférence. Enfin cette élévation consiste aussi en ce que l'individu porte ses regards sur des intérêts vitaux considérables et étendus, et ne limite pas sa sympathie aux cercles étroits dans lesquels il se trouve en contact direct avec les autres. L'amour que l'homme généreux porte à l'humanité est déterminé par une vue très large des conditions vitales du genre humain ; il s'efforce de les maintenir même s'il lui faut porter atteinte, dans le détail, à ce qu'exigerait la sympathie attachée à des cercles plus étroits. C'est donc à tort qu'ADAM SMITH [1] croit la générosité et le sentiment humanitaire deux sentiments absolument différents. Il tire cette conclusion de ce fait que celui qui expose sa vie pour sauver un autre n'éprouverait peut-être aucun véritable chagrin, si cet autre était mort par une cause à l'action de laquelle il fût impossible d'obvier. Mais cette conséquence n'est pas juste. Il est en effet tout naturel que l'amour de l'humanité existe lorsqu'il y a possibilité d'agir, quand même aucune relation plus étroite ne nous aurait précédemment rattachés à autrui. C'est seulement dans les cercles plus étroits que l'occasion se présente fréquemment pour lui de se manifester d'une manière actuelle ; envers les êtres qui sont plus loin de nous, il reste, abstraction faite de circonstances spéciales, sous la forme virtuelle. SCHOPENHAUER (*Neue Paralipomena* § 244) remarque très justement qu'il y a une espèce de courage provenant de la même racine que la bonté du cœur, savoir, de ce que l'homme sent son existence presque identique à celle des autres hommes. « Ce sentiment produit le courage parce que l'homme tient moins à son existence individuelle, puisqu'il vit presque autant de l'existence universelle de tous les êtres, et par suite se préoccupe moins de sa vie et de ce qui s'y rattache. Cela ne veut pas dire que telle soit toujours la source du courage, car

---

[1] *Theory of Moral Sentiments*, IV, 2.

c'est un phénomène dû à des causes diverses. Mais c'est certainement l'espèce de courage la plus noble, et la preuve c'est qu'il est lié ici à une grande douceur et à une grande patience. » L'amour généreux renferme une telle force et une telle plénitude qu'il appartient par lui-même aux choses donnant de la valeur à la vie. Il est précieux non seulement à cause de ses effets, mais encore par sa seule existence, et ses effets ne sont que des suites de son expansion spontanée.

L'amour vrai ne peut se manifester de supérieur à inférieur. C'est un point important, surtout pour la bienfaisance. Souvent on donne comme du haut des nuages, et la compassion n'est souvent qu'un orgueil déguisé. L'amour généreux efface la différence entre le donateur et le donataire, en reconnaissant chez celui-ci le droit de prendre comme chez le premier le devoir de donner. Il s'efforce de faire des malheureux et des indigents des membres indépendants de l'espèce. Il ne traite pas non plus le donataire en simple moyen de soulager d'aveugles instincts sympathiques ou de satisfaire une inclination sentimentale. Souvent nous ne devons pas plus suivre l'instinct aveugle que la colère, l'ambition et d'autres impulsions, même lorsque dans les cas douteux nous nous efforçons de notre mieux de laisser parler notre cœur. Nous ne donnons pas seulement en effet parce que nous avons besoin de donner, mais aussi parce que nous voulons réellement porter secours. Malthus a été peut-être le premier à montrer combien la bienfaisance est un art difficile. Nous voyons reparaître ici l'étroite liaison de l'amour et de la justice. Tandis que s'exerce l'action de l'instinct sympathique, il ne faut pas perdre de vue le besoin de cercles plus considérables.

Chez celui qui a devant les yeux le grand abîme qui sépare d'un côté les malheureux et les indigents et de l'autre ceux qui ont un accès relativement facile aux biens matériels de la vie, il se produit aisément un vertige capable de paralyser tant la sympathie que l'énergie. On n'a pas le droit naturellement de négliger cet abîme. Mais le grave problème de la pauvreté et de la misère est beaucoup trop complexe et a des ramifications trop multiples pour pouvoir se résoudre par une intervention directe. Il ne servirait de rien que nous donnions tous notre bien aux pauvres. Nous devons chercher notre justification en contribuant du mieux qu'il nous est possible au bien de l'espèce dans là carrière que nous avons choisie. Pourtant nous ne pouvons jamais ressentir une tranquillité complète. Quand avons-nous fait assez? Avons-nous suffisamment d'ardeur? Ne devons-nous pas en partie notre situation avantageuse à des injustices relatives à la distribution des biens dans la société? Travaillons-nous réellement en vue d'une distribution meilleure? Ces questions conserveront leur aiguillon. C'est quelquefois justement par ceux qui n'en souffrent pas directement que la misère physique et morale du monde est sentie avec le plus d'intensité.

Il n'existe pas seulement une bienfaisance physique, mais aussi une bienfaisance morale, et celle-ci n'est certainement pas moins importante que la première. Ici encore, le grand point c'est d'aider les autres à devenir eux-mêmes. L'assistance morale présente des difficultés encore plus grandes que l'assistance physique. KANT contestait même la possibilité de travailler à la perfection d'autrui, mais il accordait celle de travailler à leur bonheur. Son idée était que les qualités les plus essentielles de l'homme devaient être son œuvre propre, jaillir de sa propre volonté. Ce qu'il y a de vrai dans cette pensée c'est que toute assistance morale peut seulement consister dans une excitation à l'activité personnelle. Plus encore que dans l'assistance physique, il faut ici que le donateur se transforme en moyen. Il faut que, sans impatience ni égoïsme, il puisse se mettre à la place du donataire, afin de pouvoir lui donner ou être pour lui ce dont il a besoin. Ici encore, rien ne peut être accompli de supérieur à inférieur. Il faut procéder, comme le disait SOCRATE, à une sorte d'accouchement des esprits, c'est-à-dire faire saillir les germes cachés au dedans de l'individu. Cette méthode socratique est la seule féconde : c'est la méthode propre de l'amour. — On soulage déjà les hommes moralement malheureux par le fait seul de leur montrer qu'on les croit capables de faire quelque chose. La confiance qu'on leur témoigne ainsi peut devenir le point de départ de leur propre confiance en eux-mêmes.

L'amour généreux n'a point pour condition ce que l'individu reçoit ou souffre lui-même. Quand la vie intérieure est pleine et riche, elle fait que l'homme généreux ne modifie pas sa conduite parce que les autres sont grossiers, ingrats ou hostiles (cf. IX, 1). Son amour prouve alors qu'il sent la solidarité de l'espèce entière, et cette solidarité ne saurait être altérée, quoi qu'il advienne. Ce fut un jour mémorable dans l'évolution de la morale de l'espèce, et marquant un progrès décisif dans la voie de l'amour universel de l'humanité, que celui où pour la première fois on s'éleva au-dessus de la maxime dualiste : « aime tes amis, hais tes ennemis », où s'exprimait le point de vue propre à la première période de cette évolution. C'est dans les écrits de PLATON[1] (*Criton, Gorgias*, 1ᵉʳ *livre de la République*) que, pour la première fois dans le monde européen, nous rencontrons cette maxime toute différente : « Il ne faut jamais faire de mal à personne, à moins que ce ne soit dans un but d'éducation, et il vaut mieux souffrir l'injustice qu'être soi-même injuste ». L'inimitié elle-même se trouve maintenant absorbée dans l'amour, l'instinct de vengeance devant céder à la considération d'une justice supérieure. Il n'en résulte pourtant pas une sorte de passivité ascétique, comme celle qui découlerait du fameux sermon sur la montagne, si on le prenait au pied de la lettre. On ne se transforme pas en simple objet pour les autres, parce qu'on ne se laisse pas dominer par l'instinct aveugle de la vengeance, qui ne connaît d'autres limites que sa propre satisfaction et dont le but dernier n'est pas le bien d'autrui. — Nous retrouverons de nouveau, dans la théorie du pouvoir correctionnel de l'Etat, l'opposition entre ces deux principes, celui de la vengeance ou du talion : « le mal pour le mal » et celui de l'amour éducatif : « aucun mal, si ce n'est en vue du bien. »

3. — Si nous définissons la sympathie le plaisir ou la douleur causés en nous par le plaisir et la douleur des autres, elle ne suppose d'autre condition chez les autres que celle d'avoir la faculté d'éprouver du plaisir et de la douleur. La sympathie universelle et désintéressée devra par conséquent s'étendre au delà du monde humain, et le principe du bien général pourra s'appliquer dans nos relations avec d'autres êtres que les êtres

---

[1] Suivant son habitude, Platon met ses propres théories dans la bouche de Socrate. Or, d'après l'exposé de Xénophon, sans doute plus fidèle à la vérité historique, il semble que Socrate se plaçait encore à l'ancien point de vue, d'après lequel le propre de l'honnête homme était de faire le plus de bien possible à ses amis, mais le plus de mal possible à ses ennemis. La question de savoir comment et chez qui cet important principe s'est manifesté pour la première fois reste donc un problème historique. On trouvera un intéressant essai de solution dans ZIEGLER : *Die Ethik der Griechen und Römer*, Bonn, 1881, p. 607. — Déjà les anciens Hindous avaient fait cette expérience : « Ce n'est pas par l'inimitié que l'inimitié s'apaise, c'est par son contraire ».

humains. Ce principe n'exige évidemment dans sa généralité autre chose que le plus grand accroissement de plaisir et la plus grande diminution de douleur possibles dans le monde. C'est pourquoi on peut très bien parler de devoirs envers les animaux et de droits des animaux. Pour être l'objet d'un devoir et, *à ce titre*, le sujet d'un droit moral, il n'est évidemment pas besoin d'une raison élevée et d'une vaste intelligence, il suffit qu'on possède la faculté de sentir et de souffrir. Dès que la compassion prend une importance décisive comme élément du mobile d'appréciation, il va de soi qu'il faut admettre des devoirs envers les animaux, et que ces derniers ne peuvent être traités uniquement en moyens, comme si l'on pouvait tout se permettre à leur égard. Après CLARKE, qui le premier prit la défense des animaux en vertu du principe moral adopté par lui et d'après lequel chaque être doit être traité conformément à sa nature, HUTCHESON et ROUSSEAU déduisirent les devoirs envers les animaux du sentiment de la compassion. Puisque la faculté de souffrir est commune aux animaux et aux hommes, toute souffrance inutilement infligée est tout aussi condamnable envers les uns qu'envers les autres. Et plus tard BENTHAM disait : « La question n'est pas de savoir si les animaux peuvent penser ou parler, mais bien s'ils peuvent souffrir [1] ». Si néanmoins nous ne faisons pas rentrer les animaux avec les hommes dans le monde moral, cela tient à plusieurs raisons.

D'abord, si les animaux sont en effet des objets de devoirs, ils ne sont pas sujets de devoirs dans le même sens où le sont les hommes. Ils ne sauraient donc occuper une place dans le monde moral, en qualité de membres indépendants, et par suite leur droit moral ne saurait être le même que celui des hommes. En second lieu, la destinée de l'animal, à cause de sa nature plus infime et plus bornée, n'a pas une aussi grande valeur que celle de l'homme. Et en troisième lieu, la douleur qu'éprouvent les animaux ne peut guère atteindre le même degré d'intensité que celle des hommes [2]. Lorsque l'homme se conduit envers l'animal

---

[1] HUTCHESON : *System of Moral Philosophy*, Londres, 1755, I, p. 314. — ROUSSEAU : *Discours sur l'inégalité*, Amsterdam, 1755, p. LXII sqq. — BENTHAM : *Principles of Morals and Legislation*, XVII, 1, 4 note. — Sur la théorie de Clarke, voir UEBERWEG-HEINZE : *Grundriss der Geschichte der Philosophie*, 8ᵉ éd. III, 1, p. 159.

[2] Voir PANUM : *Indledning til Fysiologien* (Introduction à la physiologie),

de par le droit du plus fort et qu'il l'utilise comme moyen en vue de ses fins, il faut que cela soit justifié par la valeur des fins humaines en comparaison de la douleur ou de l'agrément de l'animal. Mais que l'animal ne doive jamais être considéré comme un *simple* moyen, cela résulte justement de sa faculté de souffrir (cf. VIII, 6). Le fardeau de la preuve incombe à celui qui prétend traiter les animaux autrement que les hommes.

Si l'on ne veut pas justifier les devoirs envers les animaux directement par le principe du bien, on cherche à le faire par des détours. On dira par exemple avec KANT que les traitements barbares infligés aux animaux sont contraires aux devoirs de l'homme envers lui-même, « parce qu'ils émoussent dans les hommes la compassion à leurs souffrances et par suite affaiblissent et extirpent peu à peu une disposition très utile à la moralité dans les rapports avec les autres hommes[1] ». Cette considération a son importance comme motif secondaire. Mais la compassion envers les animaux ne joue pas simplement le rôle de préparation et d'école de la compassion envers les hommes, elle a également une valeur immédiate, parce qu'elle adoucit une partie de la douleur ressentie de par le monde. Celui qui sauve un oiseau blessé ne fait pas une bonne action seulement parce qu'il augmente ainsi sa faculté de compatir aux souffrances des autres hommes. Dans la philosophie du droit, on justifie d'ordinaire la défense de maltraiter les animaux par cette raison que le sentiment de l'humanité en est altéré ou blessé ! Toutefois c'est plutôt au sentiment des autres qu'à celui de l'agent même qu'on a égard ici[2]. Mais cela encore est un détour ou une raison accessoire qui ne saurait remplacer la justification directe,

---

2ᵉ éd. p. 7; — cf. ma *Psychologie*, I, 6. — C'est ce que reconnaît même SCHOPENHAUER, l'ardent ami des bêtes. (*Die beiden Grundprobleme der Ethik*, 2ᵉ éd. p. 245.)

[1] *Tugendlehre*, §§ 16 et 17.

[2] IHERING : *Der Zweck im Recht*, II, p. 138 sqq; Goos : *Retslære*, I, p. 169. — Le Code pénal de l'Empire allemand n'interdit que les mauvais traitements des animaux en public ou faisant scandale (§ 360); le Code pénal danois interdit « les traitements barbares ou autres traitements cruels et révoltants des animaux » (§ 297). — Au contraire LÖNING donne comme but à l'interdiction de tourmenter les bêtes non seulement la protection des sentiments moraux de la population, mais encore la protection des animaux eux-mêmes « contre des cruautés inutiles et par suite immorales. » *Sittlichkeitspolizei* (Schönbergs Handbuch der polit. Oekonomie, II, p. 638). Quelques états allemands ont adopté ce point de vue dans leur code.

## B. — L'AMOUR DE LA VÉRITÉ

**4.** — L'amour peut non seulement s'adresser à des êtres particuliers déterminés, mais encore à des idées qui nous saisissent et sollicitent notre sacrifice. Il peut se produire une contradiction entre les deux sortes d'amours. Il peut y avoir un dévouement passionné à des idées (scientifiques, artistiques, politiques ou religieuses) qui n'hésite pas à fouler aux pieds le bien des êtres réels, vivants et sentants, ou peut-être même n'en tient aucun compte. D'autre part, le penchant à intervenir dans les circonstances personnelles particulières peut fermer les yeux sur la valeur des intérêts et des efforts d'un caractère général, d'où dépend pourtant toute évolution plus élevée et plus libre de la vie humaine. On a appelé la passion des idées universelles *sens universel* en l'opposant à l'*humanité* considérée comme une sollicitude pour toute existence humaine particulière[1].

Le besoin de travailler au bonheur, à la paix et à la consolation des hommes particuliers est la première chose et la plus importante. Par conséquent, tout progrès se mesure uniquement au degré où ce besoin est désormais mieux satisfait et dans une sphère plus étendue qu'auparavant. Le sens universel ou, comme nous l'appellerons désormais, l'amour de la vérité, ne perd pas son importance pour cela. La vérité ne désigne en effet rien d'autre que la totalité de l'existence, autant que nous pouvons la connaître. C'est dans cette totalité qu'il nous faut engager notre vie, sous peine de bâtir sur le sable. Or les idées dont nous avons parlé ci-dessus ne nous font voir rien de plus sinon que nous vivons dans des conditions plus complexes et autrement établies que nous l'avions pensé.

Le devoir de chercher la vérité dérive du besoin de la conservation personnelle. La première rencontre de l'homme et de la vérité, en tant qu'expression du solide enchaînement des choses, a lieu quand il s'aperçoit pour la première fois que certains moyens lui sont indispensables pour arriver à ses fins[2]. Il n'y a donc pas encore ici d'opposition entre la vérité et le sentiment, entre la théorie et la pratique, quand même le désir

---

[1] Gabriel Sibbern : *Om Humanitet og Alsind* (De l'humanité et du sens universel). Copenhague 1855. Cf. F. C. Sibbern, *Moralfilosofi*, § 22.

[2] *Psychologie*, VI, F, 3. (Cf. V, D, 4.)

d'atteindre immédiatement le but nous agiterait avec impatience. Cependant cette opposition pourra se produire dans la suite de l'évolution intellectuelle. Il n'est pas certain que les résultats de la connaissance satisfassent immédiatement le sentiment. Aussi les idées nouvelles ne peuvent-elles souvent être poursuivies dans toutes leurs conséquences que grâce à une certaine absence de scrupules. Pour introduire de nouveaux points de vue et ouvrir de nouveaux horizons, il faut souvent provoquer le mécontentement, l'indignation, la souffrance et la discorde. Il en va de même ici que lorsqu'un homme d'État précipite son pays dans une guerre ; il sait qu'il sera cause des souffrances, de l'affliction et de la mort de milliers d'hommes, il ne peut avoir aucune certitude absolue d'assurer et d'augmenter par cette guerre le bonheur à venir de son pays, et cependant il peut être nécessaire de la tenter pour éviter de plus grands malheurs. Le fondateur même de la religion de la charité universelle n'a-t-il pas dit : « Croyez-vous que je suis venu donner la paix au monde ? Je vous dis que non, mais la discorde. Car désormais cinq dans une seule maison seront divisés, trois contre deux et deux contre trois [1] ». Il n'est pas étonnant que le promoteur d'une grande et âpre lutte pour la vérité hésite quelque temps à la pensée du bonheur et de la tranquillité qu'il va troubler par les réformes impérieuses dont il se sent obligé de proclamer la nécessité. Il sacrifierait volontiers son propre bonheur, et peut-être même ce sacrifice n'est-il plus à faire ; mais ce qui le retient ce sont les souffrances possibles des autres. Dans le journal intime rédigé par Sören Kierkegaard avant sa violente polémique contre la conception ordinaire du christianisme, ces scrupules se trouvent décrits d'une manière profonde et élevée [2].

On a pensé que la recherche sans restriction de la vérité ne saurait se justifier par le principe du bien. « Nous devons, a-t-on dit [3], plus à nos illusions qu'à notre connaissance. Notre imagination sans cesse en travail contribue vraisemblablement plus à notre bonheur que la raison qui, dans le domaine spéculatif, est surtout critique et subversive. » A quoi il faut répondre

---

[1] Évangile de saint Luc, XII, 51-52.
[2] Voir mon livre : *S. Kierkegaard als Philosoph.*, p. 145 sq.
[3] Lecky : *History of European Morals*, I, p. 52.

que l'imagination peut très bien agir sans que nous nous enveloppions d'illusions. Les illusions ne naissent que si nous substituons nos imaginations à la réalité. Toute vérité est en définitive pratique : c'est une lumière qui doit guider la volonté. Si l'illusion pouvait aussi bien que la vérité guider notre vouloir, nous n'aurions aucun moyen de les discerner l'une de l'autre. Car le seul critérium que nous ayons de la vérité, c'est de pouvoir en tirer toutes les conséquences théoriques et pratiques, sans êtres arrêtés par aucune contradiction logique ni par aucun démenti des faits [1]. On ne peut tirer une fois pour toutes une ligne de démarcation précise entre l'illusion et la vérité. C'est la tâche jamais achevée de la science de constituer une image fidèle et cohérente du monde, qui soit l'expression rigoureuse de nos observations. Le fait de travailler à l'accomplissement de cette tâche, le profit pratique entièrement mis à part, est associé à un sentiment de contentement capable de dépasser de beaucoup la joie éprouvée à se bercer d'illusions.

Le devoir de chercher la vérité a sa source dans la relation psychologique de la connaissance à la volonté. Même les manifestations les plus primitives de la volonté, comme par exemple l'instinct, que l'on a si souvent loué pour sa sûreté, peuvent se tromper. L'instinct est toujours mis en acte par des sensations ; or ces sensations peuvent se produire sans que pourtant les conditions d'une intervention utile de l'instinct se trouvent réalisées. L'animal attiré dans un piège par l'odeur de l'appât sera la victime de cette impuissance de l'instinct à se rendre compte de toutes les circonstances. Nous sommes en général portés à attribuer plus de valeur à nos représentations qu'elles n'en ont réellement, et c'est seulement par les conséquences pratiques que nous sommes amenés à faire les restrictions critiques nécessaires. Qui ne veille pas à la vérité et à la clarté de ses idées, ne surveille point, par là même, la direction prise par sa volonté, et comme ses actes entraînent des conséquences non seulement pour lui mais aussi pour les autres, le manque d'amour de la vérité peut devenir de la dureté ou de l'indifférence à l'égard du bonheur d'autrui.

Considéré de plus près, l'amour de la vérité peut se manifester sous trois rapports : dans le rapport de l'idée au mot,

---

[1] *Psychologie*, V, D, 1, 5, (V, B, 4).

dans celui de la pensée à la personnalité et enfin dans le rapport du contenu de la pensée à sa valeur objective.

Il faut que le mot corresponde à l'idée, si d'une manière générale on veut exprimer sa pensée par des paroles. Cela exclut qu'on pense une chose et qu'on en dise une autre. La difficulté ici, comme il arrive si souvent en morale, vient de la circonspection que peut exiger la pédagogie. Il se peut qu'une parole exprimant complètement la pensée n'amène pas une compréhension aussi entière et aussi originale que le ferait un langage allégorique ou une contradiction ironique. Mais ce souci pédagogique provient justement de l'amour de la vérité. La seule chose contraire à cet amour c'est de se livrer constamment, dans l'emploi des mots, à des adaptations et à des transformations de sens ne pouvant vouloir dire quelque chose qu'à la condition de mettre derrière des idées toutes différentes de celles qu'on a réellement. Les domaines religieux, politique et social offrent une foule d'occasions de manifester cette sorte d'amour de la vérité, laquelle n'est en somme qu'une forme de la *loyauté*, par opposition aux compromissions déloyales de toute espèce.

Un autre rapport de nature encore plus profonde est celui de la pensée à la personnalité. La question est ici de savoir si la pensée est vraiment la chose personnelle de l'individu. Vérité veut dire ici la *vérité personnelle*, l'accord de la pensée avec la personnalité, provenant de l'assentiment vif que la pensée rencontre au centre de la personne ; cet assentiment est lui-même un fruit de l'activité spontanée, et non d'une réceptivité passive et aveugle. PAUL MÖLLER (dans ses fragments sur l'affectation) va même jusqu'à dire : « Aucune manifestation de la vie ne possède de vérité sans contenir une spontanéité créatrice ». Pour lui l'affectation consiste à accepter des idées sans en faire sa chose ou plutôt son œuvre personnelle. Mais l'affectation disparaît lorsque l'assentiment a lieu spontanément, quand même la spontanéité ne serait pas proprement « créatrice ». De plus, il doit évidemment y avoir souvent des époques de transition, où les idées nouvelles (qu'elles soient produites par d'autres ou par la personne elle-même) ne sont pas encore devenues une propriété personnelle de l'individu, et il serait injuste de qualifier d'affectation l'état où l'on se trouve durant ces époques de fermentation et de recherche. SÖREN KIERKEGAARD a complété la pensée fragmentaire de Paul Möller en insistant avec une véritable passion sur le rapport que les idées déterminantes d'une conception du monde doivent soutenir avec le sujet. Il réclamait sur ce point une pensée « où l'on mette tout son cœur », une « pensée subjective », une « pensée enchevêtrée à l'existence » et qui s'allierait à une volonté. Il a introduit ainsi cette grande règle d'appréciation : les conceptions de la vie ne doivent pas seulement être jugées d'après leur contenu objectif, mais encore et surtout d'après les solides racines et le grand empire qu'elles possèdent dans les personnes qui les adoptent. Réciproquement, adopter une conception de la vie ce n'est plus se laisser bercer par certaines idées ou certains articles de foi, mais c'est vivre et mourir dans cette conception comme dans la plus intime des retraites, et dans le suprême refuge. Dans sa propre vie et sa propre pensée, Kierkegaard a d'ailleurs donné un bel exemple d'une pareille conviction [1]. Il a ainsi rendu aux hommes le plus grand service qu'il pouvait leur rendre, étant données sa nature et ses conditions de vie : il a entrepris la tentative considérable d'examiner quel rapport pouvait soutenir avec la vie personnelle de notre époque la conception de la vie que la tradition nous a léguée d'une manière d'ailleurs très extérieure, d'étudier quelle est sa force de résistance et s'il est possible de satisfaire à ses exigences réelles ; expérience qui, dans son genre, contribue plus puissamment peut-être à l'exacte appréciation d'une conception de la vie que les études les plus savantes sur son contenu objectif.

Mais la valeur du contenu objectif des doctrines doit, elle aussi, être examinée sans parti pris. Les penseurs subjectifs, qui attribuent une importance si considérable au rapport de la personnalité aux idées, sont ordinairement portés à déprécier la portée de la critique et de l'étude objective [2]. Dans leur zèle à rendre la vérité personnelle, ils oublient le devoir de rechercher si c'est réellement la vérité avec laquelle ils se trouvent en rapport. Il s'ensuit qu'ils en arrivent facilement, contre leur volonté, à tranquilliser les autres hommes dans leur attitude

---

[1] *Sören Kierkegaard als Philosoph.*, p. 25-27, 46-56, 135-151, 155.

[2] Cf. outre Kierkegaard, Pascal, Rousseau, Jacobi, Carlyle. (Voir les sections qui s'y rapportent dans ma « Geschichte der neueren Philosophie ».

habituelle à l'égard de la tradition. Ils oublient que la spontanéité doit également se manifester dans l'examen et la découverte de la vérité. Aussi faut-il admettre encore une troisième espèce d'amour de la vérité, *la droiture intellectuelle*, qui empêche d'accepter et de proclamer quelque chose comme une vérité objective, sans examen suffisant. Par cette vertu, l'amour de la vérité peut conduire de l'effort individuel pour assurer la correspondance du mot avec l'idée et celle de la pensée avec la personnalité, à la recherche scientifique. On a appelé avec raison cette vertu « la plus récente et la plus difficile de toutes ». On n'y pouvait pas songer avant que des méthodes scientifiques précises se fussent constituées et avant que diverses vérités se fussent transformées en autant de problèmes. Elle a été décrite sous sa forme la plus nette par W. K. CLIFFORD dans son article *The Ethics of Belief* (Contemporary Review, 1877). Cet auteur soutient que les opinions et les croyances d'un homme ne sont nullement une affaire privée, comme s'il avait à tenir compte seulement de ce qui l'intéresse ou le console. La vérité, d'après lui, est un héritage sacré, transmis de génération en génération, et à laquelle chacun doit apporter sa contribution. Se contenter facilement en fait de croyance serait commettre une faute contre le genre humain. Si l'on est impuissant à atteindre la vérité, il faut examiner la vraisemblance, et, si on ne le peut directement, les autorités auxquelles on se rallie, et les examiner non seulement sous le rapport de la loyauté, mais encore sous celui de la possibilité où elles étaient de trouver la vérité. La tradition ne perdrait pas sa valeur pour cela ; elle nous poserait les problèmes et nous fournirait les moyens d'en chercher la solution, mais elle ne nous donnerait pas de résultats tout faits ; elle doit nous permettre de poser de nouveaux problèmes. De plus, si, dans nos doctrines, nous dépassons ce que l'expérience nous enseigne, cela ne doit avoir lieu qu'en vertu de ce postulat : l'inconnu ressemble au connu. — On a trouvé ces conditions trop sévères, si on les exige à tous les hommes ; on a soutenu avec raison que la croyance et la confiance spontanées précèdent le doute, et qu'une longue expérience peut être nécessaire avant qu'un doute vraiment personnel soit possible. Cependant ce n'est pas

---

¹ Ces difficultés ont été soulevées par un homme qui a lui-même donné

seulement en ce qui touche la croyance sans critique, recommandée par l'Eglise comme la suprême vertu, mais aussi en ce qui regarde la vulgarisation des résultats scientifiques, sous la forme narrative et descriptive, qu'il importe de mettre la droiture intellectuelle au premier rang des vertus. Elle est une condition nécessaire pour que le travail mental ne s'arrête pas, ou ne soit pas déprécié. Il faut surtout réclamer cette vertu des hommes chargés, soit à l'église soit à l'école, d'un enseignement public, et cela, dans une mesure beaucoup plus large qu'on ne l'a fait jusqu'ici, car l'amour de la vérité l'exige.

Le progrès intellectuel n'est pas seulement en étroite connexion avec les progrès accomplis dans tous les autres domaines, mais il est aussi la forme de progrès la plus facile à démontrer. Ceux-là même qui contestent tout progrès ailleurs, l'admettent dans le domaine de la connaissance. Le sentiment et la volonté se modifient et évoluent plus lentement, et leur progrès est lié en grande partie à celui de la connaissance. Le principe, autrefois couramment admis, que les idées gouvernent le monde n'est pas psychologiquement exact ; le drame complexe de l'histoire est joué surtout par les sentiments et les passions des hommes. Toutefois, la clarté et la vérité des pensées est une des conditions les plus essentielles pour amener les sentiments et les passions à une saine évolution.

L'intérêt de la vérité a ceci de commun avec le sentiment moral qu'il nous fait faire abstraction de notre individualité contingente et des circonstances également contingentes dans lesquelles elle se trouve, pour nous occuper de ce qui a une valeur universelle. L'homme incapable de supporter la vérité l'est aussi de porter ses regards au delà de son individualité isolée ; aussi la peur de la vérité mène-t-elle à l'égoïsme, quand elle n'en dérive pas dès le début. La morale religieuse a eu souvent une action funeste, en posant la foi comme la seule chose méritoire, et en stigmatisant le doute comme un péché. Elle n'a pas vu qu'un doute loyal et raisonnable est aussi sain que bon. Elle en arrive facilement à attribuer du prix à la sottise, car toute simplicité n'est pas une « sainte simplicité ». Si l'on

---

dans la pratique un des plus beaux exemples d'amour de la vérité (sous les trois formes que nous avons distinguées) de notre temps, je veux dire CHRISTOPH SCHREMPF. Voir son compte rendu de l'article de Clifford dans sa revue *Die Wahrheit*, Stuttgart, 1894, I, p. 163 sqq.

pose une barrière à la recherche de la vérité, elle ne tardera pas à en amener d'autres. COLERIDGE, qui fut pourtant un croyant, a dit : « Celui qui commence par aimer le christianisme plus que la vérité, en arrivera à aimer plus sa secte ou son église que le christianisme, et enfin, à s'aimer plus soi-même que tous les autres ».

Ce n'est pas toujours la foi ardente qui fait considérer le doute comme une chose mauvaise. De nos jours, on le fait souvent par peur de l'inconnu, par crainte de perdre le terrain solide en abandonnant les idées habituelles, par peur de la fatigue et de l'inquiétude que coûte l'acquisition d'une conception nouvelle. En face d'un homme incapable d'abandonner son opinion, parce qu'il y trouve sa seule consolation et son seul refuge, personne n'ira soulever le doute et la discussion. Il ne faut pas enlever au pauvre son unique brebis. Mais de là à regarder toute vérité comme reposant sur nos besoins et nos désirs, il y a une grande distance, que bien des gens pourtant franchissent avec une étonnante facilité.

5. — De ce qu'il faut toujours chercher la vérité, il ne s'ensuit pas, nous l'avons déjà fait remarquer, la nécessité de toujours la *dire*. Le devoir de véracité a pour but de faire régner la vérité ; mais on peut manquer ce but en la disant. Dire trop tôt la vérité c'est faire comme l'enfant qui arrache une plante pour voir à quelle profondeur vont ses racines. On constate les résultats acquis, mais on peut empêcher par là même d'en acquérir de nouveaux. Les apôtres intempérants de la vérité pèchent souvent de cette façon. Le devoir de dire la vérité est pédagogiquement limité. La vérité est si grande et si vaste que l'homme ne peut y être initié que peu à peu. La partie de la vérité qu'il ne connaît pas encore est souvent méconnue ou méprisée par lui. Il importe alors de dire la vérité de telle façon que ce résidu soit en chaque cas particulier un minimum. Et il importe encore de trouver pour la dire la forme sous laquelle elle sera le plus facilement entendue, d'employer pour la dévoiler la méthode qui en assurera le mieux l'intellection. Cela importe surtout quand il s'agit de « vérités » morales. Il y a de par le monde beaucoup de prédication morale indiscrète, et sans cesse on oublie que l'expression des jugements moraux est elle-même soumise à des conditions morales, que toute appréciation doit servir à une fin, être un

moyen d'éducation (III, 11). Exprimer des jugements moraux où ils ne sont pas nécessaires c'est de la barbarie ou du pharisaïsme. L'éducation indirecte est souvent la meilleure. Parfois pourtant, il peut être juste, précisément sous le rapport pédagogique, de provoquer le scandale et l'irritation et de relever hautement les contradictions. Souvent la vérité n'est reconnue comme il faut qu'après un combat passionné pour et contre.

Par là se trouve résolue, quant à l'essentiel, la question de la légitimité du mensonge. Pas plus qu'on n'est obligé de dire spontanément tout ce qu'on pense, on ne l'est de répondre à toutes les questions. Mettre sur une mauvaise voie le meurtrier qui poursuit sa victime, ou l'homme qui veut m'arracher un secret que j'ai le devoir de garder, n'est pas seulement une chose légitime, mais encore une obligation. Le même principe peut s'appliquer en bien des circonstances moins importantes. Celui qui décline une invitation ne saurait toujours en donner la vraie raison, soit parce que la personne qui invite ne la comprendrait pas, soit parce qu'elle pourrait s'en offenser. Toutefois, dans la vie journalière, nous prenons certainement un peu trop de libertés sous ce rapport. Soit par une politesse hors de saison, soit pour notre commodité, soit par manque de courage, nous nous permettons l'usage du mensonge beaucoup plus qu'il n'est nécessaire et légitime.

6. — Si nous maintenons fermement que la vérité est dans un devenir continuel, la tolérance et la piété se concilieront aisément avec l'amour du vrai. Nous nous trouvons tous placés à différents degrés de rapprochement de la vérité. Il est impossible de tirer une ligne de démarcation précise entre certains qui la possèdent et d'autres qui ne la possèdent pas. Elle est si puissante et si intimement liée à la réalité que personne, avec la meilleure volonté du monde, ne peut s'en isoler complètement. Nous sommes dressés à la vérité justement par la réalité, par le contact et l'action réciproque qui s'établissent entre nous et les circonstances réelles, et nul ne saurait éviter tout à fait de participer à cette éducation. Mais elle peut être longue et pénible, et le chemin fait par chacun dans cette voie dépend de multiples conditions.

La *tolérance* (pour conserver cette vilaine désignation d'une belle chose) ne diminue en rien la vérité, mais elle provient de ce que l'on se rend compte des dures conditions dans lesquelles elle est connue. Celui qui raisonne ainsi : « il ne saurait y avoir qu'une seule vérité ; si je souffre que d'autres pensent et enseignent des choses contraires à mes convictions, j'avoue que ce que je crois n'est *peut-être* pas vrai », celui-là finira par devenir un persécuteur. C'est la raison pour laquelle l'ancienne Église ne tarda pas à persécuter les hérétiques[1]. On peut très bien être pleinement convaincu d'une vérité et comprendre néanmoins pourquoi les autres ne l'acceptent pas. Et si l'on ne se rend pas compte de la raison pour laquelle les autres ne l'acceptent pas, on sera incapable de trouver la bonne manière de les convaincre. En recherchant cette raison, on finira par tomber hors du domaine de la pensée. On trouvera alors qu'il y a des sentiments capables d'empêcher le développement de la connaissance claire, mais qu'il y en a aussi pouvant, dans une certaine mesure, subsister indépendants du développement de la connaissance. Les plus considérables parmi les sentiments, l'amour de l'humanité, la conscience morale, etc., se concilient justement avec les idées théoriques ou religieuses les plus dissemblables. Ce que le libre penseur regarde comme un dogme dépourvu de sens est pour le croyant une idée indispensable, l'expression d'un besoin affectif que le libre penseur sérieux connaît peut-être également à sa manière, bien qu'il se manifeste chez lui sous une autre forme. En cherchant derrière la connaissance la vie affective qui s'y trouve, on découvrira l'élément commun et on préparera la voie à une sympathie qui précédemment pouvait sembler impossible. Si la tolérance est quelque chose de plus qu'une passivité indifférente, elle s'appuie sur la croyance qu'il y a chez tous un même noyau humain, croyance identique à l'amour.

---

[1] Voir déjà la *seconde lettre de saint Jean*, 10-11 : « Si quelqu'un vient à vous et n'apporte pas cette doctrine, ne le recevez pas dans votre maison, et ne le saluez pas, car celui qui le salue, participe à ses mauvaises œuvres ». — Au IIe siècle, les chrétiens orthodoxes n'avaient pas le droit de parler aux excommuniés ni aux hérétiques. (LECKY : *History of European Morals*, I, p. 451). — Saint-Grégoire de Nazianze (IVe siècle) déclarait qu'on ne pouvait donner aux hérétiques le droit de s'assembler sans reconnaître la vérité de leur doctrine (BARBEYRAC : *Traité de la Morale des Pères de l'Église* p. 170). — Au XVIIe siècle beaucoup d'ardents Luthériens avaient une telle horreur des Réformés qu'ils refusaient de s'asseoir à la même table ou d'habiter sous le même toit qu'eux (GASS : *Die Lehre vom Gewissen*, p. 161).

Tandis que la tolérance est le sentiment éprouvé par nous envers d'autres hommes qui, vivant en même temps que nous, combattent pour la vérité dans un autre camp, la *piété* établit un lien entre nous et les représentants du passé. Nous éprouvons ce sentiment envers tout ce qui a été pour nous une autorité, tout ce qui a contribué à nous former dans une école, abandonnée depuis sans amertume. Nous avons de sa valeur une compréhension dont est incapable celui qui y vient en étranger et qui la contemple du dehors. Ce passé garde avec nous cette relation qu'il fut le nôtre ; alors même que nous avons rompu avec lui, nous ne l'abandonnons pas tout entier, tant que nous conservons la continuité de notre évolution. Pareillement, la piété est le sentiment où survit la continuité de l'espèce ; elle rattache entre elles les générations successives. Souvent il est très difficile à la génération immédiatement consécutive de garder ce lien. La piété pour le moyen âge n'a pas été bien grande au xviii$^e$ siècle ; elle s'est seulement manifestée (non sans quelque excès) avec le romantisme du xix$^e$ siècle, lequel de son côté n'en éprouvait qu'une assez médiocre pour le xviii$^e$. A son tour, notre époque, ennemie du romantisme, ressent plus de piété pour le xviii$^e$ siècle. — La piété peut exister aussi bien envers des personnes particulières qu'envers une direction générale de l'esprit ou une génération entière. Celui qui, par rapport aux autorités à la domination desquelles il s'est soustrait, n'en est pas encore arrivé à pouvoir reconnaître leur valeur historique et à pouvoir sympathiser avec elles, celui-là n'est pas encore libre, mais dépend encore de son opposition au passé. La piété est le véritable sentiment historique. Tout ce qui a eu quelque valeur continue à s'y survivre. Elle est l'une des formes les plus importantes sous lesquelles l'individu mêle sa vie à celle de l'espèce.

# MORALE SOCIALE

# XIII

## INTRODUCTION ET DIVISION

1. La morale et la sociologie. — 2. Relativité historique. — 3. Humanisation et émancipation. — 4. Le principe aristotélique. — 5. Société et organisme. — 6. Le royaume de l'humanité. — 7. La famille, la libre association de culture et l'Etat.

**1.** — Il existe entre la morale sociale et la sociologie une différence analogue à celle qui sépare la morale individuelle de la psychologie. Tandis que la psychologie étudie les idées, les sentiments et les volitions comme des phénomènes purement naturels, et vise uniquement à *comprendre* leur production et leur développement, la morale individuelle a pour objet de les apprécier d'après leur rapport à l'idéal de la vie individuelle. De même, tandis que la sociologie étudie la vie de la société humaine dans les diverses formes qu'elle a prises chez les différents peuples au cours du temps, et considère ces formes de la même manière que la science considère les phénomènes de la nature, la morale sociale se propose de les apprécier d'après le rapport qu'elles soutiennent avec l'idéal de la vie sociale humaine. La morale utilise toujours le donné comme point de départ d'une évolution nouvelle et, lorsqu'elle institue une appréciation des événements sociaux, c'est parce que cette appréciation exerce une influence déterminante sur la marche future de l'évolution. Jusqu'où cette influence peut s'étendre, c'est ce que l'expérience seule est capable d'enseigner. Dès que nous *apprécions*, nous supposons la possibilité d'amener des modifications. Cela est vrai non seulement de la morale, mais de toute science pratique. Lorsque la théorie générale du droit, non contente d'étudier quelles relations ont reçu en fait l'organisation juridique, examine encore lesquelles s'y *prêtent*, il s'agit là d'un idéal dont la réalisation pourrait demander une longue lutte. L'économie politique ne se contente pas d'étudier la production et la distribution réelles, mais elle les critique, en tant qu'elles ne s'accordent pas avec les conditions d'une vie saine et heureuse. Aussi bien la théorie du droit que l'économie politique ramènent à la morale comme base générale (cf. III, 1, 14).

Comme toutes les vertus et toutes les actions que prescrit la morale individuelle doivent être psychologiquement possibles, de même aussi toute organisation sociale réclamée par la morale sociale doit être sociologiquement (historiquement) possible. Toutefois, il peut se faire qu'un idéal moral, tout en n'étant susceptible de se réaliser qu'après un long espace de temps, ou peut-être même jamais, ait une importance considérable par l'orientation qu'il donne à l'esprit et aux forces humaines, pourvu qu'on évite de s'exalter outre mesure l'imagination et de méconnaître les conditions réelles. Les nouvelles voies où peut s'engager l'évolution ne sont souvent découvertes que par ceux dont le regard n'est point attaché aux données du moment, mais est capable de s'élever au-dessus. On se trouve à un tournant décisif, au moment où l'adoption consciente des fins succède à l'action instinctive et aveugle. On atteint ce tournant grâce à une évolution historique, et l'appréciation consciente, ainsi rendue possible, réagit à son tour sur la suite de cette évolution.

2. — A deux points de vue, toute morale, et surtout toute morale sociale, prend un caractère historique. Nous avons déjà noté précédemment (III, 13) que le sujet appréciant part toujours d'une base psychologique variant avec les différentes époques. Mais ici nous voyons que même la matière, c'est-à-dire les objets sur lesquels porte l'appréciation et s'exerce l'activité morale, présente des qualités variables, suivant les temps. Une chose possible à l'un des degrés de l'évolution ne l'est plus aux autres. On ne saurait, en partant du principe général du bien, construire aucune organisation de l'État ou de la famille qui puisse s'appliquer telle quelle partout. Toute organisation sociale quelconque suppose chez les membres de la société la présence de certaines conditions externes et internes. Sur un sol nu, pas de construction sociale possible. Comme le montre suffisamment l'histoire, il est plus facile de renverser d'anciennes institutions pour en « introduire » de nouvelles

que de modifier les dispositions et les tendances humaines qui donnaient aux anciennes leur force et leur vitalité.

Lorsqu'on s'est une fois aperçu de la relativité historique qui marque ainsi nécessairement de son empreinte tous les résultats auxquels arrive la morale, elle a été souvent exagérée et mal comprise. Elle ne signifie nullement que tout soit également bon ou mauvais. Elle signifie que, pour qu'une chose soit bonne dans certaines circonstances, il faut qu'elle corresponde à ces circonstances. Les idéals de la morale s'individualisent diversement suivant les temps et les lieux, et, bien loin que ce caractère fût en contradiction avec leur essence, un idéal non susceptible de s'individualiser serait une pure chimère. Mais les idéals de la morale ont bien plutôt le caractère de tendances et de directions générales que celui de formules applicables telles quelles dans n'importe quelles circonstances. Nous ne sortons jamais de l'effort continuel. La relativité signifie précisément que nous pouvons seulement espérer nous approcher indéfiniment du but. (Cf. III, 12 ; IV, 3-4 et VII, 3). Il ne faut pas oublier d'ailleurs que les idéals eux-mêmes peuvent subir des modifications durant l'évolution progressive, grâce à la découverte de nouvelles possibilités, de nouvelles exigences et aussi de nouvelles barrières [1].

3. — Le processus de l'évolution morale est à la fois un processus d'humanisation et d'émancipation. Aux étapes inférieures dominent les instincts animaux auxquels est attachée la conservation de l'individu et de l'espèce. L'action de ces instincts ne cesse pas de se faire sentir lorsque se développent les sentiments idéaux et sympathiques. Ils sont tellement impétueux que les sentiments plus élevés et plus calmes restent bien souvent impuissants devant eux. Il faut alors s'efforcer de transférer sur les sentiments idéaux et proprement humains l'énergie primitivement retenue par les instincts animaux. L'ascétisme rigoureux est ici un principe révolutionnaire, puisqu'il prétend purement et simplement supprimer ces instincts. Or c'est seulement par une évolution lente qu'ils peuvent s'adoucir et s'ennoblir sous l'influence des conditions vitales, ce qui ne rend d'ailleurs aucunement superflue la tension réfléchie de la volonté. En dehors de ce *processus d'humanisation*, grâce auquel nous nous

---

[1] Sur la relativité historique, voir : *The law of relativity in Ethics* (*Journal of Ethics I*), p. 34-37.

sommes peu à peu changés et nous changeons encore d'animaux en hommes, il s'accomplit aussi un *processus d'émancipation*, grâce auquel nous devenons peu à peu des hommes libres. Ce qui caractérise les étapes inférieures de l'évolution morale et sociale c'est la contrainte corporelle et mentale : le régime de l'autorité, sous ses formes plus ou moins rigoureuses, domine. Ce régime ne saurait d'ailleurs être détruit d'un seul coup, comme le xviii° siècle le pensa dans son ardeur révolutionnaire. Le développement de la personnalité indépendante s'accomplit par l'intermédiaire de l'influence éducatrice et du libre choix des autorités.

Chaque individu, chaque génération et chaque peuple se trouvent à un certain stade de ce double processus, et les institutions, les mœurs, les formes de vie, en porteront toujours la marque, de quelque manière qu'on les envisage. L'essentiel est de découvrir les institutions et les formes de vie capables d'utiliser le mieux les forces et les tendances dont on dispose actuellement, tout en conduisant l'évolution vers une étape supérieure.

4. — Si l'on se place au point de vue de l'individualisme absolu, l'origine de la société n'est explicable que par une association d'individus. De même, le genre et la forme de la vie sociale s'explique alors par les idées et les sentiments plus ou moins conscients de l'individu. On suppose l'existence d'individus indépendants antérieurement à la naissance de la société. Mais, en réalité, chaque individu *trouve* une société toute faite, au sein de laquelle il se développe, et c'est seulement lorsque son développement a pris, grâce aux conditions et aux traditions de cette société donnée, son caractère déterminé, qu'il peut à son tour réagir sur elle et contribuer à la déterminer. Avant d'en prendre clairement conscience, il vit, agit, pense et sent comme membre de la société. Le spontané précède toujours le réfléchi. La volonté, sous l'influence inconsciente des conditions sociales, subit une éducation dont l'importance n'est certainement pas moins grande que l'éducation qui opère par une influence et une action consciente.

C'est là une des vérités psychologiques et morales que l'œil pénétrant d'Aristote avait déjà discernées. Voici à peu près comment il raisonne[1] : Les qualités (par exemple les vertus

---

[1] *Eth. Nic.*, II, 1.

morales) naissent par le fait qu'on exécute les actions correspondantes : en bâtissant on devient maçon, en pratiquant la justice on devient juste. Avant d'arriver à bien exécuter les actes d'une manière consciente, il faut que nous les exécutions d'abord inconsciemment. Aussi importe-t-il beaucoup que l'organisation sociale conduise dès le début les jeunes gens dans la voie droite, et la valeur morale de cette organisation dépend des habitudes qu'elle fait acquérir aux individus. — Nous ferons dans la suite un usage fréquent de ce principe que l'action inconsciente précède l'exécution consciente, et par abréviation nous l'appellerons le *principe aristotélique*.

Une autre loi psychologique non moins importante pour comprendre la vie de l'individu au sein de la société est celle-ci : ce qui d'abord a été exécuté avec conscience peut l'être ensuite inconsciemment, en devenant une habitude, un instinct, ou comme on l'a dit, un *automatisme secondaire*. De cette loi se rapproche la loi de la *substitution des motifs*, en vertu de laquelle un acte, exécuté d'abord pour un certain motif, peut l'être ensuite pour un motif tout autre, le moyen primitif étant devenu fin ; ce qu'on peut exprimer métaphoriquement en disant que l'intérêt de l'individu s'est déplacé. (Cf. I, 4). Mais, comme il ne s'ensuit pas que le motif primitif disparaisse complètement, la substitution peut être accompagnée d'une *fusion*, d'une sorte de combinaison chimique des motifs, donnant naissance à un motif ou à un sentiment nouveau, dont les qualités ne se déduisent pas immédiatement des sentiments antérieurs dont il est né. Ces lois psychologiques[1] permettent de comprendre que les intérêts de la vie sociale puissent apparaître immédiatement à l'individu comme les plus élevés, et former le point de vue central auquel il finira par revenir dans son propre plan de vie. C'est un point de vue de ce genre que nous avons pris ici pour base de notre apprécia-

---

[1] Sur ces lois voir ma *Psychologie*, VI, B, 2 d; C, 2 et b; E, 4-5 (Cf. II, 6, d; V, B, 1). — La loi de la substitution des motifs a été mise en lumière surtout par Spinoza, Hartley et James Mill, le phénomène de la fusion par Hartley et F. G. Sibbern (*Geschichte der neueren Philosophie*, I, p. 364, 501 sqq. II, p. 414-416. — *Psychologie*, 1re éd. fr., p. 222, 330). De nos jours Ihering (*Der Zweck im Recht*, I, p. 37-54; II, p. 116-117) et Wundt (*Ethik*, p. 231 et ailleurs) emploient la loi de la substitution des motifs comme si c'était un principe absolument nouveau. Ce que Wundt appelle l'*hétérogénie des fins* comprend à la fois la substitution des motifs et la substitution objective des valeurs.

tion systématique (cf. III, 9-13), et c'est seulement dans un pareil point de vue que la morale sociale embrasse évidemment la morale individuelle. Le processus grâce auquel il se produit présente donc un intérêt considérable pour la morale sociale car c'est naturellement pour elle une tâche primordiale de sauvegarder la base d'où dépend l'établissement de ses principes.

Enfin l'expérience montre que des actes spontanés ou réfléchis, intéressés ou désintéressés de l'individu dérivent des conséquences beaucoup plus vastes et souvent tout autres que l'agent ne l'avait prévu ou ne pouvait le prévoir, à plus forte raison, qu'il ne pouvait le vouloir expressément. De l'action réciproque des passions et des intérêts individuels peuvent dériver des résultats de valeur durable et très étendue. Le développement du sentiment de l'humanité à la suite des conquêtes d'Alexandre nous en fournit un exemple. Les valeurs (virtuelles ou actuelles) qui se produisent au cours de l'évolution humaine proviennent en majeure partie de cette *substitution* objective *des valeurs* (comme on a pu l'appeler, par contraste avec la substitution subjective des valeurs qu'est celle des motifs). Dans sa géniale introduction à la *Philosophie de l'Histoire*, HEGEL a mis en lumière ce phénomène par lequel, dans l'histoire du monde, les actes des hommes, en dehors des effets qu'ils se proposent et qu'ils atteignent, et même qu'ils connaissent et veulent, en produisent encore d'autres tout à fait inattendus. C'est par ce qu'il appelle un *stratagème de la raison* que celle-ci « fait travailler les passions pour elle » : « L'idée paie le tribut de l'existence et de l'instabilité non avec elle-même, mais avec les passions des individus. » Cependant les résultats qui sont ainsi obtenus par le travail conscient des hommes regardent seulement la morale pour autant qu'ils méritent réellement le nom de valeurs et qu'ils entrent ainsi en relation avec la volonté et le sentiment (III, 1, et 14). Si l'on étend ses vues tellement loin que les derniers résultats, les fins suprêmes de toute évolution humaine doivent se trouver en dehors de tout ce qui pourrait devenir un but pour la volonté humaine et acquérir de la valeur pour le sentiment humain, alors on franchit les limites de la morale et on passe à la philosophie de l'histoire et de la religion (ou si l'on veut, à la métaphysique). La fin suprême de l'évolution humaine, c'est alors un résultat transcendant, supérieur à toute expérience. C'est dans cette voie que s'engage la conception de HEGEL, et de nos jours celle de WUNDT. Ce dernier accorde pourtant que cette fin suprême transcendante n'est pas et ne peut pas devenir connue de nous. Mais, même si l'on se refuse à quitter le domaine de la morale pour s'aventurer dans les régions de la pensée spéculative, la loi de la substitution des valeurs n'en contient pas moins une idée très importante, surtout par opposition à une conception mesquine et étroite du principe du bien.

Dans la substitution des motifs, la liaison de l'ancien au nouveau est plus étroite que dans la substitution objective des valeurs. Là c'est une manière d'agir ou une organisation de la vie qui reste dans son essence ce qu'elle était, mais qui est maintenue et acceptée pour de nouvelles raisons; ici, au contraire, c'est une manière d'agir ou une organisation de la vie toute nouvelle qui naissent, et les raisons qui en font la valeur peuvent aussi avoir été complètement inconnues jusque-là. Le résultat social qu'ont amené les conquêtes d'Alexandre, par le renversement des barrières nationales à l'est de la Méditerranée, non seulement ne pouvait pas être prévu, mais encore être reconnu, du point de vue de la Grèce classique. Les deux espèces de substitution ont ceci de commun que la reconnaissance des nouvelles valeurs ne produit pas nécessairement celle de leur mode de production. La reconnaissance de l'importance de la propriété privée n'entraîne pas celle de la manière dont cette propriété s'est développée dans l'histoire, et il n'est pas nécessaire que le sentiment de l'humanité entraîne une admiration sans réserves pour l'esprit conquérant d'Alexandre. Il peut se produire ici une opposition tranchée entre les vues morales et celles de l'histoire. La solution du conflit se trouve en ce que l'appréciation morale est par nature dirigée vers l'avenir, c'est-à-dire vers ce qui doit être. Elle considère la vie d'après la base présentement réalisée en fait. A la suite des grandes révolutions du globe terrestre et des perturbations géologiques qu'elles ont amenées, la faune et la flore s'étendent sur la nouvelle surface terrestre, quelque déchirée et profondément transformée qu'elle puisse être. Il n'est pas au pouvoir de la vie de revenir sur la révolution accomplie (même si beaucoup de belles choses y ont péri); mais, grâce à sa puissance silencieuse, la vie peut engendrer sur les ruines de l'ancien monde un monde nouveau, pourvu que les germes vivants aient échappé à la catastrophe. C'est d'une manière analogue qu'il faut considérer le rapport de la vie morale aux séries d'événements qui se déroulent dans l'existence du monde.

La substitution des motifs paraît favoriser la conception conservatrice, et la substitution objective des valeurs la conception radicale, la première montrant la possibilité d'accepter les institutions anciennes pour des raisons nouvelles, et la seconde la possibilité pour une nouveauté soudainement introduite de trouver également de nouveaux mobiles d'appréciation.

Le principe aristotélique et les deux formes de substitution ont ceci de commun que la reconnaissance consciente vient seulement après coup. Il en résulte d'étroites limites pour toute morale absolument *a priori*. En même temps, ces trois lois opposent un obstacle décisif à une entente entre les points de vue dont l'un précède, l'autre suit une ou plusieurs des métamorphoses décrites (cf. ch. III).

5. — On a souvent pensé trouver dans la comparaison de la société avec un organisme un moyen de conduire à l'intelligence du rapport reliant l'individu à la société. Cette comparaison a été poursuivie et appliquée sous des formes diverses par Platon, Hobbes et Spencer. La société est alors considérée comme un vaste organisme dont les individus formeraient les organes ou les cellules. Grâce à cette analogie, on pourra se livrer, comme le montre notamment la *Sociologie* de Spencer, à une foule de considérations intéressantes. Pourtant cette analogie a ses limites précises, sur lesquelles nous insisterons quelque peu ici[1] parce que cela peut servir à éclairer le rapport de la morale individuelle à la morale sociale (cf. III, 17 et VIII).

Les éléments particuliers de l'organisme n'ont pas de conscience, et celle-ci n'est attachée qu'aux organes nerveux centraux. Cette centralisation apparaît d'autant plus que l'organisme est plus élevé. L'état et l'activité des cellules ou des organes particuliers sont appréciés finalement d'après leur influence sur l'état de ces centres, état qui se manifeste à la conscience sous forme de plaisir ou de douleur. Comme les parties centrales représentent, peut-on dire, l'organisme entier, toutes les cellules et tous les organes deviennent conséquem-

---

[1] Ces limites ont d'ailleurs été mises en relief par Spencer dans ses *Principes de sociologie*, trad. fr. de Cazelles et Gerschel, t. II, p. 15 sqq.

ment des moyens subordonnés au bien de l'organisme total. — Dans la société, au contraire, ce sont précisément les éléments, les membres particuliers, qui possèdent la faculté de sentir du plaisir et de la douleur; cette faculté n'est pas limitée à un centre. Il n'y a qu'un mysticisme fantaisiste qui puisse attribuer une conscience à la société comme totalité, abstraction faite des individus. Le bien de la société c'est le bien des individus qui la composent. La société est une association d'êtres personnels mais elle n'est pas elle-même un tel être.

C'est seulement en apparence que cette conception contredit la subordination de la morale individuelle à la morale sociale (VIII). Bien que la société et l'espèce se composent d'individus et ne se présentent jamais à nous que par l'intermédiaire d'individus déterminés, les notions de « société » et d' « espèce » n'en ont pas moins ce rôle important de représenter, en face de l'individu singulier, l'ensemble de *tous* les individus (le premier s'y trouvant compris lui-même comme une des nombreuses unités constitutives de cet ensemble). Ces notions ont, comme nous l'avons vu (VIII, 4), le mérite de rappeler d'un côté ce qui pourrait échapper à une vue d'ensemble parmi les intérêts vitaux dont il faut tenir compte, de l'autre la nécessité de créer des virtualités, des valeurs potentielles, et de ne pas s'en tenir à ce qui ne possède, peut-être seulement pour un temps très court, qu'une valeur actuelle. Elles permettent par conséquent le point de vue le plus compréhensif où l'on puisse se placer pour apprécier la volonté et l'action de l'individu particulier. Elles exigent que cette volonté et cette action ne soient pas considérées du seul point de vue de l'individu, mais encore d'un autre plus élevé, de même que Copernic exigeait qu'on ne se plaçât pas uniquement, pour considérer la terre, au point de vue de la terre, auquel cas tout paraît tourner autour d'elle, mais aussi à celui du soleil, auquel cas il devient manifeste que la terre elle-même prend part au mouvement.

6. — La plus haute idée de la morale sociale est celle d'un *royaume de l'humanité*, d'une société de personnes au développement riche et harmonieux. Une pareille société est d'autant plus parfaite que chaque personne est davantage originale et indépendante et qu'est plus étroit et solide le lien qui les unit toutes entre elles. En d'autres termes, elle est d'autant plus parfaite qu'il est fait droit davantage en même temps à la diversité et

à l'unité (cf. III, 10). Cette idée résulte du principe du bien. Car c'est où chaque individu particulier se développe d'une manière indépendante et par là même aide aussi, consciemment ou non, au développement analogue des autres, que doit se trouver le plus grand bien. De là découlent immédiatement les grandes vertus de la morale individuelle : la justice, l'affirmation de soi-même et le dévouement. Et ce n'est pas seulement le développement du caractère des individus et leur harmonie mutuelle qui deviennent possibles par là, mais encore la production de résultats que les individus pris isolément n'auraient pu atteindre, et qui importent cependant à l'évolution totale de l'espèce. L'organisation de la société et les œuvres de la culture sont des résultats de ce genre. Ils sont seulement rendus intelligibles parce que — en vertu du principe aristotélique, des lois de substitution des motifs et des valeurs (4), — il peut résulter du travail des individus autre chose et plus que leur philosophie ne pouvait l'imaginer.

L'idée d'un royaume de l'humanité se forme par simple combinaison des deux notions de société et de bien. Toutefois les formes spéciales de la vie morale de la société ne sauraient s'en déduire. Nous pouvons nous servir de cette idée comme de critérium dans notre appréciation, mais comme les virtualités de l'évolution diffèrent suivant ses degrés, les exigences pourront varier beaucoup dans le détail. Du moins, n'est-ce pas un caractère distinctif de l'évolution humaine, en ce qui concerne la vie sociale, de ne présenter que peu de différences entre les diverses espèces de sociétés aux degrés inférieurs : ici comme en d'autres domaines, ce sont surtout les degrés supérieurs que caractérise la différenciation.

7. — *Les diverses espèces de société* qu'on peut distinguer aux degrés supérieurs de l'évolution se différencient entre elles soit par la nature des *forces* qui rattachent les individus à la société, soit par les *fins* qu'on y poursuit, soit par le *cercle* plus ou moins grand d'individus que la société embrasse.

Dans la *famille*, le lien c'est la sympathie instinctive. C'est dans le rapport de la mère et de l'enfant, noyau de la famille, que cette sympathie se manifeste le plus nettement et avec le plus d'intensité. Ici les individus sont unis par le lien du sang. Mais d'autres mobiles encore que les instincts sympathiques élémentaires agissent dans la famille aux divers degrés de son évolution. Aux degrés primitifs, les femmes et les enfants sont considérés surtout comme la propriété des hommes, et soumis à leur domination; et en cela la famille primitive rappelle l'Etat. Elle rappelle aussi l'Eglise, en ce qu'elle offre des sacrifices aux mânes des ancêtres. Et elle est aussi, d'une manière générale, une association pour l'avancement de la culture, en ce qu'elle se préoccupe non seulement de la conservation et de l'entretien matériel, mais aussi du développement des aptitudes et des capacités. Même aux degrés supérieurs de son évolution, la famille n'est pas seulement la source où s'alimentent constamment les sentiments sympathiques, mais encore la puissance première qui introduit l'homme dans la culture et qui éveille la conscience d'une solide organisation sociale.

Une autre espèce de société se forme, quand des intérêts et des buts communs, ou tout au moins solidaires, unissent les hommes. Souvent l'un n'atteint ses fins qu'en aidant l'autre à atteindre les siennes. Tel est par exemple le rapport entre l'acheteur et le vendeur dans tout échange. A l'offre de l'un correspond la demande de l'autre; l'un a en trop ce dont l'autre a trop peu et que par suite il désire. Ici par conséquent les individus se complètent réciproquement. Leurs intérêts sont solidaires, sans qu'aucune relation plus intime et plus profonde d'intelligence ou de sympathie ait besoin d'exister entre eux. — Mais souvent les fins sont communes et ne peuvent être atteintes que par l'association des forces. La sécurité, par exemple, est un bien commun, qui s'obtient par l'union. Le travail en commun, par le moyen d'un ou de plusieurs de ces motifs, produit peu à peu (en vertu des lois exposées au § 4) un sentiment de solidarité un esprit commun susceptible de se transformer en sympathie désintéressée, bien que ce soit l'égoïsme qui ait d'abord poussé les individus à rechercher le commerce les uns des autres. Le commerce fondé sur l'achèvement réciproque ou sur la communauté des intérêts peut avoir ainsi une vertu éducatrice. Il est très important que les relations extérieures de la vie aient déjà une action unissante. Les fins égoïstes ne sont pourtant pas les seules à pouvoir ainsi fonder les relations et les sociétés. Les fins qui n'interviennent pas immédiatement dans la lutte égoïste pour l'existence le peuvent aussi. La science et l'art, la religion et l'amour de l'humanité donnent aux hommes un mouvement en commun et les rassemblent autour de fins communes non égoïstes. Dans les deux cas, aussi bien dans celui où c'est à l'origine la lutte pour la conservation individuelle que dans celui où ce sont des intérêts idéaux qui servent de lien, il peut naître un sentiment de fraternité, déterminé d'un côté par l'assentiment personnel, de l'autre par la conscience qu'on a de travailler au service de ces grandes fins. Nous pouvons appeler cette espèce de société, dont la force de cohésion réside dans les fins et qui n'est dominée ni par les sentiments sympathiques élémentaires, ni par la contrainte extérieure, la *libre association de culture*. Ses limites ne sont pas aussi étroites que celles de la famille; au contraire, elles s'étendent bien plus loin, aussi loin que s'étend d'une manière générale la culture; ce qui veut dire qu'en définitive elles coïncident avec les limites mêmes du genre humain.

Enfin, il y a une troisième espèce de société, distincte des deux que nous venons de voir en ce qu'elle ne se fonde pas seulement sur la sympathie naturelle ou sur la force unifiante des intérêts, mais aussi, en dernière analyse, sur la force et la contrainte. Pour ce qui est des fins, *l'État* présente, ou peut tout au moins présenter une grande analogie avec la famille ou avec la libre association de culture. Il se propose non seulement de conserver et d'assurer la vie de ses membres, mais encore de travailler à leur progrès dans la culture tant idéale que matérielle. Mais, partout où il agit, la force se trouve à l'arrière-plan. Le droit en vigueur dans l'État donne l'ensemble des règles établies pour l'application de la force. Même dans la famille et dans la libre association de culture, nous pouvons parler d'une sorte de droit, à condition d'entendre par là les mœurs et les coutumes, telles qu'elles se sont imperceptiblement formées au cours de l'évolution, et nous poussant naturellement à traiter les nouvelles circonstances et les cas nouveaux à peu près de la même manière que les précédents du même genre. Historiquement, il est difficile de trouver une famille ou une association de culture n'ayant pas été soumise à une contrainte extérieure, et d'autre part l'État regarde comme une de ses tâches principales de protéger la culture et la famille. Les trois sortes de société ne se laissent pas en général complètement séparer : elles forment seulement des aspects divers de la société humaine. Sans doute, l'État emploie la force comme dernier argument, mais uniquement comme dernier. Il cherche à utiliser pour lui-même les puissances dominantes dans la famille et l'association de culture; précisément à cause de cela, il ne lui est pas indifférent de savoir comment celles-ci se développent, et sa propre existence est d'autant plus solidement établie que la force pure y règne moins sans partage. — Au point de vue de l'extension, l'Etat se distingue à la fois de la famille et de la libre association de culture; plus grand que celle-là, il est plus petit que celle-ci. Une grande famille pourrait être appelée un petit Etat. On a dit que la famille forme un Etat, lorsqu'elle ne se laisse contraindre que par la guerre[1]. Cette formule exprime que le propre de l'Etat c'est la force et qu'il en fait surtout l'application aux ennemis extérieurs; elle exprime en même temps la différence qui sépare l'Etat de l'association de culture. L'Etat suppose un peuple, un groupe d'hommes se sentant comme une unité en face d'autres groupes. L'association de culture, au contraire, peut s'étendre par-dessus tous les groupes de ce genre et les relier par des fins concordantes et communes, quand même ils ne seraient point tous rattachés par une force *unique*.

Nous allons maintenant considérer chacune de ces trois formes de la vie sociale, en nous préoccupant surtout de leur valeur morale ainsi que de l'esprit et de la direction dans lesquels il faut pousser leur évolution ultérieure, si l'on veut appliquer le critère moral établi dans ce qui précède.

[1] THOMAS HOBBES. *Leviathan*, Ch. 20.

# A. — LA FAMILLE

## XIV
## L'IMPORTANCE MORALE DE LA FAMILLE

1. La famille considérée comme la société la plus étroite et la plus parfaite. — 2. La famille considérée comme une association favorable à la vie sous toutes ses formes. — 3. La famille et les associations plus considérables.

1. — Aucun exemple ne montre mieux comment la nature peut préparer la voie à la morale et fournir une base à ce qu'elle réclame ou approuve, que celui-ci : la plus étroite et la plus parfaite de toutes les sociétés humaines doit sa naissance à quelques-uns des sentiments les plus forts de la nature humaine. Le royaume de l'humanité, idéal suprême de la morale, n'a pas seulement dans la relation familiale son premier commencement et sa source permanente, mais encore, lorsque la vie familiale a atteint sa forme la plus haute, il s'y réalise d'une façon telle qu'on n'en saurait trouver l'analogue dans aucune autre forme de société. Le développement de toutes ces autres formes se mesure au degré où chacune rappelle l'étroitesse et la force du lien familial. Le royaume de l'humanité aurait atteint sa perfection si une fraternité universelle unissait tous les hommes, et la meilleure expression dont on puisse se servir pour désigner un lien étroit entre le maître et ses serviteurs, le professeur et l'élève, le gouvernement et les gouvernés, est la relation des parents aux enfants.

L'importance morale considérable de la famille apparaît sous plusieurs aspects différents.

2. — Pour ce qui est des autres sociétés, l'homme n'y participe que par une fraction de son être; mais dans la famille il peut trouver des aliments pour toutes les parties de sa nature. C'est là seulement qu'il vit vraiment comme *homme complet* : les instincts les plus primitifs et les sentiments les plus idéaux y trouvent leur satisfaction. La communauté de la vie s'étend, ou du moins peut s'étendre du domaine des instincts purement naturels, sous l'action desquels l'homme paraît souvent n'être qu'un simple moyen du vouloir vivre de l'espèce, jusqu'à tous les domaines de la vie matérielle et mentale. Tous les intérêts peuvent trouver dans la famille leur premier développement : la famille est un petit monde qui met toutes les forces en œuvre. De là vient que, plus qu'aucune autre société, la famille allie ou peut allier *l'indépendance* des personnes à leur étroite *liaison*. C'est justement parce que la famille n'est pas une société spéciale, mais une association générale pour vivre, que l'originalité des membres particuliers peut s'y mouvoir le plus à l'aise et rencontrer pourtant l'intelligence et la sympathie. Dans les autres sociétés, l'indépendance et l'originalité profondes sont obligées plus ou moins de se cacher, ou de tenir les autres à l'écart. Dans la famille, à cause de la complète communauté de vie, même les qualités les plus étonnantes et les plus paradoxales peuvent trouver de la sympathie, parce qu'on les saisit et les comprend dans leur liaison avec le naturel entier de l'individu. Rien n'est étranger. Aussi aucune autre relation ne présente-t-elle une quiétude et une force comparables à celle-là.

Non seulement on vit dans la famille avec une *conscience complète*, mais il s'y manifeste encore incessamment une foule d'influences *inconscientes* ou à demi-conscientes. Dans les autres relations sociales, l'observation et la réflexion, la résolution et l'action conscientes jouent un rôle beaucoup plus considérable. À chaque instant, l'attention s'y doit tendre et la personne prendre de soi une connaissance réfléchie. Mais dans la famille la spontanéité et l'irréflexion dominent à un degré bien plus élevé. Par des influences, des souvenirs et des dispositions affectives innombrables, le sentiment du foyer peut croître jusqu'à une telle hauteur qu'il se traduise en vive émotion, lorsqu'il y est porté atteinte. Des sentiments qui se rattachent au foyer et à la famille, plus encore que des autres, il est vrai de dire qu'ils se nourrissent et s'augmentent par une foule de petits accroissements partiels dont la somme seule apparaît à la conscience. La vie affective reçoit par là une solidité qui lui manque lorsqu'elle se manifeste comme une série d'émotions s'enflammant tout à coup avec violence mais disparaissant tout aussi promptement[1].

Enfin, la famille relie par des liens naturels les *différentes générations*. Elle forme le pont qui fait communiquer le passé avec l'avenir de l'espèce. A des hommes qui autrement seraient demeurés incompris les uns des autres, elle permet, en les rapprochant, de se comprendre entre eux. La querelle des anciens et des modernes peut être atténuée dans la famille par la sympathie foncière qui dit toujours ici son mot.

3. — On pourrait faire à la famille le reproche d'être une société beaucoup trop étroite, de concentrer le sentiment et l'intérêt sur un petit cercle, et de rester indifférente à tout ce qui se trouve en dehors. Il pourrait se former de la sorte un égoïsme de famille, sans doute plus large que l'égoïsme purement individuel, mais, non moins que celui-ci, nuisible au développement de l'amour universel de l'humanité. A quoi il faut répondre que la sympathie doit se développer d'abord dans des cercles étroits, avant de pouvoir s'étendre à des cercles plus larges. Ce sont les sentiments développés au sein de la famille et y trouvant constamment leurs aliments, qui nous donnent les premiers et les plus puissants moyens d'atténuer et d'éduquer l'égoïsme individuel. L'amour universel de l'humanité n'est que l'extension d'un sentiment né au sein de la famille, extension qui ne va pas toujours sans rencontrer d'obstacles, mais qui suppose néanmoins toujours que le premier mouvement a pris naissance dans des sphères étroites. Il n'y a donc nullement une contradiction nécessaire entre l'amour familial et l'amour universel de l'humanité. Ajoutez à cela (cf. XII, 1) que l'intensité et l'étendue de la sympathie sont souvent en raison inverse l'une de l'autre. Si l'étendue s'accroît, ce sera facilement aux dépens de l'intensité. Parmi les hommes, c'est le très petit nombre (du moins aujourd'hui encore) qui est capable d'embrasser les relations éloignées avec la même profondeur et la même force que les relations plus prochaines et plus étroites. Si donc il ne faut rien sacrifier de l'intensité des

---

[1] *Psychologie*, III, 7; VI, E, 4-5.

sentiments, il est nécessaire qu'il y ait des cercles étroits où ils puissent fleurir. La famille est ici à la fois fin et moyen. Elle fournit au besoin des individus sa plus haute satisfaction, et elle est le centre de forces ayant de l'importance pour l'espèce entière. Plus il y a de ces centres, plus aussi il y a de foyers pour le feu qui entretient la vie de l'espèce.

Une autre objection contre la famille, c'est que par suite de ses bornes et de sa vie toute fondée sur la tradition et la répétition, elle conduit vite à la quiétude, à l'uniformité et à la torpeur. Par là, dit-on, elle empêche souvent l'individu de développer tous les côtés de son être, ce qui devrait justement être un des avantages de la vie de famille. La complète expansion du moi serait gênée par la faible étendue de la famille et par la crainte de se manifester sans retenue, en paroles ou en actes, devant ses proches. Cela expliquerait pourquoi un grand nombre d'individus ont été moins appréciés dans leur famille qu'en dehors d'elle, bien que le contraire eût été plus naturel. — Ces difficultés n'existent pourtant que si la famille s'isole de l'association de culture ou de l'Etat. C'est de ces sphères plus considérables que viennent les courants d'air frais capables de chasser l'atmosphère lourde qui peut régner dans la maison familiale, lorsqu'elle s'isole du reste du monde.

Ces difficultés ne peuvent disparaître complètement que si la famille a atteint sa forme la plus haute. Ici comme partout, la réalité est fort éloignée de l'idéal. Elle en présente pourtant des approximations qui peuvent être développées davantage. Pour éclaircir plus complètement les questions qui se posent ici, nous considérerons d'abord le mariage, puis la situation et la condition de la femme, et enfin le rapport entre les parents et les enfants.

# 1. — LE MARIAGE

## XV

## DONNÉES SOCIOLOGIQUES

1. Différentes formes du mariage. — 2. Rapport entre l'étude sociologique et l'étude morale.

1. — Aux degrés les plus inférieurs que nous connaissions, le rapport des deux sexes a le caractère d'une liaison forcée et contrainte, où la partie la plus faible sert seulement à l'autre de moyen de plaisir, et exécute pour celle-ci un travail d'esclave. Quelques auteurs modernes (Bachofen, Mac Lennan, Lubbock) ont pensé qu'à l'origine régnait une complète liberté dans l'accouplement des sexes (promiscuité, hétaïrisme universel) en sorte que chaque femme appartenait à tout homme ayant pu s'en rendre un instant le maître. Mais c'est certainement là une exagération de la grande liberté qui règne dans la relation sexuelle chez les peuples sauvages de toute la terre. Il est bien difficile qu'un hétaïrisme complet ait pu jamais dominer. Là même où l'incessante variabilité des unions entre les sexes ne serait pas empêchée par les mœurs ou les lois, les préférences individuelles, aussi bien que l'amour de la possession et de la domination, auraient pour résultat de rendre les liaisons autres que purement momentanées[1]. La femme en effet n'était pas seulement regardée comme un moyen de satisfaire l'instinct sexuel ; elle était en même temps la première esclave,

---

[1] Cf. SPENCER. *Principes de sociologie*, trad. fr. de Cazelles et Gerschel tome II, p. 263 sqq.

et tirait de là une valeur rendant impossible qu'on lui laissât une complète liberté. On ne saurait démontrer que toutes les autres formes du mariage soient issues d'un hétaïrisme primitif, encore que l'on trouve partout sur la terre de notables approximations d'un pareil état[1]. Comme la monogamie se rencontre même chez les animaux, il ne nous est pas interdit de penser qu'elle puisse aussi se rencontrer chez les hommes à une étape purement primitive, et c'est d'ailleurs le cas. Malgré l'intérêt que cela aurait pu présenter, il est cependant impossible de découvrir aucune évolution continue menant de l'hétaïrisme comme degré inférieur, (à travers la polygamie sous ses diverses formes, polygynie, polyandrie ou mariage de groupe, où plusieurs hommes auraient plusieurs femmes en commun), jusqu'à la monogamie. Il est certain que l'évolution a eu un caractère très différent suivant les diverses races. L'organisation du mariage tient partout à tant d'autres circonstances sociales qu'il est bien difficile de découvrir une évolution à marche absolument nette et simple. Du moins peut-on montrer qu'il y a une circonstance ayant exercé une influence essentielle et nécessaire, savoir le degré où le droit de la personnalité individuelle a été senti et reconnu. A ce droit a dû céder aussi bien l'appétit sensuel que le désir de la domination. Grâce à lui, la monogamie a été de plus en plus, au cours de l'évolution, reconnue pour la forme vraie et supérieure de l'union entre l'homme et la femme.

Quand même on découvrirait des époques et des lieux dans lesquels la horde ou la tribu aurait possédé en commun les femmes et les enfants, comme toute autre espèce de propriété, cette communauté a dû progressivement cesser, une fois que l'individu a commencé à sentir son indépendance. Le besoin de posséder quelque chose en propre a dû se manifester également dans ce domaine. A l'origine, c'est là un besoin purement égoïste, qui arrive seulement à se manifester ou tout au moins à se faire accepter du côté des plus forts c'est-à-dire des hommes.

---

[1] Que les preuves en faveur d'un hétaïrisme ou d'une promiscuité originelle n'aient aucune consistance, cela a été montré de plusieurs côtés notamment par C. N. Starcke : *La famille primitive.* Paris, Alcan, et Edward Westermarck : *The History of Human Marriage* I. Helsingfors, 1889. — II. Londres, 1891. — Voir mon compte rendu de l'ouvrage de Starcke dans « Tilskueren » 1888.

C'est pourquoi la polygynie se présente plus fréquemment et se maintient plus longtemps que la polyandrie et le mariage de groupe. La monogamie, elle aussi, n'est souvent qu'une suite du besoin de la possession exclusive; seulement, pour une raison quelconque, difficilement assignable, ce besoin restreint son domaine. Le lien conjugal entre l'homme et la femme conserve encore ici, en grande partie, le caractère d'un lien de contrainte. Peut-être même a-t-il pour fondement la violence, le rapt ou l'achat. L'achat constitue, par rapport à la violence et au rapt, un progrès : il indique en effet clairement que la femme possède une valeur économique, et on la ménage comme toute autre valeur ayant du prix. Là même où l'achat n'existe plus, les époux (surtout la femme) sont souvent livrés sans qu'on leur laisse le choix : le mariage est considéré moins comme l'affaire des deux individus le contractant que comme celle des deux familles qu'il va unir et auxquelles il donnera des descendants et des héritiers. Le mariage ici n'est pas un lien personnel, mais un lien entre plusieurs familles[1], un « vinculum gentile ». Dans l'antiquité, le but principal du mariage n'était point l'union personnelle de l'homme et de la femme, mais la fondation d'une nouvelle famille[2]. Si l'adultère était autrefois puni si sévèrement, cela tient à ce que la femme était considérée comme la propriété du mari ou de sa parenté[3]. C'est seulement lorsque les deux individus se choisissent par inclination libre et par libre volonté que l'on a la forme la plus élevée du mariage : *la monogamie libre*.

2. — Bien des gens éprouvent une sorte de vertige quand ils apprennent pour la première fois les grandes variétés qui se sont produites sur toute la terre aux différentes époques dans

---

[1] Voir pour les pays du Nord, R. Keyser : *Efterladte Skrifter* (Œuvres posthumes), II. Kristiania, 1867, p. 306. — Déjà vers la fin du XVIe siècle, Michel de Montaigne (*Essais*, III, 5) s'exprime sur le mariage de la façon suivante : « On ne se marie pas pour soy, quoy qu'on die; on se marie autant, ou plus, pour sa postérité, pour sa famille : l'usage et l'intérest du mariage touche nostre race bien loing pardelà nous : pourtant me playt ceste façon qu'on le conduise plutost par main tierce que par les propres. » — Cette manière de voir se trouve aussi ailleurs que chez les nobles, même encore aujourd'hui.

[2] Leist. *Alt-arisches Jus civile*. I, Iéna, 1892, p. 154, 166.

[3] A. H. Post. *Die Grundlage des Rechts und die Grundzüge seiner Entwickelungsgeschichte*. Oldenburg, 1884, p. 374 sqq. — Fustel de Coulanges. *La cité antique*, 4e éd., p. 109.

l'organisation du mariage. Il leur semble que ce soit le règne du hasard, et qu'une forme pourrait être aussi bonne qu'une autre : en tous cas, ce qui a été une fois réalisé semble acquérir déjà par là même une certaine autorité. Si par exemple l'hétaïrisme ou tout au moins un hétaïrisme approximatif a été général, ne pourrait-on pas concevoir que nous y revenions ? A cela nous répondrons que les spécimens d'organisation du mariage que nous présente la sociologie, sont sans doute très variés, mais qu'on peut néanmoins, comme nous l'avons déjà indiqué, découvrir un lien évident entre le développement de la monogamie libre et la reconnaissance de la valeur de la personnalité individuelle. Nous montrerons ce lien avec plus de détails au chapitre suivant. La sociologie peut fournir à la morale des indications précieuses, mais elle ne suffit pas à la déterminer absolument. Même si l'on pouvait faire voir qu'il existe une évolution partant de l'hétaïrisme pour aboutir à la monogamie libre, il resterait à la morale à montrer la valeur de cette monogamie, en vertu du principe du bien. Il se pourrait très bien que l'évolution historique se soit opérée dans une mauvaise direction et que la morale doive exiger une modification, si difficile d'ailleurs qu'elle puisse être à poursuivre. Tout ce qui est réel n'est pas rationnel pour cela.

D'ailleurs la réalité vraie, c'est que la monogamie libre est sans doute reconnue officiellement dans les pays les plus civilisés comme la seule forme légitime du mariage, mais que les autres formes n'ont pas complètement disparu. L'hétaïrisme s'étend autour de nous, même lorsqu'il est contraint de rester dans l'obscurité. Et chez une grande partie de la population, il ne reste même pas dans l'obscurité, mais se développe librement et spontanément. Les formes inférieures de l'union sexuelle se manifestent continuellement à nouveau, de même que les formes animales inférieures peuvent subsister, même après que les types supérieurs se sont depuis longtemps développés. Ce que l'on décrit comme un « relâchement des mœurs »[1] ce sont bien souvent d'anciennes formes de vie pas encore disparues. Cependant la nature et l'extrême civilisation se rencontrent ici d'une manière surprenante. L'hétaïrisme toujours florissant

---

[1] HAFSTRÖM. *Om Sædelighedsforholdene i det danske Folk* (Les mœurs du peuple danois). Copenhague, 1888, p. 67.

n'a pas seulement sa cause dans les appétits d'une nature jeune et indomptable, qui n'auraient pas encore été calmés et ramenés à l'harmonie. Il est aussi dû en partie à la culture et au raffinement de certaines facultés intellectuelles aux dépens du caractère entier. Une haute culture intellectuelle et esthétique peut s'allier à un grand relâchement sous le rapport sexuel. On a ses intérêts (peut-être) sérieux dans d'autres domaines; quant au domaine sexuel, on n'y songe qu'à son plaisir et à son amusement, sans se préoccuper sérieusement de son importance morale. De plus, il n'est pas rare qu'une culture intellectuelle et esthétique exclusive produise un état d'esprit blasé et raffiné, un goût du piquant qui trouve principalement son aliment dans le domaine sexuel. Deux autres motifs contraires peuvent encore se rencontrer : l'âpre nécessité et la vitalité exubérante. La nécessité pousse à s'abandonner, et d'autre part le besoin de jouir pousse à se servir des malheureuses contraintes de se vendre pour servir à la satisfaction d'un désir momentané. Des causes très diverses peuvent continuellement faire que l'instinct sexuel s'isole des autres éléments de la personnalité humaine, et c'est cet isolement qui forme le point délicat du problème sexuel. Ce problème est étroitement mêlé au problème général de la culture et au problème social tout entier, aussi ne peut-il se résoudre complètement qu'avec eux.

# XVI

## LA MONOGAMIE LIBRE

1. Raisons morales de la monogamie. — 2. Le mariage et l'« amour libre ». — 3. Destinée et responsabilité dans le mariage. — 4. Importance de la communauté des tâches et de la destinée. — 5. Le mari et la femme sur le pied d'égalité. — 6. La monogamie libre et l'hétaïrisme.

1. — Une communauté de personnes humaines ne peut être parfaite que si aucun de ses membres ne sert aux autres de simple moyen et si, dans chacun d'eux, aucune partie de son être n'est développée d'une manière exclusive, ou laissée de côté. Toutes les formes polygames du mariage contredisent ce principe, soit qu'un homme se partage entre plusieurs femmes ou une femme entre plusieurs hommes. Il ne peut s'y rencontrer aucun dévouement complet à une seule personne : la relation n'est jamais que partielle et aucune parfaite union des personnes n'y trouve place. D'un côté on se morcèle, de l'autre on se contente d'un fragment. « Dans la polygamie, dit KANT, (*Théorie du Droit*, § 26) la personne qui se donne ne reçoit qu'une partie de celui auquel elle appartient, et se transforme ainsi en simple chose. » Plusieurs servent de moyens à un seul ou à une seule, ou réciproquement. Il en résulte d'autre part qu'au sein de la personne il se forme une séparation entre des éléments qui devraient agir de concert. Lorsque le sentiment de l'amour est plus qu'un rut animal, deux éléments, l'un physique, l'autre idéal, s'y mêlent inséparablement, et le dévouement embrasse la personne entière. (Cf. XI, 10). Mais dans la polygamie, il faut nécessairement que l'élément purement physique ait la prépondérance. Le fragment du moi susceptible d'être partagé entre plusieurs, c'est ici l'élément purement physique.

En tant qu'union toute physique, en tant qu'acte purement animal, l'union sexuelle n'a aussi que des limites toutes physiques. Le côté physique de l'union sexuelle est le moins individualisé; plus il devient prépondérant, plus aussi s'efface la diversité des objets, et réciproquement plus sont divers les objets auxquels l'instinct sexuel s'adresse, plus aussi son côté physique devient prépondérant. La vie sexuelle des mouches en présente un exemple facilement observable. L'union toute physique n'est que momentanée, et l'interruption qu'elle amène dans la lutte réciproque pour l'existence ne dure souvent qu'autant que l'instant de l'accouplement. Chez quelques espèces d'araignées, l'instinct carnassier se réveille aussitôt après l'acte sexuel, de telle sorte que le mâle et la femelle se regardent mutuellement comme une proie possible. Nous voyons ici combien la manifestation de l'instinct sexuel peut être isolée et fugitive. Au contraire, dans l'amour véritable entre, outre l'instinct élémentaire, l'image de l'autre individu dans toute son originalité, ainsi que la joie qu'on éprouve à sa présence. L'instinct n'agit plus comme une force tout aveugle, mais il nous ouvre les yeux sur la nature de l'autre individu et prépare ainsi un don de soi supérieur à l'union purement physique. Aux degrés supérieurs, le rôle moral de l'instinct sexuel sera de faire découvrir et apprécier des qualités personnelles qui demeureraient inaperçues sans cela. Il prête à l'attention la puissance d'une force de la nature. L'étroitesse de l'union ne tient pas alors uniquement à ce que l'instinct de conservation de l'espèce joint un individu à un autre de sexe différent, mais aussi à ce que des qualités pouvant se manifester seulement dans une communauté de vie durable exercent leur influence. Non seulement l'amour, mais encore la fidélité peut servir à faire des découvertes morales.

La monogamie est donc la seule forme possible de liaison sexuelle pour des personnes indépendantes qui s'unissent chacune suivant sa nature complète et non pour satisfaire simplement un besoin isolé.

2. — Il entre dans la nature du don personnel de soi de ne pas seulement comprendre la personne complète, mais encore la vie tout entière des deux parties, aussi longtemps qu'elle dure. Un sentiment qui ne croit point à sa propre durée n'est pas un sentiment véritable. Il serait contre-nature qu'au

moment où un sentiment pour un autre individu arrive à son excitation la plus vive, on fasse des réserves et qu'on ait la conscience expresse qu'il ne durera qu'un certain temps. Si le sentiment est réel, une pareille pensée ne saurait exister. Sans doute, de ce qu'un sentiment croit et doit croire à sa propre durée, il ne s'ensuit pas qu'il dure en effet. Le superlatif est quelque chose d'essentiel au sentiment; lorsque ce dernier est intense, il exclut toute comparaison et toute limite. Si pourtant, malgré la conviction où l'on est de sa durée, le sentiment devait un jour s'éteindre, il ne pourrait pas véritablement remplir le temps même de sa durée limitée, à moins d'être accompagné de la croyance à sa constance. Les illusions sont fréquentes; mais un lien établi avec la conscience expresse, ou même en faisant le calcul qu'on pourra toujours s'en affranchir n'est pas seulement, en règle générale, une tromperie envers l'autre partie, mais il est bien difficile encore qu'il devienne un lien complet et parfait.

Une personne ne saurait se morceler en instants disjoints et variables. La personnalité n'existe que si une unité et une continuité interne relie les instants particuliers, et si le noyau fixé est formé par certains sentiments déterminés. Une personne ne saurait pas davantage tenir toute dans un seul instant. Elle renferme une telle richesse que, s'il existe une réelle sympathie, elle prêtera durant toute une vie à des découvertes nouvelles. C'est une grande illusion de croire qu'une série de liaisons sexuelles changeantes puisse offrir une riche matière à la connaissance des hommes et au développement humain[1]. Des liaisons passagères ne font point pénétrer jusqu'au sanctuaire intime : celui-ci ne s'ouvre qu'à une sympathie constante et fidèle.

Ce qu'on appelle, d'un nom souvent mal employé, la théorie de « l'amour libre » est un essai pour mettre l'inconstance en système et pour la proclamer un facteur essentiel du sentiment de l'amour. Le socialiste français FOURIER réclame dans la société idéale une place pour toutes les espèces de liaisons sexuelles, depuis la liaison d'un instant jusqu'à celle qui dure toute la vie, en passant par les divers degrés de stabilité; et parmi les besoins humains à satisfaire, il nomme expressément celui du change-

---

[1] Dans ce cas, une Romaine, citée par saint Jérôme, devait avoir poussé fort loin la connaissance des hommes : car à son vingt-troisième mariage elle était la vingt et unième femme de son mari.

ment, la « passion papillonne ». On trouve une série d'idées analogues chez l'auteur anonyme des *Elements of social science*. Quand ce dernier prétend pourtant ne pas éliminer l'idée de l'empire sur soi-même et soutient que l'instinct sexuel doit être satisfait de manière à ne causer de dommage à aucun autre être humain, il exige en somme que les impulsions momentanées soient subordonnées à des considérations plus larges, ce qui ne s'accorde guère avec les idées directrices de la théorie de l'amour libre. La passion en effet est absolutiste par nature, et c'est supprimer son omnipotence que de faire une place à d'autres sentiments, par exemple à la sympathie. Il n'est pas sérieusement contestable que, s'il existe une vive sympathie pour d'autres êtres, le besoin sexuel doive subir une importante métamorphose avant d'acquérir toute sa force. Une partie essentielle de son intensité tient à son isolement. Au reste, pour ne pas être injuste envers ce dernier auteur, il faut bien prendre garde que par mariage il entend le mariage *indissoluble*. Où la possibilité du divorce s'offre assez facilement comme par exemple en Allemagne, le mariage se trouve, suivant lui, supprimé en fait[1]. On voit combien tout cela dégénère facilement en querelle de mots. Beaucoup des attaques dirigées d'une manière très générale contre le mariage, notamment par les esthètes, ne sont certainement dues qu'à des réminiscences des polémiques engagées par les écrivains français et anglais contre le mariage indissoluble ou soluble seulement pour des raisons tout à fait spéciales.

L'inconstance, qu'on regarde parfois comme un élément essentiel dans l'union de l'homme et de la femme, amènera inévitablement des douleurs et des infortunes, tant qu'elle n'appartiendra pas à la nature de tous les hommes, et — faut-il ajouter — tant que le besoin du changement ne se fera pas (grâce à une merveilleuse harmonie préétablie) sentir simultanément dans les deux parties. Un auteur danois[2], qui a étudié la relation entre l'homme et la femme avec beaucoup de sérieux et de talent

---

[1] *Elements of social science*. By a Doctor of Medicine. 13e éd. Londres, 1875, p. 371.

[2] Il s'agit de l'auteur anonyme des deux écrits intitulés l'un « Livsanskuelse grundet paa Elskov » (Conception de la vie fondée sur l'amour). Copenhague, 1881, et l'autre : « Forholdet mellem Mand og Kvinde belyst gennem Udviklingshypotesen ». (La relation entre l'homme et la femme, dans l'hypothèse de l'évolution). Copenhague, 1884. — Voyez du même,

d'un point de vue purement psychologique et moral, a montré que tant qu'en dehors des natures polygames, pour lesquelles l'inconstance et le changement est une partie essentielle de l'amour, il y aura également des natures monogames, ne pouvant concevoir de véritable amour sans constance et fidélité; le besoin du changement, auquel les partisans de l'amour libre attribuent une importance si considérable, ne saurait se satisfaire sans occasionner chez d'autres êtres humains la douleur et le chagrin. Il arrivera souvent ce qui arrive à un couple d'amants dans la « Sapho » de Daudet. L'amant s'engage dans la liaison avec l'arrière-pensée qu'elle ne durera qu'un temps, la jeune fille au contraire la considère comme sérieuse et meurt lorsque se produit la séparation : « On meurt donc quelquefois de ces ruptures ! » S'il est imprudent de jouer avec le feu, il l'est mille fois plus de jouer avec le bonheur d'un être humain.

3. — La personnalité individuelle n'est d'ordinaire pas complètement formée dans la période de la vie où l'amour joue le plus grand rôle. Si ce sentiment a amené la formation d'un lien conjugal, il s'agit de savoir si l'évolution des deux personnes qu'il unit pourra se poursuivre sans nuire à leur harmonie mutuelle. La question est d'autant plus grave que ce ne sont pas seulement les deux individus en général, mais encore spécialement le sentiment qui les unit, qui pourront éprouver et éprouveront des modifications au cours du temps. Si l'évolution est heureuse, l'amour se transformera de passion brûlante en affection profonde, laquelle pourra avoir, sinon la même violence et le même emportement, du moins une intensité tout aussi grande que la première à ses débuts.

L'évolution à laquelle aussi bien les individus dans leur ensemble que le sentiment particulier les unissant peuvent être soumis durant leur constante vie en commun, ne dépend point de leur volonté. C'est une des erreurs psychologiques les plus courantes que celle qui consiste à croire que la volonté soit quelque chose d'absolument différent de la pensée et de la sensibilité, qu'elle constitue une puissance à laquelle il faut d'abord faire un appel spécial pour qu'elle intervienne comme un *deus ex machina* et résolve les difficultés. Dans les condi-

---

dans « Tilskueren » (1885), l'article « *Om en Reaktion mod den moderne Ungdoms eften störra sexuel Sædelighed* » (sur une réaction contre les aspirations modernes vers une plus grande moralité sexuelle).

tions naturelles et normales, la volonté développe et affermit ce que la pensée a conçu, le sentiment approuvé. Il faut que la volonté joue un rôle depuis le commencement jusqu'à la fin : à cette condition seulement elle pourra venir au secours dans les cas particuliers embarrassants. Les deux individus ne sont soumis à aucune destinée aveugle. Leur sort est, pour une grande part, entre leurs mains : tout dépend du sérieux avec lequel ils conçoivent la vie. Le mariage, comme toute autre espèce de vie commune, exige, pour durer, de l'empire sur soi-même et des efforts. Si on laisse chaque malentendu, chaque différence de caractère avoir une influence sur l'avenir de l'union, celle-ci sera de courte durée. Si on ne connaît d'autre satisfaction que celle provenant de la passion brûlante et de l'action exercée par la nouveauté et l'inattendu, aucun amour véritablement conjugal ne pourra se développer. Il y a une manière esthétique de concevoir la vie, pour laquelle le jeu varié des sentiments constitue l'essentiel et qui, pour cette raison, cherche sans cesse le changement et la nouveauté. (Cf. III, 4). Avec une pareille conception, on ne saurait s'embarrasser dans les liens du mariage, pas plus d'ailleurs, si l'on veut être conséquent, que dans aucun autre lien solide. La solidité n'existe que si la volonté s'engage, et si l'on connaît d'autres formes de la vie affective que les émotions du moment. Il s'agit de faire en sorte que le sentiment érotique devienne un organe profond de la vie personnelle tout entière, et ne reste point à l'état d'élément accidentel et indifférent. D'ailleurs, plus peut-être que les autres, il est apte à s'unir intimement aux autres éléments de la vie. Il y a une idée juste dans la comparaison faite par l'un des derniers Stoïciens (chez lesquels d'ailleurs, comme nous l'avons déjà noté, se trouve la conception du mariage la plus idéale que l'antiquité ait connue) du mariage avec une « combinaison parfaite », analogue à notre combinaison chimique, par opposition au mélange plutôt mécanique qui représente les relations de parenté et d'amitié[1]. Celui qui redoute de subir une pareille métamorphose, ou craint qu'elle ne réussisse pas, aura des hésitations avant de se marier. Mais la relation des deux sexes pourra apparaître sous un tout autre jour suivant qu'on la connaîtra avant cette métamorphose ou une fois qu'elle s'est accomplie. Un observateur

---

[1] Bonhöffer. *Die Ethik des Stoikers Epictet.* — Stuttgard, 1894, p. 88.

expérimenté des détenus[1] remarque : « Bien que les détenus proviennent évidemment d'ordinaire des plus mauvaises couches de la société, leur correspondance montre souvent combien la plupart des épouses sont fidèles et patientes, pendant que leurs maris subissent le châtiment de leurs crimes... De leur côté, la plupart des hommes mariés, si bas qu'ils puissent être tombés, restent cependant attachés avec amour à leurs femmes et à leurs enfants, et il est surprenant de voir combien leur opinion sur les femmes diffère d'ordinaire profondément de celle des détenus non mariés. Le mariage leur apprend vite que la femme a une importance et une valeur tout autres que celles d'un simple instrument de la sensualité du mâle ».

Il serait contraire à la psychologie de croire que la volonté puisse tout. Dans les circonstances complexes qui entourent, dans la vie réelle, la relation dont nous parlons, bien des éléments interviennent à la fois, et il n'est pas au pouvoir de la volonté la plus sérieuse de s'en rendre maîtresse. Il peut arriver, sans qu'il y ait de la faute d'une des parties, que l'évolution prenne une mauvaise direction. Il peut se produire un désaccord dans les caractères et dans les manières de comprendre la vie ; le rapport de l'élément physique à l'élément idéal de l'amour peut se développer d'une manière différente, voire contradictoire chez les deux individus ; les circonstances et les problèmes nouveaux que la vie apporte avec elle peuvent susciter chez eux des dispositions tout à fait opposées. Si l'on songe combien de conditions internes et externes concourent ici, il faut même regarder comme un grand bonheur que le sentiment primitif résiste parfois à l'épreuve, et subisse sa métamorphose durant l'évolution continue des individus, sans se heurter à l'un des nombreux écueils qu'il rencontre en chemin. A ce point de vue, le Stoïcien Antipater avait raison de regarder l'acte de se marier comme un acte héroïque (ἡρωϊκόν). C'est pourquoi le mariage implique la possibilité de tant de drames et amène tant de tragédies. Ici, plus encore que partout ailleurs, il est impossible de faire le départ exact entre le volontaire et l'involontaire, entre la responsabilité et la destinée. Il serait bien hardi d'affirmer que le sentiment durera toujours, pourvu qu'il ait été sérieux à l'origine. Il peut très bien l'avoir été d'abord, mais

---

[1] Hafström. *Om Saelighedsforhodene i det danske Folk*, p. 82.

l'évolution ultérieure peut lui avoir enlevé les aliments sans lesquels il ne saurait subsister.

4. — Un point d'appui essentiel, dans la métamorphose subie par l'amour durant la vie continuelle en commun, c'est la communauté des tâches qui s'imposent aux conjoints, et de l'activité qu'ils déploient. Ils ont à travailler ensemble à leur subsistance matérielle ; à lutter contre les mêmes obstacles. Ils peuvent travailler en commun à leur développement mental : s'ils associent leurs recherches, il leur sera aussi plus facile de se rencontrer dans les résultats. — Cependant c'est la sollicitude commune pour les enfants qui joue le rôle le plus considérable. La communauté des chagrins et des sacrifices les rapprochent encore davantage qu'ils ne l'étaient à l'époque facile et joyeuse de leurs premières amours. Leur sympathie mutuelle devient plus profonde et plus intense. Ils se sentent davantage responsables de la conservation du lien conjugal, lorsque ce n'est pas seulement leur destinée propre, mais aussi l'avenir de plusieurs êtres sans défense qui dépend de leur sérieux et de leur maîtrise de soi[1]. Nous voyons très clairement ici quels avantages la monogamie présente sur la polygamie. Dans le mariage monogame seul, l'enfant peut trouver chez ses parents un amour complet et parfait, là seulement peut régner au foyer une union et une harmonie sans mélange. Alors même que le premier motif du mariage n'aurait pas été l'amour, mais des raisons de convenance, surtout d'intérêt, ou le désir de laisser une postérité, l'union la plus étroite pourra se produire, grâce à une substitution de motifs. La communauté des tâches, l'intelligence mutuelle entre les personnes que peut amener la vie en commun, sont capables d'engendrer une sympathie qui n'est souvent pas moins profonde que celle produite par l'amour et ses métamorphoses. Si le mariage n'a pas eu pour raison détermi-

[1] Charles Darwin raconte de son père, qui était médecin : « Grâce à la confiance qu'il inspirait, beaucoup de malades, les femmes en particulier, le consultaient... comme un confesseur... Mon père reçut ainsi beaucoup de confessions étranges soit de culpabilité, soit de malheur. Il remarqua que le nombre des femmes malheureuses qu'il avait connues était considérable. Dans divers cas, femmes et maris avaient vécu en bonne intelligence vingt ou trente ans ; après ce laps de temps, ils se haïssaient amèrement. Mon père attribuait ce sentiment à la disparition des liens créés par les enfants, disparition due à ce que ceux-ci étaient devenus adultes. » (*Vie et correspondance de Ch. Darwin*), trad. H. de Varigny. Paris, Reinwald, 1888, I, p. 15. — Il faut par conséquent encore d'autres liens.

nante le désir de laisser une postérité, les enfants constituent une valeur nouvelle, résultat de l'union contractée. L'évolution du mariage peut donc fournir, dans les cas particuliers, des exemples des trois espèces de métamorphoses énumérées plus haut (XIII, 4).

5. — La manière dont nous avons caractérisé le mariage dans ce qui précède exclut non seulement la polygamie, mais encore la monogamie non libre, dans laquelle la femme n'occupe pas une situation égale à celle de l'homme, soit parce qu'au lieu de choisir librement, elle est mariée par sa famille, soit parce qu'elle n'a pas les mêmes droits que l'homme, ou parce qu'elle n'est pas son égale sous le rapport intellectuel et moral. Cette dernière raison donne la clef des deux premières. Si la femme est essentiellement confinée dans une obscure vie affective et instinctive, et si on regarde sa mission comme bornée aux soins du ménage et des enfants, elle ne saurait être qu'un accessoire pour l'homme, et ne remplir qu'une partie restreinte de sa vie. Pour être davantage, il lui manque l'indépendance de la pensée et de la volonté, condition nécessaire pour pouvoir choisir et montrer sa valeur, une fois le choix réalisé. Le mariage est alors, dans ses points essentiels, une relation entre une partie active et une partie passive, et il n'atteint pas la perfection dont il est susceptible quand les deux parties sont actives chacune à sa manière et peuvent, avec une sympathie intelligente, se prêter un mutuel appui dans leurs actes. La division du travail pourra dans ce cas se régler d'après leur individualité et aucune supériorité ne conviendra si bien à l'une des parties que celle résultant de ses qualités naturelles. Il ne faut pas qu'un décret arbitraire de la loi décide qui doit tenir le premier rang. Mais ce résultat ne pourra s'obtenir que par un développement des qualités de la femme beaucoup plus complet qu'on ne l'a jugé possible et légitime jusqu'à ces derniers temps. Alors seulement la monogamie atteindra son achèvement. Il est clair que la femme ne se déchargera jamais des fonctions que la nature lui a assignées une fois pour toutes : on ne renie pas une destination *réellement* naturelle. Nous étudierons cette question avec plus de détails dans une prochaine section.

La situation différente que l'homme et la femme occupent jusqu'ici dans le mariage d'après les idées courantes, apparaît surtout dans la manière différente dont on juge leur infidélité.

Il semblerait que la grande sévérité avec laquelle on juge l'infidélité de la femme s'explique parce qu'elle entraîne pour la famille des conséquences beaucoup plus graves que celle de l'homme, dont les aventures extra-conjugales n'ont pas nécessairement de suites appréciables à cet égard. Ces raisons perdent cependant leur valeur devant l'entière égalité des droits exigée par la monogamie libre. S'il n'est satisfait à cette exigence, la polygamie existe en réalité. Aussi bien, la différence des jugements portés sur l'infidélité masculine et féminine provient-elle d'une étape de l'évolution où la femme s'était regardée comme une propriété de l'homme (Cf. XV, 1). Cette différence s'est conservée même après que la monogamie libre a été officiellement reconnue.

Un auteur italien, MANTEGAZZA [1], défend vivement cette différence de jugement. Il s'appuie pour cela sur deux raisons principales. D'abord toute la tâche morale de la femme serait, d'après lui, contenue dans la famille. Tandis qu'une foule de vertus sont exigées de l'homme, appelé à travailler et à lutter dans tant de conditions variées, la fidélité serait la seule exigée de la femme : « Serait-ce encore trop ? » — En second lieu, l'homme serait par nature porté à la polygamie : il est plus inconstant, plus brutal, plus capricieux et sensuel que la femme, laquelle n'est pas aussi facilement dominée par l'emportement des sens. MANTEGAZZA dépeint cette différence sous des couleurs si vives qu'on a peine à comprendre comment un être si pur puisse succomber parfois. Du moins serait-il équitable de ne pas porter le jugement le plus sévère sur l'ange tombé, mais bien sur le mauvais diable qui l'a poussé à la chute, surtout si ceux-là ont raison qui croient la chute de la femme due, bien plus souvent que celle de l'homme, à des motifs supérieurs à la simple sensualité. — Qu'il existe une certaine différence, cela n'est évidemment pas incontestable. Mais c'est l'exagérer au delà de toute mesure que de borner toute la mission humaine de la femme aux devoirs de la famille. Et même dans ce cas, la femme aurait encore d'autres vertus à montrer que cette vertu unique, quel qu'en soit d'ailleurs le prix.

6. — La monogamie libre, telle qu'on l'a décrite dans ce qui précède, est sans doute un idéal, mais ce n'est pas un idéal

---

[1] *Die Physiologie der Liebe.* Iéna, 1877, p. 351 sqq.

flottant dans les nuages : tout mariage heureux et sérieux en présente une approximation. Elle remplit au mieux le but de la famille, d'abord en procurant à ses membres une complète satisfaction, ensuite en étant un foyer de sympathie et la meilleure école pour la nouvelle génération. Aussi importe-t-il beaucoup de la protéger et de la développer.

Quoique la monogamie libre, en tant qu'elle existe réellement, soit un des résultats les plus précieux de l'évolution historique, nous trouvons cependant partout à côté d'elle les formes inférieures de liaison sexuelle, même les plus inférieures de toutes, en pleine floraison. Malgré la reconnaissance officielle de la monogamie libre, l'hétaïrisme, les liaisons lâches et passagères, n'ont pas disparu.

Il serait contraire à l'histoire d'admettre que la monogamie libre n'est pas seulement la forme *idéale*, mais aussi la forme *primitive* du mariage, l'hétaïrisme et les liaisons passagères n'en étant que des formes dérivées et corrompues. Ce serait non seulement se mettre en contradiction avec la sociologie, mais s'exposer à des embarras inutiles pour expliquer la possibilité de cet abaissement, et se condamner à un pessimisme impuissant en face de la réalité. Au contraire, si la monogamie libre s'est développée historiquement, nous n'avons qu'à continuer dans la même voie, à conserver ce que la nature a commencé et à le développer. L'hétaïrisme et les liaisons passagères indiquent alors simplement que la nature humaine ne s'est pas encore pleinement accommodée aux formes supérieures de la vie sociale, qu'elle renferme encore trop d'éléments animaux pour pouvoir réaliser la forme véritablement humaine de la vie sexuelle. On verra toujours ici que les deux tendances à l'humanisation et à l'émancipation (XIII, 3) se tiennent étroitement. Plus la vie sexuelle a un caractère brutal et inférieur, plus aussi elle est en retard sous le rapport de l'affranchissement des personnes. Seuls des individus n'ayant pas encore atteint leur majorité intellectuelle se laissent traiter en simples moyens de satisfaire les désirs des autres

Cette évolution inachevée est cause d'un grand nombre de souffrances et de malheurs. Il se produit souvent ici une lutte désespérée entre les diverses tendances de la nature humaine ; et cette lutte n'est pas près de finir. L'évolution dans le domaine moral avance lentement, surtout quand il s'agit de soumettre une des impulsions naturelles les plus violentes à des lois morales et sociales correspondant à un degré de vie plus élevé que celui où l'homme commence seulement à se différencier de l'animal. Mais la pire issue serait celle qui conduirait à ravaler l'idéal : ce serait le commencement d'un recul. — Les prescriptions légales, la contrainte et la prédication pharisaïque n'auront que peu d'effet. Une éducation saine et harmonieuse, un vif sentiment du droit de tous les hommes à une vie personnelle, un grand amour de l'humanité, voilà quels seront les meilleurs appuis dans la lutte. L'important c'est surtout d'empêcher la vie sexuelle de s'isoler du reste de la vie psychique. Qu'elle exerce sa séduction et inspire l'enthousiasme comme elle est capable de le faire, rien de mieux ; mais qu'elle reste aussi dans les limites convenables, car elle n'est qu'un élément unique dans l'ensemble de la vie. Tout homme qui s'efforce de se conduire d'après ces principes contribue pour une part essentielle au bien du genre humain.

Cependant la persistance de l'hétaïrisme ne tient pas seulement, nous l'avons déjà dit, à ce que l'instinct a gardé encore son caractère indomptable, mais aussi à ce que le dénuement matériel, les malheurs physiques et moraux, sont des obstacles à une vie purement humaine. S'il est vrai qu'à Londres une jeune servante sur sept, à Hambourg une sur neuf fasse trafic de son corps [1], la faute n'en est pas uniquement à l'instinct naturel, mais il faut y voir aussi l'effet de circonstances matérielles et sociales. Nous sommes ici en présence de l'une des ramifications de la question sociale, cet abîme auquel nous sommes conduits de tant de côtés différents. C'est surtout l'extrême misère qui pousse un si grand nombre de malheureuses à se prostituer [2]. Un développement meilleur et plus indépendant des facultés féminines donnera à la femme à la fois une plus grande

---

[1] ŒTTINGEN. *Moralstatistik.* 3<sup>e</sup> éd., p. 197. — A Copenhague, parmi les servantes de vingt à trente ans, la proportion des femmes légères est d'un peu plus de 1 p. 100. M. RUBIN, dans « *Nationalökonomisk Tidsskrift* » (Revue d'économie politique), 1887, p. 40.

[2] PROSPER DESPINE. *Psychologie naturelle*, Paris, 1868, III, p. 215 (« Ce n'est pas seulement leur propre misère qui pousse les jeunes filles à cette triste extrémité, c'est celle de leurs enfants, de leur père et de leur mère »). Cf. EDV. EHLERS. *Bidrag til Diskussionen om Prostitutionsspörgsmaalet* (Contributions à la discussion de la question de la prostitution). Copenhague, 1896. p. 9. « Celui qui croit à la possibilité de détruire la prostitution, doit pouvoir également croire à la destruction de la pauvreté. »

force de résistance, en augmentant en elle le sentiment de sa valeur personnelle, et la perspective de meilleurs moyens pour se faire une place au soleil. — En ce qui concerne l'homme, les circonstances sociales et économiques exercent aussi leur influence, puisque, dans la classe moyenne, l'âge où ses ressources lui permettent de se marier est de plus en plus retardé [1].

[1] Rubin og Westergaard, *Aegteskabsstatistik paa Grundlag af den sociale Lagdeling* (Statistique des mariages suivant les classes sociales). Copenhague, 1890, p. 47; 51-53.

# XVII

# LA CONCLUSION ET LA DISSOLUTION
## DU MARIAGE

1. Influence des différences d'idées et de caractère. — 2. Responsabilité de ceux qui se marient. — 3. Mariage consanguin. — 4. Constatation extérieure du mariage. Droits égaux des deux parties. — 5. Divorce.

**1.** — Tout ce qui divise les hommes en divers camps peut être un obstacle au mariage d'individus qui éprouveraient sans cela de l'inclination l'un pour l'autre. Mais, même dans ce cas, la véritable raison gît dans la différence des caractères, cause ou effet de la diversité des tendances. Car l'expérience montre que les oppositions soit religieuses, soit nationales, soit politiques, ne constituent point des empêchements absolus à une union conjugale heureuse. L'important c'est moins l'accord des idées que celui des caractères, qui doivent se ressembler ou se compléter. Du point de vue strictement théologique, il va de soi que les mariages « mixtes » sont condamnables. Les vieux docteurs de l'Eglise les regardaient comme des concubinages ; le catholicisme les interdit ; quant aux théologiens protestants modernes, ils se contentent de les qualifier de « monstrueux ». Il est d'ailleurs incontestable que la possibilité d'une liaison conjugale entre personnes de confession différente indique un affaiblissement de la passion religieuse. Mais la morale humaine ne considère point un pareil affaiblissement comme un malheur, pourvu qu'il n'entraîne pas un attiédissement et une indifférence générale de l'esprit. Elle regarde ce genre d'unions, quand elles ont d'heureux résultats, comme un indice de la victoire de la nature sur des barrières factices. Elle admet que derrière des croyances différentes peut très bien exister une profonde parenté d'esprit et elle voit dans le pouvoir qu'a l'amour de donner à cette parenté toute son efficacité l'un des avantages les plus précieux de cette merveilleuse puissance.

Mais d'un autre côté, il se peut, comme nous l'avons dit, que la diversité de la foi tienne à des différences de caractère, ou que les différences de religion soient si dogmatiquement poussées à l'extrême [1] qu'un mariage « mixte » devienne un risque périlleux. Le mariage ne prend sa forme la plus intime que lorsqu'un rapprochement et un assentiment réciproque dans la manière générale de considérer la vie est possible.

2. — La conclusion d'un mariage n'est évidemment justifiée en morale que si l'on pense avoir les moyens de nourrir une famille. Mais cette condition morale ne saurait être imposée par la contrainte juridique, comme on l'a essayé autrefois dans quelques états allemands. D'abord il est dangereux et intolérable de s'en remettre à l'autorité publique pour décider si deux personnes qui désirent se marier auront les moyens de gagner leur vie. C'est un point que l'individu est mieux à même de décider, et il importe de lui livrer ce soin, puisque aussi bien c'est sur lui que retombe toute la responsabilité. De plus, une foule d'infractions aux prescriptions de l'autorité sont ici possibles. L'expérience a montré que ces mesures restrictives ne font qu'accroître le mal, car elles augmentent le nombre des liaisons irrégulières et des enfants illégitimes [2].

Les individus ne sont pas seulement responsables de la conclusion du mariage mais encore des enfants qui en résultent. Des circonstances intérieures ou extérieures peuvent leur défendre de se reproduire. C'est le cas par exemple quand on est atteint de maladies héréditaires (maladie mentale, lèpre, etc.) et quand les circonstances extérieures offrent des perspectives si tristes que les enfants seraient condamnés à la misère et à la mort. La mortalité considérable des nouveau-nés, que l'on a appelé le moderne sacrifice à Moloch [3], peut être évitée seulement

---

[1] D'après des renseignements tirés de la Suisse, les mariages mixtes seraient plus exposés à la dissolution que ceux où les deux époux sont catholiques ou protestants. (H. WESTERGAARD dans « Nationalökonomisk Tidsskrift », 1887, p. 30.)

[2] Cf. E. LÖNING. *Armenpflege und Armenpolizei* (Schönbergs Handbuch der politischen OEkonomie, II). 1° éd., p. 581, 595. — STUART MILL (*La Liberté*, trad. fr. de Dupont-White, p. 308) éprouve une assez curieuse sympathie pour ce genre d'interdictions, et n'y trouve rien qui puisse léser la liberté individuelle, mais il fait remarquer que, par suite de circonstances locales, elles ne seront pas toujours pratiques.

[3] RÜMELIN. *Reden und Aufsätze.* Freiburg und Tübingen. 1875, p. 331 sqq. RUBIN og WESTERGAARD. *Befolkningsstatistik*, etc. p. 100 sqq ont

s'il ne naît pas plus d'enfants que le nombre auquel, dans les circonstances données, peuvent être assurés des soins et des aliments. Les enfants ne sont évidemment pas engendrés sans que leurs parents le sachent et le veuillent. Comment l'individu peut-il s'acquitter des obligations qui lui incombent de ce chef? C'est une question que la médecine est mieux à même de résoudre que la morale.

3. — Par un sentiment profond, dont la source originelle et le motif sont difficiles à déterminer, la plupart des hommes sont aujourd'hui remplis d'horreur et d'effroi à la seule pensée d'une relation sexuelle entre parents et enfants, ou entre frère et sœur. Chez les peuples sauvages, de telles unions sont au contraire fréquentes [1]; pourtant de bonne heure déjà des coutumes différentes se manifestent chez les différentes races [2]. Sous le rapport sociologique, peut-être ce sentiment se rattache-t-il à la coutume, établie chez tant de peuples, de prendre la femme dans une branche étrangère à celle du mari ; mais l'origine de cette coutume (l'exogamie) n'est pas encore suffisamment expliquée. On sait que la législation des Juifs et celle du moyen âge proscrivaient rigoureusement tout mariage entre parents même éloignés, jusqu'au sixième ou septième degré. D'après les usages en vigueur dans les pays protestants, le mariage entre proches parents est seul interdit. Quelle qu'en puisse être l'explication sociologique [3], les raisons morales s'en trouvent dans les considérations suivantes.

La relation naturelle qui existe entre frères et sœurs, ou entre parents et enfants, perdrait son caractère libre et sûr, s'il

---

montré que la mortalité des enfants dans une famille est d'autant plus grande que les naissances y sont plus nombreuses et plus rapprochées.

[1] SPENCER. *Principes de sociologie*, trad. fr. II, p. 218 sqq, 275.

[2] SNORRE STURLESON. *Ynglingesaga*, chap. 4 : « Pendant son séjour chez les Vans, Njord eut pour épouse sa sœur, car leur loi le permettait... Mais chez les Ases, il était interdit d'épouser d'aussi proches parents. »

[3] Il est peu vraisemblable que l'expérience de la débilité des enfants issus de mariages consanguins ait pu exercer sur ce point une influence déterminante. On n'a pas réussi jusqu'ici à démontrer la nécessité de cette débilité. S'il existe des dispositions morbides dans les familles, celles-ci sont naturellement transmises et accrues par de fréquentes unions entre ses membres. — STARCKE (*La famille primitive*. Paris, 1891, p. 223 sqq) essaie de donner une explication sociologique, sans être pourtant en mesure de rendre compte de la persistance du sentiment, qui serait dû à l'origine aux conditions économiques.

pouvait exister entre eux un rapport sexuel, avec toutes les passions qui s'y rattachent. L'entière confiance qui doit être la base de cette relation naturelle, lorsqu'elle a toute sa valeur, lui serait enlevée si l'amour sexuel pouvait s'y mêler [1]. D'autre part, il est pour ainsi dire naturel que l'amour sexuel ne trouve point dans l'accoutumance et la familiarité domestiques, ni dans le sentiment de solidarité originelle qui règne dans les rapports entre parents et enfants ou entre frères et sœurs, des conditions favorables à sa naissance. L'émotion amoureuse exprime un besoin d'extension qui trouve sa meilleure satisfaction dans l'union avec une personne d'une autre famille. Toute émotion est suscitée par quelque chose d'inconnu, d'encore inéprouvé. C'est pourquoi, dans les circonstances ordinaires, l'émotion amoureuse n'existe pas entre frère et sœur : ils ne se sentent pas tellement différents l'un de l'autre, et leur relation mutuelle n'attend point pour s'établir l'excitation d'un appétit particulier. C'est un caractère propre de l'amour, de nous révéler une personne étrangère : c'est pourquoi il se fonde sur l'intelligence et le choix. Les relations entre frère et sœur ou entre parents et enfants, au contraire, ne doivent leur naissance à aucune découverte ni à aucun choix, mais elles sont données comme des relations naturelles.

4. — La conclusion d'un mariage amène naturellement chez les deux contractants de nouveaux devoirs et de nouveaux droits, soit entre eux, soit à l'égard des autres. La communauté établie embrasse toutes les faces de la vie ; aussi importe-t-il qu'elle soit constatée. La formation d'une nouvelle cellule sociale intéresse aussi d'autres individus que les deux contractants. Non seulement leurs familles, mais aussi l'Etat, qui peut avoir à protéger les droits établis par le mariage, ont intérêt à la proclamation officielle de l'union. Le mariage n'est point entravé pour cela dans sa liberté ; il ne fait que recevoir un cadre extérieur. Lorsqu'une fois le sentiment personnel a parlé et qu'il a formé le nœud, l'organisation du côté extérieur, social et juridique n'est que la simple acceptation de toutes ces conséquences,

---

[1] Cf. déjà MAIMONIDE, philosophe juif du XII° siècle (STÄUDLIN. *Geschichte der Vorstellungen und Lehren von der Ehe*. Göttingen, 1826, p. 457). Parmi les auteurs modernes, voir HUGO GROTIUS. *De jure belli et pacis*, II, 5, 12-13. — HUME. *Essais de morale ou Recherches sur les principes de la morale*, traduit de l'anglais. Amsterdam, 1760, sect. IV.

et aucun sentiment de liberté, si romantique soit-il, ne saurait en être blessé.

Toutefois, la valeur morale du mariage ne dépend point de la « sanction » qu'il reçoit du côté de la société et de l'Etat. Une pareille opinion ne pourrait se soutenir que du point de vue du principe de l'autorité. Le mariage reçoit toute sa valeur morale par la libre déclaration des deux contractants seuls, et le rôle de l'Etat ne saurait être autre que de fixer et de protéger les devoirs et les droits qu'ils assument par là. Confondre la conclusion morale du mariage avec sa constatation officielle, c'est confondre l'amande et le noyau, et cela, que la constatation soit faite par le clergé ou par un fonctionnaire civil. Un mariage peut exister en esprit et en vérité sans ces formes extérieures, et il serait barbare d'imposer à quelqu'un par la force, comme on l'a proposé, l'observation de ces formes. Le besoin de donner une authenticité à la conclusion du mariage tenait primitivement à la valeur sociale de cette union, en tant qu'elle marquait l'établissement d'un nouveau foyer. Avec le développement du droit civil, la déclaration publique, sous forme verbale ou écrite, devint l'essentiel et l'introduction de l'épouse dans la maison de l'époux, qui était autrefois le signe de la fondation d'une nouvelle famille, et constituait à ce titre la partie capitale de la cérémonie nuptiale, est tombée peu à peu au rang de simple coutume [1]. Toutefois l'acte juridique substitué à la forme de constatation qui s'était spontanément établie ne prit pas tout de suite une forme purement civile, mais il s'entourait de symboles religieux. Il est vrai que l'Eglise chrétienne garda longtemps le souvenir de la forme primitive, car pendant longtemps elle ne regardait point l'acte religieux comme une condition nécessaire d'un mariage valable. D'après la doctrine catholique, le mariage était un sacrement reçu par l'homme et la femme, même s'ils s'unissaient sans prêtre et sans témoins ; aussi est-ce par une véritable inconséquence que le concile de Trente admit la nécessité d'une cérémonie religieuse [2].

---

[1] Leist. *Alt-arisches jus civile*. II, Iéna, 1896, p. 120 sqq.

[2] Cette inconséquence est montrée très clairement par Paolo Serpi, dans son *Histoire du concile de Trente* (trad. fr. par Amelot de la Houssaie, Amsterdam, 1686, p. 765) La bénédiction religieuse du mariage fut d'assez bonne heure en usage dans l'ancienne Eglise ; elle ne devint une loi qu'à partir des empereurs romains d'Occident dans l'Eglise grecque, et pour ce qui est de l'Eglise romaine, à partir du concile de Trente. —

Les dispositions contenues dans les lois de l'Etat relativement au mariage ne portent pas seulement sur les conditions dans lesquelles il peut en résulter des effets juridiques, mais ont aussi en vue la détermination de la situation respective des époux. Elles portent encore, à un haut degré, l'empreinte de cette idée que l'homme est le seigneur et maître de sa femme, et qu'elle est soumise à son autorité.

Or il est de l'essence de la monogamie libre que la situation juridique de la femme dans le mariage soit l'égale de celle du mari. Celui-ci ne devrait pas pouvoir disposer sans son consentement du patrimoine de sa femme et des biens qu'elle aurait personnellement acquis. Pour toutes les décisions importantes, relatives aux intérêts communs, elle devrait avoir voix au chapitre. En fait, sans doute, elle exerce ordinairement une grande influence, et elle a sa part de responsabilité morale dans les résolutions prises ; mais cette responsabilité serait fortifiée, si elle avait légalement une part dans l'administration. Si on lui refuse le droit de donner son consentement aux mesures prises par le mari, il conviendrait au moins qu'elle puisse se sauver, elle et ses enfants, de la ruine imminente [1]. A mesure qu'un meilleur système d'éducation développera son esprit, et qu'elle acquerra une plus grande indépendance et une plus grande expérience pratique, par les occasions plus nombreuses qui lui seront offertes

---

Que l'Eglise protestante ait, elle aussi, admis d'abord la validité des mariages secrets, c'est ce qu'on peut voir par le *Livre de la Visitation* de Peter Plade, premier évêque protestant de Seeland (édition de S. Grundtvig, p, 82 sqq), où la célébration publique à l'église est seulement recommandée à cause de l'importance qu'il peut y avoir, au point de vue juridique, à pouvoir attester par témoins la célébration du mariage. — Sur cette question et d'autres connexes, consulter J. Nellemann. *Retshistoriske Bemärkninger om kirkelig Vielse* (Remarques historico-juridiques sur le mariage religieux). Historisk Tidsskrift, 5ᵉ série, vol. I.

[1] On peut se faire une idée de ce que la femme est capable d'obtenir, même en dehors de ses droits légaux, par le parti que les femmes d'ouvriers surent tirer à Rochdale de la célèbre coopérative de consommation, établie dans cette localité. « Maintes femmes s'associent parce que leurs maris ne veulent pas s'en donner la peine, et d'autres pour se défendre et empêcher le mari de dépenser au cabaret les ressources de sa famille. Le mari ne peut pas retirer de la société les fonds placés au nom de la femme, sans avoir obtenu la signature de celle-ci. » (Stuart Mill. *Principes d'économie politique*. IV, 7, 6. trad. Dussard et Courcelle-Seneuil. 3ᵉ éd. Paris, Guillaumin, 2ᵉ vol. p. 348 n). Sans doute, la loi du pays permet au mari d'obtenir l'argent au moyen d'un procès ; mais un procès demande du temps, et avant que la justice ait suivi son cours, l'homme réfléchit et revient à de meilleures idées.

de connaître la vie autour d'elle, une pareille organisation deviendra possible sans mettre obstacle aux entreprises raisonnables et légitimes. Si l'on établissait les droits de la femme, lors de la conclusion du mariage, comme une chose qui va de soi, il n'y aurait là rien qui pût nuire à l'étroite union des époux, et on lui assurerait au moins une protection, pour le cas où la désunion et le désaccord surviendraient dans le ménage. On dit souvent, pour repousser les idées exprimées ici, que le mariage doit être une union toute de confiance, non un lien de droit, et que par conséquent c'est l'unité, non la diversité qui doit en constituer l'essentiel. Mais on a aussi affaire à un lien de droit, quand toute la puissance est attribuée à une seule des parties. Assurer cette puissance à l'homme, c'est évidemment accentuer la diversité des deux parties beaucoup plus fortement qu'on ne le ferait en leur attribuant un pouvoir égal au point de vue économique et juridique. Il se peut qu'une organisation de ce genre présente des difficultés techniques ; mais l'avenir réussira certainement à les surmonter [1]. Quant à la puissance intellectuelle et morale, elle ne peut naturellement s'établir ni par la tradition ni par la loi, et la distribution réelle des facultés se trouve d'ailleurs souvent (et se trouvera de plus en plus fréquemment) dans une disproportion comique avec la distribution traditionnelle et juridique de la puissance extérieure. Au reste, un certain nombre de progrès qui ne sont point à dédaigner, en ce qui concerne la condition juridique de la femme mariée, ont été faits dans ces derniers temps en Allemagne — pays où l'indépendance de la femme rencontre les plus vives résistances — lors de la confection du nouveau code civil impérial. Sans doute, le projet d'après lequel, en cas de dissentiments d'ordre économique, la décision devait appartenir à celui des époux dont les biens pourvoieraient pour la plus grosse part aux frais d'entretien de la famille, a été repoussé, et le projet d'après lequel la femme aurait eu le droit de garder son nom de famille a subi le même sort. Mais, grâce à leurs partisans au sein de la commission législative et du Reichstag, les femmes allemandes

---

[1] Dans la secte russe des Molokanes, la communauté des biens existe entre le mari et la femme, et l'homme ne peut, sans le consentement de la femme, ni aliéner ni hypothéquer ses biens. La femme molokane est dès sa plus tendre enfance habituée à l'indépendance, et sa vie mentale se développe d'une manière autonome (dans le cadre puritain de la secte). Voir N. Tsakni : *La Russie sectaire*, Paris, 1888, p. 163 sqq.

n'en ont pas moins obtenu le droit d'être nommées tutrices et de faire partie d'un conseil de famille. On a admis, en même temps, que le mari n'aurait le droit d'interdire à sa femme l'exercice d'une profession ou d'un métier qu'avec l'autorisation du tribunal. Evidemment ce n'est là qu'un petit pas dans le sens de ce que réclament la justice et le développement croissant de l'aptitude de la femme aux travaux pratiques et théoriques. Les associations féminines allemandes ont élevé d'énergiques protestations contre les bornes mises par le nouveau code aux droits et aux devoirs de la femme.

5. — Si la monogamie règne en Europe, c'est surtout au droit romain que nous le devons. Notre mariage, c'est le mariage romain, moins le droit facultatif de divorce, qui joua un si grand rôle dans les derniers temps de la République[1]. D'après la stricte doctrine chrétienne, le divorce est inadmissible, s'il n'y a pas infidélité physique. Mais il arrive ici ce qui arrive souvent aux conceptions idéalistes à l'excès, c'est d'attribuer précisément au côté physique une importance exagérée et contraire à la nature. Il peut y avoir une infidélité du cœur et de la volonté, bien plus nuisible à l'union tout entière que l'infidélité physique. Le mariage peut se trouver dissous dans son esprit et son essence par la disparition du sentiment qui devrait le soutenir et l'animer. Une fois la vie disparue, la forme extérieure peut sans doute subsister par contrainte, mais elle n'a plus alors aucune valeur. La loyauté et la franchise sont des conditions vitales du lien conjugal ; quand elles font défaut, il ne saurait y avoir de dévouement libre et sans réserve. La résignation et l'empire sur soi-même peuvent faire beaucoup, mais leur pouvoir a ses limites, et une fois que le sentiment vivifiant s'est complètement tari, rien ne saurait le remplacer. Comme nous l'avons déjà montré (XVI, 3), il n'est pas nécessaire qu'il y ait de la faute d'aucune des parties, et cependant la liaison, dépourvue d'appui, peut devenir désastreuse. Les conséquences malheureuses s'étendent à toute la famille. L'indifférence et la froideur, ou même l'amertume et l'hostilité des parents l'un pour

---

[1] Cf. Henry Maine : *Early History of Institutions*, p. 60. Lecky : *History of European Morals*, II, p. 316. Renan : *Marc-Aurèle*, p. 547. Leist : *Alt-ar. jus. civ.*, I, p. 433. — D'après Lagarde : *Deutsche Schriften*, Gesamtausgabe. Göttingen, 1886, p. 29, la polygamie a dû se conserver chez les Juifs jusque vers l'an 1000.

l'autre seront une atmosphère des plus nuisibles au développement des enfants.

Si l'organisation juridique veut être un appui pour la vie morale de la famille, elle ne doit pas opposer de trop grands obstacles au divorce, car ce serait rabaisser le mariage à une institution despotique. Les intérêts des divers individus exigent que pour la dissolution du mariage, aussi bien que pour sa conclusion, certaines formes soient prescrites. Ces formes ont pour objet non seulement de protéger les époux contre des empiètements réciproques, mais encore de préserver chacun d'eux contre sa propre précipitation. Il faut qu'il s'écoule un certain délai avant que le divorce reçoive son plein effet, et ce délai devrait être prolongé, quand l'une seulement des parties demande la dissolution du mariage. La fidélité a ses droits, et il faut lui laisser le temps d'éprouver sa force. Estimer comme le fait WILHELM VON HUMBOLDT, dans un écrit de jeunesse sur les limites de l'Etat, que le désir exprès de l'une des parties doit suffire pour faire dissoudre le mariage, c'est faire preuve d'un individualisme exagéré.

Les maux qui résultent d'un mariage dissous par le divorce seront un avertissement suffisant pour les gens que la facilité du divorce pourrait entraîner à se marier à la légère, en sorte qu'il n'y a pas à redouter qu'une loi trop libérale sur le divorce affaiblisse le respect général du mariage. Dans l'Etat d'Indiana, qui possède depuis assez longtemps des lois libérales en matière de divorce, la vie de famille est aussi belle et aussi durable qu'à New-York et dans la Caroline du Sud, où elle ne peut être dissoute que pour une cause unique. Chez quelques sectes russes (les Douckhobors, les Molokanes) où les divorces sont fréquents et faciles à obtenir, règnent des idées nobles et élevées sur le mariage, et d'une manière générale leur niveau moral paraît plus élevé que celui de leurs voisins orthodoxes[1]. Des lois sévères sur le mariage (notamment l'interdiction ou les difficultés opposées au mariage des divorcés) n'ont jamais été capables de sauvegarder ou de favoriser la moralité. Elles accablent et entravent les cœurs purs et élevés, les autres ne s'arrêtent point pour si peu, mais trouvent toujours des issues. Dans

---

[1] *History of Women Suffrage*, Boston, 1878, I. p. 742. LECKY : *History of European Morals*, II. p. 325 sqq. — TSAKNI : *La Russie sectaire*, p. 143 sqq; 152.

les pays catholiques, comme par exemple en Italie, où le divorce est interdit, les liens conjugaux sont très dépréciés dans beaucoup de sphères, au point qu'on réclame le droit de divorcer, pour sauvegarder la dignité et la sainteté du mariage[1]. Suivant un statisticien français, la fréquence du divorce ne dépend pas des lois, mais des mœurs, de la religion, de la race, de la classe à laquelle on appartient. En outre, il semble que les divorces soient surtout fréquents dans les pays où se produisent aussi le plus de suicides, et où l'on rencontre par conséquent le plus grand nombre d'individus mal équilibrés. Le plus souvent c'est la femme qui demande le divorce, et celui-ci est relativement rare quand il y a des enfants[2].

[1] Mantegazza : *Die Physiologie der Liebe*, ch. 20 et 21.
[2] I. Bertillon dans le *Dictionnaire des sciences anthropologiques*, p. 384-385. — Cf. L'article de H. Westergaard dans la « Nationalökonomisk Tidsskrift », 1887. — W. F. Willcox : *The Divorce Problem*. New-York, 1891.

## 2. — SITUATION ET CONDITION DE LA FEMME

### XVIII

### DONNÉES SOCIOLOGIQUES

1. La situation de la femme est encore aujourd'hui un sujet de discussions. — 2. Action réciproque de la nature et des conditions vitales. — 3. Triple forme de la division du travail entre l'homme et la femme.

1. — L'étude de la situation morale de la femme forme le complément naturel de la doctrine qui précède sur la monogamie libre. Nous avons vu que celle-ci n'est véritablement réalisée que si non seulement l'homme, mais aussi la femme, possède la faculté et le droit de mener une existence humaine indépendante. La femme ne peut tenir sa place dans le mariage que si la possibilité lui est offerte de jouer aussi un rôle en dehors de lui. Son choix n'est libre que si les deux éventualités s'ouvrent devant elle : quelle que soit celle qu'elle préfère, elle ne la tiendra pas pour un simple moyen d'assurer son existence, mais pour une occupation destinée à remplir sa vie. Le temps viendra certainement où il sera inutile de donner des raisons spéciales pour établir le droit de la femme à se développer d'une manière indépendante et à se choisir librement une occupation. De même que, dans la morale actuelle, on ne consacre pas une section spéciale à la situation et à la condition de l'homme, il n'en sera pas davantage besoin en ce qui concerne la femme, dans la morale de l'avenir. Mais jusqu'ici l'idée subsiste encore que la femme, par suite de sa nature, n'est propre qu'au rôle d'épouse et de mère, et que toute tentative faite pour lui permettre d'en jouer un autre repose sur une dangereuse erreur.

2. — Sur la nature de la femme, deux opinions radicalement différentes sont en présence. L'une (soutenue dans l'antiquité par Platon, dans les temps modernes par Stuart-Mill) admet que la différence entre les facultés de l'homme et de la femme, si elle existe, n'est qu'une différence de degré, l'autre (soutenue, entre autres par Spencer) veut que la différence de nature soit si profonde et si bien établie qu'elle doive toujours entraîner une différence qualitative dans les situations et les fonctions.

Il faut toujours être prudent lorsqu'on parle de particularités ou de différences naturelles, comme si elles étaient éternelles et immuables. La nature se trouve, surtout dans le domaine des êtres vivants, dans une perpétuelle évolution. La nature actuelle que nous voyons est toujours, elle aussi, un *résultat*, et une autre en sortira à son tour. D'autre part, cette évolution ne se produit néanmoins que lentement, et nous devons bien prendre garde à quel point nous en sommes au moment donné.

De plus, la nature et la condition de la femme exercent une action réciproque l'une sur l'autre, sa condition est déterminée par sa nature, mais réagit à son tour sur celle-ci. C'est pourquoi sa nature dépend en grande partie de ce qui est exigé d'elle et des droits qu'on lui accorde. Ce dont il s'agit, ici comme partout, c'est de proportionner les exigences et les droits de manière à satisfaire la nature, tout en la développant en même temps dans la direction favorable.

3. — Si nous considérons la nature et la situation de la femme aux différentes époques et dans les différents lieux, nous trouvons diverses formes de répartition du travail entre elle et l'homme.

La femme est d'abord la première esclave. Elle doit s'occuper de tous les travaux dont l'homme ne veut point, porter ou traîner les fardeaux, prendre soin de l'habitation, des vêtements et de la culture du sol. Elle est estimée avant tout d'après sa capacité de travail[1]. Dès l'enfance, elle occupe un rang

---

[1] Voir p. ex. Th. Waitz : *Die Indianer Nordamerikas*, p. 99. — F. Müller : *Allgemeine Ethnographie*, p. 161; 288 sqq. — Spencer (*Principles of Ethics* § 428) pense que la manière dont les femmes sont traitées est le plus triste spectacle que nous offre l'histoire, et que l'histoire non écrite, si nous la connaissions, serait plus triste encore sur ce point. Le cannibalisme et les mauvais traitements infligés aux captifs ne se seraient produits que d'une manière occasionnelle; la brutalité dans le traitement des femmes serait au contraire universelle.

inférieur à ses frères. Bien qu'elle appartienne au sexe le plus faible, il faut qu'elle emploie courageusement ses forces. D'ailleurs la somme de ces forces dépasse celles de la femme civilisée. Pour ne citer qu'un exemple, une femme indienne accouche fréquemment toute seule et retourne aussitôt après à ses rudes travaux. Suivant quelques érudits, chez les premiers hommes dont nous trouvions la trace, la différence de vigueur et de structure n'était pas aussi grande entre les deux sexes qu'elle l'est devenue plus tard, par suite d'un changement dans la répartition du travail.

Une nouvelle répartition se produit, lorsque les travaux les plus durs sont attribués à l'esclave. La femme dès lors ne s'occupe plus que des travaux intérieurs du ménage. Elle reçoit à ce moment son domaine propre, qu'elle a conservé jusqu'aujourd'hui, dans des conditions diverses suivant que la forme dominante du mariage a été la polygamie ou bien la monogamie.

Enfin de nos jours, en plusieurs pays, l'occasion s'est offerte aux femmes d'exercer leur activité dans toute une série de sphères que l'on regardait auparavant comme le monopole des hommes. Elles sont aujourd'hui médecins, avocates, religieuses, ingénieures, employées de bureau ou de chemin de fer, etc., et sont parfois électrices aux assemblées communales et politiques. Par là s'est ouverte à la femme la perspective d'une évolution et d'une condition tout autres que celles qu'on regardait autrefois comme les seules naturelles. Toutefois, bien des gens mettent encore en doute la nécessité ou l'utilité de ces innovations.

L'étude de cette question présente un intérêt d'autant plus considérable que la situation faite à la femme constitue, peut-on dire, un critérium de l'avancement moral du genre humain. Le Grec se vantait de sa supériorité sur les Barbares dans la manière de traiter les femmes; le Romain se vantait d'être supérieur au Grec pour la même raison, et le chrétien fait de même par rapport au Romain.

L'histoire montre cependant que la condition de la femme aux différentes époques n'a pas seulement été déterminée par la répartition économique et sociale du travail, mais encore par le caractère entier de la formation générale et de la vie de l'esprit.

Dans la civilisation grecque, ce sont surtout les philosophes stoïciens qui ont soutenu l'égalité morale de l'homme et de la femme. S'il est effectivement certaines tâches plus particulièrement faites pour les hommes et d'autres pour les femmes, il n'y avait cependant, à leur avis, aucune ambition légitime d'où l'un des deux sexes dût être exclu. Les Stoïciens postérieurs demandaient que la jeunesse de l'un comme de l'autre sexe fût instruite dans la philosophie. Ce sont les mêmes philosophes qui ont eu du mariage, considéré comme une intime communauté de vie, la plus noble conception de l'antiquité : un développement intellectuel plus complet était, à leurs yeux, la condition nécessaire pour que la femme pût tenir convenablement sa place au foyer domestique. C'est là un progrès considérable, si l'on songe que les femmes athéniennes étaient exclues de toute culture intellectuelle, et que les hommes pouvaient satisfaire seulement dans le commerce des courtisanes leur besoin de fréquenter des femmes cultivées.

Le christianisme également contribua à élever la condition de la femme, en établissant entre l'homme et elle une plus profonde communauté d'esprit. La foi et l'espérance leur étaient en effet communes, et leur vie à tous deux avait pour base l'attente des grands événements qui devaient arriver dans un avenir prochain. L'attente de la fin imminente du monde donnait à la vie de tous les individus un but élevé, tout à fait indépendant de leurs conditions particulières. Dès lors la femme pouvait réaliser sa destinée personnelle, même sans être ni épouse ni mère. Pour des raisons ascétiques, le christianisme primitif avait même une préférence pour le célibat, surtout pour l'état de virginité. En faisant complètement abstraction des motifs sur lesquels on se fondait, c'est assurément un fait d'une importance considérable que la vie de la femme ait ainsi reçu une raison d'être sérieuse, indépendante de son rôle dans la famille. En présence de cette innovation capitale, peu importe que la femme ait été encore maintenue dans un état d'infériorité, à la manière orientale, n'ayant pas le droit de parler à l'Eglise et devant se contenter des enseignements de son mari au foyer domestique. L'essentiel c'était le grand principe, gloire impérissable du christianisme primitif, qui proclame les biens suprêmes accessibles à tous les hommes, sans distinction de sexe, de condition ou de race.

A la Renaissance, le mouvement considérable d'idées qui se produit alors profite aux femmes comme aux hommes, et le vigoureux développement des individualités a lieu à la fois dans l'un et l'autre sexe. Mais c'est un caractère propre de l'époque que ce développement de la personnalité n'ait d'abord été possible qu'aux femmes mariées. Les jeunes filles étaient, pour la plupart, élevées dans les couvents, et leur formation active ne commençait qu'avec le mariage. Sous ce rapport, une singulière disparité régnait alors dans la condition des femmes, comme il arrive souvent encore aujourd'hui dans les pays latins.

Ce qui résulte, en somme, de ces indications historiques, c'est que, toutes les fois qu'il se produit un grand mouvement d'idées, ayant un retentissement profond dans la vie humaine, se produit aussi une tendance à mettre les femmes sur le même pied que les hommes. Toute extension notable de l'horizon intellectuel fait disparaître la différence considérable autrefois établie entre les conditions des deux sexes.

# XIX

# LA SITUATION MORALE DE LA FEMME

1. La femme dans la famille. — 2. Surabondance des femmes. — 3. Particularités féminines. — 4. Témoignage de l'expérience. — 5. L'émancipation considérée comme devoir. — 6. Droits politiques.

1. — La femme a été destinée par la nature à porter en elle le germe de la nouvelle génération et à le nourrir jusqu'à ce qu'il soit en état de vivre d'une vie séparée. Que cette destination naturelle détermine son organisation totale, cela n'est pas sérieusement contestable. Mais dès lors il ne saurait lui rester pour d'autres fonctions la même énergie que celle dont l'homme dispose. C'est pourquoi le sexe féminin est le sexe faible, et c'est pourquoi aussi sa nature est meilleure et plus pure que celle de l'homme. Alors même que sous tous les autres rapports domine la bestialité et la cruauté, on trouve cependant un premier germe d'humanité dans le rapport de la mère et de l'enfant. Dans le culte de la madone survit encore cette idée que la maternité est la source de tout ce qu'il y a de bon dans le monde humain.

La reconnaissance du droit de la femme devait commencer par l'aperception de la grande importance pour l'espèce de la fonction qu'elle doit remplir comme être naturel. Lorsque (dans la seconde répartition du travail) on reconnut son sexe comme le plus faible, et qu'on lui retira les plus lourdes tâches, ce fut un grand progrès. Pourtant il n'est pas encore réalisé complètement. Dans la classe pauvre, la femme est souvent obligée de se livrer à des travaux si durs que ses devoirs de mère en souffrent, et un des graves aspects de la grande question sociale est justement la recherche des moyens de permettre à la femme de se consacrer à son ménage et à ses enfants[1]. — La reconnaissance de la grande importance de la femme pour le ménage marque un pas en avant sur lequel on ne peut ni ne doit revenir. Si la femme perdait la place naturelle qu'elle tient dans la famille, cette perte ne saurait être compensée par aucun progrès sous quelque rapport que ce soit. L'importance considérable de la vie familiale pour l'évolution de l'espèce repose avant tout sur la situation qu'y occupe la femme comme mère, comme épouse, ou comme sœur. Mais précisément parce que la tâche ainsi remplie par la femme a son fondement profond et solide dans la nature, nous n'avons pas besoin de veiller avec inquiétude à ce qu'elle soit acceptée. La nature n'a pas besoin de notre protection : elle saura bien se faire sentir d'elle-même. De plus, les diversités réellement existantes entre l'homme et la femme se manifesteront toujours, si elles ne sont pas dues à des circonstances passagères, plus ou moins artificielles. Suivant l'opinion de STUART MILL (dans son ouvrage sur « l'assujettissement des femmes »), les idées que l'on s'est faites de la nature et des capacités de la femme reposeraient uniquement sur la coutume et la tradition et non sur l'expérience réelle ; ce que nous appelons la « nature féminine » ne serait qu'une création artificielle. Par suite, il faudrait, suivant lui, supprimer les barrières mises jusqu'ici au développement et à l'emploi des facultés féminines, pour pouvoir être en mesure de connaître la véritable nature des femmes. Pour la première fois dans l'histoire du monde, il faudrait laisser l'expérience donner son vrai témoignage en cette matière. — Mill s'attendait à ce que la capacité de la femme se manifestât, si on lui laissait davantage de liberté, avec un éclat extraordinaire. Il est douteux que l'expérience vérifie ces belles espérances ; aussi bien n'est-ce pas nécessaire pour justifier les exigences que Mill désirait voir s'imposer.

Comme nous l'avons déjà remarqué, c'est justement le désir de mettre la femme à même de tenir sa place d'une manière encore plus complète et plus libre qui a amené la revendication pour elle d'un développement moins restreint de ses facultés. Même si elle ne prend point part au travail proprement productif, sa qualité de « directrice de la consommation » dans le ménage, réclamera la présence en elle de facultés d'ordres divers. En

[1] Voir JEVONS : *Married women in factories* (Methods of social Reform, Londres, 1883).

outre, afin de pouvoir suivre avec intelligence et sympathie les efforts de son mari, de pouvoir être sa conseillère, et aussi de pouvoir diriger l'éducation de ses enfants, il faut qu'elle soit orientée le mieux possible dans le domaine intellectuel et social. L'influence considérable que la femme a dans la famille et qu'elle exerce par là sur l'ensemble de l'évolution morale, sociale, religieuse et politique, rend nécessaire une culture aussi riche que possible de ses facultés.

Ajoutez à cela que les soins du ménage et le travail productif ne s'excluent pas toujours. La capacité de travail de la femme pourra être utilisée aussi à la production, et ce n'est pas un mal, lorsque ce travail ne dépasse point le cercle de la vie familiale [1]. Même si la femme entre dans des voies où l'homme marchait seul jusqu'ici, elle ne saurait, au cas où la nature et les aptitudes des deux sexes présenteraient réellement d'aussi grandes différences qu'on l'admet souvent, perdre son originalité propre dans les nouvelles conditions. Comment cette originalité se manifestera-t-elle ? L'expérience seule peut le montrer.

2. — Des circonstances indépendantes de leur volonté font que les femmes ne peuvent pas toujours remplir l'unique destination que leur assignent les adversaires de l'émancipation féminine. En partie la mortalité, en partie l'émigration font qu'en Europe et dans les Etats de l'est de l'Amérique du Nord, le nombre des femmes dépasse celui des hommes. En Allemagne il y avait, il y a quelques années, 800 000 femmes de plus que d'hommes, en 1880 le Massachussetts en avait 66 000 de plus que d'hommes. A la campagne, le nombre des femmes non mariées est relativement un peu plus considérable que celui des célibataires hommes, ce qui s'explique parce que la mort enlève relativement davantage d'hommes, en sorte que les femmes ont moins de chances de pouvoir se marier. L'excédent considérable des femmes dans les villes trouve en majeure partie son explication dans ce fait qu'il y a plus de femmes que d'hommes venant des champs dans les villes. C'est un fait que non seulement il y a, d'une manière générale, plus de femmes que d'hommes, mais encore c'est spécialement le

---

[1] Cf. Marcus Rubin : *Om Kvindens Adgang til Erhverv* (Sur le pouvoir d'acquisition de la femme). Copenhague, 1886, p. 10 sqq. — Mary Gilliland : *Women in the community and in the family* (International Journal of Ethics, 1893).

cas pour les âges où le mariage est naturellement le plus fréquent (entre vingt et quarante ans).

Sur environ 300 000 femmes, existant au Danemark en 1880, plus de 38 p. 100 étaient célibataires, veuves ou divorcées [1]. On dira peut-être à cela, avec un statisticien allemand, qu'un excédent de population féminine constitue un « mal social »; mais cela ne le supprime pas, et on n'a pas le droit de considérer les personnes formant cet excédent comme des êtres superflus. Il faut donc s'efforcer de transformer ce mal social en un bien social, en utilisant ces forces en apparence superflues. Elles ne le sont que si l'on s'en tient à la seconde des répartitions du travail que nous avons énumérées, sans vouloir reconnaître la troisième. Malthus a été le premier à demander qu'on tînt un plus grand compte des femmes non mariées, et il y a été amené par ses études sur la question féministe [2].

3. — On a prétendu que la nature physique et psychique de la femme manquait des conditions nécessaires pour un développement et une culture capables de la mettre sur le même pied que l'homme.

Qu'elle soit en général plus faible que l'homme sous le rapport physique, nous l'avons déjà dit. Pourtant son histoire antérieure montre que ses forces peuvent faire plus qu'on ne l'admet d'ordinaire aujourd'hui. La vie civilisée, avec sa spécialisation à outrance, a également développé la femme d'une façon trop spéciale. Une éducation et une culture plus saines et plus naturelles feront voir les choses sous un autre jour. Il faut noter en particulier que le sens dans lequel s'orientent toutes les saines réformes de l'éducation et de l'instruction viriles rendent justement plus facile l'application aux deux sexes de la même culture. Une plus grande importance attachée au développe-

---

[1] Rümelin : *Bevölkerungslehre* (Schönbergs Handbuch der politischen Œkonomie), p. 1207-1309. — Rubin : *Om Kvindens Adgang til Erhverv* (la capacité d'acquérir chez la femme), p. 21. — La Revue « Kvinden og Samfundet » (La femme et la société). — Rubin og Westergaard : *Aegteskabsstatistik*, p. 67. — *Statistik Aarbog*, édité par le bureau statistique de l'Etat danois, 1896, p. 15-19.

[2] Naguère encore un philosophe allemand considérait comme égoïste et moralement condamnable le fait d'une jeune fille se donnant — pour s'assurer la liberté de choisir un époux conforme à ses goûts, — une culture qui permettrait à sa vie de prendre une valeur plus grande par une autre fonction que la fonction conjugale ! Voir A. Dorner : *Das menschliche Handeln*. Berlin, 1895, p. 422 sqq.

ment de la faculté intuitive, à la pensée personnelle, à l'exercice du système musculaire, tout cela manque autant à la femme qu'à l'homme. La différence des forces physiques, qui subsiste sans doute, n'a pas besoin d'être plus grande que celle existant entre les hommes[1].

Croire que le sentiment est la faculté maîtresse dans la psychologie de la femme, et que par suite elle n'est point appelée à un développement intellectuel plus élevé et plus indépendant, c'est partir d'une opposition entre le sentiment et la connaissance que la psychologie ne justifie point. Le développement de la sensibilité n'empêche pas nécessairement celui de l'intelligence. L'opposition n'existe qu'entre la connaissance et la sensibilité dans les mouvements les plus violents, c'est-à-dire dans les émotions. Mais les sentiments ayant plutôt le caractère de la profondeur que celui de la violence n'entravent pas forcément le développement de la faculté de penser, et même ils peuvent le favoriser. C'est ainsi qu'une vive sympathie conduit tout naturellement à s'enfoncer dans l'étude de ses objets, à les saisir dans toute leur originalité : et une pareille sympathie est proche parente de la disposition d'esprit du chercheur. Pour s'éclairer sur lui-même, le sentiment est en général poussé à chercher les causes qui le suscitent, et par conséquent il met l'intelligence en mouvement. Quand même il serait vrai que toutes les femmes sans exception fussent des êtres de sentiment, elles ne seraient pas nécessairement exclues pour cela du droit de chercher un développement plus élevé de leur faculté intellectuelle.

Bien des particularités que l'on donne avec plus ou moins de raison comme caractéristiques de la nature féminine sont certainement dues aux conditions dans lesquelles la femme a longtemps vécu, et elles pourront se modifier avec ces circonstances. Cela s'applique à la particularité psychologique dont nous venons de parler. En effet, l'éducation féminine usitée jusqu'ici n'était guère propre à développer l'intelligence et la volonté de la femme, mais elle a alimenté sans mesure la vie affective, aux

---

[1] Pourtant il semble établi que la parésie générale (sorte de neurasthénie accompagnée de paralysie partielle) est devenue dans ces derniers temps plus fréquente chez les femmes, dans les États civilisés où elles prennent part à la vie cultivée. Mais ce n'est peut-être là qu'un phénomène de transition.

dépens des autres facultés. A cela tient que les femmes sont plus facilement influencées que les hommes par le culte religieux. « Nous lisons que chez les Grecs les femmes étaient plus susceptibles d'enthousiasme religieux que les hommes. Sir Rutherford Alcock nous raconte des Japonais qu'il est très rare de voir dans leurs temples une assemblée composée autrement que de femmes et d'enfants ; les hommes en tout cas ne sont qu'en petit nombre et appartiennent aux classes inférieures. On rapporte que les pèlerins de Jaggernat comprennent au moins cinq sixièmes, et souvent neuf dixièmes de femmes. Et l'on dit des Sikhs que leurs femmes croient à un plus grand nombre de dieux que les hommes [1]. » C'est un fait bien connu que non seulement en Asie, mais encore en Europe, les églises ont dans les femmes leurs fidèles les plus zélés et leurs meilleurs soutiens. Même le « culte de la Raison », établi pendant la Révolution française, avait ses plus zélés partisans parmi les femmes, qui continuèrent à y prendre part alors que les hommes avaient commencé à s'en retirer. Un témoin oculaire rapporte qu'autrefois on voyait plus de femmes que d'hommes dans les églises et que la même chose avait lieu dans les temples de la Raison [2]. Taine [3] croyait pouvoir dire que dans la France d'aujourd'hui, tandis qu'à Paris 1 homme seulement sur 50, et en province 1 homme sur 12 faisait ses Pâques, la proportion des femmes dans le même cas était à Paris de 1 sur 12, et en province de 1 sur 4. En admettant même que ce soit un effet de la nature particulière de la femme, il ne s'ensuit pas que cette nature particulière doive nécessairement se manifester toujours de la même façon ; on n'en saurait conclure que la femme a toujours besoin de croire à une autorité. Edouard de Hartmann [4] pense qu'une femme doit ou bien avoir une foi fondée sur l'autorité,

---

[1] Spencer : *The study of sociology*. Chap. 15. Bachofen (*Das Mutterrecht*. Stuttgart, 1861, p. xiii-xviii) insiste très fort sur ce trait de la nature féminine comme essentiel pour expliquer la domination de la femme qui a existé suivant lui à une certaine étape de l'histoire de la civilisation.

[2] A. Schmidt : *Pariser Zustände während der Revolutionszeit*. III, Iéna, 1876, p. 239.

[3] *Le Régime moderne*, II, Paris, 1894, p. 148.

[4] *Die Phänomenologie des sittlichen Bewusstseins*, p. 521 sqq. Rousseau déjà disait que la femme a d'abord la religion de sa mère et ensuite celle de son mari, ce qu'il trouvait dans l'ordre (Cf. *J.-J. Rousseau und seine Philosophie*, 2ᵉ éd., p. 149).

ou bien prendre pour mari un libre penseur. Elle aurait donc le choix entre deux sortes d'autorité. Mais si elle choisit la dernière (ou encore si elle prend un mari appartenant à une autre religion que celle dans laquelle elle a été élevée), son activité intellectuelle sera nécessairement mise en mouvement; il faut alors qu'elle possède la faculté de s'affranchir de ce qui a gouverné dès le début son développement; pourquoi dès lors serait-elle incapable de se faire, en matière religieuse, une conviction personnelle, quel qu'en soit d'ailleurs le sens ? — Suivant le même auteur, à cause de son sens aigu des cas particuliers et des personnes individuelles, la femme serait inapte à considérer ou à traiter une chose d'après une règle stricte et universelle, par suite elle serait propre au rôle d'avocat, non à celui de juge. En serait-il même ainsi, que le fait de la considérer comme propre au rôle d'avocat serait toujours un progrès. Il ne manque pas d'hommes qui seraient également impropres au rôle de juge, et il y a eu des temps où la femme n'était pas même estimée capable de comparaître comme témoin, ou bien où son témoignage ne comptait que pour la moitié de celui de l'homme[1] ! Il faut se rappeler que pendant très longtemps la vie de la femme s'est écoulée au sein de la famille, où par la force des choses le côté personnel des questions et des faits tient le premier rang, tandis que les vues plus larges et plus impersonnelles reculent à l'arrière-plan. On observera la même particularité chez les hommes dont l'évolution se produit dans des circonstances analogues. Au reste, le sens de l'individuel, dont on objecte contre la femme les côtés obscurs, a d'autre part de grands avantages relativement à la vie pratique : STUART MILL dit de sa femme : « C'était avant tout par la juste mesure avec laquelle elle appréciait l'importance relative des diverses considérations qu'elle contribuait le plus au développement de mon esprit[2]. » Cette juste mesure trouve continuellement son emploi dans les diverses circonstances de la vie, et elle ne court pas les rues.

4. — D'ailleurs l'expérience a déjà donné son témoignage, puisque, en fait, les femmes exercent aujourd'hui leur activité dans une foule de domaines d'où elles étaient autrefois exclues;

---

[1] Post : *Die Grundlagen des Rechts*, p. 451.
[2] *Mes Mémoires*. trad. Cazelles, 3ᵉ éd., p. 241-242.

Personne ne conteste qu'elles n'y tiennent fort bien leur place. Est-ce là, comme le pensent certains partisans enthousiastes de l'émancipation féminine, le début d'une ère nouvelle qui nous révèlera des merveilles encore insoupçonnées, c'est ce que le temps montrera. Mais il n'est pas nécessaire de concevoir des espérances aussi vastes. On a dit souvent que jusqu'ici aucune femme, dans un domaine quelconque, n'a produit d'œuvre de tout premier ordre et on en a fait une objection contre l'aptitude des femmes à travailler d'une manière personnelle ; à quoi il faut répondre que cette mesure n'est pas appliquée non plus quand il s'agit du droit d'un jeune homme à développer les facultés qu'il sent en lui. La plupart des hommes se trouveraient en mauvaise posture si on leur appliquait un critérium aussi idéal, et ils pourraient s'estimer heureux si leur développement mental atteignait, aussi bien sous le rapport de l'intelligence que du caractère, au niveau des Sophie Germain, des George Sand ou des George Eliot.

Il n'y a pas non plus de raison pour statuer, avec un philosophe allemand[1], que rien ne devrait être exécuté par des femmes de ce qui pourrait l'être sans elles. Cette considération non plus, on ne la fait pas valoir à l'égard des hommes. Si on n'était en droit d'exercer son activité que dans les sphères où personne d'autre ne pourrait exercer la sienne, il faudrait se soumettre à un long examen. L'opinion juste est au contraire que tout individu humain, à quelque sexe qu'il appartienne, doit d'abord prendre conscience de ses capacités et de ses désirs, pour choisir sa voie en conséquence. L'expérience montrera ensuite si le choix a été bon. Faire un pareil choix, c'est toujours courir un risque, mais qui ne risque rien n'a rien.

Les différences naturelles, liées à des conditions de vie permanentes et immuables, ne sauraient s'effacer. Mais il n'est pas vraisemblable que toutes les différences que l'on croit pouvoir signaler entre les dons et la nature de l'homme et ceux de la femme soient de cette sorte. Où se trouvent les différences les plus profondes ? C'est ce qui n'apparaîtra au grand jour que si le moyen est laissé aux deux sexes d'employer leurs facultés. On verra peut-être alors que les ressemblances sont plus grandes,

---

[1] Lotze : *Grundzüge der praktischen Philosophie*, § 49.

les différences plus ténues et tout autres que nous ne le pensons maintenant.

Un grand progrès se trouve déjà réalisé sur le xviii° siècle. On regardait alors comme un signe inquiétant le fait d'une femme de la classe moyenne sachant lire et écrire[1], et même GOETHE (*Deuxième épître*) veut que la jeune fille soit élevée à la cuisine, à la cave ou devant la table à ouvrage, autant possible sans autre lecture que celle du livre de cuisine ; « Si alors enfin elle veut lire, elle choisira certainement un livre de cuisine ».

Le mouvement s'est fait pas à pas, et le droit de la femme aux domaines particuliers a rencontré moins de résistance que le principe général de leur « émancipation ». Ce qui se fait lentement et graduellement n'éveille pas une conscience si claire et distincte, et par suite ne suscite pas une résistance si grande que le nouveau et le soudain. Il y a cependant des pays où, à cause de la prépondérance du militarisme et de la bureaucratie, on n'a pas encore réussi à faire les tout premiers petits pas.

5. — Il n'a été question jusqu'ici que de la possibilité et de la légitimité d'un développement personnel et d'une activité indépendante accordés à la femme. Or il peut être question ici non seulement d'un droit mais encore d'un *devoir*. Tout individu a pour tâche de tirer le plus grand parti possible de ses dons naturels, afin de remplir ainsi le mieux possible sa place comme membre du genre humain. Ce que demande la femme, quand elle prétend s' « émanciper », c'est proprement le droit de remplir tout son devoir, de collaborer aux tâches communes. Ce côté de la question se manifeste d'une manière belle et intéressante dans le mouvement féministe de l'Amérique du Nord. La femme américaine ne réclama ses droits que lorsque cela lui devint nécessaire pour pouvoir remplir son devoir. Le mouvement en faveur d'une situation plus libre de la femme est né du mouvement en faveur de l'émancipation des nègres. Dès le début, les femmes américaines prirent une part active à ce dernier mouvement. Mais leur droit à entrer publiquement on

---

[1] « Chez les jeunes filles, écrivait en 1772 un vieux maître d'école, l'écriture n'est qu'un véhicule au service du libertinage. » Justus Möser lui-même disait qu'à la place d'un homme du peuple, il ne voudrait pas épouser une jeune fille sachant lire et écrire (G. SCHMOLLER : *Ueber einige Fragen des Rechts und der Volkswirtschaft*. Berlin, 1874, p. 120).

scène se heurta, même dans une question aussi grande et aussi belle, à une résistance exaspérée, qui atteignit son comble au grand meeting antiesclavagiste de Londres (1840). On voulut en effet en interdire l'accès aux représentantes envoyées par l'Amérique, sous prétexte que ces manifestations féminines « étaient contraires aux mœurs du pays et à loi divine »[1]. C'est seulement alors que commença l'agitation en faveur de l'affranchissement de la femme, à laquelle prirent part tant de femmes éminentes.

6. — Si la femme a la possibilité aussi bien que le droit et le devoir de collaborer aux tâches humaines générales et de se former sa personnalité d'une manière indépendante, on ne saurait lui refuser le droit de vote politique. Elle peut posséder aussi bien que la plupart des hommes les conditions internes requises à cet effet, et elle n'a pas un intérêt moins considérable que l'homme à ce que les affaires publiques soient bien gérées. Par la force des choses, elle ne peut acquérir l'exercice et l'expérience qui lui manquent que par la participation pratique à la vie publique. Déjà maintenant, elle exerce sous le rapport politique une grande influence, mais comme elle est tenue à l'écart de l'expérience pratique, cette influence est bornée et déterminée par des vues trop étroites. De plus, elle n'a pas le sentiment de responsabilité que donnent le droit et le devoir de voter. Si on lui accorde ce droit, les hommes seront forcés de rendre un compte plus sérieux de leur vote, et ils ne pourront plus se contenter si facilement de leur conviction[2]. En admettant que l'homme et la femme votent pour des partis différents, le mal ne serait pas plus grand qu'il peut déjà l'être aujourd'hui quand la femme a des convictions politiques autres que celles de son mari. En l'invitant davantage à penser par elle-même, les droits politiques l'affranchiront aussi de l'autorité des prêtres et des confesseurs, en sorte que le droit de suffrage des femmes

---

[1] *History of women suffrage*, I, p. 55.

[2] Stuart Mill : *Essai sur le gouvernement représentatif*. — Herbert Spencer craint que le droit de suffrage de la femme, à cause de son respect pour toute autorité et de son penchant à mettre la philanthropie au-dessus de la justice, n'ait des conséquences fâcheuses. Il croit cependant que cela tient aux conditions de notre époque de transition, et que le temps viendra où le droit de suffrage des femmes pourra être utile (*Princ. of Eth.*, IV, § 103).

n'amènera pas indéfiniment au clergé plus de voix que celles dont il dispose déjà. — Dans les pays où la femme a déjà reçu ce droit (comme dans quelques districts de l'Amérique du Nord) il semble avoir exercé une heureuse influence sur la vie publique, sans entraîner les inconvénients redoutés.

## 3. — PARENTS ET ENFANTS

### XX

### DONNÉES SOCIOLOGIQUES

1. Pouvoir illimité des parents aux premières étapes de la culture. — 2. Motifs qui ont amené la reconnaissance des droits de l'enfant.

1. — Quoique l'amour maternel se manifeste même aux degrés les plus inférieurs de l'existence humaine, et qu'à prendre les choses dans leur ensemble, nous rencontrions aussi l'amour des parents pour leurs enfants comme un trait fréquent chez les sauvages, on peut dire pourtant que la manière de traiter les enfants et la condition qui leur est faite constituent, aussi bien que la situation faite à la femme, un critérium de l'avancement moral du genre humain. Aux étapes inférieures de la culture, l'enfant est entièrement à la discrétion des parents. Le père a sur lui droit de vie et de mort : il peut le vendre ou le tuer sans avoir de compte à rendre à personne. Le traitement des enfants dépendra beaucoup des conditions extérieures au milieu desquelles vit la famille ou la tribu. Si nous rencontrons la coutume d'exposer les enfants, surtout les enfants difformes, les jumeaux et les petites filles [1], chez presque tous les peuples sauvages et barbares, voire même chez quelques peuples civilisés sous d'autres rapports, la cause primitive de cette coutume a été l'impérieuse nécessité. Une horde nomade de sauvages, perpétuellement exposée à la faim ou à des attaques, se débarrasse par instinct de conservation des enfants, des malades et

---

[1] Il semble donc qu'on ait pensé très tôt qu'un trop grand nombre de femmes était un « mal social ».

des vieillards, qui empêchent la marche rapide ou épuisent les provisions. Chez les sauvages et les barbares, les infanticides sont surtout imputables aux frères ou aux hommes, qui décident au nom de la famille ou de la horde du sort des nouveau-nés. Dans tous les cas — que l'auteur du meurtre soit le père ou la mère — c'est en général la considération de l'intérêt de la tribu qui est le principal motif de l'infanticide, comme d'ailleurs aussi du meurtre des filles. « Partout où l'infanticide se pratique, la lutte pour l'existence devient d'autant moins rigoureuse, et tous les membres de la tribu ont une chance également bonne d'élever quelques enfants qui survivent. Dans la plupart des cas, on détruit un plus grand nombre d'enfants du sexe féminin que du sexe masculin; ces derniers ont évidemment plus de valeur pour la tribu, car, une fois adultes, ils peuvent concourir à sa défense et pourvoir eux-mêmes à leur entretien. Mais plusieurs observateurs et les femmes elles-mêmes indiquent, comme motifs additionnels de l'infanticide, la peine que les mères ont à élever les enfants, la perte de beauté qui en résulte pour elles, la plus grande valeur des enfants et le sort meilleur qui les attend s'ils sont en petit nombre ». [1] Dans notre vie « civilisée » c'est, la plupart du temps la mère, abandonnée et sans soutien, qui tue son enfant, et le motif de l'infanticide est beaucoup plus souvent la honte que la misère [2]. Chez beaucoup de femmes, l'amour maternel ne se manifeste qu'une fois qu'elles ont vu leur enfant et commencé à en prendre soin. DESPINE (dans son *Etude psychologique sur les personnes qui commettent l'infanticide*, au 3e volume de sa *Psychologie naturelle*) rapporte une série d'exemples. On comprend par là qu'une mère abandonnée puisse tuer son enfant aussitôt après

---

[1] DARWIN : *La descendance de l'homme*, traduit de l'anglais par Moulinié. 2e éd. Paris, Reinwald, 1874, II, ch. xx, p. 395.

[2] LECKY : *History of European Morals*, II, p. 47, pense que l'amour maternel est ordinairement plus fort que la misère, mais plus faible que la honte. Il tire cette conclusion de ce que, dans les pays où l'on se montre très indulgent pour les filles-mères, les infanticides sont rares. — Pourtant l'amour maternel peut être affaibli et détruit, comme de tristes expériences le montrent par la misère ou le travail excessif. Cf. JEVONS : *Married women in factories* (Methods of social Reform), p. 157 sqq. 166. — Les femmes des sauvages étaient dans une situation plus avantageuse que les mères abandonnées et les ouvrières des fabriques dans nos grandes villes. La horde tout entière adoptait l'enfant à qui l'on avait permis de vivre, et le travail de la mère ne la séparait pas nécessairement de son enfant.

l'avoir mis au monde : le motif contraire se produit trop tard. Les filles publiques regardent comme un honneur d'avoir un enfant, aussi commettent-elles très rarement l'infanticide. — L'idée du pouvoir absolu du père se maintint dans les cités antiques, et il s'y joignait chez les Grecs l'opinion que l'accroissement limité de la population était une des choses les plus utiles à l'Etat. C'est ce qui explique que les philosophes et les législateurs anciens soutiennent le droit ou même le devoir de mettre à mort l'enfant conçu ou même déjà né. Ils n'introduisaient par là aucune innovation, mais ne faisaient que confirmer une coutume très vieille, dont seulement le chritianisme a amené la ruine, par la sollicitude qu'il témoigne pour l'âme de tout individu humain. C'est seulement depuis lors que l'enfant encore à naître et le nouveau-né ont acquis des droits [1].

2. — Pour l'enfant comme pour la femme, ce furent en partie des raisons économiques qui lui procurèrent des conditions meilleures. Avant que l'idée de la valeur et de l'importance de chaque individu ait pu se répandre partout, ce sont les services que les enfants pouvaient rendre qui ont dû déterminer à les épargner et à les mieux traiter. Les enfants devaient travailler comme les esclaves. Mais à ces motifs d'autres ne tardèrent pas à s'adjoindre, du moins en ce qui concernait les fils. Le fils était aux yeux du père son vengeur naturel pour le cas où il périrait d'une mort violente, et le sacrificateur qui le remplacerait à l'autel familial. C'est seulement en laissant un fils qu'il pouvait s'acquitter de sa dette envers les ancêtres, puisqu'il assurait ainsi la continuation de leur culte. Toutefois, la relation demeura jusqu'à nos jours une relation d'autorité à sujet, la puissance des parents sur leurs enfants restant établie d'une manière qui rappelle la famille primitive. Lorsque l'Etat eut assigné des limites plus étroites à la puissance paternelle, et que les idées de liberté et d'égalité furent arrivées à dominer dans le reste de la société, la relation entre parents et enfants devint plutôt une relation de pure sympathie qu'une relation rigoureuse d'autorité à subordonnés. La famille s'est aussi

---

[1] En ce qui concerne les pays du Nord, voir R. KEYSER : *Efterladte Skrifter* (Œuvres posthumes), II, p. 315. — La stricte doctrine chrétienne allait même si loin que, dans le cas où, au moment de l'accouchement, il fallait sacrifier soit la mère soit l'enfant, c'est la mère qu'on sacrifiait pour empêcher l'enfant non baptisé de tomber en enfer. LECKY, *ib.* p. 25.

développée de manière à devenir, à un bien plus haut degré que dans les étapes primitives, le type d'une société étroite et parfaite, où aucun membre ne sert de simple moyen, mais où tous forment autant d'unités indépendantes.

# XXI

## LA MORALE ET LA PÉDAGOGIE.

1. L'évolution du sentiment de la famille. — 2. Valeur propre de l'enfance. — 3. Éducation inconsciente et consciente. — 4. Éducation intellectuelle. — 5. Éducation religieuse.

1. — La physiologie nous fournit déjà une indication nette en ce qui concerne la situation morale des parents à l'égard des enfants[1]. Sans doute les parents mettent les enfants au monde, mais ils ne sont pourtant que des intermédiaires dans un ordre naturel qui, bien avant le développement de leur conscience et de leurs appétits, avait établi le premier germe des nouveaux individus. Aussi ne peut-on fonder sur leur rapport physique à leurs enfants aucun droit de propriété et de domination. Leur pouvoir sur l'enfant se fonde au contraire sur la tâche qui leur incombe, en qualité d'êtres les plus rapprochés du jeune rejeton, de le soigner et d'en protéger la croissance. L'autorité parentale peut, comme toute autre, se prendre elle-même, d'une manière spontanée ou réfléchie, comme but, au lieu de simple moyen. Cela arrive quand le pouvoir que les parents ont sur leurs enfants fait naître chez eux un sentiment de puissance, dont les enfants deviennent des moyens d'assurer la satisfaction. Cela a lieu également quand les parents laissent librement se manifester les sentiments provoqués en eux par la conduite de leurs enfants, sans songer que la louange et le blâme sont des moyens difficiles à manier et que l'essentiel n'est pas de donner libre cours aux sentiments des parents, mais d'assurer aux jugements qu'ils prononcent une influence convenable sur l'évolution du caractère des enfants. Le droit d'employer la force et d'émettre des jugements repose sur le devoir d'être une providence éducatrice. Ce devoir est transgressé d'une

---

[1] *Psychologie*, VI, C, 2-3.

manière encore plus irréfléchie par tout manque d'empire sur soi, lequel peut soit directement, par l'assujettissement et le mauvais traitement des enfants, soit indirectement, par les mauvais exemples qu'on leur donne, contredire le but de l'éducation.

Normalement, ce devoir est imposé par l'un des sentiments humains les plus intenses, qui s'alimente et s'accroît d'autant plus qu'il a plus fréquemment l'occasion de se satisfaire. L'activité instinctive précède le sentiment profond proprement dit; et ce dernier augmente à mesure que l'activité continue à s'exercer. La communauté de la vie engendre celle du sentiment. (Cf. le principe aristotélique). Le fait général que les bienfaiteurs témoignent plus d'amour à ceux auxquels ils font du bien que ceux-ci ne leur en rendent trouve ici sa confirmation. Le sentiment qui répond chez les enfants à l'amour que leur témoignent les parents peut difficilement atteindre le même degré d'intensité. Homère, en parlant des jeunes héros qui meurent, dit souvent qu'ils n'ont pu rendre à leurs parents le « prix de leurs soins ». Mais, si grandes que puissent être la reconnaissance et la piété des enfants, jamais ils ne réussiront à rendre à leurs parents tout ce qu'ils en ont reçu. Cela tient à ce que les regards de l'enfant se portent tout naturellement en avant. Quelque nombreux aliments qu'il puise dans le passé, sa tendance et sa destination le portent cependant à regarder plutôt devant que derrière lui, et si la sympathie des parents est désintéressée, c'est aussi ce qu'ils souhaiteront. Ils sauront que les enfants doivent monter, tandis qu'eux-mêmes descendent. Néanmoins, quand le rapport convenable existera entre eux, la sympathie des parents pour le progrès de leurs enfants ira au-devant de la piété filiale des enfants, et il en résultera l'harmonie entre l'ancienne et la nouvelle génération, qui constitue un des côtés les plus importants de la famille. (Cf. XIV, 2 et XII, 6).

En dehors du lien qui unit entre eux les parents et les enfants, celui qui unit entre eux les enfants de parents communs possède également une grande importance morale. La communauté de l'origine, des conditions de vie, des souvenirs, de l'éducation et des actions forme — à côté de la parenté naturelle des tempéraments et des dispositions — la base solide d'une union et d'une compréhension réciproque, qui peuvent subsister alors même que l'expérience et l'activité ultérieures de la vie deviendraient très différentes. On n'a pu trouver, pour désigner la société universelle fondée sur l'amour de l'humanité, d'expression meilleure que celle de la « fraternité universelle ».

2. — Tout en considérant comme établi que l'enfant ne doit pas être la simple chose des parents, ni leur servir de moyen pour leurs fins, on pourrait se demander pourtant si, sous un autre rapport, l'enfant ne devrait pas être regardé simplement comme un moyen. L'enfance c'est évidemment le commencement de la vie, c'est un état transitoire et préparatoire à la vie proprement et pleinement humaine. Il faut donc, pourrait-il sembler, considérer l'enfant comme un moyen, l'essentiel étant d'en faire un homme aussi vigoureux et accompli que possible : il devrait alors être le moyen de l'homme qu'il sera lui-même plus tard.

Mais de même qu'on n'a pas le droit de regarder la vie entière comme un simple moyen, on n'a pas d'avantage celui de regarder l'une de ses parties comme un simple moyen en vue d'une autre, quand aucune nécessité ne contraint de le faire. L'enfance est avant tout une période et une forme de vie originale et *sui generis* ayant ses conditions propres et devant être jugée d'après ses lois propres. Elle n'est, pas plus que n'importe quelle autre partie de la vie, une simple période de transition. Il faut avant tout considérer l'enfant comme enfant et non comme futur adulte. De la larve sort en temps voulu un insecte, mais il ne convient pas pour cela de traiter la larve comme un insecte. La larve a ses facultés et ses besoins propres. Abstraction faite des doctrines ascétiques, qui regardent avec méfiance toute saine joie de vivre et toute activité naturelle, l'enfance n'a pas de pire ennemi que les doctrines tout *extérieures* de l'intérêt, qui demandent toujours ce qui *sera utile* à l'enfant, mais non ce qui lui *est utile*.

Il importe d'abord de permettre à l'enfant d'être vraiment enfant (et de l'y aider au besoin) c'est-à-dire de se donner tout entier à la vie de son âge, sans être troublé par des soucis, des privations ou des tourments. Cela lui permet d'amasser des forces physiques et morales pour son évolution future. Ensuite, il faut que le travail qu'on lui demande soit, dans la plus large mesure possible, son propre travail, afin qu'il ressente, en le faisant, la joie d'employer ses propres forces. Si l'on satisfait à ces conditions, on aura par là même résolu le problème qui consiste à traiter l'enfance comme une période de la vie originale et *sui generis*, et d'en faire cependant une préparation à la vie ultérieure.

C'est le grand mérite de J.-J. Rousseau d'avoir exposé ces vérités de manière à les rendre inoubliables [1]. Par là, il fut un évangéliste de l'enfance, en même temps qu'un réformateur de la pédagogie.

3. — Pour l'enfant pas plus que pour l'adulte, il ne faut regarder l'obéissance comme la plus haute vertu. L'obéissance n'a aucune valeur par elle-même ; elle n'est qu'un moyen. Il est nécessaire que l'enfant apprenne à obéir, car autrement il ne saurait avoir une liberté complète. C'est seulement s'il y a un lien élastique qui retienne l'enfant quand il va trop loin qu'on peut lui laisser le champ libre. Si l'enfant s'approche d'un abîme, sans soupçonner le danger, seule l'obéissance à la voix qui l'avertit pourra le sauver. Le temps manque alors pour donner des raisons et des explications détaillées, la confiance en la voix qui avertit doit être un motif suffisant. Les parents représentent vis-à-vis de l'enfant la maturité de l'expérience et le jugement personnel. Jusqu'à ce que l'enfant acquière sa personnalité propre, il est dirigé par le besoin de voir sa conduite approuvée par ceux qu'il aime le mieux ; de ce besoin sortent ensuite, par évolution graduelle, celui de la satisfaction de soi-même et par suite l'indépendance morale [2]. L'enfant a une conscience en dehors de son moi, avant de pouvoir en avoir une au-dedans de lui-même. Mais l'obéissance et la confiance envers les autres ne conduisent à la conviction personnelle que parce qu'ils conduisent à l'action. Il nous faut rappeler encore ici le principe aristotélique, qu'on ne devient bon que si l'on agit bien. La manière spontanée et instinctive dont l'enfant imite la conduite des gens plus âgés, l'ardeur avec laquelle il s'engage dans toutes les voies qu'on ouvre à son violent besoin d'employer ses jeunes forces, tirent bien autant à conséquence que l'obéissance consciente. Sans que l'enfant le remarque, il

---

[1] Voir mon opuscule : *J.-J. Rousseau und seine Philosophie*, 2ᵉ éd. p. 91-94; 139-150.

[2] C'est ce que J. G. Fichte expose d'une manière très belle dans ses *Reden an die deutsche Nation*. Berlin, 1808, p. 317-329. — Preyer (*Die Seele des Kindes*, 3ᵉ éd., p. 227) dit à propos de l'ardeur que met l'enfant à imiter les actions des adultes : « Son instinct d'imitation semble ici presque de l'amour de la louange. »

se crée ainsi des précédents qui déterminent l'avenir et fournissent une meilleure base que les exhortations et les menaces, les récompenses et les punitions. L'enfant peut faire ainsi en petit, par cela seul qu'il éprouve de la joie à sentir sa propre activité, des expériences qui lui profiteront plus tard. Lorsqu'arrivera ensuite le moment où il comprendra les commandements et les exhortations, il se trouvera les avoir déjà suivis, et telle est à vrai dire l'unique façon de pouvoir les bien comprendre. De même que, d'après les nouvelles méthodes pour enseigner les langues, on commence non par les règles grammaticales mais par des exercices pratiques, de même on devrait aussi, dans la morale pratique, commencer non par les règles mais par l'exercice des facultés. L'éducation inconsciente n'a pas moins d'importance que la consciente. Il y a en effet des pensées et des sentiments qui ne sont rendus possibles que par une activité préalable.

Mais par l'éducation inconsciente on peut entendre aussi celle que les parents donnent sans le savoir eux-mêmes. Les instants où ils ne sont pas sur leurs gardes n'agissent pas moins sur l'enfant que ceux où ils prennent à son égard, avec une claire conscience, une attitude pédagogique ; dans les instants où on n'est pas sur ses gardes, on parle et on agit souvent avec la plus grande énergie. Il ne sert de rien dès lors de prendre pour base le système pédagogique le plus excellent, si de nombreux instants où l'on n'est pas sur ses gardes viennent détruire ce que le système a édifié. D'une manière générale, une grande partie de l'éducation de l'enfant consiste dans l'imitation spontanée qui le porte à exécuter des actions et des travaux qu'il devra plus tard accomplir avec conscience. C'est par l'imitation active que l'enfant apprend à connaître les différentes faces de la vie. Il répète dans ses jeux la conduite des grandes personnes, reproduit les diverses fonctions et les diverses situations dans lesquelles il les a vues, est tantôt maître, tantôt serviteur, tantôt donne et tantôt reçoit. Il apprend à connaître les contrastes de la vie, et il expérimente en même temps que même les grandes personnes, ordinairement affranchies en apparence de toutes barrières, ont des règles et des considérations sur lesquelles elles sont obligées de se régler. Les enfants sont ainsi introduits pas à pas dans le milieu complexe qu'est la vie, et l'évolution morale peut ici marcher de pair avec l'évolution intellectuelle. La capacité de sympathiser avec les autres, de se réjouir ou de souffrir avec eux, est alimentée par le cycle d'expériences ainsi provoqué par l'instinct spontané d'imitation, cycle qui n'a été bien saisi et bien décrit que de nos jours [1] et qui fournit une remarquable application du principe aristotélique (XIII, 4).

4. — Dans le domaine de l'éducation intellectuelle, on pèche contre le principe de la valeur propre de l'enfance, quand on prétend développer et exercer les facultés de l'enfant par des moyens n'ayant par eux-mêmes ni signification ni intérêt. Tel est le cas, par exemple, quand on recommande, en grammaire, d'apprendre par cœur de longues séries de mots, parce que cela fortifie la mémoire. Les moyens employés pour développer les facultés formelles devraient consister en exercices pouvant présenter également de l'intérêt par eux-mêmes, de manière à ce que leur emploi procure de la satisfaction.

En outre, il est de la plus grande importance, dans l'éducation intellectuelle, de susciter l'activité personnelle. Si différents que puissent être l'enfance et l'âge mur, ils n'en ont pas moins ce caractère commun que le but suprême susceptible d'y être atteint consiste dans l'activité de leurs forces respectives au service d'une fin importante. L'enfant comme l'adulte le peuvent chacun à sa manière. Aussi la matière qu'on demande à l'enfant de s'assimiler doit-elle être disposée de telle façon que l'enfant devienne personnellement agissant, soit qu'il travaille surtout par son imagination ou par son intelligence. En agissant par lui-même, l'enfant prendra plaisir à travailler, sans se douter qu'il forme en même temps ainsi la meilleure base de son propre avenir. Comme l'a bien vu DÜHRING [2], le travail d'*apprendre* occupe une place intermédiaire entre le jeu qui triomphe d'obstacles que l'on a soi-même créés, et le travail proprement dit, qui triomphe d'obstacles réels, objectifs; les obstacles que doit vaincre le travail d'apprendre consistent dans la paresse et l'inexpérience.

Seul un système pédagogique idéal pourrait complètement concilier ces deux points de vue : donner à l'enfance la valeur qui

---

[1] JOSIAH ROYCE : *On certain psychological aspects of moral training.* (International Journal of Ethics, 1893). — MARC BALDWIN, *Le développement mental chez l'enfant et dans la race.* Paris, Alcan, 1897.

[2] *Der Wert des Lebens*, 2ᵉ éd., p. 95.

lui appartient en propre et faire néanmoins qu'elle reste une époque de préparation. Toutes les idées réformatrices en pédagogie s'orientent cependant en ce sens. Que, si l'on prétend s'y engager jusqu'au bout, on doive se heurter à de grosses difficultés, cela va de soi. Une raison déjà pour qu'il en aille ainsi c'est que les éducateurs sont des adultes : l'insecte ne saurait jamais totalement comprendre la larve. Mais c'est déjà un grand bien que l'importance de l'éducation ait tellement attiré l'attention. S'il est extraordinairement difficile pour l'adulte de proportionner ses tâches à ses forces, cela doit pourtant être possible en ce qui concerne l'enfant, puisqu'on détermine soi-même les tâches qu'on veut lui imposer ; et si l'on réussit un jour à résoudre le problème de l'éducation, il en résultera certainement un grand secours pour les adultes, dans la lutte qu'ils poursuivent pour résoudre leurs propres problèmes.

5. — L'activité personnelle de l'enfant a naturellement ses limites. Il ne saurait recommencer par lui-même toutes les expériences faites par le genre humain durant sa longue marche. L'expérience nous dresse en grande partie par des désillusions, par des attentes déçues. C'est ainsi que nous apprenons à connaître les limites qui séparent le réel du simple possible[1]. Mais c'est pour l'éducateur un devoir de veiller à ce que les désillusions de l'enfant ne soient point par trop grandes, de manière à déprimer son courage. Un passage par trop brusque de l'attente ou de l'illusion à la réalité peut facilement étouffer la confiance en soi-même et le sentiment de sécurité dont l'enfant saurait moins que tout autre se passer. L'enfant commence par prêter naïvement une valeur à toutes ses représentations. Il débute avec une exubérance primesautière qui anticipe sur l'expérience. Il serait totalement incapable de supporter que ses illusions soient brutalement déchirées, et qu'on lui découvre par trop subitement la différence séparant le monde de l'imagination du monde de la réalité. L'expérience de cette différence se prolonge en effet à travers toute la vie, et elle ne saurait s'achever d'un seul coup.

L'art de l'éducation consiste à laisser à l'exubérance et à l'imagination de l'enfant un champ aussi libre que possible et à exercer néanmoins une critique qui retranche les parties mauvaises et fortifie le noyau sain.

[1] Voir *Psychologie*, V, B, 4.

Ces principes ne trouvent nulle part une application plus importante que dans le domaine des idées religieuses. Dans sa manière de comprendre et d'expliquer les choses, l'enfant a beaucoup de points communs avec l'homme à l'état de nature. Tous deux ont une tendance à trouver dans l'intervention d'êtres personnels l'explication des phénomènes qui les entourent. Ils personnifient la nature et ne comprennent proprement que des causes personnelles. Cela ne veut pas dire qu'il en résulte toujours une conception poétique de la nature. Cette tendance à la personnification peut justement donner à l'explication un caractère extérieur et mécanique. Quand l'enfant explique l'apparition des étoiles chaque soir en disant que le bon Dieu les allume, comme l'allumeur fait pour les réverbères de la rue, ou quand il s'imagine qu'au printemps un homme vient poser des feuilles aux arbres, tout cela contient moins de poésie que l'explication scientifique. Mais l'enfant arrange les choses à sa façon et fait appel aux causes qu'il connaît le mieux. C'est pourquoi il accepte aussi sans difficulté les récits bibliques, qui s'accordent fort bien avec la conception générale qu'il se fait du monde. Pour qu'il achève complètement toute cette période mythologique, il faut laisser l'enfant tranquille et ne pas le troubler à chaque instant par une critique partant de tout autres principes. C'est ce qu'oublient souvent les éducateurs tant dogmatiques qu'antidogmatiques. De même que les missionnaires représentent souvent impitoyablement les croyances des païens comme une œuvre du démon, de même les parents scrupuleux arrachent souvent les idées mythologiques qui poussent librement dans le cerveau de leurs enfants, parce qu'elles ne s'accordent pas avec le catéchisme. D'autre part, les libres penseurs croient souvent que l'amour de la vérité les oblige à empêcher absolument de pousser toutes les idées mythologiques de l'enfant. Dans les deux cas, on entrave le développement libre et naturel de celui-ci. Il faut au contraire le laisser parcourir une période mythologique analogue à celle que l'espèce humaine a parcourue elle-même, comme au début de sa vie fœtale il a présenté des formes qui rappellent les espèces animales inférieures. Tout ce qu'on peut faire, c'est d'abréger et de faciliter le chemin : mais pour que l'évolution soit normale, il faut que l'enfant se dégage lui-même de cette période. On peut l'aider à tirer de ses idées toutes leurs conséquences et à les éprouver ainsi dans le détail. Cela développera sa critique et sa faculté déductive. On peut lui fournir l'occasion de faire le plus possible d'expériences fécondes. On peut lui donner une idée de la difficulté qu'on éprouve à parvenir à une connaissance exacte, et de la quantité de choses qu'il a encore à apprendre pour pouvoir convenablement traiter les intéressantes question qu'il soulève. On peut enfin lui montrer que l'essentiel est d'avoir le cœur bon et la conscience pure, et que l'un et l'autre se rencontrent même chez des gens dont les idées religieuses sont fort différentes.

Une critique directe trop précoce donnera facilement à la vie intellectuelle la prépondérance sur les autres parties de la vie psychique. D'une manière générale, la connaissance tend à se développer plus vite que le sentiment, et cette tendance ne tarde pas à produire un exclusivisme maladif, aggravé encore si ce que l'enfant regarde comme la vérité lui a été imposé, au lieu d'avoir été découvert par lui-même à sa façon. Il se produit alors une discordance psychique, une sorte de scission qui paralyse le cœur, et qui sera facilement suivie d'une période de réaction, également malsaine. Par une sorte d'effet de contraste, l'individu s'efforcera alors tardivement d'éprouver tout un ensemble de sentiments qu'il n'aura pas appris à connaître au bon moment.

Si la confiance en soi-même et l'activité personnelle peuvent être abattues par une critique trop précoce, elles le seront naturellement bien plus encore si l'on infuse systématiquement à l'enfant cette idée qu'il ne doit pas se fier à son sens personnel ni à sa raison propre, mais apprendre à les réfréner, sous prétexte que ce qui *doit* être cru n'est pas susceptible d'être compris. Aussi bien une pareille manière d'agir s'écarte-t-elle par trop du point de vue général dont nous partons ici pour qu'il soit besoin de la critiquer plus en détail. Une éducation conduite dans un esprit moral ne saurait attribuer une valeur absolue à aucune croyance ni à aucune incroyance. Former un caractère ferme et vraiment personnel, des sentiments profonds et sains, une intelligence vigoureuse et claire, voilà le but qu'elle se propose, et en comparaison de ce but toutes les divergences confessionnelles n'ont qu'une importance éphémère. Ce qui doit résulter de l'éducation ce n'est pas un être qui croie ou ne croie point, mais un *homme*.

## XXII

## L'ÉTAT ET LES ENFANTS

1. Devoir de prendre soin du bien-être physique des enfants. — 2. Droit de l'enfant à l'instruction.

1. — Dans la civilisation moderne, la famille n'est pas un monde absolument fermé, comme l'était la famille patriarcale, qui n'avait de relation avec la société plus vaste que par l'intermédiaire de son chef. On a reconnu le droit des différents individus à une vie indépendante, y compris celui de la femme et de l'enfant, et c'est à l'Etat qu'il appartient de tirer de cette reconnaissance toutes les conséquences qu'elle entraîne. Les exigences imposées par l'Etat à la famille reposent en partie immédiatement sur sa destination, qui est de protéger les faibles, en partie sur ce fait que les membres de la famille sont aussi membres de l'Etat et tenus d'en remplir les conditions.

C'est ainsi que l'Etat assure à l'enfant conçu ou nouveau-né le droit à l'existence, et ne permet à personne de déclarer un autre individu inutile, impropre ou sans droit à la vie. Alors même que l'avenir apparaîtrait aussi sombre que possible pour l'individu qui débute dans la vie, il n'est pas admissible qu'on accorde à quelqu'un le pouvoir exorbitant de trancher le fil d'une existence commencée. Ce serait ouvrir la porte aux plus effroyables abus.

De plus, l'Etat se charge de l'enfant abandonné et il prend des mesures pour que les parents remplissent leur devoir, quand leur propre conscience et le sentiment naturel ne les y portent pas. Il protège les enfants contre les parents. On constate en effet que le sentiment paternel et maternel peut être émoussé ou étouffé par la misère, la honte et d'autres causes, et quand les liens de la famille n'assurent pas l'existence de mobiles suffisants pour satisfaire aux exigences du principe du bien, la société s'interpose, quoiqu'elle ne soit pas capable de remplir cette mission d'une manière aussi satisfaisante que la famille dans les circonstances normales. C'est en vertu de ce principe que l'Etat contrôle et limite l'emploi des femmes et des enfants dans les fabriques, quoiqu'il ait à peine assez fait jusqu'ici pour assurer « le droit de l'enfant au sein de sa mère ». En vertu de ce même principe, l'Etat devrait également contraindre les parents à reconnaître leurs enfants, ce qui pourtant n'est généralement pas le cas en ce qui concerne les enfants illégitimes. Sur ce dernier point l'Etat applique une règle barbare : *mater semper certa*, la mère est toujours certaine, c'est elle qui doit se charger de l'enfant. Tout le poids retombe exclusivement sur les épaules de la mère. On ne reconnaît point le droit de l'enfant au nom de son père ; et même quand le père est connu, la proportion dans laquelle il est tenu de contribuer à élever l'enfant est réglée non d'après sa propre situation sociale, mais d'après celle de la mère. On dit bien, pour défendre un pareil état de choses, qu'autrement on favoriserait les liaisons irrégulières et que le mariage perdrait son prestige [1], mais on oublie alors qu'il y a ici un droit immédiat et naturel de l'enfant primant toute autre considération. En réalité on fait pâtir l'enfant de la faute de ses parents, principe barbare, que l'évolution supérieure du sentiment moral a fait rejeter dans d'autres cas. En outre, la reconnaissance du droit de l'enfant au nom de son père aura pour effet de faire davantage réfléchir à la gravité de l'acte de donner le jour à des enfants illégitimes [2]. En rendant plus facile la conclusion du mariage légal, on restreindra le nombre des liaisons d'où naissent les enfants illégitimes ; c'est ainsi que l'introduction du mariage civil a dû avoir pour effet une diminution des naissances illégitimes dans plusieurs pays. Il ne faut pas oublier d'ailleurs que ces liaisons sont loin d'être la pire forme et la plus dégradante sous laquelle se manifeste le peu de capacité de l'homme pour réaliser la liaison sexuelle idéale, c'est-à-dire la monogamie libre.

[1] Goos. *Almindelig Retslære* (Théorie générale du droit), I, p. 544-551.
[2] Cependant les données statistiques paraissent contradictoires. Cf. OETTINGEN. *Moralstatistik*, 3ᵉ éd., p. 323 et RÜMELIN. *Reden und Aufsätze*. Neue Folge, p. 620. Suivant Rümelin, la règle française « la recherche de la paternité est interdite » augmenterait la force de résistance de la femme contre le séducteur.

2. — L'Etat doit aussi veiller au développement mental de l'enfant, tant parce qu'il a pour mission de protéger les faibles que parce que sans cela l'enfant ne serait pas rendu capable de satisfaire aux exigences imposées par l'Etat aux citoyens. Aussi, lorsque les parents ne peuvent ou ne veulent pas prendre soin de l'instruction de leurs enfants, l'Etat intervient-il de force. Là encore, il a souvent à protéger les enfants contre les parents, qui empêchent parfois les enfants d'aller à l'école, afin de pouvoir exploiter leur travail[1]. Si les parents prennent soin eux-mêmes de l'instruction de leurs enfants, l'Etat a seulement à s'assurer que ces derniers ont reçu le minimum de connaissances exigé.

Si l'on a pensé que l'Etat portait atteinte au droit des parents, c'est qu'on est parti de ce principe que l'enfant ne saurait avoir aucun droit personnel susceptible d'être lésé par l'indifférence, l'ignorance ou l'égoïsme des parents. Or l'expérience montre qu'un contrôle exercé sur les parents à cet égard n'est nullement superflu, et l'exercice de ce contrôle fait indubitablement partie des devoirs de l'Etat (ce que la théorie de l'Etat peut seule établir en détail). Il faut que l'Etat ait le pouvoir de demander que tout enfant possède les connaissances requises pour former un citoyen.

Qu'il s'agisse bien ici d'un droit de l'enfant, c'est ce qu'exprime d'ailleurs la loi danoise fondamentale (1849), dont le paragraphe 85 est ainsi conçu : « Les enfants à l'instruction desquels les parents ne sont pas en état de pourvoir recevront l'instruction gratuite à l'école populaire ». Dans le projet primitif, ce paragraphe parlait au contraire d'un droit des parents à obtenir pour leurs enfants l'instruction gratuite, quand ils n'avaient pas les moyens de la leur procurer eux-mêmes. La modification du texte fut expressément motivée, dans l'Assemblée Constituante, par cette raison que « ce n'était pas aux parents, mais aux enfants qu'appartenait le droit en question ». — Dans les dispositions correspondantes des constitutions allemandes (issues de la constitution germanique de 1849), il est aussi question d'un droit de l'enfant. La puissance des parents

---

[1] Les ouvriers anglais ont très bien vu l'importance de ce point pour les enfants comme pour la classe ouvrière tout entière. Les associations ouvrières anglaises ont lutté avec ardeur pour l'établissement de l'obligation scolaire. (L. Brentano. *Die Arbeitergilden der Gegenwart*, II, p. 100).

est restreinte pour protéger un droit général et primordial de l'homme[1].

On n'a pas besoin de craindre que la responsabilité des parents s'en trouve diminuée. C'est l'objection que Spencer élève contre toute instruction publique. Il demande une séparation complète de la famille et de l'Etat, et il est convaincu que tous deux peuvent seulement prospérer s'ils sont tenus autant que possible à l'écart l'un de l'autre[2]. Mais il faut remarquer qu'on n'enlève pourtant pas à quelqu'un sa responsabilité morale, parce que l'on prend des mesures pour qu'une chose soit faite, dont le soin lui incombe sans doute en première ligne, mais qu'il ne peut ni ne veut accomplir. L'Etat exerce ici une action auxiliaire et complémentaire. La famille et l'État sont très différents sans doute quant à leur essence, mais ils n'en ont pas moins des fins en partie communes, puisque les membres de la famille sont aussi membres de l'Etat. La grande société intervient quand, pour une raison quelconque, la petite ne remplit pas son devoir. Ce que l'on exige c'est un minimum, et les parents demeurent toujours libres de le dépasser autant qu'ils le peuvent et le veulent.

L'Etat peut offrir une instruction plus développée et en faire une condition de toute fonction publique, mais il ne saurait l'imposer. De même, en ce qui concerne la conception religieuse de la vie, l'Etat peut aider au libre développement des diverses doctrines spirituelles dans le peuple ; mais il doit laisser aux familles le soin de décider dans laquelle de ces doctrines il faut orienter la vie religieuse de l'enfant. Les établissements publics d'instruction devraient se rapprocher, dans toute la mesure du possible, de la laïcité.

---

[1] Cf. Rümelin. *Ueber das Object des Schulzwanges* (Reden und Aufsätze. Neue Folge), p. 475. — (En France, les droits de l'enfant, sur ce point comme sur d'autres, ont été longtemps sacrifiés à une conception trop romaine de la puissance paternelle. Le droit de l'enfant à l'instruction n'a été reconnu et sanctionné d'une manière efficace que par les lois du 16 juin 1881, sur la gratuité de l'enseignement primaire public, et du 28 mars 1882, sur l'instruction primaire obligatoire. Cette dernière loi rend expressément responsables de l'assiduité de l'enfant à l'école le père, le tuteur ou la personne qui a la garde de l'enfant, et elle édicte contre eux des pénalités en cas d'infraction.) (Note du traducteur.)

[2] Spencer. *Principes de sociologie*, trad. de l'anglais, t. II, p. 420, cf. p. 351 sqq. — (On peut voir par la note précédente que l'intervention de l'Etat, loin de diminuer la responsabilité des parents, est au contraire seule capable de la rendre *réelle*.) (Note du trad.)

# B. — LA LIBRE ASSOCIATION DE CULTURE

## XXIII

## LA LIBERTÉ ET LA CULTURE

1. Le principe de la liberté dans la famille et dans l'association de culture. — 2. La liberté comme fin et moyen. — 3. Liberté et non-liberté. — 4. Prix exagéré attribué par le xviii° siècle au principe de la liberté. — 5. Différentes sortes de culture.

1. — A propos de la vie familiale déjà, nous avons vu que la mesure où l'individu, au lieu d'être un simple moyen, est aussi une fin, fournit un criterium du développement de cette vie. Ce criterium doit s'appliquer encore davantage à la libre association de culture. L'individu fait déjà partie de la famille avant d'avoir atteint sa maturité; mais la libre association de culture, issue de l'union des individus en vue de poursuivre des fins communes ou connexes, suppose que ces individus se présentent avec des forces mûres et développées, pour travailler au service de leur fin.

On travaille aussi dans la famille à des fins de culture ; toutefois, c'est l'association des individus qui y forme l'élément premier et fondamental ; les efforts communs n'étant que les conséquences de cette association. Au contraire, dans l'association de culture, ce sont les fins communes qui suscitent les efforts communs et produisent ainsi des liens entre les individus.

La liberté et la culture sont les deux notions qui par leur union expriment l'essence de la libre association de culture. Il pourrait sembler qu'elles présentent entre elles une certaine contradiction : la liberté isole, la culture unit ; la première accentue l'indépendance et la seconde le dévouement. Mais elles se rattachent l'une à l'autre très étroitement. Sitôt que le cours de la vie amène les hommes à être soumis à des conditions communes, à partager le même sort, les mêmes dangers, les mêmes ennemis, le même travail ou les mêmes jeux, il se développera entre eux un sentiment de solidarité qui aura pour effet de fondre ensemble et la liberté et le dévouement. Loin d'être entravée par là, l'action personnelle est précisément rendue possible par ce qu'on agit de concert avec d'autres ou pour d'autres. Sans cette solidarité, le développement de la culture est impossible, car elle impose aux hommes des tâches qui ne peuvent s'accomplir que par un travail au-dessus des forces de l'individu. Mais en même temps ces tâches sont de telle nature qu'elles ne profitent pas seulement aux particuliers. La culture produit des biens qui, directement ou indirectement, peuvent avoir une valeur pour tous les hommes. Par suite, lorsque l'homme participe au travail de la culture, il se développe autant grâce à la solidarité née de la communauté du travail que grâce à la consécration de sa vie personnelle à des fins universelles, qui est le meilleur fruit de la culture.

Souvent une longue séparation peut être nécessaire avant que naisse la communauté convenable du travail et des fins. Elle est précédée d'une éducation qui peut être dure et rigoureuse. Il faut surmonter l'inertie et la grossièreté, l'égoïsme et l'aveuglement, et tout cela peut opposer une forte résistance. Considérée sous cet aspect, la vie dans l'association de culture continue l'éducation commencée dans la famille ; et l'importance la plus considérable du travail pour la culture réside certainement toujours dans son pouvoir d'éduquer et de développer la vie personnelle. L'histoire entière de l'humanité peut être considérée comme une éducation qui se poursuit indéfiniment sans s'achever jamais. Cela est surtout manifeste quand il faut créer de nouvelles fins et que la communauté de l'action en vue de ces fins doit par conséquent se produire pour la première fois. Lorsqu'une communauté s'est déjà groupée autour d'un but quelconque de culture comme centre, c'est la tâche de l'individu particulier de mettre sa vie en harmonie avec la culture déjà existante. Il est alors déterminé dans son évolution par la tradition ; l'imitation et la suggestion jouent, sans qu'on le remarque, un grand rôle ; les associations d'idées toutes prêtes et les résultats acquis, dus à la substitution des motifs ou des valeurs (cf. XIII, 4), profitent à l'individu et déterminent le niveau où commence son développement personnel, et à partir duquel, après l'éveil de sa personnalité et de son esprit critique, pourront se poursuivre de nouveaux progrès dans l'éducation et la substitution.

2. — Au xviii<sup>e</sup> siècle, on regardait la liberté personnelle comme un droit de l'homme évident par lui-même[1]. Mais il est impossible de soutenir que la liberté soit un droit évident et absolu. Elle est quelque chose de dérivé, elle a besoin d'un fondement, et ce fondement, elle le trouve dans le principe du bien d'où, comme nous l'avons vu (VIII, 6), le principe de la personnalité libre dérive par une déduction psychologique. Les êtres personnels constituent les centres du monde dans lesquels est sentie la valeur de la vie ; aussi toute atteinte portée au développement harmonieux et sans entrave de la vie d'un pareil être contredit-elle le principe du bien. Toute intervention dans le libre développement de la personne doit être motivée par la considération de la suite de ce même développement ; il se pourrait en effet qu'un arrêt fût nécessaire à un instant ou en un point particulier, pour que l'évolution totale se poursuivît de la manière la plus libre et la plus harmonieuse possible. A cause de l'étroite liaison de la liberté avec le bien, la liberté est elle-même une fin. Mais elle est en même temps un moyen, indiqué par le principe du bien. Car sans une vie indépendante et harmonieuse des individus, la vie de l'espèce en général ne saurait faire aucun progrès. L'initiative de ce qui est grand et beau n'existe que si la vie des individus se développe librement. La

---

[1] Théoriquement, c'est par KANT que le droit à la liberté personnelle a été le mieux formulé : « La liberté (l'indépendance à l'égard d'une autre volonté nécessitante) en tant qu'elle peut coexister d'après une loi générale avec la liberté de tout autre, est le droit unique, primordial, appartenant à tout homme en vertu de son humanité. » (*Rechtslehre*, 2<sup>e</sup> éd., Kœnigsberg, 1798, p. xlv). Pratiquement, ce droit fut proclamé dans la Déclaration d'Indépendance des États-Unis de l'Amérique du Nord, où il est dit : « Nous considérons comme évidentes par elles-mêmes les vérités suivantes : tous les hommes sont naturellement égaux ; ils sont pourvus par leur Créateur de certains droits inaliénables, parmi lesquels sont la vie, la liberté et la poursuite du bonheur. » — (Il est sans doute inutile de faire remarquer que la liberté dont il est question ici n'a rien à voir avec la « liberté de la volonté » dont parle le chap. V.)

contrainte et l'autorité ne suffisent pas ici ; elles réussiront peut-être à maintenir pendant un temps les acquisitions passées — encore faudra-t-il, pour estimer d'une manière personnelle la valeur des acquisitions transmises et désirer ardemment leur conservation, une liberté d'esprit et une indépendance à l'égard de toute barrière matérielle qui n'existent pas quand les individus sont soumis à une tutelle ou à une domination étrangères.

Ainsi, quoiqu'on puisse sans doute établir une distinction entre la *liberté comme fin* et la *liberté comme moyen*, elles sont entre elles en connexion étroite et se conditionnent mutuellement. Pour pouvoir posséder la liberté comme moyen, il faut déjà l'avoir obtenue en partie comme fin ; pour pouvoir agir comme un centre de forces, il faut avoir accumulé des forces en soi-même. Et inversement, c'est seulement par un libre emploi de ses forces qu'on devient une personnalité réelle. Nous retrouvons ici le principe aristotélique : ce n'est qu'en agissant avec liberté que nous devenons libres. C'est en cela précisément que consiste la difficulté qu'entraîne l'application du principe de la liberté. La liberté n'est pas seulement un principe dérivé, souvent aussi elle peut seulement s'appliquer d'une manière indirecte, tant comme fin que comme moyen, les individus qu'il s'agit de rendre libres, pouvant avoir besoin d'appui et de soins jusqu'à ce qu'ils soient capables d'agir par eux-mêmes. L'emploi de la contrainte spirituelle et corporelle au nom de la liberté peut donc être légitime ; mais l'emploi de la force et de la contrainte, c'est-à-dire le principe d'autorité sous toutes ses formes, n'est jamais par rapport au principe de la liberté qu'un principe dérivé, comme le principe de la liberté l'est lui-même par rapport au principe général du bien. Le bien est fin ; la liberté est aussi bien fin que moyen ; mais l'autorité n'est proprement qu'un moyen, moyen que nous devons toujours nous représenter comme destiné à perdre un jour sa valeur.

C'est seulement si l'autorité prend la place que nous venons de lui assigner qu'elle est de nature morale. Le principe d'autorité et le principe de liberté se livrent entre eux, dans l'histoire du monde, une lutte séculaire. L'action réciproque de ces deux forces détermine l'évolution sociale. Chacune a son temps et son domaine, déterminés par le principe du bien. Il y a une très grande différence à ce que l'autorité intervienne seulement comme moyen d'éducation ou au contraire comme principe inconditionnel. Quand on la regarde comme un moyen, les choses ont une tout autre tournure et un tout autre esprit que lorsqu'on la regarde comme une fin. Nous supposons naturellement ici que l'application de l'autorité comme simple moyen est reconnue avec sincérité. Car il est bien possible d'avoir une sorte d'enthousiasme abstrait pour la liberté comme fin éloignée, et d'employer néanmoins dans la vie réelle la force de la façon la plus brutale. C'est là une des nombreuses formes que revêt la distinction toujours dangereuse et pas toujours loyale entre la théorie et la pratique. Le criterium du développement de la culture et de l'association de culture est formé par la mesure où la liberté n'existe pas seulement à l'état d'idée théorique, mais forme encore — tant comme fin que comme moyen — la base de l'organisation des relations et des circonstances particulières de la vie.

En faisant ainsi du principe de la liberté un principe subordonné, mais dérivé avant tout autre du principe général du bien, nous nous distinguons de BENTHAM pour qui les premiers principes dérivés sont la sécurité et l'égalité. Il est clair cependant que la sécurité ne prend sa valeur que comme condition de la possession, de la jouissance et de l'action libres. L'insécurité arrête, déprime et divise. La liberté n'est pas la condition de la sécurité, c'est le contraire. Et si l'on veut la sécurité à tout prix, la liberté en pâtira aisément. Il faut courir des risques pour faire avancer l'évolution, et pour tous les risques de ce genre, c'est la confiance qu'on a dans les effets des libres forces qui donne du courage. Si l'on fixe avant tout les yeux sur la sécurité, on tarira facilement la source de l'évolution. Par crainte des périls que peut amener la continuation de la vie, on en vient à l'arrêter. Pour ce qui est de l'égalité, il est clair aussi qu'elle n'est qu'une condition secondaire de la vie. Ce dont il s'agit, c'est de provoquer la vie personnelle dans les individus. Mais comme il arrive que plus on connaît leur nature, plus ils présentent de différences quantitatives, on ne pourra les traiter d'une manière absolument égale que sous des rapports purement extérieurs. La justice distributive exige, nous l'avons déjà vu (III, 9; IV, 2; XI, 9) une individualisation approfondie. Par conséquent l'égalité, elle aussi, est une condition subordonnée à la liberté. La distribution des biens matériels et spirituels et la fixation des exigences qui doivent être imposées aux individus relativement à la culture matérielle et spirituelle, doivent avoir lieu en tenant compte de leur aptitude à satisfaire le principe du bien, en tenant compte, par conséquent, de leur aptitude à se développer librement et harmonieusement et à travailler avec liberté au service des fins de culture.

3. — Le XVIII<sup>e</sup> siècle a eu le grand mérite de découvrir le principe de la liberté et de fixer ainsi une des conditions les plus importantes d'une organisation supérieure de la société humaine. Mais, dans l'enthousiasme suscité par ce nouveau principe, non seulement on oublia sa nature dérivée et les limites auxquelles il est soumis, mais on proclama comme un droit évident et originel un droit qui s'est seulement peu à peu dégagé au cours de l'histoire, et qui n'est jamais qu'approximativement réalisable par l'évolution historique.

Le manque de liberté est une suite de la division du travail. Une des formes les plus simples de cette division consiste en ce que le plus fort impose aux plus faibles tous les travaux pénibles. Les femmes et les enfants furent les premiers esclaves. Puis on transforme en esclaves le prisonnier de guerre, quand les instincts cannibales ne le font pas manger sur le champ. L'intérêt économique agit là où les motifs moraux ne le peuvent pas encore. Tandis qu'un peuple errant de chasseurs sera souvent obligé de se débarrasser des vaincus, les peuples de pasteurs ou d'agriculteurs trouveront leur compte à utiliser leur capacité de travail. Ce qui s'est d'abord établi pour des raisons intéressées et marque à l'origine un progrès économique, devient un progrès moral, lorsque la communauté et le soin des autres, motivé par un intérêt égoïste et économique, développent la sympathie, au moins jusqu'à un certain degré. Il est de l'intérêt même du maître que la santé et la force de l'esclave soient intactes. C'est le cas là surtout où existent le servage ou le vasselage, mais beaucoup moins dans l'esclavage personnel. Ces formes sont également dues à l'égoïsme et à des motifs économiques. La cause du servage peut être soit la conquête, soit un état de transition entre l'esclavage personnel et la vassalité, soit le fait que des hommes libres se soient placés, dans des époques de dangers, sous la protection d'un homme plus puissant, et que leur relation avec lui — peut être par suite d'une contrainte arbitraire de sa part — se soit transformée en servage. Le développement de cette institution suppose qu'il existe de grandes étendues de terre inculte, fertilisables uniquement par ce moyen[1]. Le serf a une sphère d'activité personnelle plus grande que l'esclave, il a plus de motifs pour travailler et se développer. La relation entre le propriétaire du sol et le serf *n'est pas* nécessairement une *pure* relation de contrainte. Le propriétaire a le devoir de protéger son subordonné, il est un intermédiaire entre celui-ci et le pouvoir suprême de l'Etat. La société présente une hiérarchie où le supérieur protège le bien matériel et moral de l'inférieur, tandis que celui-ci suit le premier avec fidélité et confiance dans la lutte et le travail en vue de fins matérielles et morales. La division du travail a lieu alors de telle façon que quelques-uns doivent s'abandonner aux œuvres de l'épée et de l'intelligence, protéger la société et penser pour elle, tandis que les autres ont à s'occuper du travail matériel. Nous trouvons déjà ce genre de division du travail chez les Grecs, avec l'esclavage personnel comme base, et elle reparut, en ayant comme base le servage, dans le moyen âge chrétien, avec cette différence que dans ce dernier cas les œuvres de l'épée et de l'intelligence incombaient à des ordres différents. Quand le seigneur cessa de combattre et quand d'autres que les membres du clergé commencèrent à penser, c'en fut fait de la légitimité morale de cette organisation sociale. La philosophie stoïcienne et le christianisme avaient déjà formulé le principe de la liberté, mais sans en tirer les conséquences sociales pratiques, (et cela tient à ce qu'ils considéraient la liberté seulement comme fin et non en même temps comme moyen). Puis est venue l'époque où elle a pu être proclamée comme principe social. Mais si elle a pu l'être d'une manière pratique, c'est grâce à cette circonstance qu'elle existait déjà partiellement depuis longtemps. L'industrie et le commerce avaient fourni une carrière à l'activité de beaucoup de gens qui n'étaient ni serfs ni propriétaires fonciers. C'est l'expérience faite par ces hommes, et la confiance qu'ils en avaient tirée dans le libre exercice de leurs forces, qui amenèrent le grand mouvement de ralliement au principe de la liberté. Dans la longue série d'émancipations qui commence avec la seconde moitié du XVIII siècle, il y a eu un

[1] En Danemark, la raison de l'institution du servage de la glèbe fut le désir d'empêcher les paysans d'émigrer des régions stériles vers les régions fertiles, d'où serait résulté un manque de bras pour beaucoup de fiefs. Cf. FALBE-HANSEN, *Stavnsbaandslösningen og Landboreformerne*, I, p. 6.

concours de motifs économiques et moraux, tout comme aux degrés antérieurs de l'évolution.

C'est seulement aux étapes encore grossières de l'activité humaine que les esclaves et les serfs peuvent suffire. Ils n'ont point un si grand intérêt à travailler que l'homme libre. A propos d'une des régions du Danemark où les paysans du XVIII<sup>e</sup> siècle étaient le plus heureux, et où les corvées étaient le mieux organisées, on a dit que dix hommes de corvée ne faisaient pas autant d'ouvrage que deux travailleurs salariés. Les esclaves et les corvéables n'ont aucun avantage à faire plus que juste ce qu'on leur demande ; cela aurait en effet pour unique résultat d'augmenter les exigences qu'on leur imposerait à l'avenir. Ils n'ont aucune raison de traiter avec un soin particulier un fonds, des outils et des matériaux ne leur appartenant pas. Ce qui se perd n'est perdu que pour le seigneur. Aussi les émancipations n'ont-elles pas été moins avantageuses aux patrons qu'aux ouvriers et l'affranchissement des paysans a eu pour conséquence un rendement plus considérable du sol[1].

D'autre part, si le travail était de nature à exercer la force et l'intelligence des ouvriers, il en résultait et le besoin et la nécessité de la liberté personnelle. Aussi les artisans l'ont-ils ordinairement obtenue avant les paysans. L'indépendance men-

---

[1] Cf. Roscher *Principes d'économie politique*, trad. Wolowski, § 71 ; Goltz. *Landwirtschaft* (Schönbergs Handbuch, I), p. 580. — Voici un passage d'une lettre (imprimée dans Henry George. *Social problems*, ch. 15) écrite par le fils d'un ancien propriétaire d'esclaves : « Les planteurs sont contents du changement. Ils disent : « Faut-il que nous ayons été sots de faire une guerre à cause de l'esclavage ! La main-d'œuvre nous coûte moins cher aujourd'hui que du temps où nous possédions des esclaves ». Et pourquoi cela ? Parce qu'en retour du salaire ils exigent du nègre plus de travail qu'ils ne le pouvaient au temps de l'esclavage ; car ils étaient alors forcés de lui fournir une nourriture suffisante, des vêtements et des soins médicaux, pour conserver sa santé, et ils étaient obligés, tant par leur conscience que par l'opinion publique et la loi, de subvenir à son entretien, quand il ne pouvait plus travailler. Maintenant, l'intérêt qu'ils lui portent et leur responsabilité cessent une fois qu'ils l'ont exploité de toutes leurs forces ». — Falbe-Hansen. *Op. cit.*, I, p. 145 : « L'établissement et la suppression des corvées, le passage à la propriété particulière, la suppression des dons en nature, etc., furent des réformes aussi favorables à l'intérêt du propriétaire qu'à celui des paysans. Elles ont augmenté le rendement du sol et fait croître sa valeur, ce qui devait naturellement profiter tout d'abord au possesseur, au propriétaire foncier ». (Voy. également p. 68, 101, 149). Il en a été ici comme dans le domaine industriel, où la diminution de la journée de travail, notamment, a été également avantageuse pour les patrons (Voir *infra* XXVI, 14).

tale est éveillée par le sentiment de l'activité personnelle et par la confiance en ses propres forces. La liberté de l'effort est transférée d'un domaine dans l'autre. Si la liberté est la meilleure condition pour que le travail réussisse, elle doit l'être également pour la réussite du travail mental.

Mais pour que l'on sente le besoin de liberté, il faut toujours qu'un certain développement mental existe. Le manque de liberté est seulement ressenti comme un mal par celui qui s'efforce de franchir les barrières à lui imposées. L'esclave qui a un bon maître peut souvent trouver à satisfaire ses besoins matériels bien mieux et bien plus sûrement que l'homme libre. L'esclave a souvent les sentiments d'un enfant, et il ne désire pas plus la liberté que l'enfant ne désire quitter la maison paternelle. Il n'a aucune occasion de faire des comparaisons[1] et il n'éprouve pas facilement de nouveaux désirs ni de nouvelles tendances. Comme le besoin de liberté fait défaut, le manque de liberté n'est pas ressenti comme un mal. La situation de l'esclave se rapproche, aux étapes primitives, de celle de l'enfant, et n'est pas nécessairement entachée de la dégradation qu'on y trouve aux degrés ultérieurs et supérieurs de la culture. Au contraire, surtout quand l'organisation générale est considérée comme une institution naturelle ne pouvant être autre qu'elle n'est, et sous l'action de la communauté du bonheur et du malheur, il peut naître entre l'esclave et le maître une relation cordiale, comme celle qui existe entre des camarades et des compagnons de lutte. La proclamation du principe de la liberté aurait évidemment sur cette relation une influence dissolvante. Nulle part mieux qu'ici, on ne voit comment la valeur des principes universels est conditionnée, en chaque cas particulier, par les circonstances spéciales auxquelles ils doivent s'appliquer. Que

---

[1] Dans les États à esclaves de l'Amérique du Nord, il était interdit sous des peines sévères d'apprendre à un esclave à lire et à écrire, et à plus forte raison d'introduire des livres traitant de l'émancipation des esclaves. LYELL. *Voyages dans l'Amérique du Nord*, trad. allemand, p. 118, 120. — Lyell cite également des exemples qui montrent que les esclaves nègres pouvaient être contents et fiers de leur sort : « J'avoue, dit le célèbre naturaliste, qu'on peut méditer et philosopher sur cette espèce particulière et intéressante de vanité, jusqu'à y apercevoir la preuve de l'extrême dégradation sociale, mais la première impression qu'elle fit sur mon esprit fut très consolante, en sorte qu'il m'était impossible d'éprouver une douloureuse pitié pour des gens qui se sentaient si extraordinairement satisfaits. »

l'état où la liberté fait défaut ait ce caractère idyllique et cordial que nous venons d'indiquer, ou qu'il devienne un état d'oppression, où la puissance et la domination ne jouent plus un rôle tutélaire, mais servent uniquement à satisfaire les caprices, l'orgueil ou la sensualité du maître, toujours est-il qu'un long état de non-liberté — soit pour l'individu, soit pour l'espèce — ne saurait se remplacer tout d'un coup par un état où la liberté puisse se manifester à la fois comme moyen et comme fin.

Comme l'évolution est empêchée tant que la liberté continue à manquer, puisqu'il n'existe alors ni impulsion, ni moyens, il ne faut pas s'attendre à ce que le simple fait de proclamer la liberté engendre aussitôt un état de choses tout nouveau. Les premiers effets de la liberté sont rarement tout à fait heureux. On passe alors à des conditions de vie toutes nouvelles, auxquelles la nature de l'individu n'a pas encore pu s'accommoder. On connaît la mauvaise réputation des affranchis romains. Ni les esclaves nègres, ni les paysans russes n'étaient en état d'employer tout de suite leur liberté de la manière convenable. Voici ce qu'on a pu dire, avec documents historiques à l'appui, sur les effets des réformes agronomiques chez les paysans danois[1] : « L'avantage essentiel des réformes pour l'économie de la nation fut celui qui résulta de l'élévation du niveau moral de la classe paysanne. Les réformes agronomiques contribuèrent sans doute aussi immédiatement au relèvement de l'agriculture... mais plus grande encore assurément a été l'influence médiate, indirecte, exercée par l'action éducatrice des réformes sur la classe paysanne et sur l'ensemble de la population. Il est clair toutefois que cet effet indirect n'a pu se manifester que plus tard. Une génération de paysans opprimés, asservis, ne se transforme pas tout d'un coup, par cela seul qu'on les proclame libres ; il faut toute une génération nouvelle pour qu'on puisse apercevoir les effets en résultant dans l'exploitation agricole. Par exemple, en ce qui concerne les corvées, un de leurs plus fâcheux inconvénients, consistant dans l'habitude contractée par le paysan de travailler nonchalamment et dans le gaspillage de la main-d'œuvre par le propriétaire, n'a pu disparaître qu'assez tard ; on a même cru pouvoir, encore plus d'un demi siècle après la suppression des corvées, trouver des

---

[1] FALBE-HANSEN. Op. cit., p. 87.

traces de leurs effets dans la méthode de travail des gens de la campagne. » La nature humaine ne se modifie jamais d'un seul coup. La maturité ne s'acquiert que peu à peu, en passant par des états de transition pouvant durer peut-être plusieurs générations, et elle ne s'obtient complètement que par l'emploi des forces libres. Il s'agit de trouver des formes provisoires sous lesquelles l'activité personnelle puisse se mouvoir jusqu'à ce qu'elle soit en mesure d'entreprendre des tâches plus considérables.

4. — Dans la proclamation des droits de l'homme, on a mis la forme au-dessus du fond ; bien plus, on a pensé que la forme pouvait tenir lieu de tout. On oublia que le degré auquel la liberté est à un moment donné susceptible d'être réalisée et développée dans ses conséquences dépend de toute une série de circonstances sociales diverses. Dans l'ancienne organisation sociale, les limites étaient étroitement tracées et les fardeaux lourds à porter. Cependant ceux des privilégiés qui regardaient leur pouvoir comme une charge héréditaire montraient une sollicitude et un sentiment paternel grâce auxquels les êtres dépendants ne pouvaient jamais se sentir complètement abandonnés. Maintenant, au contraire, le devoir étant tombé en même temps que la puissance, l'individu émancipé se trouva jeté dans le monde, avec son titre d'homme libre à la main, sans peut-être savoir quel emploi il devait faire de ses droits d'homme et de sa liberté. Une relation de protection et de piété fut subitement transformée en une relation de droit. C'est ce qu'on vit très clairement au moment de la suppression des anciennes corporations et des institutions qui s'y rattachaient. On abolit du même coup toute organisation du travail, en laissant à l'individu le soin de se tirer d'affaire avec ses propres forces. Par une coïncidence tout à fait caractéristique, c'est vers la même époque qu'on établissait une séparation tranchée entre la morale, l'économie politique et la science du droit, en croyant délimiter ainsi trois domaines absolument distincts. Dans l'économie politique, on ne devait tenir compte que de l'instinct d'acquisition ; pourvu qu'on lui laissât le champ libre, les intérêts économiques de l'humanité aboutiraient d'eux-mêmes à l'harmonie. Dans la science du droit, il ne s'agissait que de trouver les conditions d'une organisation extérieure et toute mécanique, telle que la liberté et la sécurité de tous les hommes fussent rendues pos-

sibles ; cette science n'avait à s'occuper que de l'action extérieure (de la légalité), en faisant complètement abstraction de l'intention (de la moralité).

En même temps, on partait d'une doctrine qui regardait les circonstances extérieures, l'éducation et les conditions sociales comme la cause unique de toutes les différences entre les hommes. Tous les hommes, pensait-on, étaient égaux en nature et en capacités ; seules les circonstances extérieures dans lesquelles ils évoluaient produisaient les différences. Par exemple Adam Smith, dont les vues ont eu une si grande influence sur la conception générale des questions sociales, partait de ce principe que les différences de caractère et de capacité provenaient moins de la nature que de la coutume, du genre de vie et de l'éducation, qu'elles étaient moins les causes que les effets de la division du travail dans la société[1]. On n'avait qu'à ouvrir toutes les barrières, à éloigner toute contrainte, et il semblait que tout le monde pourrait progresser. La justice exigeait que les conditions fussent égales pour tous, et d'ailleurs la nature ne donnait à personne le pas sur les autres.

Cela conduisit à faire encore un pas de plus. On alla jusqu'à interdire toutes les associations libres ; ou plutôt l'expérience des anciennes corporations dégénérées faisait qu'on ne pouvait se représenter aucune association sans contrainte et sans tyrannie. Turgot, par un édit de 1776, supprima les corporations. Pour lui (comme le montre la préface de cet édit) la source de tous les maux dans le domaine industriel consistait dans le droit que les artisans d'un même métier avaient eu de s'unir en des corps distincts. A partir de ce moment, chacun eut le droit d'exercer n'importe quel métier ou n'importe quel commerce, mais il était interdit à tous les maîtres, compagnons et ouvriers, de former des sociétés et des corps distincts sous n'importe quel prétexte. La chute de Turgot amena l'abandon de cette réforme comme de toutes celles qu'il avait tentées, mais la Révolution la reprit[2]. Un décret du 14 juin 1791, par conséquent des premiers temps de la Révolution, déclarait : « L'anéantissement de toutes les espèces de corporations des citoyens de même état

---

[1] *Wealth of Nations*. I, 2. — Smith avait emprunté cette théorie à Helvétius (*De l'esprit*, III, chap. 26-27). Même James et Stuart Mill l'adoptaient encore.

[2] Léon Say. *Turgot*. Paris, 1887, p. 140-150.

et profession étant une des bases de la constitution française, il est défendu de les rétablir de fait, sous quelque prétexte et quelque forme que ce soit. Les citoyens d'un même état ou profession… ne pourront, lorsqu'ils se trouveront ensemble, nommer ni président, ni secrétaires, ni syndics, prendre des arrêtés ou délibérations, former des règlements sur *leurs prétendus intérêts communs*[1] ». Cette démarche est une caractéristique de la conception abstraite et outrée du principe de la liberté. On redoute les associations parce qu'elles peuvent facilement engendrer de nouvelles différences, et, dans l'ardeur à protéger la liberté contre ce danger, on va si loin qu'on introduit une des pires restrictions à la liberté, en interdisant de se réunir avec d'autres. On va même jusqu'à donner à l'État le droit de décider dans quelle mesure on a des intérêts communs avec les autres ! La loi française précitée est un exemple typique du penchant à ne considérer que le danger présent et à s'efforcer de l'écarter avec une telle ardeur qu'on prépare de grands obstacles à l'évolution future. Au XVIII° siècle, on croyait avoir tout fait quand on avait supprimé les barrières et les liens. On aboutissait à cette contradiction énorme d'interdire au nom de la liberté une des applications les plus importantes que la liberté puisse trouver : la formation de libres associations avec d'autres individus. Cette exagération n'empêche pas toutefois que le principe proclamé avait une importance extraordinaire.

L'essentiel c'est que la liberté contribue le plus possible à déterminer la division du travail, en sorte que celle-ci n'ait pas lieu par la contrainte, comme aux étapes primitives, et qu'elle n'impose pas tous les travaux désagréables aux faibles. Il faut que l'individu puisse suivre ses penchants et ses aptitudes, dans la mesure où il en a conscience et où il ne gêne par là aucun intérêt plus considérable. Il faut que la liberté consiste dans la possibilité de s'attacher à quelque chose de déterminé, pour choisir une carrière. Dans l'ancienne organisation sociale dominaient des différences qui étaient presque des différences de castes, et chaque individu avait sa place marquée d'avance. Au contraire, par le choix libre d'une carrière, l'individu détermine

---

[1] TAINE. *La Révolution*, I, p. 222. note. — C'est certainement vouloir faire servir l'histoire à un but de propagande que de présenter, avec KARL MARX (*Das Kapital*, 2° éd., I, 772), la loi du 14 juin 1791 comme une attaque de la bourgeoisie contre la liberté des travailleurs.

lui-même sa place, c'est-à-dire le point d'où il peut et veut travailler aux tâches de l'espèce.

Par là devient possible une organisation libre de la société. Toutes les idées et toutes les fins doivent naître d'abord dans la conscience d'hommes particuliers, avant de pouvoir produire leur effet sur le reste du monde. Elles contribuent à l'organisation de la société, en rassemblant autour d'elles les hommes qui les comprennent. Puis, une fois que l'idée a été ainsi éprouvée et appliquée dans un cercle restreint, viennent les temps où l'organisation plus solide de l'Etat, qui repose en dernière analyse sur des moyens de coercition, peut intervenir. Le travail libre à la culture développe les forces productives; il appartient alors à l'Etat de protéger, par son organisation juridique et ses moyens de contrainte, ce qu'il est possible et avantageux de protéger. Le rapport de l'Etat à la libre association de culture est donc analogue à son rapport à la famille. Jamais il ne produit les forces proprement actives; dans les deux cas, il se trouve en face de quelque chose qui appartient au monde dont il fait lui-même partie; mais dans les deux cas aussi, son action organisatrice et adjuvante peut être nécessaire. Et jamais les choses ne se passent de telle sorte que l'organisation doive être dès le début l'affaire de l'Etat. Les organisations vigoureuses doivent, comme le montre l'histoire, surgir par l'union de forces libres qui, sous l'influence des conditions de vie et des intérêts vitaux, se rencontrent réciproquement et se complètent d'une manière plus ou moins consciente, ou visent au même but. Les formes prises par ces organisations ne peuvent devenir parfaites qu'en subissant l'épreuve des faits. Plusieurs des plus précieuses expériences qu'ait faites le genre humain sont dues à cette accommodation spontanée ou réfléchie des formes de la société aux circonstances réelles. Ce sont là des expériences dont les effets ne touchent pas seulement les formes extérieures, mais se ramifient encore dans la manière de sentir et de penser. Une action réciproque continuelle a lieu entre l'intérieur et l'extérieur. Un des problèmes les plus graves de la morale sociale est de savoir dans quelle mesure l'évolution sociale doit être laissée à l'adaptation libre, dont l'association libre est une des formes les plus importantes, et à quel point précis l'Etat doit intervenir avec sa puissance coercitive. En proclamant non seulement la liberté et l'égalité mais encore la fraternité, la Révolution montra que l'émancipation ne suffit pas et qu'il faut en outre une union positive entre les hommes libres. Mais l'expérience a fait voir que le rapport entre ces deux aspects de la question est bien plus compliqué qu'on ne l'avait cru dans le premier mouvement d'enthousiasme, et les problèmes sociaux naissent justement quand on approfondit le rapport des trois termes de la formule révolutionnaire. Toutefois, ces problèmes se posent évidemment sous une forme un peu différente dans les différents domaines.

5. — Il existe autant de fins différentes possibles pour la culture qu'il y a de domaines divers où on lutte pour la vie. La vie n'a pas seulement pour base la conservation personnelle, la réalisation des conditions matérielles nécessaires pour subsister; aux degrés supérieurs, la vie est liée à des fins idéales, à la satisfaction des besoins de la pensée, de l'imagination et du sentiment; en même temps, surgit le besoin de faire participer le plus de gens possible à la culture matérielle et spirituelle. A ces trois sortes de culture correspondent autant d'espèces d'associations libres.

La *culture matérielle* naît immédiatement de la conservation personnelle. Sans la pression continuelle exercée sur les hommes par le « vouloir vivre », ils ne consentiraient guère à se soumettre au travail sans relâche et aux pénibles efforts exigés par la culture matérielle. Cette cause a déjà fait avancer les hommes des degrés inférieurs vers les degrés supérieurs avant que les motifs idéaux aient pu arriver à se manifester. A l'étape la plus inférieure de l'existence humaine, la nourriture consiste en animaux sauvages et en végétaux choisis. Peut-être le feu est-il encore inconnu. La seule chose qui distingue ici l'homme de la bête c'est la faculté du langage et l'usage d'instruments primitifs. Cette étape a été appelée l'étape proprement *sauvage*. L'époque *barbare* est un peu plus élevée : on y connaît le feu, on fabrique des instruments en métal, on pratique la culture du sol et l'élevage. La *civilisation* proprement dite commence avec l'invention de l'écriture qui permet un souvenir à la fois certain et étendu, et qui fixe la tradition[1]. Un fait très intéressant au point de vue moral, c'est que la culture matérielle, à mesure qu'elle se développe, rend possibles et augmente de

---

[1] Cf. Tylor. *Anthropology*, p. 24 ; 179 sqq.

plus en plus les relations et les associations entre les hommes, et s'approche en même temps de la culture idéale, à laquelle elle finit par aboutir. C'est dans ce double caractère qu'il faut chercher le critérium du développement de la culture matérielle, et notamment de la perfection des formes qu'elle revêt dans son évolution. Plus la culture matérielle sert de préparation et d'introduction à la culture idéale, plus elle est élevée.

*La culture idéale* apparaît dès que surgissent des fins qui s'étendent au delà et au-dessus de la conservation de la vie. S'il est vrai que ce sont encore les mêmes formes qui agissent ici et dans la culture matérielle, du moins sont-elles ici appliquées pour elles-mêmes, pour la satisfaction immédiate liée à leur emploi. Cet emploi des forces dans le simple but de les exercer est un signe qu'on est arrivé à un degré normal de la vie humaine. Désormais l'objet de l'intérêt et de la poursuite n'est plus seulement le « nécessaire » mais encore le « beau » (pour nous servir des expressions des Grecs)[1]. L'homme ne fait plus uniquement effort pour vivre, mais il vit aussi pour faire effort. Dès lors naissent l'art et la science, les sentiments esthétiques et religieux.

*La culture philanthropique* a pour objet la satisfaction de l'amour de l'humanité. Elle se propose principalement de venir au secours de ceux qui luttent aux plus bas degrés de la culture matérielle et idéale. Elle veut soulager les peines corporelles et morales là où elles se trouvent. En particulier, elle veut empêcher une scission trop profonde entre la culture matérielle et l'idéale. Toutefois, aucune souffrance, ni aucun malheur, soit corporel, soit moral, où qu'il se rencontre, ne lui est étranger. Souvent là même où se trouve une abondance de biens matériels et moraux, une main secourable peut être nécessaire. — La culture philanthropique n'a pas besoin de se constituer séparément à côté des deux autres : elle peut très bien s'y associer, en déterminer l'esprit et l'orientation. Mais, manifeste ou cachée, il faut qu'elle existe pour que l'évolution soit saine et vigoureuse.

[1] Par « nécessaire » les Grecs entendaient ce qui sert de fin à autre chose, par « beau » ce qui est une fin en soi. Cf. ARISTOTE. *Rhétorique*, I, 9.

# 1. — LA CULTURE MATÉRIELLE

## XXIV

### OPPOSITIONS SOCIALES

1. Ancienne et moderne appréciation du travail matériel. — 2. Propriété et travail. Fâcheux effets de la division du travail.

1. — Il n'est question de culture matérielle que si l'homme est obligé de travailler pour conserver sa vie. Tant qu'il trouve dans la nature les moyens de sa conservation, par exemple des fruits poussant d'eux-mêmes, il reste à une étape à demi sauvage. Mais lorsque la culture matérielle a franchi ses premiers degrés, il vient un moment où l'on considère avec mépris les formes d'activité ayant pour but de procurer les conditions premières et indispensables de la vie. Cela tient à la division qui s'opère de bonne heure dans le travail. Les forts choisissent eux-mêmes les tâches qui leur agréent, et abandonnent les autres aux faibles. A l'époque barbare, la chasse et la guerre sont seules regardées comme dignes de l'homme. Avec les progrès de la culture, le travail de l'esprit s'ajoute à ces occupations. Il s'établit dès lors un dualisme entre un cercle de travaux choisis pour eux-mêmes et capables de remplir et de développer la vie personnelle, et un autre cercle de travaux imposés par la force ou la nécessité et qui transforment la personne individuelle en simple moyen pour d'autres. On regarde alors comme dégradant de travailler pour le nécessaire. Ces idées apparaissent à travers l'antiquité classique et le moyen âge. D'un côté, le peu de rapport du travail mécanique avec la

personnalité, de l'autre, la dépendance qui résulte du travail salarié, faisaient regarder les ouvrages manuels comme indignes d'un homme libre : « l'atelier ne peut rien avoir de noble » dit Cicéron (*nec enim quicquam ingenuum potest habere officina*) [1]. L'école stoïcienne soutenait la dignité du travail, l'intention du sage ennoblissant tous les actes de la vie humaine. Le christianisme appliqua ces idées à des sphères plus larges. Mais la société du moyen âge, toute fondée sur l'aristocratie et la hiérarchie, s'écarta de nouveau de cette conception. Encore en l'an 1781, l'Académie de Madrid proposait ce sujet de concours : « Montrer que les professions utiles n'ont par elles-mêmes rien de déshonorant. »

Ces idées si longtemps dominantes reposaient sur des considérations d'ordre à la fois esthétique, religieux et moral. Pour l'idéalisme esthétique des Grecs et pour l'idéalisme religieux du moyen âge, l'élaboration de la matière avait quelque chose de dégradant et d'avilissant : elle empêchait l'homme de faire de sa personnalité une harmonieuse œuvre d'art ou de renoncer au monde sensible. De plus, la production matérielle, servant tout d'abord à la conservation propre de l'individu, semble être une suite de l'égoïsme. C'est une doctrine que l'économie politique moderne a souvent favorisée, en insistant avec force sur les mobiles égoïstes de l'acquisition des richesses.

Si dans les temps modernes on fait une place plus considérable au travail matériel, cela tient à des idées qui sont propres à la conception moderne de la vie. Nous sommes aujourd'hui convaincus de l'étroite connexité de la vie mentale avec la vie matérielle. De quelque façon qu'on puisse se représenter le rapport exact de l'esprit et de la matière, il reste acquis que la vie de l'esprit est attachée à la forme la plus délicate de la vie matérielle. Le cerveau d'un homme bien doué est le produit matériel le plus délicat que nous connaissions. Tout travail matériel a pour but, en définitive, de produire d'aussi bons cerveaux que possible, et travailler pour la culture matérielle c'est par conséquent travailler aussi pour la culture mentale. De plus, le travail matériel apparaît de plus en plus comme l'appli-

---

[1] Cicéron. *De officiis*. I. 150. — Cicéron suit ici, comme c'est son habitude, le stoïcien Panétius qui sur ce point était plus aristocrate que les Stoïciens antérieurs et postérieurs. Cf. Bonhöffer. *Die Ethik des Stoikers Epiktet*. Stuttgart, 1894, p. 73 ; 233-243.

ration des lois découvertes par le travail de la pensée. Si nous travaillons et dominons la nature, c'est en vertu de la supériorité que nous donne sur elle la connaissance de ses lois. Par là se trouve établi entre le monde de l'esprit et celui du corps un pont que ni l'antiquité ni le moyen âge n'ont connu. Cicéron distingue entre le travail (*opera*) et l'art (*ars*), le premier indigne, le second digne d'un homme libre. Mais, pour beaucoup d'espèces de travaux, cette opposition tranchée s'efface peu à peu. Si la chasse, la guerre et le travail de la pensée ont d'abord paru de nobles occupations, parce que les forces personnelles pouvaient s'y mouvoir librement, désormais l'élaboration des corps matériels peut, elle aussi, développer la personnalité, à mesure qu'elle exige davantage l'intervention de l'intelligence et de la volonté, et n'est plus seulement une action toute mécanique imposée du dehors. Enfin, nous avons appris à comprendre que le travail de l'individu, si insignifiant qu'il puisse paraître, joue cependant un rôle dans l'ensemble de l'économie sociale. L'individu ne se procure pas seulement les moyens de conserver sa vie propre, mais il contribue pour sa petite part à la vie de l'espèce, augmente les biens qui sont à la disposition de la société. Son énergie et son épargne peuvent, à cause de la solidarité qui existe entre les individus luttant pour la vie, profiter encore à d'autres qu'à lui-même. Aussi peut-il exécuter également son œuvre avec une intention qui dépasse l'horizon de ses besoins purement individuels. La science nous a appris que la nature obtient ses grands résultats, aussi bien dans le domaine mental que dans le domaine matériel, par l'accumulation de petites actions. En travaillant avec ardeur dans sa modeste sphère, l'individu peut collaborer à la grande œuvre totale.

2. — Mais ce changement dans la manière de considérer le travail pose bien plutôt un problème qu'il ne nous donne un résultat réel. L'estime plus grande du travail matériel suppose une relation idéale entre le travailleur et le travail, qui est encore très loin d'exister et qui cependant constitue l'essentiel de ce que la morale doit exiger de l'évolution sociale. Cette exigence fournit, à chaque époque, la règle pour apprécier la valeur du développement de la culture matérielle. Cependant, avant de nous engager dans une étude plus approfondie de ce point, nous mettrons d'abord en évidence les oppositions sociales qui prouvent que la division primitive du travail et

ses inconvénients n'ont pas encore complètement disparu.

*a.* L'opposition existant entre les individus qui *possèdent* et ceux qui ne sont *que travailleurs*, est une continuation historique de la division primitive du travail entre les maîtres et les esclaves. Souvent le propriétaire ne fait que consommer le fruit du travail de ses aïeux ou de ses contemporains ; dans ce cas, l'opposition est complète entre le travailleur et lui. Mais, même lorsqu'il travaille lui aussi, l'opposition reste assez tranchée. Il dispose en effet et des moyens de travail et du produit. L'ouvrier au contraire, qui ne possède que ses deux mains, est obligé de les mettre à la disposition du propriétaire, pour façonner la matière première et obtenir une part du profit qui en résulte. Sans matière première, pas de travail possible, mais il se peut qu'en l'absence de tout travail étranger, le propriétaire puisse utiliser et consommer cette matière. Si indispensable que soit le travail pour transformer la matière brute en un produit, il n'en est pas moins considéré, du point de vue de la production et de l'échange, comme un simple moyen. Le salaire est essentiellement regardé comme une dépense qu'il s'agit de réduire au minimum. De son point de vue au contraire, l'ouvrier est naturellement obligé de considérer le salaire comme une fin. C'est la quantité du salaire qui détermine sa situation sociale et dans une certaine mesure aussi sa situation d'homme. Mais il n'est pas en son pouvoir de faire valoir cette considération, tant qu'il est laissé à lui seul. De même que son travail n'est regardé que comme un simple moyen de la production, il arrive facilement que sa personne soit aussi regardée comme un simple moyen. Il est nécessaire qu'il existe une nombreuse population ouvrière pour que le travail soit au plus bas prix possible. D'autre part, si quelques-uns sont obligés de se contenter d'un salaire minimum, il faut qu'il y en ait d'autres qui ne reçoivent aucun salaire. La conséquence logique de la conception du salaire comme simple dépense, c'est donc qu'une foule d'êtres humains sont rejetés au plus bas degré de l'existence.

Cette dépendance dans laquelle, malgré toute la liberté personnelle qui lui est officiellement reconnue, l'ouvrier se trouve en face du patron, s'étend bien au delà des conditions de son travail et de son entretien. Ce n'est pas seulement le salaire mais encore la durée du travail et les circonstances dans lesquelles il s'exécute qui sont déterminés en grande partie sans qu'il soit consulté. C'est une véritable ironie de lui dire qu'il est un homme libre et qu'il dépend de lui seul de vouloir ou non accepter un travail [1]. La marchandise qu'il offre, c'est-à-dire sa force de travail, est inséparable de sa personne, en sorte qu'en la vendant à des conditions dont il n'est pas le maître, c'est aussi sa personne qu'il vend. La dépendance où il est à l'égard des patrons s'étend facilement du domaine extérieur et matériel au domaine intérieur, en sorte qu'il ne peut pas non plus se conduire en homme libre dans les questions sociales, politiques et religieuses.

*b.* Les services rendus par la science à l'industrie n'ont guère profité jusqu'ici, parmi les ouvriers, qu'au petit nombre. Le travail de la pensée et celui des muscles, *le travail intelligent et le travail physique,* ne sont pas encore unis, mais ils sont le plus souvent l'affaire d'individus différents. L'application des découvertes scientifiques, la disposition du plan de travail et la réalisation des moyens nécessaires à son exécution exigent des qualités et des conditions qui ne sont pas à la disposition des travailleurs manuels. Le travail physique s'exécute pour ainsi dire à l'aveuglette, sans qu'on se rende compte des forces naturelles y concourant ou de l'importance des résultats obtenus. Même *dans le cercle des travailleurs manuels,* il s'introduit de plus en plus une *division du travail* qui finit par réduire le travailleur isolé à la répétition mécanique d'un seul et même acte simple. L'évolution du travail amène d'un côté la dissolution et le morcellement d'un travail complexe entre plusieurs ouvriers différents, et de l'autre, la combinaison de plusieurs branches différentes de travail pour les productions d'un seul et même objet. Ce sont les deux mêmes formes d'évolution — l'isolation et la combinaison — qui se manifestent dans tous les domaines de l'activité humaine. Déjà du temps d'Adam Smith la fabrication d'une épingle était répartie entre 18 mains. Dans

[1] Lorsqu'au sein d'une commission royale anglaise, il fut demandé qu'une surveillance plus étroite fût exercée sur les mines de charbon, à cause de la fréquence des accidents, le représentant des patrons dit : « Mais ne dépend-il pas des mineurs eux-mêmes de consentir à descendre dans les mines ? » Un témoin répondit : « Sans doute. Mais il dépend aussi d'eux de mourir de faim, s'ils ne descendent pas. » L. BRENTANO. *Die Arbeitergilden der Gegenwart,* II, p. 17. Cf. p. 165, la joie d'un patron à propos du grand nombre d'ouvriers sans travail, qui fait baisser le taux des salaires.

ce genre de travail en commun, qu'il naisse du morcellement ou de la combinaison, le travailleur particulier perd la vue d'ensemble. Il s'exerce dans une tâche unique et très simple, et il n'y a qu'un côté tout à fait spécial de sa personnalité et de ses facultés qui soit développé. La vie humaine ne s'épanouit point en lui dans toute sa plénitude; de ce point de vue encore, il est moyen et non pas fin. Plus son travail s'accomplit mécaniquement, mieux aussi peut-être il s'accorde avec l'activité totale. La spécialisation en fait un organe d'autant plus parfait de la machine entière, mais elle augmente aussi sa dépendance, car elle le rend incapable d'entreprendre une nouvelle tâche plus compliquée. Sans doute, le morcellement du travail lui rend plus facile de passer d'une tâche à une autre; mais cet avantage est compensé par ce fait que tous les hommes sont capables d'entreprendre des tâches simples de ce genre, ce qui augmente la concurrence et diminue les salaires. L'ouvrier n'a guère besoin alors d'une culture de son esprit et de ses facultés, la tâche qui lui est assignée n'en exigeant pas beaucoup. Sans goût à son ouvrage, sans espoir de progrès et sans impulsion à se développer, il tombe alors jusqu'à une existence à demi-animale.

Ces oppositions, que nous avons décrites ici sous leur forme la plus aiguë[1], posent la question sociale.

[1] C'est ROUSSEAU qui le premier a fait énergiquement ressortir les côtés fâcheux de la division du travail, et posé par là même la question sociale. Voir mon opuscule : *Rousseau und seine Philosophie*, 2ᵉ édit. allemande, p. 110-114; 133 sqq, 138. — Peu de temps après Rousseau, ADAM FERGUSON (*Essay on the history of civil society*. Edimbourg, 1767, IV, 2 : 'Of the subordination consequent to the separation of arts and professions) exposa cette question du point de vue de l'histoire de la civilisation. — Dans son ouvrage *Gemeinschaft und Gesellschaft*, FERDINAND TÖNNIES a donné une exposition très instructive de la pathologie sociale, appuyée sur de sérieuses études sociologiques et psychologiques.

# XXV

# LA QUESTION SOCIALE

1. Pourquoi elle se pose surtout de notre temps. — 2. Connexité entre la question sociale et la question de la population. — 3. La question sociale est une question morale. Notion de la « masse ». — 4. Deux conceptions extrêmes. — 5. Nécessité de points de départ historiquement donnés. Que personne n'est exclu du débat.

1. — Lorsqu'on parle de la question sociale, il faut d'abord écarter le malentendu qui la ferait regarder comme une question tout à fait particulière et simple, susceptible de se résoudre d'un seul coup et une fois pour toutes. Elle naît des fortes oppositions qui menacent de désagréger la société, mais ces oppositions à leur tour sont influencées par l'action réciproque d'une multitude de circonstances diverses. Il ne s'agit pas ici uniquement d'une organisation du travail matériel; la culture idéale, le développement de la vie de l'esprit, ont aussi leur poids; enfin la constitution de l'Etat exercera aussi une influence essentielle tant sur la forme que sur la solution de cette question. Entre ces divers aspects de la question sociale, la liaison est aussi étroite qu'entre la tête, le cœur et les entrailles. La maladie d'un seul de ces organes peut amener la mort du corps entier, et toute perturbation dans l'un aura des conséquences funestes pour le fonctionnement des autres, qui à leur tour réagiront sur lui. Il est peu vraisemblable qu'on résolve jamais la question d'une manière définitive, car elle se rattache à trop d'éléments divers et, bien que ce soit de nos jours qu'elle se pose de la manière la plus nette et la plus aiguë, elle n'en a pas moins existé de tout temps sous des formes diverses.

Si c'est seulement de nos jours que l'on parle de cette question, cela tient à plusieurs raisons particulières. Ce n'est pas sans doute qu'il y ait dans ce monde plus d'égoïsme et d'envie qu'auparavant. Ce n'est pas non plus que la misère et la souffrance y soient plus considérables qu'autrefois ; on pourrait plutôt soutenir le contraire. Bien plus, si des améliorations ne s'étaient point produites, on ne parlerait pas de question sociale. L'extrême misère, en effet, déprime : elle étouffe la pensée et n'éveille pas le désir d'avancer. Aussi est-ce précisément au progrès réalisé dans la condition des ouvriers qu'ils doivent de pouvoir poser la question sociale par eux-mêmes. C'est un signe que leur nature n'est pas complètement écrasée. Si l'on peut dire que les choses ont empiré, ce peut être en ce sens seulement que la spécialisation et la dépendance, produites par la division de plus en plus poussée du travail, doivent être d'autant plus fortement ressenties que l'ouvrier est aujourd'hui, en vertu des principes du xviii° siècle, un homme libre. Tant qu'il n'était qu'esclave ou serviteur, il ne ressentait pas autant sa misère, étant donné surtout que l'ancienne organisation sociale, à côté de la dépendance où elle le tenait, lui assurait sous bien des rapports aide et protection. A cela il faut ajouter encore le progrès des lumières. La faculté de penser s'est éveillée et on fait des comparaisons. On ne s'incline plus devant l'ordre social établi et devant la différence des conditions comme devant des choses se justifiant par cela seul qu'elles existent. On demande leurs titres, on pose des idéals. Et plus le contraste entre l'idéal et la réalité est grand, plus l'imagination se meut avec force.

Mais ce n'est pas seulement l'éveil de la comparaison et de la réflexion qui pose le problème avec cette acuité, car il n'existe point pour ceux-là seuls qui souffrent de l'état de choses actuel : d'autres aussi en ressentent l'amertume. La bienveillance et le sentiment de la justice se sont développés avec plus d'étendue et de liberté. L'inquiétude dont on se plaint à notre époque tire en grande partie son origine de la sympathie. Si l'on pouvait avoir plus d'égoïsme et moins de réflexion, on vivrait pour soi seul d'une manière plus heureuse. Le pessimisme si fréquent de nos jours provient sans doute en grande partie d'un état d'esprit blasé, cependant sa plus noble source est dans le vif sentiment de sympathie excité par les nombreuses souffrances et la grande discordance qui se rencontrent dans l'univers, et sur lesquelles on passait autrefois d'un cœur plus léger.

2. — En même temps que la conscience de l'importance de la question sociale devenait plus nette et que s'éveillait le désir

de travailler à la résoudre, nous avons aussi appris combien sont profondes ses racines dans la nature humaine et ses conditions. Nous sommes en train de nous élever au-dessus de cette philosophie enfantine de l'histoire qui fait remonter tous les grands mouvements à l'action de personnalités individuelles; elle se heurte déjà d'ailleurs à l'impossibilité où l'on est de comprendre comment les personnalités individuelles sont arrivées à penser et à agir comme elles l'ont fait réellement. Pourtant cette conception enfantine se rencontre encore aujourd'hui aussi bien chez les libéraux que chez les conservateurs. Pour l'optimisme conservateur, tout irait bien s'il n'y avait pas d'agitateurs radicaux; pour l'optimisme radical, tout irait bien, s'il n'y avait ni roi ni prêtres. Tous deux oublient d'une part que la question sociale est pour nous un legs du passé, une suite des difficultés sociales des temps antérieurs, de l'autre, qu'il y a dans la nature humaine et dans les conditions de la vie humaine des causes qui feront peut-être qu'on se posera toujours la question sociale, quoique sans doute sous de nouvelles formes.

Nous avons déjà mentionné précédemment que le chiffre élevé de la population ouvrière est une des raisons pour lesquelles le travail occupe une place relativement si secondaire parmi les facteurs de la production. S'il n'y avait pas tant d'ouvriers, la dépendance des ouvriers à l'égard des patrons ne serait pas non plus si grande. L'accroissement considérable de la population amène la lutte pour la vie dans le domaine social comme dans la nature entière. Dans tous les domaines de la vie organique, la conservation des espèces est due à ce que le nombre des germes dépasse de beaucoup celui des êtres qui peuvent se développer dans les circonstances données. Pour qu'un petit nombre de germes puisse prendre racine et se développer, il faut qu'un grand nombre périsse. Il semble que la vie puisse seulement subsister si une force puissante s'emploie à produire une surabondance d'individus. L'espèce humaine, elle aussi, tend à se propager plus vite que les moyens de subsistance ne peuvent s'accroître. Cette remarque, dont MALTHUS (*Essay on population*, 1798) s'est servi, non sans quelque exagération et quelque étroitesse, pour combattre l'optimisme régnant, qui faisait dériver tous les malheurs sociaux des institutions humaines, a attiré l'attention sur un aspect essentiel de la question sociale. On vit alors que la vie de la société est en connexion avec la vie entière de la nature. Darwin a retrouvé depuis, dans l'ensemble du règne végétal et animal, les faits que Malthus avait admis en ce qui regarde la vie humaine. Nous ne comprenons pas la question sociale, si nous ne la voyons pas dans ses rapports avec l'ensemble de la vie naturelle. Or, quand on aura vu combien sont profondes les forces et les tendances qui interviennent ici, on ne croira plus aussi facilement que la question puisse se résoudre par une seule formule et une fois pour toutes.

L'étroitesse des vues de Malthus consista d'abord, comme le notait déjà Auguste Comte[1], à ne pas remarquer la nécessité d'une population nombreuse pour que la vie sociale puisse se développer sous ses diverses formes. La division du travail, l'échange actif, l'organisation sociale, tout cela demande une population qui ne soit pas trop clairsemée. Une population plus nombreuse est en même temps une population plus dense, ce qui favorise les relations mutuelles, avec toutes leurs conséquences. De plus, en face de dangers extérieurs, le grand nombre peut avoir son importance. En second lieu, Malthus ne vit pas que la disproportion entre la quantité de la population et celle des subsistances dont on dispose peut résulter également d'un développement imparfait de l'activité humaine. Une énergie ou une habileté plus grandes trouveraient peut-être un emploi pour la force de travail en apparence superflue, soit par de nouvelles découvertes, soit par un meilleur usage du capital, ou bien des subsistances nouvelles et plus facilement accessibles pourraient être produites. La disproportion peut donc, dans les cas particuliers, avoir des causes diverses et provenir tantôt de la défectuosité de la production, tantôt de celle de la distribution, tantôt de celle de la consommation. Mais Malthus a raison de dire que toutes les fois qu'une certaine harmonie se trouve réalisée entre la population et les subsistances, la forte tendance de la population à s'augmenter ne tardera pas à rompre de nouveau l'équilibre et à rendre nécessaires de nouveaux efforts pour conserver le degré de vie acquis. C'est cette condition qui pousse sans cesse l'homme à nouveau dans la voie du travail et de la culture. Malthus dit — et il n'est pas besoin d'être pessimiste pour lui donner raison sur ce point —

---

[1] *Cours de philosophie positive.* IV, 2ᵉ éd., p. 455.

que si les subsistances croissaient dans la même proportion que le genre humain, il ne voit pas quel mobile pourrait être assez fort pour triompher de l'indolence naturelle de l'homme et le conduire plus loin dans la voie de la culture[1]. L'inertie, dans laquelle nous avons trouvé le germe de tout mal (VI, 1), a besoin d'un fort contrepoids pour être surmontée. Tant que des motifs supérieurs n'auront pas plus de puissance sur la nature humaine que jusqu'à ce jour, le motif élémentaire mis en évidence par Malthus sera toujours nécessaire. Il faut une forte pression pour éveiller l'appétit et la force. C'est seulement quand cette pression a produit son effet qu'on arrive à un degré où des motifs plus idéaux peuvent exercer leur action. (Cf. IV, 7.)

Il n'y a aucune raison d'admirer l'ordre naturel que nous rencontrons ici. Cependant il faut le prendre pour quelque chose de donné. D'autre part, ne l'oublions pas, la force puissante qui soulève la question sociale est la même qui, en amenant l'établissement de la famille, fonde la plus étroite des sociétés humaines, source de toute sympathie dans l'humanité, et la même qui, par son influence sur l'imagination et par son pouvoir d'exciter l'enthousiasme, met en action la faculté du dévouement et du sacrifice.

3. — La question sociale est une question *morale*. Cela résulte déjà de ce que nous avons dit plus haut en faisant remarquer que c'est uniquement à cause de l'éveil de la sympathie qu'elle se pose de notre temps d'une manière aussi nette et aussi vive. Qu'on supprime par la pensée le critère de la morale, c'est-à-dire la notion morale d'une société idéale (III, 10 ; XIII, 6), et « la question » tombe du même coup, ou plutôt elle se réduit à une simple question de force ; l'individu n'a plus pour tâche que de se tirer sain et sauf de la lutte générale de tous contre tous, ou de garder son bien, pendant cette lutte, le mieux qu'il pourra. La notion de la société idéale, du royaume de l'humanité, exige au contraire que chaque être humain soit plus qu'un moyen, qu'il occupe sa place propre et personnelle dans le vaste royaume de l'humanité. Il est contraire à l'idéal d'une société humaine qu'un nombre plus ou moins grand d'êtres humains soient simplement regardés comme une masse passive, comme un ensemble de moyens et d'instruments infé-

---

[1] *Essai sur le principe de population*, trad. de l'angl. par P. Prévost, Paris et Genève, 1809, II, 271.

rieurs, dont les joies et les souffrances n'entrent pas en considération lorsqu'on arrête le compte social des profits et pertes. Tant qu'on pourra appliquer la notion de « masse » à des êtres humains, le but ne sera pas atteint, et il se rencontrera des discordances plus ou moins fâcheuses. Dans une société, la masse c'est ce qui n'entre pas dans l'organisation, ce qui ne forme pas un élément vivant et agissant de l'ensemble. Dans la masse, les personnes particulières s'effacent et disparaissent : elles ne constituent pas autant de centres particuliers de forces. Là où existe une masse, la personnalité ne jouit pas de ses droits. Par suite, ni l'unité ni la variété, conditions d'une société parfaite, n'y sauraient exister : l'unité, parce que la société est morcelée en parties qui ne forment aucun ensemble organique, mais sont peut-être hostiles l'une à l'autre ; la variété, parce que l'indépendance des personnalités individuelles disparaît : le principe de la personnalité libre, corollaire le plus important du principe du bien (VIII, 6), se trouve violé, puisque des êtres personnels sont rabaissés au rôle des moyens, sans être en même temps regardés comme fins.

4. — Mais peut-il en être autrement ? Certains le nient. Voici à peu près comment ils raisonnent. La vie sociale, comme la nature entière, est soumise à des lois inéluctables. De ce genre est la loi de l'offre et de la demande. Il ne sert de rien de déployer les plus grands efforts, si le résultat auquel ils aboutissent n'est pas désiré : nous n'obtenons pour notre travail que le prix qu'il vaut sur le marché. Ceux-là surtout devront souffrir de cette loi, qui paraissent sur le marché avec leur force de travail pour tout bagage. Ils ne pourront jamais obtenir une existence matérielle assurée, et n'auront ni temps ni force de reste pour participer à la culture mentale. Il n'en peut être et il n'en a jamais été autrement. D'un autre côté, il est nécessaire que le travail matériel soit exécuté. Il faut que la grande masse pourvoie aux besoins matériels de la société, pour qu'une petite élite puisse travailler à la culture de l'esprit. De tout temps, la culture supérieure n'a été accessible qu'à un cercle restreint, favorisé par la chance et capable de se développer d'une manière harmonieuse et complète, sans être obligé de pourvoir à ses besoins matériels. Pour qu'une vive lumière puisse éclairer cette élite du genre humain, il faut que la grande masse reste dans l'obscurité. Ce ne serait même pas un

bien qu'une trop grande lumière se répandit de ce petit cercle sur le reste de l'humanité. C'est une division toute naturelle du travail qui veut que les uns pensent tandis que les autres peinent, la pensée aurait vite fait de gâter le travail, d'exciter du mécontentement ou de l'agitation et de troubler ainsi l'ordre normal. Toutefois l'élite donne à la multitude plus qu'elle n'en reçoit, si bien qu'il ne saurait être question de dureté et d'inhumanité de sa part. Et si ceux qui font partie de la masse trouvent que la vie qui leur est assignée ne mérite pas d'être vécue, il faut les renvoyer à la foi religieuse : ils trouveront une consolation dans l'espoir d'une vie meilleure au delà du tombeau, où seront compensés tous leurs maux d'ici bas.

Voici maintenant une conception diamétralement opposée. Toutes ces prétendues lois naturelles que l'on invoque ne sont que les expressions d'un ordre social qui a été produit en partie par la violence et l'usurpation. Si certains individus ont des avantages si considérables dans la concurrence générale, c'est par suite d'une injustice qu'il faut corriger. De quel droit à vrai dire parle-t-on ici d'un *ordre* social ? La seule chose qui domine dans la concurrence entre les hommes c'est la lutte animale pour la vie, sous une forme il est vrai un peu voilée. La société actuelle n'est nullement fondée sur des principes moraux et humains, mais sur la force et l'égoïsme. Aussi faut-il la détruire de fond en comble. Il faut d'abord faire la place nette, après nous pourrons parler de ce qu'il conviendra de faire succéder aux ruines. Tandis que l'on considère aujourd'hui le travail matériel comme une force inférieure et subordonnée, il faut que l'idée s'établisse que le travail est la source de toute richesse et de toute culture. « En face de la classe ouvrière, est-il dit dans un programme élaboré par les social-démocrates allemands (Gotha, mai 1875), toutes les autres classes ne sont qu'une masse réactionnaire ».

Tel son, tel écho. Des deux côtés on se renvoie le mot « masse ». Les deux conceptions sont d'accord sur cette idée qu'il existe dans la société un contraste violent, un dualisme ; seulement l'une le regarde comme utile ou tout au moins comme nécessaire, l'autre le regarde comme inhumain et facile à faire disparaître, pourvu qu'on y mette de la bonne volonté.

5. — Suivant les principes généraux précédemment établis,

(III, 19-20 ; XIII, 1-4), l'évolution morale doit poursuivre ce que l'évolution naturelle, plus ou moins consciente, a commencé. La volonté humaine ne peut rien créer de rien ; elle ne peut que continuer l'édifice dont la nature a posé les bases. Il s'agit dès lors de découvrir dans le donné des points de départ et des germes de l'avenir. S'ils faisaient totalement défaut, la situation serait désespérée. Or c'est précisément le résultat auquel nous conduisent l'une et l'autre des doctrines précédentes. Pour la première, c'est une conséquence logique ; en effet, regardant le dualisme qui existe dans le genre humain comme un état normal, elle n'a aucune raison de chercher à en sortir. A la seconde, au contraire, il faut poser cette question : si dans la société présente il n'existe rien de bon, où faudra-t-il chercher les forces nécessaires pour construire le nouvel édifice social ? Les forces que nous dépensons ne sont pourtant jamais que des produits du passé. On ne voit donc pas aisément comment la condamnation absolue de l'héritage historique se concilie avec de grandes espérances fondées sur l'avenir.

De plus, il y a un point que les deux parties oublient. Le dualisme n'est pas aussi fort qu'ils nous le représentent. Si de nos jours la question morale est posée plus nettement qu'autrefois, cela tient en grande partie, nous l'avons vu, à ce que le sentiment de son importance s'est éveillé. Or ce sentiment n'est pas l'apanage d'une classe ou d'un cercle unique. Comme l'a dit STUART MILL, c'est le propre de notre temps que toutes les classes y prennent part à la discussion des questions les plus essentielles, et que les classes souffrantes ont plus que jamais voix au chapitre[1]. Les deux parties opposées de la société ne sont donc pas complètement isolées, mais il faut bien qu'elles aient un terrain commun, puisqu'elles peuvent examiner ensemble le problème. Par là est affirmée l'unité mentale de la société en même temps que se trouve établi un moyen essentiel de progrès. Car l'histoire montre clairement qu'aucune réforme ni aucune amélioration

---

[1] *Principes d'économie politique*, trad. Dussaud et Courcelle-Seneuil, II, 1, 2. — LASSALLE soutenait que sa propagande préparait une ère de réconciliation, en offrant à la classe possédante aussi bien qu'à la classe ouvrière la possibilité de s'accorder dans la discussion de la question sociale (*Arbeiterlesebuch*, p. 54 sqq) — Le rôle joué par les positivistes et les « socialistes chrétiens » dans la lutte soutenue par les ouvriers anglais pour faire reconnaître leurs droits (voir SIDNEY et BEATRICE WEBB *Histoire du Trade-unionisme*, trad. A. Métin, Paris, 1897, p. 224, 236, 260, 280) est

n'aboutissent, si elles ne sont pas activement soutenues par ceux auxquels elles se proposent de venir en aide. Ils savent mieux que personne où le bât les blesse, et, sans leur concours, il est impossible de porter remède au mal. On ne peut, ni en théorie, ni en pratique, traiter la question sociale d'une manière féconde, si les ouvriers ne participent pas eux-mêmes à la discussion et à la solution. Or c'est ce que l'on commence seulement à mettre en pratique.

Mais de la discussion à la solution il y a loin, et le fait que tous puissent prendre part à la discussion pourrait sembler à bon droit une bien maigre consolation. Étudions donc quelles solutions possibles se présentent à nous.

une preuve que la classe ouvrière, dans la lutte qu'elle soutient, n'est pas sans recevoir du secours et des marques de sympathie de la part des autres classes, ce que dissimulent les continuelles assertions des Marxistes sur la lutte des classes. Au reste, les idées socialistes elles-mêmes ont été inventées tout d'abord par des hommes appartenant aux « classes dirigeantes ». — Qu'il s'établisse une alliance naturelle entre les prolétaires et les positivistes, c'est ce qu'on peut voir par les passages cités dans ma *Geschichte der neueren Philosophie*, II, p. 390 et 400..

# XXVI

## SOLUTIONS POSSIBLES

1. Organisation de la masse par les forces libres ou par l'intervention de l'Etat. La morale et l'économie politique.

A) *Organisation du travail par l'association libre.*

2. Emancipation et association. — 3. Syndicats professionnels. — 4. Système de la participation des ouvriers aux bénéfices. — 5. Sociétés coopératives de production. — 6. Sociétés coopératives de consommation. Importance de ces sociétés.

B) *Organisation du travail par l'intervention de l'Etat et de la commune.*

7. Idée générale du socialisme. — 8. Que sa pensée fondamentale et sa critique de l'organisation actuelle sont justes. — 9-12. Critique du socialisme. — 13. Importance pédagogique du socialisme. — 14. Formes sous lesquelles l'Etat, sans entrer en conflit avec le principe de la liberté, peut exercer une influence sur l'organisation du travail. — 15. Justification et valeur morales de la propriété privée. — 16. Le commerce et sa valeur morale.

1. — Ce qui transforme une multitude humaine en simple masse c'est que les diverses personnalités n'y reçoivent aucune valeur indépendante, ne se développent pas chacune à sa manière propre. Mais cet effacement des particularités personnelles s'accompagne d'un défaut de liaison interne, de vie sociale organisée. Les unités composant la masse se tiennent indifférentes les unes en face des autres. Au lieu d'une réelle *communauté*, dans laquelle les individus seraient liés par des fins communes, nous n'avons alors qu'une *société*[1], où chaque individu considère l'autre comme simple moyen. Des intérêts extérieurs unissent les hommes sans que pourtant ils aient entre eux de liaison essentiellement intime. L'un cherche à atteindre, avec un minimum de sacrifice de sa part, le plus possible de ce qui

---

[1] Cette opposition des notions de *communauté* et de *société* a été développée par Tönnies dans son ouvrage cité plus haut (XXIV, 2).

lui paraît désirable, mais qu'un autre possède. Si l'un fournit à l'autre les moyens d'atteindre ses fins, c'est uniquement pour en obtenir en retour les moyens d'atteindre les siennes propres. Le rapport mutuel des individus prend de plus en plus un caractère impersonnel, car nous ne considérons et utilisons ce qui est impersonnel que comme un moyen pour nos propres fins. Tout individu suit ses instincts et poursuit ses fins. Mais, comme chacun cherche son intérêt sans qu'il existe entre celui-ci et l'intérêt des autres une communauté réelle, lorsqu'il ne peut faire servir les autres de moyens pour ses fins, il se produit nécessairement un choc. Chacun prétend vivre, sans apercevoir la nécessité que les autres vivent également. Dans le domaine des biens matériels notamment, des chocs sont inévitables. Un bien matériel ne peut appartenir qu'à un seul individu. Ce qui me rassasie, ne rassasie pas mon voisin. Pour satisfaire mon instinct de conservation, je suis obligé de négliger le sien, et plus je m'approprie de biens matériels, moins il en reste pour lui. Un seul et même atome ne saurait être à la fois un élément de mon organisme et un élément du sien. Aussi s'élève-t-il facilement ici un conflit de tous contre tous, et la tâche s'impose de distribuer les richesses comme l'exige le bien de tous. Ce qu'exige la justice distributive (III, 9) c'est une organisation sociale où les individus, au lieu de se combattre, puissent se compléter. Or la grande question est de savoir par quelle voie une pareille organisation est réalisable et quels moyens d'y parvenir l'expérience nous indique comme possibles. De quelles forces le genre humain dispose-t-il pour résoudre ce problème ?

L'examen que nous faisons de ce problème ici, dans la morale sociale, diffère quelque peu de celui qu'en fait l'économie politique. Nous voulons instituer une appréciation morale des diverses manières dont peuvent s'établir une distribution et une organisation sociales. L'économie politique au contraire se borne plutôt à rechercher dans quelle mesure les solutions possibles sont réellement données ; elle tient un plus grand compte du côté technique de la question. Cependant, comme nous l'avons déjà remarqué (III, 14), on ne peut tirer entre la morale et l'économie politique, aucune ligne de démarcation précise, puisque la dernière n'est pas seulement une théorie de la production et de l'échange des biens matériels, mais encore de leur distribution.

Or l'expérience montre qu'il existe deux groupes de forces agissant dans le sens d'une distribution conforme au principe du bien, et par là même dans le sens d'une organisation sociale dans le domaine de la culture matérielle. En effet, d'un côté, les forces individuelles peuvent se combiner en associations libres, issues de la communauté des intérêts et de la sympathie ; de l'autre, l'Etat peut intervenir avec sa force centrale de coercition, et établir un régime de travail dans la culture matérielle. Nous considérerons chacun de ces groupes séparément. A leur tour, ils se subdivisent chacun en diverses formes.

## A. — ORGANISATION DU TRAVAIL PAR L'ASSOCIATION LIBRE

2. — Le premier effet du principe de la liberté fut de dissoudre et d'isoler. Sa proclamation fut comme une mine qui fit éclater le vieil édifice de la société, et le monde ne s'est pas encore complètement remis de cette catastrophe. Comme nous l'avons vu, dans le premier feu révolutionnaire, on alla jusqu'à regarder l'isolement comme une condition nécessaire du maintien de la liberté. Mais la liberté peut se manifester tout aussi bien dans le choix d'une association avec d'autres que dans celui d'une séparation d'avec eux. La liberté implique seulement que l'activité de l'individu ne se heurte à aucune barrière arbitraire. L'association libre doit être précisément considérée comme une suite naturelle de l'émancipation. Si la liberté a amené des maux, elle est elle-même, — au moins partiellement — en mesure de guérir les blessures qu'elle a faites. La proclamation de la liberté a lieu en vertu du principe du bien, parce que le libre emploi des forces vaut à la fois comme fin et comme moyen, et c'est également en vertu du principe du bien que l'association doit résulter de l'émancipation. C'est ce qui apparaîtra clairement quand nous considérerons les principales formes d'associations ouvrières qui se sont présentées dans l'histoire.

3. — Avant tout, il s'agit de faire cesser l'isolement et le conflit dans le monde des ouvriers eux-mêmes. La dépendance de l'ouvrier à l'égard de celui qui achète son travail tient en effet surtout à la grande concurrence que se font les ouvriers entre eux. Le taux des salaires diminue à cause de l'abondance des offres de travail. En formant bloc en face des patrons, les

ouvriers deviennent capables de poser leurs conditions, tant en ce qui concerne le salaire que la durée et les conditions du travail. C'est seulement par là qu'ils deviennent véritablement des hommes libres, puisqu'il leur devient possible de faire admettre leurs prétentions. Tant que la liberté ne possède pas la moindre puissance, elle n'est qu'un mot; or la puissance ne s'obtient que par l'union et l'organisation. Comme il arrive si souvent dans l'histoire, il faut que la puissance se développe pour faire reconnaître le droit. Longtemps encore après la disparition de l'esclavage et du servage, et après la suppression des corporations, les patrons se considéraient comme des maîtres absolus en face de leurs ouvriers, et ils regardaient leur pouvoir sans restriction sur eux comme une des conditions fondamentales de toute organisation industrielle. Ils prétendaient conserver les droits que leur assurait l'ancien régime, alors même que les obligations correspondantes avaient cessé d'exister. Bien plus, ils invoquaient le principe même de la liberté, proclamé par la Révolution, pour prétendre ne faire de contrats qu'avec chaque ouvrier pris individuellement : ils se servaient de la liberté pour les isoler. Les ouvriers n'en devaient tenir que d'autant plus à s'unir entre eux : c'était pour eux une question vitale.

C'est ce qui donna naissance aux *associations professionnelles*, qui ont pris surtout en Angleterre une extension considérable[1]. L'histoire de leur développement présente un grand intérêt moral. Ces sociétés eurent à soutenir une lutte acharnée non seulement contre les patrons, mais contre l'Etat, qui ne voulait pas les reconnaître, et contre la brutalité de leurs propres adhérents. On refusait aux ouvriers le droit de s'unir pour défendre leurs intérêts communs, et plus leurs tentatives étaient tenues pour illégales, plus ils se laissaient entraîner à des actes de violence comme les destructions de machines et le meurtre des dissidents. Pourtant, grâce à la sagesse et à la modération dont elles surent en général faire preuve, ces associations réussirent peu à peu à se faire reconnaître, et à mesure que l'on admit la légitimité de leurs buts et de leur action, la brutalité de

---

[1] Dans ce qui suit, j'ai surtout en vue les associations ouvrières anglaises (*Trades Unions*) dont l'histoire est à la fois la plus intéressante et la mieux connue. J'emprunte tous mes renseignements soit à Luio Brentano, *Die Arbeitergilden der Gegenwart* (Leipzig, 1871-1872), soit à Sidney et Beatrice Webb : *Histoire du Trade-unionisme* (trad. fr. par Albert Métin, Paris, Giard et Brière, 1897).

leurs adhérents diminua. Leurs efforts eurent notamment pour but d'obtenir une augmentation uniforme et assurée du salaire, et tout au moins d'empêcher la condition des ouvriers de reculer vers un état pire. Elles comprirent combien il importe que l'ouvrier s'habitue à réclamer certains avantages, à lutter pour obtenir un certain étalon de vie (*standard of life*) afin de ne pas se laisser ravaler à un instinct purement animal de conservation. Or un pareil niveau ne s'obtient point par des oscillations fortes et brusques, mais par un état de choses régulier et durable. Aussi attachent-elles encore plus d'importance à la réduction de la journée de travail, aux mesures de protection et de garantie, qu'à l'augmentation du salaire. Grâce à la vue d'ensemble que leur puissante organisation leur permet d'avoir sur l'état du marché et les conditions du travail dans les divers pays, elles sont en mesure de sérier leurs revendications et de voir quelles sont celles ayant chance d'aboutir le plus vite. Désormais la lutte de la classe ouvrière pour le progrès ne se fait plus à l'aveuglette, mais elle s'appuie sur une vue claire des circonstances réelles. Cette organisation des ouvriers a permis à son tour la création de chambres d'arbitrage et de conciliation, où les délégués des patrons et des ouvriers peuvent discuter ensemble leurs intérêts communs. Il s'est produit ici, au sein d'une nation particulière, quelque chose d'analogue à ce qui se passe lorsqu'un différend entre deux nations est réglé par un tribunal arbitral, au lieu de l'être par le sort des armes. C'est seulement grâce à la lutte soutenue par les associations ouvrières que l'indépendance civile des ouvriers arrive à se faire reconnaître. Un fait significatif sous ce rapport c'est que la loi anglaise qui réglait les rapports entre patrons et ouvriers et qui s'appelait jusqu'en 1875 la loi Maître et Serviteur (Master and Servant Act) fut remplacée à cette date par la loi Patrons et Ouvriers (Employers and Workmen Act[1]) : preuve que la liberté, tout en étant la condition de la naissance de l'association, n'a été pleinement assurée qu'avec le secours des associations. Aussi les ouvriers, dans leur lutte pour obtenir le droit de s'associer, lièrent-ils la partie avec les partisans de l'individualisme radical. Mais, tandis que ces derniers bornaient tous leurs vœux à la réalisation intégrale de la liberté, y compris celle d'association, pour les

---

[1] S. ET B. WEBB : *Histoire du Trade-unionisme*, trad. fr. p. 312.

ouvriers l'association n'était que la première base indispensable d'une série de progrès ultérieurs.

L'association a produit encore d'autres conséquences très importantes au point de vue moral. L'individu acquiert un juste sentiment de sa valeur personnelle en constatant que par sa participation à l'association professionnelle il jette un poids dans la balance, tandis qu'à l'état isolé il n'est capable de rien faire. En même temps, il est obligé de montrer une certaine habileté, car les sociétés professionnelles exigent de leurs membres qu'ils aient appris à travailler et soient réellement capables de gagner le salaire fixé. Elles refusent de s'occuper des ouvriers « marrons », car ceux-ci font baisser les salaires. De plus, le sentiment de camaraderie, la sympathie pour les autres, augmentent. L'individu s'aperçoit que sa conduite pendant le travail et en dehors, que son habileté, son application, sa maîtrise de soi et son économie, ont un contre-coup sur beaucoup d'autres que lui-même. Il se forme pour ainsi dire une sphère morale autour de lui, une grande famille dont il se sent membre. Il apprend à connaître la fraternité qui auparavant était presque oubliée pour « la liberté et l'égalité ». Il apprend à subordonner son intérêt propre à l'intérêt général. Il se sent solidaire de ses compagnons de métier et aussi — à cause de l'union des diverses associations professionnelles — des ouvriers d'autres branches, voire même des ouvriers étrangers. Son horizon s'élargit : il lui est permis d'aspirer à des fins plus hautes ; et l'agrandissement de ses fins le grandit lui-même. De plus, grâce aux connaissances générales, à la vue d'ensemble sur les conditions du commerce et de l'industrie, qui détermine la politique des associations ouvrières, il acquiert une notion plus nette de la situation de l'ouvrier par rapport aux autres classes de la société, il apprend à mieux connaître aussi bien ses droits que ses devoirs comme membre du genre humain. Bref, il se produit ici toute une éducation allant de l'égoïsme à la sympathie, de la brutalité aveugle à la force intelligente, de la lutte à la discussion pacifique. Et tout cela grâce à la liberté. Il n'est pas de meilleure réponse à ceux qui regardent notre époque uniquement comme une époque de dissolution que la transformation sociale et le développement moral s'accomplissant ici. Cette évolution d'ailleurs se produit conformément aux lois psychologiques que nous avons mises en lumière plus haut (XIII, 4). Le sentiment de solidarité se développe par suite de la vie et de l'action en commun, de la communauté du sort et du travail. Le principe aristotélique se manifeste clairement. Nous trouvons ici une substitution de motifs toute particulière. En effet, bien que ce soit souvent la lutte purement individuelle pour la conservation de soi qui amène les ouvriers à s'unir, ils peuvent néanmoins arriver ainsi à se vouer aux intérêts communs de telle manière que ces intérêts deviennent pour eux une fin immédiate. Enfin, de ces formes sociales nouvelles résultent des conséquences dont la portée s'étend bien au delà du cercle des ouvriers. Ce nouvel élément qui intervient ainsi d'une manière active dans l'évolution sociale exerce sur les autres classes de la société une influence éducatrice; il leur apprend à mieux connaître leurs bornes, et leur apporte en même temps des fins et des tâches nouvelles, en amenant progressivement une transformation de la vie sociale tout entière.

Toutes les associations professionnelles n'ont pas atteint ce degré de développement. Il existe entre elles, tant sous le rapport de l'organisation que de la marche suivie, de grandes différences. Nous avons eu sous les yeux l'image des sociétés les plus avancées. — Il peut arriver qu'une suspension du travail décrétée par une association suscite pour l'ouvrier individuel un grave conflit moral, lorsqu'il doit choisir entre sa famille mourant de faim et d'autre part l'honneur et la prospérité de sa corporation. Les associations professionnelles ont été souvent sévères pour ce qu'on appelle les « briseurs de grève »; il faut pourtant songer qu'on se trouve là en présence d'un conflit moral. Lorsque la suspension du travail a lieu réellement dans l'intérêt de la corporation entière, c'est pour l'individu un devoir non douteux — devoir que prescrit le sentiment de la solidarité, partout où il existe, — de tenir aussi longtemps que possible. Alors même qu'il ne fait point partie de l'association professionnelle, la victoire de celle-ci lui sera pourtant utile : aussi, à l'heure de la lutte, ne saurait-il séparer sa cause de celle de l'association. Les auteurs de la déclaration de guerre assument une lourde responsabilité, mais une fois la guerre déclarée, l'individu doit supporter patiemment les souffrances inévitables. Il n'est pas douteux que, pendant les luttes de cette sorte, se soient plus d'une fois manifestées, dans une sphère humble et obscure, des vertus qui, sur un plus grand théâtre, eussent procuré une gloire durable à ceux qui en faisaient preuve. L'économiste Stanley Jevons est loin de professer pour les associations ouvrières une admiration sans réserve, et il en a fait une critique sévère. Il dit pourtant : « Je ne doute pas que, si l'histoire des grèves et des luttes ouvrières était écrite complètement, elle présenterait tout autant d'exemples de fidélité, d'héroïsme, d'endurance intrépide de la misère ou même de la mort, que bien des guerres décrites dans l'histoire[1] ».

On a reproché aux associations ouvrières de faire monter, par leurs efforts pour obtenir un salaire plus élevé et de meilleures conditions de travail, le prix des denrées dont ont besoin les ouvriers d'autres associations. On demande ainsi aux ouvriers de prendre un souci des consommateurs dont les patrons ne font guère preuve quand ils haussent le prix de leurs marchandises. On leur impose un idéal qu'il ne vient à l'esprit de personne d'imposer aussi aux commerçants et aux fabricants. Mais, même en faisant abstraction de ce point de vue, le reproche n'est pas fondé[2]. Quand le salaire monte pour une profession, ce fait a une répercussion avantageuse pour les ouvriers des autres professions, les ouvriers ainsi favorisés se trouvant mis en mesure d'acheter davantage. La seule conséquence, par suite, c'est qu'une portion plus considérable des recettes nationales profite à la classe ouvrière. La justice distributive a fait un pas en avant.

On pourrait leur reprocher à plus juste titre de créer dans la classe ouvrière une aristocratie, en n'acceptant que les ouvriers habiles et qualifiés. Mais on peut répondre que toute évolution sociale se fait par couches successives. La masse entière ne saurait s'organiser d'un seul coup. C'est déjà un grand progrès que les couches supérieures prennent d'abord part à l'évolution. D'ailleurs, (leur histoire le montre) alors même que les associations professionnelles auraient une tendance à se former et à constituer une aristocratie, le principe auquel le mouvement syndical doit sa naissance continue d'agir dans de nouvelles couches. Les ouvriers « non qualifiés » commencent eux-mêmes à s'organiser ; à cet égard, la grève des ouvriers des Docks de Londres (1889) marque une date dans l'histoire des associations.

[1] *Trades Societies, their objects and their policy.* (Dans l'ouvrage : Methods of Social Reform), p. 115.
[2] Cf. Brentano : *Die Arbeitergilden*, II, p. 233-244.

4. — Les associations professionnelles, avec tous leurs avantages, n'en représentent pas moins que les intérêts d'une seule classe. Si, grâce à l'organisation qu'elles établissent parmi les ouvriers, elles rendent possible un accommodement entre ceux-ci et les patrons, tout accommodement suppose toujours un conflit, une opposition préalable. Comme d'autre part un accommodement ne peut réussir que s'il existe manifestement des intérêts communs, la question se pose tout naturellement de savoir s'il ne pourrait pas exister des associations libres entre ouvriers et patrons, comme il en existe entre ouvriers. C'est d'ailleurs ce qu'on trouve réalisé de nos jours. Des patrons intelligents et animés de sentiments généreux, au lieu de se borner à s'irriter sur les pertes que leur font subir les grèves et les mises à l'index, voient avec chagrin l'amertume et le mécontentement amenés si souvent par le régime actuel du travail. Ils ont été conduits ainsi à inaugurer le système nouveau consistant à faire participer l'ouvrier aux bénéfices, afin de l'attacher par ce moyen plus étroitement à son ouvrage [1]. Une part déterminée du bénéfice net est réservée au patron ; dans ce qui reste, une certaine somme est déduite pour l'amélioration des machines et l'extension de l'affaire ; le résidu est divisé en deux parts, l'une destinée au patron, l'autre partagée entre les ouvriers, proportionnellement au salaire qu'ils gagnent. En outre, l'occasion est offerte aux ouvriers de s'acheter des actions de l'affaire. C'est du moins la règle adoptée par plusieurs de ces associations.

Ce genre de sociétés est dû à l'initiative des patrons ; néanmoins leur naissance n'est pas de leur part un don gratuit. Dans les professions appropriées à cette organisation — et ce sont surtout celles où il importe beaucoup qu'on puisse avoir pleine confiance en l'ouvrier pour le maniement des machines et des instruments — le patron trouvera également son compte à s'associer avec ses ouvriers. Il en sera de ce progrès comme de la suppression du servage, laquelle, comme on sait, fut utile aussi aux propriétaires fonciers. L'application et le soin plus grands

[1] STANLEY JEVONS : *On Industrial Partnerships* (Methods of Social Reform, p. 122-155). — STUART MILL : *Principes d'économie politique*, trad. fr. IV, 7, 5. Dans sa critique de ces associations entre patrons et ouvriers, BEATRICE WEBB montre qu'elles peuvent devenir nuisibles aux efforts des sociétés professionnelles. *Die britische Genossenschaftsbewegung*. Leipzig, 1893, p. 139-145.

apportés par les ouvriers, le contrôle mutuel qu'ils exercent l'un sur l'autre, la paix et la confiance qui règnent chez tous, les suspensions de travail évitées, tout cela constitue un gain matériel et moral. Non seulement les ouvriers mais aussi les patrons ont besoin d'une éducation. La question sociale ne peut approcher de sa solution que si les patrons regardent leur situation comme une mission sociale impliquant des devoirs sociaux. Parmi ces devoirs se trouve non seulement celui de livrer certains produits de la meilleure qualité et au plus bas prix possibles, mais aussi celui d'amener la petite société à la tête de laquelle ils se trouvent à un plus grand bien matériel et moral. Les patrons peuvent commettre une sorte d'escroquerie sociale de la pire espèce. Ainsi, par exemple, quand ils établissent des fabriques où ils attirent une foule d'ouvriers, tirent le plus de profits possible de l'exploitation, puis abandonnent le tout, soit parce qu'ils n'ont pas assez gagné, soit parce qu'ils ne font pas leurs frais. Les ouvriers sont congédiés et se trouvent dès lors sur le pavé, peut-être avec une nombreuse famille, sans travail et sans pain. Aussi l'esprit général dans lequel les patrons exercent leur activité est-il de la plus grande importance, et par suite l'avenir des relations sociales dépend en grande partie de leurs qualités morales et non pas seulement de celles des ouvriers, comme on le répète si souvent d'une manière pharisaïque. Ce qui est nécessaire ce n'est ni la bienfaisance, ni de grands sacrifices. L'essentiel en cette matière sera qu'on ait une vue pénétrante et sympathique des intérêts généraux. Il est possible que le développement de ces qualités demande encore beaucoup de temps. Toujours est-il que les mécontents s'améliorent plutôt que les satisfaits. Dans tous les cas, il ne serait pas bon que les ouvriers se bornassent à attendre patiemment que cette amélioration se réalisât. Leur propre développement et leur propre indépendance en souffriraient. Peut-être Stuart Mill a-t-il raison de penser que, bien avant le moment où les classes « supérieures » pourront être suffisamment améliorées pour être en mesure d'exercer un régime de protection, les classes « inférieures » se seront tellement améliorées de leur côté qu'elles ne se laisseront plus régir de cette façon.

5. — Il existe une sorte d'association libre qui, plus encore que les précédentes, a pour but de supprimer la différence entre les patrons et les ouvriers, comme d'ailleurs celle qui existe entre

les ouvriers intelligents et les ouvriers manuels. Ce sont les *sociétés coopératives de production*, réunions d'ouvriers qui, avec de l'argent économisé ou emprunté, achètent eux-mêmes les moyens de production et plus tard se partagent le bénéfice net[1]. Ces sociétés témoignent de l'énergie, de l'intelligence et de l'esprit de sacrifice susceptibles de se trouver chez les ouvriers; et sont déjà par là même d'heureux présages pour l'avenir. Pour arriver à leur but, les ouvriers qui fondent ces sociétés se soumettent à des privations, à des fatigues et en outre à une contrainte et à une discipline que ne supporteraient pas des hommes travaillant au service d'autrui. Souvent ils ont su mener leur œuvre à bien, malgré toute la résistance qu'ils rencontraient de la part des autorités. Le fait d'être membre de ces sociétés éveille chez les ouvriers un désir de lumière et une moralité que n'auraient pu produire chez eux ni les sermons ni les sociétés de tempérance.

Pourtant elles exigent des qualités qui, pour le moment, ne se rencontrent que chez un très petit nombre. L'expérience a montré qu'elles réussissent seulement si elles commencent avec de l'argent épargné par leurs fondateurs, tandis que les secours fournis soit par l'Etat soit par des personnes privées n'ont pas des effets très heureux. Il n'y a, du moins pour le moment, qu'une petite élite susceptible de s'élever par ce moyen. Souvent il arrive que les heureux fondateurs de coopératives de production, quand ils ne sont pas animés d'un enthousiasme vif et durable, finissent par être des capitalistes et des patrons prenant d'autres ouvriers à leur service, dans les conditions ordinaires.

6. — Les associations professionnelles, les unions entre patrons et ouvriers, les sociétés coopératives de production, sont autant de moyens par lesquels les ouvriers cherchent à assurer à leur classe la participation aux bénéfices de la production. Mais il y a encore une autre voie par laquelle l'union peut les conduire à améliorer leur condition. Ce qui importe ce n'est pas seulement de savoir combien on gagnera d'argent par son travail, mais aussi — et sans doute tout autant — combien on peut acheter pour cet argent. La formation de *coopéra-*

---

[1] Stuart Mill : *Principes d'économie politique*, tr. fr. IV, 7, 6. — L. Brentano : *Die christlich-soziale Bewegung in England*. Leipzig, 1883.

*tives de consommation* permet de garder pour soi une partie du gain qui serait restée autrement dans les mains des intermédiaires. Les membres forment une association dont le principal but est de se procurer les denrées de première nécessité à meilleur marché, en les achetant directement aux producteurs. Mais il en va de ces sociétés comme des autres : l'action en commun engendre des qualités nouvelles, et au but primitif élémentaire s'en ajoutent d'autres plus élevés et plus vastes. Dans les pays où les coopératives de consommation ont prospéré (surtout en Angleterre et en Suisse)[1], elles ont puissamment contribué à développer le sentiment de la solidarité. Elles exigeaient en outre de la droiture et du désintéressement, de l'intelligence et de l'énergie, des sentiments démocratiques et l'aptitude à s'administrer soi-même. A côté des associations professionnelles, elles ont été la meilleure école de la classe ouvrière et le moyen le plus puissant de l'organisation sociale de cette classe qui, depuis la suppression du servage et des corporations, formait une sorte de masse chaotique. Un résultat de première importance ç'a été que le travail au service de ces sociétés a formé un corps d'hommes d'une grande habileté administrative et capables de comprendre les intérêts généraux. Cette évolution est partie d'en bas, par l'exercice des forces dans de petites sphères et souvent pour des intérêts en apparence insignifiants et tout matériels. Mais se procurer des subsistances à bon marché n'est pas leur seul but. Elles ont tenu également compte des fins idéales, en particulier de la culture intellectuelle et esthétique de leurs membres, et beaucoup de coopératives ont dans leur local des salles d'audition et des bibliothèques. En outre, avec l'aide des capitaux communs, on arrive souvent à fabriquer pour la société des articles de première nécessité, et l'expérience a montré que les sociétés de production ainsi formées ont une existence plus saine que celles n'ayant pas le même point d'appui, et qu'elles ne dégénèrent pas aussi facilement en pures sociétés par actions.

Il n'est pas nécessaire d'exposer comment les trois lois fondamentales de l'évolution morale se manifestent ici de même que dans les associations précédemment citées. Quel que soit l'ave-

---

[1] Beatrice Webb : *Die britische Genossenschaftsbewegung*. Leipzig, 1893. — Hans Müller : *Die schweizerischen Konsumgenossenschaften*, Bâle, 1896.

nir réservé à ces associations et aux autres semblables, certainement leur histoire renferme les expériences les plus importantes que le genre humain ait faites durant le dernier siècle. Les formes de société se développant sur le terrain de la liberté ont le grand avantage d'être nées d'exigences qui se sont manifestées spontanément et ne sont point le produit d'efforts artificiels. Elles s'essaient tout d'abord dans de petites sphères, avant de prendre une extension plus considérable. Elles nous montrent comment l'empire sur soi-même, la sympathie et le goût des biens idéaux s'éveillent dès que les hommes luttent en commun pour l'existence et ne se bornent pas à suivre aveuglément chacun pour soi l'instinct de conservation personnelle.

## B. — ORGANISATION DU TRAVAIL PAR L'INTERVENTION DE L'ÉTAT ET DE LA COMMUNE

7. — Les phénomènes sociaux que nous venons de décrire rentrent nettement sous l'idée de l'association libre de culture. Ils consistaient dans une union libre ayant pour raison d'être l'effort en vue de fins communes. Leur valeur morale résidait dans les transformations et substitutions psychologiques provoquées par la vie au sein de ces associations, et dans les devoirs, les tâches et les conflits nouveaux qu'elles entraînent relativement à elles-mêmes. Or la question se pose tout naturellement de savoir quels rapports ces associations libres de culture soutiennent avec les formes sociales dont l'organisation n'est point laissée aux combinaisons spontanées ou réfléchies des forces libres, mais est poursuivie au besoin par la force et la contrainte. Si par *socialisme* on entend l'idée d'après laquelle l'État ou la commune devraient disposer de tous les moyens de production et déterminer leur mise en œuvre ainsi que la distribution des profits, c'est la question des rapports de la libre association de culture avec le socialisme que nous avons devant nous. Mais il faut bien prendre garde que le terme de « socialisme » est employé par des conceptions sociales très différentes, chose que ne doivent pas oublier notamment ceux que l'emploi seul de ce mot suffit à inquiéter. Sous toutes ses formes, le socialisme signifie la lutte et l'admiration pour un idéal social futur; mais les traits particuliers de cette image idéale et plus encore les rapports de l'idéal futur entier avec

l'état de choses actuel, ainsi que la manière dont doit s'accomplir le passage de l'état présent à l'état futur, peuvent se présenter très différemment dans les diverses théories. C'est pourquoi nous allons brièvement caractériser les principales formes du socialisme. Si nous les rangeons dans leur succession historique, nous voyons l'évolution des idées socialistes progresser d'une manière rythmique, et résulter d'une action réciproque qui s'établit entre elles et les conditions historiques.

*a.* PLATON a décrit dans sa *République* une société idéale où la propriété privée est supprimée en ce qui concerne les classes dirigeantes pour leur permettre de se consacrer aux intérêts publics et aux travaux intellectuels. Sous son influence, mais surtout poussé par les conditions sociales telles qu'elles existaient en Angleterre vers la fin du moyen âge, THOMAS MORUS écrivit son livre de l'*Utopia* (1516). Un siècle plus tard, CAMPANELLA, dans la prison où l'avait fait jeter sa participation aux mouvements sociaux et politiques de l'Italie du sud, écrivit sa Cité du soleil (*Civitas solis* 1623 [1]). Aussi bien dans la République de Platon que dans l'Utopie et la Cité du soleil, l'ordre social est établi par des lois coercitives. On ne distingue pas encore l'État de la société et on ignore encore la puissance des forces libres. Le principal intérêt de ces constructions idéales réside dans leur critique des conditions sociales réelles qu'elles présupposent. Ce qui produit les idéaux sociaux c'est l'injustice et la misère, et cela par un effet de contraste. On adopte ici le critère même que nous avons établi précédemment, bien que l'application de ce critère ne soit pas faite avec une entière rigueur. Ce qui caractérise surtout la forme de socialisme représentée par ces ouvrages, c'est que l'image de l'avenir y est purement et simplement juxtaposée à l'état présent, comme son contraire, sans qu'on essaie de montrer comment pourrait se réaliser le passage du présent à l'avenir. A toutes les époques, l'attitude critique à l'égard de l'état réel et la foi enthousiaste en l'idéal ont caractérisé le socialisme : et c'est tantôt l'un tantôt l'autre de ces éléments qui a eu la prépondérance. Il doit son influence considérable à la fois à sa critique de la réalité donnée, à l'indignation qu'il éprouve contre elle, et à l'attrait de l'image qu'il se fait de l'avenir. Les hommes n'ont pas seulement besoin

[1] Voir *Geschichte der neueren Philosophie*, I, p. 172.

de critique : il leur faut aussi de grandes images, capables de remplir leur esprit et de donner un contenu déterminé à leur besoin d'espérance, et ce besoin, Platon, Morus et Campanella le satisfont conformément aux conditions historiques. Les formes postérieures du socialisme s'efforcent de manières diverses de trouver des intermédiaires entre le doute et la foi, entre l'image sombre du présent et l'image brillante de l'avenir.

b. Une série d'hommes du commencement du XIXᵉ siècle fondèrent de grands espoirs sur le travail commun des forces libres. SAINT-SIMON[1], CHARLES FOURIER et ROBERT OWEN se rencontrèrent dans cette *idée fondamentale* qu'on pourrait remédier à la misère et à l'injustice nées de l'exploitation des hommes les uns par les autres, si les hommes s'unissaient entre eux pour exploiter en commun la nature. C'est déjà une indication précise sur la voie à suivre pour atteindre le but idéal. Mais le défaut de ces théoriciens consiste en ce qu'ils ne savent aucun moyen de tomber sur cette voie : la formation de sociétés libres et de liens fraternels. Ils pensent tout d'abord à des réunions d'hommes se proposant, dans leur enthousiasme philanthropique, de réaliser directement l'idéal social. Ce *socialisme philanthropique* s'approche donc déjà plus de la réalité que l'ancienne conception, qu'on pourrait appeler le *socialisme utopique;* mais il lui manque encore plusieurs intermédiaires. Toutefois — et ce n'en est pas le côté le moins intéressant — l'enthousiasme qui l'animait ne resta pas sans utilité, mais fut une cause active importante dans le cours de l'évolution sociale. Ce furent en grande partie les disciples que Saint-Simon, Fourier et Owen se firent dans la classe ouvrière, dont l'enthousiasme et l'esprit pratique provoquèrent la fondation des associations professionnelles, des coopératives de consommation et de production. Les coopératives de production en particulier sont une création des Saint-Simoniens ; c'est à eux que les empruntèrent les « socialistes chrétiens » anglais. Les idées et les disciples d'Owen ont joué un rôle essentiel dans l'histoire des associations professionnelles et des coopératives de consommation anglaises. Quant au mouvement coopératif suisse, il doit son

---

[1] Sur cet homme, dont les idées eurent une importance considérable pour l'évolution de la philosophie, voir ma *Geschichte der neueren Philosophie*, II, p. 318-353.

esprit aux idées fouriéristes, mais subit plus tard l'influence du mouvement anglais. Il apparut ainsi qu'il ne suffit pas de commencer par les idées, mais que le besoin naturel et le développement spontané de la vie doivent coïncider avec le mouvement des idées. Il faut que l'expérience et la construction agissent de concert. Cela est devenu possible grâce à la séparation, amenée par les réformes et les découvertes du xviiie siècle, entre l'Etat et la société. Une libre évolution sociale put désormais se produire, grâce à laquelle de nouvelles idées purent être soumises à l'épreuve en bas, dans des sphères restreintes, de sorte que la voie d'en haut, par la loi et la contrainte, ne fut plus la seule possible.

*c.* Tandis que les socialistes philanthropiques pensaient surtout à l'organisation libre des forces affranchies par la grande Révolution, la troisième des formes principales du socialisme marque un retour vers le socialisme utopique, en enseignant que l'Etat doit s'emparer de tous les moyens de production. Elle croit cependant avoir dépassé l'utopisme, en déduisant et démontrant scientifiquement ce qui n'était chez ce dernier qu'objet de foi ou d'indignation. Cette doctrine prend à l'égard du socialisme utopique à peu près la même position que prenait, dans la période romantique, la philosophie spéculative à l'égard de la religion positive : le contenu est le même, mais la différence réside dans la forme scientifique [1]. Ce n'est d'ailleurs pas un hasard que les fondateurs de cette doctrine soient sortis de l'école hégélienne. Elle prend volontiers le nom de socialisme scientifique, mais celui de *socialisme spéculatif* lui conviendrait mieux. La valeur scientifique que possèdent incontestablement les deux fondateurs de cette doctrine, FRIEDRICH ENGELS et KARL MARX, vient surtout de ce qu'ils ont soutenu le caractère historique des notions et des lois économiques, alors qu'on était ordinairement porté à les regarder comme des idées et des vérités éternelles. Cela tient à ce que Engels et Marx rattachent la question sociale à l'ensemble de l'évolution historique. Mais ils considèrent cette liaison de telle sorte qu'il semblerait que l'histoire totale du monde dût graviter autour des questions économiques. Toute organisation sociale, toute morale et tout droit, toutes les idées politiques et religieuses, dépendent sui-

---

[1] Cf. *Geschichte der neueren Philosophie*, II, p. 205-209.

vant Marx des conditions économiques. La culture idéale tout entière ne serait que la manière dont les hommes prennent conscience des conditions économiques de leur existence. En particulier, la science sociale est elle-même le produit d'un mouvement historique dans le sens de conditions économiques nouvelles et non pas — comme chez les utopistes et les philanthropes — un système plus ou moins bien imaginé. La vraie science sociale naît quand on prend conscience des faits qui se sont accomplis ou sont en train de s'accomplir. Or les faits accomplis les voici : par suite de la distribution historique de la puissance, a eu lieu une division du travail qui a séparé les ouvriers des moyens de travail (le sol et les instruments), tandis que le capital s'est concentré en un nombre de mains relativement restreint. L'introduction du machinisme a eu pour effet de remettre les ouvriers dans la dépendance complète des patrons. Une fois que les capitalistes ont exproprié la classe des ouvriers, les petits capitalistes sont expropriés à leur tour par les grands. Nous sommes maintenant à un tournant, où existe une disproportion manifeste entre la force productive, qu'il faut chercher uniquement dans le travail, et l'organisation de la production, qui fait affluer la portion la plus considérable de la richesse entre les mains de ceux qui ne travaillent pas, c'est-à-dire des capitalistes. C'est dans cette disproportion, de jour en jour plus grande, que consiste la question sociale. La solution en pourra seulement être obtenue lorsque l'ordre actuel aura épuisé toutes ses conséquences. C'est ce qui se produira au moment où la concentration des capitaux se trouvera poussée si loin que l'Etat pourra facilement exproprier le petit nombre des capitalistes restants. La transformation s'opérera donc par une négation de la négation : ceux qui jusqu'ici étaient expropriants deviendront eux-mêmes expropriés [1]. Mais la condition de cette transformation c'est que les ouvriers se soient unis en grandes associations, qu'ils soient prêts à s'emparer de la puissance, puis en même temps, que les grands progrès techniques aient rendu l'exploitation en commun à la fois possible et — à cause du prix élevé des moyens de travail — nécessaire. Avant tout, il faut que les ouvriers prennent conscience de leur mis-

---

[1] Karl Marx : *Das Kapital*, I³, Hambourg, 1872, p. 793 (trad. fr. de J. Roy, p. 342 b).

sion et de leur force. Seule la lutte des classes peut arracher la puissance à ceux qui la détiennent actuellement. Et c'est là le point où les idées spéculatives de Marx aboutissent à l'action sociale.

Le trait le plus caractéristique de cette doctrine est la manière toute déductive dont elle se fonde. Elle dérive d'une théorie générale de philosophie historique, d'après laquelle les conditions économiques formeraient la base de toute culture. La culture idéale ne serait que l'effet ou le reflet de la culture matérielle. Aussi voit-on dans le travail, qui veut dire ici le travail matériel, la source de toute valeur, et l'on conteste que l'évolution historique soit déterminée d'une manière quelconque par des facteurs idéaux. Il s'agit uniquement de la lutte pour le pain, en dépit des nombreux déguisements que ce mobile primordial est capable de revêtir.

Or le rapport de l'économie à la morale, de la culture matérielle à la culture idéale, est loin d'être aussi simple. Il est exact que la culture idéale suppose nécessairement la culture matérielle, en ce sens que pour vivre par l'esprit, il faut d'abord vivre, et qu'on peut vivre sans vivre par l'esprit. Mais il ne s'ensuit pas que la culture idéale soit simplement l'effet ou le reflet de la culture matérielle. Lorsque les exigences matérielles de la vie se trouvent satisfaites dans une certaine mesure, l'énergie qui n'est pas employée dans ce but peut être reportée sur des occupations spirituelles, sur les idées et les sentiments, sur l'art, la religion et la science. Mais ce transfert n'est pas chose évidente par elle-même, et il se présente ici des problèmes dont Marx n'a pas tenu compte. En outre, la culture idéale, une fois développée, réagit sur la culture matérielle. Cela se produit déjà dans des conditions si primitives que nous ne connaissons aucun peuple dont la lutte pour l'existence n'ait pas été influencée par la religion, la tradition et la morale. L' « idéologie » est déjà de très bonne heure un facteur de l'évolution qu'aucune théorie de philosophie historique ne saurait négliger. En admettant même que les idées suscitées par la lutte pour l'existence ne soient à l'origine que des moyens et des détours pour obtenir le but matériel, elles deviennent pourtant de très bonne heure elles-mêmes des fins, en recevant une valeur pour elles-mêmes. Il peut arriver par exemple que l'ouvrier, pris individuellement, ne s'unisse à ses camarades que pour obtenir par là un avantage déterminé; mais bientôt l'honneur et le progrès de sa classe deviendront pour lui des fins qu'il poursuivra sans arrière-pensées égoïstes. Les substitutions de motifs de ce genre rendent les choses plus complexes que ne saurait l'admettre l'exposition purement déductive de Marx.

La théorie de Marx prétend décrire l'évolution sociale comme absolument indépendante de tous motifs idéaux. Mais l'histoire du problème social et celle même du socialisme montrent que ces motifs interviennent en fait. Nous avons d'ailleurs vu précédemment (IV, 6) que la conscience morale est justement, elle aussi, une force, un terme dans la série causale déterminant l'évolution. Suivant Marx, toute théorie, toute « idéologie » ne serait que la conscience de ce qui arrive; mais quelle valeur possède ce qui s'agite dans le cerveau d'un nombre plus ou moins grand d'individus, si cela n'a aucun effet pratique? Aussi bien, Marx admet-il lui aussi qu'il y a plus qu'un intérêt théorique à trouver la loi du mouvement économique d'une société. Dans la préface du « *Capital* », il écrit : « Alors même qu'une société est parvenue à découvrir la trace de la loi naturelle qui régit son mouvement, elle ne saurait ni passer ni supprimer les phases naturelles de l'évolution ; mais elle peut abréger et adoucir les douleurs de l'enfantement. » Cette abréviation et cet adoucissement dépassent déjà ce que Marx pouvait logiquement accorder. D'une manière générale, Marx admet un plus grand nombre de postulats qu'il ne veut l'avouer. Sa théorie est proprement une théorie morale ; le résultat auquel il aboutit repose sur un postulat moral qu'il laisse percer en certains endroits, savoir que l'homme ne doit pas seulement être traité comme un moyen mais toujours en même temps comme fin. Ce postulat, où se trouve la raison de l'indignation qui perce dans son exposé, tout savant et laborieux qu'il soit, est exprimé dans la proposition suivante : « Dans le mode de production (capitaliste) l'ouvrier existe pour le besoin de réaliser des valeurs actuelles au lieu que ce soit au contraire la richesse réelle qui existe pour les besoins de développement des ouvriers. » ( *Das Kapital.* I$^2$ p. 646). D'où Marx peut-il donc savoir pourquoi la richesse existe? Par une méthode purement historique, en y ajoutant même la déduction qu'elle comporte, il ne peut rien savoir sur la fin en vue de laquelle la richesse sera un jour employée par suite d'une loi nécessaire d'évolution. Mais il intervient ici dans son exposé pour y intercaler une appréciation personnelle. La proposition citée contient le germe de toute une morale. Si l'on adopte l'appréciation pratique qui lui sert ainsi de base, on comprend mieux comment la connaissance de la loi d'évolution peut avoir pour effet « d'abréger et d'adoucir. » C'est l'indignation produite par l'éloignement où l'idéal se trouve par rapport à la réalité qui sert de stimulant et de soutien dans la lutte contre les obstacles. La propre « idéologie » de Marx est une arme puissante entre ses mains et celles de ses disciples, et elle est certainement, issue à l'origine non d'un intérêt purement théorique, mais de son aptitude à servir d'arme. Vainement Marx cherche à nier ou à dissimuler l'idéalisme recouvert par son attitude et condition nécessaire en même temps de la réussite d'une chose aussi considérable dans l'histoire que la création d'un nouvel ordre social. Il se place à un point de vue moral, sans vouloir en convenir.

Dans ses indications sur la marche à suivre pour arriver au but, Marx insiste surtout sur la lutte des classes. Elle est à ses yeux le phénomène le plus important de l'évolution sociale moderne [1]. Pourtant il n'est guère juste de s'en tenir au côté négatif de la question. Quand une nouvelle couche sociale doit se faire sa place au soleil, elle a naturellement à soutenir un dur combat contre les couches qui détenaient jusqu'alors la totalité de la puissance sociale, et ce combat ne va pas toujours sans qu'il y ait du sang versé. Mais il ne faut pas insister exclusivement sur l'opposition contre les autres classes. L'union, la fraternité réciproque entre les ouvriers, rendues nécessaires par la lutte, engendrent des qualités nouvelles. Grâce à l'union et au moyen de la culture et de l'instruction acquise au service des fins communes, l'individu apprend à mieux connaître ses devoirs et ses droits en tant qu'organe au service de l'humanité. A cause de ce sentiment croissant de leur valeur, à cause de la puissance matérielle dont disposent les associations et de leur influence politique, les ouvriers seront de plus en plus des fins, et non de

---

[1] Dans l'exposé du Marxisme que WERNER SOMBART a donné dans ses leçons de Zürich, il a tout particulièrement insisté sur ce côté de la question. Ces leçons, ainsi que la discussion soulevée par elles, ont été publiées à Berne en 1897, et traduites en français sous le titre ; *Le socialisme et le mouvement social au XIX<sup>e</sup> siècle.* Paris, Giard et Brière,

simples moyens, dans le processus social. Si Marx ne met pas plus nettement en relief ce côté de la question, c'est que d'après sa théorie la concentration croissante des capitaux fait croître parallèlement la misère, l'oppression, l'asservissement et la déprédation, et par là même finira par amener la catastrophe qui expropriera les expropriateurs. Or l'influence éducatrice exercée par les associations sur les ouvriers, l'amélioration constante qu'elles amènent dans les conditions de vie, ne s'accordent pas très bien avec la théorie de la catastrophe. Si Marx avait attribué une valeur positive aux associations, il lui aurait été impossible de faire la déduction de la catastrophe.

Malgré le caractère scientifique qu'il croit avoir donné au socialisme, Marx n'a pourtant pas complètement rompu avec l'utopie. On le voit non seulement par l'assurance avec laquelle il prédit la catastrophe, mais encore dans les indications, sans doute rares et brèves, qu'il donne sur l'état social destiné à lui succéder. Après l'expropriation du petit nombre des capitalistes restants par la masse entière du peuple, aucune différence de classe ne devra plus exister. On lit dans un de ses plus anciens écrits[1] : « Est-ce à dire qu'après la chute de l'ancienne société il y aura une nouvelle domination de classe, se résumant dans un nouveau pouvoir politique ? Non. La condition d'affranchissement de la classe laborieuse, c'est l'abolition de toute classe... il n'y aura plus de pouvoir politique proprement dit, puisque le pouvoir politique est précisément le résumé officiel de l'antagonisme dans la société civile ». Or une société sans « pouvoir politique proprement dit » est manifestement une utopie et qui dépasse celle des descriptions de Platon, Morus et Campanella; car dans l'État idéal de ceux-ci il y a un pouvoir politique organisé. Dans ses écrits postérieurs, Marx ne s'exprime que d'une manière imprécise et négative sur l'État de la société future. Lui et ses partisans estiment qu'il sera assez tôt pour en parler une fois que l'ordre de choses actuel sera détruit. Cette opinion s'accorde d'ailleurs avec la théorie de la catastrophe, d'après laquelle « la Révolution » doit conduire à quelque chose d'absolument opposé à ce qui existe actuellement, mais elle est en contradiction avec l'expérience, laquelle

[1] *Misère de la philosophie*, nouvelle édit. Paris, Giard et Brière, 1896, p. 243.

montre le passé préparant l'avenir d'une manière non seulement négative mais aussi positive. Au reste, on n'a plus la confiance naïve des anciens utopistes dans les constructions de l'imagination, et les vagues indications qu'on se permet semblent bien plutôt des moyens en vue de l'agitation que des parties nécessaires de la théorie.

*d.* Par opposition au socialisme utopique, philanthropique et spéculatif, il se manifeste de nos jours, surtout en Angleterre, une tendance qui peut être appelée assez exactement un *socialisme empirique*. Celui-ci ne se propose pas de construire une image de l'avenir, il se rend compte que les désirs philanthropiques ne suffisent pas, et qu'il faut se contenter de demander et d'essayer ce qui est réalisable dans les conditions données ; il ne se laisse pas non plus aller à des déductions de philosophie historique, mais prétend procéder inductivement et essayer les solutions possibles en se fondant sur des expériences précises. Ce n'est pas seulement par prudence critique qu'il se prescrit ces limites, mais encore et surtout parce que, plus que toute autre forme de socialisme, il reconnaît la liberté comme moyen et comme fin. Une organisation sociale n'a de valeur réelle que si elle consiste dans l'union des forces libres. Aussi attribue-t-on une grande importance aux organisations ouvrières libres dont nous avons précédemment parlé. Il faut se servir des formes et des degrés inférieurs de la liberté pour produire les formes et les degrés supérieurs. On reproche au système capitaliste d'empêcher le développement de la personnalité chez bien des hommes, en leur rendant les conditions d'existence dures et précaires. Il s'agit d'assurer aux ouvriers un certain niveau économique (*standard of life, Lebenshaltung*) pour leur permettre d'acquérir et de conserver un niveau mental plus élevé. Par le socialisme (ou comme on l'appelle souvent aujourd'hui, le collectivisme) on entend ici une doctrine d'après laquelle il appartient à la société d'assurer au travail des conditions telles que le développement physique et mental des ouvriers ne soit point empêché. En même temps, il faut tenir compte des forces différentes des individus : le faible travaillera selon ses faibles moyens, le fort selon ses moyens plus considérables. On doit se préoccuper de la stabilité des conditions économiques, pour faire disparaître le sentiment paralysateur de l'insécurité. Les conditions extérieures, physiques et sociales, dans lesquelles l'homme vit déterminent en grande partie son caractère. C'est pourquoi il faut s'occuper de disposer le mécanisme social, sur une échelle aussi vaste que possible, de telle sorte qu'il en résulte d'heureux effets sur le caractère. Il ne peut servir de rien ici de s'en remettre aux dispositions philanthropiques des patrons. Les ouvriers eux-mêmes ne sont capables d'apprécier que par expérience la valeur des conditions de vie saines, pures et élevées. C'est pourquoi c'est à la société, à l'Etat et à la commune qu'il appartient de réaliser pour la masse de la population des conditions hygiéniques et morales aussi bonnes que possible. Il faut que la classe ouvrière et ses porte-parole se servent des droits civiques qu'ils doivent à l'individualisme radical pour obtenir, par les commissions scolaires, les conseils municipaux et le Parlement, une influence croissante sur la vie publique. On peut ainsi faire des expériences, et récolter des enseignements susceptibles de fournir des indications sur l'évolution future. Le socialisme d'Etat part d'en haut et exerce son action au moyen d'un régime bureaucratique à fondement doctrinaire. Le socialisme empirique lui, insiste surtout sur l'administration autonome dans les associations professionnelles et coopératives, dans la commune et l'Etat ; c'est en partant des petites sphères qu'il se meut vers les grandes, et il cherche à développer d'abord les forces du peuple par le travail à des tâches modestes de manière à ce qu'elles puissent ensuite venir à bout des plus grandes. Un fait caractéristique, c'est que le socialisme empirique [1] ait pour patrie l'Angleterre, et le socialisme spéculatif au contraire l'Allemagne [2]. Tandis que le socialisme spéculatif

---

[1] Le meilleur exposé que j'en connaisse se trouve dans l'article de SIDNEY BALL : *The moral aspect of socialism* (Internat. Journal of Ethics, VI. Cf. aux tomes VI et VII, la discussion soulevée par cet article). J'ai emprunté l'expression de « socialisme empirique » à SIDNEY ET BÉATRICE WEBB : *Histoire du Trade-unionisme* (trad. française d'A. Métin, p. 457). Les ouvrages historiques de ces auteurs montrent comment le socialisme empirique s'est développé. Cf. également l'ouvrage de HANS MÜLLER sur les coopératives suisses de consommation. — Depuis 1883 la *Fabian Society* de Londres travaille dans le même sens par des écrits et des conférences. — Le point de vue du socialisme empirique n'est pas très différent de celui où se plaçait JOHN STUART MILL à l'égard de la question sociale (*Geschichte der neueren Philosophie*, II, p. 475-478). Celui d'EUGEN DÜHRING (op. cit., p. 629) ne paraît pas non plus en différer beaucoup.

[2] Le Marxisme est un dérivé de la philosophie spéculative allemande. Encore en 1891, F. ENGELS déclarait que les socialistes allemands étaient fiers de pouvoir se réclamer non seulement de Saint-Simon, de Fourier et

rappelle surtout les utopistes, le socialisme empirique se rattache surtout, tant en ce qui regarde son caractère que son origine historique, au socialisme philanthropique.

8. — Le point de vue d'où nous considérons ici l'évolution sociale nous oblige déjà d'avance à sympathiser avec le socialisme sur deux points : ses idées fondamentales les plus essentielles et les traits principaux de sa critique de l'organisation sociale actuelle. Et ces deux points sont communs à toutes les formes de socialisme.

Souvent, il est vrai, le socialisme apparaît comme un rêve où se repose le cœur tourmenté et effrayé par le malheur des temps. Mais il renferme même alors une idée fondamentale réellement morale : l'idée d'une justice distributive, d'une société parfaite où les capacités et les besoins de chacun trouvent leur compte. Dans notre siècle en particulier, il forme un utile contrepoids à l'individualisme exclusif qui morcelle la société en individus isolés. Il soutient en réalité l'idée proprement fondamentale de de la morale sociale : la situation de l'individu dans la société doit être déterminée par l'utilité de la société tout entière (y compris celle de l'individu). Et c'est en partant de cette idée que le socialisme soumet l'organisation sociale actuelle à une critique serrée. Cette critique est à la société ce que l'examen et la connaissance de soi-même sont à l'homme individuel. Elle met à nu les défauts et les souffrances, ce qui est la première condition pour y porter remède.

Mais on peut admettre l'idée fondamentale et la critique, sans admettre les voies et moyens proposés pour réaliser cette idée et pour faire disparaître les défauts signalés. Autre chose est de découvrir la maladie, autre chose d'indiquer les remèdes. Il n'y a rien à objecter contre les formes du socialisme qui procèdent par expériences et par essais, et poursuivent leur œuvre au moyen des associations libres ou des institutions municipales et politiques de plus en plus accessibles aux ouvriers, à moins de tenir pour le dernier mot de toute sagesse l'actuelle distribution de la propriété et du travail, ce qui d'ailleurs n'est point rare. Jusqu'à quel point cet ordre peut-il

---

d'Owen, mais encore de Kant, de Fichte et de Hegel : le mouvement ouvrier allemand serait l'héritier de la philosophie classique allemande ! WERNER SOMBART : *Friedrich Engels, Ein Blatt zur Entwickelungsgeschichte des Sozialismus*, Berlin, 1895, p. 13.

se, remplacer par un autre? C'est à l'histoire de le montrer. Il nous est impossible de pénétrer à l'avance les éventualités futures, d'autant moins que les substitutions ayant lieu sans cesse (XIII, 4) peuvent souvent faire que les efforts conscients aboutissent à des résultats bien différents de ceux qu'on pouvait pressentir au début. La substitution des motifs et des valeurs fait de toute intervention dans l'évolution sociale un saut dans l'inconnu. Mais ici ne rien faire c'est également se lancer dans l'inconnu. Toute intervention doit être motivée par la conviction la mieux fondée que l'on puisse obtenir.

Le socialisme empirique se donne pour but de modifier dans un esprit social l'organisation existante du travail et de la propriété; il laisse indéterminée la question de savoir jusqu'où l'évolution pourra aller. Un énergique collaborateur du mouvement coopératif suisse définit le socialisme : la doctrine qui cherche à organiser la société humaine de telle façon que l'opposition entre la richesse excessive et la pauvreté disparaisse[1]. On se propose donc ici une tâche à laquelle on peut travailler degré par degré. A l'opposé se trouve la définition du socialisme donnée par les Marxistes ; suppression de l'organisation capitaliste par la socialisation des moyens de production, et lutte des classes comme voie pour arriver à ce but. Il est clair que les deux conceptions conçoivent différemment le rapport de la libre association de la culture à l'Etat : dans la première, l'esprit de cette association doit être peu à peu infusé au mécanisme de l'Etat; dans la seconde, il s'agit de s'emparer le plus vite possible du mécanisme de l'Etat afin de pouvoir déterminer l'organisation de la libre association de culture.

Au cours de l'étude critique plus approfondie que nous ferons du socialisme dans les pages suivantes, nous aurons surtout en vue la seconde conception, spéculative ou marxiste. On verra que sa critique nous amènera à attribuer une importance d'autant plus considérable au socialisme empirique.

9. — En tout état de choses, la puissance de l'Etat exerce une grande influence sur la distribution des moyens de travail et de

---

[1] Voir la citation dans HANS MÜLLER. *Die schweizerischen Konsumgenossenschaften*, p. 453.

[2] WERNER SOMBART. *Friedrich Engels*, p. 25. On ajoute : « Ces points essentiels du programme deviennent de plus en plus un bien commun à tout le prolétariat militant ».

consommation et en ce sens on pourrait dire que toute constitution est un socialisme relatif. D'une manière générale, il paraît impossible de fixer à l'action de l'Etat des limites absolues. L'essence de l'Etat n'est pas immuable ; elle se développe avec la nature humaine, avec les conditions historiques, et personne ne peut dire comment l'Etat futur sera un jour constitué. Mais attribuer à l'Etat *toute* distribution c'est supposer chez les hommes exerçant le pouvoir (et celui-ci est évidemment toujours exercé par des hommes déterminés) des qualités que jusqu'à présent on ne saurait dire qu'ils aient possédées. Comment des hommes seraient-ils assez parfaits pour ne pas abuser d'une puissance aussi énorme, alors que, l'histoire en témoigne suffisamment, ils abusent déjà de la puissance moins considérable qui a été jusqu'ici confiée aux gouvernants ? C'est un fait caractéristique que ce soit en Angleterre, c'est-à-dire dans le pays capable d'exercer le contrôle le plus sévère sur les actes de la puissance publique, qu'on éprouve le plus de répugnance à en élargir le domaine. Le socialisme d'Etat suppose une notion superstitieuse de l'Etat, une confiance excessive dans l'action susceptible d'être exercée d'en haut sur en bas, oubliant que ce sont pourtant toujours des hommes, non des dieux qui tiennent le gouvernail. Et il n'en saurait être autrement, quand même ce serait la majorité du peuple qui déterminerait la composition du gouvernement. Si les hommes deviennent jamais aussi parfaits que les suppose le socialisme, la question sociale aura disparu de ce monde.

Ce n'est pas seulement la perfection morale, mais l'omniscience que devraient posséder, dans l'Etat socialiste, les détenteurs du pouvoir. Pour être à même de distribuer le travail et les produits, ils seraient obligés de connaître les capacités et les besoins des différents individus. Mais les capacités comme les besoins comportent une évolution continuelle, et c'est l'individu même qui peut le mieux les découvrir, pourvu qu'il lui soit permis de les développer aussi librement que possible, afin de les soumettre à l'épreuve. L'Etat, il est vrai, a mission dès maintenant de choisir les individus les plus aptes à certaines fonctions et de subvenir à différents besoins. Mais peu de gens seulement croient qu'il pousse l'accomplissement de cette tâche jusqu'à un tel degré de perfection qu'il soit désirable, sans y être obligé par aucune autre raison, de faire tout rentrer dans ses attributions. L'État tel qu'il existe aujourd'hui peut s'appuyer sur le besoin de libre développement, sur la libre initiative des individus particuliers; il peut choisir parmi ceux qui, pour obéir à leur propre besoin, se sont développés dans un sens déterminé. De plus, en bien des domaines, il entre nécessairement en concurrence avec des entreprises privées. Quelque élargie qu'on puisse se représenter l'action de l'État, il ne pourra jamais pourtant se passer de la concurrence faite par l'initiative libre et par l'action privée, à moins de vouloir se figer dans le dogmatisme et la routine. Cela est vrai aussi bien dans le domaine de la culture matérielle que dans celui de la culture idéale.

En ce qui touche le point particulier de la répartition des produits, la grosse question se pose ici de savoir ce qu'il faut entendre exactement par une distribution juste. Les auteurs socialistes se partagent sur ce point en deux groupes : les uns veulent que la part de l'individu soit déterminée par le travail effectué par lui, les autres que la distribution soit déterminée par le besoin de l'individu. Le premier point de vue se trouve exprimé dans cette proposition de SAINT-SIMON : « Chacun doit être classé suivant sa capacité et rétribué selon ses œuvres ». — le dernier dans ces termes du *programme socialiste de Gotha* : « A chacun suivant ses besoins raisonnables ». — Dans le premier cas, on rencontre non seulement la difficulté de faire une égale répartition entre les différentes sortes de travail matériel et mental dont la société a besoin, mais encore ce grave problème : comment s'assurer que la valeur du produit correspond au travail fourni? Il s'agit pourtant évidemment de savoir si le produit du travail a une valeur suffisante pour la consommation c'est-à-dire s'il satisfait à de réels besoins de la société. La valeur d'un produit n'est pas seulement déterminée par le travail que sa production a coûté ou par le temps que ce travail a demandé, mais encore par l'utilité de ce produit, et conséquemment par le besoin, le manque, auquel il vient porter remède. C'est pourquoi on peut seulement régler le travail lorsqu'on peut régler les besoins. Il faut donc que l'une comme l'autre des théories citées donne à l'État le pouvoir de déterminer les besoins des individus. En même temps, il faut avoir soin de ne laisser produire ni plus ni autre chose que ce que le pays même peut utiliser. Car un État particulier ne saurait gouverner les besoins des autres pays. Aussi le commerce mondial, qui a pour conséquence de faire produire plus que le pays même n'exige pour sa consommation, et de le rendre ainsi dépendant des pays étrangers, doit-il être limité et contrôlé par le gouvernement. Cette conséquence a été aperçue par J. G. Fichte, et il n'a pas craint de la tirer (dans son livre *Geschlossener Handelsstaat* 1800). On tarirait sans doute ainsi du même coup la source des modernes discordances sociales, car historiquement elles remontent jusqu'aux xiii° et xiv° siècles, époque où commence à s'établir un marché mondial, et à partir de laquelle, par conséquent, la production cessa d'être exclusivement déterminée par les besoins locaux, faciles à connaître [1]. — Quand la deuxième théorie prétend déterminer la distribution d'après les besoins raisonnables de chacun, il est évident que ce n'est pas la raison personnelle de l'individu qui devra décider si ses besoins sont « raisonnables ». Cela revient à la raison des détenteurs de la puissance publique, et les individus particuliers sont mis ainsi en une sorte de tutelle. Malgré la nécessité d'une réglementation des besoins, puisqu'aussi bien l'Etat détermine l'étalon de vie (*standard of life*) de ses fonctionnaires, pourtant il n'y aura pas plus d'avantages ici que dans la production, à ne pas laisser subsister, à côté de cette réglementation, le développement et l'adaptation libres, pour permettre sur la plus vaste échelle possible la comparaison et le choix.

10. — Un amas d'individus n'ayant pas le droit de décider quelles capacités ou quels besoins ils ont, et devant se laisser tailler sur le patron établi par les autorités, constitue une pure *masse*, non une société organisée. Peu importe d'ailleurs qu'on se représente les futurs directeurs de la société comme des génies ou comme des idiots, comme des monarques absolus et des dictateurs ou comme issus du suffrage universel. Ce qui donne à la vie sa valeur, c'est-à-dire le libre développement des facultés et des tendances, se trouve dans tous les cas éliminé.

La tendance à décider soi-même quelles facultés et quels besoins l'on a, et lesquels d'entre eux méritent d'être développés et satisfaits, n'est pas une nécessité purement égoïste. C'est, comme nous l'avons vu, une condition pour qu'il puisse se trouver dans la société des forces productives capables d'amener

---

[1] Lujo Brentano, *Ueber die Ursachen der heutigen sozialen Not*. Leipzig, 1889. Voir, du même auteur, *Die Arbeitergilden der Gegenwart*, I, p. 58 sqq; II, p. 320.

au jour quelque chose de nouveau, et de ne pas suivre indéfiniment les voies rebattues. Même l'habitude n'est une chose bonne que si l'individu s'y porte de lui-même. Mais quand il s'agit de frayer de nouveaux chemins, la satisfaction d'avoir suivi son propre mouvement vers ce qu'on juge bon et utile est souvent la seule récompense que l'on obtienne. Les grands inventeurs ne se préoccupent souvent pas du tout des avantages qu'ils pourraient tirer pour eux-mêmes de leurs inventions, et il arrive d'ailleurs assez souvent qu'ils soient dupés à ce sujet. Ce qui leur empoisonne la vie et rend leur destinée pénible ce sont les obstacles qui s'opposent au libre usage de leurs forces dans le sens désiré par eux. Mais qu'adviendra-t-il lorsque *tous* les moyens de travail seront accaparés par l'Etat ? Où prendre dès lors les moyens de faire les expériences privées auxquelles la culture doit tant, sinon tout ? — Selon SCHAFFLE, il est vrai, c'est être injuste envers le socialisme de croire qu'il supprime nécessairement toute liberté de mouvement et toute libre disposition des biens matériels. Il distingue nettement les moyens de jouissance des moyens de production et cherche à montrer que le socialisme ne supprime la propriété qu'en tant que moyen de production, mais non en tant que moyen de jouissance. Nous pourrions librement disposer des moyens de jouissance qui nous tomberaient en partage dans la société socialiste. Nous pourrions épargner la monnaie reçue, pour l'employer à nos fins personnelles ou pour faire des dons et porter assistance aux autres hommes. Toutefois, la sphère dans laquelle le mouvement peut librement s'exercer n'est pas très considérable. Les économies sont vite dépensées, lorsqu'il nous est interdit de les faire fructifier, en les confiant à d'autres qui en ont besoin. Si ceux-ci me servaient des intérêts en échange de l'autorisation de disposer de mes économies pendant un temps convenu, je pourrais employer ce temps à des occupations qui ne sont pas immédiatement productives, bien qu'elles exigent un travail sérieux et de longue haleine. Et ce temps sera d'autant mieux employé qu'il le sera peut-être à un travail dont personne d'autre, et en particulier aucune des autorités dominantes dans la société, ne reconnaît la valeur, soit parce qu'on ne voit pas qu'il correspond à des besoins réels, soit parce qu'il correspond à des besoins devant d'abord être éveillés et dont l'éveil rendra la vie plus riche. Dans l'Etat socialiste, qui interdit tout intérêt de l'argent, il y aura place uniquement pour les occupations que l'Etat voudra encourager. Non seulement la production individuelle sera supprimée, mais la jouissance individuelle, elle aussi, sera renfermée dans d'étroites limites. Quand on vit selon le bon plaisir du pouvoir public, alors ne peuvent naître ni tendances plus libres ni efforts vraiment personnels. La rente constitue sans doute une recette dont le rentier profite sans la produire au moment même; mais elle a cette importance sociale de permettre d'autres applications de l'activité que celles qui présentent une utilité immédiate, et de favoriser l'épargne. Actuellement celui qui est économe sait qu'il peut arriver non seulement à assurer sa propre existence mais encore à seconder d'une manière durable les intérêts et les efforts qui lui sont chers. Evidemment on peut abuser de la rente pour s'abandonner à l'oisiveté; mais tout droit de disposition prête à des abus, sans en excepter celui de l'Etat. De même que le socialisme suppose une humanité capable de fournir des gouvernants parfaits, il suppose encore une humanité dont l'activité et la faculté inventive ne seraient point affaiblies parce que son initiative serait abolie et ses besoins déterminés par autrui.

L'initiative privée infuse à la vie sociale un sang nouveau. Aussi l'individu particulier ne doit-il pas, comme tel, être absolument exclu de la production. Il serait absurde de lui laisser la faculté de dissiper ses épargnes en noces et festins, et de lui refuser celle de les utiliser comme moyens de production. Cet obstacle mis à la liberté d'accroître et de risquer serait intolérable. Ce serait d'ailleurs un obstacle non seulement pour la liberté de l'individu, mais aussi pour l'évolution de la société. La suffisance bureaucratique et parlementaire constituerait un empêchement insupportable au progrès. Ce n'est pas seulement la culture matérielle qui aurait à en souffrir, mais aussi la culture idéale. Pour empêcher l'esprit d'entreprise et d'innovation, si utile à l'ensemble de la société, de donner naissance à une sorte de noblesse héréditaire, il suffirait de modifier le droit d'héritage et de permettre à l'Etat de s'emparer des entreprises privées ayant un caractère d'utilité générale, lorsqu'elles auraient profité un certain nombre d'années à leurs fondateurs et qu'elles comporteraient une administration publique. On étendrait à ce cas ce qui existe déjà pour la propriété littéraire et artistique, ainsi que pour les brevets d'invention.

Le socialisme spéculatif, pour améliorer la distribution des richesses, veut en somme en tarir la source. Mais il s'enferme ainsi dans une contradiction : une fois la source du progrès tarie, il n'y aura plus, en fin de compte, de richesses à distribuer. Le socialisme utopique était plus conséquent : il ne se contentait pas de supposer un Etat limité ou fermé, mais exigeait encore la réglementation directe des besoins. Ainsi ont par exemple Platon et Campanella. Le socialisme moderne fait à la liberté individuelle cette concession de permettre la propriété privée des moyens de consommation. Au fur et à mesure que l'expérience sociale fera des progrès, les adhérents du socialisme rigoureux s'apercevront certainement eux aussi que la morale sociale se doit à elle-même de réclamer et de favoriser la liberté individuelle, non seulement pour la consommation et la jouissance, mais encore pour le travail et la production. En tout cas, la suppression de la liberté de production, comme solution du problème social, suppose des conditions psychologiques et sociales tellement différentes des conditions actuelles que ce serait de la présomption dogmatique de se prononcer d'une manière tranchée sur ce qu'elle rendra possible ou non.

11. — C'est un principe socialiste que le travail est la source de toute richessse et de toute culture. Le programme de Gotha débute en le proclamant. Pourtant, ce principe renferme une certaine ambiguïté, que le mot « ouvrier » partage avec lui. En dehors du travail matériel, en effet, il existe aussi un travail mental. Quand bien même, dans la considération de la culture matérielle, nous aurions surtout en vue le travail physique, il est néanmoins manifeste que la position nouvelle et meilleure occupée aujourd'hui par le travail utile à la culture matérielle tient à ce fait que l'industrie moderne est, sur une si vaste échelle, une application des données de la science moderne. Le travail matériel, ou musculaire, suppose donc ici le travail mental ou cérébral. Les tentatives, les idées et les plans issus du travail mental ont donné satisfaction à d'innombrables ouvriers matériels. On ne saurait dès lors mener aucune organisation sociale à bien, si, comme d'après les programmes socialistes de Gotha (1875) et de Gand (1877), on commence par mettre la classe ouvrière (sous laquelle on comprend les ouvriers matériels, appelés par le programme de Gand « le prolétariat ») en

opposition avec toutes les autres classes. C'est une attitude excusable dans le feu de la lutte; mais si l'on alimentait par trop le sentiment d'opposition et de séparation relativement aux autres classes, on fermerait le seul chemin qui puisse mener à des états meilleurs.

Le travail physique n'est pas la source unique de la richesse et de la culture. Le travail de culture le plus considérable a été accompli dans le domaine mental. Évidemment il faut que les besoins matériels soient satisfaits pour qu'on puisse travailler. Or bien des ouvriers intellectuels ont besoin d'assistance physique. Sans le souffleur, l'organiste serait impuissant; il ne s'ensuit pourtant pas que le souffleur soit « la source » de la musique. Le socialisme met aussi sur son programme la pensée libre, la recherche libre et l'instruction publique. Il est donc obligé de reconnaître que l'ensemble de l'atmosphère morale où vit l'ouvrier a pour celui-ci la plus grande importance. La philosophie et la science sociale modernes ont conduit d'abord à la suppression des corporations, puis à l'annulation des défenses interdisant aux ouvriers de former des associations légales et légalement protégées. Le chercheur le plus isolé peut propager dans le monde des idées qui, par suite de leur influence sur la conception générale de la vie et sur l'opinion publique, peuvent déterminer la marche de la culture à un beaucoup plus haut degré que ne le ferait le travail matériel de milliers d'êtres humains. C'est là un fait, et aucun programme ne saurait l'empêcher d'être. Pour que l'évolution future s'engage dans une direction saine, il faut s'efforcer de diminuer la distance qui sépare le travail matériel et le travail mental. Mais cet effort ne saurait réussir, si l'on insiste sur l'opposition de la classe ouvrière à *toutes* les autres classes d'une manière aussi tranchée qu'on le fait d'ordinaire. Il faut avouer d'ailleurs que les « autres » classes, c'est-à-dire celles qui jusqu'ici ont été presque exclusivement à même de se livrer au travail mental, ne se sont pas toujours conduites à l'égard de la classe ouvrière comme ç'eût été leur devoir de le faire. Des préjugés de différentes sortes, la hauteur et le défaut de sympathie, les ont empêchées de reconnaître les droits des ouvriers. C'est là que réside la cause la plus grave du désaccord. Mais nous ne cherchons pas ici la cause. Nous discutons la théorie socialiste et nous lui faisons le reproche d'établir une opposition plus tranchée qu'elle ne devrait et qu'il n'est nécessaire de le faire.

Ces programmes des social-démocrates sont proprement en contradiction avec la doctrine de Marx, suivant laquelle toute distinction de classe doit finir par disparaître, de la même façon qu'est tombée lors de la Révolution l'ancienne distinction de la noblesse et du Tiers. Or la classe ouvrière n'occupe pourtant pas encore, vis à vis des autres classes, la même situation que le Tiers état vis-à-vis des classes « privilégiées » à l'époque de la Révolution. La classe qu'on dénomme aujourd'hui la bourgeoisie a tout simplement créé l'industrie et le commerce, la science et l'art des temps modernes, et c'est d'elle qu'est parti, dans les pays germaniques, le mouvement libéral du protestantisme. Malgré toute l'admiration qu'on peut éprouver pour le développement de la classe ouvrière au cours du dernier siècle, on ne saurait cependant sérieusement soutenir qu'elle soit arrivée à peu près au même point que le Tiers état il y a cent ans. Son évolution n'est pas encore terminée. Ce n'est d'ailleurs pas sa faute, car il y a seulement peu de temps qu'elle a rencontré des conditions favorables pour cela. C'est une raison de plus pour ne pas accentuer aussi fortement l'antagonisme des classes. A tout le moins, les classes opposées ont-elles beaucoup à apprendre l'une de l'autre ; et la classe ouvrière qui, espère-t-on, comprendra un jour tous les hommes, ne saurait être la classe ouvrière actuelle, encore imparfaitement développée et opposée aux autres classes de la société non pas seulement par ses intérêts mais aussi par son développement imparfait.

12. — Le problème cependant se posera sans cesse à nouveau par suite d'une circonstance que les socialistes laissent ordinairement de côté [1], savoir l'instinct naturel qui fait croître la population dans une proportion plus forte que les subsistances dont on dispose à chaque moment. Même en admettant que Malthus ait exagéré cette tendance, il y a pourtant ici manifestement une force qui nous fera toujours sortir de nouveau de l'état d'équilibre, une fois celui-ci réalisé (cf. XXV, 2). Si l'on réussissait à créer une organisation où chacun pourrait envisager l'avenir avec tranquillité, cette tranquillité aurait entre autres manifestations la fondation de familles nombreuses, de

---

[1] Cf. H. SOETBEER. *Die Stellung der Sozialisten zur Malthusschen Bevölkerungslehre.* Berlin, 1886.

manière à amener bientôt un surcroît de force ouvrière et peut-être une augmentation plus rapide des bras que du travail, des bouches que des aliments. Nous avons là une simple conséquence de la même raison en vertu de laquelle, dès maintenant, le nombre des mariages augmente non seulement quand le prix du blé diminue, mais dès qu'on prévoit seulement cette diminution ou d'une manière générale qu'on est animé d'heureuses espérances [1].

Les conditions sociales sont déterminées à chaque époque par le rapport qui existe entre l'accroissement de la population et la mesure où l'augmentation de l'intelligence et de l'énergie peuvent augmenter la production du sol. Si diverses forces concourent ensemble, il se produira un mouvement rythmique, tantôt l'une tantôt l'autre des tendances l'emportant. Une existence qui ne serait pas soumise à une telle variation rythmique est pour nous chose inconnue et inintelligible. Ce sont les forces diverses et la manière dont elles luttent entre elles qui font de la vie un combat et causent des douleurs, notamment toutes les fois que l'amplitude des oscillations devient plus considérable. Il n'est pas dit que la nature humaine comportera toujours une aussi forte tendance à l'accroissement ; néanmoins un changement décisif sous ce rapport est relativement à nous quelque chose de trop éloigné pour que nous puissions lui reconnaître une importance morale [2]. C'est par une âpre lutte contre les conditions données que la nature humaine s'est développée jusqu'au point où elle se trouve aujourd'hui : cette lutte fait de l'empire sur soi-même, de la sagesse et de la sympathie autant d'exigences strictement nécessaires, et pour le moment, aussi loin que nous pouvons porter nos regards, il ne semble pas que les conditions doivent changer. (Cf. avec ce qui est dit ici XI, 10 ; XVII, 2 et XXV, 2).

Aussi voyons-nous d'ailleurs que lorsqu'une couche sociale

---

[1] « C'est ainsi qu'après une bonne moisson, il se produit ordinairement une augmentation du nombre des mariages et des naissances, et inversement, une diminution après les mauvaises. Dans le premier cas, c'est encore plutôt l'espérance que la richesse réelle qui porte à fonder de nouvelles familles, car on observe que l'augmentation la plus forte ne coïncide pas avec les prix du blé absolument les plus bas, mais avec ceux qui tranchent de la façon la plus frappante sur les prix d'une mauvaise année précédente. » ROSCHER. *Die Grundlagen der Nationalökonomie*, § 240.

[2] En France pourtant, depuis déjà nombre d'années, sa population tend à rester stationnaire. (Note du trad.)

s'est élevée à des conditions meilleures, à un étalon de vie supérieur, il se forme en son sein une nouvelle couche dont l'étalon de vie a besoin d'être élevé à son tour. A la suite des réformes agronomiques introduites au Danemark vers la fin du XVIIIe siècle, le partage en commun et le besoin croissant de main d'œuvre augmentèrent le nombre des fermiers et des cultivateurs de telle sorte qu'à la place de la question sociale qui venait d'être résolue, en surgit une nouvelle. « Même pour les cultivateurs propriétaires de leurs fonds, la situation fut loin d'être toujours bonne. Quant à ceux qui ne possédaient aucun fonds ou n'étaient que fermiers, et ils formaient à peu près la moitié du nombre total, ils se trouvèrent presque toujours dans une situation très précaire : ils étaient plutôt en recul qu'en progrès. [1] » Pareillement, les sociétés professionnelles et coopératives ne comprenaient au début que les ouvriers les plus intelligents ; les métiers n'exigeant aucun apprentissage spécial n'étaient pas organisés. Le mouvement ouvrier fut un moment en danger d'aboutir à la formation d'une aristocratie ouvrière qui, comme on l'a dit, était regardée par les ouvriers « non qualifiés » avec les mêmes sentiments que la Chambre haute l'est dans le monde parlementaire. Il a fallu par suite qu'un mouvement se fît pour organiser les ouvriers « non qualifiés » [2]. — Le problème suivra longtemps l'humanité dans sa marche : une solution valable une fois pour toutes est chose improbable.

13. — La théorie socialiste est une théorie nettement idéaliste en tant qu'elle repose sur la conviction que la volonté humaine est capable d'écarter tous les obstacles s'opposant à la formation d'une société humaine harmonieuse. Ne considère-t-elle pas en effet le travail comme la source de toute richesse et de toute culture, et ne fait-elle pas abstraction de toutes les causes naturelles susceptibles de favoriser ou d'empêcher l'écoulement de la source ? A cause de cet idéalisme qui ne laisse pas affaiblir ses espérances et son enthousiasme par des regards inquiets jetés sur les conditions données dans la nature et l'histoire, le socialisme est apparenté à ce qu'il y a de meilleur

---

[1] FALBE-HANSEN. *Stavnebaandsløsningen og Landboreformerne.* I, p. 139.
[2] SIDNEY ET BEATRICE WEBB. *Histoire du Trade-unionisme,* tr. fr. p. 423-442.

dans les idées du xviiie siècle, bien que, d'autre part, il forme
par son anti-individualisme une réaction contre ce même siècle.
Si nombreuses que soient les erreurs théoriques et les illusions
qu'on puisse découvrir dans le socialisme, il n'en constitue pas
moins, dans la pratique, l'un des mouvements éthico-sociaux
les plus considérables de ce temps. Il a su réveiller et enthousiasmer les ouvriers ; il a dirigé leur pensée sur des idéals et
sur des tâches qui s'étendent bien au delà du cercle étroit où
se meut l'instinct individuel isolé de la conservation personnelle.
Sans de grandes images d'avenir aucun mouvement social n'est
possible. Il est arrivé quelquefois, par exemple en Angleterre,
il y a quelques années, que le mouvement unioniste ouvrier ait
été sur le point de s'immobiliser, et c'est la foi enthousiaste
dans l'idéal socialiste qui réveilla de nouveau alors la tendance
au progrès. Le mouvement ne saurait être mené d'en haut ;
alors même que des idées et des impulsions fécondes partiraient
des autres couches sociales, il faut pourtant avant tout que la
spontanéité s'éveille, et pour cela il faut des idéals en rapport
naturel avec le besoin senti comme avec l'horizon intellectuel
et moral ouvert. Si ces idéals ne plaisent pas aux autres couches
sociales, si ces dernières trouvent le besoin trop inférieur et
l'horizon trop étroit, il leur appartient de modifier les conditions de vie et les circonstances sociales de telle sorte que le
besoin puisse disparaître, l'horizon s'élargir, et par suite l'idéal
prendre un autre caractère. Les ombres et les illusions que renferme le tableau de l'avenir se corrigeront au cours de l'évolution ultérieure. Le socialisme doit apprendre à distinguer
entre l'idéal et la réalité. L'idéal ne perdra pas sa force stimu-
lante parce qu'on ne dissimulera ni ne négligera les conditions
réelles. Et, en particulier, il doit apprendre que s'il a un avenir,
cet avenir se réalisera essentiellement par le travail libre et
l'association libre, quoique l'Etat puisse y ajouter, dans une
mesure beaucoup plus large que nous ne sommes habitués à la
concevoir, son action protectrice, adjuvante, égalisatrice et
éducatrice.

14. — Comme nous l'avons déjà remarqué (9), l'Etat intervient incessamment dans l'évolution sociale, alors même qu'on
ne s'en rend pas nettement compte. Il n'est pas un seul côté de
l'organisation politique (constitution, administration, finances,
justice, armée, cultes et instruction publique) qui n'ait en

quelque façon une influence déterminante sur l'organisation des conditions du travail. Ce serait déjà un grand progrès, si l'on se rendait plus clairement compte de ce point, de manière à mettre davantage en évidence ce côté extrêmement important dans les questions politiques. C'est en effet leur signification sociale qui seule donne aux questions politiques un réel intérêt. Si cette signification est complètement perdue de vue, la lutte politique n'est plus qu'une simple querelle de personnes autour du pouvoir, ou une simple querelle sur des questions de forme. Nous énumérerons ici quelques points sur lesquels, sans porter atteinte au principe de la liberté, l'Etat peut faire beaucoup en ce qui concerne l'organisation du travail et la distribution du produit, et où d'ailleurs, par un socialisme plus ou moins conscient, il est déjà intervenu.

*a.* Tout d'abord il faut poser en principe la nécessité de faire régner simplement la justice. Les grands voleurs sont encore, à beaucoup d'égards, mieux placés que les petits. On voit d'un œil méfiant chez les ouvriers des mouvements auxquels, dans d'autres sphères de la société, on ne mettrait aucun obstacle. La résistance opposée au droit des ouvriers à la liberté personnelle, à leurs droits de réunion et d'association, n'a pas été de nature à les animer de dispositions amicales envers les classes dominantes. ADAM SMITH se plaignait que de son temps les patrons eussent le droit de former des syndicats en vue de l'abaissement des salaires, tandis qu'on interdisait aux ouvriers de s'entendre pour refuser de travailler au-dessous d'une certaine rémunération[1]. De même la législation allemande, jusqu'à une époque toute récente, accordait aux patrons le droit de former des syndicats, en refusant aux ouvriers le droit de former des associations corrélatives, et si l'on parle tant de rétablir les anciennes corporations, c'est en réalité pour mettre les ouvriers sous la dépendance des patrons[2].

*b.* L'Etat a reconnu comme son devoir de protéger la liberté, la santé, la sécurité et la moralité des ouvriers contre l'arbitraire des patrons. Après une âpre lutte, la loi dite des fabriques a fini par passer, d'abord en Angleterre. Cette loi prescrit certaines règles de sécurité et de salubrité dans les fabriques et

---

[1] *Richesse des nations*, trad. Garnier, I, 10.
[2] L. BRENTANO. *Die gewerbliche Arbeiterfrage* (Schönbergs Handbuch, 1e Auflage, I), p. 931 sqq ; 970.

les mines, détermine la durée de la journée de travail, impose des limites et des conditions particulières au travail des femmes et des enfants, interdit le paiement du salaire dans les cabarets et exige qu'il soit fait en argent comptant [1]. — L'expérience avait déjà fait voir la supériorité du travail libre sur le travail servile, sous le rapport de la productivité. Elle a montré de même que la nouvelle loi et les lois analogues adoptées par d'autres pays à l'imitation de l'Angleterre, loin de nuire à la productivité en assurant des conditions meilleures, l'ont au contraire accrue. Non seulement cette loi a, comme le reconnaît KARL MARX lui-même, amené la « renaissance physique et morale » des ouvriers des fabriques, mais le surplus d'entrain et de force avec lequel on pouvait désormais travailler ont souvent même augmenté la productivité du travail. Les patrons eux-mêmes y trouvèrent leur compte et renoncèrent à leur première opposition contre ce qu'ils appelaient, d'un mot assez caractéristique, une atteinte à leur liberté personnelle. La limitation de la journée de travail surtout a eu une grande utilité, et cela aussi bien pour les patrons que pour les ouvriers. Comme le remarquent dans un rapport les inspecteurs anglais des fabriques, auparavant les patrons n'avaient pas le temps de penser à autre chose qu'à l'argent, ni les ouvriers celui de penser à autre chose qu'au travail. La longue durée de la journée de travail faisait des ouvriers des êtres purement physiques, tous leurs loisirs étant absorbés par le sommeil et le repos, afin de pouvoir recommencer leur tâche avec des forces renouvelées. Par la limitation progressive de la durée du travail, on se rapproche peu à peu de l'*Utopie* de MORUS, où « le but essentiel de la constitution est de régler le travail sur les besoins du peuple, de manière à laisser du temps de reste pour le développement de l'esprit, dans lequel les Utopiens font consister le bonheur de la vie ». FICHTE a dit avec raison que la vraie richesse d'un peuple ce sont les loisirs qui restent à tous, une fois leur travail achevé [2]. En effet, le temps qui peut être

---

[1] GNEIST. *Das Self-Government in England.* 3ᵉ éd., p. 314 sqq. — L. BRENTANO, *op. cit.*, p. 978. — K. MARX. *Das Kapital*, 2ᵉ éd. I, p. 224-314.

[2] *System der Rechtslehre* (1812). Nachgelassene Werke, II, p. 543. — Cf. L. BRENTANO. *Die Arbeitergilden der Gegenwart*, II, p. 356 : « La question de la durée de la journée de travail est une question sur l'état de la civilisation. »

gagné sur le travail consacré aux besoins matériels est susceptible d'être employé à un développement plus élevé et plus libre, à une noble jouissance de la vie, à l'activité consacrée à la culture idéale et à l'entretien de ce sentiment qu'on est pourtant plus qu'un rouage d'une grande machine. Il importe naturellement de savoir comment les loisirs sont employés, mais il ne faut pas s'étonner qu'ils ne le soient pas tout de suite ni toujours de la meilleure façon. Il faut que le désir d'un développement supérieur soit éveillé, et qu'on possède les moyens de l'acquérir.

Ici le rôle le plus considérable revient à l'instruction, tant à celle dirigée par l'Etat qu'à celle issue de l'initiative privée, et surtout à tout ce qui peut être fait pour répandre et satisfaire le goût de la beauté artistique et naturelle. C'est par la participation à la vie politique que se développe le sentiment des droits et des devoirs civiques, comme aussi le sentiment de travailler au service de la société tout entière. On ne saurait attendre, pour limiter la journée de travail, que soit né le goût pour le bon emploi des loisirs, car ce goût ne peut naître que si l'on a des loisirs. Et au lieu de se plaindre de ce que les ouvriers ne sachent pas employer leur temps libre, on aurait beaucoup plus de raisons de se plaindre de la manière dont les classes aisées emploient le leur. Quand on n'a pas l'habitude d'avoir des loisirs, il n'est pas étonnant qu'on n'ait pas appris à s'en servir ; en revanche, il est triste de voir de quelles occupations vides et basses les classes dites supérieures et cultivées remplissent fréquemment leurs loisirs abondants et souvent immérités. Il faut précisément que les ouvriers aient plus de temps libre afin de pouvoir apprendre à mieux utiliser celui qu'ils emploient si souvent mal aujourd'hui. Si l'on réclame la journée de huit heures, c'est afin de pouvoir supprimer la débauche du lundi [1].

c. L'Etat peut encore exercer une influence égalisatrice sur les oppositions sociales par l'organisation des finances et des impôts. On a même fait dater une nouvelle période dans l'histoire de la législation financière du jour où l'on commença à considérer cet effet égalisateur et distributif de l'organisation

---

[1] ROBERT SEIDEL. *Der achtstündige Arbeitstag*. Zürich, 1896, p. 4. — La division : 8 heures de travail, 8 heures de sommeil et 8 heures de loisir, avait été déjà proposée par COMENIUS et plus tard par HUFELAND.

fiscale comme un point de vue fondamental[1]. C'est la théorie
« socio-politique » des impôts qui ajoute ce point de vue au
point de vue purement financier. On peut ranger encore ici
une imposition plus forte de l'héritage et sa suppression complète en ligne collatérale.

*d.* Nous faisons un pas de plus avec la question de savoir si
l'Etat doit, et dans quelle mesure, établir des caisses de retraite.
Si l'on fait à l'ouvrier une obligation de se servir de ces caisses,
il sera facilement dépouillé de son indépendance personnelle.
Car si l'Etat est incapable de lui garantir un travail durable
pour un certain salaire, une oscillation dans les conditions économiques peut le jeter dans le chômage et par suite lui enlever
le moyen de payer sa contribution, ce qui lui fera perdre tout
l'argent déjà versé par lui. Dès lors, le patron aura le pouvoir
de lui imposer des conditions qu'il n'eût pas supportées, sans
la crainte de perdre ses versements antérieurs[2]. La meilleure
manière pour l'Etat d'intervenir consistera, ici comme sur tant
d'autres points, à le faire indirectement, en donnant son appui
et en soumettant à son contrôle les organisations spontanément
sorties de l'association libre des ouvriers.

*e.* Il y a, tant dans le domaine de la production que dans
celui de l'échange et de la circulation, une foule de fonctions
dont l'Etat et la commune se sont déjà chargés et continueront
à se charger de plus en plus. Où convient-il de s'arrêter sous
ce rapport, c'est ce que peuvent seuls décider les progrès de
l'expérience. C'est ici que le socialisme empirique a précisément une grande importance. Mais afin de pouvoir utiliser
l'expérience, encore faut-il être en possession de faits certains.
Voilà un domaine où l'Etat peut rendre des services incalculables, notamment en procédant à une statistique exacte. Les
Etats-Unis de l'Amérique du Nord marchent sous ce rapport en
tête des autres. Des bureaux de statistique ouvrière se trouvent
établis tant pour les Etats particuliers que pour toute l'Union.
La loi qui fonda en 1888 *The United States Department of
Labor* lui assigne comme tâche de rassembler et de répandre
dans la population des Etats-Unis des renseignements « sur la

---

[1] ADOLF WAGNER. *Directe Steueren* (Schönbergs Handbuch, 1ᵉ éd., III),
p. 169, 259. Cf. aussi IHERING. *Der Zweck im Recht*. 2ᵉ éd., I, p. 533.

[2] L. BRENTANO. *Die gewerbl. Arbeiterfrage* (Schönbergs Handbuch, 1ᵉ éd.,
I), p. 985 sqq.

question ouvrière dans le sens le plus large de ce mot, en particulier sur les rapports du travail avec le capital, sur la durée du travail, sur les salaires des ouvriers et des ouvrières, et sur les moyens de favoriser le bien-être matériel, social, intellectuel et moral des ouvriers ». La législation sociale et les débats publics ont déjà, aux Etats-Unis, tiré profit de cette institution [1].

Le développement et la justification détaillés des points que nous venons de mentionner (et d'autres qu'on pourrait y ajouter) appartiennent à l'économie politique. Ils ont été simplement indiqués ici parce qu'ils supposent tous une conception éthico-sociale de l'Etat et de son action, et la notion qu'être aidé par l'Etat et s'aider soi-même ne s'excluent point. Il ne s'agit que de fixer le rapport exact de ces deux aides. Le domaine des forces libres est le domaine proprement productif, celui où réussissent les initiatives; l'Etat ne peut que donner protection, forme et appui matériel à ce qui s'est spontanément produit. Le rapport entre l'aide de l'Etat et l'aide qu'on se donne à soi-même doit être exactement l'inverse de celui qu'établit le socialisme spéculatif, étrangement d'accord en cela avec la bureaucratie et l'absolutisme. Et comme les expériences faites dans un champ restreint sont les plus faciles, l'organisation communale de la production aura, comme le soutient d'ailleurs le socialisme empirique, beaucoup d'avantages, sur le « socialisme d'Etat » proprement dit.

15. — Le socialisme spéculatif ne supprime pas absolument la propriété privée, mais il la restreint aux moyens de consommation et de jouissance. Il n'y aurait complète contradiction entre la propriété privée et le socialisme que si l'on considérait le droit de propriété comme un droit inconditionnel. Mais on ne trouve nulle part dans l'histoire trace d'un droit de propriété inconditionnel. L'idée d'un pareil droit est une fiction opposée par l'individualisme aux caprices d'un gouvernement arbitraire. De tout temps l'Etat est intervenu dans la propriété privée, quand des intérêts généraux paraissaient l'exiger. Les limites de ces interventions sont variables et changent avec les circonstances historiques.

La notion de la *propriété privée*, avec l'extension que nous

---

[1] ERNST BECKMAN, *Den sociala fragan och statistiken* (Nordisk Tidsskrift, 1893).

lui donnons aujourd'hui, est relativement récente. Aux degrés primitifs de culture, c'est la propriété commune qui domine. Les terrains de chasse sont communs à la tribu entière, et chez les tribus agricoles, chaque année est assigné à chaque famille un champ déterminé, que tous les membres devront cultiver en commun. Il serait naturellement faux de se représenter cette communauté comme un communisme au sens propre du mot; elle signifie seulement que le besoin d'un partage général n'existe pas encore, et que l'individu collabore immédiatement avec la famille ou la horde, sans se sentir encore poussé à essayer de séparer son existence de la leur. D'autre part, si l'on caractérisait le « communisme primitif » comme une assurance mutuelle, l'association productive comme « une juxtaposition spatiale d'intérêts individuels, isolés [1], (sic) ce serait transférer aux conditions sociales anciennes des notions modernes qui doivent leur origine au mécanisme individualiste. La communauté primitive n'est point comparable à une moderne société par actions, terme qui précisément exprime que des intérêts jusque-là isolés se rencontrent d'une manière tout extérieure et impersonnelle pour agir de concert. En ce qui touche spécialement la propriété foncière, il est à remarquer que l'organisation de la société en clans et familles précède dans le temps l'adoption d'un domicile fixe et la propriété foncière durable [2]. La première propriété privée proprement dite c'est pour chacun le gibier qu'il a abattu, les fruits qu'il a récoltés, les ustensiles et les vêtements qu'il s'est lui-même fabriqués. La propriété mobilière se rencontre donc avant la propriété immobilière. C'est seulement plus tard que le fonds et le sol deviennent propriété privée. La nécessité d'une culture du sol régulière, poursuivie d'après un plan d'ensemble, la division du travail, le sentiment personnel et le besoin d'indépendance naissant chez les individus (cf. XI, 14 et XXIII, 3) étaient autant de causes devant amener l'individualisation de la propriété. La culture primitive ne connaît proprement qu'un droit de jouissance en commun, appartenant à la race ou à la tribu, et elle ne connaît le droit de propriété que dans le cas où plusieurs races ou tribus se rencontrent. C'est seulement avec le développement de l'État que naît le droit de

---

[1] C. N. Starcke. *Samvillighedslivet*, p. 235.
[2] B. W. Leist. *Alt-Arisches Jus civile*, I, Iéna, 1892, p. 512 sqq.

propriété individuelle, en tant que possession de biens matériels, reconnue et protégée par le pouvoir régnant. Mais cette reconnaissance et cette protection qui constituent un élément indispensable de la notion de propriété montrent justement que le droit de propriété n'est pas un droit inconditionnel. La puissance de l'État met toujours certaines conditions à sa reconnaissance et à sa protection. Elle impose des limites au pouvoir de disposer à sa guise de sa propriété. On n'a pas le droit d'élever sur son terrain des bâtiments, de cultiver son champ ou de léguer sa fortune suivant sa fantaisie, et on est obligé de prélever sur ce qu'on possède une part plus ou moins grande en vue de fins communes. La puissance qui, par sa reconnaissance et sa protection, transforme la simple possession en propriété est la même qui impose des restrictions et des devoirs : ceux-ci ne se présentent donc nullement comme des empiétements sur un droit de propriété primitivement absolu.

En fin de compte, ce sont des considérations morales qui fondent aussi bien la reconnaissance que la limitation. D'abord il est nécessaire que certaines limites soient imposées au droit des individus de disposer de biens matériels, pour que l'État puisse remplir le plus élémentaire de ses devoirs, celui de maintenir la paix et la sécurité. Il ne suffit point pour cela de fixer des limites au droit de disposition des tribus ou des familles. Peu à peu, à mesure que l'évolution s'avance, l'État arrive aussi en contact avec les particuliers et leurs relations réciproques, et il lui faut des moyens de constater quand des empiétements ont eu lieu. Si par exemple l'agriculture commence à se développer chez une tribu jusqu'ici nomade, ou ne vivant que de rapines, elle commencera par être un fait individuel. Mais plus il y aura de membres de la tribu qui adhéreront à cette innovation, plus il se produira facilement des conflits, parce que plusieurs voudront cultiver un seul et même morceau de terre. Les plus forts chercheront à s'emparer des plus grands et des meilleurs terrains : à quoi s'opposera l'intérêt de la grande majorité, par suite de la coutume établie de faire servir le sol commun au pâturage du bétail de la tribu entière. Un partage et une délimitation faites par l'État pourront seules alors rétablir le calme et la paix[1]. — De plus, une pro-

---

[1] Cf. D.-M. WALLACE, Russia.

priété reconnue et protégée est la condition d'une activité persévérante, indépendante et dévouée pour les fins de la culture. Être propriétaire c'est être revêtu d'une dignité morale. Sans doute, les sentiments individuels d'indépendance et de puissance y trouvent aussi leur satisfaction ; néanmoins la morale sociale ne peut considérer comme suffisante une justification de la propriété qui n'en ferait qu'un prolongement de la personnalité dans le monde extérieur. Un prolongement ou une expansion de ce genre sont naturellement légitimes lorsqu'elles n'amènent ni conflit ni heurt. Mais leur valeur sociale positive n'apparaît que si le sentiment individuel d'indépendance et de puissance est rendu utile à la société. Ce n'est pas de la notion de la personnalité individuelle, prise en elle-même, mais de la nécessité sociale qu'il y a à ce qu'il existe le plus possible de points de départ libres et actifs du travail de culture que dérive le caractère moral de la propriété privée. L'individu n'a pas même un droit naturel à ce qu'il produit et acquiert par son propre travail, car le travail ne crée rien de rien ; il n'a pas pour seules conditions la capacité et la volonté personnelles de son auteur, mais s'il a pu être exécuté et devenir fructueux pour ce dernier, c'est grâce à la protection et à l'aide de la société. L'individu doit donc être plein de reconnaissance et de piété envers la société pour ce dont il lui est redevable ; de même, en se plaçant au point de vue moral, il doit considérer sa propriété comme un moyen de travailler au service de la société. Il est fonctionnaire autant que ceux spécialement établis par l'État, et il est moralement responsable de l'emploi qu'il fait de son bien. Aussi les limites de l'usage de la propriété sont-elles plus étroites du point de vue moral que celles établies par l'organisation légale extérieure. Il faut que l'individu rende les biens matériels qu'il possède aussi productifs que possible, non seulement pour lui-même, mais encore pour l'espèce. Maintenant ils sont à lui, mais plus tard ils peuvent échoir à d'autres. Il n'a pas le droit par exemple quand même la législation ne pourrait toujours l'en empêcher, d'épuiser le sol par une exploitation abusive et d'en diminuer ainsi la fécondité future. Ce serait agir à l'égard des générations à venir en égoïste exclusivement préoccupé de ses intérêts du moment, et sacrifier à ces derniers l'intérêt permanent de l'espèce. Souvent la raison de cette manière d'agir est simple ment l'ignorance et nous avons alors un intéressant exemple de l'influence qu'un accroissement d'intelligence peut exercer sur l'accroissement des devoirs moraux. C'est la théorie de Liebig sur la nécessité d'éléments minéraux pour la vie végétale qui démontra pour la première fois les inconvénients de la culture intensive et, par là même, la solidarité de l'espèce humaine en ce qui concerne l'utilisation du sol.

On peut concevoir que bien des choses aujourd'hui propriétés privées deviennent un jour propriété collective. Il serait concevable par exemple qu'il puisse sembler un jour juste et possible d'attribuer à l'État toutes les propriétés foncières, afin que le revenu foncier profite à l'espèce tout entière. Si cela arrivait, ce ne serait nullement une violation du droit, mais une conséquence de la série d'idées sur laquelle s'appuie la justification morale de propriété privée. On peut objecter, il est vrai, que le sol rapporte vraisemblablement plus sous le régime de la propriété individuelle que s'il était soumis à l'exploitation de l'État.

16. — La propriété privée des biens matériels rend nécessaire leur échange, c'est-à-dire le *commerce*. Dans la société socialiste il n'y aurait place pour aucun commerce : les produits et les moyens de jouissance seraient répartis du siège de la puissance centrale (soit de l'État total, soit de la commune) entre les divers individus, mais entre ces innombrables individus particuliers n'existerait aucun commerce privé. La centralisation de la fonction d'échange aurait d'ailleurs pour but l'intérêt de la société, puisqu'elle permettrait d'éviter les intermédiaires superflus. Le grand essor des sociétés coopératives (XXIII, 6) démontre qu'il y a bien plus d'intermédiaires inutiles qu'on n'aurait pu le supposer a priori. Attendu que la société n'existe pas en vue du commerce mais le commerce en vue de la société, un effort comme celui des sociétés coopératives est pleinement justifié et constitue un élément capital du socialisme empirique. Il ne faut pas mesurer cependant l'importance du commerce d'après celle des intermédiaires inutiles. Le commerce repose sur l'activité des forces individuelles libres, qui se manifeste ici tout aussi bien que dans la production. Pour celui qui possède des biens dont il ne se sert pas lui-même, il s'agit de trouver un endroit où l'on en ait besoin. Il s'en faut bien que l'esprit commercial consiste uniquement dans l'art de vendre plus cher ce qu'on a acheté meil-

leur marché ; sa partie la plus essentielle est la faculté de découvrir en quels lieux il y a des besoins à satisfaire. C'est exécuter un travail productif, de découvrir un lieu où un produit peut être utile et d'y amener ce produit d'un lieu où il ne rend aucun service. Les théoriciens socialistes l'ont souvent oublié. Et cependant, cela est aussi évident qu'il l'est que le paysan accomplit un travail productif lorsqu'il porte son blé chez le marchand, au lieu de le laisser entassé dans sa grange ou pourrir sur pied. Naturellement ce sont des intérêts personnels qui mettent d'abord ces facultés en mouvement, et de là viennent les mauvais côtés du commerce et des commerçants. Si l'on méprisait, surtout autrefois, le commerce comme un mode immoral d'acquisition, ainsi que l'ont fait les philosophes grecs, les Pères de l'Eglise et les scolastiques, c'est uniquement parce qu'on croyait qu'il engendrait la bassesse, l'avarice, la mauvaise foi et la dureté[1]. On n'apercevait point la grande importance morale et sociale qu'a le commerce en unissant les hommes par leurs intérêts. Le commerce exprime que les hommes et les peuples ne se suffisent pas à eux-mêmes et que, par suite, ils cherchent d'eux-mêmes à se compléter. L'Etat socialiste qui prétendrait exclure le commerce devrait être soit (comme le concevait Fichte) un Etat fermé, se suffisant à lui-même sous le rapport économique, soit (comme le concevait Rodbertus) un Etat universel, embrassant tous les peuples. Jusqu'à ce qu'un pareil Etat universel se soit formé, le commerce sera une nécessité ; il deviendra même un moyen essentiel de sa formation. Pour ce qui est de l'Etat fermé, il ne devrait d'après Fichte avoir avec les autres Etats que des relations intellectuelles, mais non économiques. La science, non le commerce, formerait l'union des hommes. Mais justement, l'union idéale dépend ici de l'union matérielle ; celle-ci fraie le chemin à celle-là. Le lien une fois établi pour des raisons économiques, peut servir de préparation à une liaison plus complète. Déjà le fait d'être en rapports commerciaux permanents suppose une confiance mutuelle qui ne s'appuie pas seulement sur des intérêts égoïstes, mais sur l'estime des caractères. Une vivante action réciproque et de solides liens s'établissent ainsi entre les individus d'un même peuple et entre des peuples différents. Aussi le commerce a-t-il joué un rôle consi-

[1] Platon, *Les lois*, 4e livre.

dérable dans l'histoire de la civilisation. Il a mis en relation et fait se connaître des hommes qui autrement ne seraient jamais entrés en contact les uns avec les autres. Souvent il a élargi l'horizon étroit où se mouvaient les regards, avant que le besoin et la possibilité d'une action réciproque avec les parties plus lointaines de l'humanité fussent nés. Là surtout où existe un commerce maritime avec des pays éloignés, une vue plus large de la vie et de ses conditions se développe aisément : toutes sortes d'idées et de projets nouveaux s'agitent, on prend connaissance de mœurs et d'institutions nouvelles, et l'on s'affranchit peu à peu de la coutume et de la tradition. Les vaisseaux et les caravanes sont accompagnés d'invisibles passagers : grâce aux relations matérielles, il s'établit aussi une communication réciproque des idées et des sentiments. Par là l'échange matériel devient utile à la vie mentale elle-même (cf. XXIV, 1).

## 2. — LA CULTURE IDÉALE

### XXVII

### CULTURE MATÉRIELLE ET CULTURE IDÉALE

1. Leurs rapports mutuels. — 2. Importance du loisir. — 3. Bons et mauvais côtés de la culture idéale.

1. — La culture matérielle vise à la production d'un vaste système de moyens. Mais les moyens impliquent des fins : aussi la culture matérielle conduit-elle sans cesse à la dépasser elle-même. La question sociale naît précisément de ce que les moyens semblent augmenter aux dépens des fins, une grande partie de l'humanité paraissant avoir pour destinée de prolonger la vie, tout en manquant de ce qui rend la vie digne d'être vécue. Il semble que nous soyons oppressés sous le poids d'un appareil dont le but est pourtant de nous rendre la vie plus facile. L'étude morale que nous venons de faire de la culture matérielle avait pour but de trouver une manière de sortir de cet état fâcheux et de maintenir ce principe qu'une personne humaine ne doit jamais être considérée comme un simple moyen. L'application de ce principe nous conduit déjà au delà de la culture matérielle, puisqu'il nous montre que toute culture doit servir au développement de la vie personnelle. Dans la culture idéale, laquelle consiste dans le libre développement de la pensée, de l'imagination et du sentiment, la personnalité est plus qu'un moyen ; ici ce sont ses forces propres qui entrent en jeu, et cela par cette seule raison qu'il existe un besoin immédiat de les employer. En vertu d'un instinct supérieur de conservation, la pensée,

l'imagination et le sentiment se déploient et créent des formes originales sous lesquelles elles se manifestent et s'expriment. Ici, pas de fin éloignée à atteindre : l'intelligence claire, l'image vivante, le sentiment intime et profond, sont choses qui valent par elles-mêmes.

En ce sens, il pourrait sembler que le rapport de la culture matérielle et de la culture idéale soit quelque chose de très simple : la première serait à la seconde comme le moyen est à la fin. Si l'on adoptait cette manière de voir, on se trouverait en mesure de tirer entre l'économie politique et la morale une ligne de démarcation précise, et beaucoup d'économistes l'ont essayé, en ne comprenant sous le terme de travail productif que le travail générateur de biens matériels. Mais c'est là une simplicité toute artificielle. Y a-t-il en réalité un développement quelconque de la pensée, de l'imagination et du sentiment qui ne puisse réagir sur la culture matérielle et faciliter d'une manière plus ou moins directe la production de biens matériels? Entre la culture idéale et la culture matérielle il se produit une incessante circulation. Une intelligence plus élevée, une imagination plus vive, un sentiment plus profond, modifient les conditions du travail et déterminent sa direction. La liberté des mouvements dans le domaine de la vie mentale excite l'espérance, donne de l'audace et de l'énergie pour continuer le travail même dans le domaine de la culture matérielle. D'autre part, le travail matériel n'est pas toujours un simple moyen pour faire naître un produit; il peut devenir une école de volonté, une manière d'exercer ses forces. Toutes les fois que les conditions du travail marquent un progrès, celui-ci doit consister en ce que le travail, alors même qu'il n'est pas un jeu, soit pourtant associé à une satisfaction immédiate résultant de l'emploi des forces. L'homme n'est pas seulement un être nerveux, c'est aussi un être musculaire; en même temps que le besoin d'exercer ses forces mentales, il éprouve celui d'exercer ses forces physiques, et la satisfaction de ce dernier n'est pas plus un simple moyen que ne l'est celle du besoin de connaître. Si le travail physique pouvait toujours être associé à cette sorte de satisfaction immédiate, l'opposition entre les deux cultures, matérielle et idéale, disparaîtrait sur un point essentiel.

En définitive, il n'existe qu'une seule manière d'apprécier la valeur. La culture matérielle, aussi bien que l'idéale, tire sa valeur de ce qu'elle est la condition et la forme du progrès du plus grand nombre possible d'hommes vers leur plus grand bien. Tout ce qui agit directement ou indirectement en ce sens est productif sous le rapport moral. Le développement de la culture n'est sain que s'il existe une juste proportion entre les deux formes, matérielle et idéale, entre le travail pour s'assurer la base matérielle de la vie et le travail pour développer la pensée, le sentiment et l'imagination. Le criterium moral de la richesse et de la culture c'est le loisir, c'est-à-dire le temps qu'on peut employer et qu'on emploie réellement à travailler à la culture idéale (cf. XXVI, 14).

2. — Et cependant nous n'avons pu encore arriver à ce que la plus grande partie du travail soit consacrée à autre chose qu'à procurer les moyens de vivre. La grande quantité de travail dépensée dans ce but n'entraîne que dans une mesure extrêmement faible la satisfaction et le développement de la personnalité de l'ouvrier. Et nous ne savons pas encore employer convenablement les loisirs dont nous disposons ou dont disposent un bien trop petit nombre d'entre nous.

Aux plus bas degrés de l'existence, toute activité est consacrée à la conservation de l'individu et de l'espèce. Le temps qui reste en plus est un temps de repos, employé à restaurer les forces en vue du travail sans cesse renouvelé que la conservation exige. On arrive à un tournant décisif au moment où le temps de repos peut être employé à des actions qui ne sont pas nécessaires. Dès lors la vie peut comporter un rythme naturel non seulement de travail et de repos physique, mais encore de travail physique et de travail mental. C'est de là que les fêtes grecques et le sabbat juif tirent leur importance au point de vue de l'histoire de la civilisation. Le dernier notamment en a une très grande parce qu'il paraît avoir donné à ce rythme une longueur appropriée à la mesure de la majorité des hommes¹. Mais le temps de repos n'est pas toujours employé de la meilleure façon. Si la longueur des loisirs fournit un criterium de la

---

¹ Pendant la Révolution française, on essaya de substituer à la période de sept jours celle de dix jours (à la semaine la décade) comme étant plus rationnelle. Mais cette tentative échoua pour diverses raisons qui ne sont pas uniquement religieuses. Les femmes du faubourg Saint-Marcel déclarèrent qu'un ouvrier ne saurait travailler neuf jours de suite sans se reposer. Ad. Schmidt : *Pariser Zustände während der Revolutionszeit von 1789-1800* III, p. 217.

richesse nationale, l'emploi de ces loisirs fournit un criterium de l'éducation nationale. ARISTOTE dit des Spartiates que leur Etat tomba en décadence parce qu'ils ne surent pas bien employer leurs loisirs ; ils se procurèrent puissance et richesses, mais, faute de culture mentale, ils ne purent faire servir à rien ces moyens[1]. La même chose peut se dire encore aujourd'hui de beaucoup de gens appartenant aux classes dites supérieures. Dans ces classes précisément l'on s'adonne souvent aux jouissances sensuelles les plus basses, parce que le désir de jouissances plus nobles fait défaut. Il ne faut pas s'étonner dès lors qu'il en soit si souvent de même également dans la classe des ouvriers manuels, auxquels la forte contention exigée par leur travail ne laisse souvent aucune énergie de reste pour leur temps de repos. A prendre les choses en gros, il semble cependant, quand on compare entre eux les divertissements de l'antiquité et des temps modernes, que la grossièreté soit moindre aujourd'hui qu'autrefois[2].

3. — Pour deux raisons étroitement connexes, la culture idéale a une valeur plus haute que la culture matérielle. D'abord elle a *un rapport plus intime avec la personne de l'homme*. Il n'y a pas ici la même différence entre le travail, ses moyens et ses produits que dans l'autre cas. Nous travaillons ici avec notre propre esprit et ce que nous produisons est inséparable de notre propre esprit, lui appartient pour toujours. Dans l'autre cas, au contraire, la question sociale provenait de ce que la force ouvrière n'était pas toujours jointe aux moyens de travail, ou ne disposait pas toujours du produit. D'autre part, malgré que le travail soit ici davantage lié à la personne même, *l'individu ne travaille pourtant pas pour soi seul, mais pour l'espèce entière*. S'il réussit à produire de nouvelles idées, de nouvelles images et de nouvelles formes de la vie affective, il augmente ainsi le capital mental de l'espèce, sans s'appauvrir lui-même parce que tous le partagent avec lui. Une particule matérielle ne peut, en un temps donné, faire partie que d'un seul organisme : c'est pourquoi la lutte pour l'obtention des biens matériels est si violente. Mais une idée peut se reproduire en autant de consciences qu'on voudra. Ici pas de droit isolé de

---

[1] *Polit.*, II, 9, 1271 b. 4-6.
[2] L. FELIX : *Der Einfluss der Sitten und Gebräuche auf die Entwickelung des Eigentums*, p. 197.

propriété. De plus, non seulement la communauté est plus facile dans le domaine mental que dans le domaine matériel, mais encore le besoin en est plus grand. Sans action réciproque et sans efforts en commun, la vie mentale supérieure ne se développe pas. Ce ne sont pas seulement les idées, les images et les sentiments tout faits qui produisent une action réciproque entre les individus, mais cela est peut-être encore plus vrai de ceux qui ne sont qu'en voie de formation. Les idées et les sentiments nouveaux ne se développent que si diverses consciences agissent l'une sur l'autre.

Néanmoins, la culture idéale a aussi ses mauvais côtés. Elle se développe souvent d'une manière exclusive et malsaine ; des passions égoïstes s'agitent souvent dans son domaine et le travail qu'on lui consacre est souvent lié à de grandes souffrances. Examinons successivement chacun de ces trois points.

Quand la pensée, l'imagination et le sentiment ne se développent point de pair avec la volonté et la force musculaire, la culture idéale prend facilement le caractère d'un raffinement voluptueux, où l'on joue avec des idées et des images, où l'on s'enivre d'imagination et de sentiments ; elle dégénère en sentimentalité et en préciosité intellectuelle. Il y a une sorte de dilettantisme mental qui n'apprécie les idées et les sentiments que d'après leur goût du moment, non d'après leur réelle puissance nutritive. Il en résulte facilement une disposition maladive ou blasée, une tendance de l'esprit à se détourner de la vie réelle. Ces inconvénients sont comparables à la forme chétive et étiolée que prend la vie physique lorsqu'elle est surmenée par un travail matériel excessif. La culture idéale a, elle aussi, ses esclaves, auxquels elle imprime la marque de l'exclusivisme.

La culture idéale se développe, tout comme l'autre, par la lutte, et ici également la lutte met en mouvement les passions. L'ambition, l'esprit de domination et l'envie trouvent ici un terrain fécond. Les sectes et les coteries y fleurissent, et les oppositions y prennent souvent une profondeur qu'elles n'atteignent point dans la lutte pour les biens matériels. Ne s'agit-il pas ici de choses touchant de bien plus près à la personne même que les biens matériels ne peuvent le faire ? Juger les idées, les inventions et les sentiments d'un homme, c'est le juger lui-même, en un tout autre sens que lorsqu'on juge son travail matériel. En outre, la culture idéale développe à un bien plus haut degré que la culture matérielle la diversité des caractères humains. La production des biens matériels n'exige que des forces élémentaires qui, somme toute, sont de même nature chez tous, mais le libre déploiement de la vie mentale met au jour des diversités et des nuances jusque-là imperceptibles. Les différences entre les individualités croissent avec la culture idéale, mais en même temps croissent aussi les chances de conflit et de discorde. Il n'y a qu'*une vérité* : un violent conflit éclatera nécessairement entre ceux qui, malgré les différences qui les séparent, croient chacun la posséder. Encore, s'il ne s'agissait que de la vérité ! Mais l'honneur de la découvrir et de la posséder joue souvent un rôle plus considérable que la vérité elle-même ; et cet honneur ne peut échoir qu'à un seul. S'il est vrai qu'il y a dans la culture idéale beaucoup d'éléments qui en font une puissante force d'union, il est vrai aussi qu'elle renferme la possibilité de grands désaccords.

Enfin, du rapport étroit qui existe entre le travail mental et la personne du travailleur résulte la possibilité d'une espèce de souffrance que seul le travailleur intellectuel connaît. Le travail interne ne réussit pas en tout temps. Il peut y avoir une résistance interne à vaincre. De là bien des heures sombres ; l'arrêt de la vie mentale peut s'accompagner en nous d'un sentiment d'angoisse qui rappelle le sentiment d'angoisse organique provoqué par l'arrêt de la respiration ou de la circulation sanguine. L'idée se refuse à devenir claire et le sentiment paraît vaincu. Le bonheur des temps heureux est chèrement acheté par l'angoisse et le doute des jours troubles. Si le cœur sait par expérience ce que c'est que d'être rempli par un grand intérêt idéal, il ressent son atonie et son impuissance pendant les mauvais jours beaucoup plus que s'il n'avait jamais connu de pareils intérêts. A cela s'ajoutent encore des obstacles extérieurs, la raillerie et la froideur que l'œuvre intellectuelle rencontre si souvent, surtout lorsqu'elle est personnelle et originale. Cette souffrance n'est pas seulement le propre des grands génies, mais peut devenir aussi le partage de ceux qui s'assimilent d'une manière libre et personnelle ce que ces génies ont produit. Ils peuvent, eux aussi, se heurter aux résistances du dehors comme à celles du dedans.

## A. — LA CULTURE INTELLECTUELLE

## XXVIII

### IMPORTANCE MORALE DE LA CONNAISSANCE SCIENTIFIQUE

1. Oscillations dans l'appréciation de l'importance morale de la culture intellectuelle. — 2-3. Importance psychologique et historique de ces oscillations. — 4. Connexité entre la connaissance et la vie réelle. — 5. Unité de la connaissance scientifique malgré sa division en branches spéciales; la science en tant qu'œuvre commune de l'espèce. — 6. Écoles et partis.

1. — L'opinion d'après laquelle tout dans l'univers serait soumis à un mouvement rythmique et d'après laquelle le progrès, s'il existe, n'irait du moins pas en ligne droite, n'est peut-être nulle part plus clairement confirmée que par les jugements portés au cours des temps sur l'importance de l'évolution intellectuelle. Pour les Grecs, la pensée ou la raison constituaient le titre de noblesse de l'humanité. Celui-là seul qui connaissait le bien et le beau était véritablement un homme. La pensée et la connaissance étaient aux yeux des philosophes grecs les plus hautes de toutes les activités. Pendant le moyen âge chrétien, au contraire, le grand point était de mettre à la raison des entraves. L'intelligence naturelle était une païenne qui devait s'incliner devant l'autorité de la foi. Plus tard, lorsqu'on eut rompu avec le principe de l'autorité, on attendit du développement de la science et des lumières une transformation complète, un perfectionnement de la vie humaine. Cette grande attente, on la découvre déjà chez Bacon et Descartes;

chez beaucoup d'écrivains du xviiie siècle elle devint une passion, une croyance fanatique. La férocité révolutionnaire s'explique en partie parce que, si tous ne s'inclinaient pas devant le nouvel Évangile, on n'en voyait d'autre raison que le seul mauvais vouloir ; la perfection était si proche, pourvu qu'on consentît à ouvrir les yeux ! Et pourtant, déjà en pleine période révolutionnaire, un courant tout opposé se fait sentir : courant dû en partie à la lutte soutenue par Rousseau pour revendiquer les droits du sentiment en face de l'intelligence, en partie à la crainte de voir une aristocratie nouvelle se former, au cas où la science serait trop en honneur. La réaction qui se produisit pendant la première moitié du xixe siècle ne se proposa pas sans doute de supprimer la science, comme le voulaient les fanatiques révolutionnaires, mais elle exigeait, ce qui était plus inquiétant encore, que la science « fît demi-tour », c'est-à-dire reniât ses propres principes. Au reste les lumières passaient alors pour une chose dangereuse. Chez les penseurs contemporains, on trouve des tentatives pour comprendre le rapport de la connaissance aux autres faces de la vie psychique avec plus de liberté et de largeur d'esprit. On peut voir dans l'autobiographie de Stuart Mill quels efforts considérables il en coûta à une âme noble et généreuse pour s'affranchir de la doctrine étroitement intellectualiste dans laquelle elle avait été élevée.

Ces oscillations dans la manière d'apprécier la valeur morale de la culture intellectuelle se comprendront, si l'on tient compte d'une part du rapport psychologique existant entre la connaissance et les autres faces de la vie psychique, de l'autre des renseignements que nous fournit l'histoire sur les effets de la culture intellectuelle.

2. — La psychologie nous apprend que la connaissance se développe plus vite que le sentiment et la volonté. Nos observations et nos idées peuvent naître et s'épanouir dans la conscience, sans que les sentiments et les penchants corrélatifs s'agitent aussitôt dans toute leur intensité. Nos pensées et nos imaginations s'étendent bien au delà des choses que nous pouvons embrasser d'un sentiment vif ou réaliser par le travail de la volonté. Cela provient, d'un côté, de ce qu'à chaque moment nous disposons seulement d'une somme limitée d'énergie — et lorsque l'activité intellectuelle absorbe une grande partie de cette somme, il en reste d'autant moins pour les autres fonctions

psychologiques; — de l'autre, de ce que le sentiment et la volonté sont de nature plus conservatrice que la connaissance et demeurent plus longtemps dans la direction une fois prise. Il faut du temps pour que les résultats de la connaissance arrivent à se fixer dans la chair et dans le sang, et pour qu'un rapport harmonieux s'établisse entre les diverses faces de la vie psychique.

C'est pourquoi la première conséquence d'un développement intellectuel est souvent un état de discordance et de division dans la conscience. Le cadre élargi par la pensée ne peut être rempli par le sentiment et la volonté, et la sûreté instinctive avec laquelle on menait sa vie, tant que l'horizon restait borné, cède la place au doute et à l'inquiétude. D'autre part, quand cette discordance ne se produit pas, on voit souvent se manifester un affaiblissement et une diminution de la vie affective. Il se produit une certaine indolence : la vie perd en chaleur ce qu'elle gagne en clarté.

C'est en ce sens que le fanatisme, soit révolutionnaire soit réactionnaire, peut se réclamer de la psychologie. L'arbre de la connaissance n'est pas à lui seul l'arbre de la vie. Cela ne veut pas dire pourtant qu'il faille aussitôt l'abattre ou l'élaguer.

3. — Ces résultats psychologiques sont confirmés par l'histoire, en ce sens qu'on ne peut y découvrir aucun effet moral positif, produit d'une manière certaine et générale par l'accroissement des lumières. Celles-ci se font remarquer plutôt par l'inquiétude qu'elles suscitent que par leur influence éducatrice. Les maladies mentales et les suicides sont particulièrement fréquents dans les pays où le niveau de l'instruction publique est relativement élevé : à tout le moins n'y constate-t-on aucune diminution dans les crimes. Quand même on se bornerait à dire¹ qu'il est impossible de découvrir *statistiquement* aucun

---

¹ Cf. RÜMELIN : *Ueber den Zusammenhang der sittlichen und intellectuellen Bildung* (Reden und Aufsätze. Neue Folge). — MONDIÈRE dans le « Dictionnaire des sciences anthropologiques » art. *Instruction*. — BUCKLE dans son Histoire de la civilisation en Angleterre (I, 4) va plus loin puisqu'il conteste l'existence d'une évolution morale (tout en admettant celle d'une évolution intellectuelle). Enfin ŒTTINGEN va plus loin encore (*Moralstatistik*, 3ᵉ éd., p. 601 sqq. 762 sqq.), en attribuant à la « demi-culture » la responsabilité de l'augmentation des crimes. Le statisticien danois M. RUBIN a montré (dans la revue « Tilskueren » 1884) sur quelle base peu certaine ŒTTINGEN a construit cette notion de la « demi-culture ».

lien causal entre l'évolution intellectuelle et l'évolution morale, ce devrait être néanmoins déjà un sujet d'étonnement et de déception, si l'on tient compte du travail considérable dépensé pour l'instruction et la propagation des lumières. Et si l'on prétend que seule l'imperfection actuelle de l'enseignement et des lumières est la cause des inconvénients et de la médiocrité des effets moraux produits, alors surgit une autre espèce de difficulté. Si les connaissances acquises et assimilées d'une façon personnelle peuvent seules avoir de bons effets sous le rapport moral, il semble dangereux de faire participer à l'instruction d'autres esprits que ceux qui remplissent les conditions internes et externes nécessaires pour atteindre complètement le but. Combien seraient exclus dans ce cas, et quelle opposition naîtrait entre les savants et les ignorants! La société serait divisée d'une manière non moins funeste que la scission produite dans l'individu par une connaissance n'ayant pas pris de racines dans sa nature. Ce ne serait qu'une piètre consolation de se dire que l'histoire nous montre continuellement, sous des formes diverses, une pareille opposition entre les savants et les ignorants. Les sauvages ont leurs sorciers et leurs magiciens; les anciens Aryas avaient leurs bardes, ayant pouvoir d'attirer les dieux aux sacrifices avant le combat; les Hindous et les Egyptiens avaient leur caste sacerdotale, les Chinois ont leurs mandarins. Partout on trouve une connaissance tenue en haute estime, exigeant une initiation et une préparation spéciales, ce qui ne la met à la portée que d'un petit nombre mais leur assure par là même une domination intellectuelle sur tous les autres. N'en sera-t-il pas toujours ainsi de notre connaissance scientifique, à mesure qu'elle se spécialisera et s'approfondira davantage? La science, semble-t-il, est et doit être aristocratique.

En apparence, il pourrait sembler que nous fussions sous ce rapport en recul sur le moyen âge. Il y avait sans doute aussi à cette époque un corps de gens instruits; mais les principes de la foi étaient les mêmes pour l'esprit le plus simple que pour le scolastique le plus érudit. Chaque village était pour ainsi dire une petite Athènes; on y enseignait les plus hautes vérités. Pareille chose est-elle possible aujourd'hui? La science s'est tellement spécialisée que chaque savant a peine à se rendre maître personnellement d'un tout petit domaine. Comment des lors serait-il question d'une formation intellectuelle commune et universellement étendue?

Ces questions sont les plus graves dont ait à traiter la morale sociale relativement à l'évolution intellectuelle.

4. — Nous en sommes certainement venus, nous autres modernes, à priser trop haut les facultés intellectuelles. Nous les développons hardiment, sans nous assurer si ce développement s'harmonise avec les autres faces de la vie psychique. C'est le rôle naturel de la connaissance de déterminer le contenu et la direction du sentiment et de la volonté. Mais seule une connaissance issue de la réalité même peut nous guider relativement à la réalité. Les plaintes formulées au sujet de l'instruction purement rationnelle, de son inutilité ou des dommages qu'elle cause, devraient donc logiquement aboutir à déplorer aussi le trop grand éloignement où, tant dans son origine que dans son application, elle se tient de la vie réelle. Tel fut aussi, à bien des égards, le cas de l'instruction au xviii° siècle. Elle se restreignait à un petit cercle auquel la grande masse devait emprunter sa lumière et par suite il ne pouvait être question d'acquisition personnelle. D'ailleurs, le petit cercle des gens vraiment éclairés et pensant par eux-mêmes était, lui aussi, très éloigné de la vie réelle. L'absolutisme les excluait de toute participation aux affaires publiques; et il en devait résulter pour l'ensemble de la littérature un caractère étroit, partiellement fantaisiste. A cause de la centralisation dominante, le peuple n'était pas libre et manquait aussi bien du besoin de lumières que de la faculté de les utiliser. L'instruction du peuple français fut même probablement plus grande au xvi° siècle qu'au xvii° et au xviii°[1].

La science renaît sans cesse à nouveau de la vie. Les moyens artificiels ne sont capables ni de l'entraver, quand on en ressent le besoin, ni de la conserver dans sa floraison, quand ce besoin manque. La science de la nature naît des exigences de la vie pratique, du besoin de commander à la nature extérieure; la philo-

---

[1] Voir Tocqueville : *L'ancien Régime et la Révolution*, 7° éd., p. 207 sqq. Adolf Schmidt : *Pariser Zustände*, III p. 335-337. — Rousseau mit en relief les inconvénients qu'entraîne un trop grand écart entre la vie intellectuelle et la vie pratique : « Tant que la puissance sera seule d'un côté, les lumières et la sagesse seules d'un autre, les savans penseront rarement de grandes choses, les princes en feront rarement de belles, et les peuples continueront d'être vils, corrompus et malheureux. » (*Discours sur les sciences et les arts*).

sophie naît (comme le montre surtout, dans les temps modernes, l'histoire de la philosophie en Angleterre) de questions que la vie même nous contraint à poser; l'histoire, naît du besoin de conserver dans la mémoire la vie du peuple et de l'espèce. La connaissance qui reste sans effets est celle que l'on reçoit du dehors toute faite. Où il est possible de faire germer une semence, il ne le sera pas toujours de faire prendre racine à un arbre tout entier.

L'idéal de l'art pédagogique c'est d'exciter le besoin de connaître avant de donner la connaissance, et de ne la donner que dans la mesure où le besoin en est senti. Plus on réussira à réaliser cet idéal, plus aussi la discordance ci-dessus décrite tendra à disparaître. Il n'y a aucune raison de faire demi-tour; il s'agit seulement de poursuivre l'évolution intellectuelle dans les meilleures conditions possibles. Cette évolution n'est pas un produit artificiel : elle est née du besoin même de la vie.

Rousseau a donné le coup de grâce à cet amour des lumières qui fait juger l'homme uniquement d'après le développement de son intelligence et dont toute la psychologie se borne à distinguer la clarté des ténèbres[1]. Quelque importance que nous accordions à la science et aux connaissances, la nature humaine a néanmoins d'autres faces dont nous tenons compte avant tout, quand nous jugeons un individu. En comparaison de la vie qui se déploie dans le sentiment et la volonté, la connaissance n'est qu'un vestibule où nous pouvons nous mouvoir sans pénétrer dans le sanctuaire proprement dit. C'est ici que malgré toutes les différences de formation intellectuelle, une parenté peut toujours exister entre l'homme le plus simple et le plus grand penseur. N'est-ce pas le grand Kant qui a dit : « Je suis moi-même par inclination un chercheur, je ressens toute la soif de la connaissance et le désir inquiet d'y avancer ou encore la satisfaction causée par chaque progrès. Il fut un temps où je croyais que tout cela pouvait faire la gloire de l'humanité et je méprisais le peuple qui est ignorant sur tout. Rousseau m'a remis dans la bonne voie. Cette aveugle préférence disparaît, j'apprends à honorer les hommes et je me trouverais beaucoup plus inutile que le commun des ouvriers si je ne croyais que cette spécula-

---

[1] Voir mon livre : *Rousseau und seine Philosophie*, 2ᵉ éd. allemande, notamment pp. 52-81 (Rupture avec les Encyclopédistes et avec Voltaire).

tion qui établit les droits de l'humanité pût conférer une valeur à toutes les autres »[1]. Dans ses premiers écrits, KANT avait cherché à se consoler de la misère et des luttes de l'univers par la pensée que du moins les lumières faisaient des progrès chez une petite élite. L'étude des écrits de Rousseau amena une complète révolution dans ses idées et lui fit chercher le proprement humain dans quelque chose de plus profond que l'intelligence.

Si la science naît de la vie et conserve toujours sa connexité avec elle, si de plus le centre de la vie mentale réside non dans le domaine intellectuel, mais dans le sentiment et la volonté, le danger de discordance dans l'individu et de scission dans l'espèce, que le développement intellectuel semble si facilement amener, diminue. Et ce danger peut s'éviter sans arrêter par des procédés révolutionnaires ou réactionnaires la liberté du mouvement scientifique.

5. — Il est cependant inévitable qu'une opposition subsiste entre les divers degrés de l'évolution intellectuelle, sinon entre les savants et les ignorants, du moins entre ceux qui savent plus et ceux qui savent moins. C'est une conséquence de la division de travail. Pour que la science soit cultivée d'une manière satisfaisante, il faut qu'il y ait des gens y consacrant toute leur vie. Il en résultera la formation d'un corps ou d'une classe scientifique au sein de la nation. Deux choses sont alors nécessaires pour que l'évolution soit normale. D'abord il ne faut pas qu'il se forme une caste de savants qui dispense les résultats acquis seulement à quelques classes de la société et non pas à toutes. Il faut que l'enseignement primaire et l'enseignement supérieur soient organisés de manière à faciliter le passage des plus bas degrés aux plus hauts[2], et à ne pas rendre les difficultés que tous

---

[1] *Fragments*, éd. Rosenkranz. XI, p. 240.

[2] Un passage de cette sorte pouvait se trouver à l'époque où la théologie formait l'enseignement principal de l'Université comme le catéchisme celui de l'école populaire. Aujourd'hui la théologie est réduite dans les gymnases à un minimum et dans les Universités à une spécialité, mais le catéchisme continue à donner son cachet à l'école populaire. MARTENSEN soutient qu'il en doit être ainsi : « C'est la religion qui fait de l'école populaire une école populaire » (*Social Etik*, p. 355) expression qui, même de son propre point de vue, ne laisse pas que de surprendre. On établit ainsi un dualisme qui peut avoir de très graves conséquences, si l'on n'y remédie à temps. Et alors ce sera difficilement la science qui devra « faire demi-tour ».

ces degrés présentent à franchir insurmontables pour ceux qui ont des inclinations et des aptitudes sérieuses. En second lieu, il faut que le corps des savants ne considère pas l'étude seulement comme la satisfaction de leur penchant personnel, mais comme une fonction sociale qu'ils exercent au nom de la société tout entière. Chaque savant est pour ainsi dire placé en éclaireur à son poste pour observer de là tout ce qu'il peut apercevoir. S'il est animé de ces dispositions, il restera en communauté avec l'espèce, si isolé qu'il se sente à son poste solitaire et quand bien même il serait longtemps méconnu et incompris, parce que les autres ne voient pas ce qu'il voit. Sa foi en la vérité c'est en même temps la foi en l'importance de la vérité pour l'espèce.

La spécialisation croissante de la science rend il est vrai de plus en plus difficile, même à ceux qui la cultivent, de se faire un aperçu personnel de ses résultats. Aussi bien, la culture intellectuelle ne suppose-t-elle pas que tous sachent tout. Une éducation intellectuelle indépendante peut exister dans de grandes sphères pourvu que la faculté de penser proprement dite soit développée. En dépit de toutes les différences des sciences, tous travaillent avec une seule et même faculté, et le monde où ils cherchent à pénétrer chacun de son côté est un seul et même monde. Par conséquent celui qui aura abordé un domaine particulier avec une méthode rationnelle n'aura pas de peine à comprendre les problèmes et les difficultés qui se présentent dans les autres domaines. Il y a de plus un certain nombre d'idées fondamentales qui reparaissent partout où l'intelligence humaine travaille, et c'est l'objet de la philosophie de dégager ces idées de l'existence, considérée comme un ensemble soumis à des lois. Les diverses sciences cherchent à pénétrer chacune son fragment ou son côté d'une vaste et unique série causale. A cette idée d'un ensemble lié par des lois se rattache celle de l'évolution, dont on retrouve les traits essentiels dans les divers domaines de l'expérience. Dans une petite partie de l'univers, nous pouvons donc étudier l'univers entier et en acquérir une notion. Il se forme dans notre esprit une image générale du monde dont les sciences particulières s'occupent sans relâche à combler les lacunes. Celui-là même qui ne peut se consacrer à la recherche scientifique pourra du moins se former une idée des grandes lois de l'existence dont il fait partie et être amené à se considérer lui-même et sa vie d'un point de vue plus universel qu'il ne le pouvait, tant qu'il croyait que tout gravitait autour de lui et de l'étroit horizon de ses intérêts. Connaître la place qu'on occupe dans l'univers c'est aussi se mieux connaître soi-même. Enfin on se sentira confirmé dans sa croyance à l'unité du genre humain, lorsqu'on aura une idée du travail considérable fourni en commun pour constituer la conception du genre humain sur le monde, travail qui de génération en génération, absorbe les plus nobles forces, les efforts les plus durables et les plus dévoués. L'individu ne travaille pas ici pour lui seul : ses propres recherches ne le mèneraient pas loin. Mais il peut apporter sa pierre au vaste édifice de la conception générale que l'humanité se forme sur le monde et qui se développe lentement au cours des temps[1]. Et peut-être que de l'endroit où il travaille il pourra embrasser une partie assez grande de l'édifice pour se faire une idée de l'aspect qu'il aurait s'il était achevé.

6. — Comme l'action commune est nécessaire pour que le genre humain arrive à se construire son image de l'univers, la science donne lieu à la fondation de sociétés. Non seulement les chercheurs contemporains s'uniront entre eux, mais nous acquérons le sentiment vif de ce que nous devons aux générations précédentes. Nulle part on n'aperçoit un exemple aussi net d'évolution progressive que dans le domaine de la connaissance scientifique. Nulle part il n'est plus facile de montrer comment une génération s'appuie sur les épaules de l'autre et arrive ainsi à voir plus loin. Mais, comme la science est constamment en voie d'évolution, le travail en commun ne s'accomplit pas toujours dans une paix complète. Les écoles et les partis se posent les uns en face des autres et se combattent. Dans ce cas, il n'existe pas une société vaste et *unique*, mais plusieurs sociétés plus petites, en conflit l'une avec l'autre. Pourtant, ce conflit peut devenir utile au progrès, s'il est plus qu'une simple querelle de personnes. Il provient alors soit de ce que l'objet même présente plusieurs faces différentes, soit de ce que les divers savants apportent chacun des postulats différents. Dans l'un et l'autre cas, la formation de partis pourra avoir une action

---

[1] Voir *Geschichte der neueren Philosophie*, I, p. 84-88; 110 sqq.; 194 sqq.; 461 sqq. — II, p. 498 sqq.; 572 sqq. (Les différentes étapes dans l'évolution de la conception moderne de l'univers).

féconde. Si l'on s'unit à d'autres pour épuiser toutes les découvertes possibles sur l'objet du côté où on l'envisage soi-même et avec les postulats d'où l'on part, l'œuvre aura chance d'être menée avec plus de profondeur et de zèle. Bien plus, la passion même, produite par l'opposition des partis, peut aiguiser le regard. Il n'est pas jusqu'aux pures querelles de personnes qui ne puissent devenir fécondes de cette façon. L'œuvre commune sera avancée non seulement par le dévouement désintéressé des individus, mais encore par les dissensions de leurs égoïsmes. Ils travaillent sans relâche pour avoir raison, pour conserver leur réputation, et peuvent souvent hâter ainsi la réalisation d'une fin beaucoup plus large que celle qu'ils avaient sous les yeux dans la chaleur du combat.

# XXIX

## LA LIBERTÉ ET L'INDÉPENDANCE
### DE LA CULTURE INTELLECTUELLE

1. La liberté de la science. — 2. La science comme élément indépendant concourant à la vie de l'espèce. — 3. L'école et les partis politiques ou religieux.

1. — La liberté est la condition la plus essentielle de la culture intellectuelle. La science ne connaît pas de bornes imposées du dehors, elle ne connaît rien de trop haut ou de trop bas pour être soumis à son étude. Elle se donne elle-même ses limites, en décidant d'après la nature et le mode d'action de la connaissance même quelles questions elle est capable d'étudier et lesquelles elle n'est pas en mesure de résoudre. Même en ce qui concerne ces questions insolubles pour elle, la science se réserve cependant le droit d'examiner les solutions proposées et d'étudier les causes pour lesquelles elles ont trouvé des adhérents. Où cesse la théorie de la connaissance, commencent la critique historique et la psychologie.

La liberté, ici comme partout (voir VIII, 6; XXIII, 2), est à la fois fin et moyen. Le libre exercice de la faculté de penser procure une satisfaction immédiate, en sorte que toute entrave inutile constitue ici une faute contre le principe du bien lui-même. Mais la liberté est aussi moyen. Seule la libre recherche peut considérer l'objet sous toutes ses faces, découvrir les diverses éventualités possibles et en tirer les conséquences. Nous rencontrons cependant ici un phénomène singulier : ceux-là même qui éprouvent les plus grands scrupules à fonder les règles morales sur la considération de l'utilité, y font souvent appel sur ce point. « La recherche libre, dit-on, ébranle tout, même les opinions les plus indispensables aux hommes,

La vérité n'est point nuisible, mais le doute et l'examen ont des effets nuisibles, quand on n'est pas sur un terrain solide. Il peut être permis à l'individu de douter et de chercher, s'il lui est possible d'assumer cette responsabilité devant sa conscience ; mais qu'il garde pour soi son doute et n'entraîne pas les autres avec lui sur son sable mouvant. » — Nous avons déjà reconnu ailleurs (XII, 4-6, VII, 4 et XXI, 5) la légitimité de ces remarques en d'autres circonstances. Mais ici, où il s'agit de l'importance de la culture intellectuelle du genre humain dans son ensemble, la considération des conditions permanentes du bien du genre humain doit être mise au-dessus de celle de la susceptibilité des individus. Il serait préjudiciable de tenir compte de la douleur momentanément occasionnée [1] et d'oublier à cause d'elle les conséquences que pourrait avoir pour un grand nombre et pour longtemps la dissimulation de la vérité — car le doute, lorsqu'il est fondé, est lui aussi une vérité. — Prendre des précautions pédagogiques, c'est l'affaire particulière de l'individu dans son rapport aux autres individus ; dans la société, il faut souvent les mettre entièrement de côté. Au surplus, ceux qui d'un point de vue social trouvent le libre examen dangereux, s'imaginent d'ordinaire être eux-mêmes en possession de la vérité. Aussi, au lieu de discuter avec eux s'il est légitime d'*exprimer* le doute, serait-il plus à propos de faire porter la discussion sur la légitimité du doute lui-même. Ils invoquent comme prétexte les conséquences du doute exprimé, mais en réalité c'est au doute lui-même qu'ils en veulent. En tous cas, ils sont obligés d'avouer qu'il faut chercher librement et au grand jour s'il est utile d'exprimer le doute. Ils ne peuvent pourtant pas s'imaginer qu'ils possèdent une connaissance infaillible de ce qui est utile et de ce qui ne l'est pas. Or peut-on examiner publiquement les avantages ou les inconvénients du doute, sans exprimer par là et faire connaître publiquement le doute lui-même ? On aura

---

[1] Stuart Mill considère avec raison comme une caractéristique de notre temps que l'on y parle plus de l'utilité des opinions que de leur vérité. « Actuellement, dit-il (*La Liberté*), les gens ne sont pas tant convaincus de la vérité de leurs opinions que de l'ignorance où ils seraient sans elles de ce qu'ils devraient faire. » Mill, l'utilitariste fervent, trouve cela dangereux. En réalité, la vérité lui paraît être une condition primordiale de la vie et du bien, et ce qu'il combat c'est une conception étroite et mesquine de l'utilité.

beau faire, on n'échappera pas au danger, si danger il y a.

Le libre examen a sans doute ses inconvénients. Mais c'est seulement par des erreurs qu'on arrive à la vérité. « Une erreur vivante, a-t-on dit, vaut mieux qu'une vérité morte. » Le principe vivant de l'erreur c'est la pensée capable de se tirer des mauvais chemins ; mais dans une vérité établie depuis longtemps, qui n'est plus capable de mettre en mouvement les forces de l'esprit, il n'y a plus aucun germe de vie. Si nous mentionnons ceux qui ont trouvé les vérités sur lesquelles nous bâtissons, ne devons-nous pas aussi mentionner ceux qui ont développé les erreurs « vivantes », et par là bâti les stations intermédiaires sur le chemin — droit ou détourné — de la vérité. Une vérité vivante est évidemment ce qu'il y a de mieux.

2. — La culture intellectuelle contribue à associer les individus non seulement en amenant les chercheurs à mettre en commun leurs efforts et leurs idées, mais encore en provoquant la fondation d'établissements d'instruction. L'histoire nous montre ici quelques-uns des plus beaux exemples de libre formation de sociétés. Dans l'antiquité grecque, la formation des écoles philosophiques résultait de ce que des jeunes gens se réunissaient autour d'un penseur qui avait excité leur intérêt. Au moyen âge, les écoles naquirent dans les cloîtres où de jeunes hommes étudiaient en commun. Les Universités prirent naissance au moyen âge par la réunion libre d'hommes désireux de s'instruire ; le mot « Université » désigne justement, comme on sait, une association ou corporation de professeurs et d'étudiants. Ce n'est que plus tard que l'Eglise et l'Etat obtinrent une influence sur ces établissements scientifiques, dont l'importance était alors d'autant plus considérable qu'ils étaient les seuls moyens d'acquérir une instruction supérieure, les livres et les autres moyens scientifiques faisant presque complètement défaut. C'est d'une manière analogue que sont nées de nos jours les écoles populaires supérieures du Danemark.

Lorsqu'une semblable union libre se produit, l'Etat a le devoir de ne lui opposer aucun obstacle, mais de la favoriser au contraire de tout son pouvoir. L'Etat, nous l'avons déjà dit (XXII), a le droit et le devoir d'exiger de chacun de ses futurs citoyens un minimum de connaissances. Mais au nombre de ses tâches se trouve aussi celle de faire servir le mieux possible ses moyens et son organisation au progrès de la culture intellectuelle supérieure, abstraction faite entièrement du degré de culture scientifique qu'il est obligé d'exiger de ceux qui aspirent à devenir ses fonctionnaires. L'association libre prend vite un certain caractère aristocratique. Il y a bien des gens qui sont rivés par la misère à leur glèbe et qui ne peuvent, sans être aidés, travailler à s'approprier et à augmenter la culture intellectuelle. D'autre part, il ne serait pas bon qu'elle fût l'apanage exclusif des classes riches ou aisées. Ici, comme dans le domaine de la culture matérielle (XXVI, 14), l'Etat a une fonction *distributive* à exercer. Il doit chercher non seulement à favoriser la formation d'un capital de connaissances en tant que bien commun de la société entière, mais encore à réaliser la meilleure distribution possible de ces connaissances. Ici d'ailleurs il ne se produit pas ce qui arrive si facilement dans la distribution des biens matériels, où l'on ne peut donner à l'un sans enlever à l'autre.

Toutefois, il y aura toujours à craindre que l'Etat se serve de la science au lieu de la servir. L'Etat, en effet, est toujours représenté par ceux qui détiennent le pouvoir, et leurs intérêts de parti ou d'individus peuvent les pousser à encourager ou à entraver certaines tendances ou certaines personnes, sans tenir compte des besoins réels de la culture intellectuelle. On a même prétendu que les efforts consacrés à cette culture devaient toujours être subordonnés à d'autres considérations. Les véritables sociétés humaines, dit-on, ce sont la famille, l'Eglise et l'Etat. L'école (c'est-à-dire la société dont le but est d'acquérir et de faire avancer la science) doit donc être à leur service, et non inversement. A la famille, à l'Eglise et à l'Etat il appartient de déterminer en commun ce que doit être l'école[1].

On refuse ici à l'école, à la société fondée sur la culture de la science, toute initiative. Mais dans quelle contradiction ne s'embarrasse-t-on pas ainsi ! Que prétendent en effet obtenir au

[1] « L'école n'est pas un établissement autonome à côté de la maison, de l'Etat, de l'Eglise, mais une auxiliaire qui en dépend. Telle est la situation essentielle qui lui a été assignée par la nature et la religion, et c'est ce qui montre la fragilité et la fausseté des tentatives modernes prétendant rendre l'école indépendante de la maison et de l'Eglise. Il faut que la maison, l'Etat et l'Eglise aient des écoles répondant à leur esprit et à leurs exigences. On ne saurait les en empêcher sans grande injustice ». L'évêque Ketteler: *Freiheit, Autorität und Kirche*. Mayence, 1862, p. 209. — Ce n'est pas seulement chez les écrivains catholiques qu'on trouve de pareilles idées.

moyen de l'école, l'Etat, l'Eglise et la famille? Il faut pourtant, bien que ce soit la vérité. Mais ils prescrivent eux-mêmes d'avance comment cette vérité doit être. C'est donc qu'ils peuvent être déjà par avance en possession de la règle de vérité, en sorte que l'école n'aurait qu'à l'appliquer dans le détail. Mais on n'obtient ainsi que des opinions fondées sur l'autorité, non des vérités scientifiques. En outre, on oublie que la science, entre autres choses, étudie également l'origine, l'essence et le rôle de la famille, de l'Eglise et de l'Etat. Quelle importance la science a-t-elle, si elle ne pousse pas en fin de compte, peut-être par bien des détours, mais d'une manière cependant inévitable, à des changements de la vie menée dans la famille, l'Eglise et l'Etat? Une culture intellectuelle privée de la faculté de réagir sur la vie est, nous l'avons vu (XXVIII, 4), malsaine et inutile. On sera forcé dès lors de faire une place à la culture intellectuelle en tant que cause indépendante concourant au développement de la vie humaine. Que la famille, l'Eglise et l'Etat soient incapables d'utiliser la science indépendante, c'est leur affaire; mais aussi vrai que la vérité est une condition indispensable de la vie, ils se trouvent alors sur une mauvaise voie, et c'est un non-sens de s'imaginer qu'on soutienne la science, alors qu'on ne lui donne pas une entière liberté! Des spécialités et des curiosités pourront réussir, les productions bâtardes d'une imagination mystique et d'une pensée confuse pourront pulluler, des doctrines surannées pourront se maintenir sans liberté scientifique[1], mais on cherchera en vain les idées grandes et hardies qui font avancer notre connaissance

[1] A la suite d'un accord conclu en 1857 entre le Würtemberg et le pape, la faculté catholique de théologie de Tubingue fut placée sous la direction et la surveillance de l'évêque. L'évêque devait autoriser les professeurs à faire des leçons de théologie et il pouvait leur retirer cette autorisation. Il devait examiner leurs cahiers et leurs livres d'enseignement. Le Sénat académique de Tubingue nomma alors un comité pour examiner si, dans ces conditions, la faculté de théologie pouvait continuer à être considérée comme faisant partie de l'Université. Le comité arriva à cette conclusion que les professeurs de théologie catholique ne pouvaient plus être regardés comme des représentants de la science libre ni par conséquent être élus comme membres du Sénat académique. L'évêque Ketteler (*Freiheit, Autorität und Kirche* p. 24) en conçoit une vive irritation : on ne voit guère pourtant comment, avec la censure continuelle d'un évêque, il pourrait être question de science libre. — Au reste, qu'il faille se soumettre à un évêque vivant ou à un livre mort, la différence n'est pas considérable. Sans une liberté complète accordée à la pensée, aucune science n'est possible.

et par là même la vie et sans lesquelles la vie même la plus paisible au sein de famille, de l'Eglise et de l'Etat n'est en somme qu'une piètre chose.

La liberté et l'indépendance de la science n'impliquent pas seulement qu'on lui permette de se développer librement dans son domaine propre, sans être gênée par des autorités extérieures, mais encore qu'il ne lui soit pas interdit d'exercer sur la conception générale de la vie et de l'univers l'influence qu'il est dans sa nature d'exercer. L'image que la science se fait de l'univers détermine nécessairement notre conception de la vie et nos croyances. Car c'est seulement dans le monde réel que nos convictions pourront être soumises à l'épreuve et montrer leur force; or, ce monde réel, nous ne pouvons guère apprendre à le connaître autrement qu'avec le secours de la science. Une croyance qui a peur de la vérité n'est qu'un rêve. La difficulté provient de ce que les modifications amenées dans notre conception de la vie par les résultats de la recherche scientifique se produisent ordinairement d'une manière lente et imperceptible, et de ce qu'on ne saurait toujours décider avec certitude quelles sont les conséquences définitives d'un résultat scientifique acquis. Ici de grandes exigences s'imposent à l'amour de la vérité et à la loyauté. Appliquant le « connais-toi toi-même » de Socrate, il faut faire en quelque sorte son examen de conscience intellectuel, afin de pouvoir décider où se trouve le point central des diverses conceptions sur la vie et dans quelle mesure les résultats scientifiques acquis modifient les idées religieuses traditionnelles. On se trouve exposé ici à se tromper gravement soi-même et à être victime de bien des illusions. Le seul remède qui puisse alors être efficace consiste dans une culture intellectuelle véritable, dans un esprit scientifique éprouvé, possédant le tact voulu pour maintenir fermement les points de vue essentiels, séparer les hypothèses des vérités démontrées, oser là où il le faut, mais suspendre son jugement quand il est impossible de rien savoir. La culture intellectuelle est un art qui est très loin de se rencontrer chez tous les hommes de science. On peut s'enfoncer dans une spécialité, y travailler avec adresse et cepen-

---

Ainsi, aucune science juridique ne pourrait fleurir, si les professeurs de droit d'une Université rejetaient la justesse de leurs propres déductions dès qu'un tribunal serait arrivé à un résultat différent. Par cette voie, on arrive à des croyances établies sur l'autorité, mais non à la science.

dant être dénué de toute espèce de capacité et de tact lorsqu'on se trouve en face de conditions différentes. Il arrive alors que, dès qu'on abandonne sa cellule, ou bien on se jette dans la première croyance venue, ou bien on exagère les résultats acquis dans son domaine spécial en y rapportant tout le reste, ou bien on aboutit à un scepticisme plus ou moins blasé. On soutient la toute-puissance de la science, ou bien on déclare qu'en dehors de certains domaines spéciaux elle ne peut rien nous apprendre sur l'être. Peut-être même oscillera-t-on entre ces deux opinions, de telle sorte qu'on parlera un instant comme si toutes les énigmes étaient résolues, pour en arriver, après avoir poussé cette idée jusqu'à l'exagération, à proclamer subitement la banqueroute de la science. Au milieu de pareilles oscillations, seule la véritable culture intellectuelle [1] — qui consiste dans l'union de l'esprit critique et de l'art personnel, — est capable de conserver la continuité de l'évolution mentale. Elle est nécessaire pour qu'on soit capable de faire passer comme il faut les résultats de la pensée dans la vie personnelle et sociale.

3. — L'histoire montre que les empiétements de la famille, de l'Eglise ou de l'Etat sur l'école n'atteignent pas leur but. Ils proviennent en partie d'une opinion exagérée touchant les effets de la culture intellectuelle, en partie de la méconnaissance de ce fait que les influences directes produisent souvent tout le contraire de ce qu'on attend. Les lumières de l'entendement ne déterminent pas d'emblée la direction entière de la vie. Les connaissances et les idées imprimées dans l'esprit ne modifient pas tout d'un coup les intérêts, les sentiments, les tendances. Le « danger » n'est donc pas si considérable ni si imminent qu'on se l'imagine. D'autre part, le fait de graver dans l'esprit une certaine série d'idées peut justement susciter le besoin de suivre d'autres séries menant dans un sens tout opposé. C'est souvent par suite de cette espèce d'effet de contraste qu'une génération s'engage dans une voie opposée à celle suivie par la génération précédente. Les facultés et les tendances qui ne trouvaient pas d'aliments dans les idées ayant rempli la conscience durant l'éducation, ne s'en accusent qu'avec d'autant plus de puissance et d'intensité dans la suite.

En France, les divers gouvernements qui se sont succédé au

[1] Cf. mon article *Filosofi som Kunst* (Nyt Tidsskrift 1893), trad. en allemand dans la revue « Ethische Kultur », 1894.

cours du siècle dernier ont tous essayé de faire servir l'école à leurs fins, sans que leur durée en ait été prolongée [1]. L'unique résultat qu'on obtient ainsi c'est de porter atteinte au besoin de culture intellectuelle. C'est une condition fondamentale de toute instruction supérieure qu'elle doive être recherchée pour elle-même.

Si nécessaire que soit l'intervention de l'Etat pour soutenir la science, il n'est pourtant pas bon que, dans une nation, tous les hommes se consacrant à ces recherches scientifiques soient au service de l'Etat. Ici, comme dans le domaine de la culture matérielle (cf. XXVI, 14), il faut que l'Etat ait des concurrents dans l'initiative privée. Quand la recherche scientifique est saine et salutaire, elle naît de la vie et n'est pas uniquement provoquée par le secours que l'Etat peut lui prêter.

Toutefois l'Etat pourra d'ordinaire montrer une plus grande impartialité que les institutions privées et confessionnelles. Précisément parce que l'Etat embrasse la nation *tout entière*, ses regards seront dirigés, en ce qui concerne la culture, sur les points de vue universels, et les préjugés que les cercles particuliers et les sectes élèvent contre la science auront moins de chance de dominer chez lui. L'école privée dépend de la clientèle, l'école publique de la nation.

Si l'école publique est organisée et dirigée dans un esprit véritablement scientifique elle exercera une influence de concorde et d'union. Les jeunes gens de toutes les classes et de toutes les conditions pourront s'y rencontrer et y contracter des liens de fraternité. Il faut pour cela qu'il ne règne dans l'école aucune tendance politique ou religieuse spéciale. Au point où commencent les divergences politiques et religieuses, l'éducation devient l'affaire du foyer. L'école ne peut donner que l'éducation résultant de la culture scientifique. Il peut être difficile de tirer une ligne de démarcation entre la vie intellectuelle commune, qui trouve sa base solide dans la science, et les idées politiques et religieuses, déterminées essentiellement par des sentiments et des traditions. Mais c'est seulement si l'on s'efforce sérieusement de marquer cette limite, que la culture intellectuelle peut conserver sa place comme élément indépendant dans l'évolution de l'humanité.

[1] Adolf Schmidt : *Pariser Zustände*, III, p. 391.

## B. — LA CULTURE ESTHÉTIQUE

### XXX

### L'ART ET LA VIE

1. Rapports entre la science et l'art. — 2. L'art en tant que vie idéale. — 3. Appréciation esthétique et morale de la valeur. — 4. L'art ne doit pas prendre la place de la vie. — 5. Influence des circonstances de temps et de lieu.

1. — Comprendre une chose c'est l'apercevoir à sa place dans la série des choses, supportée par d'autres et en supportant d'autres à son tour. La science ne s'arrête au particulier et à l'individuel que pour découvrir les lois qui le rattachent au reste du monde. Si nous considérons au contraire les choses du point de vue esthétique, chacune nous paraît constituer un tout original et fermé, et nous ne jouissons de son image que parce qu'elle nous présente quelque chose d'original et de caractéristique. Lorsque nous ne pouvons nous-mêmes former aucune image originale et caractéristique, l'art vient à notre secours.

Aussi bien que le sentiment esthétique, le sentiment intellectuel est apparenté aux sentiments sympathiques, puisque notre plaisir ou notre peine n'y est pas déterminé par le besoin physique de conservation mais par le dévouement à quelque chose dépassant l'horizon de notre individualité. Le sentiment esthétique porte cependant plus que le sentiment intellectuel la marque de la sympathie. Le dernier est plutôt déterminé par le rapport des choses entre elles que par la chose particulière elle-même dans son essence propre. Le sentiment esthétique résulte de ce que nous cherchons à nous identifier avec les choses, à vivre leur vie, et à revivre la nôtre par l'imagination. Il y a déjà un plaisir esthétique attaché au libre emploi de nos membres, au jeu dans lequel nous imitons des occupations que l'on entreprend d'ordinaire pour des fins sérieuses et pratiques. Mais tout art peut être appelé un jeu en tant qu'il nous présente une image, une reproduction idéale de la vie tout entière ou de ses fragments, image nous procurant les mêmes émotions que la vie réelle.

2. — Le développement du sentiment esthétique prend déjà une importance morale par ce fait qu'il nous habitue à considérer les choses sans arrière-pensées égoïstes, à nous oublier devant la valeur de l'objet. La vraie beauté renferme une puissance qui force à la reconnaître, voire même à l'aimer et à l'admirer. L'homme capable de produire de belles œuvres, comme celui qui considère du point de vue esthétique les œuvres de l'art ou de la nature, éprouve une inclination désintéressée (c'est-à-dire non égoïste), en même temps que ses facultés d'intuition, d'attention et de production reçoivent un mouvement puissant et harmonieux. Le sentiment ainsi excité ne se bornera pas d'ailleurs aux moments de la contemplation ou de la production, mais il s'étendra à la conception et à la pratique de la vie et y exercera une influence harmonisatrice et idéalisatrice. Alors qu'en bien des circonstances des plus délicates et des plus individuelles le simple jugement moral et la simple éducation morale seraient un instrument beaucoup trop grossier, le facteur esthétique ou artistique pourra faire surmonter des difficultés et empêcher des catastrophes. L'éducation esthétique de l'humanité, recommandée par Schiller [1], est cependant plus qu'un simple moyen en vue de la vie morale ; elle conduit à un usage libre et complet des forces, au lieu de la division qu'amènent les éléments opposés de la nature humaine et au lieu de l'exclusivisme occasionné chez les divers travailleurs par la division du travail. C'est grâce à leur caractère désintéressé que les biens esthétiques sont des biens communs, pouvant se partager entre un grand nombre, sans que leur valeur en soit diminuée. La communauté qu'ils rendent possible a une grande importance éthico-sociale. Mais ce qui en a une toute particulière c'est que le plaisir esthétique a pour condition l'emploi de forces identiques à celles que réclame la vie

---

[1]. Cf. *Geschichte der neueren Philosophie*, II, p. 142-148.

réelle. De là le sérieux du jeu esthétique. La jouissance esthétique est plus qu'un divertissement passif. Nous l'obtenons seulement lorsque nous nous sentons captivés par une image réelle de la vie. L'effet moral ne se distingue pas ici de l'effet esthétique parfait. Aristote définissait la tragédie l'imitation d'une grande action qui, en excitant la pitié et la crainte, les purifie. Ce qu'il disait de la tragédie nous pouvons l'étendre à toute espèce d'art. Le jeu ou l'image excitent les mêmes sentiments que les événements réels qu'ils représentent, mais de manière à faire disparaître leurs éléments pénibles et égoïstes. Les événements réels nous surprennent sans que nous puissions toujours en découvrir la liaison : c'est le hasard qui paraît y régner. En outre, ils présentent plusieurs faces diverses et par suite excitent également des sentiments divers. Aussi notre état affectif au cours des événements vécus n'est-il pas toujours « pur », c'est-à-dire qu'il s'y manifeste des sentiments variés, pas toujours cohérents. Dans la représentation artistique au contraire, tout a pour but d'exciter une impression d'ensemble qui réponde aux traits essentiels et caractéristiques de la chose ou de l'événement. Sans rien enlever à l'image de son caractère individuel et concret, l'art en fait ressortir l'essentiel. Nous sommes ainsi affranchis des incohérences, nous recevons une impression d'ensemble, et il nous est plus facile de nous identifier par notre sentiment avec l'objet représenté. C'est aussi la raison pour laquelle la reproduction artistique nous apprend à mieux comprendre les choses. Elle ne nous en donne pas sans doute une explication scientifique, mais en nous montrant une chose dans toute son originalité, elle nous fait voir clairement son droit à l'existence. Quelle qu'en soit d'ailleurs la nature, l'objet est une partie caractéristique de l'univers, ou plutôt il forme lui-même un petit monde. Ce petit monde, étant fixé par une image, est en quelque sorte soustrait au temps ; ce qui était seulement un trait d'union fugitif entre le passé et l'avenir reçoit dans l'art une vie éternelle. Grâce à l'art, nous sommes affranchis non seulement de l'éparpillement et du hasard, mais encore de l'instabilité. Tandis que la tragédie « purifie » la crainte et la pitié, la comédie purifie le sentiment de puissance et le sentiment personnel. Ce que manifeste le rire excité en nous par la poésie comique, ce n'est pas une raillerie blessante, mais un sentiment d'affranchissement, provenant de ce que nous voyons les petitesses, les contradictions et les maux dans toute leur nudité, sans oublier cependant que tout cela fait partie de la vie [1].

3. — Le fait de se demander jusqu'à quel point un tableau esthétique s'accorde avec les exigences de la morale fera songer de suite beaucoup de gens à la question de savoir si des images et des peintures fortement sensuelles sont permises ou non. D'après la manière dont nous avons envisagé ici l'importance morale de la culture esthétique, il n'y a cependant aucune raison de se poser cette question. En ce qui concerne la matière et le mode d'exposition, il ne saurait y avoir aucun conflit entre ce que l'esthétique exige réellement et ce que la morale permet. Tout ce qui a réellement une valeur esthétique doit par là même être moralement légitime. Autre chose est l'application de l'art à la pédagogie. On ne peut mettre n'importe quel poème dans toutes les mains. Mais cela n'a rien à voir avec la valeur esthétique [2]. Celui dont les appétits sensuels sont fortement allumés par une peinture, ne saurait la considérer d'un point de vue esthétique : sa passion n'est pas purifiée, mais surexcitée. Le jeune homme qui, suivant un récit de Lucien, se fit enfermer de nuit dans le temple de l'Aphrodite de Cnide, pour embrasser la statue de la déesse, n'était pas précisément poussé par un sentiment *esthétique*.

Il va de soi que, si l'art est une vie idéale, la valeur artistique doit correspondre à la valeur vitale, et par conséquent la valeur d'une œuvre d'art ne repose pas uniquement sur le talent ou le génie avec lequel la matière a été saisie et mise en œuvre, mais encore sur la vie même qui est représentée. L'art ne doit formuler aucune appréciation morale; il ne doit pas moraliser directement. Mais l'art véritable n'exercera pas non plus une influence démoralisante en attirant exclusivement l'attention sur certains côtés de la vie. Si le spectateur peut se méprendre sur une œuvre d'art, l'artiste peut également se méprendre sur la

---

[1] *Psychologie*, VI E, 9 o.
[2] Chr. Collin qui, dans un écrit intéressant : *Kunsten og Moralen* (Copenhague 1891), a fait une foule de bonnes remarques propres à éclairer l'importance morale de la culture esthétique et fait ressortir avec succès diverses contradictions chez les partisans de ce qu'on appelle le réalisme, me semble pourtant assez souvent vouloir appliquer à la littérature un criterium directement moral et oublier la différence qu'il y a entre l'appréciation esthétique et l'appréciation pédagogique de la valeur.

vie. Il peut naturellement y avoir précisément plusieurs opinions sur ce qu'est la vie et sur le point vers lequel il faut de préférence porter son attention. Tout artiste de valeur a ici une lutte à soutenir pour faire accepter sa vision des choses. Une bonne part de la résistance opposée au réalisme esthétique moderne vient certainement de ce que bien des gens cherchent seulement dans l'art une distraction ou un repos, et par suite ne désirent pas y rencontrer les amertumes et les tristesses de l'existence. On ne tient pas du tout à être ému par la crainte ou la pitié. On était accoutumé aux tragédies antiques; on était suffisamment préparé à y contempler les sombres coups du destin, mais dans une tragédie moderne comme les « Revenants » d'Ibsen, on ne peut les supporter ; ici le sujet est trop proche de nous. Pourtant le réalisme moderne, dans ses œuvres les plus remarquables, n'a proprement fait autre chose que permettre aux regards de pénétrer plus profondément dans la vie réelle et que nous montrer le sérieux où l'on était habitué à ne voir qu'une vie banale et des histoires journalières[1]. L'art exerce ici une action éducatrice en ouvrant nos yeux, en fortifiant notre émotion pour le sérieux de la vie et en excitant notre sympathie pour ses maux. Il nous apprend notamment à apercevoir dans des tableaux vastes et clairs l'enchaînement profond de la vie humaine. Sans prêcher directement, par cela seul qu'il indique d'une main sûre les causes décisives du développement des caractères ou de la péripétie, le poète peut nous instruire plus profondément et nous mieux préparer à apprécier les actes et les classifications de la vie que n'importe quelle morale philosophique. Ce qu'on a dit des « *Affinités électives* » de Gœthe, savoir que, sans être écrites pour la morale, elles contenaient cependant une morale[2], peut s'appliquer à tout poème de marque. Et nous pouvons ajouter : cela s'applique d'autant plus que l'œuvre est pénétrée davantage de l'esprit réaliste et déterministe, car on peut alors faire d'autant plus nettement ressortir le point d'où naissent, dans la série des

---

[1] Dans la préface de « Germinie Lacerteux », les frères DE GONCOURT expliquent qu'ils ont voulu voir « si la tragédie était définitivement morte, si les misères des petits et des pauvres parleraient à l'intérêt, à l'émotion, à la pitié, aussi haut que les misères des grands et des riches ».

[2] RICHARD MEYER : *Gœthe*. Berlin 1895 p. 286.

événements, les effets fatals. Les poèmes « idéalistes » ne possèdent ordinairement qu'une valeur morale extrêmement faible, parce qu'ils ne reconnaissent point le solide nexus causal de la vie.

4. — Malgré tout ce que l'art peut et doit être pour la vie, il ne doit pourtant pas se substituer à elle, et la vie réelle ne doit pas être traitée comme un simple objet esthétique. Ce ne sera guère le cas, en général, chez l'artiste sérieux, cherchant moins à jouir qu'à travailler, envisageant son art comme une mission sérieuse, comme une tâche sociale, parce que, comme dans son genre le savant, il se sent placé à un poste d'où il doit observer la vie et apprendre aux autres à la voir. Il sent, comme l'a exprimé Michel-Ange, que « l'art véritable, à cause de l'esprit dans lequel il travaille, est par lui-même noble et pieux; car rien ne rend l'âme aussi pieuse et aussi pure que l'effort pour produire quelque chose de parfait ». Et il éprouve suffisamment la résistance que la réalité, la matière rebelle, oppose au travail de son imagination : peut-être même qu'il en mourra. Le danger est beaucoup plus grand pour les natures surtout passives et les dilettantes : ils en viendront aisément à considérer la vie comme un jeu esthétique. Schiller a dit que l'homme n'est vraiment homme que lorsqu'il joue. Sa pensée en cela était que le monde de l'imagination et du jeu est l'œuvre propre de l'homme et qu'il faut un cœur libre pour se soustraire à la pression de la réalité et maintenir fermement cette vie idéale. Mais ses paroles ont servi depuis de devise à une conception esthétique de la vie pour qui toute circonstance pratique est matière à badinage et à raillerie, sans que l'art lui-même soit toujours traité pour cela plus sérieusement. On laisse le travail aux « Philistins »; les esprits qui se considèrent comme supérieurs aperçoivent le monde du haut de leur grandeur comme une chose plaisante, qui ne les touche pas. Le réalisme en art peut, tout aussi bien que le romantisme, nous faire vivre dans un monde imaginaire et nous rendre étrangers à la réalité véritable. Le réaliste se meut dans l'imaginaire tout autant que l'idéaliste, et le danger sera peut-être même plus grand pour lui que pour ce dernier. L'idéaliste immodéré aura d'ordinaire le sentiment de vivre dans deux mondes, l'un de rêve, l'autre prosaïque : il raille ce dernier, mais peut nonobstant savoir très bien le prendre comme il est. La tentation de considérer toutes les circonstances

de la vie d'un point de vue esthétique sera plus grande pour le réaliste, dont l'imagination cherche à se rassasier d'impressions réelles.

Ce danger apparaîtra dans l'histoire à toutes les époques où l'art et l'intérêt esthétique sont au premier plan. C'est du moins l'héritage que reçoit la génération suivante ; elle arrive avec les exigences de la culture, mais sans originalité et sans force créatrice vivante[1]. Même un art d'une valeur considérable (comme l'art italien de la Renaissance) peut rester sans lien avec les forces réelles et combatives du temps et avec la vie du peuple tout entier.

5. — L'art doit donner la forme et la clarté au contenu de la vie, élargir la vue et la sympathie, indiquer la voie que l'évolution doit suivre. Un grand artiste est aussi dans une certaine mesure un prophète. L'art ne saurait devenir jamais une simple affaire privée. Il faut que la nation entière, que l'époque entière apprennent à s'y connaître. Il faut donc que chaque nation et chaque époque aient leur art propre ; elles ne sauraient aucunement vivre de l'art des autres peuples et des autres temps, quelque importance que la connaissance de cet art puisse d'ailleurs avoir. Alors même que l'objet exprimé et dépeint est quelque chose d'universellement humain, il doit pourtant l'être sous la forme particulière correspondant aux mœurs de telle nation déterminée. La nécessité pour l'art d'appartenir à une nation et à une époque particulière peut se justifier de deux façons. D'un côté l'artiste n'a toute sa perspicacité et toute sa puissance de travail que s'il est pénétré des sentiments et des idées de son pays et de son temps ; alors seulement il est capable de s'assimiler et de reproduire ce qu'il observe. De l'autre, chaque pays et chaque époque ne connaissent vraiment bien qu'eux-mêmes ; ce qui peut exercer sur eux une influence esthétique, c'est ce qui fait partie de leur chair et de leur sang. Il ne sert évidemment de rien que l'art soit celui d'une nation et d'une époque détermi-

---

[1] C'est ainsi que HETTNER (*Italienische Studien. Zur Geschichte der Renaissance*, p. 215) caractérise la génération qui suivit le temps de Raphaël et de Michel-Ange. Mais il trouve la raison de cette prompte décadence dans la nature même de la Renaissance italienne. Celle-ci avait brisé les entraves du moyen âge, mais elle n'était pas en mesure de former un nouvel idéal humain, soit par l'émotion morale, soit par le travail de la pensée. Ce fut une époque sans idées morales et sans modèles fixes, proie facile pour la réaction cléricale.

néo, si ce n'est pas un art réel. Julius Lange a très bien montré les conséquences fâcheuses pouvant se produire lorsqu'en art les exigences nationales prennent le pas sur les exigences de l'art lui-même. « Le fondement sur lequel reposent les conditions d'un art éminent et supérieur, dit-il [1], c'est l'obligation pour la nation d'apprendre à se plier aux tâches propres de l'art bien plutôt que la nécessité pour l'art de se plier aux tâches de la nation. La nation ne doit pas se poser uniquement par rapport à l'art comme si elle en était la maîtresse ; elle ne tire proprement de là aucun avantage. Avant tout, il faut qu'elle se fasse son élève, apprenne de lui à voir l'esprit sous la forme, la lumière et la couleur, à saisir par intuition directe l'homme et la nature. » Il y a un fonds commun de pensée et de sensibilité dans lequel chaque peuple et chaque époque sont obligés de vivre et de puiser leur nourriture. Homère, Dante, Shakespeare et Gœthe nous permettent de revivre la vie mentale de l'humanité européenne.

[1] *Sergel og Thorvaldsen*, Studier i den nordiske Klassicismes Fremstilling af Mennesket. Copenhague, 1886, p. 77.

# C. — LA CULTURE RELIGIEUSE

## XXXI

## LA MORALE ET LE SENTIMENT RELIGIEUX

1. Comment la culture religieuse touche à la morale. — 2. Le sentiment de la vie cosmique. — 3. Ses éléments intellectuels et moraux. — 4. Diversités individuelles. Secours spirituels.

1. — Comme nous l'avons remarqué précédemment (II, 3), il faut que la morale bâtisse sur le moins possible de postulats. Elle ne doit pas prétendre à une place à part dans l'ensemble de la science ni essayer d'ébranler les principes, les résultats et les hypothèses établis dans les autres branches du savoir. Mais la vie religieuse, telle qu'elle s'est développée dans le genre humain, a été rattachée à des opinions et à des dogmes qui ont amené un conflit sans cesse renouvelé entre elle et la science. Il pourrait donc sembler que la morale soit destinée à n'avoir de rapports avec la culture religieuse que comme avec un phénomène purement historique, comme avec une puissance étrangère avec qui elle doit compter, qu'elle peut critiquer et apprécier, mais avec qui, par sa nature et ses postulats, elle n'a aucun lien de parenté. Pourtant ce serait là une conclusion précipitée.

D'abord, en effet, les religions qui ont fait leur apparition dans l'histoire, ou tout au moins leurs formes les plus élevées, ont toujours été en leur temps des puissances morales. Les idées morales ont constitué une partie essentielle du fond des religions positives. Si on les considère sous cet aspect, il doit y avoir une certaine parenté entre la morale et la religion positive. — En second lieu, on peut se demander si, au point de vue où la morale se place, on n'apercevrait pas la possibilité d'un sentiment qui, même si l'on ne voulait pas le *nommer* sentiment religieux, serait pourtant, à cause de sa nature psychologique, apparenté au sentiment religieux tel qu'il se manifeste dans les religions positives supérieures. Je vais essayer maintenant de décrire un sentiment de cette espèce, en remettant au chapitre suivant l'étude de l'importance morale de la religion positive.

2. — Par *sentiment vital* on entend en psychologie le sentiment de plaisir ou de douleur correspondant au cours de la vie organique en nous-même. Il se rattache par conséquent à la facilité et à la vigueur avec lesquelles ont lieu en nous la respiration, la circulation et l'ensemble des fonctions de nutrition[1]. Au fur et à mesure que la conscience se développe, le sentiment n'est plus seulement déterminé par notre état organique, mais encore par un ensemble plus ou moins considérable de représentations. Notre sentiment s'attache à bien des choses situées hors des limites de notre organisme. Dans les sentiments intellectuel et esthétique, notre plaisir et notre douleur sont déterminés d'un côté par l'activité intellectuelle, de l'autre par les images que la nature ou l'art fournissent à notre imagination. Mais quand, à l'aide de la pensée, nous avons réfléchi sur notre situation dans l'existence, quand nous avons compris qu'avec toutes nos aspirations, tous nos projets et tous nos idéaux, nous sommes seulement des termes particuliers d'une vaste et incommensurable série de causes et d'effets, alors naît un sentiment vital ne s'appliquant plus à la seule vie de notre organisme propre, mais encore à la vie qui anime l'univers entier dont nous faisons partie. Notre sentiment vital s'élargit : il est déterminé par le cours de la vie et du monde, pour autant que nous pouvons nous en faire une idée. Il se forme un *sentiment de la vie cosmique*, analogue au sentiment de la vie organique. Il se distingue de ce dernier par son contenu intellectuel, composé de toutes les expériences acquises et de toutes les idées formées en nous par le cours des choses. Il se distingue de plus des sentiments intellectuel et esthétique par son caractère personnel et réel. Dans la pensée et l'imagination, nous nous oublions nous-même

---

[1] *Psychologie*, VI, A, 8 a. — La description suivante du sentiment religieux, pris au sens de sentiment de la vie cosmique, est un développement des brèves indications données sur ce point dans ma *Psychologie*, VI, C, 8 b sqq. Cf. également : *Die Grundlage der humanen Ethik*, p. 58-61.

en face de ce que nous pensons ou contemplons, dans le sentiment de la vie organique, nous n'avons affaire qu'à nous-même en tant qu'être organique; mais dans le sentiment de la vie cosmique, notre plaisir et notre douleur sont déterminés par la situation de notre personnalité tout entière et des plus hautes valeurs de notre vie dans l'évolution universelle.

3. — Le sentiment de la vie cosmique suppose une conception du monde. Il n'est pas besoin pourtant d'un grand appareil d'hypothèses spéculatives. Lorsque de telles hypothèses se développent, une étude plus approfondie montrera même souvent qu'elles sont bien plutôt les effets que les causes du sentiment. Celui-ci peut se contenter des deux idées fondamentales mises en lumière plus haut (XXVIII, 5) comme les plus essentielles pour la culture intellectuelle, c'est-à-dire de l'idée de l'existence considérée comme un ensemble soumis à des lois et de l'idée de l'existence considérée comme un vaste processus d'évolution.

Chaque terme du vaste enchaînement causal est supporté par d'autres termes et en supporte d'autres à son tour. La force avec laquelle ce terme remplit sa place, il ne peut pas se l'être donnée lui-même au début, il l'a reçue et doit la recevoir encore à chaque instant, pour pouvoir se conserver. Même dans l'acte le plus énergique de ma volonté, au moment où mon originalité personnelle se manifeste avec le plus de vigueur et où le sentiment que j'ai de mon moi paraît appuyé sur le terrain le plus solide, je dépense un capital que je n'ai pas créé moi-même à l'origine. Je suis dépendant jusque dans ma plus haute activité, et cela d'autant plus qu'elle exige plus de force. Ma dépendance n'apparaît cependant pas seulement en ce que l'énergie dont je dispose m'a été donnée, mais encore en ce que cette énergie est *limitée*. Mon sort est engagé dans le vaste processus de l'évolution générale, et c'est seulement en partie que ma volonté peut intervenir efficacement dans celle-ci. Au milieu des grandes fluctuations de l'évolution et de la dissolution, de la naissance et de la mort, que présente la nature, je me sens tour à tour frappé d'espérance et de crainte. Qui a raison, qui remportera la victoire, la tendance du monde à marcher en avant, à se développer, ou la tendance à l'arrêt et à la dissolution?

Ainsi le rapport de ma volonté à ma destinée détermine mon sentiment de la vie. Ce sentiment peut être en entier ou en majeure partie d'espèce égoïste. Mais si je considère ma destinée comme autre chose que celle de tel individu particulier, si ma sympathie pour les autres et mon sentiment moral se sont éveillés, le sentiment de la vie cosmique prend un autre caractère. Ces sentiments qui me poussent à me proposer des idéals dépassant de beaucoup ma conservation individuelle, et à travailler pour eux, se sont néanmoins développés suivant certaines lois naturelles, et le fait qu'un tel développement ait été possible nous témoigne que dans l'être agissent des forces précieuses (cf. IV, 5). Lorsque nous essayons précisément de nous donner de l'origine et du développement de la conscience une explication naturaliste, la nature nous apparaît comme un foyer de forces idéales. Peu importe que la nature ait également produit autre chose, elle n'en a pas moins produit *cela*. Il s'est développé une poussée, une impulsion vitale d'une autre espèce que l'impulsion purement physique à la conservation de soi. La force que je sens en moi-même, dans ma conscience morale, est une force de l'univers tout comme celles qui se manifestent pendant les actions et réactions échangées mutuellement par les masses matérielles.

Mais ici se présente une nouvelle et considérable difficulté. Nous ne pouvons expliquer l'être en partant du sentiment moral. Le monde n'est pas construit d'après les principes que notre conscience nous proclame des principes suprêmes. Nous ne saurions affirmer que le but suprême de notre volonté morale soit aussi le but de l'évolution universelle. Non seulement l'idée d'un but de l'univers est aussi peu soutenable scientifiquement que celle d'une cause première, mais les criantes discordances que le monde présente, les souffrances et les cruautés, la somme de malheurs et de crimes, au prix desquels s'achète l'évolution et se conquiert le progrès — si progrès il y a — tout cela rend logiquement et moralement impossible de poser un principe moral comme la source de l'évolution universelle. Toutes les tentatives théologiques et philosophiques pour surmonter cette difficulté se sont montrées vaines. La théologie orthodoxe n'a fait qu'ajourner la question, et la philosophie spéculative s'est appliquée à volatiliser les difficultés et à les faire s'évanouir. La seule manière de s'en affranchir c'est de n'y point penser, chose qui ne semble pas également facile à tout le monde¹. Ce n'est point

¹ Plusieurs critiques théologiens ont eu l'amabilité d'interpréter cette

par orgueil, mais au contraire par conscience et par une vue claire des limites de notre connaissance que nous devons laisser la question en suspens. Le philosophe n'aperçoit pas de raison pour enchaîner sa raison dans l'intérêt de prétendues solutions qui, pour une critique non prévenue, renferment d'insurmontables contradictions, ou sont en conflit avec les conquêtes de l'expérience et de la pensée, ou même présentent de graves difficultés morales. Un doute loyal vaut mieux qu'une foi sans pensée. La vie est pleine de graves oppositions, mais elles deviennent seulement des contradictions lorsqu'on isole un des termes de l'opposition pour en faire le principe d'explication de l'être. En partant d'un principe bon, il est impossible d'expliquer le mal dans le monde ; en partant d'un principe mauvais, comme celui posé par le pessimisme absolu, il est impossible d'expliquer le bien dans le monde.

Cependant le sentiment qui nous fait prendre part aux souffrances du monde et l'impulsion qui nous porte à nous en tenir à la manière idéaliste de le considérer ne doivent pas nécessairement être ébranlés parce que nous ne connaissons pas le dénouement du drame universel et que nous ignorons même s'il en aura jamais un. L'élément bon et précieux de l'être est une puissance en lutte, et à toute lutte est associée de l'incertitude et de l'attente. C'est pourquoi le sentiment de la vie cosmique oscillera entre la crainte et l'espérance, même chez ceux où il est, dans son ensemble, empreint de sérénité.

Un sentiment comme celui qui vient d'être décrit se rencontre sûrement ; il caractérise un point de vue où la religion est prise au sérieux, comme une affaire de *sentiment*. Il n'implique nul dogme, mais naît tout simplement du rapport du sentiment moral au monde réel. Ceux qui en éprouvent le besoin peuvent essayer d'augmenter leur intellection au moyen de spéculations et de symboles ; il n'y aura aucun inconvénient à cela, pourvu que deux choses demeurent inébranlables : l'idée de l'être considéré comme un ensemble soumis à des lois,

---

phrase comme si j'étais moi-même de ceux qui trouvent facile de ne pas penser au problème en question. Ils n'ont pas vu que la phrase avait un sens ironique. J'avais dans l'esprit d'une part ceux dont l'intérêt pour ces questions est émoussé, en sorte qu'ils ne s'en occupent pas du tout, d'autre part les théologiens qui s'y consacrent en apparence, mais qui se débarrassent de ces difficultés si facilement et avec des arguments tellement superficiels qu'on ne saurait appeler cela penser.

et l'indépendance de la morale à l'égard des opinions dogmatiques. La pensée religieuse ne saurait s'élever au-dessus de la connaissance scientifique que si elle établit la nécessité de donner à notre conception de l'univers un achèvement rendu impossible par les progrès incessants de l'expérience, ou qu'en interprétant l'image due à cette expérience par analogie avec les états internes de la vie psychique et comme en constituant les manifestations. Cependant par ces deux voies on ne saurait s'élever au delà d'hypothèses spéculatives[1]. Bien plus encore qu'il n'augmentera l'intérêt théorique pour l'intellection du monde, le sentiment religieux fortifiera le besoin de se comprendre soi-même. Plus le sentiment déterminé par le cours et les conditions de la vie est fort, et plus le fait qu'il est déterminé par tant d'expériences petites et grandes de la vie rend son origine obscure, d'autant plus l'homme cherchera à l'exprimer de telle sorte que sa vie interne soit pour lui intelligible et claire, et non seulement pour lui, mais aussi pour les autres. Car il ne pourra pas se contenter avec l'idée que ce qu'il éprouve lui est absolument propre. Par des signes et des symboles, il cherche à faire connaître aux autres les dispositions que la vie a éveillées en lui, pour voir s'ils n'éprouveraient pas, eux aussi, quelque chose de semblable. C'est dans le besoin spontané de se comprendre soi-même et de se sentir en accord mental avec les autres que les symboles religieux trouvent leur première origine. Et comme la connaissance ne peut jamais être totale, ils ne peuvent jamais devenir plus que des symboles.

Le sentiment religieux n'impose aucun devoir moral qui ne l'eût été aussi sans lui. Il exprime la connaissance personnelle la plus intime et la plus élevée que l'homme puisse obtenir relativement à sa situation dans le monde et au sort qui attend les objets pour lesquels il vit. Tout comme le sentiment esthétique, il « purifie » le cœur : mais la purification est ici plus énergique, parce que le sentiment est déterminé par la situation réelle de l'homme lui-même dans le monde réel. A cause de sa liaison étroite avec le sentiment moral, le sentiment de la vie cosmique est libre de toute sentimentalité et de tout quiétisme.

---

[1] Cf. *Geschichte der neueren Philosophie* (passages cités à la table sous les mots « Idée » et « Analogie ».)

Nous gravissons le sommet d'une montagne, non pour y demeurer et pour nous soustraire à la vie réelle, mais pour respirer l'air pur et fortifiant, peut-être aussi très vif, pour élargir et éclairer notre regard de manière à pouvoir revenir plus dispos aux horizons étroits où nous rappellent nos devoirs pratiques. Il y a un élément volitionnel étroitement associé au sentiment religieux et qui l'empêche de se transformer en exaltation spéculative ou sentimentale. La disposition affective oscillant entre l'espérance et la crainte, provoquée dans l'individu par sa destinée changeante et celle des plus hautes valeurs de sa vie, amène cette concentration particulière et cette profonde réflexion sur soi-même qui constituent le sentiment religieux ; mais de cette même concentration naît la volonté de tenir ferme du bon côté, de travailler de concert avec toutes les forces utiles à ces valeurs de la vie. La foi religieuse qui tantôt revêt plutôt le caractère de la patience, tantôt davantage celui de la sérénité, est une volition qui, malgré tous les obstacles et toutes les résistances internes et externes, malgré toutes les incertitudes et tous les doutes, maintient fermement la pensée de l'idéal. Il y a là tout un domaine de labeur interne où, non moins que dans celui de la vie extérieure, on peut faire montre de constance et de courage. Mais nous avons déjà parlé du côté purement moral des devoirs qui se présentent ici (voir X, 3-4).

4. — Le sentiment que nous venons de décrire ne s'accuse pas avec la même force chez tous les individus. Certaines natures en sont particulièrement susceptibles, comme d'autres le sont pour le sentiment intellectuel ou esthétique. De plus, sa composition est si complexe que ce n'est pas miracle si ses éléments se trouvent chez des individus différents en des rapports mutuels très divers qui en rendent le ton très variable. Déjà le rapport entre le sentiment de la vie cosmique et celui de la vie organique peut être très varié. Souvent ils sont en opposition manifeste entre eux. Le tempérament ne décide pas d'une manière absolue de notre façon d'être affectés par l'univers. Un homme de tempérament mélancolique, et dont par conséquent le sentiment vital organique est surtout empreint d'un caractère sombre et pénible, peut néanmoins très bien voir sous un jour optimiste le cours des choses dans la nature et dans l'histoire. Il se peut que l'élément triste de l'univers soit borné à l'espace occupé par lui, et que, par un effet de contraste, le reste

du monde lui apparaisse précisément sous un jour heureux. Inversement, il y a des gens dont la disposition organique fondamentale s'interrompt et se trouble lorsqu'ils jettent les regards sur le monde. Certains attribueront la plus grande importance à ce que l'être présente d'énigmatique et d'indéchiffrable, d'autres à l'ensemble soumis à des lois qui en constitue l'essence et que la science réussit à découvrir peu à peu. Chez les uns, le sentiment sera déterminé de préférence par telle classe d'expériences, par telle autre chez les autres, chez ceux-ci par exemple par la vie de la nature, chez ceux-là par l'histoire de l'humanité. Chez certains (par exemple chez Spinoza) le sentiment de la vie cosmique revêt essentiellement un caractère de résignation, chez d'autres (par exemple chez Fichte) un caractère d'enthousiasme et d'activité exubérante. Il y a cependant une différence marquée entre l'optimisme et le pessimisme. Le cours de la vie leur donne raison en partie à tous deux, et ils ne sont inconciliables que lorsqu'on érige chacun d'eux en un système spéculatif. D'un côté chez Platon et dans la théologie chrétienne, de l'autre chez Schopenhauer, les deux formes opposées du sentiment de la vie cosmique se trouvent développées en constructions théoriques diamétralement contraires. Une importante différence apparaîtra dans l'originalité et la personnalité avec laquelle les divers individus seront capables de former et d'exprimer les idées dans lesquelles leur sentiment religieux se fait jour. Chez certains, ces idées dépendront des formes religieuses traditionnelles de la famille ou de la nation; chez d'autres, se répétera d'une manière personnelle une vie affective analogue à celle d'où est sortie la forme traditionnelle de la religion, avec cette différence toutefois que les modifications survenues dans l'évolution de la culture amèneront des nuances nouvelles, ou feront accentuer davantage certains côtés; chez d'autres encore, il s'établira une telle action réciproque entre l'évolution de leur vie affective et les progrès de leur expérience qu'ils ne pourront être compris de leur entourage, ni reconnaître dans les symboles usuels des expressions de leur propre vie intérieure. Ces derniers suivront alors en solitaires leur chemin particulier, à moins qu'ils ne possèdent la faculté créatrice de symboles et la profondeur de personnalité pouvant en faire des modèles et des chefs.

Malgré ces diversités, il n'en existe pas moins ici un domaine spirituel commun, où peut se produire une évolution commune dans ses grands traits, et où les individus ne se font pas nécessairement obstacle l'un à l'autre. Si le sentiment que nous avons décrit est véritable, il est déterminé par le monde réel et ses modalités. Or c'est évidemment le même monde qui apparaît à tous, encore que leurs dispositions affectives originelles (leurs tempéraments) et leurs expériences diffèrent. Si les hommes s'efforcent réellement de savoir comment est fait l'univers, ils sont obligés aussi de faire entrer en ligne de compte cette particularité qu'il peut et doit nécessairement être envisagé d'un si grand nombre de points de vue divers. Aussi bien, connaissons-nous seulement l'univers par les images qui s'en forment dans la conscience de chacun ; or, dans ces images, ce ne sont pas toujours les mêmes traits qui se détachent avec le plus de netteté et de vivacité, et elles ne sont pas non plus toutes vues sous la même lumière. Par là précisément le monde devient plus riche et plus varié, et la sympathie s'élargit à mesure que l'on sait mieux s'identifier avec la manière dont les autres le perçoivent et le sentent. Dans toute vie intimement commune, il faut nécessairement que les esprits soient d'accord à cet égard, ou tout au moins qu'ils se connaissent et se comprennent. Le secours spirituel qu'un homme peut prêter à l'autre consiste essentiellement à donner plus de vérité et de clarté au sentiment que celui-ci a de la vie. Il n'est pas besoin pour cela que tous deux soient placés exactement au même point de vue, ni qu'ils appartiennent au même type religieux ; quand on a le sens de la personnalité et de la vérité personnelle, on pourra aider autrui à parvenir à une clarté complète et à une expression parfaite de son être, lors même qu'on serait soi-même un être tout différent. Certains individus sont tout particulièrement propres à prendre ainsi soin des âmes, et ils le font souvent sans le savoir. Mais personne n'est complètement exclu de cette mission. Le sacerdoce universel qu'a proclamé le protestantisme, mais qu'il n'a jamais complètement fait passer dans la pratique, pourra devenir une vérité au fur et à mesure qu'il sera permis à la vie affective de se développer d'une manière libre et originale dans les divers individus, et que croîtront en même temps la sympathie et le sens psychologique. C'est surtout aux médecins et aux prêtres qu'il appartient d'exercer ici une influence particulière. Mais les premiers ont encore trop de problèmes physiologiques à résoudre, pour pouvoir convenablement développer leur sens psychologique; ils sont beaucoup trop portés à considérer la vie sous son aspect extérieur et matériel. Quant aux derniers, leur point de vue les oblige, avant toutes choses, à s'assurer de la rubrique dogmatique sous laquelle ils doivent ranger les phénomènes psychiques qu'ils rencontrent : il leur manque le regard d'hommes libres.

Alors même que l'on voudrait qualifier de religieux le sentiment de la vie cosmique, il n'est pas besoin, dans tous les cas, de fonder pour cela aucune église, ni d'établir aucun culte, non plus que de s'appuyer sur un dogme quelconque. La société à laquelle ce sentiment donne la vie est la plus libre de toutes les sociétés : elle se manifeste uniquement par une intelligence et une assistance réciproques. Son église c'est la vaste étendue de la nature elle-même, son culte c'est le travail, c'est la vie commune avec les hommes et avec la nature, la vie pour la science et pour l'art. Dans tous les cas, il faut, comme nous le verrons, des conditions toutes particulières pour qu'un système commun de symboles et un ensemble commun de rites extérieurs puissent se former.

## XXXII

## IMPORTANCE ÉTHICO-SOCIALE

### DES RELIGIONS POSITIVES

1. Éléments moraux du dogme et du culte. — 2. La religion positive considérée comme une condensation d'éléments empruntés à toutes les faces de la vie mentale. — 3. Contradiction dans la situation occupée par la religion positive par suite de la division du travail dans le domaine mental. — 4. Toute religion positive est une religion sociale. — 5. Contradiction dans l'idée d'une religion édifiée sur une confession dogmatique. La foi et l'amour. — 6. La liberté religieuse et ses conséquences. — 7. Position différente des croyants et des libres penseurs en face de ces conséquences.

1. — Il existe un nombre extraordinaire de nuances et de formes de la vie et de la foi religieuses, et si jamais la liberté vient à régner sérieusement dans le domaine spirituel, il y en aura encore plus qu'aujourd'hui. Historiquement, ce sont les *religions positives* qui ont eu jusqu'ici la plus grande importance morale et sociale. Deux choses caractérisent la religion positive : le culte et le dogme. La religion, à ses débuts, n'est pas un simple sentiment ou une attitude purement subjective à l'égard des forces de l'existence, c'est un moyen par lequel l'homme croit réaliser certaines fins pratiques, prendre soin de sa santé physique et mentale. Le *culte*, élément le plus ancien et le plus durable de la religion positive, est empreint d'un caractère magique, puisque l'homme s'imagine pouvoir intervenir, grâce à lui, dans un ordre de choses surnaturel, sans être lui-même influencé par un pareil ordre de choses. Dans l'exercice du culte, l'homme entre en contact immédiat avec sa divinité; aussi le culte forme-t-il l'élément central de la religion positive. La communauté de culte est la communauté religieuse primordiale, et son importance est considérable, puisque le lien en est constitué par les expériences les plus hautes et les

plus décisives que l'on connaisse. Quant au *dogme*, c'est une croyance établie sur une révélation surnaturelle, sorte d'explication authentique du mystère de l'être, fournie par la source même de l'être. La religion positive n'a donc pas seulement, dans son culte et ses dogmes, des pensées et des sentiments tout humains sur l'être, elle a les pensées et l'action présente de la divinité même. Dès que le dogme se transforme en notion symbolique et le culte en une belle cérémonie, nous sommes en dehors de la religion positive. Celle-ci commence et finit avec la présence ponctuelle de la divinité en un temps, en un lieu et sous une forme déterminés. La conscience positivement religieuse ne fait pas de distinction entre images symboliques et vérités objectives dévoilant le fond de l'existence, non plus qu'entre cérémonies symboliques et actions s'exerçant en pleine réalité. Les puissantes formes symboliques créées par les religions positives n'ont précisément été possibles que parce que les hommes ignoraient encore la différence entre le symbole et la réalité, qui est l'œuvre de la réflexion et de l'analyse. Cette œuvre une fois accomplie, les grandes images peuvent conserver encore leur valeur, comme expressions symboliques d'expériences et de sentiments humains qui doivent se répéter sans cesse, mais la question est de savoir si l'activité créatrice de symboles se fût déployée à l'origine avec un tel degré d'énergie, si elle n'eût pas été issue de la ferme conviction d'avoir affaire à des réalités objectives. Un état d'esprit, qui ne fût ni affaibli par le doute ni divisé par la réflexion, était une condition indispensable pour la production de quelques-unes des images et des formes les plus puissantes dont le genre humain dispose. Un des côtés essentiels du problème religieux c'est précisément de savoir si la force de production peut encore rester considérable une fois que la distinction entre le symbole et la réalité est entrée en vigueur. Ce qu'il y a de sûr c'est que le culte et les dogmes ont subi l'influence de quelques-unes des expériences les plus importantes du genre humain. Constamment et sans le vouloir, on créait des pensées et des actes que l'on croyait avoir de la portée et de la valeur dans l'autre monde, en se fondant sur des influences, des expériences et des sentiments empruntés à la vie réelle. Ce n'est pas une des moindres raisons sur lesquelles repose l'importance morale des religions positives.

L'histoire de l'évolution des religions positives nous montre qu'elles sont dans un *rapport d'action réciproque avec la morale pratique* (la moralité positive ; voir I, 2). Elles ont exercé sur elle une grande influence, et en retour ont subi la sienne. Mais les adeptes des religions positives ne peuvent, de leur point de vue, admettre que la première, non la seconde de ces influences. Leur religion leur révèle la vérité absolue : la vie humaine doit s'instruire auprès d'elle, mais elle-même n'a rien à apprendre de la vie humaine. La conception historique, au contraire, pour qui tout événement de l'histoire n'est jamais lui-même qu'un produit de l'évolution historique, soutient fermement que l'influence morale des religions est seulement possible parce qu'elles s'incorporent des idées morales s'étant développées d'une manière jusqu'à un certain point indépendante de l'influence religieuse. Il faut que l'homme connaisse par sa propre expérience les qualités qu'il attribue à la divinité. Il faut que l'amour et la justice aient manifesté d'abord leur valeur dans la vie humaine avant que la pensée d'une divinité aimante et juste puisse se faire jour. Comment, sans cela, l'homme pourrait-il donner un sens à ces mots, lorsqu'ils sont employés à propos de la divinité ? Il se produit un renforcement, une idéalisation : les qualités sont attribuées à la divinité à un degré et avec une plénitude qui surpasse tout entendement. Le sentiment religieux positif est déterminé par la représentation d'un ou de plusieurs êtres très au-dessus de la nature et des conditions humaines, dont la puissance surpasse de beaucoup la portée de l'entendement humain, mais pourtant conçus par analogie avec les êtres humains. Toutes les qualités particulières qu'on leur attribue doivent par conséquent avoir subi une amplification et un accroissement, mais il faut pourtant qu'il se trouve à leur base des expériences susceptibles d'être amplifiées et accrues. Le monde divin est orné des qualités qui apparaissent comme les plus élevées à la conscience humaine. Par là s'explique que l'amélioration des hommes ou tout au moins l'adoucissement des mœurs s'accompagne d'une amélioration et d'un adoucissement corrélatifs dans le caractère des dieux. Aux dieux de guerre, sauvages et cruels, se substituent peu à peu les dieux d'amour et de miséricorde. L'histoire des religions nous montre une humanisation progressive des dogmes et du culte. Il est difficile de dire que la religion et la morale aient une origine commune. Il est probable qu'elles se sont seulement associées à un degré ultérieur de l'évolution ; la religion s'est moralisée au cours des temps[1]. Aux degrés inférieurs, le besoin de vengeance des dieux ne s'apaise que par le sang. Les véritables sacrifices humains disparaissent cependant peu à peu ou sont remplacés par des rites symboliques dont l'imagination des croyants se représente rarement avec exactitude la signification originelle. Cette évolution est particulièrement nette dans la religion grecque. Dans la religion juive, les sacrifices expiatoires jouèrent un grand rôle, mais déjà le Jéhova des prophètes n'a plus soif de sang, et l'amour lui est plus agréable que de nombreuses victimes. Pourtant l'influence de saint Paul transporta l'idée du sacrifice expiatoire au Dieu irascible dans le christianisme ecclésiastique, où il est encore souvent conservé sous une forme qui rappelle absolument les conceptions primitives[2]. Un autre exemple nous est fourni par l'idée de l'enfer et de la damnation éternelle. Si l'enseignement de l'Eglise orthodoxe conserve encore aujourd'hui cette idée, elle est loin pourtant de manifester un désir de vengeance aussi ardent et une imagination aussi vive que les chrétiens de l'antiquité[3]. La base s'est modifiée ; les idées religieuses qui se sont formées sous l'influence de la vie affective d'époques antérieures se maintiennent sans doute encore, mais on leur donne un autre sens, ou bien on ne se les représente plus dans toute leur acuité et dans toute leur netteté. La sym-

[1] CHANTEPIE DE LA SAUSSAYE : *Religionsgeschichte*. Fribourg, 1887, I, p. 35.

[2] Un synode de pasteurs suédois (tenu à Lund en septembre 1864) s'exprimait ainsi : « Pas de christianisme sans expiation et sans expiation sanglante », et il s'appuyait expressément sur ce que « l'histoire religieuse nous parle d'une expiation dans le sang par les sacrifices sanglants qui se présentent dans tant de religions. »

[3] Tertullien et saint Cyprien se réjouissaient à la pensée de voir leurs persécuteurs tourmentés dans les flammes de l'enfer, tandis qu'eux-mêmes seraient assis à la droite de Dieu. Chez saint Augustin et saint Thomas, on remarque déjà une atténuation, la vue des tourments des damnés n'étant proprement qu'un contraste destiné à donner aux élus un sentiment d'autant plus fort de la grâce qui leur a été accordée. De nos jours les zélés directeurs de consciences doivent parfois consoler ceux dont ils regardent les proches comme damnés par cette idée que chez les élus tout souvenir de ces damnés sera éteint, de sorte que leur béatitude ne subira aucun préjudice par suite du martyre de ces derniers. Pour bien des hommes pourtant cette supposition ne manifeste pas un progrès très considérable de l'humanité.

pathie, l'amour de l'humanité ont grandi ; aussi l'imagination a-t-elle perdu son énergie sous ce rapport.

2. — Ce ne sont pas seulement les résultats de l'évolution *morale* qui sont ainsi transportés dans le dogme et le culte. Nous ne pouvons comprendre l'importance des religions positives que si nous les regardons comme des *condensations* de *tous* les côtés de la vie mentale. Si l'on compare les formes supérieures aux formes inférieures du dogme et du culte, l'influence de l'évolution intellectuelle et esthétique n'apparaît pas moins que celle de l'évolution éthico-sociale. Les religions supérieures se sont appropriées plus de connaissance rationnelle que les inférieures. L'idée de la divinité est toujours mise jusqu'à un *certain* point en harmonie avec la connaissance croissante de l'ensemble formé par la nature. Le fétichiste et le polythéiste se heurtent plus vite aux limites de la raison humaine que le monothéiste, dont la divinité est la source de toutes choses, y compris les lois de la nature. Par rapport aux religions inférieures, la religion supérieure est rationaliste. Les facultés esthétiques, elles aussi, trouvent un emploi dans les religions. L'imagination cherche à se former des êtres qui sont l'objet de la foi des images aussi vives, aussi claires et intéressantes que possible. Elle s'efforce de représenter le grand et le sublime.

La religion positive est à l'origine l'unique forme de culture idéale. Les vies morale, intellectuelle et esthétique existent alors essentiellement sous la forme religieuse. Tous les côtés, toutes les tendances de la vie mentale se condensent et se transforment en dogme et en culte. Aussi la religion positive ne prétend-elle pas contenter un côté unique de la nature humaine, comme la pensée, l'imagination, le sentiment ou la volonté, mais elle s'adresse à tous les côtés et, *dans son époque classique*, elle est, au point de vue mental, *tout* pour l'homme. On ne connaît alors ni science, ni art, ni morale spéciales ; aussi la religion elle-même ne forme-t-elle pas un objet spécial à côté d'autres branches d'activité. L'importance de la religion dans l'histoire de la civilisation tient à son remarquable pouvoir de condensation par rapport à beaucoup des choses qui semblent ou ont semblé aux hommes vraies, bonnes et belles. C'est avec toute la force accumulée par cette condensation que la religion agit sur les hommes. Elle les nourrit et les élève avec des éléments qu'elle a elle-même absorbés et transformés. C'est la tâche de l'histoire des religions de montrer les divers modes de condensation qui se sont produits ici, ainsi que les divers éléments acquis aux différentes époques. Une grande religion ne s'achève pas d'emblée, ni par l'action d'un seul homme. Un grand nombre de générations et de personnalités d'espèces diverses contribuent, par la projection spontanée des expériences de leur vie, à la formation du culte et du dogme. Le génie religieux se manifeste par l'introduction d'une condensation nouvelle des éléments de la vie mentale d'une époque donnée, et le sens religieux consiste dans le besoin et la faculté de recevoir la nourriture spirituelle sous cette forme.

3. — Au cours de l'évolution progressive de la culture, il se produit, dans le domaine mental, une division du travail. Le morcellement remplace la condensation, l'analyse remplace la synthèse. Chaque côté, chaque tendance de la vie mentale réclame désormais une attention et une énergie particulières. Il se forme une science spéciale, un art spécial, et la morale cherche sa base distincte, indépendante du dogme et du culte. Dès lors naît le conflit entre la foi et la science, entre la morale philosophique et théologique, entre l'Église et l'État. A ce degré de l'évolution, la religion positive devra souffrir d'une difficulté, d'une contradiction interne, provoquée justement par ce qui faisait sa force aux degrés antérieurs : elle doit exprimer la vie mentale *tout entière*, et pourtant n'est elle-même qu'une manifestation *spéciale* de cette vie, *à côté* de la science, de l'art, de la morale et du reste de la culture.

L'importance morale d'une religion positive dépendra d'un côté, de la façon particulière dont elle reliera les divers éléments (intellectuels, esthétiques, moraux), de l'autre, et surtout, des idées morales qu'elle se sera appropriées. Sa ruine *peut* entraîner la perte d'une importante force morale. D'une part, il y a des natures seulement aptes à recevoir la nourriture mentale sous forme condensée, et qui se trouveront dès lors dispersées et vides. De l'autre, il n'est pas dit que les éléments particuliers soient capables d'agir aussi vigoureusement ailleurs que dans la condensation proprement religieuse. L'oxygène ne peut-il pas, comme élément constitutif de l'acide carbonique, produire des effets dont il serait incapable à l'état libre ? Pas plus que l'importance morale d'une religion positive ne va de soi, il ne va de soi que sa dissolution soit un progrès.

Les éléments constituant le contenu d'une religion positive *n'ont pas besoin* de disparaître lors de sa dissolution. Les expériences humaines qui trouvent leur expression renforcée et idéalisée dans les idées religieuses peuvent toujours se recommencer. C'est pourquoi les mobiles religieux ne s'opposent pas complètement aux autres mobiles, mais peuvent au contraire les adopter, se les assimiler. L'amour de l'humanité est un mobile moral ; la croyance en un Dieu dont l'amour est l'essence est un mobile religieux ; cette croyance suppose pourtant que l'on connaît déjà l'amour par expérience personnelle. C'est ce rapport entre les mobiles religieux et moraux qui rend si difficile une comparaison des diverses religions au point de vue de leur importance morale. Il n'est pas facile de décider avec quel degré d'indépendance agit tel élément particulier et combien il doit à la forme et au milieu dans lequel la religion le fait se présenter.

Alors même que les forces agissant d'une manière concentrée dans la religion pourraient très bien avoir le même effet en agissant chacune séparément, il resterait cet inconvénient que la culture idéale manquerait d'une expression d'ensemble. On éprouvera toujours un penchant naturel à rechercher une expression d'ensemble de la vie, au lieu de n'avoir jamais à faire qu'à l'un de ses côtés particuliers. La division du travail amène le morcellement et le manque d'harmonie, lorsque de nouveaux processus de condensation sont impossibles. C'est une question de la plus haute importance pour l'avenir du genre humain que celle de savoir si de telles condensations peuvent encore se réaliser sans prendre nécessairement la forme du dogme et du culte. Il faudrait pour cela une action réciproque étroite entre l'art et la science, entre la théorie et la pratique, entre la connaissance et le sentiment. Il faudrait que les expériences et les dispositions affectives fondamentales de la vie humaine puissent trouver leur expression dans des symboles qui, sans être établis dogmatiquement, parleraient autant à la sensibilité qu'à l'intelligence, à la vérité qu'à l'imagination. Cette question est-elle soluble ? C'est ce que l'avenir montrera. La conscience humaine n'est pas encore parvenue aujourd'hui à cette maturité. En attendant, nous vivons à l'époque de la critique et de l'analyse, et toute notre vie mentale en porte l'empreinte. Sous l'impression accablante des traditions religieuses, nous dépensons une telle somme de travail à l'affranchissement mental qu'il nous reste difficilement de l'énergie disponible pour la construction positive d'une nouvelle conception de la vie. En même temps, chaque individu est obligé de soutenir cette lutte d'affranchissement pour lui seul. La colère provoquée par la manière dont l'évolution religieuse personnelle est opprimée et empêchée prend facilement plus d'influence que le besoin d'atténuer la détresse spirituelle du genre humain. Christoph Schrempf, ce vigoureux penseur en matière religieuse, a très bien fait voir que, de nos jours, chez ceux qui se libèrent de la tradition religieuse, le besoin d'être mentalement soi-même se développe aisément aux dépens de la faculté de se dévouer et de sentir à l'unisson d'autrui[1]. On a aussi attiré avec raison l'attention sur une autre conséquence de l'émancipation religieuse. Stanton Coit, un des partisans les plus énergiques d'une morale indépendante de la religion, dit (dans un discours sur « les dangers du radicalisme en religion ») : « Le rejet pur et simple des doctrines traditionnelles et la poursuite d'idées personnelles donnent à l'homme un certain penchant au changement continuel. Il lui faut toujours du nouveau... Les libres penseurs frais émoulus sont comme des oiseaux qui, une fois échappés de la cage, volent sans repos de branche en branche, de la vallée vers la montagne, de la montagne vers le lac, sans jamais s'arrêter pour bâtir à leur cœur quelque nid familier, qui se hâtent toujours plus loin, jusqu'à ce qu'enfin, les ailes leur manquant, ils tombent à terre dans une solitude déserte[2]. » Cette instabilité, qui rend difficile à beaucoup de gens de se créer une nouvelle intimité, un nouveau foyer mental à la place de l'abri familier mais abandonné par eux de la tradition, est encore une des causes empêchant les créations positives nouvelles dans le domaine des conceptions sur la vie.

4. — Il y a encore un côté très important à faire ressortir dans les religions positives. Les dogmes et les formes de culte résultant de la condensation religieuse sont communs à des quantités d'hommes plus ou moins considérables. La religion positive et l'*Église* sont choses inséparables. Le processus reli-

---

[1] *Die Wahrheit*. Halbmonatsschrift zur Vertiefung in die Fragen und Aufgaben des Menschenlebens. V. Stuttgart, 1900, p. 281.

[2] Stanton Coit : *Die ethische Bewegung in der Religion*. Uebers. von Oldzycki. Leipzig, 1890, p. 93 sqq.

gieux ne s'accomplit pas dans l'individu isolé ; ce dernier ne fait qu'exprimer les sentiments s'agitant plus ou moins chez un grand nombre, qu'adhérer aux données de la *tradition*, ou que les développer. Dans le domaine de la religion positive, les individus les plus créateurs n'ont pas le sentiment de donner, mais de recevoir. Les individus se groupent autour d'une tradition commune et les querelles religieuses commencent seulement lorsque la question se pose de savoir en quel sens il faut développer la tradition. Une société religieuse positive, une église, ne naît pas de l'union libre d'individus se recherchant les uns les autres, mais parce que la même parole résonne pour tous. Sous sa forme la plus simple, cette société se compose d'une famille unique, dans le cercle de laquelle on vénère de génération en génération les mânes des morts. C'est en leur honneur qu'on entretient le feu du foyer, et leur commandement est regardé comme la loi suprême. Ici déjà, on trouve une histoire sainte. Ceux-là seuls qui sont du même sang prennent part à cette *religion domestique*; le père de famille, qui dirige tout, constitue la plus haute autorité vivante, sous le rapport religieux comme sous les autres. De nos jours encore, cette espèce de culte est la plus répandue sur la terre, car elle subsiste au-dessous ou à côté des religions nationales, ou comme en faisant partie. Il n'y a que le christianisme et le mahométisme où ce culte ait complètement disparu[1]. *La religion nationale* est née de ce que l'État tout entier avait ses dieux et ses héros communs, de même que son commun foyer. A l'origine, l'État, tout comme la famille, était une société religieuse et politique. L'État et l'Église ne se distinguaient pas l'un de l'autre pas plus que les lois religieuses, juridiques et morales. C'était un devoir pour chaque citoyen de prendre part au culte public, mais les étrangers en étaient exclus. Chaque État avait ses dieux comme chaque famille les siens. On combattait pour les dieux non moins que pour la terre des ancêtres. On peut déjà voir poindre une distinction entre la société religieuse et la société politique au moment où se développe une classe sacerdotale particulière, chargée de conserver les traditions et les mœurs anciennes. Mais cette distinction n'apparaît d'une manière vraiment nette qu'au moment où naît *l'idée d'une Église, considérée comme société*

[1] Henry Maine : *Early law and custom*, p. 56.

*religieuse universelle*. Les différences de famille et les barrières nationales n'ont plus désormais qu'une importance secondaire. Il ne doit plus y avoir ni Juifs ni païens, ni Grecs ni Barbares. Il s'agit de fonder une société purement spirituelle. Pourtant, ici encore, la société religieuse, l'unité spirituelle, a pour condition la commune tradition d'une histoire sainte où les individus puisent la loi suprême de leur vie et la fixation certaine de leur destinée. En ce qui concerne l'humanité européenne, c'est le christianisme qui fit triompher cette idée. Sans doute, la philosophie grecque était arrivée, par sa voie propre et sous l'influence des enseignements de l'histoire depuis la mort d'Alexandre le Grand, à l'idée de l'égalité, de la communauté de nature de tous les hommes et de l'amour universel du genre humain. Mais c'est précisément là une preuve de l'importance de la condensation religieuse, car c'est seulement comme élément d'une religion positive que cette idée a pu rallier un nombre beaucoup plus considérable de suffrages.

Ainsi la religion a démontré sa puissance créatrice et conservatrice de sociétés dans une sphère de plus en plus vaste. Le point culminant se trouve dans l'idée d'une société humaine universelle. Nous allons donc soumettre cette idée à un examen plus minutieux.

5. — La société humaine universelle annoncée par la religion positive ne s'est point développée d'une manière toute naturelle ; sa fondation est un acte surnaturel devant se répéter chaque fois qu'un nouvel individu y doit être reçu. L'individu ne saurait en obtenir l'entrée par ses propres efforts. C'est du dehors, par une tradition historique, que lui vient la nouvelle de son établissement. Sans doute, la société doit être universelle, mais la tradition à laquelle il faut conformer sa vie pour en faire partie arrive par un canal étroit. Celui qui ne le rencontre pas sur son chemin est perdu. Tout revient donc à savoir si la tradition nous parvient et si elle est authentique. Ce point doit nous être garanti ; aussi la croyance aux garanties devient nécessairement l'essentiel. La foi religieuse positive se transforme donc par une nécessité logique en foi dans l'Église, canal par lequel nous arrive la tradition religieuse. Ce passage de la croyance en la chose garantie à la croyance dans la garantie est visible dans l'histoire moderne aussi bien du catholicisme que du protestantisme. Le dogme de l'infaillibilité du pape, pro-

clamé seulement quinze siècles après les autres dogmes, est ici tout particulièrement caractéristique.

De même que, par rapport à son contenu, la religion, aux degrés plus avancés de la culture, souffrira de cette contradiction de devoir être tout, alors qu'en fait elle est une simple manifestation particulière de la vie à côté des autres, de même, par rapport à sa base, elle souffrira de cette contradiction de poser comme condition de la société morale universelle des hommes une croyance pouvant manquer, sans qu'aucune des plus nobles qualités morales doive nécessairement faire défaut pour cela. Celui à qui sa raison ne permet pas d'adhérer aux dogmes et de se fier à l'autorité de l'Eglise peut cependant très bien « avoir faim et soif de justice », « être doux et humble de cœur ». Bien plus, c'est peut-être justement parce qu'on a faim et soif de justice qu'on est incapable d'adhérer au dogme (Cf. XXXI. 3). Il peut y avoir dans l'enseignement dogmatique des points que la conscience, malgré l'essai le plus loyal, ne puisse accepter. L'Eglise ne saurait voir là qu'une conception tout individuelle de la justice et que de l'orgueil. Comme condition première, elle réclame l'obéissance. (Cf. X, 4).

La contradiction qui apparaît ici est une contradiction entre la foi et l'amour. La foi pose des barrières, l'amour les enlève. La foi divise, l'amour unit. Cette contradiction s'étend à travers l'histoire entière de l'Eglise. L'amour de l'humanité a détruit les barrières nationales, il sera également capable de détruire les barrières dogmatiques. Son influence a conduit à la *liberté religieuse*.

6. — Le principe de la liberté religieuse supprime toutes les distinctions extérieures, civiles et politiques, liées auparavant à la diversité de religion. Il supprime avant tout les châtiments antérieurement attachés à la transgression des devoirs religieux et à l'incrédulité. C'est ainsi que lentement toute une série de crimes, autrefois mis en première ligne, ont disparu des codes [1]. Il ne faut pourtant pas considérer ce principe comme purement négatif. Il ne renferme aucune proclamation d'indifférence, mais c'est une conséquence naturelle de la sympathie élargie et de l'amour de l'humanité. Non seulement

---

[1] Durkheim : *De la division du travail social*. Paris, 1893; p. 172-177.

il permet à chacun de se retirer en son for intérieur sans être troublé par autrui, mais il repose encore sur la supposition d'une base humaine commune derrière toutes les diversités de croyance. C'est une considération de grave conséquence, car c'est seulement en la faisant ressortir qu'on peut empêcher la grande force sociale qui réside dans les religions positives d'être complètement perdue. Une grande force réside dans l'union fondée sur la communauté de vues relativement aux plus grands problèmes. S'il est permis à chacun de faire son salut à sa façon, cela peut facilement amener que chacun suive sa voie propre et que l'intelligence réciproque devienne impossible. Quand même l'indifférence et le blasement trouveraient leur compte dans la liberté religieuse, ce n'est pourtant pas là son côté essentiel.

La liberté religieuse suppose d'abord l'indépendance de la morale par rapport à la religion. La diversité des confessions, l'opposition entre l'acceptation et le rejet d'un dogme ne sauraient être identiques à la différence du bien et du mal. Au point de vue d'après lequel la foi est l'unique principe de tout bien, l'incrédulité l'unique principe de tout mal, la liberté religieuse n'est pas admissible. Si grande que soit la différence faite entre la vie civile et la vie interne, elle ne saurait pourtant jamais devenir telle qu'on puisse donner à des hommes dépourvus des premières conditions d'une conduite morale le plein droit de prendre une part active à la vie civile et politique. Dans la vie civile et politique il y a place et emploi pour les plus hautes vertus morales et personne ne peut être reconnu comme membre indépendant de son peuple, s'il est complètement exclu de la possibilité de manifester de telles vertus au grand jour. Suivant l'orthodoxie rigoureuse, l'incroyant a même commis le plus grand de tous les péchés, le père de tous les autres, celui de n'avoir pas voulu mettre des chaînes à sa raison. La liberté religieuse est manifestement incompatible avec une pareille conception.

En second lieu, la liberté religieuse se fonde sur la supposition que chaque individu a son originalité personnelle, qu'il importe de développer aussi pleinement et aussi librement que possible. Quelles que soient les choses auxquelles il croit ou ne croit pas, il doit être traité comme une personne indépendante et chercher la vérité par sa voie propre. Toute manifestation de vie personnelle et originale a sa valeur, à moins qu'elle ne fasse obstacle à des considérations plus larges. Même dans les fonctions mentales les plus simples, il existe des diversités individuelles sur lesquelles on n'a porté l'attention que tout récemment. Combien *a fortiori* la vie mentale supérieure ne doit-elle pas présenter de diversités, et comme il faut être prudent quand on conclut de ressemblances extérieures à des ressemblances intérieures ! Les paroles, les symboles et les actes peuvent être les mêmes, et recouvrir cependant la plus grande différence interne. Seul l'homme capable de distinguer la coquille de l'amande découvre ces diversités, cette richesse. Celui qui s'en tient à la profession de foi positive ou négative ne dépasse pas la surface. On ne découvre la fleur qui pousse dans les hauts herbages que si l'on écarte les longues tiges. Il apparaît que l'affinité mentale est autre chose que l'affinité dogmatique. Et non seulement sous la même profession de foi extérieure peuvent se rencontrer des vies affectives internes toutes différentes, mais encore sous des professions de foi différentes peuvent exister des vies affectives très rapprochées. Il peut être malaisé de pénétrer aussi avant ; nous sommes encore trop en arrière, en ce qui concerne le sens psychologique de la vie personnelle sous toutes ses formes, et les querelles dogmatiques empêcheront encore longtemps le plein développement de ce sens. Néanmoins, la liberté religieuse ouvre la voie à ce développement.

7. — La communauté des intérêts, la vie commune dans la société civile et en vue de l'amour de l'humanité, feront peu à peu reconnaître plus complètement l'indépendance de la morale et mieux comprendre la vie personnelle, en dépit des formes diverses de la foi. Plus les domaines où l'on peut travailler sans que les différences de religion aient aucune influence deviendront nombreux, plus aussi cette reconnaissance et cette compréhension se développeront, ce développement dût-il être d'ailleurs à demi-inconscient. Ici comme ailleurs (cf. XIII, 4), l'action commune précède la sympathie, et la pratique la théorie.

L'Église ne saurait naturellement admettre de son point de vue ces conséquences du principe de la liberté religieuse. De même que l'Église romaine ne cesse de protester contre la suppression de son pouvoir séculier et contre la doctrine d'après laquelle la discipline ecclésiastique ne doit pas entraîner de châtiments temporels, de même toute Église orthodoxe est obligée de considérer la différence entre la foi et l'incrédulité comme la plus grande opposition de la vie et de regarder comme négligeables, à côté de cette opposition absolue, les vertus relatives qui pourraient se rencontrer chez les incroyants. Mais la vie poursuit sa marche en dépit de tous les dogmes et développe dans la pratique les conséquences que des préjugés dogmatiques empêchent de tirer en théorie.

Par contre, il n'y a rien qui puisse empêcher le libre penseur de les tirer tout de suite. Sans doute, en ce qui concerne les religions positives, les temps de la critique et de la polémique ne sont point passés. Il y a là une lutte qui, longtemps encore, sera toujours à recommencer. Mais le libre penseur qui n'est gêné par aucun préjugé dogmatique doit comprendre qu'il a, beaucoup plus que le croyant, l'obligation de faire montre de charité et d'intelligence envers ceux qui ont des convictions différentes des siennes. C'est seulement si notre pensée et notre sensibilité se sont réellement élargies, que l'affranchissement à l'égard des doctrines de la religion positive a une importance morale. Qu'un homme ne croie pas à une chose, c'est bien le moins qu'on puisse dire de lui, et cela ne lui confère aucune valeur par soi-même, alors surtout qu'on peut adhérer à une profession de foi négative avec aussi peu d'indépendance et de jugement qu'à une positive. Chez le libre penseur qui prend la vie au sérieux, la « froide raison » ne règne pas seule. Il n'est pas moins épris de conscience libre et de libre recherche. C'est ce que George Eliot exprime, pour son compte personnel, de la manière suivante : « Je le dis aujourd'hui et une fois pour toutes, je suis aujourd'hui déterminée dans ma conduite par des considérations bien plus hautes et par une idée bien plus noble du devoir que je ne l'ai jamais été tant que j'adhérais aux doctrines évangéliques[1]. »

A quoi bon d'ailleurs toutes nos investigations historiques, tous nos efforts pour pénétrer les diverses périodes de la culture, s'il ne doit pas en résulter une intelligence plus grande et plus approfondie de la vie menée autour de nous, alors même que cette vie admettrait des formes et des symboles en désaccord avec nos vues? Si le libre penseur ne surpasse point le croyant en sympathie et en intelligence psychologico-historique

---

[1] *Life of George Eliot*, I, p. 148 (édit. Tauchnitz).

de la vie mentale, la critique purement négative ne suffira pas à lui donner une supériorité réelle.

Le conflit religieux lui-même prendra-t-il un jour fin? Les croyants et les libres penseurs se trouveront-ils en tout temps les uns en présence des autres? Sur ce point nous ne pouvons rien savoir, et d'ailleurs la morale n'a pas à s'en occuper. Tant que l'opposition subsistera, il y aura une action réciproque entre les deux tendances. Certains sentiments et certaines idées sont favorisés par l'une de ces tendances, certains autres par l'autre, et lorsque ces sentiments et ces idées ont une réelle importance pour la vie humaine, même la tendance qui ne les a pas elle-même produits doit se les assimiler. Combien par exemple la libre recherche de notre temps ne doit-elle pas d'enseignements au romantisme et à la réaction religieuse du commencement du XIX⁰ siècle! Combien, d'autre part, l'expérience et la science n'ont-elles pas constamment influé sur la conscience religieuse, non seulement par leurs résultats mais encore par la méthode de penser dont elles apprennent peu à peu l'application aux hommes! L'évolution se poursuit ainsi lentement et à travers une foule d'oscillations. Mais une harmonie durable pourra-t-elle jamais être obtenue? Un avenir très lointain pourra seul le montrer.

# XXXIII

## L'ÉGLISE ET L'ÉTAT

1. L'Eglise comme puissance éducative de culture. — 2. Eglise nationale et liberté religieuse. — 3. La séparation de l'Eglise et de l'Etat n'est point une scission complète. — 4. Relâchement progressif du lien entre l'Eglise et l'Etat.

1. — L'Eglise n'a pas seulement été dans le passé une des plus grandes puissances de culture agissant dans la vie humaine, mais elle l'est encore aujourd'hui et le restera sans doute encore quelque temps. C'est ce qui est apparu clairement pendant le mouvement religieux du xix° siècle, où l'Eglise s'est épanouie en vie interne et en puissance externe[1], bien que peu auparavant elle semblât devoir succomber à ses ennemis du dehors, et être abandonnée par toutes les forces spirituelles. A cause de sa grande influence et de sa grande vitalité, elle mérite d'être considérée à la lumière de la morale sociale. En laissant complètement de côté la valeur objective de la base sur laquelle l'Eglise appuie son édifice, il est d'une importance décisive qu'elle apporte à l'évolution — dans les justes limites — la contribution qu'elle est capable de lui apporter.

L'Eglise a une grande responsabilité morale, dont ses représentants, par suite d'un étrange aveuglement, ne paraissent justement pas se rendre clairement compte dans ces derniers temps. A mesure que les lumières et les connaissances s'étendent à des cercles plus larges, il est inévitable que le doute sur les assertions dogmatiques de l'enseignement ecclésiastique et que leur critique s'étendent aussi de plus en plus. Les difficultés intellectuelles soulevées par la foi religieuse deviendront sensi-

[1] Voir par exemple l'intéressante description donnée par Taine du développement de l'Eglise en France depuis la Révolution. *Le Régime nouveau*, II, p. 89-161.

bles à un nombre d'hommes de plus en plus grand. Mais l'Église a justement encore aggravé son point de vue dans ces derniers temps : « Sans foi religieuse pas de morale ». De ce point de vue, l'Église est obligée de regarder comme une conséquence rigoureuse que rejeter la foi, c'est se précipiter du même coup dans la bestialité. D'ailleurs l'apôtre saint Paul n'a-t-il pas déjà prononcé ces fatales paroles : « Si le Christ n'est pas ressuscité, alors buvons et mangeons, car demain nous serons morts. » Si ces idées devaient prendre de l'extension — et certains prédicateurs font pour cela tout ce qu'ils peuvent — l'avenir nous offrirait des perspectives peu rassurantes. L'Église ne voit pas à quel jeu de hasard elle s'en remet ici. Dans sa confiance aveugle en la victoire de ses dogmes, elle met tout sur cette carte unique. Si utile qu'elle ait pu se montrer par ailleurs à l'humanité, elle aura de sérieux comptes à rendre si la direction orthodoxe-piétiste doit continuer à déterminer son attitude à l'égard des masses, dont elle est encore à présent la conductrice et l'éducatrice spirituelle la plus considérable. Ces comptes lui seront demandés au nom de l'humanité. Car toute Église, quelque superbe nom qu'elle s'attribue, n'est en comparaison de l'humanité qu'une secte. L'Église est faite pour les hommes, non les hommes pour l'Église.

L'Église tend à faire dépendre les questions morales de principes dogmatiques et c'est pour cette raison surtout qu'il est nécessaire d'imposer des limites précises à son action. On ne méconnaît point pour cela la grande influence éducative qu'elle exerce sur ceux qui s'y rallient. Quand les idées morales sont incapables d'agir par leur seule force, elles peuvent le faire comme éléments de la religion, et quand les cultures intellectuelle et esthétique ne réussiraient pas d'autre façon, elles sont quelquefois possibles sous la forme religieuse. Pour bien des gens appartenant à toutes les classes de la société, la religion représente encore aujourd'hui le résumé de toute culture mentale. Il s'en faut de beaucoup que seule « la multitude » ne puisse se passer de religion. On rencontre des esprits critiques et des incrédules aussi bien parmi les paysans et les ouvriers que parmi les gens dits cultivés, et c'est souvent chez eux que la critique et le doute ont précisément le plus de justesse et de sérieux, parce qu'ils proviennent d'une pensée et d'une expérience non prévenues. Il y a parmi « la foule » bien plus de gens qu'on ne le pense d'ordinaire dont la conception de la vie se forme d'une manière autonome. La formation des gens « cultivés » n'a pas toujours un cachet d'indépendance ; pour beaucoup, elle consiste dans la participation à une certaine tradition intellectuelle, acceptée souvent trop vite et avec trop peu de spontanéité. Et même parmi les gens réellement cultivés, il y en a toujours sans aucun doute un certain nombre pour lesquels c'est une nécessité mentale que toute culture idéale, toute intelligence de la vie et tout sentiment relatif à elle, se solidifient en fin de compte en grands symboles, magnifiquement colorés, à propos desquels la différence entre l'image et la réalité cesse de s'appliquer. C'est justement ce qui rend le problème religieux si complexe.

2. — La liaison de l'Eglise et de l'Etat n'est pas un simple effet du hasard. D'un côté l'Eglise était obligée, si elle voulait donner le résumé de toute culture mentale et former la société humaine universelle, de prétendre compénétrer la société tout entière ; de considérer l'Etat comme son serviteur. De l'autre, l'Etat — tant que les idées confessionnelles possédaient une domination incontestée sur les esprits — était obligé de se croire une mission religieuse et de considérer comme sa plus haute tâche celle d'étendre et de protéger la religion. Il regardait d'ailleurs aussi la religion et l'Eglise comme des moyens pour ses propres fins. La foi religieuse lui semblait une condition nécessaire pour obtenir de bons citoyens et pour procurer au pays la sécurité et la paix. Si l'on proscrivait l'hérésie, ce n'était pas seulement comme une offense à Dieu, mais aussi comme nuisible à la paix et au bien publics[1].

Tant que la religion positive fut l'unique puissance spirituelle de culture, la domination de l'Eglise sur l'Etat, ou tout au moins dans l'Etat — comme Etat ecclésiastique ou Eglise d'Etat — avait sa raison d'être. Mais quand les temps changèrent, l'Eglise commença elle-même à s'apercevoir que la vie religieuse s'accommodait au mieux de la liberté. Et comme désormais les Etats modernes comprennent des gens de religions diverses, comme bien des fonctions qui pouvaient être primitivement exercées par l'Eglise exigeaient maintenant de l'être sépar-

---

[1] Cf. F. POLLOCK : *The theory of persecution* (Essay in Jurisprudence and Ethics, Londres, 1882), p. 160.

ment, la liberté religieuse a été de plus en plus acceptée ou réclamée, tant du côté de l'Eglise que de l'Etat. Il faut dès lors que les rapports de l'individu avec l'Eglise et la religion n'aient absolument aucune conséquence pour sa situation dans l'Etat. A cet égard, cependant nous sommes seulement, aujourd'hui encore, dans un état de transition. Il s'en faut de beaucoup que la vie civile soit complètement affranchie de toute ingérence ecclésiastique. Il subsiste encore bien des formes et des institutions de l'époque où l'Etat se regardait lui-même comme le serviteur de la religion ou bien regardait celle-ci comme un moyen utile pour lui. Nous allons en donner quelques exemples.

Par le serment, l'Etat a voulu s'assurer la plus solide garantie possible qu'un individu disait la vérité ou prenait un engagement loyal. Il trouva cette garantie en faisant appel à ce qu'il pouvait y avoir de plus sacré pour l'individu. Le serment est à proprement parler [1] un vestige du « jugement de Dieu », si fréquemment employé par les sauvages et les barbares du moyen âge : celui qui prête serment appelle sur sa tête un châtiment surnaturel. Cependant le serment n'était pas destiné à être une profession de foi. Il ne vint à l'esprit de personne qu'un individu pouvait négliger de croire à un châtiment surnaturel. On renvoyait tranquillement les gens à des croyances que l'on s'imaginait partagées par tous. Si le serment était une profession de foi, sa survivance comme institution serait une grossière violation du principe de la liberté religieuse, tel qu'il est proclamé dans les constitutions de la plupart des états modernes. Si l'institution du serment subsiste encore, après la reconnaissance de la liberté religieuse, il doit être raisonnable de le considérer comme une injonction de donner son témoignage ou son engagement après l'examen et la réflexion les plus sérieux et les plus consciencieux, chacun fixant alors sa pensée sur ce qu'il y a pour lui de plus sacré. Le serment est alors prêté dans le même esprit où il avait été institué. Mais tant que le serment reste appliqué sous son ancienne forme théologique, la porte reste ouverte aux chicanes juridiques. On soutient que le serment implique une profession de foi et on obtient par là un moyen d'exclure ceux qui sont assez loyaux pour afficher leurs croyances religieuses de la jouissance

---

[1] Post : *Die Grundlage des Rechts*, p. 411 sqq.

complète de leurs droits civils[1]. On ne voit pas jusqu'où cela peut mener. L'évêque Martensen, si heureux de ce que l'État, « après avoir cédé par ailleurs sous tant de rapports à l'humanité irréligieuse », avoue par l'institution du serment ne pouvoir se passer de la garantie religieuse, fait remarquer avec pleine raison que cette seule garantie, le serment, serait insignifiante si l'on ne prenait pas davantage soin de l'esprit religieux du peuple en général[2]. L'État devrait par conséquent faire en sorte que tous les citoyens possèdent les principes dogmatiques nécessaires, il faudrait donc à toute force les inculquer à tous les hommes. On aboutit ainsi rigoureusement à l'inquisition. — La meilleure façon de rester d'accord avec le principe de la liberté religieuse serait de modifier la formule de manière à ce qu'elle ne renfermât plus aucune expression théologique. On éviterait en même temps ainsi le danger, déjà signalé par Kant, d'amener les hommes à croire que le mensonge n'est pas une chose si mauvaise, pourvu qu'on ne le confirme point par serment.

Un autre exemple nous est fourni par la forme du mariage officiel. Ici, l'unique organisation pleinement d'accord avec la liberté religieuse, c'est l'institution d'un mariage purement civil commun à tous, tandis qu'en beaucoup de pays encore, on marie civilement ceux-là seuls qui ne veulent d'aucun mariage religieux. Pourtant le parti le plus naturel — et en même temps le plus conforme à l'esprit religieux — c'est que les gens désirant un mariage religieux le fassent précéder du mariage civil, et non que ceux n'en voulant pas soient obligés de s'en faire dispenser. Au surplus, en laissant le choix entre le mariage civil et religieux, on proclame que ce sont deux contraires qui

---

[1] Un exemple d'abus semblable dans les formules traditionnelles de serment, tiré de l'Angleterre, nous est donné par F. Pollock: *The oath of allegiance* (Essays, p. 187, 197). — Au Parlement danois, un juriste considérable déclara que pour renfermer une plus haute garantie, le serment devait être plus qu'une affirmation solennelle, c'est-à-dire un appel à une puissance « capable d'intervenir dans les choses humaines au cours de la vie présente ou future » (Séance du Folkething du 20 décembre 1880). On semble prendre ici pour base un point de vue moral analogue à celui de la jeune fille dans la nouvelle de Paul Möller. « En dansk Students Eventyr » (Aventure d'un étudiant danois): Elle avait une peur terrible de l'enfer, mais fut rassurée à la pensée que celui-ci n'était autre chose que la mauvaise conscience. Qu'est-ce que cela peut bien faire à quelqu'un?

[2] *Individuel Etik* (Morale individuelle), p. 278.

s'excluent[1], et l'on entretient ainsi les préjugés religieux. — On a beaucoup trop oublié, dans toute cette question, que le fondement du mariage au point de vue moral ce n'est ni la sanction religieuse ni la sanction civile. Le mariage est fondé par l'union libre d'un homme et d'une femme, et la reconnaissance par l'Eglise ou l'Etat n'a qu'une importance secondaire (cf. XVII, 4).

On pourrait tirer des exemples analogues des cérémonies d'enterrement, de la domination de l'Eglise dans l'école populaire, etc. Les exemples cités suffisent cependant pour montrer combien il est nécessaire d'établir une organisation des faits de la vie civile qui ne soit pas entachée de préjugés théologiques.

3. — La vie religieuse conservée par l'Eglise sera d'autant plus vraie et plus intense qu'elle sera plus loin de dominer la vie civile. L'évolution historique du dernier siècle montre assez clairement combien l'Eglise a encore de profondes racines dans les peuples. Tandis que ses privilèges extérieurs diminuaient peu à peu, sa vie interne est devenue plus forte. Il semble que ce soit dans les pays où elle est complètement ou partiellement séparée de l'Etat qu'elle exerce sa plus grande influence sur les esprits. L'irritation soulevée contre l'Eglise au XVIIIe siècle s'adressait beaucoup plus à sa domination extérieure qu'à ses dogmes et à son culte. L'histoire de l'Eglise catholique depuis la Réforme, sa situation dans l'Amérique du Nord, celle de l'Eglise allemande depuis la loi impériale du 6 février 1875, montrent que l'Eglise elle-même s'est très bien trouvée de l'application rigoureuse du principe de la liberté. Du côté de l'Eglise on a eu des craintes très exagérées à propos de la séparation de l'Eglise et de l'Etat, et du côté des libres penseurs on a fondé beaucoup trop d'espérances sur elle.

A vrai dire, dans ce qui précède, nous avons réclamé bien plutôt une séparation entre l'Eglise et l'Etat qu'une scission complète. Ce qui précède implique seulement la nécessité de régler la vie civile dans l'Etat d'après des principes humains universels, non d'après des postulats religieux particuliers. L'Etat doit présupposer que les citoyens, même s'ils n'appartiennent à aucune Eglise, possèdent les principes moraux nécessaires pour exercer leurs droits et accomplir leurs devoirs res-

[1] Cf. E. ZELLER : *Staat und Kirche*. Berlin 1873, p. 220.

pectifs. Mais la question de savoir quelle situation l'Eglise doit occuper à l'avenir n'est pas encore tranchée par là. De ce qu'elle ne doit pas dominer l'Etat et les relations générales de la vie civile, il ne s'ensuit pas que l'Etat n'ait rien à faire avec elle. Tant que l'Eglise vivra encore dans le peuple, elle sera une puissance de culture considérable, en face de laquelle l'Etat ne saurait garder une attitude complètement indifférente.

Alors même qu'il s'élèverait au sein de l'Eglise un fort mouvement religieux, un enthousiasme comparable à celui de la première communauté chrétienne, de sorte qu'on renonçât à tout appui et à tout secours de la part de l'Etat, quand même l'Eglise deviendrait par conséquent une association purement privée, l'Etat ne pourrait pourtant pas la perdre complètement de vue. Il serait obligé de la soumettre à un certain contrôle pour l'empêcher de menacer la paix publique et la base morale de l'Etat. Il serait obligé d'empêcher les attaques fanatiques contre les dissidents et l'oppression des fidèles. Il aurait ici, comme à l'égard de la famille, la tâche de protéger les faibles contre la violence, même dans des circonstances privées et très intimes. L'Etat représente le principe moral universel en face des principes spéciaux de la morale religieuse admise par les différentes confessions. « La moralité, en tant que loi plus générale, est au-dessus des dogmes et des préceptes religieux[1]. » Il pourra devenir nécessaire d'interdire les sociétés ou congrégations religieuses troublant la paix des différentes confessions, s'attaquant même aux principes constitutifs de l'Etat ; c'est ainsi que l'ordre des Jésuites est interdit en plusieurs pays ; il l'est même en Suisse par un article exprès de la Constitution fédérale.

Mais dans les pays où l'Eglise est enracinée dans le peuple et où elle en a pétri la vie durant des siècles, il est naturel que l'Etat lui continue son appui, comme à une communauté où la majeure partie du peuple trouve les aliments essentiels de ses besoins spirituels. L'Etat considère donc l'Eglise comme une puissance de culture historiquement donnée, et l'appui accordé à l'Eglise se fonde sur les mêmes motifs que celui accordé à la science et à l'art. L'Etat ne saurait produire directement une espèce quelconque de culture. Son action à cet égard est toujours

---

[1] Expression employée, dans la séance du 3 mai 1849 de l'Assemblée constituante, par le ministre des Cultes (Madvig) au cours de la discussion sur le § 76 de la loi danoise fondamentale actuellement en vigueur.

indirecte. Il ne saurait ni produire ni détruire la religion ; mais il peut fournir à la société religieuse un appui matériel et des formes légales. Devra-t-il également soutenir d'autres associations religieuses que l'Eglise traditionnelle du pays? Cela dépendra de l'importance qu'il leur attribuera. Comme condition de l'appui matériel et légal accordé par lui à l'Eglise, l'Etat doit réclamer le droit d'exercer sur elle un contrôle beaucoup plus minutieux qu'il n'est possible de le faire sur une association purement privée. Il y a surtout deux choses que l'Etat doit exiger rigoureusement dans l'intérêt de la culture mentale et de la liberté de penser.

La constitution de l'Eglise ne saurait être pour l'Etat une chose indifférente. Il doit travailler à rendre cette constitution favorable à l'ensemble de la vie et du développement du peuple. Il ne saurait accepter une constitution d'où résulterait une hiérarchie exerçant sur les membres de l'Eglise une domination spirituelle illimitée. Il ne saurait favoriser aucune tyrannie de l'esprit ni aucun rétrécissement systématique de l'horizon mental du peuple. Autant que possible, il favorisera la liberté de l'enseignement religieux, et travaillera à ce que le peuple puisse fréquenter les maîtres religieux dont les doctrines obtiennent sa libre adhésion. Il ne saurait permettre indéfiniment à l'Eglise d'exiger de tous les gens chargés d'enseigner la religion la profession d'un système doctrinal déterminé, surtout quand il est si invraisemblable que tous se le soient assimilé avec une conviction entière et personnelle. L'unité ecclésiastique s'achète trop cher quand elle amène les directeurs de l'évolution religieuse à s'abstenir, de gré ou de force, d'un examen critique des doctrines aussi impartial que l'amour de la vérité le réclame[1]. — L'Etat exigera en même temps que les

---

[1] Un exemple instructif et récent nous est fourni par un arrêt du « Disziplinargericht für evangelische Geistliche » würtembergeois du 21 février 1896, révoquant de ses fonctions le pasteur Stendel, parce qu'en des points « essentiels », il s'écartait de l. confession d'Augsbourg et de la liturgie. Le jugement faisait au prévenu le reproche suivant : « la culture et le souci exclusifs de ses scrupules moraux ont leur source en partie dans une estime exagérée de soi, qui l'a conduit *à faire d'un conflit que des centaines d'autres soutiennent en silence à côté de lui sous telle ou telle forme, sans dommage pour leurs âmes,* l'objet d'un martyre public ». Le tribunal ecclésiastique suprême avoue donc ici que des centaines de pasteurs se trouvent en sérieux conflit avec la doctrine de l'Eglise, et que dans ce conflit interviennent des difficultés non seulement intellectuelles,

futurs prêtres de l'Eglise reçoivent une certaine éducation scientifique. Il n'est pas d'importance négligeable que les jeunes gens se destinant aux fonctions ecclésiastiques poursuivent leurs études dans un établissement supérieur d'instruction, à côté du reste de la jeunesse studieuse. Ils apprennent ainsi à connaître la vie sous plusieurs aspects. La camaraderie leur rend impossible un exclusivisme exagéré, et ils acquièrent, en dehors de la conscience religieuse, une conscience scientifique.

L'influence susceptible d'être exercée de la sorte par l'Etat sur l'Eglise sera soutenue par son action en faveur de la culture dans d'autres domaines. Plus l'instruction populaire est bonne et plus la vie scientifique est florissante dans la nation, plus aussi l'on sera exigeant envers le clergé, et moins on supportera la domination d'une hiérachie.

4. — De la sorte, l'évolution mentale du peuple aura lieu dans une direction plus saine que si l'Etat laissait l'Eglise livrée à elle seule. Si l'Eglise avait en propre ses séminaires et sa constitution hiérarchique, le fanatisme et le scepticisme blasé se répandraient davantage. La division de la nation sous le rapport religieux s'augmenterait, et la religion s'opposerait de la façon la plus tranchée au reste de la culture. Il en résulterait les plus grands dangers pour la paix et la culture de la nation. Malgré l'influence apaisante et humanisante produite par son union avec l'Etat, l'Eglise peut, l'expérience l'atteste, admettre des doctrines étroites, barbares, ennemies de la vie ; mais ce serait sûrement bien pis, si tous les pasteurs étaient remplacés par des prédicateurs laïcs, et si la liaison avec la vie mentale de la nation se trouvait rompue en d'autres domaines. C'est seulement si l'Eglise devait reconnaître et accepter une fois pour toutes de semblables tendances, qu'il deviendrait dangereux pour l'Etat de maintenir la liaison ; l'Eglise n'exercerait plus alors une action vraiment éducative sur le peuple, et elle cesserait de figurer parmi les représentants de la culture idéale.

L'Eglise montre actuellement une tendance, en soi naturelle, à se procurer les avantages liés à la liberté religieuse, tout en

mais aussi morales. Il est fort peu vraisemblable que ce soit là une particularité de la seule Eglise wurtembergeoise. — Voir sur cette affaire CHRISTOPH SCHREMPF : *Ein kirchliches Ereigniss* (dans sa revue *Die Wahrheit*. VI, Stuttgart, 1896.)

gardant ceux dus à sa situation d'Eglise nationale. Elle voudrait la liberté entière d'arranger ses affaires et de s'administrer à sa guise ; et cependant elle réclame en même temps le plus d'influence possible sur la vie civile et le plus grand soutien possible de la part de l'Etat. Comme on l'a fait remarquer avec raison[1], l'Eglise élève souvent aujourd'hui, au nom de la liberté religieuse, des prétentions qu'elle dérivait autrefois de sa mission divine. Ce n'est pas le catholicisme seul qui se sert ainsi du nom de la liberté[2]. Notre Eglise protestante nationale s'est offusquée, tandis que les diverses sectes avaient le droit d'arranger leurs affaires à leur guise, d'être la seule association confessionnelle du pays à ne pas jouir de la liberté religieuse[3] ! En d'autres termes, l'Eglise préférerait avoir à la fois grosse écorce et gros fruit, sans songer que l'un exclut l'autre. D'une manière générale, nos modernes théologiens paraissent éprouver les plus grandes difficultés à comprendre un dilemme. C'est seulement à la condition de devenir une association toute privée que l'Eglise pourra obtenir de s'administrer à peu près à sa guise. Si elle accepte le soutien de l'Etat, les circonstances ne sont plus les mêmes.

Une scission complète entre l'Eglise et l'Etat serait-elle un bien? Cela dépend des conditions dans lesquelles elle se produirait. Il ne faut pas croire, comme l'ont fait notamment beaucoup de libres penseurs, que ce soit là un moyen magique, capable de résoudre toutes les difficultés de la question religieuse. L'importance exagérée qu'on a attribuée à la séparation de l'Eglise et de l'Etat tient à l'importance exagérée qu'on accorde en général à ce dernier. Parce que l'Etat se retirera de l'Eglise, les problèmes religieux ne disparaîtront pas du même coup, tant que l'Eglise aura encore des racines dans le peuple. Le lien qui unit l'Eglise et l'Etat deviendra probablement de plus en plus lâche. Déjà maintenant des forces spontanées travaillent avec ardeur et en grand nombre au service de l'Eglise. Il n'est pas jusqu'à la plus figée de toutes les Eglises d'Etat, celle d'Angleterre, qui ne s'appuie maintenant en grande partie sur le « volontarisme[4] ». Les Etats-Unis de l'Amérique du Nord

---

[1] ZELLER : *Staat und Kirche*, p. 132.
[2] KETTELER : *Freiheit, Autorität und Kirche*, p. 159 sqq.
[3] MARTENSEN : *Social Etik*, p. 417 sqq.
[4] ARTHUR ELLIOT : *The State and the Church*. Londres, 1882, p. 127 sqq.

nous offrent d'ailleurs un remarquable exemple de la façon dont l'Eglise, ou les Eglises ont, depuis leur séparation d'avec l'Etat, en restant sur le terrain de la liberté, conservé et augmenté leur influence spirituelle et leurs moyens matériels. « Dans l'espace de trois générations, la démocratie américaine a réalisé l'entière séparation de l'Eglise et de l'Etat, réforme qu'aucune autre nation n'a jusqu'ici tentée.... Une bonne part de l'énergie morale épargnée par trois générations en vue des nécessités matérielles provient de la réalisation du système de la complète liberté en matière religieuse[1]. » La société nord-américaine est depuis longtemps imprégnée de l'esprit de liberté religieuse, la pensée libre et personnelle y est en général prisée si haut, et l'opinion publique est une si forte garantie contre tout empiétement possible, que l'on ne ressent pas le besoin d'une influence humanisante de l'Etat. Sur ce point comme sur tant d'autres, les conditions sont très différentes dans les pays européens, qui ont vécu si longtemps sous une administration hiérarchique et aristocratique, de ce qu'elles sont en Amérique. Si l'Eglise devait être un jour complètement séparée de l'Etat, il faut espérer qu'alors la liberté religieuse aura assez profondément imprégné l'âme populaire, et que les exigences du peuple à l'égard des éducateurs religieux seront assez grandes, pour rendre impossibles les dangers qu'entraînerait *présentement* cette séparation.

[1] Paroles de l'Américain Charles W. Eliot, citées par James Bryce : *The American Commonwealth*. Londres, 1888, III p. 347 sqq.

## 3. — LA CULTURE PHILANTHROPIQUE

### XXXIV

### NATURE ET IMPORTANCE
#### DE LA PHILANTHROPIE

1. Rapports de la culture philanthropique avec la culture matérielle et idéale. — 2. Son indépendance. — 3. Les droits humains des malheureux. — 4. Rapports entre le donateur et le donataire. — 5. Inconvénients de la philanthropie confessionnelle.

1. — Si culture signifie élaboration et développement des données naturelles, il doit y avoir aussi une culture philanthropique. Le besoin de soulager les souffrances des autres hommes et d'augmenter leur joie est un besoin tout aussi humain que celui de se conserver soi-même ou de développer son intelligence et son imagination. La culture philanthropique a, comme la culture matérielle et idéale, pour but de développer et d'organiser un côté essentiel de la nature humaine.

La tâche de la culture philanthropique c'est de travailler à faire participer le plus grand nombre possible aux biens résultant de la culture matérielle et idéale. Aussi bien dans l'une que dans l'autre de ces cultures, une tendance restrictive peut s'accuser, de manière à ne laisser participer à leurs biens que des cercles limités. Les efforts philanthropiques expriment une tendance expansive, allant vers le dehors, qui attache du prix non seulement à la production, mais aussi à la plus large distribution possible des biens. Nous avons déjà précédemment, dans les grands problèmes sociaux relatifs à la culture matérielle et idéale (voir en particulier XXV, 3; XXVIII, 5; XXXII, 3), rencontré cette tendance expansive. C'est elle à vrai dire qui donnait à ces problèmes une nature *morale*.

Aussi le besoin que satisfait la culture philanthropique est *,i plus immédiatement et plus directement moral et social que les besoins satisfaits par la culture idéale et matérielle. La sympathie peut en effet suffire à rattacher l'individu aux autres, avant même qu'un travail de culture commun ait établi entre eux un lien externe. Mais elle peut aussi produire l'union d'une manière indirecte, et c'est de cette influence indirecte qu'il sera surtout question ici. La sympathie ne crée pas seulement une union entre le donateur et le donataire, mais encore entre tous ceux qui donnent en commun, entre tous ceux que leur sympathie pousse à travailler dans le même sens, pour soulager la misère matérielle et morale. Il se produit une classe particulière de fins et de tâches capables de grouper les forces et de développer l'union par l'action commune.

2. — On pourrait cependant, de deux manières très différentes, essayer de soutenir que les efforts philanthropiques ne doivent pas former dans la morale sociale un groupe distinct.

D'un côté la morale *entière*, pourrait-il sembler, est à vrai dire une théorie de la culture philanthropique. Si la sympathie universelle et désintéressée est la base psychologique supposée dans l'appréciation morale, il semble qu'aucune partie de la morale ne puisse ne pas être une expression de cette sympathie et ne pas satisfaire le besoin d'assister et de soulager. Pourquoi dès lors consacrer une section *spéciale* à la culture philanthropique ? — Cette thèse pourrait se résumer dans cette maxime : « La seule chose nécessaire est la charité. » Belle formule, mais inexacte, car là précisément où la charité doit et peut faire quelque chose, il faut le concours de forces et de facultés diverses, pour accroître le bien de l'univers. Le bien ne consiste-t-il pas justement dans le développement aussi complet et harmonieux que possible des facultés et tendances du plus grand nombre possible d'hommes ? Aussi la culture matérielle et morale, la famille et l'État conservent-ils leur valeur propre. On ne saurait détruire toutes les forces et tendances de la nature humaine, exception faite pour la seule charité. Ce serait effacer les diversités personnelles et appauvrir la vie humaine. En tout cas, la charité serait obligée de réclamer elle-même qu'on les rétablît. Elle doit ennoblir le travail de culture, mais non le remplacer ou en faire un simple moyen. Le travail, l'art et la science ont d'abord leur valeur comme expressions d'intérêts profonds, et c'est seulement parce qu'ils ont aussi une valeur indépendante qu'ils acquièrent en outre une importance morale. Il y a des philanthropes capables d'un grand dévouement et de beaucoup d'énergie, mais qui méprisent et rejettent tous les efforts de culture n' « améliorant » pas directement et immédiatement les hommes et leur condition. Ceux-là considèrent la science et l'art comme les manifestations d'une jouissance et d'une frivolité égoïstes. On raconte du Père Mathew, l'apôtre irlandais, qu'il redoutait les connaissances, la liberté intellectuelle et morale, presque autant que l'eau-de-vie. Bien des philanthropes aussi n'ont pas le sens de l'importance d'une lutte personnelle et active pour l'existence dans les classes déshéritées. On voudrait bien les assister, mais on s'irrite que la classe des malheureux s'organise pour arriver à faire aboutir ses revendications dans la société, par exemple au moyen des grèves. Une charité sincère croira au contraire justement à l'importance d'une vie librement développée, et se réjouira de toutes les formes diverses sous lesquelles les forces humaines se déploient, alors même qu'elles impliqueraient une responsabilité et des dangers.

D'un autre côté, on pourrait soutenir que le mieux c'est de ne pas laisser du tout la sympathie se manifester d'une manière immédiate. « Le bien de l'espèce et de l'individu, dit-on alors, s'augmente par le travail au service de la culture. Plus on produit de biens matériels et idéaux, plus est grand le capital dont l'humanité peut disposer. Or c'est là l'important. Donc point d'intervention directe, point d'activité immédiatement consacrée à la philanthropie, mais une activité énergique dans le domaine de la culture matérielle et idéale ! » — Cette thèse oublie avant tout que la production d'un capital pour l'espèce ne suffit pas; il s'agit de savoir comment ce capital est réparti entre les membres de l'espèce. S'il y a des hommes qui, dans cette répartition, restent les mains vides, l'assistance et l'intervention immédiates sont indispensables. Et ce n'est pas seulement l'organisation de la société qui amène constamment la misère et le malheur par une distribution inégale ; ils résultent encore du cours de la nature, indépendamment des arrangements humains et de l'humaine volonté. Si haut qu'on puisse concevoir la culture parvenue, il est bien difficile pourtant qu'elle arrive jamais à tarir la source de misère et d'infortune qui se trouve dans les conditions de l'homme en tant qu'être naturel. De plus, tout le monde n'a pas le moyen de prendre part au travail de la culture. C'est un bonheur et un privilège d'appartenir au nombre des ouvriers poursuivant ce travail, et c'est un devoir spécial de faire en sorte que ce bonheur soit donné au plus grand nombre possible.

3. — Les deux opinions contraires que nous venons de critiquer ont une étroite connexité avec les deux aspects distincts présentés par la lutte pour l'existence.

L'une est entièrement absorbée par les souffrances que la lutte pour l'existence apporte avec soi. Les êtres dont la force et la nature ne répondent pas aux exigences des circonstances périssent, après avoir traversé une période plus ou moins longue de douleurs. Les faibles sont piétinés dans l'ardeur du combat, et les fatigués s'affaissent avant sa fin. La charité à son premier éveil se tourne tout naturellement avec ardeur plutôt vers ces êtres souffrants, affligés, opprimés. Elle ne se borne pas à les rechercher, à se sacrifier pour eux, mais elle voit encore d'un mauvais œil les heureux, les satisfaits. Elle finit par faire consister le seul vrai sentiment qui convienne à la vie dans les pleurs et les gémissements. Non contente de consoler les hommes de leurs maux, elle essaie même de leur persuader qu'ils y ont trouvé le vrai sens de la vie. Par là elle s'embarrasse dans une remarquable contradiction, puisqu'elle s'efforce constamment de soulager les souffrances et par suite de faire sortir l'homme de l'état qui serait suivant elle l'état normal.

L'autre opinion est surtout frappée de ce que les nouvelles formes de vie se développent grâce à la lutte pour l'existence. C'est un fait que les circonstances ont leurs exigences et que les individus ou les races incapables d'y satisfaire doivent périr tôt ou tard. L'intervention, fût-elle la mieux intentionnée, n'aboutit qu'à prolonger les souffrances des condamnés à mort, et empêche l'espèce de profiter comme elle le devrait de ses expériences. On porte remède en tel lieu particulier à tel mal momentané, sans voir qu'on amène souvent ainsi des inconvénients graves et du mal en d'autres points, et qu'on retarde ou arrête l'évolution des êtres capables de progrès. Comme une horde d'Indiens est souvent obligée, dans ses chasses et ses expéditions guerrières, d'abandonner à leur sort les enfants, les débiles et les vieillards, pour ne pas être gênée dans la liberté de ses mouvements, de même le genre humain, dans sa grande marche en avant, ne doit pas s'embarrasser des traînards. Plus on occupe de forces aux ambulances, moins il y en a de disponibles pour la bataille.

Ces deux manières de voir se concilient fort bien entre elles, et d'ailleurs s'associent en fait dans l'évolutionnisme moderne. Chaque être vivant doit pouvoir s'adapter aux conditions vitales. Cette adaptation a lieu de deux façons, l'une directe l'autre indirecte. L'adaptation indirecte consiste en ce que les individus et les races incapables de triompher des circonstances s'affaiblissent et périssent. L'adaptation directe consiste dans l'éveil et le développement de facultés nouvelles, capables de triompher des circonstances. Plus l'individu se trouve à un haut degré d'évolution, plus est grand le rôle de cette adaptation directe, dont la culture humaine est la forme la plus élevée. Toute culture matérielle et idéale est une forme de l'activité grâce à laquelle l'homme devient maître des conditions vitales. Pourtant l'adaptation indirecte ne cesse pas d'agir, et c'est précisément la tâche de la culture philanthropique d'empêcher qu'elle prenne une forme aussi brutale qu'aux étapes inférieures de l'évolution. Nulle part la véritable humanité n'apparaît sous un aspect aussi original que dans le soin et la compassion accordés aux germes et aux formes de vie sans cela destinés à périr. Adoucir les suites de la lutte pour l'existence est une tâche que l'homme se donne dès qu'il a dépassé les étapes les plus grossières; et cette tâche n'est que le prolongement des instincts portant l'animal à travailler et à se sacrifier pour ses petits. Les malheureux appartiennent à l'espèce autant que les bien portants et les vigoureux. Il ne faut pas attacher ses regards exclusivement sur l'un ou l'autre côté; il en résulterait, dans l'espèce, une dualité contraire à la charité universelle. Bien qu'on puisse reprocher au bouddhisme et au christianisme de s'être trop uniquement préoccupés de la souffrance et de l'infortune dans le monde, au point de ne pas voir l'importance de l'activité de culture, et bien que la compassion et la charité aient existé dans le monde avant ces religions [1], ce n'en reste pas moins leur éternel mérite d'avoir

---

[1] Les théologiens orthodoxes ne se contentent pas de montrer que les vertus des païens n'étaient que des vices brillants, mais ils leur refusent encore des vertus qu'ils ont réellement possédées. Ainsi MARTENSEN écrit:

sauvegardé les *droits humains des malheureux*. Ces religions ont dirigé les regards des hommes sur des côtés de la vie d'où ils ont un penchant naturel à se tenir éloignés. Par là elles ont appris aux hommes à connaître pour la première fois la vie comme il faut. Aussi, malgré leur idéalisme excessif, ces religions universelles ont-elles pourtant un caractère nettement réaliste. La charité qu'elles ont proclamée prit souvent un caractère passif et sentimental, et ne fut pas toujours propre à ennoblir l'œuvre de la culture; toutefois, dans sa véritable essence, elle est une forme nouvelle de force mentale, la manifestation d'une vie interne surabondante, capable de supporter un fardeau plus lourd que celui imposé à l'individu par sa destinée personnelle. Elle ne redoute aucune dégénérescence de l'espèce, parce qu'elle n'abandonne pas les malheureux à leur sort. Elle veut prolonger le plus possible la lutte pour l'existence, elle ne capitule pas aisément devant la misère, et se montre capable de protéger et d'utiliser des possibilités de progrès là ou un œil indifférent ne les soupçonne pas. Elle ne craint aucun ralen-

« Dans le paganisme, la pitié était morte et inconnue » (*Individuel Etik*, p. 304), et il dépeint comment « les nombreux hôpitaux et fondations charitables naissent subitement comme une chose nouvelle et inconnue du paganisme, dès que le christianisme se répand dans l'empire romain. Car nul parmi tous les riches, nul parmi tous les sages païens n'avait jamais pensé à rien de pareil pour soulager ses frères malheureux, mais ils les abandonnaient à leur destin » (*Social Etik*, p. 160 sqq). C'est historiquement inexact. Pour savoir que l'esprit de pitié n'était pas inconnu des païens, il suffit d'avoir lu l'Odyssée : les pauvres, les étrangers et les mendiants étaient mis sous la protection de Zeus, comme il est dit, avec un sentiment profond, en plusieurs passages. A Athènes, la pitié avait son autel particulier ; l'État entretenait ceux qui par faiblesse corporelle étaient incapables de s'entretenir eux-mêmes, et des particuliers charitables considéraient comme un devoir d'assister les pauvres. Dans sa description de la peste d'Athènes, Thucydide raconte que beaucoup de gens, sans se laisser arrêter par le danger de la contagion ou l'aspect repoussant de la maladie, entraient dans les maisons pour soigner les malades Dans les « Lois » de Platon (p. 729-730), on insiste avec force sur les devoirs envers les étrangers, les gens sans amis et les mendiants. Ces prescriptions venaient de l'ancienne morale arienne d'où elles passèrent dans la grecque (voir Leist : *Alt-arisches jus gentium*). — Il n'est pas vrai davantage que les hôpitaux et les établissements charitables fussent pour le paganisme choses entièrement nouvelles et inconnues. A l'époque des empereurs romains notamment, et surtout sous l'influence stoïcienne, s'élevèrent toute une série d'établissements et de fondations destinés aux esclaves, aux enfants et aux indigents. — Cf. L. Schmidt : *Die Ethik der alten Griechen* II, p. 289 sqq. — Schiern : *Om Humaniteten i den äldre romerske Keiserlovgniving* (L'humanité dans la législation des premiers empereurs), Historiske Studier. II.

tissement dans l'évolution par suite du secours qu'elle accorde aux retardataires. Le but en effet ne réside pas dans l'avenir seul. Une génération particulière n'est pas un simple moyen ou un simple terme de transition pour les générations futures ; sa misère et ses souffrances propres pèsent aussi dans la balance, comme un poids indépendant, lorsqu'il s'agit de juger la valeur de la vie. Telles sont les raisons qui fondent la légitimité et l'importance de la culture philanthropique.

4. — L'amour est souvent aveugle et, dans ce cas, le bien qu'il fait dépend du hasard. Comprendre les circonstances réelles et avant tout le naturel et la situation du donataire est une condition nécessaire pour que l'amour n'amène pas d'effets funestes (cf. XII, 2). L'amour peut se développer de manière à ne faire qu'un avec la justice (III, 9 ; X, 4). Il repose sur cette conviction que la personne assistée possède un centre, une force propres devant être amenés à déployer une activité indépendante. Aussi ne met-il aucune distance entre le donateur et le donataire ; le don n'est pas offert de haut, l'indépendance du donataire est reconnue. La charité se distingue par là de « la grâce » et de « la miséricorde », qui ne sont pas des concepts moraux. Le concept de « la grâce » nous montre par un remarquable exemple comment des points de vue tout opposés peuvent agir l'un sur l'autre précisément en raison de leur opposition. Quand on conçoit l'amour comme une grâce, on veut établir la plus grande opposition possible entre elle et cette sorte d'obligeance qui est la réciproque de services reçus ou qui résulte de ce qu'on sent sa propre puissance limitée. La grâce c'est le fait d'un homme ayant plein pouvoir sur d'autres et tellement au-dessus d'eux qu'il ne saurait absolument rien en recevoir. Cette idée tire son origine de la guerre : elle exprime en effet la situation du guerrier victorieux vis-à-vis de son ennemi désarmé. La grâce c'est la renonciation du vainqueur à l'usage de sa puissance. Mais, au point de vue moral, il ne saurait jamais se présenter aucune situation où le droit personnel du donataire soit complètement évanoui et où le donateur joue le rôle de commencement absolu. Tous deux sont des membres de l'espèce et soumis à une loi commune qui assigne à chacun son droit. Le donataire ne cesse jamais d'être un homme et le donateur ne sera jamais plus qu'un homme. Aucune dualité profonde ne saurait exister entre eux.

Que le donateur ne soit jamais un commencement absolu, il est aisé de le montrer. Il n'est pas lui-même l'auteur des conditions favorables dans lesquelles il a commencé la lutte pour la vie et qui lui ont permis d'arriver où il est. Il se trouve ainsi avoir envers l'espèce des obligations dont il ne peut s'acquitter qu'en assistant les autres dans leur lutte pour la vie. Au surplus, peut-être a-t-il été, consciemment ou non, cause que les conditions d'autres hommes n'ont pas été aussi favorables qu'elles l'eussent été sans cela ; ou bien les conditions favorables dont il a profité tiennent-elles à une organisation sociale ne satisfaisant pas complètement aux exigences de la justice. KANT pose cette question : la faculté de la bienfaisance n'est-elle pas en majeure partie une suite de l'injustice de l'Etat, produisant une inégalité dans l'aisance, qui rend à son tour la bienfaisance nécessaire ? Et, dans ces conditions, l'assistance prêtée par le riche aux pauvres mérite-t-elle encore le nom de bienfaisance [1] ? — L'histoire montre que la pauvreté augmente surtout lorsque des institutions traditionnelles périssent, sans être remplacées par d'autres pouvant fournir un secours analogue à celui des premières. Ainsi le paupérisme s'est développé au moyen âge après l'abolition de l'esclavage personnel, plus tard par suite de la cessation du servage et de l'abolition de la contrainte corporative, c'est-à-dire, en somme lors du passage du travail gêné au travail libre [2]. L'esclavage, le servage et la contrainte corporative s'accordaient mal avec les exigences de la justice; mais il n'était pas plus conforme à la justice parfaite qu'ils fussent abolis sans qu'apparussent de nouvelles formes capables de rendre des services analogues (cf. XXIII, 4). L'individu hérite ici de la dette contractée par l'espèce, puisqu'il la continue et qu'il profite de ses suites. Vue par ce côté, la culture philanthropique apparaît comme un effort pour réparer des omissions et payer des dettes. FRÉDÉRIC NIETZSCHE a voulu dériver la grande misère et la grande détresse qui se rencontrent dans le monde européen de la « morale des esclaves », laquelle conserve la vie des faibles et des malades aux dépens des forts, des bien portants. Contre cette opinion on a fait remarquer, certes avec pleine raison, que si le nombre des

---

[1] *Tugendlehre*, § 31.

[2] Cf. LECKY : *History of European Morals*, II, p. 78-87. — GNEIST : *Das Selfgovernment in England*, 3ᵉ éd. p. 260.

malades et des malheureux s'est accru, cela vient justement en grande partie de l'exploitation des faibles par les forts recommandée par Nietzsche dans sa « morale des maîtres ». Les « maîtres » admirés par Nietzsche sacrifient avec une conscience « tranquille » la santé et l'honneur des autres au profit de leur jouissance ou intérêt propres [1].

On peut encore ajouter que le droit de propriété individuel — comme on l'a fait voir plus haut (XXVI, 15) — n'est moralement fondé que si la propriété est considérée comme un moyen, confié à l'individu pour accomplir grâce à lui une tâche sociale. Ce qu'on appelle bienfaisance n'est pas alors quelque chose d'absolument nouveau, une vertu toute particulière, mais une conséquence naturelle, un simple devoir.

5. — La grande importance que le bouddhisme et le christianisme ont eue dans l'histoire de la philosophie, et qu'ils ont encore aujourd'hui, n'est pas seulement restreinte par l'aveuglement de la compassion et de la sympathie excitées [2], mais encore par ce fait que les œuvres charitables justement les plus grandioses avaient pour fondement des motifs en grande partie religieux. Si la charité se fonde sur des motifs religieux, un intermédiaire surgit entre le donateur et le donataire. L'œuvre charitable ne jaillit plus immédiatement de la compassion, mais elle prend le caractère d'une pénitence. Les dons faits aux pauvres étaient moins faits pour eux que pour gagner le ciel. Les aumônes — disait-on au moyen âge — sont d'une multiple fécondité; elles effacent les péchés, comme l'eau éteint le feu [3]. La raison pour laquelle le zèle charitable se refroidit pendant un temps vers la fin du moyen âge fut en partie que la Réforme fit s'évanouir la croyance au pouvoir des bonnes œuvres de racheter les péchés. Les pauvres étaient un simple moyen ou objet d'exercice pour la contrition : l'essentiel était qu'on s'enlevât quelque chose à soi-même, non que les autres reçussent quelque chose. C'est pourquoi de ce point de vue on voit souvent d'un mauvais œil les efforts ayant pour but de

---

[1] F. Tönnies : *Der Nietzsche-Kultus*, Leipzig, 1897, p. 109.

[2] On a même pu soutenir que l'Eglise, par ses aumônes déraisonnables, a produit une grande partie du mal auquel elle cherchait à porter remède. F. Raumer : *Geschichte der Hohenstaufen*, VI, p. 578. Lecky : *History of European Morals*. II, p. 101.

[3] Raumer, *op. cit.*, p. 575. — Lecky, *op. cit.*, p. 85, 99.

rendre les aumônes superflues. C'est la raison pour laquelle le politicien irlandais et fervent catholique O'Connell était médiocrement satisfait de la moderne législation sur les pauvres ; il regardait la mendicité comme une chose sacrée en elle-même, qu'il serait impie de supprimer. « La conception moyenâgeuse des mérites de l'aumône devait nécessairement amener à regarder les mendiants avec des yeux indulgents. On ne les tenait nullement pour le rebut du genre humain ; au contraire, la mendicité était considérée comme une vie agréable à Dieu. On pourrait se demander après tout si les véritables bienfaiteurs étaient les donateurs ou non plutôt les mendiants. Ceux-ci donnaient en effet aux gens l'occasion de distribuer des aumônes et favorisaient ainsi leur salut éternel ; des dons faits dans le temps vous étaient remboursés en monnaie d'éternité. Et l'on n'examinait point d'un œil critique si les mendiants étaient dignes ou non ; dignes et indignes, on donnait à tous sans distinction. [1] »

Un autre inconvénient des motifs religieux, c'est de faire tout naturellement dépendre l'aptitude au secours de la foi dogmatique. La philanthropie est limitée par la confession religieuse. Mais ce sont là des bornes étrangères à l'essence de la charité et des entraves à son libre déploiement. De plus, c'est accorder une prime à l'hypocrisie de faire d'une confession déterminée ou peut-être même de la simple participation à certaines cérémonies une condition ou du moins une circonstance favorable pour obtenir des secours.

Aussi importe-t-il extrêmement pour la morale que la philanthropie s'affranchisse des barrières confessionnelles. Il semble que la plupart des hommes aient encore besoin aujourd'hui de motifs théologiques pour exercer vraiment la bienfaisance. Ce ne sont pas seulement les catholiques du moyen âge qui s'entendaient au marchandage avec le ciel, ne donnant rien sans recevoir une garantie suffisante de compensations dans l'au-delà. On trouve aussi chez les protestants assez de traces d'une pareille « préoccupation de l'autre vie » (other-worldliness). D'autre part, en ce qui touche ceux dont les croyances brisent les barrières confessionnelles, leur faculté de compassion et de

---

[1] M. H. NIELSEN : *Fattigplejen i Danmark för Reformationen*. Aarbog for dansk Kulturhistorie, 1895 (L'assistance au Danemark avant la Réforme. Annales pour l'histoire de la culture danoise), p. 85.

dévouement ne croit pas toujours en même temps que leur sens critique. Les succès de l'intelligence ont lieu souvent aux dépens du sentiment, et il pourrait sembler que l'étroitesse théorique fût la condition de l'expansion pratique. — Mais la charité, qui a triomphé de tant de difficultés, triomphera bien aussi de celle-là. Bien que née dans une crèche, elle grandira et s'efforcera de pénétrer le monde entier.

# XXXV

## L'ORGANISATION DE LA PHILANTHROPIE

1. Nécessité et inconvénients de l'organisation. — 2. Intervention de l'Etat. — 3. Inconvénients de la philanthropie publique.

1. — Il faut que déjà l'individu organise sa bienfaisance. Il doit administrer les moyens dont il peut et veut disposer pour secourir les autres, de manière à ce qu'ils remplissent leur destination le mieux possible. Il ne doit pas se laisser guider seulement par le caprice, en sorte que le hasard décide s'il donnera à l'un et refusera à l'autre. Le caprice règnera naturellement là surtout où l'on n'est point uni par une relation personnelle à celui que l'on secourt, comme par exemple vis-à-vis des mendiants. Si des hommes aussi philanthropes que James Mill et l'archevêque Whately se vantaient de n'avoir jamais rien donné à un mendiant, c'était en vertu d'un principe juste, puisqu'ils le complétaient par une assistance active prêtée à ceux dont les besoins leur étaient connus et qu'ils étaient dès lors en mesure de secourir par les moyens les mieux appropriés. — Toutefois les moyens, les expériences et les connaissances de l'individu sont limités. Souvent c'est en s'ajoutant à l'obole d'autrui que son obole produira le meilleur effet; et une sorte de division du travail s'établit tout naturellement, certains individus ayant une aptitude spéciale à servir les sociétés philanthropiques, comme enquêteurs, directeurs ou distributeurs. Une sorte de bureaucratie libre peut ainsi se développer, une sorte d'employés qui peut-être ne seront un jour pas moins respectés que les fonctionnaires de l'Etat. Il ne serait cependant pas bon que la relation personnelle entre donateur et donataire disparût tout à fait. Elle est le germe vivant de la culture philanthropique, l'élément de liberté dont elle ne saurait pas plus se passer que l'une quelconque des autres formes de culture. La bienfaisance privée et amicale sera toujours une condition

et une préparation de l'action systématique de sociétés plus considérables. Ces formes de bienfaisance s'efforceront précisément que le mécanisme systématique entre seulement en action lorsque c'est absolument nécessaire. L'ancien rapport de voisinage, qui perd si aisément son importance au cours de la culture, surtout dans les grandes villes, doit toujours rester l'idéal qu'on se propose de maintenir ou de rétablir dans des circonstances nouvelles. Aussi Bosanquet dit-il avec raison que la bienfaisance doit plutôt consister dans un service de bon voisinage qu'en une aveugle distribution d'aumônes. Les sociétés philanthropiques devraient viser sur ce point à une aussi grande décentralisation que peut le comporter la vue d'ensemble et l'union qu'elles s'efforcent précisément de réaliser. Sinon, la cotisation versée à la société philanthropique devient vite une sorte d'impôt dont on se frappe un peu à contre-cœur, pour se conformer à l'usage, et les secourus, d'autre part, auront facilement l'impression d'être en présence d'un mécanisme. L'art consistera à relier cette action individualisante avec assez de régularité et d'uniformité à l'action d'ensemble. Sans organisation de la philanthropie, on travaille aveuglément et au hasard. Les pauvres s'habituent au mensonge, afin d'obtenir en même temps des secours en plusieurs endroits, et le secours provenant d'un endroit unique est souvent aussi tellement minime qu'il a pour seul résultat de mettre le secouru en mesure d'obtenir du travail, en se contentant d'un moindre salaire que ses camarades. Il y a quelques années, on a pu constater à Londres qu'on ne manquait ni de moyens financiers pour secourir la misère, ni de personnes ou d'institutions désireuses de porter secours, mais que tout cela, par défaut d'organisation et surtout par suite d'une connaissance insuffisante des circonstances, produisait souvent plus de mal que de bien[1].

L'activité libre des associations philanthropiques n'est encore qu'à ses débuts. Elle a certainement un grand avenir devant elle ; du moins n'est-ce pas la tâche qui lui manquera.

2. — Toutefois ni la philanthropie individuelle ni l'organisée ne sauraient venir à bout de toutes les tâches, ou garantir de

---

[1] B. Bosanquet : *The principles and chief dangers of the administration of charity* (Journal of Ethics, III).

l'extrême misère. Il faut pour cela une organisation plus solide, et des ressources plus grandes, dont seul l'Etat dispose. En matière d'assistance comme en matière d'instruction, la tâche de l'Etat, c'est d'assurer que les conditions les plus élémentaires soient remplies. Et cela, non pas seulement parce qu'il assure indirectement ainsi la sécurité. Pas plus qu'il ne soutient la culture idéale en vue de la sécurité, ce n'est exclusivement un calcul intelligent qui le porte à organiser l'assistance des pauvres. Il cherche à soulager l'extrême misère où elle se trouve, alors même que la sécurité publique n'est point en danger. En outre, le secours prêté par l'Etat ne doit pas plus être une sorte de grâce que le secours du particulier, mais il doit être regardé comme un acte de justice morale et sociale. En établissant une assistance publique, l'Etat avoue qu'il a du bien à faire. Dans un Etat idéal il n'y aurait pas de pauvres; le fait qu'il existe des hommes manquant des choses les plus nécessaires à la vie, tout en ayant la capacité et le désir de travailler, sera toujours lié à des vices de l'organisation sociale. Il ne suit pas de là pourtant, comme le pensait FICHTE, que l'assistance des pauvres soit en première ligne l'affaire de l'Etat, et en seconde seulement celle des particuliers. L'intervention de l'Etat ne doit être, ici comme ailleurs, que le moyen dernier, le complément nécessaire de l'action des forces libres. La philanthropie libre a précisément pour tâche de prévenir aussi longtemps que possible l'intervention du pesant appareil de l'Etat.

L'action philanthropique de l'Etat a été combattue de deux côtés très différents. — D'abord on a vu dans l'assistance publique un mauvais communisme, où l'Etat distribue ses dons, sans avoir sur le donataire une influence suffisante. S'il est impossible d'interdire à ceux qui profitent de l'assistance de contracter mariage, l'assistance publique contribue à augmenter le nombre des malheureux. Aussi a-t-on demandé, au lieu d'une assistance, une assurance publique, à laquelle les ouvriers seraient alors contraints de prendre part[1]. Mais il n'est guère facile de comprendre comment on pourrait amener des gens qui n'ont pas dans le présent de quoi subvenir à leurs besoins à s'assurer l'avenir. Ce remède suppose donc que, d'une ma-

[1] Telle est par exemple l'opinion des économistes allemands WAGNER et SCHAFFLE (Schönbergs Handbuch der polit. Oekonomie. 1re édit., II, p. 598; 615.) — Cf. su ra XXVI, 14.

nière ou d'une autre, on ait déjà paré à l'extrême misère. Mais comment arriver à ce résultat? C'est là qu'est précisément la difficulté. — D'un tout autre point de vue, on prétend que l'Etat doit rester complètement à l'écart de ce domaine. On considère la bienfaisance privée comme une grande et belle chose, mais la bienfaisance publique comme une très mauvaise. Seule, pense-t-on, la charité libre permet d'exercer la bienfaisance avec un juste sentiment des responsabilités, de manière à ne pas amener, par l'assistance inconsidérée de gens indignes, un recul au lieu d'un progrès de l'espèce. Or une bureaucratie ne saurait avoir ce juste sentiment des responsabilités ; elle n'a pas avec les malheureux de relation personnelle. En outre, il est périlleux d'accroître les pouvoirs de l'Etat ; il pourrait vite en résulter des dangers pour la liberté individuelle. Un bon despote n'en reste pas moins un despote. L'Etat n'a pour mission que de veiller au respect des droits et de la sécurité ; là sympathie n'y saurait régner immédiatement, comme dans la famille [1]. A cela il faut répondre qu'on ne saurait guère tirer entre la bienfaisance et la justice une ligne de démarcation aussi tranchée que l'opinion citée le suppose. La vraie bienfaisance est elle-même un acte de justice, et c'est par suite avec raison que la loi danoise fondamentale (§ 84) reconnaît le *droit* de l'indigent à l'assistance publique. Sans doute, le soin de pourvoir à la sécurité est le devoir le plus élémentaire de l'Etat; mais cela ne l'empêche pas d'exercer une action secourable grâce à son organisation et à ses moyens, lorsque des fins humaines importantes ne peuvent être réalisées par l'action des forces libres. Si nous étions capables de pourvoir nous-mêmes à notre sécurité, nous nous passerions très volontiers de la puissance publique ; la raison pour laquelle nous appelons

---

[1] Cf. Herbert Spencer : *L'individu contre l'Etat*, où ces idées sont rigoureusement développées. Toutefois, dans le second volume des *Principles of Ethics* (1893, chap. VII : Relief of the poor), où les difficultés et les inconvénients de toute philanthropie sont fortement mises en lumière, Spencer admet que l'assistance publique a une base juste, puisque le droit que les serfs avaient primitivement à l'usage du sol leur a été enlevé au cours du temps par les propriétaires. La loi sur les pauvres serait dans une certaine mesure une reconnaissance du droit primitif au sol. Mais l'assistance publique reste pour Spencer une sorte d' « opiophagie sociale », qui adoucit pour le moment, mais aggrave ensuite. Une période de désaccoutumance serait nécessaire pour arriver à « l'état sain de l'aide de soi et de la bienfaisance personnelle ».

l'Etat à notre aide est partout essentiellement la même : c'est l'insuffisance des forces libres, insuffisance dont la moindre raison n'est pas l'imparfaite organisation. Le danger, il est vrai, est aussi partout le même : c'est que le système et la puissance nécessaires ne s'étendent par trop aux dépens des fins proprement dites. Ce danger toutefois existe aussi, naturellement, à un degré moindre, dans l'organisation de la philanthropie libre ; il se présente partout où la relation immédiate entre donateur et donataire cède la place à une relation médiate.

3. — Lorsque l'Etat intervient, la force est toujours à l'arrière-plan, et l'on applique un procédé systématique qui n'est pas toujours en harmonie avec les circonstances individuelles de fait. C'est ce que firent voir sur une grande échelle en Angleterre les conséquences de l'ancienne législation, datant du temps de la reine Elisabeth. Par suite à la fois du sans gêne administratif, de la centralisation excessive et de la manie de traiter tous les cas d'après un unique schème abstrait, par suite enfin du contrôle insuffisant de la part des contribuables, les pires abus se produisirent. Comme les secours étaient accordés sans enquête sérieuse, les pauvres s'habituèrent à l'insouciance et à l'imprévoyance. Ils ne pensaient plus au lendemain ; au pis aller, ne seraient-ils pas, eux et leurs enfants, entretenus aux frais de l'Etat, et leur sort ne serait-il pas encore préférable à celui de beaucoup des gens qui travaillaient péniblement pour arriver à payer leur part de la taxe des pauvres ? Cet état de choses n'engendrait pas seulement l'insouciance et la paresse, mais encore l'ingratitude et l'égoïsme. Les enfants se refusaient à secourir leurs vieux parents et laissaient ce soin aux pouvoirs publics. La démoralisation devint si grande que le lord chancelier Brougham put dénoncer à la Chambre des lords la loi anglaise sur les pauvres comme la principale cause de l'immoralité du peuple et de l'augmentation des crimes. Depuis la fin du xviiie siècle, une coutume générale s'était établie d'après laquelle les communes ajoutaient un supplément aux salaires lorsqu'ils étaient insuffisants. L'assistance des pauvres fût ainsi transformée en une véritable assistance des patrons, qui pouvaient dès lors baisser le salaire au-dessous du taux nécessaire à l'entretien de l'ouvrier [1] ! La législation nouvelle

---

[1] *Das Armenwesen.* Frei nach Duchâtel und Naville. Von einem deut-

(depuis 1834) essaya de parer à ces inconvénients. Mais il parut toujours très difficile de décider quand on se trouve en présence d'une indigence réelle et quand c'est le contraire. On établit alors en Angleterre l' « épreuve de la maison de travail « (workhouse test), dans l'idée que les gens valides, en refusant de se soumettre au travail imposé par l'Etat comme une condition de son assistance, prouveraient par là qu'ils n'étaient pas réellement nécessiteux. Mais si ce moyen mécanique a été nécessaire, c'est seulement parce que la décentralisation ne fut pas suffisamment mise en pratique[1]. Dans les cercles restreints (dans la commune et dans la sphère encore plus étroite des relations de voisinage) existe la possibilité de connaître tous les individus personnellement, et c'est pourquoi l'Etat devrait autant que possible laisser à ces cercles la distribution des secours. Aussi bien est-ce dans ce sens que s'orientent les organisations récentes. Ici, plus encore que dans les autres domaines, l'administration autonome est la seule qui puisse conduire au but. Si les cercles restreints possèdent le droit de s'administrer eux-mêmes, chaque cas particulier peut être traité d'après sa nature individuelle. Le « système d'Elberfeld[2] » va si loin dans la décentralisation et l'individualisation que chaque personne chargée de l'assistance a dans son ressort seulement quatre familles. Elle peut alors connaître à fond leur état. En même temps, il devient possible à tout citoyen de se charger de la fonction honorifique de répartiteur, car cela ne lui demande pas une trop grande part de son temps. Grâce à une pareille organisation, la philanthropie de l'Etat se rapproche de plus en plus des organisations philanthropiques privées. Sa meilleure manière d'agir c'est d'agir de concert avec ces dernières. La grande distance qui sépare la relation personnelle de l'intervention impersonnelle de l'Etat s'abrège par une série de formes de transition.

schen Staatsbeamten. Weimar 1837, p. 502 sqq. — GNEIST : *Das Selfgovernment in England*. 3ᵉ éd., p. 700 sqq.

[1] Cf. GNEIST : *Op. cit.*, p. 740.

[2] LÖNING. *Armenpflege und Armenpolizei* (Schönbergs Handbuch, 4ᵉ éd. III) p. 588, 601 sqq.

## C. — L'ÉTAT

### XXXVI

### LE PEUPLE ET L'ÉTAT

1. Rapports de l'État avec la famille et la libre association de culture. — 2. Un peuple doit son origine à la communauté du sort et de l'activité, qui engendre la communauté des mœurs. — 3. Le sentiment national comme sentiment de contraste. — 4. Le sentiment national comme instinct. — 5. L'État c'est le peuple organisé.

1. — Si l'on veut opposer d'une manière tranchée l'État à la famille et à la libre association de culture, sa caractéristique la plus claire est le pouvoir de contraindre. Toutefois, c'est aussi là seulement où cette opposition doit être établie de la manière la plus tranchée que cet élément apparaît avec une telle force. La puissance demeure toujours à l'arrière-plan ; mais si elle forme l'unique lien, l'État est bien près de se désagréger. L'essence de l'État nous apparaît seulement dans toute son étendue véritable quand nous le voyons capable d'exciter des sentiments et des mobiles susceptibles de vaincre même ceux qu'excitent les relations familiales et les fins de culture : comme, par exemple, quand l'individu sacrifie à l'État non seulement sa propre vie mais encore le bien de sa famille, ou que l'artiste et le savant subordonnent les intérêts de leur profession au bien de la patrie. Si l'État est capable de susciter de pareils sentiments, c'est uniquement parce que sa conservation et son action sont des conditions nécessaires pour atteindre de grandes fins, universellement humaines. Nous l'avons déjà vu précédemment ; puisque l'étude tant de la famille que de la libre association de culture nous a conduits à mettre en relief des tâches que l'État seul pouvait remplir. Ce faisant, nous avons déjà pré-

supposé une certaine notion de l'Etat, qu'il s'agit maintenant de développer, et cela de manière à ce que l'opposition de l'Etat aux autres formes sociales, aussi bien que son étroite connexion avec elles, puissent trouver leur justification. Une étude des rapports entre le peuple et l'Etat sera nécessaire à cet effet.

2. — En parlant de la famille et de la libre association de culture nous n'avons pas tenu compte de ce que, dans la réalité, elles se présentent toujours au milieu d'un ensemble historique et national déterminé. Aux degrés les plus primitifs de l'évolution, on ne saurait tirer, entre la famille, l'association de culture et l'Etat, aucune ligne de démarcation précise. Dans la horde ou la tribu, telles qu'elles apparaissent aux premiers degrés de l'évolution, ce qui domine, ce sont les liens du sang, encore qu'ils ne soient pas toujours les seuls traits d'union. L'étranger qui veut être traité en ami et reçu dans la communauté, doit devenir participant, au moins sous forme symbolique, du sang commun. La horde primitive est en même temps une association de culture, si culture il y a dès ce degré. Le travail est exécuté en commun, et les biens sont la propriété commune de toute la horde. La culture idéale est représentée par la croyance aux dieux de la race. Enfin, la horde est un petit Etat, puisqu'elle se rassemble pour opposer une commune résistance aux ennemis du dehors, et que le père de famille ou le chef exerce le pouvoir à l'intérieur pour dompter les récalcitrants. Il en est ici comme partout : les diversités nettes et tranchées apparaissent seulement au cours de l'évolution et ne sont point saisissables dès le début.

Une horde n'est pas encore un peuple : elle le devient seulement au moment où se développe un sentiment de communauté plus conscient qu'il n'en peut exister quand on se fractionne aussi vite en petits groupes qu'on se rassemble pour se prêter un mutuel appui au moment du danger. Un ensemble de souvenirs et une tradition établie sont une condition de la naissance d'un peuple. Tout sentiment de communauté (cf. XIII, 3 et *passim*), y compris le sentiment national, naît de la communauté du sort et du travail. Or la première condition d'une pareille communauté c'est que tous résident dans le même pays. La nature de ce pays détermine la nature identique du travail, des dispositions physiques et morales, des craintes et des joies[1]. Même un peuple nomade a pourtant des lieux où il revient de temps en temps ; d'où une certaine liaison entre ses souvenirs. S'il n'a pas habituellement de propriété fixe, du moins a-t-il les tombeaux de ses ancêtres, auxquels il se sent attaché et autour desquels il tourne comme autour d'un centre[2]. Peu importe la raison première du rassemblement de la horde — que ce soit l'identité de filiation, la réunion de plusieurs individus errants, ou l'assujettissement d'une horde plus faible par une autre plus forte. L'essentiel c'est qu'il se produise une vie d'ensemble, que, sous l'influence de la destinée et de l'action communes, se développe une vie intellectuelle et affective commune. La communauté de langue n'est souvent elle-même qu'un résultat de cette vie d'ensemble, et c'est seulement aux degrés supérieurs de l'évolution qu'elle peut jouer un rôle décisif. La langue n'est pas toujours l'essentiel. L'exemple du peuple suisse nous montre que les limites du sentiment national et celles de la langue ne coïncident pas nécessairement. Le principal est qu'il se développe une conscience commune, et il suffit pour cela de la communauté de l'histoire.

La communauté de la destinée et de l'action développe dans un groupe humain des habitudes et des mœurs communes. La vie s'arrange spontanément d'une certaine façon et dans certaines directions déterminées. Ces formes nées spontanément exercent à leur tour une action déterminante sur l'avenir, et cela non seulement d'une manière inconsciente, mais aussi par suite d'un besoin et d'un sentiment plus ou moins conscients. On éprouve le besoin d'exécuter dans les mêmes circonstances la même action de la même façon. Culture du sol, chasse et guerre, vêtements et armes, mariage, éducation, culte des dieux, vengeance et plaisirs — tout cela s'arrange moins d'après le mode indiqué par la raison et la réflexion que suivant l'usage adopté par les ancêtres. Un écart ou un obstacle peuvent exciter une passion semblable à celle éprouvée par l'animal, lorsqu'il est empêché d'exécuter un acte instinctif. Celui qui veut introduire

[1] Sur les conditions de la formation d'un peuple, voir SPENCER : *Principles of Sociology*, II, p. 265-287. (Political integration).

[2] Cf. HÉRODOTE, IV, 127, où les Scythes évitent le combat avec les Perses, parce qu'ils n'ont ni villes ni terres cultivées à défendre ; ils ne combattraient que si les Perses découvraient et détruisaient les tombeaux de leurs ancêtres. Au premier livre de Moïse, chap. XXIII, Abraham, qui vit habituellement en nomade, achète un champ pour enterrer Sarah.

une coutume nouvelle fait scandale, et c'est avec un étonnement mêlé d'irritation qu'on observe les mœurs et les coutumes des autres groupes humains. C'est, pourrions-nous dire encore, la moralité positive commune (voir I, 2) qui, de concert avec les souvenirs communs, transforme un groupe humain en un peuple.

3. — Le sentiment national n'atteint une conscience claire et complète qu'en se heurtant et s'irritant contre les étrangers. Une loi psychologique veut qu'un contraste plus ou moins fort soit nécessaire pour donner à un état de conscience son caractère nettement marqué. Aussi bien l'histoire nous montre-t-elle que le sentiment national n'a pu réunir qu'en séparant : il a réuni par la conscience d'une originalité commune, laquelle a été surtout éveillée par un sentiment commun d'irritation, de mépris et d'hostilité contre l'étranger.

Au début, la cause active est plus qu'une antipathie d'ordre esthétique. Tout ce qui est étranger ou inconnu peut, aux étapes primitives, exciter la crainte ou la haine, comme susceptible de mettre en danger la vie, la propriété et la liberté. Dans tous les cas, pour plus de sûreté, on se met sur la défensive. Mais, lors même que la crainte disparaît, l'antipathie subsiste. Du point de vue de l'orgueil national, on juge avec malveillance tout ce qui est étranger. Deux systèmes moraux sont ici en présence, en chair et en os ; une conciliation ou un accord seront seulement possibles grâce à une évolution historique amenant une communauté du sort et du travail. Une cohabitation longue et paisible est nécessaire pour faire voir que l'élément étranger a sa valeur propre. Un élargissement de la sympathie et des idées doit se produire.

Le sentiment national ne peut avoir toute son ardeur que s'il se manifeste avec la force aveugle de l'instinct. Il a été une puissante force historique. Il a transformé l'histoire en une vaste histoire guerrière, mais justement parce qu'il a causé la guerre, il a eu pour effet de maintenir et d'accroître la cohésion. La guerre amène avec elle pour le groupe entier les expériences communes les plus efficaces. L'identité du danger et de la crainte, de la tension et de l'espoir, de la dépression et de la victoire, tout cela réunit par le plus solide ciment. Ajoutez à cela qu'au stade du sentiment national instinctif tout est en jeu : la lutte doit décider d'un seul coup de tous les biens de la vie ; le vaincu doit être prêt à perdre la liberté, la propriété, peut-être même la vie ; il n'est pas jusqu'à ses dieux qui ne soient exposés à être chassés par les dieux du vainqueur. Etre ou ne pas être, telle est la question. — C'est autre chose, une fois passés les temps de la guerre d'extermination. La guerre est alors conduite plus humainement, et les biens de la vie ne sont plus tous en jeu. Il existe une vie sociale universellement humaine, qui s'étend par delà les diversités nationales, et l'opposition entre notre nationalité propre et l'étrangère ne coïncide plus avec l'opposition du bien et du mal. Or le sentiment national n'aura-t-il pas un jour achevé son rôle comme puissant ressort historique, et son ancienne importance morale ne cessera-t-elle pas ? Il semble qu'il doive manquer d'aliments suffisants et que par suite il ne soit pas non plus capable de conserver une suffisante énergie.

4. — Le sentiment national a ceci de commun avec tout sentiment rapproché de l'instinct, de ne pas être produit par la valeur susceptible d'être attribuée à son objet. Nous aimons notre pays et notre peuple, non parce que nous les tenons pour les meilleurs, les plus beaux, les plus riches et les mieux doués, mais avant toutes choses parce qu'ils sont *notre* pays et *notre* peuple. Ce n'est pas une appréciation objective, mais bien purement subjective, que nous portons dans le sentiment national. Cela s'exprime naïvement dans les superlatifs dont nous gratifions l'objet aimé ; ces superlatifs manifestent la profondeur et l'intensité du sentiment, mais non point le résultat d'une étude objective. Nous pouvons même très bien avouer que d'autres pays et d'autres peuples possèdent une plus grande excellence objective ; mais ils ont toujours ce défaut de n'être pas *notre* pays et *notre* peuple. Il en va de même ici que dans la conservation personnelle : nous conservons la vie d'abord parce qu'elle est *notre* vie, non parce que nous l'avons trouvée excellente après examen. C'est grâce à ce caractère instinctif, demi-inconscient, du sentiment national qu'il est capable de subsister, lors même que l'horizon s'élargit et que l'antipathie contre l'étranger disparaît. L'amour profond du foyer ne tombe pas nécessairement avec le contraste aigu entre l'étranger et lui. Seul le foyer nous offre un refuge stable et une base d'où nous puissions nous orienter dans le monde[1].

---

[1] Dans mon article *Nationalitet og Kultur* (Tilskueren 1895), j'ai décrit le

Les progrès de la culture augmentent sans doute l'unité et la solidarité du genre humain, mais ils ouvrent aussi les yeux sur les nuances et les diversités particulières. Chaque peuple prend la vie à sa manière, et la vie offre par là même, à qui la considère avec une intelligence sympathique, plus de richesse et de variété. Le barbare foule aux pieds ce qui est étranger, parce qu'il ne le comprend pas, et si aujourd'hui encore les particularités nationales sont en danger, on le doit au reste de barbarie subsistant encore dans le monde bien plutôt qu'à l'excès de culture. Chaque nation n'a pas encore bien compris combien l'existence de chacune des autres est nécessaire. Les progrès de la culture ouvrent le regard aux particularités des divers peuples, et donnent en même temps à chaque peuple isolément une meilleure occasion d'apporter sa contribution à l'évolution commune.

Comme la famille et la libre association de culture sont des intermédiaires naturels entre l'individu et l'Etat, de même les diverses nationalités sont des intermédiaires entre les individus particuliers et le genre humain tout entier. L'élément universellement humain n'est pas empêché par là dans son développement : il deviendra au contraire plus riche et plus varié.

5. — L'Etat est le peuple organisé. Il suppose une organisation telle que le peuple puisse se montrer extérieurement un, et que la direction et l'arrangement de ses affaires intérieures présentent aussi une certaine unité. On ne saurait assigner aucun point précis où l'Etat doive nécessairement naître. Déjà la famille et la horde peuvent posséder une certaine organisation leur permettant à la fois d'opposer une résistance aux attaques du dehors et de régler les rapports entre leurs membres d'une certaine façon. Une grande famille est déjà un petit Etat.

L'organisation plus solide, supposée par l'Etat, assure au peuple le même avantage qu'assure à l'organisme animal la possession d'un système nerveux. La vie organique du végétal est exubérante : l'échange des substances, la croissance et la reproduction y ont lieu avec beaucoup d'énergie. Mais c'est seulement quand un système nerveux relie les parties de l'orga-

---

sentiment national comme un sentiment de familiarité et de communauté, et j'ai fait remarquer en même temps que les éléments nationaux de la personnalité interviennent dans tout travail approfondi.

nisme que celui-ci peut s'opposer activement et avec une force rassemblée au monde extérieur, diriger son activité sur des points déterminés et tenir compte des circonstances dépassant de beaucoup le milieu immédiat. Sans organisation, le peuple mène une vie toute végétative. Une certaine culture est possible; l'activité matérielle, la vie intellectuelle et affective peuvent se déployer jusqu'à un certain degré; mais le tout porte le caractère du hasard et de l'incohérence. Une évolution plus avancée a pour condition la concentration et la solide cohésion de tout ce qui appartient au peuple. Une telle concentration est de la plus grande importance dans la lutte pour la vie. Un empire morcelé ne saurait subsister. Aussi la guerre a-t-elle été de tout temps la cause d'une organisation plus solide. Cependant c'est seulement au degré le plus élémentaire que la concentration contre le danger extérieur est la considération dominante. L'organisation primitivement établie pour triompher d'une résistance extérieure est naturellement appliquée à favoriser et protéger tous les intérêts et les fins enveloppés dans la vie du peuple. Il y a deux types de vie nationale, l'un déterminé surtout par la nécessité de déployer une force extérieure, l'autre essentiellement déterminé par la considération de la vie intérieure du peuple[1]. Tant qu'un Etat est obligé de lutter pour l'existence contre d'autres Etats, c'est le premier type qui domine; le second se développera dès que s'établiront des relations plus pacifiques. Il est facile de voir lequel des deux types est le plus favorable au développement régulier de la culture matérielle et idéale.

Déjà aux premiers degrés de l'évolution, il y a quelque chose de plus fort que la violence et susceptible de se servir d'elle. Ce sont les lois non écrites contenues dans les coutumes du peuple (Cf. 2). L'organisation des relations du peuple ne saurait avoir lieu uniquement par des ordres coercitifs. Les détenteurs de la puissance eux-mêmes sont plus ou moins remplis intérieurement de crainte ou de respect envers les traditions. Aucun d'eux n'est tellement au-dessus de son temps qu'il n'ait ni modèles ni précédents à suivre. Ces modèles et ces précédents nous offrent la forme primitive du *droit*.

L'idée de l'Etat renferme donc plusieurs facteurs. La force est

---

[1] Spencer. *Principles of Ethics*, II, p. 181-187.

le dernier moyen et le fondement de l'État ; le droit est la norme déterminant l'application de la force ; la culture est la fin à laquelle doit servir l'application de la force conformément au droit. Et à propos de tous ces facteurs, il faudra encore poser la question de l'importance morale de l'État.

# XXXVII

# LE DROIT ET LA MORALE PRATIQUE

1. Connexion originelle entre le droit et la moralité. — 2. Leurs différences. — 3. L'organisation du droit comme partie de l'organisation morale. — 4. Légalité et moralité. — 5. Deux points capitaux de l'évolution historique du droit. — 6. Rapports entre l'opinion publique, le droit et la morale pratique.

1. — Si le droit consiste seulement dans les habitudes et les traditions qui gouvernent spontanément la vie, l'opposition entre la morale pratique et le droit n'apparaît point. A notre moderne point de vue, nous entendons par droit l'ensemble des règles concernant l'application de la force et exprimées en notifications précises, tandis que par morale nous entendons les avis intérieurs de notre conscience. Mais une opposition aussi tranchée entre le dehors et le dedans, entre la force extérieure et le sentiment intérieur est seulement le fruit d'une longue évolution. A l'origine, il n'y a pas de différence entre la coutume, la tradition, le droit, la morale et la religion. Le besoin se fait sentir de traiter semblablement les cas semblables. Le fait qu'une chose ait eu lieu déjà d'une certaine façon fournit une suffisante raison pour qu'elle ait lieu de la même façon la fois prochaine. Comme nous l'avons déjà remarqué, ce n'est pas une habitude purement inconsciente qui règne ici. Dans le besoin de suivre les voies déjà frayées s'accuse aussi le respect du passé et des forces obscures d'où dérivent les mœurs et les traditions dominantes[1]. Leur origine première se perd dans l'inconnu, d'où leur caractère mystérieux. Et comme elles renferment la somme des expériences faites par les ancêtres dans les diverses circonstances de la vie, elles fournissent souvent

---

[1] Cf. le remarquable développement de l'idée de mœurs donné par IHERING, *Der Zweck im Recht*, II, p. 19-41. Les mœurs y sont définies « des coutumes obligatoires ».

un meilleur guide que les lumières plus restreintes d'un seul individu.

Lorsque ces lois non écrites sont rédigées et publiées, la puissance de l'Etat apparaît plus nettement comme la dépositaire et la gardienne des lois, et celles-ci prennent le caractère de manifestations expresses d'une volonté, de règles générales d'action. Le besoin de pareilles règles fixes naquit d'abord dans la vie des cités gréco-romaines[1]. Le droit n'est plus dès lors l'ensemble des normes involontaires du peuple, mais la volonté du pouvoir régnant. A la puissance publique s'opposent les individus particuliers, avec leur conviction personnelle, et ici peut se produire un conflit entre le droit et la morale. Ils ne sont plus unis par la tradition; les choses commandées ou permises par le droit sont peut-être défendues par la morale, et réciproquement; d'où la possibilité d'un conflit à solution souvent tragique. La société est obligée de garder son organisation juridique, et l'individu de garder sa conviction, « d'écouter Dieu plutôt que les hommes »[2]. Il ne reste ici à l'individu que la ressource d'en appeler de l'organisation juridique actuelle à une organisation future établie sur une base meilleure. — Mais de tels conflits ne sauraient être considérés comme décisifs pour établir les rapports entre le droit et la morale pratique. Ces derniers sont historiquement sortis d'une souche commune, et c'est seulement dans des cas exceptionnels qu'ils sont complètement étrangers l'un à l'autre.

2. — Une fois franchi le premier degré d'évolution où la

---

[1] Leist. *Alt-arisches Jus civile*, I, p. 338-341.

[2] Cf. L'*Apologie* de Platon. chap. xvii. *Histoire des Apôtres*, iv, 19; v, 29. Les juristes ne se représentent guère volontiers la possibilité pour l'individu d'avoir un droit moral à l'encontre du « droit. » A.-S. Oersted dit lui-même : « Chacun est obligé de subordonner son opinion privée à celle qui sert de base à la loi. En tout cas, il doit être regardé par toute autorité publique comme y étant obligé. » *Om de förste Grundsätninger for Straffelovgivningen* (Les premiers principes de la législation pénale) Eunomia, II, p. 202. Dans le *Code pénal danois*, § 42, il est question de « l'opinion *fausse* d'après laquelle une action interdite par la loi pourrait être commandée par la conscience ou la religion » ce qui semble établir que le tort est toujours du côté de l'individu. Dans ce cas, Oersted est plus prudent, puisqu'il se borne à admettre que l'autorité publique est nécessairement obligée de prendre ainsi les choses. Les auteurs de la loi paraissent s'être proposés de cacher la possibilité d'un conflit. Mais cette possibilité existe toujours dès que la distinction entre le droit et la morale est en général possible.

différence entre le droit et la morale ne s'accuse pas encore, et à partir du moment où le droit se développe comme un domaine à part, il y a surtout quatre points sur lesquels il se distingue de la morale pratique : *a)* il se fonde sur la contrainte extérieure ; *b)* il ne concerne que l'acte extérieur ; *c)* il est plus universel ; *d)* il est plus élémentaire.

*a*. Tout acte moral doit être issu du sentiment interne et de la volonté de l'agent lui-même. L'acte juridique, lui, est exigible par la force extérieure, et peu importe qu'il soit ou non d'accord avec l'intention de l'agent. *La possibilité de la contrainte* voilà le caractère extérieur du droit. L'organisation juridique se manifeste par la force physique, tandis que l'ordre moral est un ordre interne. La sanction est extérieure dans le droit, intérieure dans la morale. (Cf. IV, 5-6.)

*b*. A ce premier caractère se rattache étroitement cet autre : le droit n'exige qu'un *acte extérieur*. Il ne se soucie point de l'intention et de la volonté ; il ne saurait les atteindre. Pour l'appréciation purement morale, au contraire, l'acte extérieur peut souvent devenir d'une importance négligeable en comparaison des motifs qui l'ont produit. Ces motifs peuvent être extrêmement discutables, lors même que l'acte n'est pas mauvais par lui-même ; et ils peuvent obtenir l'assentiment, lors même que l'acte extérieur serait condamnable.

*c*. Aussi le droit peut-il seulement concerner des circonstances dans lesquelles *la même chose peut-être sensiblement réclamée de tous les hommes*. Les grandes diversités individuelles s'accusent plus dans l'intention et les motifs que dans les actes extérieurs. Les hommes du même peuple se ressemblent plus par leur manière d'agir que par leur manière de penser. L'acte est moins individuel que l'intention.

*d*. De plus, les actes ainsi exigibles de tous, possibles pour tous, quels qu'en soient d'ailleurs les motifs, et dès lors également imposables par la force, ne sauraient être que des actes moraux *élémentaires*, c'est-à-dire ayant pour but le maintien des conditions les plus strictement nécessaires de la vie sociale humaine. Le droit vise ou devrait viser toujours un minimum. Cela résulte déjà de ce que la contrainte est toujours un mal et de ce qu'il faut par conséquent, en vertu du principe du bien, la réduire au minimum possible. Le droit doit établir par ses prescriptions sévères les limites au-dessous desquelles l'action humaine ne saurait légitimement descendre, mais au-dessus desquelles il lui est loisible de s'élever dans toute la mesure de ses moyens.

3. — L'organisation du droit est une organisation naturelle établie par les hommes à la fois spontanément et volontairement. Bien que différente de l'organisation morale, elle agit cependant comme sa préparation et sa base. Elle exerce une éducation à la fois directe et indirecte. Elle agit indirectement, en comprimant toutes les tentatives pour s'affranchir des conditions nécessaires de la vie sociale humaine. Les tendances contraires à ces conditions sont ainsi peu à peu arrêtées. Elle exerce une éducation directe en fournissant un cadre fixe au sein duquel les forces libres peuvent se mouvoir sans préoccupation. Elle donne un sentiment de sécurité et de stabilité, sans lequel toute aspiration supérieure est impossible.

Les rapports entre le droit et la morale sont pourtant encore loin d'être épuisés par là. La tâche de faire observer le droit par la force incombe naturellement à ceux qui disposent de la puissance complète et concentrée de l'État. La justification morale et la nécessité de cet emploi de la force reposent sur ce que le bien de l'ensemble est au-dessus des caprices individuels. C'est là un principe valable pour toute morale qui ne se place pas au point de vue de l'instant ou à celui de l'individualisme. C'est moralement un devoir de défendre les conditions fondamentales sans lesquelles la vie de la société ne saurait subsister ni se développer. Si la vie de la société doit être possible, il faut nécessairement mettre un frein à l'effort des individus particuliers pour se déployer dans l'être. Ce n'est donc pas seulement à cause de ses effets, mais aussi à cause du principe sur lequel se fonde son maintien par la force que le droit présente un caractère moral.

Malgré la continuelle possibilité d'un conflit entre le droit et la morale, toujours pourtant le droit a des conditions morales et toujours l'organisation juridique fait partie de l'organisation morale. C'est justement ce qui donne à un pareil conflit son caractère tragique. Il consiste dans le choc de plusieurs forces morales, ou plutôt de forces qui doivent chacune prétendre à une autorité morale; car si un choc a lieu, il faut qu'une des parties ait perdu ce caractère. Laquelle a dans tel cas particulier perdu cette autorité, voilà précisément la grosse question. Ma conscience n'est-elle qu'un fantôme cérébral, quand elle s'oppose à un droit existant, ou bien le commandement de la loi, lorsqu'il est contraire aux clairs avis de ma conscience, n'est-il qu'une exigence arbitraire et injustifiable? La décision dernière reviendra dans tous les cas à la conscience individuelle, car elle règle tout, y compris elle-même (IV, 3). Si donc je choisis de me soumettre au droit positif, je dois pouvoir justifier mon choix devant ma conscience aussi bien que si je choisissais de le transgresser.

Goos, dont les développements sur les rapports entre le droit et la morale ont été pour moi féconds en enseignements, exprime l'opinion [1] que le choix positif perdrait seulement sa justification morale dans le cas « où un despotisme régnant sous le nom du droit irait si loin dans ses excès qu'on pourrait du point de vue moral déclarer l'absence de tout droit préférable ». La limite des empiètements possibles du droit sur la morale paraît cependant ici trop étroitement tracée. Ce n'est pas seulement quand le despotisme mais aussi quand l'inertie règne au nom du droit qu'une disposition législative peut perdre son caractère moral. Une loi positive peut créer un obstacle à un ordre de choses réclamé par la loi morale, et il n'est pas dit que la satisfaction de l'exigence morale puisse attendre le jour où le droit en vigueur aura fait place, suivant la marche prescrite par les lois de l'Etat, à une organisation meilleure. Dans toute réforme et dans toute révolution utile, se produit une explosion morale qui brise les barrières de la loi positive. Dans les circonstances ordinaires, les exigences morales peuvent couler calmes et tranquilles dans les moules du droit positif; mais il peut s'accumuler une telle force de tension morale qu'une explosion subite soit nécessaire. Ce n'est donc pas seulement quand le niveau du droit positif est très bas, mais aussi quand celui de l'exigence morale est très élevé qu'un conflit se produira, et cela comme une nécessité morale.

4. — On peut voir avec quelle netteté apparaît la différence entre le droit et la morale, une fois atteint un degré supérieur d'évolution, par le fait suivant : on se plaçant justement à un point de vue rigoureusement moral, on a voulu soutenir que droit et moralité n'avaient nulle racine commune, ni le droit-

[1] *Almindelig Retslære* (Théorie générale du droit); I, p. 47.

aucun caractère moral, Kant et Fichte considéraient le droit comme une organisation tout extérieure et devant nécessairement exister si des êtres indépendants voulaient vivre ensemble. La liberté d'une personne devait être limitée de manière à rendre possible une égale liberté dans une autre. Mais le droit n'établirait qu'un ordre *extérieur*, il défendrait les *atteintes de fait* à la liberté des autres hommes. Il exigerait seulement la *légalité*, l'accord extérieur avec les règles valables pour la vie en commun de plusieurs personnes. La morale au contraire réclamerait la *moralité*, l'assentiment interne au devoir reconnu. La bonne volonté n'aurait pas plus à intervenir dans le domaine du droit que la légalité n'aurait, comme telle, d'importance morale.

Fichte a fait l'essai le plus caractéristique pour fonder la théorie du droit comme une science à part, absolument indépendante de la morale. Suivant lui, le principe du droit supposerait seulement la résolution d'un individu de vivre avec d'autres individus. Les *raisons*, morales ou non, pour lesquelles l'individu prend cette résolution ne regarderaient point la théorie du droit. Quelqu'un se refuse-t-il à vivre avec d'autres individus ? La théorie du droit n'a rien à faire avec lui ; aucun de ses arguments n'est valable pour lui. Mais, une fois supposée pareille résolution, la théorie du droit montre qu'elle est seulement exécutable si l'individu consent à restreindre sa liberté. Pour dire A il faut aussi dire B, et si l'on refuse de dire B, il faut aussi refuser de dire A : qui refuse de restreindre sa liberté ne saurait vivre en commun avec d'autres. Nous arriverions ainsi au droit sans aucunement supposer la morale. Mais, faut-il ajouter encore, morale et droit peuvent entrer en conflit. La loi morale m'interdit, suivant Fichte, de prendre au pauvre sa dernière brebis, lorsqu'il est incapable de me payer son dû ; tandis que la loi juridique m'y autorise. Comment une semblable autorisation pourrait-elle trouver une justification morale ? Deux conséquences aussi opposées entre elles ne sauraient dériver d'un principe commun [1].

Il faut répondre d'abord que l'organisation juridique peut très bien avoir une importance morale, bien qu'elle soit sanc-

---

[1] J.-G. Fichte, *Grundlage des Naturrechts*, Iéna et Leipzig, 1796. Introduction § 2 et chapitre 1ᵉʳ § 4. Avant Fichte, Anselm Feuerbach avait déjà exprimé une théorie analogue, mais sans la pousser aussi loin.

tionnée par la contrainte extérieure et susceptible d'être déjà reconnue par l'individu en vertu de motifs purement égoïstes. Si le droit est le gardien des exigences morales les plus élémentaires, rien d'étonnant à ce que ses prescriptions puissent être aussi reconnues à des points de vue tout différents comme nécessaires au domaine proprement moral. La sécurité, l'ordre et l'organisation stable peuvent très bien, tout en étant des besoins égoïstes, être aussi des besoins moraux. Ils prennent une valeur morale par la végétation susceptible de se développer sur leur terrain, et découlent, comme toutes les exigences morales, du principe du bien.

En ce qui concerne ensuite la possibilité d'un conflit, elle n'a rien de bien singulier, car les exigences morales purement élémentaires doivent nécessairement être plus étendues et moins élevées que les exigences supérieures, lesquelles ne comportent point la sanction de la force externe. Mon devoir met des bornes plus étroites à ma liberté d'action que mon droit juridique. Le droit, comme on l'a vu plus haut (§ 2), est plus universel que le devoir, et la légitimité morale ne coïncide pas avec la légitimité juridique (cf. VIII, 1). Si, tout en restant au point de vue juridique, je mets de côté les exigences plus strictes de la morale, il n'est pas étonnant qu'un conflit se produise. La raison pour laquelle le cercle inférieur des droits doit exister c'est que le contraire entraînerait des inconvénients plus grands que ceux résultant d'un conflit entre le droit et la morale. Le créancier peut se servir de la loi pour se conduire d'une manière inhumaine envers le débiteur; mais s'il n'existait pas en cette matière de dispositions rigoureuses, on emprunterait et gaspillerait à la légère, puisqu'on serait assuré de toujours conserver quelque chose. La tentation de prendre une attitude aussi contraire à la morale serait beaucoup plus forte chez le débiteur que, chez le créancier, celle de se servir inhumainement de son droit légal. Naturellement les dispositions législatives ne doivent pas être ici plus rigoureuses qu'il n'est nécessaire, et l'on ne saurait douter que, sur ce point comme sur bien d'autres, l'humanité n'ait encore de grands progrès à faire.

Sans doute le droit compte seulement sur la légalité, sur l'accord externe avec les lois en vigueur. Mais aucune société juridiquement organisée ne saurait subsister dans la réalité si nuls autres motifs que des motifs purement égoïstes ne poussaient à l'obéissance à l'égard de l'organisation légale. Pour que cette dernière soit plus qu'un état de guerre organisé, elle doit avoir sa base subjective dans autre chose que dans le simple intérêt personnel[1]. Et cette base, elle l'aura si elle répond à son but, qui est de protéger et de garantir le développement de la vie dans ses diverses directions. Alors les hommes envisageront l'organisation juridique comme la condition des plus grands biens. Elle ne leur inspirera plus seulement des sentiments de crainte et de dépendance, mais aussi de reconnaissance et d'admiration. Ils y verront un cadre au sein duquel peut se développer tout ce qu'ils désirent et recherchent, et, lors même qu'ils apercevraient la nécessité de critiquer et de modifier cette organisation, voire même de rompre complètement avec les voies suivies par elle jusque-là, ce sera pour la rendre plus apte à remplir sa mission dans le monde moral.

Quelquefois justement ce peut être un devoir moral de se servir, sans se laisser arrêter par aucune considération, du droit qu'on possède d'après l'organisation établie, pour en sauvegarder ainsi la valabilité et la juste interprétation, et faire respecter la liberté et la personnalité des individus particuliers. La lutte pour le droit est une lutte pour un des biens les plus considérables de la vie humaine, quoique Ihering[2] aille trop loin en soutenant que des deux préceptes : « ne fais aucune injustice » et « ne souffre aucune injustice » le plus essentiel est le second. Un grand progrès moral a été accompli le jour où l'on émit pour la première fois ce principe qu'il vaut mieux souffrir l'injustice que la commettre (voir XII, 2). L'opinion d'Ihering n'est juste que si l'on tolère l'injustice par mollesse ou indifférence ou si l'on a perdu le sentiment de l'importance pratique du droit pour la vie humaine.

5. — Deux points capitaux offrent, au point de vue moral, un intérêt particulier dans l'évolution historique du droit. L'un concerne l'autorité qui établit et fait observer le droit, l'autre concerne le sujet qui possède le droit ou qui doit satisfaire à ses exigences.

a. Tant que le droit ne se distingue pas encore *des coutumes et des mœurs*, mais y est contenu en étroite liaison avec la morale

---

[1] Cf. *Die Grundlage der humanen Ethik*, p. 38, sqq.
[2] *Le Combat pour le Droit*, trad. de Meulenaere.

et la religion, il ne saurait se condenser en formules claires et précises. L'arbitraire et le caprice y tiennent beaucoup trop de place. Aussi est-ce un grand progrès quand le pouvoir dominant sur la société admet des *règles précises comme norme* de son intervention. La force se soumet ainsi à une loi supérieure et dès lors est susceptible d'être appréciée d'après le degré où elle satisfait à cette loi. On peut lui appliquer une mesure acceptée par elle-même. C'est un grave tournant dans l'histoire des autorités[1]. Les inconséquences du pouvoir retomberont indéfiniment sur sa propre tête. Alors même qu'il n'aurait établi le droit que pour l'apparence, il n'en aura pas moins suscité par là un dangereux ennemi. Il a suscité la *critique* et ne pourra plus l'empêcher, sans anéantir systématiquement toute conscience pensant librement. Qu'il en soit incapable, il le fait bien voir par là même qu'il essaie d'ordinaire — sans doute avec mille détours et subterfuges — de donner à son attitude un air de légitimité juridique. Dès que la critique a une fois commencé en un point, elle ne tarde guère à aller plus avant. Elle ne se borne pas à examiner la conformité des interventions particulières du pouvoir avec le droit qu'il a reconnu comme valable ; mais elle se tourne contre ce droit lui-même et réclame la disparition des injustices et des vices qu'il renferme. Grâce à la critique et à la discussion publiques, les pensées et les sentiments du peuple exercent déjà une influence sur l'établissement et l'application du droit. Les détenteurs du pouvoir ne sauraient eux-mêmes se soustraire indéfiniment à cette influence ; ces pensées et ces sentiments s'accuseront jusqu'à un certain degré dans leur propre conscience, de même qu'au point de vue du droit coutumier, les détenteurs du pouvoir sentent déjà la force de la tradition (XXXVI, 5). — On a même regardé comme la seule constitution vraiment *libre* celle où la décision finale serait sans doute réservée, dans toutes les affaires, au monarque absolu, mais où règnerait une absolue liberté de discussion, de manière à permettre un contrôle de tous par tous. Le monarque devrait alors se borner à fixer les résultats produits dans l'esprit public par un débat complet[2]. Mais ici la

---

[1] *Die Grundlage der humanen Ethik*, p. 79.

[2] Cf. F.-C. Sibbern, *Dikaiosyne*, Copenhague, 1843. C'est d'une manière analogue que, d'après le cardinal Newmann (*Apologia pro vita sua*, 1864, p. 271 sqq.), le pape infaillible aurait seulement pour mission de « définir »

distance entre la discussion et la décision est encore trop grande, et rien ne garantit qu'il y aura entre elles un lien aussi étroit que possible. Aussi le droit n'obtient-il pas encore l'intime connexion avec la conscience publique, nécessaire à sa persistance certaine. Cela n'arrive que si *le peuple a la liberté politique et par suite une influence directe sur l'établissement du droit* par la législation. Cette condition seule assure aussi la possibilité d'une subordination de plus en plus grande des intérêts particuliers des gouvernants aux intérêts généraux de la société. Néanmoins le vif sentiment du droit chez le peuple est toujours, quelle que puisse être la constitution, le dernier rempart de l'organisation juridique[1], comme il est également la source d'où elle est originellement sortie. Une fois cette source tarie, la vie cesse, quoique les rouages du mécanisme gouvernemental puissent continuer encore quelque temps à faire du bruit.

b. Aux étapes primitives, l'organisation juridique n'a pas affaire aux individus particuliers, mais aux familles et aux groupes de familles. L'individu est simplement regardé comme un membre de sa famille ou de sa race. A l'intérieur de ces groupes règne la communauté des biens, peut-être aussi des femmes et des enfants. Le mariage n'est pas l'affaire de deux individus, mais celle de deux familles entre lesquelles il crée un lien. Un meurtre ou un vol est-il commis? Toute la famille de l'auteur sera atteinte par la loi du talion. Il n'existe ni obligations ni fautes individuelles. C'est seulement quand la coutume instinctive se développe peu à peu en sentiment du droit proprement dit qu'une *émancipation des individus* s'accomplit, grâce à laquelle chacun d'eux devient une personne participant au droit, un centre de droits et de devoirs, un sujet capable de commettre des fautes et d'en être puni. On trouve encore dans notre organisation juridique des traces de ces idées primitives (Voy. p. ex. XXII, 1).

6. — L'*opinion publique* forme un intermédiaire entre le

---

ce que l'Église croyait déjà précédemment. Il aurait simplement à fixer les résultats de l'évolution de la foi ecclésiastique. Les catholiques, dit Newmann, ne croient point à l'immaculée conception de la Vierge Marie parce qu'elle a été proclamée par le pape, mais le pape l'a proclamée parce que les catholiques y croyaient.

[1] Cf. Ihéring. *Der Zweck im Recht*, I, 2ᵉ éd., p. 381.

droit positif et la conviction morale. On peut la définir : l'expression intellectuelle de la moralité positive. C'est une sorte de « police morale » exerçant une puissante influence par sa louange ou son blâme. Elle assigne au permis des bornes un peu plus étroites que le droit. Le droit se préoccupe uniquement de l'acte extérieur; l'opinion publique va plus loin et juge les caractères. Son tribunal tient compte de circonstances auxquelles ne saurait avoir égard le tribunal juridique. Aussi absout-elle parfois des gens condamnés par la loi, quoique plus souvent encore elle incrimine des gens qu'on ne saurait traduire devant aucune juridiction légale.

L'opinion publique peut se former de manières très diverses et sa valeur est très variable. Souvent son origine est difficile à découvrir, parce qu'elle est l'expression d'une longue suite d'expériences constantes dont aucune n'a par elle-même attiré l'attention, mais dont le résultat apparaît clairement. Dans d'autres cas, ce peuvent être des expériences subites faites en commun qui suscitent aussitôt chez tous les hommes la même disposition d'esprit. Les deux causes feront que les opinions « flotteront dans l'air » et dans les deux cas elles pourront s'accuser avec beaucoup de force. L'inconnu de leur origine leur confère un certain caractère mystérieux et leur . . prime la marque de l'incontestable. Il peut arriver souvent que l'opinion publique soit déterminée par le prestige d'individus éminents, surtout s'ils sont capables de revêtir leurs idées de formules frappantes. Mais il peut arriver aussi que ce soient des hommes inconnus et insignifiants qui, par une répétition incessante, mettent « des opinions dans l'air ». Une action réciproque continuelle s'échange entre le cercle étroit des hommes faisant de nouvelles expériences et concevant des idées nouvelles et le grand cercle qui reçoit plutôt passivement leurs vues. Personne ne peut éviter — si active que soit sa vie intellectuelle et affective — d'être déterminé par les principes et les traditions de l'époque, du peuple, de l'état et de la famille où il vit; mais on peut prendre à leur égard une attitude plus ou moins active, avoir un regard plus ou moins éveillé pour les possibilités nouvelles. Le rapport entre ceux qui contribuent activement à la formation des opinions courantes, ceux qui les reçoivent passivement, et ceux qui n'ont aucune opinion, différera suivant les pays. D'après JAMES BRYCE, dont l'ouvrage sur la République américaine renferme une intéressante étude sur la genèse et l'importance de l'opinion publique, le nombre des gens appartenant à la première catégorie serait très petit aux Etats-Unis, il serait au contraire relativement grand en Angleterre ; mais, par cela même, la troisième catégorie paraît être proportionnellement moindre qu'en Angleterre et elle le serait davantage encore si les immigrants et les nègres ne comptaient pas dans le nombre. Aussi serait-il plus difficile aux Etats-Unis que partout ailleurs de faire voir le développement progressif de l'opinion publique, car là plus que partout sa naissance et son évolution auraient le caractère d'un imperceptible accroissement. Le nombre des esprits supérieurs serait petit, mais il y aurait une foule de gens capables de comprendre les idées et celles-ci se répandraient extrêmement vite dans de vastes cercles [1]. A cette expansion la réflexion et la conviction n'auraient souvent qu'une faible part ; mais l'instinct d'imitation jouerait un rôle capital, et il n'est pas rare qu'une opinion publique se forme uniquement parce qu'elle paraît déjà exister [2].

L'opinion publique peut souvent être plus élevée sous le rapport moral qu'aucune des personnes contribuant à la former et qui l'admettent. Ce fait n'est pas en lui-même plus singulier que celui de la supériorité de l'organisation juridique sur l'état réel du pays, qui résulte déjà de la nécessité des dispositions pénales, ou que celui de la grande différence susceptible d'exister entre les convictions morales d'un individu et, d'autre part, sa volonté et ses actes réels. Il tient sûrement aussi en partie à ce que chacun de nous voit une paille dans l'œil du voisin et oublie la poutre qui est dans le sien propre, d'où une sévérité de l'opinion publique que les particuliers négligent volontiers de s'appliquer à eux-mêmes [3].

Comme l'organisation juridique, l'opinion publique doit être, elle aussi, réduite au minimum nécessaire. Elle choque plus que

---

[1] JAMES BRYCE. *The american commonwealth*. Londres, 1885, III, p. 10-13 ; 99-105. — Bryce trouve en particulier dans l'Amérique du Nord plus d'esprit critique à l'égard de la presse ; le public américain lui semble être plus froid et plus prudent que celui de l'Europe, et ne pas s'en laisser imposer aussi facilement par le mystérieux « nous » (p. 37 sqq.).

[2] HOLTZENDORFF. *Wesen und Wert der öffentlichen Meinung*, Munich, 1879, p. 93.

[3] Cf. RÜMELIN. *Ueber den Zusammenhang der sittlichen und intellektuellen Bildung* (Reden und Aufsätze. Neue Folge), p. 24.

le droit, car elle juge également le caractère ; à part cela, elle ne dispose point des solides méthodes susceptibles d'être employées par l'organisation juridique, quand il s'agit d'éclaircir la nature d'un acte. Le caractère est plus difficilement appréciable que l'acte extérieur. L'évolution de la volonté restera toujours plus ou moins cachée à celui qui n'y a aucune part. L'opinion publique n'est cependant guère portée à reconnaître ses bornes ; elle se croit en possession de l'omniscience et devient intolérante. Elle veut tailler tout le monde sur le même patron. Souvent elle est dominée par des préjugés de classe, de race, de parti et de religion. Malgré tout, elle joue un rôle considérable tant par rapport au pouvoir public que par rapport aux individus particuliers. Elle est à sa manière, comme l'organisation juridique, une sorte d'ordre naturel, imposant des bornes et des conditions. Elle exerce un contrôle indispensable. Mais de même que l'organisation juridique provient en définitive du sentiment public du droit et peut seulement subsister par son étroite connexion avec lui, il est aussi de la plus grande importance que le courant de l'opinion publique reçoive des affluents de la conviction sérieuse des particuliers, afin de ne pas devenir fugitif et superficiel. En outre, les conflits de l'opinion publique avec la conscience individuelle risquent d'être beaucoup plus fréquents que ceux du droit avec la morale.

C'est surtout la crainte de voir la puissance croissante de l'opinion publique devenir un jour dangereuse pour l'indépendance du caractère qui poussa STUART MILL à écrire son livre sur *la Liberté*. La solution donnée par lui au problème est cependant vicieuse, comme j'ai essayé de le montrer plus haut (VIII, 5). On ne saurait tomber d'accord avec Stuart Mill que le développement personnel interne de l'invidu le regarde seul et personne d'autre. Il n'est pas de qualité dans l'homme qui ne puisse avoir une influence sur ses rapports avec les autres et sur sa situation dans la société. D'autre part, on ne saurait non plus empêcher les autres d'instituer une appréciation de l'image qu'ils se formeront en eux-mêmes de son caractère. Si l'on veut ramener l'opinion publique dans ses justes limites, ce n'est pas le droit de juger qu'il faut mettre en question, mais la certitude des données sur lesquelles on juge. Au reste, l'individu est souvent lui-même responsable de la méprise publique à son sujet, lorsqu'il ne s'inquiète pas assez de faire paraître sa conduite aux autres sous son vrai jour. On n'a pas le droit de se poser en martyre, quand on n'a pas fait tout son possible pour exposer avec toute la clarté dont on est capable la logique réelle de sa cause. L'ironiste Socrate lui-même a parlé sans détours quand les choses prirent une tournure sérieuse et quand il s'est agi d'empêcher ses concitoyens de commettre un crime.

---

## XXXVIII

## IMPORTANCE MORALE DE L'ÉTAT

1. Doctrine théologique de l'Etat. — 2. L'Etat considéré comme la morale réalisée. — 3. L'Etat considéré comme la force pure et simple. — 4. Doctrine individualiste de l'Etat. — 5. Rapports de l'Etat avec la vie morale du peuple, avec la famille, la culture et le droit. — 6. L'Etat a pour mission d'organiser en formes fixes la matière donnée de la vie. — 7. L'Etat comme expression de l'unité et de la puissance du peuple.

1. — L'importance morale de l'Etat éclaterait aux yeux de la manière la plus directe et la plus forte, s'il fallait donner raison à ceux qui regardent l'Etat comme une révélation immédiate de l'idée du Bien, comme une autorité morale indépendante des consciences individuelles et beaucoup plus élevée.

Cette conception atteint sa forme extrême, en soutenant que l'Etat doit se fonder sur une base théologique. L'Etat n'est pas seulement alors une puissance morale, mais, — ajoute-t-on — toute morale ayant au fond une base religieuse, l'Etat doit s'édifier sur la religion. L'Etat aurait besoin d'un « critère suprême certain » pour être en mesure d'instituer une appréciation des fins humaines que sa tâche est de favoriser. La justice extérieure est impossible à réaliser sans une justice intérieure, et celle-ci supposerait à son tour une disposition religieuse que le christianisme est seul capable de donner. L'Etat devrait donc être un état chrétien. Pour cela, il faudrait « non que le christianisme vivant et personnel se trouvât dans tous les individus formant le peuple, mais bien que le peuple s'inclinât devant l'autorité de la tradition chrétienne ». Le christianisme de l'Etat se marquerait d'abord en ce qu'il soutiendrait l'Eglise, ensuite en ce qu'il chercherait à assurer au peuple des mœurs, des coutumes et des écoles chrétiennes, enfin en ce qu'il imprimerait à toutes ses lois et institutions le sceau des principes chrétiens [1].

[1] MARTENSEN. *Den sociale Etik* (La Morale sociale). L'évêque protestant

Cette doctrine contient quelque chose d'équivoque. Elle ne nous dit pas clairement où se trouve proprement le critère *certain*. La tradition et les principes chrétiens, ce sont là des notions bien vagues, alors surtout qu'on avoue expressément ne pas supposer chez tous les individus formant le peuple une croyance vivante et personnelle au christianisme. Nul ne saurait contester que le christianisme n'ait contribué pour une bonne part au développement de la conscience morale du genre humain. Mais cette contribution doit être complétée par d'autres nouvelles, et ne suffit, ni pour la forme ni pour le fond, à constituer un critérium certain. Lorsque, dans le camp théologique, on se vante de posséder un critérium certain, cela ne peut avoir de sens que si l'on maintient rigoureusement le principe de l'autorité. L'autorité fixant la foi religieuse (que ce soit le pape, la Bible ou la profession de foi, peu importe) serait donc le fondement de l'Etat : de là une théocratie ou un Etat pontifical. L'Etat n'est pas une société humaine; mais devient dépendant d'une autorité surnaturelle. Or, il ne saurait être question de rien de tel au point de vue que nous avons adopté. Comme nous avons défendu la liberté de la recherche et de la conscience, pareillement il nous faut défendre aussi contre le principe théologique d'autorité la liberté et l'indépendance de l'Etat. Le rapport est même, nous l'avons vu précédemment (XXXIII, 3), le contraire de ce que pensent les partisans de « l'Etat chrétien » : c'est l'Etat qui décide en fin de compte dans quelle mesure les différentes confessions religieuses s'accordent avec « la moralité et l'ordre public »[1]; il ne saurait tirer d'aucune d'entre elles sa notion de la moralité.

Du point de vue propre du christianisme, l'idée de l'Etat chrétien n'a de sens que si l'on part de ce principe que tous les individus composant le peuple sont des chrétiens. Mais n'a-t-on pas expressément déclaré ne point partir de ce principe ? Le christianisme devrait-il donc régner sur ceux qui n'y croient pas ? Tout ce discours sur l'Etat chrétien n'est qu'obscurité d'un bout à l'autre. On prend le mot « christianisme » en divers sens suivant son gré.

En face des obscurités des théologiens les plus haut placés

---

s'accorde donc ici avec ses collègues catholiques. Cf. KETTELER. *Freiheit, Autorität und Kirche*, p. 185 sqq.

[1] Expressions de la loi fondamentale danoise.

dans l'Eglise, on a plaisir à contempler la doctrine saine et claire de GRUNDTVIG sur l'essence de l'Etat. Si profondément qu'il ait été imprégné de christianisme pour son compte personnel, il comprit cependant que « là où les relations civiles doivent être régénérées en vérité et acquérir de la solidité, il faut laisser le christianisme entièrement de côté, comme une chose absolument libre et impossible à faire entrer en ligne de compte..., et s'en tenir à la nature humaine, que l'histoire révèle en chaque lieu donné [1] ».

2. — Même si l'on ne prétend fonder l'Etat sur aucune base théologique, on peut néanmoins penser qu'il est l'expression d'une moralité supérieure, que ses lois enseignent aux individus le bien et le juste. L'individu a sans doute ses idéals subjectifs, mais, dans l'Etat, l'idéal se présente à lui comme une force réelle. La conception antique de l'Etat, telle qu'elle est développée chez Platon et Aristote, allait dans ce sens. Les juristes ont toujours un penchant à voir les choses de la même façon (Cf. XXXVII, 1). Dans les temps modernes, HEGEL notamment a présenté cette doctrine sous sa forme extrême : « L'Etat est la réalité de l'idée morale »... « L'individu n'a de vérité et de moralité qu'en tant qu'il en fait partie »... « C'est la marche de Dieu dans le monde que l'Etat soit : son fondement est la force de la raison se réalisant comme volonté [2] ».

Cette doctrine a ceci de commun avec la précédente qu'elle supprime l'indépendance et la conviction libre de la personne particulière. Les divers individus sont conçus dans leur rapport avec l'Etat comme purement réceptifs et dépendants, non comme en formant chacun un membre constitutif. On donne à l'Etat une sorte de vie mystérieuse en dehors ou au-dessus des citoyens. Pourtant l'Etat ne vit que dans les citoyens. (Cf. VIII, 4). La puissance mentale et physique dont il dispose est celle dont sont capables les citoyens : ce sont leurs pensées, leurs sentiments, leurs forces. La moralité de l'Etat doit se trouver en ses citoyens. Ou bien est-ce que par hasard un Etat moral pourrait se composer de citoyens non moraux ? C'est à peu près aussi

---

[1] *Mands Minde* (Souvenirs), p. 128. Cet écrit contient les leçons professées dans l'année 1838 sur les cinquante années précédentes par l'auteur, très connu comme théologien et comme fondateur des écoles populaires supérieures du Danemark.

[2] HEGEL. *Philosophie des Rechts*, §§ 257-258.

impossible que d'appeler chrétien un Etat non composé de croyants.

La doctrine en question convient fort bien au degré de l'évolution où ne s'accuse encore aucune opposition entre le pouvoir de l'Etat et la liberté individuelle, où n'existe pas encore de différence entre le droit, la morale, les mœurs et les coutumes. Les idées morales n'apparaissent pas ici comme produites par l'individu particulier ; elles font partie d'une tradition respectable, d'où les individus se sentent dépendre et devant laquelle ils s'inclinent. Mais, chez les nations civilisées, cette adhésion instinctive à la tradition se complète et se contrôle par la critique publique ; les individus particuliers ne se bornent pas à garder une attitude toute passive, mais ils réagissent activement sur la vie politique.

Quand on attribue à l'Etat une autorité morale directe, on est en réalité obligé d'en appeler finalement à la force physique. Le pouvoir politique ne saurait laisser sa légitimité morale à la merci des convictions individuelles. Il emploie alors les grands moyens, et la « réalisation de l'idée morale » s'opère dans ce cas à l'aide de la police et du canon. La morale sublimée se découvre une physique déguisée.

3. — On a précisément voulu trouver l'essence de l'Etat dans la force pure et simple. Ce sont surtout les pessimistes qui insistent sur cet élément de la notion d'Etat. Thomas Hobbes considérait l'Etat comme la volonté inconditionnelle, devant laquelle les particuliers renonçaient à leur volonté individuelle pour assurer le règne de la paix et de la sécurité. Schopenhauer décrivait l'Etat comme une maison de correction, ayant pour unique fin de protéger les individus les uns contre les autres et la société entière contre les ennemis du dehors. De son côté, Taine écrit : « Au bout de tous ces rouages (constitution, code, tribunaux, etc.) apparaît toujours le ressort final, l'instrument efficace, je veux dire le gendarme armé contre le sauvage, le brigand et le fou que chacun de nous recèle, endormis ou enchaînés, mais toujours vivants, dans la caverne de son propre cœur »[1].

Cette théorie peut faire valoir en sa faveur non seulement que l'application de la force est toujours le moyen dernier de l'Etat,

---

[1] Hobbes. *De cive*, V, 9. — Schopenhauer. *Die beiden Grundprobleme der Ethik*, 2ᵉ éd., p. 217. — Taine. *L'Ancien Régime*, p. 316.

mais aussi que la plupart des États se sont historiquement fondés par la conquête. L'État est né par l'épée, et c'est par elle qu'il subsiste. Mais la force pure et simple s'est cependant toujours montrée un lien beaucoup trop peu sûr. Les États fondés sur la conquête n'ont vraiment obtenu la sécurité que du moment où se sont formées des mœurs, des formes de vie, des traditions communes. C'est grâce à la communauté du sort et de l'activité que les groupes humains rassemblés se fondent en un peuple (cf. XXXVI, 2.) Par la simple force on peut réunir une horde; mais un État réel suppose un peuple. Si la puissance de l'État et la vie du peuple sont orientées en des sens tout différents, l'équilibre est instable et un léger choc peut suffire à tout renverser.

La force pure et simple peut protéger la sécurité et l'unité du peuple. Personne ne murmurera ni ne quittera le rang. Mais la sécurité et l'unité ne sont des biens que dans la mesure où elles sont les conditions d'un libre et tranquille déploiement de la vie publique. Il faut ici se garder de prendre le moyen comme fin. Plus on laisse de jeu aux moyens de sûreté, plus on établit de postes pour parer aux malheurs et aux dangers, plus aussi l'on gêne le mouvement libre qui peut-être aurait abouti spontanément à écarter le malheur. Une obsession énervée de dangers possibles est capable de troubler toute la vie nationale, de même que la crainte de la mort est susceptible de paralyser la vie individuelle. Il peut naturellement y avoir des époques où le peuple doit être particulièrement ou exclusivement préoccupé de conserver sa sécurité et son unité. Mais il est inexact de croire l'essence de l'État tout entière contenue dans le rôle qu'il est contraint de jouer à de pareilles époques. La centralisation et l'agrégation violente est un effort peut-être nécessaire et utile parfois, mais s'il devenait continu et sans mesure, il étoufferait tout développement naturel et spontané[1].

---

[1] Dans l'Allemagne contemporaine, la vie mentale porte des marques évidentes des inconvénients entraînés par une pareille obsession continuelle de la sécurité et de l'unité, et par la concentration de force qui en résulte. Il est tout aussi déprimant pour un peuple de vivre trop longtemps uniquement pour sa sûreté, qu'il l'est pour un individu de vivre uniquement pour sa santé. L'indépendance des caractères et par suite les formes les plus hautes et les plus nobles de la vie morale souffrent de la concentration de la force et de l'excessive discipline. Des plaintes identiques sous ce rapport sont élevées par divers observateurs de la vie

En outre, la force ne peut ni ne doit être aveugle. Il faut qu'elle soit dirigée par des règles et des principes, et ceux-ci ne sauraient dériver de la force elle-même. Il faut qu'on les déduise des fins que l'Etat doit protéger. Les résultats que la force est capable de produire, savoir la sécurité et l'unité, sont seulement des moyens utiles à des fins supérieures ; mais ces fins c'est le libre développement, non la force, qui peut les produire, et alors seulement la force peut entrer en rapport avec elles. De la force pure et simple ne sauraient dériver ni la culture ni le droit.

4. — Soit qu'on regarde l'Etat comme une révélation immédiate de l'idée du Bien, ou comme une force régnant sur tous et sur tout, dans les deux cas on attribue l'importance essentielle à son *unité*, on en fait l'élément premier et dernier. Contre de pareilles thèses, on a raison de faire remarquer que dans l'Etat la chose réellement vivante c'est pourtant en somme les individus. L'unité consiste dans la communauté et la liaison de ces individus, mais elle n'est qu'une forme dont l'importance dépend de son contenu. Il pourrait même sembler que dans la considération de l'essence de l'Etat on devrait mettre à la base les parties vivantes, les éléments constitutifs, les individus particuliers, et regarder l'Etat comme subordonné à leur liaison. L'unité ne serait plus alors originelle, mais dérivée. Nous arrivons ainsi à la théorie *individualiste*, d'après laquelle l'Etat repose sur un accord ou un contrat entre les individus.

On a souvent été injuste pour cette théorie, en la supposant nécessairement liée à l'opinion que le contrat se serait produit *historiquement*. Dans tous les cas, ce n'est pas l'opinion de tous ses partisans [1]. La théorie se sert de l'idée de contrat pour faire voir comment la société devrait être organisée, si elle répondait à son idéal. On l'emploie par conséquent comme critère pour apprécier l'Etat réel, non comme moyen pour expliquer son origine historique. L'Etat parfait, estime-t-on, serait celui où tout serait arrangé d'une façon telle que les individus

---

mentale contemporaine de l'Allemagne. Cf. LAGARDE. *Deutsche Schriften*. Gœttingen, 1886, p. 103, 203 sqq. — STEINTHAL. *Allgemeine Ethik*. Berlin. 1885, p. 151. G. BRANDES. *Berlin*. Copenhague, 1885, p. 136 sqq. — TH. ZIEGLER. *Die soziale Frage eine sittliche Frage*. Stuttgart. 1891, p. 478 sqq.

[1] Voir sur la théorie contractuelle du « Droit naturel », *Geschichte der neueren Philos.*, I, p. 52 sqq ; 58 sqq.

auraient pu le désirer à la suite d'un libre accord, de manière par conséquent à ce que les intérêts de tous entrassent en ligne de compte, dans la mesure où ces intérêts sont suceptibles de s'harmoniser entre eux.

Au reste, les vestiges que nous pouvons découvrir de l'évolution historique du rapport entre l'Etat et l'individu ne nous suggèrent pas l'idée que l'Etat soit historiquement né de l'union d'individus indépendants. En laissant de côté les conquêtes, qui supposent en effet déjà des Etats donnés, la formation des Etats paraît s'être faite par la fusion de hordes, de groupes ou de familles isolées, quelquefois aussi par le simple accroissement et le développement d'une seule et même famille. D'individus particuliers indépendants il n'est à vrai dire pas du tout question aux étapes primitives; ils sont simplement considérés comme des parties de la famille ou de la tribu. Mais pendant l'évolution historique a lieu une désagrégation ou « pulvérisation » des groupes originels. L'individu s'affranchit graduellement. Le principe de liberté se fait lentement jour (cf. XXIII). Ce processus d'émancipation apparaît avec une clarté de plus en plus grande en allant de l'Est à l'Ouest : il est moins frappant en Asie, où par exemple les communautés villageoises indiennes subsistent encore aujourd'hui, qu'en Europe, moins dans l'Europe orientale (pays slaves) que dans l'occidentale (France et Angleterre)[1]. Une conception individualiste poussée à bout conçoit ce processus comme achevé et mesure les formes politiques historiquement données au degré où elles s'approchent de cet idéal.

La grande importance de l'individualisme consiste avant tout en ce qu'il fait bien ressortir le principe de la personnalité, la valeur de chaque individu particulier. C'est la grande tâche de l'Etat, comme d'ailleurs aussi de toute autre société, de travailler plus ou moins directement à développer une vie personnelle libre dans le plus grand nombre possible d'individus. L'Etat parfait serait celui qui satisferait la vie personnelle de tous les hommes, le besoin de chacun de développer ses facultés et ses tendances. L'individualisme a donc bien saisi un côté essentiel de l'Etat idéal.

---

[1] HENRY MAINE. *Ancient Law*, p. 311. — *Early history of Institutions*, p. 386 sqq.

## XXXVIII. — 4. IMPORTANCE MORALE DE L'ÉTAT

Ensuite, l'individualisme a raison encore en ce que les délibérations et le choix réfléchi des individus prennent de fait une influence croissante sur l'organisation de l'État et la décision des affaires publiques. Dans les pays où règne la liberté politique, l'individu a le pouvoir de faire participer sa volonté au gouvernement général. Non seulement dans la fondation de nouveaux États ou d'une Confédération d'États[1], ou dans l'établissement de constitutions nouvelles, mais encore dans les décisions particulières à prendre au cours ordinaire de la vie politique, il devient de plus en plus essentiel de réaliser l'accord des diverses volontés individuelles y prenant part. De la sorte, tout ce qui vit et se développe à l'intérieur des personnalités individuelles et dans les cercles moins étendus de la société est susceptible d'influer heureusement sur la vie publique. Non seulement donc l'individualisme indique la fin dernière de la vie politique, mais encore l'un des moyens les plus essentiels de la favoriser.

Pourtant, sous ses formes extrêmes, l'individualisme appuie trop exclusivement sur la *séparation* des individus ; il les considère comme jouissant chacun d'une indépendance absolue et pose la notion de la souveraineté de l'individu. Mais autre chose est le fait que chaque individu soit un point de départ original et indépendant, autre chose celui de lui attribuer une valeur absolue, sans tenir compte de ses rapports avec les autres. S'il fallait prendre le mot « souveraineté » au pied de la lettre[2], toute société ne pourrait être qu'un assemblage ou un amas d'individus : aucun lien interne ne saurait se produire entre eux. Ils concluent un pacte les uns avec les autres, mais ne

---

[1] Pendant les négociations relatives à la Constitution fédérale des États de l'Amérique du nord. ALEXANDER HAMILTON s'adressait à ses compatriotes en ces termes : « Il paraît réservé à la population de ce pays de résoudre, par sa conduite et son exemple, la grave question de savoir si des communautés humaines possèdent réellement le pouvoir d'établir un bon gouvernement par un choix réfléchi, ou si elles sont destinées à toujours dépendre, par rapport à leur constitution politique, du hasard et de la force. » *The Federalist*, 1787, n° 1 (nouv. édit., Boston, 1882, p. 49).

[2] Ce qui est rare; voir cependant DÜHRING : *Kursus der Philosophie*, p. 268. Quand on dit ici que les seules atteintes admissibles à la souveraineté sont celles qui sont nécessaires pour assurer la même souveraineté à tous, cette limitation ne saurait manifestement se déduire de la souveraineté de l'individu; pourquoi celle-ci se limiterait-elle elle-même ? La limitation suppose un point de vue qui embrasse à la fois tous les individus et où par suite la séparation ne s'applique point.

vivent pas d'une vie commune. Une vie réellement commune devient seulement possible quand l'individu se considère et est considéré dès le début comme membre de l'espèce et de la société. La souveraineté (l'indépendance absolue et la toute-puissance) ne saurait convenir à un individu ou à tous, considérés chacun isolément. Elle ne saurait convenir qu'au *peuple* auquel les individus appartiennent à cause de la communauté de leur sort et de leur activité.

L'individualisme est donc obligé de faire un pas de plus. Nulle forme politique ne saurait laisser les volontés individuelles régner d'une façon continue. Là même où règne la plus grande liberté politique, le peuple n'est cependant consulté que sur des questions isolées, particulièrement importantes, comme dans les referenda de la Suisse. Dans les intervalles qui séparent ces consultations populaires, les volontés individuelles reculent à l'arrière-plan, et ce sont les organes centraux de l'État qui dirigent la marche des affaires. L'individualisme rigoureux doit considérer ces intervalles comme des périodes de servitude. Aussi Rousseau est-il conséquent lorsqu'il écrit : « Le peuple anglais pense être libre, il se trompe fort ; il ne l'est que durant l'élection des membres du Parlement [1] : sitôt qu'ils sont élus, il est esclave, il n'est rien ». C'est pourquoi Rousseau rejetait le système représentatif : la souveraineté ne saurait être représentée. Il oubliait toutefois que la volonté élective n'est pas même dans l'individu isolée des autres éléments de la nature humaine. Elle doit toute son importance à ce qu'elle est l'expression de la nature entière, du caractère total, de l'individu, et celui-ci, en se soumettant aux conséquences de son choix, ne se plie donc pas devant une force étrangère, mais devant son propre ouvrage. Aucun dommage ne résulte donc non plus pour la liberté des électeurs de ce qu'ils sont liés par leur propre choix. Sans de tels engagements, ni l'individu ni la nation n'ont de caractère propre.

5. — Si des conceptions sur l'État aussi diverses que les précédentes ont pu se produire, cela vient d'abord de ce que l'État est une chose complexe, et que son idée renferme des éléments dont les rapports mutuels sont difficiles à déterminer. Mais cela tient aussi à ce que l'État est seulement encore en voie d'évolu-

---

[1] *Contrat social*, III, 15.

tion, ses divers éléments n'ayant pas encore été rassemblés en une connexion réciproque stable, et que, dans le cours de cette évolution, tantôt l'un, tantôt l'autre des éléments se pousse au premier plan. La force, le droit et la culture soutiennent entre eux, aux diverses époques, des rapports différents. Or il s'agit de savoir si nous pouvons leur assigner un rapport normal, c'est-à-dire un rapport répondant le mieux possible aux exigences du principe du bien.

Rappelons ici cette importante vérité que le spontané précède constamment le réfléchi. Les institutions et organisations fondées par les hommes avec conscience et réflexion supposent qu'il s'est spontanément développé un fonds susceptible d'être arrangé et utilisé d'une certaine façon. Dans nos institutions et nos organisations, nous ne commençons jamais absolument depuis l'origine. Cela est vrai psychologiquement du rapport de la volonté élective aux autres faces de la vie psychique et cela ne l'est pas moins sociologiquement du rapport de l'Etat au peuple. L'Etat doit organiser et protéger la vie du peuple, mais il ne l'engendre pas depuis son premier début. Tout d'abord la *vie morale*, dans son essence la plus profonde et dans son origine, est indépendante de l'Etat. Elle naît de sentiments qui se développent durant la vie en commun des individus, mais qui ne sauraient être provoqués par la force. L'Etat peut, avec la simple force, inspirer la crainte ; mais cela ne le mène pas loin. Il inspire seulement le respect si l'individu découvre que l'Etat est dirigé par des principes auxquels il se sent lui-même soumis dans son for intérieur. Quand l'Etat réclame l'obéissance pour des raisons morales, il fait par conséquent appel à une force qu'il n'a pas lui-même suscitée, mais dont il suppose néanmoins l'existence. Les principes moraux proclamés et appliqués par l'Etat dans sa constitution et ses lois se sont d'abord développés dans la conscience du peuple. — L'Etat ne produit pas non plus la *vie familiale*. Elle a sa racine dans la nature humaine : c'est seulement dans leur manifestation extérieure, non dans leur origine et leur intime essence que ses formes sont soumises à l'intervention de l'Etat. — La *culture*, elle non plus, n'est pas l'œuvre de l'Etat. Elle se développe dans la société libre. L'origine de la culture, soit matérielle, soit mentale nous ramène toujours à des individus particuliers, dans la conscience desquels les nouvelles idées se sont produites.

C'est dans la conscience de l'individu, que ces idées nouvelles ont à soutenir leur première lutte pour l'existence. A leur entrée dans le monde, il faut d'abord qu'elles rassemblent autour d'elles de petits cercles ou de petites communautés, où elles puissent être cultivées, développées, et devenir ainsi capables d'exercer leur influence sur des cercles plus grands. Les plus importants processus d'évolution dans l'histoire ont ordinairement lieu d'une manière sporadique, en partant de points épars et non d'un centre unique. Ils débutent souvent où l'on pouvait le moins s'y attendre. On demande alors avec étonnement : « Quelque chose de bon peut-il venir de Galilée » ? Dans un coin perdu du vaste empire romain, une force prit naissance qui devait avoir une vie plus longue et des effets plus considérables que les forces regardées à Rome comme éternelles. Qui pouvait se douter au xiie siècle que le mouvement d'où sortirent les « communes » françaises était la préface d'une complète réorganisation de toute la vie publique et sociale ? Dans d'obscurs ateliers et dans des réunions méprisées d'ouvriers a pris naissance un des phénomènes sociaux les plus considérables de notre temps, les associations ouvrières anglaises. Ce qui s'est ainsi développé obscurément peut avoir ensuite toutes sortes d'effets heureux sur la vie politique, mais ne saurait être produit au début par l'État. — Cela est même vrai, nous l'avons vu, du droit. Celui-ci se développe comme une forme spontanée de la vie nationale ; l'État ne peut que le fixer, le systématiser et le défendre.

L'État n'est pas plus productif que la volonté élective de l'homme particulier. Les possibilités entre lesquelles on choisit doivent toujours être données antérieurement dans la nature humaine. Le choix garde naturellement sa grande importance, quand même il ne serait pas une sorte de création. L'objet choisi préexistait déjà ; mais il acquiert désormais une forme plus fixe et plus précise.

6. — Le principe que l'État est improductif vaut pourtant seulement par rapport au *contenu* de la vie. L'État déploie sa productivité quand il s'agit d'*arranger ce contenu sous la forme du droit*. Il se pose ici à chaque époque une série d'importants problèmes dans la solution desquels doit se montrer le génie de l'homme d'État. Les facultés naturelles du grand homme d'État forment un pendant à celles du grand initiateur religieux. L'importance de ce dernier, elle aussi, ne réside pas

en effet (XXXII, 1-2) en ce qu'il produit des idées tout à fait nouvelles, mais en ce qu'il « condense » d'une manière originale les éléments spirituels et les forces déjà existants. Un grand homme d'Etat c'est celui qui d'un regard génial et sympathique découvre dans le peuple de nouveaux germes de vie et qui leur fournit directement ou indirectement le secours et l'appui dont ils ont besoin. Quand il n'est pas aveuglé par l'égoïsme et l'ambition, il sait que tout ce dont il est capable, c'est de donner ses soins à ce qui a germé sans lui. Sa productivité consiste à trouver la forme et le moyen par lesquels il pourra fournir ce secours. — Cette tâche sera notablement facilitée lorsque régnera la liberté politique. Il se produit une relation plus étroite entre l'Etat et la société libre, entre la forme et le fond de la vie, quand le peuple prend part, au moyen de ses représentants, au règlement de l'emploi de la force publique. C'est seulement par la liberté politique que l'Etat devient réellement le peuple organisé, l'association de culture et l'Etat pouvant alors échanger entre eux une vive action réciproque.

Gneist, lequel a exposé d'une manière si profonde et si intéressante l'évolution et l'organisation de l'autonomie administrative en Angleterre, regarde tout le mouvement social et politique moderne (pour l'Angleterre, depuis la première réforme du Parlement) comme un vaste processus de dissolution. D'après lui, la société s'est violemment immiscée dans l'Etat et s'est emparée de la force au mieux de ses intérêts. On peut voir par les expressions suivantes comment il conçoit le rapport entre la société libre et l'Etat : « Ce qui dans la vie de l'individu constitue la lutte entre les devoirs et les désirs, est représenté dans la vie des peuples par l'éternelle lutte entre l'Etat et la société. »[1]. Mais si par la société on entend spécialement, avec Gneist, la société économique, celle qui s'occupe de la culture matérielle, le jugement est beaucoup trop exclusif. Dans le domaine de la culture matérielle peuvent se développer des forces et des sentiments ayant autant de valeur que ceux produits par la vie politique. La culture matérielle ne favorise pas seulement l'égoïsme et les calculs intéressés ; elle développe aussi la volonté, le coup d'œil pratique et la faculté d'agir en commun avec les autres. Rien d'étonnant si les hommes qui

---

[1] *Das Selfgovernment in England*, 3ᵉ éd., p. 1017.

sentent ces forces en eux croient avoir aussi le droit de dire leur mot sur les affaires publiques du pays. C'est une condition nécessaire pour que l'Etat reste constamment l'expression des mouvements qui agitent le peuple. Mais c'est une vue trop étroite de ne considérer ici que la vie économique et matérielle de la société. Le mouvement qui conduisit à étendre le droit de suffrage est en connexion intime avec l'évolution intellectuelle et religieuse, dont on ne saurait dire pourtant qu'elle est à l'action de l'Etat ce que l'appétit est au devoir[1]. — Au reste Gneist avoue que l'ancien ordre de choses offrait de grands inconvénients : on n'y tenait pas compte du bien-être de la classe moyenne ; on ne s'inquiétait pas de l'élévation morale et intellectuelle des masses, ni des fins de l'Etat relatives à la culture[2]. Or une organisation politique à laquelle on peut adresser de pareils reproches mérite pourtant certainement d'être remplacée par une autre ! La grande admiration éprouvée par Gneist pour le gouvernement autonome de la vieille Angleterre ne se concilie guère bien avec ce sévère jugement, qui donne au processus de dissolution un certain air de Némésis.

Ce n'est pas déprécier l'importance de l'Etat de borner sa productivité à trouver et à conserver des formes pour un fond né sans lui. Mais cette conception, si elle est juste, nous avertit de ne pas attribuer trop de poids à la vie politique, isolée des autres faces de la vie. On ne l'oublie que trop souvent dans les luttes de la vie politique, les forces du peuple doivent avant tout se développer en d'autres domaines, dans la vie familiale, dans la libre association de culture, et c'est seulement si cette condition a été et se trouve constamment remplie à nouveau qu'elles peuvent être appliquées avec fruit au domaine politique. En politique, on met facilement la forme au-dessus du fond.

7. — C'est par les formes fixes organisant la vie du peuple et le rendant capable de se manifester au dehors avec une force accumulée que l'unité du peuple apparaît avec le plus de clarté.

---

[1] Une expression isolée de Gneist (p. 996, note) présente une contradiction frappante avec ses plaintes répétées sur la dissolution de l'ancienne société. « L'idée d'une dissolution de la société, dit-il, repose simplement sur ce fait que des idées habituelles ne sont plus capables de découvrir leurs bornes habituelles. » Si l'on n'a fait que perdre les vieilles rubriques il ne semble pas y avoir tant lieu de se plaindre.

[2] *Ibid.*, p. 891, 938.

Les individus isolés, les familles et les associations libres de culture offrent l'image d'une multiplicité de phénomènes changeants. L'État ne représente pas seulement l'unité du peuple, mais aussi sa persistance durable, qui s'étend au delà des époques remplies par les individus et les générations. Dans l'État, le peuple trouve son expression la plus concentrée.

Cette nature de l'État nous fournit une règle générale permettant de connaître quelles tâches il peut mener à bien. Si l'État est la force centralisée du peuple, pour qu'une chose soit susceptible d'être soutenue par lui, il faut qu'elle soit de nature à pouvoir être systématiquement conduite à partir d'un point donné, et que la force puisse être employée comme moyen suprême pour en assurer le maintien. Si ces deux conditions manquent, l'État ne peut rien faire. Mais on ne saurait nommer aucun domaine où ces conditions ne soient susceptibles d'être présentes sous une forme et à un degré quelconques de développement. — La nature et le nombre des attributions de l'État varieront suivant les circonstances. Ce qui paraît à une époque impossible à concevoir comme attribution de l'État sera peut-être, à une autre, sa fonction essentielle. Tantôt il s'attribue une fonction tout entière, comme c'est le cas pour l'administration de la justice et de la guerre, tantôt il érige des établissements auxquels il autorise les établissements privés à faire concurrence, tantôt il accorde aux établissements privés un appui matériel ou se contente d'assurer aux efforts libres la protection garantie par l'organisation générale du droit.

La force réelle de l'État consiste dans l'adhésion que le pouvoir politique réussit à obtenir dans l'ensemble du peuple. Plus un État est en mesure de laisser une grande liberté à l'individu, à la famille et à l'association de culture, sans dommage pour sa propre unité, plus il est fort. Aussi l'étendue de la liberté personnelle et politique est-elle un des principaux moyens de juger le degré de développement d'un État.

La complète harmonie entre l'État et le peuple, la force et la liberté, l'unité et la multiplicité, est un but très lointain. Dans la réalité, chaque État laisse à désirer et ne répond que fort imparfaitement à sa notion. D'un côté, la force se manifeste encore toujours d'une manière plus ou moins brutale. L'exercice du pouvoir s'accompagne d'une beaucoup trop grande satisfaction de l'égoïsme humain pour ne pas prêter à des abus.

A cela s'ajoutent la peur et l'aveugle instinct de conservation qui peuvent pousser le gouvernement à s'étendre aux dépens des fins auxquelles il devrait servir. Il faudra encore une longue période d'évolution pour arriver à ce que la contrainte soit seulement employée lorsque le principe du bien l'exige absolument. D'un autre côté, la liberté prend souvent, après y avoir été, en bien des cas, provoquée par des empiètements du pouvoir, la forme de l'arbitraire, du dénigrement, de la méfiance et d'un individualisme égoïste. Ces deux extrêmes s'appellent réciproquement. Il faut faire front tantôt à l'un, tantôt à l'autre de ces dangers, afin que l'évolution nous fasse lentement avancer, par ses oscillations rythmiques, dans le sens du but indiqué.

## XXXIX

## LE POUVOIR RÉPRESSIF DE L'ÉTAT

1. L'instinct de vengeance. — 2. Limitation du talion. — 3. Transfert du talion à l'État. Métamorphose de l'instinct de vengeance. — 4. Fondement moral du droit de punir (Théorie pédagogique de la peine). — 5. Critique de la doctrine du talion. — 6. De la mesure de la peine d'après la doctrine du talion et la doctrine pédagogique.

1. — Historiquement la peine est sortie par évolution de l'instinct de vengeance et de compensation. Sous la forme la plus simple, cet instinct s'exprime par un mouvement de réaction contre une impression forte et douloureuse. On s'emporte contre l'agresseur réel ou supposé. Cet instinct est d'une part une forme spéciale de celui de conservation, en tant que le mouvement de réaction vise à l'éloignement de la cause douloureuse, de l'autre, il est lié au besoin de se mouvoir, de se donner libre cours, qui accompagne toute surexcitation de la conscience. Il agit aveuglément et ne connaît d'autres bornes que l'épuisement de sa force. Une action relativement faible peut amener la réaction la plus violente, si l'état antérieur était déjà surexcité, comme il suffit d'une petite étincelle pour provoquer une formidable explosion. Mais l'aveuglement ne se montre pas seulement dans l'absence souvent complète de tout rapport raisonnable entre l'action et la réaction, elle apparaît encore en ce qu'on ne fait aucune différence entre la cause réelle et la cause apparente de l'action douloureuse et en ce qu'on ne prête aucune attention aux conséquences ultérieures de la réaction. L'essentiel est de donner libre cours à l'agitation et à la douleur internes ; sur quels objets se fait cette décharge et dans quelle proportion, cela n'entre pas en ligne de compte.

L'évolution subie par l'instinct de vengeance au cours de l'évolution de la vie sociale et de la culture présente les caractères suivants : individualisation de l'objet contre lequel a lieu la réaction vindicative, d'où résulte que nul autre, hormis l'auteur de l'action, n'est plus touché par le contre-coup; mesure de la force et de l'espèce de la vengeance d'après celles de l'acte et le degré de conscience dont il a été accompagné; entrée en compte des conséquences ultérieures de la réaction vindicative pour l'individu qu'elle atteint et pour la société en générale. Tout cela suppose que l'instinct est arrêté dans son essor, qu'un intervalle s'insère entre l'action et et la réaction, intervalle d'une importance considérable pour le développement de la conscience et spécialement de la volonté[1], enfin que la réaction, au lieu de la chose particulière de l'individu ou du clan, devient celle de l'Etat. C'est seulement grâce à cette série de changements notables que la vengeance devient châtiment. Nous allons examiner de plus près quelques-uns de ces points.

2. — Aux étapes primitives de la culture, l'individu n'est considéré comme isolé ni sous le rapport de ses droits ni sous celui de ses devoirs. Les éléments en présence ce sont des familles et des clans, non des individus indépendants. Aussi la vengeance est-elle exercée par *tout membre* du clan de l'individu lésé contre *tout membre* du clan de l'individu auteur de l'offense. Le sang versé appelle le sang, voilà l'essentiel; le sang *de qui ?* Cela n'a qu'un intérêt secondaire. Dans les pays comme l'Albanie où domine encore l'antique organisation familiale, ces idées règnent également encore. Aussi l'Albanais ne donne-t-il l'hospitalité à aucun étranger avant de s'être assuré par des questions qu'il n'y a pas de sang entre sa famille et celle de l'étranger. Au moyen âge, les membres d'une corporation étaient obligés de se venger mutuellement et de payer les amendes les uns des autres, obligation qui incombait auparavant aux membres d'une même famille. « Si l'un commet une faute, dit un ancien règlement corporatif, tous doivent en supporter la peine, et la supporter identique. » C'est grâce à une émancipation et à une individualisation progressives que se développe peu à peu l'idée de la limitation de la faute à l'individu[2].

De même qu'on ne distinguait pas, à l'origine, entre l'agent et son clan tout entier, on ne distinguait pas davantage entre

---

[1] *Psychologie*, IV, 4; VII, B, 1-3.
[2] Cf. sur ce point Spencer. *Political Institutions*, p. 519 sqq. — Post. *Die Grundlagen des Rechts*, p. 354 sqq. — L. Brentano. *Die Arbeitergilden*, I, p. 2. — R. Keyser. *Efterladte Skrifter* (Œuvres posthumes), II, p. 389.

l'acte extérieur et la volonté s'y manifestant. On ne considérait que l'effet de l'acte. L'instinct de vengeance ne se donne pas le temps d'approfondir l'état psychique de l'agent; et d'ailleurs la capacité manque pour cela. On se contente du fait que l'agent est l'origine d'un effet douloureux, qu'il est un être causant de la douleur, on ne s'inquiète pas de savoir davantage à son sujet. On ne distingue pas entre les offenses intentionnelles et celles qui ne le sont pas, entre le dommage causé à bon escient (*dolus*) et le dommage causé par imprudence ou négligence (*culpa*). Le meurtre involontaire et le meurtre voulu souillent au même degré. De plus, encore au moyen âge et même plus tard, on punit les animaux aussi bien que les hommes[1].

Si la vengeance amène à son tour, en vertu du talion, une vengeance nouvelle, en provoquant entre les clans une série d'actions et de réactions sans fin, si toute la société souffre de ce conflit, si la rudesse et la cruauté des esprits y trouve des aliments, on n'en tenait nul compte où l'instinct régnait en maître absolu.

3. — Au moment où l'on commence à comprendre que les individus et les clans en conflit appartiennent à une seule et même société souffrant de leurs désordres, et quand ces individus et ces clans sentent aussi eux-mêmes les inconvénients des vendettas sans fin, l'intervalle précité peut se produire. Dès lors existe la possibilité d'un arrangement, et l'on réfléchira avant d'appliquer la loi du talion. Les premiers tribunaux étaient des tribunaux d'arbitrage. Si le coupable était connu et qu'on ne pût amener de transaction, il était abandonné à la vengeance du lésé soit sans, soit avec des conditions. Si le lésé n'était pas en état de se venger tout seul, la société l'y aidait. La preuve que l'intervention de l'État n'était pas à l'origine considérée comme une juridiction suprême, c'est qu'en France (avant la réforme judiciaire de saint Louis) la personne que n'avait pas satisfaite la sentence du juge avait le droit de provoquer celui-ci en combat singulier : c'était en appeler du jugement des hommes au « jugement de Dieu par l'épée ». Le progrès qui vient immédiatement après c'est que la société se charge elle-même de faire justice de l'offense. Mais il faut alors qu'elle

---

[1] Post. *Op. cit.*, p. 356 sqq. — Fustel de Coulanges, *La Cité antique*, 4ᵉ éd., p. 108.

dispose d'une force physique suffisante à la fois pour réprimer l'instinct de vengeance et pour exécuter la sentence. Cette force coïncide naturellement avec celle qui sert à repousser les ennemis extérieurs, de sorte que l'autorité chargée d'appliquer le droit et celle chargée de la défense reposent entre les mêmes mains [1]). Ce ne furent d'ailleurs pas seulement des raisons de convenance qui produisirent ce transfert du droit de talion de l'individu et du clan à la puissance suprême de la société. L'intérêt personnel des gouvernants y trouvait son compte. Leur intervention comme arbitres et comme juges dans les conflits des individus et des familles augmentait leur influence, et les amendes, un des grands moyens de compensation, grossissaient leur caisse. Mais, comme il arrive si fréquemment dans l'histoire, ce qui provenait souvent de motifs essentiellement égoïstes devint la condition d'un progrès capital au point de vue éthico-social. Dès lors un conflit judiciaire par arguments et témoins pouvait remplacer la lutte à main armée. La question tout entière est envisagée maintenant d'un point de vue plus élevé. Il ne s'agit plus de la simple satisfaction d'instincts individuels. La société entend maintenir la paix et la sécurité, conditions primordiales de son existence, et devant cette considération doivent s'incliner vengeurs et agresseurs, offenseurs et offensés. Désormais apparaissent des coutumes et des lois pénales qui régularisent la compensation.

La hâte aveugle avec laquelle s'accomplissait la vengeance, tant que régnait l'instinct, est désormais remplacée par un examen des circonstances de l'offense et par une évaluation de la peine infligée. Lors même que cette évaluation serait d'abord tout extérieure, réclamant œil pour œil et dent pour dent, elle est cependant un progrès par rapport à la frénésie ne connaissant d'autres bornes que son propre assouvissement ou l'anéantissement de sa victime. Maintenant existe tout au moins la possibilité de regarder plus loin que la satisfaction momentanée du besoin collectif ou individuel de vengeance. On peut se de-

---

[1] MAINE, *Early law and custom*, p. 170 sqq. — SPENCER, *Political Institutions*, p. 618 sqq. — POST, *Die Grundlagen des Rechts*, p. 401 sqq. Ce transfert du droit de punir à l'État apparaît d'une manière intéressante dans l'histoire de la France du moyen âge, en particulier dans la Réforme judiciaire de saint Louis. Cf. HENRI MARTIN, *Histoire de France*, 4ᵉ éd. IV, p. 290-303.

mander si la peine infligée est réellement nécessaire, et si, infligée dans la mesure exigée par le besoin de compensation, elle n'entraîne pas des inconvénients plus grands que celui de laisser ce besoin inassouvi. On s'habitue à considérer la question du point de vue de la société et à peser l'importance de la peine infligée pour la société tout entière, y compris l'offenseur. On découvre que plus le gouvernement est fort, plus les châtiments peuvent être adoucis, sans que la paix ni la sécurité en souffrent, et, d'autre part, que les châtiments cruels, réveillant et entretenant dans l'âme du peuple la sauvagerie et la férocité, peuvent ainsi devenir dangereux pour la paix sociale, — enfin que l'impossibilité d'éviter le châtiment importe autant que sa rigueur. On s'aperçoit que l'accusé garde néanmoins ses droits d'homme, et on prend des mesures pour que sa cause puisse être exposée sous le jour le plus favorable.

Le point de départ primitif de l'instinct de vengeance est définitivement abandonné. Pour cet instinct et pour la doctrine du talion, la souffrance infligée à l'offenseur est une fin en soi. Le châtiment est voulu pour lui-même, et la réflexion ne s'étend pas au delà de l'instant où le talion atteint sa victime. Grâce à l'arrêt du besoin immédiat de se venger et de rendre la pareille, la véritable justice, qui ne se contente pas du « coup pour coup », peut désormais régner. Le grand point, ce n'est plus l'instinct qui réclame satisfaction, mais le traitement devant être infligé à l'offenseur (considéré encore comme appartenant à la société) pour satisfaire au bien général. Une idée dont le point de vue primitif ne tenait aucun compte devient maintenant l'idée directrice. Nous allons voir qu'il en résulte la possibilité de donner un fondement moral au droit public de punir.

4. — Une fois posée la question du fondement du droit de punir, les développements précédents sur le rapport de la société avec l'État d'une part et l'individu de l'autre vont nous conduire à la résoudre (cf. III, VIII et XXXVIII).

---

[1] C'est ce que l'expérience montra lorsqu'au siècle dernier on voulut, en plusieurs pays, rendre les peines de plus en plus rigoureuses. Dans la Bavière par exemple, qui se signala particulièrement à cet égard, « les crimes augmentèrent à mesure que se multipliaient sur les routes les potences et les gibets. » (A. von Feuerbach. *Biogr. Nachlass*, I, p. 132). La cruauté même dont on usait dans la répression contribua à augmenter la sauvagerie. Romilly motivait sa réforme des sévères lois pénales anglaises par l'augmentation des crimes.

L'Etat a pour tâche de faire observer l'organisation juridique comme une des conditions fondamentales du développement de la société humaine. Sans la paix et la sécurité, ne peuvent prospérer ni l'individu, ni la famille, ni la libre association de culture. Aussi, lorsqu'un individu se refuse à remplir les devoirs lui incombant en vertu de l'organisation juridique en vigueur, l'Etat applique-t-il son pouvoir de contrainte. En outre, si l'individu porte atteinte, en un point quelconque, à cette organisation, le pouvoir politique intervient pour la faire respecter. Cela n'est pas possible par le simple fait d'arrêter et de repousser l'attaque. L'atteinte portée à l'organisation juridique manifeste une volonté qui, si elle était libre de continuer comme elle avait commencé, désagrégerait l'association politique. Aussi l'Etat soumet-il le transgresseur à un traitement capable de rétablir entre la volonté particulière et l'organisation du droit l'harmonie détruite par l'acte en question. Il lui impose une éducation destinée à le mettre à même de se tenir dans les bornes prescrites par le droit. On l'exerce à devenir maître de soi, on l'habitue au travail. Ce faisant, l'Etat ne se présente pas à lui comme une force absolument étrangère. Il ne faut jamais oublier que le délinquant est membre du genre humain et de la société. On ne le traite pas en *simple* moyen des fins de l'Etat, on ne le sacrifie pas au bien de la société. Car, à supposer que sa volonté se soit modifiée sous l'influence du traitement subi, de manière à lui permettre de vivre de nouveau comme membre libre de la société, en apprenant à obéir à l'organisation juridique, il aura tiré de sa peine autant de profit que l'Etat en aura tiré de la tranquillité recouvrée grâce à elle.

Quand l'Etat se trouve, en tant que chargé de l'exécution du droit, en présence de l'individu qui l'a violé, ce sont deux systèmes moraux, à vrai dire, qui se trouvent en présence. Principe s'oppose à principe, et il n'y a pas de transaction possible tant que l'individu garde les idées qui l'ont amené à violer le droit. En cas de choc entre des principes et des systèmes différents, le seul moyen capable d'amener une entente, c'est, nous l'avons vu (III, 13), une influence psychologique et pratique. Il s'agit de modifier la base psychologique, ce qui est en somme le but de toute éducation. Avant l'achèvement de l'éducation, l'individu ne saurait naturellement reconnaître le bien-fondé du traitement subi par lui. Mais le droit de l'Etat repose sur sa volonté de rendre l'individu apte à vivre dans la société. Donc, s'il le punit, c'est pour son bien.

L'éducation ainsi donnée à l'individu est avant tout politique ou juridique, c'est une éducation en vue de la légalité. On apprend à l'individu que le meilleur parti pour lui c'est de conformer ses actes à la loi, quelles que soient par ailleurs ses idées. On fait d'abord appel à l'instinct de conservation. Relativement aux exigences élémentaires de l'organisation juridique, la conduite extérieure peut suffire à la rigueur. Mais il n'y a aucune raison pour que l'État, dans sa manière de traiter les délinquants, s'en tienne toujours à l'éducation extérieure et juridique. C'est elle qui doit régler l'espèce et la durée de la peine. Mais cela n'exclut point la tentative d'exercer sur l'individu une impression morale, de manière à extirper le mal dans sa racine. C'est seulement quand l'ensemble des dispositions et des idées se sera développé de manière à faire l'individu se courber non seulement par intérêt égoïste, mais encore par conviction, devant l'organisation légale, que l'ordre violé sera complètement rétabli, et plus que rétabli, puisque d'un ennemi il se sera fait un ami. L'éducation morale ne doit évidemment pas être poursuivie de façon à blesser la liberté religieuse. Elle doit différer en forme et en méthode pour les divers individus, suivant leurs idées. Ce serait imposer à quelqu'un une peine supplémentaire de le contraindre à subir un enseignement dans une autre confession que la sienne. Si le délinquant est sans religion, l'éducation devra être dirigée par un instituteur ou quelque autre personne apte à exercer une action sérieuse. Dans le cas très fréquent où l'atteinte portée à l'organisation du droit résulte de la misère physique et morale, on pourra déjà beaucoup obtenir en mettant l'individu — pour la première fois peut-être de sa vie, — en présence d'hommes auxquels il ait le sentiment de pouvoir accorder pleine confiance. Déjà ce fait seul pourra, sans grand renfort de prédications dogmatiques et morales, amener dans la nature de l'individu d'importantes modifications. Sans doute, cette éducation morale rentre plutôt dans la façon d'appliquer la peine que dans la peine elle-même. Elle ne peut avoir lieu que si l'individu se montre accessible à des influences de ce genre ou même en éprouve le besoin. On a même voulu refuser à l'État le droit d'intervenir dans le développement moral des particuliers, sous prétexte qu'aucun homme n'a le droit de se faire juge des dispositions internes des autres, ni l'Etat celui d'employer la force pour améliorer le citoyen majeur[1]. Pourtant, il n'existe aucune raison, du point de vue de la morale sociale, pour établir entre la peine et son application une distinction aussi tranchée que cela peut être nécessaire, pour des raisons techniques, dans la science du droit. L'homme condamné à une peine l'est évidemment à l'exécution de cette peine et à toutes ses conséquences. Or, en bien des cas, l'amélioration morale est soit une suite naturelle, soit une condition nécessaire de l'amélioration juridique. Maintenir ici une distinction tranchée apparaîtra comme impossible. D'ailleurs le rapport entre l'élément juridique et l'élément moral de l'acte contraire au droit varie dans chaque cas particulier. Dans certaines violations du droit (comme les crimes politiques et les contraventions aux ordonnances de police), l'élément moral peut manquer presque tout à fait, ou l'on peut se trouver en présence d'un des conflits inévitables entre la morale et le droit. Les atteintes les plus considérables et les plus graves à l'organisation juridique ne sont pas nécessairement aussi les plus condamnables au point de vue moral. « La complication des circonstances, dit A. S. Œrsted[2], peut souvent pousser un homme, chez qui tout sentiment noble et bon n'est pas complètement éteint, aux crimes les plus funestes et les plus dangereux, tandis qu'un crime de portée moindre peut dénoter un esprit foncièrement corrompu. Qui soutiendra qu'un meurtre ou un crime politique trahissent dans tous les cas une corruption morale plus grande qu'une fourberie? » La réponse à faire à cette question d'Œrsted c'est précisément, d'après l'expérience de beaucoup d'hommes compétents[3], que les meurtriers sont très souvent moralement plus élevés que les autres criminels. On ne saurait donc fonder le droit de punir de l'Etat sans exiger la plus grande *individualisation* possible de la peine. Cela est surtout nécessaire à cause du rapport sans cesse variable entre l'élément juridique et l'élément moral. Sans cette individuali-

---

[1] Fichte. *Grundlage des Naturrechts*, II, p. 114. — Goos. *Indledning til den danske Strafferet* (Introduction au droit pénal danois), p. 63.

[2] *Om de første Grundregler for Straffelovgivningen* (Les Principes fondamentaux de la législation pénale). Eunomia, II, p. 8.

[3] Franz von Holtzendorff. *Das Verbrechen des Mordes und die Todesstrafe*. Berlin, 1875, p. 175-178.

sation, l'individu puni est traité comme un simple moyen au service du besoin qu'éprouve l'État de maintenir son organisation juridique. Mais, dans l'éducation individualisée que nous réclamons, il n'est aucun point où l'action conservatrice de l'organisation juridique ne soit en même temps une action pédagogique par rapport au transgresseur. La répression de l'État reçoit une base et une autorité morales d'autant plus fortes qu'elle se rapproche davantage de cet idéal. Le droit de l'État de soumettre le transgresseur de ses lois à une éducation pouvant le rendre apte à remplir les conditions élémentaires de la vie commune avec d'autres hommes dans une société ordonnée, repose essentiellement sur la même base que son droit de veiller à l'éducation et à l'instruction des enfants. Dans les deux cas, l'État maintient le niveau au-dessous duquel ses membres ne doivent pas descendre, et il cherche à venir en aide à ceux qui ne l'ont pas encore atteint ou sont tombés au-dessous [1].

La justification du droit de punir tirée de l'*effet pédagogique de la peine* doit sa grande importance à ce qu'elle pose l'idéal dont l'organisation pénale doit s'efforcer de se rapprocher. Ce n'est pas une objection contre elle que cet idéal ne soit pas atteint dans la réalité, et même que les maisons dites de correction soient souvent des maisons de corruption. Cela prouve seulement la nécessité d'un idéal capable de juger et de montrer en quel sens il faut travailler. En outre, l'idée fondamentale de cette justification, savoir que l'individu particulier était et reste un membre de la société, même au moment où il en viole les lois, et qu'il en fait plus intimement partie qu'un membre malade de l'organisme physiologique, ne saurait soulever aucune objection. L'individu violateur du droit établi est né et s'est développé dans la société. Son caractère et sa mentalité entière ont été en grande partie déterminés par l'esprit régnant dans la

---

[1] La doctrine développée ici sur le fondement du droit de punir se rattache d'abord à un côté particulier de la théorie de Fichte. Celle-ci, prise en bloc, est une théorie d'intimidation pénale (tout comme celles de A. Feuerbach et de A. S. Œrsted), et n'est pas soutenable, étant logiquement obligée de faire de l'individu puni un *simple* moyen de la société. Mais, dans le développement de sa théorie, il arrive à des idées susceptibles de servir de fondement à une théorie toute différente. Au reste, la théorie pédagogique de la peine est fort vieille. Elle remonte à Platon, car elle est une conséquence nécessaire de la rupture de ce grand penseur avec l'ancienne doctrine du talion (Cf. XII, 2).

société et par les conditions qu'elle lui a imposées. Nous pouvons souvent apercevoir dans la violation du droit le simple effet des inconvénients et des vices de la société. En condamnant le coupable, la société se condamne par conséquent elle-même. Quand la société est forcée de considérer ainsi la violation du droit, dans une plus ou moins large mesure, comme son propre ouvrage, le droit d'éduquer le délinquant se transforme en un devoir, et la nécessité d'une individualisation de la peine devient d'autant plus évidente. Seule, une doctrine considérant l'individu comme commencement absolu de tous ses actes pourrait soutenir qu'en violant l'organisation juridique, il se met absolument en dehors de la société, de sorte que celle-ci n'ait plus d'obligations envers lui. Pourtant ce ne sont pas seulement les vues indéterministes qui aboutissent à ce résultat. L'école criminaliste dite italienne (Lombroso et ses disciples), qui voit dans les criminels endurcis des reproductions ataviques d'un type humain primitif, dépassé par les sociétés civilisées dans leur fond essentiel, croit également pouvoir soutenir que la société n'est aucunement solidaire du criminel et n'a aucune obligation envers lui [1]. Il est clair cependant que c'est déjà un signe d'imperfection de la société si les dispositions héréditaires se conservent toujours et n'attendent qu'une bonne occasion pour devenir des réalités. Cela montre que l'esprit de la société est incapable de pénétrer réellement la nature des individus particuliers et que ni l'éducation ni les rapports sociaux ne sont comme ils devraient être [2].

Plus on sera attentif à l'influence des circonstances sociales sur le caractère et la conduite de l'individu, moins on attendra de grands effets du seul système pénal. Celui-ci doit être regardé comme une partie du grand processus total d'éducation que le genre humain doit parcourir au moyen des institutions sociales. Dans l'éducation sociale comme dans l'éducation ordinaire des enfants, une influence indirecte et préservatrice se substituera progressivement à l'action directe cherchant à réparer par la peine le mal une fois commis. Dans son *Utopie*, Thomas Morus

---

[1] Cf. Garofalo, *La Criminologie*. Paris, 1888, p. 55 sqq ; 117 sqq.
[2] Voir ma critique de la théorie de l'école italienne dans le *Journal of Ethics*, I, p. 55-60. Toutefois Lombroso a modifié depuis ses vues (au congrès d'anthropologie criminelle de Genève en 1896) sur plusieurs points essentiels.

adressait déjà à la société le reproche de produire d'abord des voleurs pour ensuite les châtier. En droit comme en médecine, l'hygiène et la prophylaxie remplaceront certainement la thérapeutique, laquelle n'intervient, et souvent en vain, qu'une fois le mal existant.

La théorie pédagogique de la peine fournit le fondement le plus idéal du droit de punir. Mais elle ne suffit pas. En faisant consister l'essentiel dans cette seule et unique considération que l'individu sort de la société et en reste membre, elle oublie que le violateur de la loi se présente en ennemi de la société et donne un exemple facilement imitable. Le crime établit un état de guerre entre l'individu et la société, et par conséquent il impose à cette dernière un autre devoir que le simple devoir d'éducation, savoir celui de conserver l'organisation juridique et d'empêcher l'infraction isolée de constituer un précédent. Il faut donc insister sur le rapport d'opposition qui existe dans ce cas entre la société et l'individu. C'est la considération mise en valeur par les théories pénales de *l'intimidation* et de la *menace*. Suivant ces théories, le but de la peine est d'intimider en faisant un exemple, comme on cloue une chouette sur la porte d'une grange; ou bien il s'agit pour l'État d'adresser par ses lois pénales des menaces à ceux qui commettraient certains actes et de montrer, à propos des criminels particuliers, combien ces menaces doivent être prises au sérieux. Le droit d'intimider et de menacer est déduit du droit de l'État à l'existence, de son importance pour le bien des hommes.

La théorie de l'intimidation, qui compte ses principaux partisans parmi les juristes et les hommes d'État (et, chez les philosophes, notamment Schopenhauer[1]) présente d'intéressants rapports avec les doctrines du talion et de l'amélioration. Elle considère la peine non comme fin mais comme moyen. Elle se distingue par là de la doctrine du talion et revêt, comme celle de l'amélioration, un caractère téléologique. Mais, tandis que la théorie de l'amélioration regarde l'individu puni comme une fin, celle de l'intimidation le regarde comme un moyen, puis-

---

[1] *Le monde comme volonté et comme représentation*, II, ch. 47. — Cf. dans la littérature danoise, A. S. Œrsted : *Om de förste Grundregler for Straffelovgivningen* (Les principes fondamentaux de la législation pénale). Eunomia, II, 1817.

qu'elle le punit afin d'inspirer aux autres de la crainte ou de montrer que la menace de la peine est réellement suivie d'effet. Le but de la peine réside pour elle dans l'effet produit sur le reste de la société, particulièrement dans la sécurité obtenue. Elle ressemble à la doctrine du talion en ce qu'elle se désintéresse de ce qui peut advenir de l'individu pendant et après l'application de la peine. Elle n'attribuera non plus, en toute rigueur, aucune importance au degré de conscience ayant accompagné la violation de la loi ; le point de vue décisif c'est le danger de l'action ; d'où la nécessité de réprimer par l'intimidation toutes les tentatives analogues. En ce qui concerne ses effets, l'expérience montre que cette doctrine, tout comme celle de l'amélioration, est incapable d'arriver complètement à ses fins. Bien qu'il soit plus facile de provoquer la crainte que d'amener une réelle modification du caractère, l'événement prouve cependant que les crimes sont très souvent commis par des individus plusieurs fois condamnés antérieurement, et le problème criminologique réside justement dans le grand nombre des récidivistes. Si les punis restent insensibles à la crainte, on ne saurait s'attendre à ce que les autres s'y montrent sensibles. Et même le châtiment supposé avoir sur les autres la puissance intimidatrice la plus forte, la peine de mort, n'a pas dans la pratique l'efficacité qu'on lui attribue.

Toutefois la théorie de l'amélioration et celle de l'intimidation indiquent, l'une et l'autre, des buts qu'il faut nécessairement s'efforcer d'atteindre dans le traitement des transgresseurs de la loi : Une théorie pénale complète doit les concilier toutes deux. La peine aura donc à la fois pour effet de modifier le caractère du coupable et d'avertir que l'organisation juridique ne doit pas être violée. L'individu puni sera dès lors à la fois fin et moyen. Mais, pour mener à bien l'exécution de ce plan, il faut un art et une connaissance des hommes dont nous ne disposons pas encore. C'est seulement dans ces dernières années que l'on a commencé à étudier scientifiquement les détenus et le régime des prisons. Mais le critère déterminant pour juger la perfection ou l'imperfection du régime pénitentiaire devra être cherché dans la mesure où l'on aura réussi à y réunir l'amélioration avec l'intimidation. Ce critère est une simple application particulière du principe de la personnalité libre (VIII, 6), et par conséquent, la théorie pénale est d'accord avec les idées fondamentales de la morale. Une théorie philosophique de la peine ne saurait fournir autre chose qu'un critère de ce genre, conforme aux idées fondamentales de la spéculation morale, et permettant d'apprécier les régimes pénitentiaires existant en fait. L'expérience montre d'ailleurs aussi que le principe d'une étroite union entre l'amélioration et l'intimidation détermine de plus en plus les jugements portés sur le système pénitentiaire en vigueur en un lieu et un temps donnés. Tantôt l'amélioration, tantôt l'intimidation l'emportent comme idée directrice.[1] Les philanthropes du XVIIIe siècle opposèrent aux théories jusque-là régnantes du talion et de l'intimidation celle de l'amélioration. On réclama un traitement humain des condamnés et on assigna leur amélioration pour but à la peine. Si ce mouvement philanthropique a souvent eu un caractère sentimental, s'il a souvent amené un relâchement et une faiblesse intempestive dans le régime pénitentiaire, il n'en fit pas moins une bonne action en conservant à l'individu puni ses droits. Il faisait appel à une notion plus élevée de la justice que celle connue des anciennes doctrines, notion qui ne réussit pas, il est vrai, à s'exprimer en formes claires et précises. De nos jours, on est disposé à revenir au point de vue de l'intimidation. Mais comme le mouvement philanthropique a eu pour résultat la substitution, aux peines corporelles, autrefois si fréquentes, des peines d'emprisonnement et comme celles-ci, surtout quand elles sont de courte durée, n'ont pas un pouvoir suffisant d'intimidation, on se heurte ici à de grandes difficultés pratiques et théoriques. En même temps, les recherches d'anthropologie criminelle ont commencé à mettre en lumière la nature des criminels, et elles ont montré notamment qu'il existe entre les individus violant les lois de l'État de grandes diversités : d'où la nécessité de différencier également le traitement qu'on leur applique et de ne pas le déterminer uniquement d'après l'acte extérieur. Aussi bien la théorie de l'intimidation que celles du talion et de l'amélioration négligeaient les diversités individuelles et tendaient à regarder tous les hommes comme identiques. On a cherché de nos jours à tenir compte de ces diversités, par l'ins-

[1] Cf. Francis Hagerup, *Et Blad af Straffens Historie* (Une page de l'histoire de la peine), Nordisk Tidsskrift, udg. af den Letterstedtske Forening, 1893.

titution de peines conditionnelles, c'est-à-dire applicables seulement en cas de récidive, et de peines indéterminées, c'est-à-dire de durée variable suivant le caractère manifesté par l'individu au cours de leur application. En outre, on s'est de plus en plus clairement aperçu que le crime est un phénomène social, lié à une foule d'autres phénomènes du même ordre. Le problème criminologique n'est pas un problème isolé ; il se rattache étroitement aux autres problèmes sociaux. On arrive ainsi à la conception déjà citée de la peine comme moyen de lutter contre le crime envisagé comme un mal social. C'est le point de vue dont part l'« Association criminaliste internationale ». En même temps, il rappelle qu'il ne faut pas rompre le lien rattachant la peine aux autres moyens de combattre et spécialement de prévenir le crime. L'expression vague de *lutte* est donc substituée aux expressions plus précises de *talion, intimidation, amélioration*, des anciennes théories. La politique criminelle remplace la théorie pénale. Il appartient à l'expérience future de décider quels sont les résultats susceptibles d'être obtenus en particulier par l'amélioration de l'éducation et des conditions économiques et lesquels peuvent seulement s'obtenir par des peines afflictives. Certes on sera plus exigeant envers la société, s'il faut tenir compte de toutes les variétés de rebelles à la loi, que si l'on se contentait — dès qu'on croirait avoir constaté une infraction à la loi — d'enfermer l'auteur, de l'envoyer aux galères ou de lui couper le cou. Le critère pour apprécier la manière dont il convient de traiter le criminel n'en restera pas moins celui-ci : dans quelle mesure l'individu particulier est-il regardé comme fin et non seulement comme moyen ? Le problème issu de la lutte entre les théories de l'intimidation, du talion et de l'amélioration reparaîtra toujours sous une forme ou sous une autre.

Si, le crime étant regardé comme un phénomène social, on conçoit la peine comme un des moyens de le combattre, on peut se demander si le terme « peine » doit être encore entendu dans le même sens où le prenaient les anciennes théories. Un pénétrant penseur l'a contesté. Suivant Tönnies l'idée de peine doit se transformer en une idée plus haute, celle d'un traitement convenable du criminel. Ce traitement n'implique pas nécessairement des souffrances infligées. Si l'individu a été forcé de réparer dans la mesure du possible le dommage causé aux autres, le reste du traitement doit être logiquement de nature à le guérir et à l'éduquer[1].

5. — D'après la conception qui vient d'être exposée, on punit non seulement parce qu'une faute a été commise (*quia peccatum est*) mais encore afin qu'elle ne se renouvelle plus (*ne peccetur*). C'est l'avenir, non le passé, qui rend la punition nécessaire. L'inexistence d'infractions à l'organisation juridique prouve évidemment qu'elle demeure respectée, et tel est le but à atteindre. Voilà donc une fin claire et précise réalisée ou du moins réalisable, sinon par la peine seule, du moins par la peine associée aux autres remèdes existant contre le mal social du crime. Et cette fin, à son tour, trouve son fondement dans le principe général du bien.

En admettant que la peine doit servir à une fin et n'a « par elle-même » aucune valeur, la théorie développée ici s'oppose nettement à la doctrine du talion, d'après laquelle regarder la peine comme un moyen serait contraire à la dignité à la fois du pouvoir punissant et de la personne punie. Or la doctrine du talion exerce encore sur les idées ordinaires de crime et de peine une telle influence qu'on peut même la considérer comme un des obstacles les plus essentiels à une organisation rationnelle du système pénal. Il convient donc de l'étudier d'un peu plus près et d'examiner ses titres.

La doctrine du talion pose comme une vérité morale éternelle et évidente le principe suivant : Tout mal retombe sur la tête de son auteur. Mais est-ce vraiment un principe évident ? Est-ce une idée morale ? Pourquoi la somme des maux, des souffrances du monde doit-elle être accrue parce qu'une méchante action a été commise ? C'est au contraire empirer le mal, tant qu'on n'aura pas montré quel bien déterminé résultera du mal rendu. Mais on ne saurait indiquer une pareille fin sans faire appel au principe du bien, et par suite, sans faire intervenir la « morale utilitaire ». KANT regarde comme un impératif caté-

---

[1] F. TÖNNIES. *Die Verhütung des Verbrechens* (Deutsche Worte), Wien 1891. — Tönnies mentionne la théorie exposée par moi dans la 1re édition de cet ouvrage comme une pure théorie d'amélioration. Cependant d'après ma véritable pensée (que je me suis efforcé de faire apparaître plus clairement dans cette 2e édition) l'intimidation est aussi un but nécessaire, et le critérium pour juger de la perfection d'un système pénal donné se trouve dans la mesure où il concilie les deux buts, sans que l'intimidation s'étende aux dépens de l'amélioration. (Voir 1re éd. allemande, p. 415-453).

gorique qu'un homme doit être traité comme il traite les autres. Mais cet impératif n'est qu'un ukase arbitraire. Par contre, il suit très clairement du principe du bien qu'on n'a pas le droit d'infliger des souffrances à un homme s'il ne doit en résulter soit pour lui-même, soit pour la société, soit pour les deux, un bien d'autant plus grand. Il ne faut jamais rendre le mal pour le mal, sauf si le mal rendu est un bien caché. Il suit également du principe du bien que personne ne doit être traité simplement comme moyen — pas même comme moyen d'appliquer des maximes abstraites, et jamais, à plus forte raison, comme moyen de satisfaire d'aveugles instincts. Le talion exprime soit un instinct de vengeance, soit un principe abstrait et prétendu évident de la raison.

« Mais aussi — dira-t-on, — était-ce de la part de Kant une faute de regarder ce principe comme un principe de la raison pure. Il ne prend un sens que si on le considère comme l'expression du sentiment moral de la société, exaspéré contre le crime et que la souffrance du criminel est seule capable d'apaiser. Le criminel doit d'abord expier son crime; alors seulement il pourra compter de nouveau comme membre de la société. » — Cette position n'est cependant pas meilleure. Car enfin, de quel droit l'individu souffrirait-il pour satisfaire le sentiment des autres ? Il faut montrer la valeur et l'autorité de ce sentiment avant de pouvoir exiger sa satisfaction aux dépens d'un homme. Les sentiments humains sont excités par une foule d'objets divers; il faut donc prouver que le sentiment en question a droit de voir ses exigences satisfaites. Or essaie-t-on cette preuve, on retombe dans le principe du bien. La colère, l'indignation publiques ne sont légitimes que si elles ont pour motif une atteinte portée aux conditions vitales de la société, et si elles réclament une chose indispensable à son maintien. Il en est des souffrances infligées par l'Etat au moyen de la peine tout comme de celles éprouvées dans le remords. Celles-ci non plus n'ont aucune valeur morale « par elles-mêmes » (voir V, 3), elles en ont seulement à titre de transition psychologique nécessaire.

Si le sentiment d'indignation est réellement de nature sympathique et qu'il ne soit pas une explosion du primitif instinct de vengeance, il réclamera sans doute une expiation, c'est-à-dire une souffrance déterminée retombant sur le coupable à cause de son action, mais cette souffrance ne sera pas regardée comme une fin dernière. Dans le cas contraire, il s'agit simplement d'un besoin de se soulager, sans égard aux conséquences possibles, besoin qui transforme si souvent les sentiments sympathiques en égoïsme [1]. La véritable sympathie ne cherche pas seulement à se soulager : elle veut augmenter la joie et diminuer la souffrance dans l'univers ; ce serait donc pour elle une contradiction, si elle croyait sur un point quelconque avoir atteint son but par une souffrance infligée. — L'expiation est souvent aussi désirée par le coupable lui-même. Il n'y a rien de mystérieux à cela et la doctrine du talion ne saurait invoquer ce fait. Il est psychologiquement compréhensible que l'homme chez lequel le remords commence à se faire sentir, éprouve du soulagement dans la souffrance physique. Se soumettre à elle c'est se décharger d'un poids, c'est un moyen de détendre la forte tension de son esprit. De plus, en se soumettant à la souffrance, il fait preuve d'un ferme propos de rétablir entre lui et l'organisation juridique un rapport normal ; en subissant la peine prescrite par elle, ne satisfait-il pas déjà à l'une de ses exigences ? Il en est ici comme dans la douloureuse connaissance de soi volontairement poursuivie par l'individu qui a réellement rompu avec une direction mauvaise de sa volonté (Voir V, 3). Un meurtrier pourra, suivant la remarque de FICHTE, trouver juste d'être tué, même par la main d'un autre criminel, ou par une force ignorante de son crime.

Derrière la « raison » et le « sentiment » invoqués à l'appui du caractère évident de l'idée du talion, se cache le vieil instinct de vengeance, profondément enraciné dans la nature humaine. Quand nous remontons jusqu'à lui, il est facile de comprendre que les raisons fassent défaut. L'instinct, en effet, n'est pas conduit par l'idée d'un but, mais consiste uniquement dans l'impulsion à exécuter certains actes. Et comme dans ce cas les actes avaient, et ont encore en partie, une importance considérable pour la conservation de l'individu et de l'espèce, on comprend que l'instinct se maintienne et soit difficile à dompter. C'est pourquoi le jour où l'on commença de mettre en doute l'évidence du principe : il faut rendre le mal pour le mal (cf. XII, 2) marque un merveilleux progrès dans le développement moral de l'humanité. — Il est très étrange que même KANT

---

[1] *Psychologie*, VI, C, 7.

ait pu considérer ce principe comme une vérité morale éternelle, et que Fichte et A. S. Œrsted, tout en le rejetant dans la science du droit, aient pu le maintenir dans la morale[1].

L'énergie manifestée par les instincts de vengeance et du talion n'a pas besoin de se perdre parce que l'instinct doit subir une métamorphose essentielle. Des sentiments vifs et violents de colère et d'indignation sont toujours nécessaires pour défendre l'organisation juridique lésée et rompre des lances en sa faveur. Nous nous sommes uniquement prononcés contre l'absence de but dans l'instinct. Si la souffrance infligée n'est pas la fin dernière, un vif sentiment de justice peut néanmoins très bien avoir sa place et son utilité. Aristote entendait par *némésis* le sentiment que nous éprouvons à la vue du bonheur de gens indignes[2]. Ce mécontentement de la disproportion existant entre la valeur interne et le bonheur externe est une force morale importante. Mais il n'a pas besoin de s'arrêter au désir de voir la souffrance punir l'auteur du mal ; ce n'est pas l'affaiblir que de regarder cette souffrance comme un moyen de modifier le caractère de celui-ci.

Quand l'impulsion à se venger n'est pas directement utile à l'instinct de conservation, la satisfaire c'est être victime d'une illusion. Qu'obtient-on, à vrai dire, par le talion ? Ce qui est fait est fait, et comment la souffrance de l'auteur du mal pourrait-elle être pour nous un soulagement ? L'illusion est ici du même genre que dans l'envie et la joie de nuire. On est arrivé à se soulager ; mais il n'y a rien de changé dans l'ordre des choses, sinon un accroissement dans la somme des maux de l'univers.

---

[1] Fichte, *Grundlage des Naturrechts*, II, p. 123. — A. S. Œrsted, *Om de første Grundregler for Straffelovgivningen* (Les principes fondamentaux de la législation pénale), Eunomia, II, p. 4. — Dans un intéressant article *Vergeltung und Zurechnung* (Vol. 5 et 6 de « Vierteljahrsschrift für wissenschaftliche Philosophie ») E. Laas a essayé de défendre la valeur morale du talion et de regarder la peine comme une « vengeance moralisée ». Mais il m'est impossible de trouver qu'il apporte quelque réponse au doute exprimé ci-dessus, et il me paraît impropre d'employer le mot de « vengeance » si tout besoin égoïste doit en être exclu. (Voir en particulier vol. 5, p. 152 sqq). — Deux penseurs très différents l'un de l'autre, Lotze (*Grundzüge der praktischen Philosophie* §§ 64-65) et Dühring (*Kursus der Philosophie*, p. 226), s'expriment dans un sens analogue à celui de Laas. — De ce que la peine tire son origine de la vendetta familiale ou privée, il ne s'ensuit pas que sa justification morale repose sur l'instinct de vengeance (Cf. I, 4 ; XIII, 4).

[2] *Eth. Nic.*, II, 7, 1108 b 3.

Bjørnson a dépeint dans « Bergljot » ce caractère illusoire de la vengeance :

> Vengeance ? — Qui parle de vengeance ?
> La vengeance me réveillera-t-elle les morts ?
> M'abritera-t-elle contre le froid ?
> Donne-t-elle aux veuves un logis sûr
> Et console-t-elle les mères sans enfants ?

6. — Le principe du talion pourrait sembler parfaitement convenir à la fixation du degré de la peine. Être traité absolument comme on traite les autres, cela semble une idée claire et juste. On trouve tout naturel qu'ayant tué l'on soit tué. Pourtant (au point où nous en sommes actuellement dans l'évolution morale) on éprouvera déjà des scrupules à crever l'œil de qui aura lui-même crevé l'œil d'autrui. Comment punir maintenant, d'après la loi du talion, l'auteur d'un viol ? Kant disait : par la castration. Mais c'est déjà s'écarter notablement du principe : coup pour coup. On ne saurait l'appliquer jusqu'au bout, et même si cela paraît possible, on recourt bien plutôt à un certain symbolisme qu'à une liaison rationnelle entre l'acte et la peine. On ne saurait donner aucune raison pour affirmer la nécessité d'une *ressemblance* entre la peine et l'action coupable. — A vouloir appliquer rigoureusement le principe du talion, il faut aller aussi loin que certaines peuplades sauvages. Un nègre Basuto, par exemple, dont le fils avait reçu un coup de bâton sur la tête, voulait attraper l'agresseur pour le frapper avec le même bâton à la même place de la tête, et en se tenant au même endroit où l'agresseur s'était lui-même tenu. Alors seulement il se sentait complètement satisfait.

La doctrine du talion ne saurait justifier l'application d'une peine plus sévère aux actes intentionnels (*ex dolo*) qu'aux actes commis par négligence (*ex culpa*). Ce qui doit être rendu c'est l'action ; comment le talion différerait-il suivant que l'action résulte d'une intention ou d'une négligence ? Et cependant il serait absurde de vouloir exposer l'auteur d'un homicide par imprudence au même danger qu'il a fait courir à autrui. Il faudrait alors faire en sorte que mort s'ensuive également. Mais le talion ne serait plus parfait, la mort n'ayant pas été occasionnée par imprudence.[1] Or si l'on ne tient aucun compte de la diffé-

---

[1] Cf. l'excellente critique du talion comme principe de la loi pénale

rence entre l'acte intentionnel et l'acte commis par imprudence, il est clair que le talion est en fait la manifestation d'un instinct aveugle, nous faisant frapper à tort et à travers, sans égard aux conséquences. Singulière destinée pour cette doctrine morale ordinairement si superbe et si dédaigneuse à l'endroit de la « morale utilitaire » et de « l'humanitarisme » !

Cette doctrine enfin ne saurait justifier la plupart des dispositions insérées dans les nouvelles lois pénales relativement à la prescription. D'après le fondement donné ci-dessus du droit de punir, il va de soi que les violations du droit commises il y a longtemps et découvertes seulement aujourd'hui doivent rester impunies. En effet, le motif ordinaire d'exercer le droit de punir fait ici défaut. La morale, avons-nous dit (cf. V, 3), regarde devant elle, et ne regarde en arrière que pour mieux voir en avant. De même, l'État n'a pas affaire au passé, mais au présent et à l'avenir; l'acte commis il y a longtemps n'est pas un signe sûr du caractère *actuel* de son auteur, et ne menace pas davantage l'organisation juridique existante. L'intérêt pratique n'existe plus. Mais la doctrine du talion doit voir là dans l'ordre du monde une lacune : si long que soit le temps écoulé, il ne saurait justifier l'absence de châtiment. Pourquoi le sang cesserait-il de crier vengeance?

D'après le fondement donné ci-dessus au droit de punir, la peine doit réaliser un double but : le rétablissement de l'organisation juridique et la modification du caractère du coupable. Ces deux considérations ne doivent être séparées dans aucune sorte de peine. Parmi les peines actuellement en vigueur, deux sont contraires à ce principe : la peine de mort et les travaux forcés à perpétuité. Elles ne sauraient être justifiées, et d'ailleurs on constate qu'elles sont de plus en plus rarement appliquées. De toutes les peines capitales prononcées en Europe, un cinquième seul est exécuté. Ces châtiments dénotent que nous sommes encore à une étape barbare de l'évolution. Nous vivons dans un état de guerre où l'intimidation joue un plus grand rôle que cela n'est moralement défendable. Mais la raison principale se trouve dans notre retard considérable en psychologie et en pédagogie pénales. C'est pourquoi nous sommes encore incapables d'agir

faite par A. S. Œrsted dans *Om de første Grundregler*, etc... Eunomia, II, p. 12-21.

sur le caractère du criminel de manière à ce que la peine puisse être accomplie sans se terminer par la mort. Mettre un élève « en retenue » pour toute sa vie est une méthode pédagogique singulière, or lui prendre sa vie pour dompter son caractère ne l'est pas moins. Il est très facile de déclarer un homme incorrigible, mais d'où tire-t-on la preuve que *tous* les moyens ont été épuisés ? Nous ne sommes pas assez avancés en intelligence psychologique et en art pédagogique pour avoir le droit de formuler une pareille proscription. Plusieurs expériences montrent que des meurtriers condamnés à mort, puis graciés, ont ensuite mené une vie sans reproche. Dans certains cas, il est vrai, la cause a été l'éloignement des mauvais exemples et des occasions extérieures, mais en d'autres, elle a été sûrement une modification du caractère [1].

Après l'étude faite plus haut (V) sur la « Liberté de la volonté », nous n'avons aucune raison de revenir ici sur cette question. Si la morale peut s'accommoder du déterminisme, la science du droit le pourra aussi. Toutefois, en vertu justement du fondement donné ici au droit de punir, il importera beaucoup de porter l'attention sur l'état subjectif du coupable au point de vue volitionnel. La première chose à considérer est de savoir dans quelle mesure l'acte a été voulu, s'il résulte d'une délibération claire, d'une résolution consciente de l'individu, ou d'une simple velléité [2], s'il est dû uniquement au manque d'attention et de réflexion, ou enfin s'il a été commis dans un état de surexcitation inaccoutumé. Dans ces divers cas, le degré de désaccord entre la volonté individuelle et l'organisation juridique est fort différent, et la peine doit nécessairement varier en conséquence. On a cependant attribué souvent beaucoup trop d'importance au degré de conscience et de réflexion apporté à l'exécution de l'acte. Une réflexion longue et consciente peut dénoter l'existence dans le cœur de l'individu de grands obstacles à vaincre avant que la résolution criminelle ait pu être prise. La réflexion est donc, en pareils cas, une circonstance atténuante. Un caractère capable de commettre une mauvaise action seulement après avoir surmonté une résistance interne est moralement au-dessus d'un caractère capable de la

---

[1] Holtzendorff. *Das Verbrechen des Mordes*, p. 177 sqq. — Prosper Despine. *Psychologie naturelle*. Paris, 1868, II, p. 260.

[2] *Psychologie*, VII, B, 1.

commettre sans aucun scrupule. En second lieu, la peine doit évidemment se manifester à la volonté de l'individu comme un motif dont la nécessité est prouvée. L'individu doit être éduqué. Mais la question se pose alors de savoir s'il est normal, s'il est accessible aux influences auxquelles on le soumet. S'il a l'esprit malade, l'éducation exercée dans les conditions ordinaires n'aura pas d'effet; l'éducation, si elle est possible, doit alors avoir lieu dans un asile d'aliénés, ou peut-être dans un « asile-prison », forme intermédiaire entre la prison et la maison d'aliénés. Ce point donne lieu à une guerre de frontières incessante entre les juristes et les médecins. On ne saurait s'en étonner, tant qu'il y aura des juristes pour croire non seulement qu'une limite précise et tranchée sépare la responsabilité de l'irresponsabilité, le normal de l'anormal, mais encore que « la capacité morale de contenir ses penchants contraires aux lois est une grandeur immuable, à fixer normalement pour tous les hommes, sans égard aux dispositions individuelles[1] ». Quand on trouve fréquemment si peu d'intelligence psychologique chez les juristes, il n'est pas étonnant que l'application du droit de punir soit encore si éloignée de son idéal.

[1] Citation d'un juriste allemand, donnée par E. Laas. *Vergeltung und Zurechnung* (Vierteljahrsschrift für wissenschaftliche Philosophie, VI), p. 201.

# XL

## LA CONSTITUTION DE L'ÉTAT

1. Conditions données et intentions réfléchies. — 2. Le double contrôle, grand problème de la politique. — 3. Importance de la liberté politique. — 4. Constitution libre. — 5. Ses dangers. — 6. Majorité et minorité. — 7. Partis politiques. — 8. L'autonomie.

1. — En 1789, au moment où les français étaient sur le point d'établir une constitution toute nouvelle, l'homme d'État américain Morris, alors à Paris, écrivait : on souhaite une constitution américaine, sans réfléchir qu'on n'a pas affaire à des citoyens américains, et il faudra au moins une génération entière pour s'habituer à la nouvelle constitution et la mettre en pratique. Vers le même temps, Wilhelm von Humboldt prédisait que cette constitution ne durerait pas, comme étant l'œuvre de la raison. La raison, disait-il, peut bien organiser une matière donnée, mais non la produire. Elle peut servir de guide et d'excitant, en proposant des modèles, mais les forces vives doivent se développer lentement, grâce aux enseignements historiques[1]. Ces prédictions concordantes d'un homme d'État pratique et d'un philosophe ont été suffisamment confirmées par l'histoire. Les formes et les constitutions politiques ne s'improvisent pas et ne s'imposent pas au peuple de dehors ou d'en haut. Trois cent cinquante nouvelles constitutions auraient vu le jour depuis le commencement de notre siècle[2]. Ce nombre prouve déjà que beaucoup d'entre elles ont dû disparaître pour n'avoir pu prendre racine. Les constitutions doivent *pousser* d'elles-mêmes; ce n'est pas une vérité nouvelle pour nous. La forme ou constitution politique n'est en effet autre chose

---

[1] Taine, *La Révolution*, I, p. 158, 183. — W. von Humboldt, *Ideen über Staatsverfassung durch die neue französische Konstitution veranlasst* (1791) (Werke, I, p. 301 sqq).

[2] Maine, *Popular government*. Londres, 1885. p. 174.

que la partie de l'organisation juridique relative à l'administration de l'État, et en principe, tout droit acquiert seulement une durée solide comme forme d'une vie réelle s'il est issu d'une activité habituelle ou s'il y conduit. Tout n'est pas fait quand on a formulé des principes et tracé des cadres. Comme le montre une comparaison de l'histoire des peuples continentaux avec celle du peuple anglais et nord-américain, le développement constitutionnel le plus vigoureux et le plus sain est celui qui résulte d'une longue suite de petits remèdes ou de petites améliorations, mais non celui qui prend brusquement naissance par la création soudaine d'une constitution entièrement neuve. Cette vérité n'est pas contredite par ce fait que la constitution des États-Unis fut l'œuvre réfléchie de quelques individus, et introduite d'un seul coup. Le grand mérite de cette constitution consiste en effet justement dans la façon dont elle sut tirer parti des virtualités incluses dans les circonstances et les institutions des anciens États coloniaux anglais [1]. Cette constitution a d'ailleurs eu ce bonheur, unique pour une constitution « introduite », de pouvoir célébrer son centenaire, avec d'heureuses perspectives d'avenir. — La raison, la réflexion ne perdent pas cependant pour cela leur importance, comme Humboldt le remarque d'ailleurs lui-même. Elles réagissent en bien des façons sur ce qui est soit tout à fait, soit à demi-inconscient, elles l'organisent, le dirigent ou le stimulent. Elles rendent l'attention plus clairvoyante sur les conditions essentielles, préviennent des dangers imminents et découvrent de nouvelles possibilités d'évolution. (Cf. III, 19-20.)

Il suit de là que la morale ne saurait avoir pour tâche de construire une constitution politique idéale. Rien ne sert de composer un cadre, si l'on ne sait comment le remplir. La chose essentielle ce sont les virtualités, les points de départ qu'offre le peuple, d'après son naturel et son évolution historique. Bien avant qu'il fût possible de discuter les constitutions, il s'est développé en fait une constitution interne, manifestée dans le caractère et la culture du peuple, et l'organisation officielle externe des rapports entre les divers éléments du peuple doit s'y rattacher, si elle veut obtenir et durée et valeur. Le cadre n'est

---

[1] Cf. mon article : *Alexander Hamilton og den nord-amerikanske Unionsforfatning* (Tilskueren, 1889).

évidemment pas chose indifférente. S'il est trop étroit, il resserre le contenu et l'empêche de se déployer ; s'il est trop large, le contenu ne sera pas solidement organisé. Un mauvais cadre d'ailleurs, ce ne sera pas seulement un cadre façonné arbitrairement du dehors ; ce pourra être aussi un produit spontané. Mais on ne saurait remédier à de tels inconvénients qu'en s'appuyant sur des virtualités et des points de départ donnés dans le peuple tel qu'il est. Toute saine évolution va du dedans vers le dehors, d'en bas vers en haut.

Le principe que les constitutions ne sauraient être choisies et introduites arbitrairement ne nous laisse cependant pas tout à fait impuissants en face de la vie politique. Nous ne pouvons rien contre les résultats déjà produits, et nous ne saurions opérer d'un seul coup ce qui, pour réussir, exige une longue évolution. Mais nous pouvons agir sur les causes déterminant l'évolution future. Nous pouvons nous instruire par l'expérience et, après mûre réflexion, régler les circonstances mieux qu'elles ne l'étaient jusque-là. Que les circonstances extérieures déterminent l'organisation de la société et de l'État, sans nul concours de la connaissance et du choix réfléchis, cela est vrai seulement des toutes premières périodes de l'évolution sociale et politique. Quand nous rencontrons des organisations heureuses, nous n'avons pas toujours le droit de supposer leur origine due à la prévoyance et au calcul. Mais il n'en résulte pas qu'on puisse admettre la règle générale ainsi formulée par Spencer : ce sont les *conditions données*, et nullement les *intentions conscientes*, qui déterminent la forme politique [1]. Un degré supérieur est-il atteint dans l'évolution mentale, il amène évidemment une connaissance des conditions données, et celle-ci pourra justement imprimer une direction à notre manière d'agir. L'expérience historique, l'intelligence sociale et politique une fois développées, il serait contraire à toute psychologie qu'elles ne déterminassent pas aussi jusqu'à un certain point notre attitude pratique. Aucune de nos idées n'est absolument sans influence sur notre sentiment et notre volonté. Le principe de Spencer marque l'apogée de la réaction contre la confiance enthousiaste mais naïve du XVIIIe siècle en la raison. La réaction commence

---

[1] Conditions and not intentions determine. Spencer : *Political Institutions*, p. 395.

avec l'abandon de la croyance au gouvernement du monde par les « idées » : ce ne sont plus les pensées mais les sentiments et les passions qui déterminent les actions humaines, et les pensées mêmes sont de simples résultats accessoires des sentiments. Puis on va un peu plus loin : ces sentiments et ces passions sont expliquées, eux aussi, par les circonstances extérieures au milieu desquelles les hommes vivent et agissent. La pensée et l'intention réfléchie sont simplement considérées comme les produits de toute une série causale dont on va chercher le premier terme dans les circonstances extérieures. Mais une fois la pensée produite, elle peut cependant réagir sur les conditions d'où elle est née. L'effet est à son tour cause. C'est ce qu'oublie la théorie de Spencer. — Si la connaissance est suffisamment profonde, elle fera comprendre aussi que la vie sociale humaine est extraordinairement complexe, et que toute intervention en un point isolé peut entraîner des effets multiples et ramifiés. Elle rendra circonspect et persuadera qu'il est plus facile d'arriver au but indirectement que par une méthode directe. Elle s'efforcera de servir à la vie, non de la régenter.

2. — Ce qui, même dans l'organisation politique la plus raisonnablement conçue, introduit toujours un élément irrationnel, c'est le rôle nécessairement joué par la *force*. La nécessité d'employer la force pour maintenir, au dedans comme au dehors, la sécurité et la paix atteste la persistance dans la nature humaine actuelle de tendances et de passions mal adaptées aux exigences d'une société fondée sur une solide organisation du droit. D'où la nécessité de garder, suivant le mot de Taine, le gendarme armé contre le sauvage. Mais disposer de la force et pouvoir s'en servir, cela aussi excite les appétits et les passions de la nature humaine. Tout égoïsme est à vrai dire une sorte de sentiment de puissance. La grossièreté d'un être humain peut se manifester tout autant dans l'emploi brutal de la force que dans la révolte contre l'organisation destinée à être défendue par cet emploi. Le gendarme a lui-même en soi quelque chose de sauvage. Peut-être les hommes ont-ils besoin d'avoir la bride serrée ; mais ceux qui tiennent la bride sont aussi des hommes.

« Si les hommes étaient des anges, disait Alexander Hamilton, aucun gouvernement ne serait nécessaire. Si les hommes étaient gouvernés par des anges, il ne serait pas nécessaire de contrôler le gouvernement[1]; » Le problème à résoudre pour la constitution politique est justement celui-ci : il faut un contrôle sanctionné par la force pour réprimer les penchants humains qui menacent de désagréger l'organisation du droit ; mais il faut ensuite aussi un contrôle des contrôleurs. Et comment ce dernier peut-il acquérir une autorité suffisante, sans affaiblir la force dont doivent nécessairement disposer ceux qui exercent le premier ?

3. — Aux degrés inférieurs de l'évolution politique, on part souvent en fait de cette idée que les gouvernants sont des anges. On lève les regards sur eux avec une confiance aveugle comme sur le type de toute sagesse. Tel est le cas par exemple dans l'État théocratique et dans tout État où le gouvernement joue par rapport au peuple le rôle de tuteur. Il semble d'abord que le premier seul des deux contrôles existe alors. Pourtant, en y regardant de plus près, on découvre aussi le second. Il consiste dans la foi du peuple à la sagesse et à l'excellence du gouvernement. Si patriarcal que soit celui-ci, il ne saurait aller sûrement que dans la mesure où cette foi règne. Il faut encore ajouter le sentiment national et les autres sentiments susceptibles d'être éveillés par le gouvernement. La force pure ne saurait indéfiniment suffire, si l'adhésion interne lui fait défaut. Les gouvernants, surtout quand il s'agit d'une manifestation active et concentrée, dépendent en fait sans cesse des sentiments et des dispositions du peuple, qu'ils partagent ordinairement eux-mêmes en grande partie. De plus, le gouvernement ne saurait pourvoir directement à tout ; il a besoin d'intermédiaires, d'un système bureaucratique qu'il ne peut qu'imparfaitement contrôler et dont il devient vite dépendant[2].

Si l'évolution du peuple est saine et vigoureuse, l'opinion publique, qui joue déjà un rôle important sous le gouvernement tutélaire, se transformera en *volonté publique* réclamant une active participation à la direction des affaires (cf. XXXVII, 8

[1] *The Federalist* (1787), n° 51 (nouv. éd. Boston, 1882, p. 390).
[2] Les juristes philosophes danois du milieu du XVIIIᵉ siècle considéraient même l'absolutisme comme une constitution libérale, parce qu'il s'appuyait souvent sur l'opinion publique et les fonctionnaires. Voir E. Holm, *Om det Syn paa Kongemagt, Folk og borgerlig Frihed, der udviklede sig i den dansk-norske Stat i Midten af 18 Aarhundrede*. (La conception du pouvoir royal, du peuple et de la liberté civile dans l'État danois-norvégien vers le milieu du XVIIIᵉ siècle). Progr. d'Université, 1883, p. 66, 85, 95.

et XXXVIII, 5). Cela suppose que le peuple, en exerçant son activité dans l'association libre et dans les cercles plus étroits, est devenu conscient de sa force. La liberté politique de l'Europe moderne est le résultat de développements qui se sont produits dans le domaine de la culture matérielle et idéale. Le vigoureux essor du commerce, de l'industrie et de l'agriculture développa tellement l'intelligence et l'activité pratique qu'elles se trouvèrent trop à l'étroit dans les anciens cadres politiques. D'autre part, le libre développement de la vie religieuse — surtout des hérésies — porta le sentiment de la personnalité et de la liberté à un degré qui rendit impossible d'exclure le peuple du règlement de choses relatives à son bonheur et à son malheur propres. Les sectes anglaises ont joué un rôle dans l'histoire universelle par l'influence qu'elles ont exercée sur la vie politique anglo-américaine. Enfin la science moderne n'a pas seulement introduit, par ses résultats, des vues toutes nouvelles sur la nature et l'histoire, mais elle a encore suscité, notamment par sa méthode, par la curiosité et l'esprit critique qu'elle éveille, une manière libre et hardie d'envisager les choses, qui devait s'étendre également au domaine politique. On ne pouvait plus se contenter de subir un contrôle sans en exercer un soi-même. La liberté politique exprime que la vie humaine doit être dans tous les domaines dirigée par les mêmes lois ; qui voudrait en extirper radicalement le besoin de ce monde devrait empêcher tout travail personnel aussi bien dans le domaine de la culture matérielle que de l'idéale.

Il ne faut pas entendre ceci comme s'il était possible de préparer d'abord le peuple à la liberté politique pour la lui donner ensuite. Tant qu'il ne possède aucune liberté, il ne saurait non plus acquérir les facultés et les sentiments que suppose une active participation à la vie politique. Le principe aristotélique se vérifie ici une fois de plus, car *c'est seulement par la possession de la liberté politique qu'un peuple peut devenir libre.* La liberté est ici encore à la fois moyen et fin. (Cf. XXIII, 2.) Un régime de contrainte et de tutelle ne saurait préparer à la liberté. C'est seulement par l'exercice et l'habitude que les facultés se développent, et l'on ne saurait acquérir aucun exercice dans l'*usage* de la liberté, si l'on ne *possède* pas la liberté elle-même.

Il ne faut pas non plus l'entendre comme si la liberté politique était seulement un droit que le peuple acquerrait par son habileté en d'autres domaines. La possession et l'exercice de la liberté n'est pas moins un *devoir* qu'un droit. L'Etat ne commence vraiment à exister que si le plus grand nombre possible d'individus prennent une part active à la vie politique. L'Etat en effet n'a pas d'existence en dehors ou au-dessus des individus particuliers, mais il existe en eux, dans leurs idées et leur volonté. Plus les volontés y concourent en grand nombre, plus est solide la base de l'organisation politique. L'adhésion libre et vivante des individus est la vraie force de l'Etat. La liberté politique rattache les individus à l'Etat grâce à leur collaboration spontanée à des fins politiques, et c'est un devoir pour les individus de se montrer des membres actifs de l'Etat. Aussi de grands hommes d'Etat [1] ont-ils regardé le suffrage universel comme une condition nécessaire pour que l'édifice de l'Etat ait des assises aussi profondes et aussi solides que possible. L'extension de la liberté politique, loin d'être une dissolution de l'Etat, est au contraire l'achèvement de la vie politique.

La liberté politique est *un des moyens d'éducation les plus puissants d'un peuple* [2]. Elle invite l'individu à se procurer toutes les lumières et toutes les connaissances dont il est capable, afin de remplir sa fonction de membre actif de la société politique. Mais surtout elle lui enseigne à porter les yeux au delà de l'horizon étroit où sa profession l'enferme, elle lui donne le sentiment de contribuer, pour sa part, à la vie publique. La liberté politique n'est donc pas seulement une suite naturelle de l'activité dans le domaine de la culture, mais elle est encore un moyen de rendre l'Etat plus solide, puisqu'elle y rattache plus étroitement les individus, et un stimulant de l'énergique développement de la personnalité et des facultés individuelles.

Même sans être partisan d'un gouvernement tuteur ni de la bureaucratie, on peut très bien accorder que la liberté politique a de grands inconvénients. On peut en faire un mauvais usage,

---

[1] ALEXANDER HAMILTON: (*The Federalist*, 1787, nouv. éd. Boston, 1882, p. 59). — BISMARCK (Cf. *Fürst-Bismarck als Redner*. Vollständige Sammlung der parlamentarischen Reden Bismarcks, II, p. 191 sqq.)

[2] Cf. JAMES BRYCE. *The American Commonwealth*, Londres, 1888, II, p. 316 : « Le suffrage universel, tel qu'il existe aux Etats-Unis, n'est pas seulement un grand moyen d'assurance pour l'avenir, mais aussi peut-être la puissance éducatrice la plus forte à laquelle les masses humaines aient été jamais soumises. »

mais les meilleures choses sont exposées à ce danger. Toutefois, il ne s'agit pas ici d'en faire l'histoire ; il s'agit seulement de montrer sa nécessité et la valeur qu'il faut lui attribuer au point de vue moral. Nous sommes obligés de nous exposer aux dangers et aux inconvénients de la liberté pour participer aux biens indispensables dont elle est la condition.

4. — Nous avons commencé par définir la liberté politique : le droit de prendre une part active à la vie politique. Mais que faut-il entendre par là ? Nous ne saurions évidemment tous gouverner directement. C'était à peu près possible dans les petits États de l'antiquité, où l'État ne faisait qu'un avec la cité ; mais, là encore, c'était vrai dans la mesure où cette unité l'était. Il n'en saurait aller de même dans les grands territoires comprenant un grand nombre de villes et de communes. Aussi, dans les temps modernes, la participation des individus à la vie politique se fait-elle au moyen de représentants élus. Le suffrage et la discussion publique, que ne saurait éviter même un gouvernement tuteur, sont les deux moyens pour l'individu d'intervenir dans la marche de la vie politique. Quand aucune loi ne peut être établie, aucun impôt levé, aucune décision importante sur la destinée intérieure et extérieure de l'État prise sans l'assentiment des représentants élus du peuple, une *constitution libre* existe, qu'elle soit d'ailleurs écrite ou non. En pareil cas, il peut régner entre le gouvernement et le peuple un rapport de confiance plus profond et plus solide que sous un gouvernement tuteur, où le peuple obéit passivement, parce que, tout en ayant peut-être la permission d'exprimer son opinion, il n'a pas celle d'avoir une volonté.

« Mais, pourrait-on demander, l'essentiel n'est-il pas que les plus sages et les meilleurs gouvernent, soit qu'ils possèdent ou non la confiance du peuple ? » A cela il faut répondre que la grosse question est précisément de savoir comment décider qui sont les plus sages et les meilleurs. L'élévation de l'esprit ne se mesure pas aussi facilement que celle du corps. La grande lutte dans le monde humain est relative au critérium de la sagesse et de la bonté, et la lutte politique en est une simple ramification. Ce qu'il y a de sûr c'est que les hommes d'État les plus sages et les meilleurs (on peut être sage et bon sans être cependant homme d'État) seront capables de trouver non seulement les *choses* utiles au bien du peuple, mais encore la meilleure *manière* de les réaliser. Ils comprendront que cela seul est utile au peuple, qui s'accorde avec son naturel et ses facultés, et ils sauront éveiller et diriger celles-ci. Ils ne regarderont point le peuple comme une matière inerte, comme une masse devant recevoir passivement la forme qu'on lui imprime. Ils ne travailleront pas seulement *pour*, mais *avec* le peuple, ils sauront gagner sa confiance, et cette confiance leur apparaîtra comme une des conditions les plus essentielles pour arriver à quelque chose.

5. — Même la constitution la plus libre ne saurait cependant être absolument simple, si elle veut se maintenir. Elle est exposée à deux dangers contraires, auxquels il faut remédier par des mesures particulières.

L'un de ces dangers consiste en ce que les impulsions irréfléchies, les préjugés et les passions régnant dans la foule passent immédiatement à l'acte, sans être éprouvés et purifiés par une réflexion calme et complète. La vie politique est alors une vie instinctive ou impulsive, non une vie volontaire. Nous voyons ici une fois de plus (cf. par ex. XXXIX, 1) combien il importe de mettre un intervalle entre l'impulsion et l'action. Le peuple doit pouvoir, tout comme l'individu, montrer de l'empire sur soi-même, il doit pouvoir inhiber ses impulsions irréfléchies, pour faire place à la réflexion. Un pareil empire sur soi-même est une qualité essentielle de tout caractère, et pour voir si le peuple en possède un, il faut justement regarder si sa conduite est déterminée non par les suggestions et les impulsions du moment, mais par des pensées constantes et des sentiments fortement établis (cf. III, 4-7 et XI, 8-9). Parce que rien ne saurait devenir valable dans l'État sans la volonté du peuple, les impulsions momentanées de celui-ci n'ont pas besoin de se réaliser pour cela tout de suite. Un intervalle est nécessaire entre la tendance et la résolution. Le peuple doit être protégé par la constitution contre ses propres entraînements. Il faut laisser à l'expérience et à la compétence pouvant exister chez lui le temps de se manifester avant la décision. La manière dont ce but est susceptible d'être atteint dépendra en majeure partie de l'histoire du peuple. Citons seulement l'exemple des États-Unis de l'Amérique du Nord. Leur constitution, par la manière dont elle règle les rapports entre le pouvoir exécutif et le pouvoir législatif et celui des deux chambres, par la situation indépendante qu'elle assure à la magistrature suprême, a rencontré, à cause des garanties présentées à ces points de vue, l'adhésion de gens pour qui l'évolution d'un « gouvernement démocratique » n'est pas sans offrir de sérieux inconvénients[1]. Il faut bien remarquer que ce n'est pas seulement l'impatience et le désir immodéré de changement, mais aussi l'inertie conservatrice, qui peuvent avoir besoin d'être inhibés par la réflexion. Les opinions démocratiques peuvent renfermer des préjugés, de l'égoïsme et de l'étroitesse qui céderont seulement peu à peu à une connaissance plus claire et à des idées plus libres. Des réformes importantes et bien fondées peuvent rencontrer de la résistance dans la foule, et celle-ci, dans son antipathie pour les idées nouvelles, préférera même peut-être, au moins pendant quelque temps, un régime ennemi de la liberté. L'histoire des plébiscites en France en fournit des exemples très clairs. Les Jésuites de Lucerne trouvèrent leur compte, en 1844, à réclamer un plébiscite. Le référendum, introduit par la constitution fédérale de 1874, s'est montré une institution très conservatrice. Suivant les lois de la Confédération helvétique, une loi est soumise à la ratification populaire quand 30 000 électeurs le demandent. De 1874 à 1893, le référendum a été appliqué à 19 lois (sur 196). De ces 19 lois le peuple n'en admit que 6, rejetant toutes les autres. Dans le canton de Zürich, où toute loi est soumise à la ratification populaire, sur 128 lois votées de 1869 à 1893 par le Conseil cantonal, 97 seulement ont été admises. Généralement, dans les cantons où la ratification populaire est obligatoire, un quart au moins des lois admises par le pouvoir législatif sont rejetées[2].

Un autre danger tout contraire, dans une constitution fondée sur la liberté politique, est celui de consacrer trop de temps à réfléchir, négocier et discuter, et par suite de ne pas vouloir et agir avec l'énergie nécessaire pour la conservation et le progrès de l'État. L'intervalle, qui nous a semblé si nécessaire, prend alors trop d'extension[3]. Toutefois ce danger, comme d'ailleurs

[1] HENRY MAINE. *Popular government.* Londres, 1885. — Par un phénomène assez curieux, l'auteur qui, dans ces dernières années, s'est prononcé avec le plus de compétence et de talent contre le gouvernement démocratique n'est pas loin de regarder la constitution nord-américaine comme un idéal.

[2] LAWRENCE LOWELL. *The referendum and initiative* (Journal of Ethics, IV, p. 62).

[3] Ici encore, nous avons en psychologie quelque chose d'analogue. Cf. *Psychologie*, VII, B, 3.

le précédent, diminuera à mesure que la confiance régnera davantage entre le peuple et le gouvernement. Aussi longtemps seulement que dureront la méfiance à l'égard des gouvernants et la crainte de leurs abus, on s'efforcera de restreindre le plus possible le pouvoir exécutif. Mais dès qu'au contraire la confiance se sera développée, on trouvera le peuple prêt à mettre à la disposition du gouvernement tous les pouvoirs nécessaires pour accomplir ses tâches. Sans une telle confiance, aucun Etat libre, voire même aucun Etat absolument ne saurait être un Etat fort. Mais, nous l'avons déjà remarqué (XXXVIII, 7 fin), on voit justement par là que tout Etat est un pis aller. Le juste rapport entre la force et la liberté ne s'établira qu'à la suite de nombreuses oscillations et de nombreuses luttes, luttes dont les deux partis en présence peuvent être responsables.

6. — Sous le règne de la liberté politique, c'est la majorité des électeurs qui déterminera le règlement des affaires. Il n'en saurait aller autrement. S'il faut prendre une *décision*, il vaut mieux que la minorité se conforme à la majorité qu'inversement. La volonté de la majorité est la plus grande force motrice, et seule elle est apte à représenter la volonté générale, quand il n'y a pas unanimité absolue. Demander à la minorité de se plier devant la volonté du plus grand nombre, cela suppose que la minorité veut, elle aussi, le maintien de la société; de cette volonté supposée dérive nécessairement la reconnaissance de la volonté sociale la plus forte comme décisive[1]. La seule chose que la minorité puisse équitablement réclamer, c'est la faculté *d'exprimer librement ses idées et d'exposer ses raisons*. Il faut accorder à la minorité le moyen d'essayer de convaincre la majorité et de devenir ainsi elle-même majorité. C'est pourquoi il importe beaucoup que les minorités soient représentées, et l'idée de la représentation proportionnelle, qui est la plus pratique sous ce rapport, influera puissamment sur l'évolution politique future. Elle seule assurera une réelle représentation du peuple.

Toute chose grande et bonne est d'abord issue d'hommes particuliers et a trouvé dans des cercles restreints sa première culture. (Voir XXXVIII, 5.) Mais il n'y a pas d'objections à tirer de là contre le droit de la majorité de déterminer la décision

---

[1] John Locke. *Of civil government*, II, 96.

finale. Aucun individu, aucune minorité ne saurait exiger que ses idées triomphent immédiatement et sur-le-champ. Ils le peuvent d'autant moins que la majorité elle-même n'a pas le droit de donner *instantanément* à sa volonté force de loi. Le règne de la minorité serait une tyrannie plus odieuse que celui de la majorité. La minorité se compose en effet au hasard, et on ne saurait raisonnablement admettre qu'elle comprend toujours les meilleurs et les plus éclairés. Elle peut être aussi bien radicale que conservatrice. Mais si la minorité gouvernait, un plus grand nombre de gens en tout cas seraient obligés de plier leur volonté et leur raison que dans le cas contraire. Naturellement, le parti de la minorité *peut* être le bon. On ne saurait pas plus éviter ici les conflits tragiques de ce genre que par exemple dans les rapports entre le droit et la morale (XXXVII, 3). Le droit de la minorité ne saurait excéder la liberté de développer librement ses idées, de les manifester avant la décision et de critiquer la décision elle-même.

C'est un reproche souvent adressé à la constitution démocratique, où la volonté de la majorité fait loi, d'amener la tyrannie du grand nombre et d'être peu favorable à la production d'hommes sortant du commun et d'idées originales. Dans le remarquable écrit qui contribua pour une si grande part à la naissance de la constitution fédérale des Etats-Unis, Alexander Hamilton exposait comment ce danger peut être évité. Il voyait un frein à la tyrannie de la majorité dans la multitude des intérêts et des tendances compris dans un Etat qui ne serait point par trop petit. Tout comme la multiplicité des sectes assure la liberté religieuse, la diversité des intérêts assurerait la liberté politique. Hamilton y trouvait précisément un argument en faveur de l'établissement de l'Union, car la liberté serait suivant lui moins grande dans les Etats de l'Amérique du Nord, si chacun d'eux voulait former un tout fermé[1]. Quand Tocqueville, un demi-siècle après, visita l'Amérique et écrivit ensuite son célèbre ouvrage sur « la Démocratie en Amérique », il trouva dans la tyrannie de la majorité un défaut capital du peuple américain et de sa constitution. « Je ne connais aucun pays, dit-il, où règne en général une moindre indépendance d'esprit et moins de vraie liberté de discussion qu'en Amérique. La ma-

[1] *The Federalist* (1786), n° 51 (Boston, 1882, p. 401).

jorité enserre la pensée dans un effroyable étau. » Une étude plus récente des choses américaines arrive cependant à un autre résultat. James Bryce est disposé à croire qu'ici, comme sur d'autres points, Tocqueville a jugé trop vite. Bryce, en tout cas, n'a trouvé aucune tyrannie de la majorité, ni en politique ni en religion. Il n'est pas davantage d'accord avec Tocqueville dans cette opinion, souvent reprise depuis, que le sol démocratique serait défavorable à l'originalité des hommes et des idées. Il trouva, au contraire, que les Américains étaient enclins au culte des héros, et que tout individu ayant fait œuvre marquante dans un domaine quelconque de la vie mentale était chez eux prisé plus haut que dans la plupart des pays de l'Europe. En général, suivant les observation de Bryce, les classes supérieures en Amérique n'ont rien perdu, par suite du développement démocratique, sous le rapport de la culture, mais les classes inférieures ont gagné en indépendance. Tocqueville paraît, en somme avoir attribué beaucoup trop d'importance à la forme du gouvernement, envisagée d'une façon doctrinaire, pour la vie générale du peuple[1].

7. — La liberté politique entraîne la formation d'une espèce particulière d'association, tout aussi libre que l'association de culture, mais pourtant très étroitement liée à la vie politique et ayant sur elle une grande action. Elle amène en effet d'une manière toute naturelle l'union de ceux dont les vues sur les grandes questions politiques concordent, c'est-à-dire la formation de *partis politiques*. Cette formation a sa raison à la fois dans la multiplicité des aspects sous lesquels les grandes questions politiques sont susceptibles d'être envisagées et dans la variété des idées et des sentiments individuels, variété certainement de plus en plus grande à mesure que la civilisation progresse. L'existence de partis est nécessaire partout où règne la liberté et nul ne peut déclamer contre elle sans appartenir du même coup à un parti pour lequel, consciemment ou non, il fait une exception. Les désagréments qu'elle entraîne peuvent disparaître grâce à un emploi meilleur et plus énergique de la liberté, c'est-à-dire par la cause même qui les a suscités.

Les motifs et les points de vue dirigeant la formation des

---

[1] James Bryce. *The American Commonwealth*. Londres, 1888, I, p. 14; III, p. 134-143; 160; 334-349.

partis sont d'une extrême importance. L'histoire nous montre que ce sont des oppositions soit de races, soit de religions, soit de classes et d'états sociaux. Toutes ces oppositions entraînent après elles de sérieux inconvénients.

L'*opposition de races* renferme le danger évident d'un partage de l'État, et souvent même c'est le but directement poursuivi, de sorte que l'opposition des partis est seulement le premier indice d'une désagrégation totale. De 1830 à 1864, l'opposition la plus considérable entre les partis du Danemark d'alors prit de plus en plus cette direction, et le résultat fut d'ailleurs aussi un démembrement réel.

Quand la base de la division des partis est la *diversité de religion*, c'est au détriment et de la religion, — dont le domaine est l'homme intérieur et dont on méconnaît le caractère intime en la faisant servir d'arme et de drapeau dans les luttes de la vie extérieure, — et de l'État, dont les éléments ne sauraient être ordonnés suivant des idées religieuses. Plus l'Église sera séparée de l'État, plus cette base des divisions de partis devra disparaître. Pour le point de vue qui prétend faire régner sur ce monde les idées cléricales, il est conséquent de penser que la différence des partis politiques doive se fonder en définitive sur l'admission ou le rejet du surnaturel[1]. Dans les pays où la population est partagée en deux grandes confessions, gardant jalousement leur situation et leurs intérêts, il sera bien difficile d'écarter cette base de la classification des partis. Poussée à l'extrême, elle peut, tout comme l'opposition des races, entraîner une scission de l'État. Elle est du moins alors naturelle et loyale. Mais dans les pays où règne la liberté religieuse, où des hommes de même confession peuvent appartenir à des partis politiques différents et des hommes de foi différente appartenir au même parti, faire appel au milieu des luttes politiques à la religion ne peut avoir d'autre but que d'abaisser l'adversaire et de le rendre suspect.

Il est inévitable que les *oppositions de classes et d'états* exercent une grande influence sur la division des partis. Jusqu'ici, derrière chaque grande question politique, s'est trouvé une question sociale. La lutte politique n'est souvent que la forme sous laquelle des oppositions sociales se font jour. Une preuve déjà

---

[1] KETTELER, *Freiheit, Autorität und Kirche*, p. 99.

c'est que le progrès historique consiste en grande partie dans la revendication, par de nouvelles couches de la société, de la liberté politique et du droit de prendre part aux affaires. Des progrès de ce genre eurent lieu en 1789 pour la France, en 1832 et 1867 pour l'Angleterre, et en 1848 pour l'Allemagne et le Danemark. Le grand but poursuivi par l'évolution historique c'est de supprimer dans la société toute masse inerte et passive et de donner au plus grand nombre possible le droit d'exercer librement ses forces dans le domaine matériel et mental. La liberté politique est en partie cause, en partie effet de ce libre emploi des forces. Mais quand l'opposition des états sociaux et des classes est seule déterminante, il s'y ajoute tout autant de considérations mesquines et hors de propos que dans la division déterminée par les races et les sectes. Les intérêts particuliers usurpent le principal rôle aux dépens du bien général, et le peuple se partage en différentes couches, finissant par ne plus se comprendre. L'égoïsme de classe apparaît surtout clairement quand une couche sociale, jusqu'alors privilégiée et dominante, fait tout son possible pour empêcher l'ascension de la classe immédiatement consécutive, bien que la nature des circonstances et l'opportunité d'une évolution saine et pacifique semblent indiquer la nécessité d'aller au-devant des couches nouvelles, afin que leur éducation politique s'opère sans difficultés par trop considérables.

Chaque classe, comme chaque individu, a dans la société totale son rôle déterminé. Aussi, pour que l'évolution soit saine, la division des partis fondée sur l'opposition des classes doit-elle être subordonnée et peu à peu céder la place à une autre, issue des *conditions fondamentales du maintien et du développement de la société totale*. L'idéal serait que chaque parti se groupât autour d'une de ces conditions. Il s'agit surtout ici de deux principes : *l'ordre* et le *progrès*, l'ordre parce que sur lui repose la marche tranquille de la vie et la sûreté des acquisitions, le progrès parce que les circonstances changent et que stationner c'est reculer. A cette opposition dans les conditions fondamentales de la vie répond une différence capitale dans les aptitudes et le caractère des individus. Certains sont portés à conserver, d'autres à chercher du nouveau, les uns ont l'esprit rempli de piété pour le bon vieux temps, les autres dirigent des yeux pleins d'espérance vers un meilleur avenir. La division idéale des partis serait celle où des individus appartenant à toutes les classes de la société se rencontreraient autour de chacun de ces grands principes. Ce n'est pas un bon signe, quand de la situation sociale d'un homme on peut immédiatement inférer ses opinions politiques. Les deux grands partis politiques fondés sur la nature des choses devraient être représentés dans toutes les classes de la société, des plus hautes aux plus basses. Les groupements plus restreints trouveraient alors leur place de l'un des deux côtés. C'est ce qui a eu lieu jusqu'ici dans la distribution des partis en Angleterre et aux États-Unis, et ce n'est pas la moindre raison du caractère sain que l'évolution politique de ces pays a toujours présenté.

Dans une division des partis fondée sur cette base, les partis se regarderont comme le complément l'un de l'autre. Chacun d'eux sentira qu'il a besoin de la critique de l'autre. Cette critique aura essentiellement pour objet de montrer le parti adverse en désaccord avec son nom et ses idées. Ce n'est pas critiquer le parti conservateur d'un point de vue entièrement étranger, de lui faire remarquer qu'il a pour mission de conserver toute chose ayant du prix, qu'il doit s'efforcer d'éviter toute interruption dans la continuité de la vie publique, mais non opposer une résistance aveugle et obstinée à toute innovation. Un homme d'État, conservateur réfléchi, poussera au contraire justement son parti à introduire des réformes, parce qu'elles se concilient alors avec le respect de la tradition et n'exigent pas de changements trop brusques. Le parti progressiste abandonne sa propre idée quand, dans sa hâte à transformer le passé, il porte atteinte aux conditions plus durables et plus profondes du progrès qui résident dans le sérieux et la solidité du caractère populaire. Une excessive précipitation et une critique purement négative ne sont pas de bonnes conditions pour l'évolution du caractère. Le caractère se développe par un *travail constant*; l'extrême importance du travail réformateur ne doit pas faire oublier que les sentiments intenses et profonds, mobiles de toute action, soit conservatrice soit radicale, ne sauraient se développer sans continuité dans les conditions vitales.

La division en partis est une organisation sans laquelle la vie politique n'aurait ni cohérence ni clarté. Elle ramène les divers souhaits et les divers projets qui s'agitent dans l'esprit du peuple à un petit nombre de pensées fondamentales. Comme toute autre société, le parti a son égoïsme ; il peut mettre ses intérêts particuliers au-dessus des intérêts publics, et le fait souvent. Mais en pareil cas, nous l'avons déjà vu, il tombera en contradiction avec sa propre idée, et tôt ou tard en remarquera les conséquences. D'ailleurs le sentiment du droit et l'opinion publique conserveront toujours dans le peuple une certaine indépendance à l'égard des partis et exerceront sur eux leur influence. Dans l'Amérique du Nord, les politiciens professionnels se sont créé une grande influence dans les divers partis et souvent en ont abusé de la pire façon. On peut en donner comme raisons à la fois le trop grand nombre des votes et la matière politique brute amenée par l'émigration, proie facile pour les professionnels. Pourtant le bon sens public et la puissance de l'opinion imposent certaines limites aux excès des partis et sont capables d'inspirer à leurs représentants égoïstes le respect nécessaire[1]. Un parti peut, tout comme l'État entier, avoir besoin d'une réforme. Et l'origine de la réforme est la même dans les deux cas ; le libre développement de la vie dans les cercles restreints amène des problèmes nouveaux et des tâches nouvelles sur lesquels les partis existants sont nécessairement obligés de se prononcer. Les partis doivent servir au peuple de moyens, mais ils ne doivent pas plus que le pouvoir politique, le régenter. Par eux-mêmes, ils ne sont pas plus que l'État réellement productifs. On peut les comparer aux cercles formés par une pierre jetée dans l'eau ; la cause vraiment efficace c'est le jet de la pierre ; les cercles sont les formes sous lesquelles ses effets se propagent sur la surface liquide.

Le rapport entre l'individu et le parti auquel il s'est rallié ou qu'il représente offre un caractère moral. Il peut se produire ici des conflits d'une nature aussi pénible et aussi tragique que partout où l'on est obligé de rompre, dans l'intérêt d'un groupe plus vaste, avec un plus petit. Dans le discours célèbre par lequel Sir Robert Peel prit congé de la vie politique, il dit entre autres choses : « En déposant le pouvoir, je laisse un nom qui, je le crains, sera sévèrement jugé par bien des hommes. Sans intérêt personnel, par la seule considération du bien public, convaincus que la fidélité aux conventions d'un parti et le maintien de grands partis sont des moyens puissants et essentiels pour gou-

---

[1] James Bryce. III, p. 151 sqq ; 333 sqq.

verner l'État, ils regretteront amèrement la rupture des liens de parti ». Il reconnaissait donc qu'en adoptant le bill du blé contre la volonté de son parti (les tories) il avait brisé des liens de nature morale. Mais il soutenait fermement y avoir été contraint par une considération morale plus haute : par la nécessité de supprimer une injustice qui rendait à l'ouvrier pauvre le pain quotidien plus amer et plus cher[1]. Dans cette expression se trouve, peut-on dire, condensée toute la morale des partis.

8. — Si parfaite que l'on puisse concevoir l'organisation des partis et si harmonieux le rapport entre le gouvernement et le peuple, l'État et la constitution n'en flotteront pas moins dans le vide, si la vie politique n'a pas de base plus solide que celle dont nous avons parlé jusqu'ici. Il ne suffit pas que tous les mouvements intérieurs de l'individu, de la famille et de la libre association de culture puissent exercer, grâce à la liberté politique et à la lutte des partis, une influence sur l'évolution de la vie politique. L'écart est encore beaucoup trop grand entre la vie de l'individu ou de l'assocation libre et l'État. Cet intervalle peut seulement se combler au moyen de l'*autonomie* c'est-à-dire de cette forme d'administration où le plus grand nombre possible des affaires publiques est expédié par les citoyens eux-mêmes et non pas uniquement par une bureaucratie dépendante du gouvernement. L'autonomie forme un moyen terme entre l'activité exercée dans la libre association de culture et l'activité proprement politique. L'important dans l'association de culture ce sont les fins communes; dans l'autonomie, c'est la *juxtaposition locale* qui rend l'activité commune toute naturelle. D'autre part, cette juxtaposition locale (les rapports de voisinage) et la communauté d'action dont elle est la condition distinguent l'autonomie de la vie proprement politique reliant la population éparse sur tout le territoire du pays. Les petites circonscriptions locales (communes, cantons) ont chacune leurs intérêts et leurs tâches, dont la satisfaction et l'accomplissement exigent une organisation, et que le pouvoir central, à cause de son éloignement ne saurait comprendre et traiter suivant toute leur particularité. Il y a des tâches matérielles, idéales et philanthropiques à remplir. Or, à ce point de vue, les petites circonscriptions locales offrent de

---

[1] Molesworth. *History of England from the year 1830-1874*. Abridged edition. Londres. 1877, p. 367.

grands avantages : il est plus facile de s'y procurer des renseignements exacts, tous les individus s'y connaissent à peu près et les rouages peuvent être réduits à leur plus simple expression. Toutefois, leur rattachement à l'État reste indispensable. D'abord, il doit exercer un contrôle pour empêcher des abus et des actes d'arbitraire au préjudice de certains individus, ensuite, il faut que les expériences déjà faites ailleurs puissent être mises à profit. Il n'existe pas plus nécessairement d'hostilité entre l'autonomie et l'administration centrale, qu'il n'en existe entre la liberté politique et l'organisation de l'État. Si le fait que tous les citoyens aient le droit et le devoir de participer au règlement des affaires publiques donne précisément plus de force à l'État, cette force s'augmente encore à mesure que la vie des circonscriptions locales est plus indépendante et plus intense. Nous n'avons plus alors d'un côté un mécanisme bureaucratique officiel aboutissant en haut au gouvernement et de l'autre tous les individus particuliers et isolés. Dans beaucoup de pays européens, la monarchie absolue avait engendré un pareil dualisme[1]. Et il n'en pouvait être autrement. Toutes les espèces d'absolutisme posent ce dilemme : ou l'État ou l'individu. Plus on donne de puissance à l'un, moins il en reste pour l'autre. Si l'on réclame une absolue concentration de toute l'action publique, l'autonomie individuelle et municipale doivent forcément disparaître. Le pouvoir central considère alors tout mouvement spontané avec défiance, et à son tour la population considérera naturellement avec une défiance semblable les mesures du gouvernement quelles qu'elles soient. L'autonomie, au contraire, habitue les individus à s'intéresser aux affaires communes et publiques et à travailler pour elles. L'activité déployée dans les circonscriptions plus petites alimente l'intelligence de la grande. L'autonomie est par conséquent la base nécessaire d'une vie politique libre. Sous ce rapport comme sous beaucoup d'autres, l'Angleterre peut nous servir de modèle. La constitution anglaise repose, comme l'a montré notamment Gneist, sur la solide base fournie par l'administration autonome des petites circonscriptions

---

[1] Cf. Tocqueville. *L'Ancien Régime et la Révolution*, 7ᵉ éd., p. 100. — Gneist. *Das Selfgovernment in England*, 3ᵉ éd., p. 978. — Wallace. *Russia*. — E. Holm. *Danmarks og Norges indre Historie under Enevælden fra 1660-1720* (Histoire intérieure du Danemark et de la Norvège sous l'absolutisme), II, p. 407.

locales. La constitution anglaise a pour origine l'administration anglaise. Celle-ci présente une excellente école de participation à la vie publique, en même temps qu'un domaine où l'action commune peut trouver place sans être nécessairement touchée par les grandes oppositions politiques.

C'est seulement quand il repose sur une semblable base que l'Etat devient en réalité ce qu'il doit être par définition : le peuple organisé.

## XLI

## CONCLUSION

1. L'empire de l'humanité et les sociétés plus petites. — 2. Tendances dans le sens de la paix perpétuelle. — 3. Enthousiasme pour les grandes choses, exactitude dans les petites.

1. — Le monde moral se compose d'une série de mondes plus petits ayant chacun son centre propre. Chaque individu forme un petit monde, quoique les forces d'un monde plus grand s'y fassent sentir. Il en va de même avec la famille, l'association de culture et l'Etat. Finalement tous rentrent dans le grand empire de l'humanité, lequel s'étend aussi loin que le genre humain et s'élargit même parfois au point de comprendre tous les êtres doués de la faculté d'éprouver du plaisir et de la douleur. (Cf. XII, 3). Nous avons montré à plusieurs reprises (p. ex : III, 17; XII, 1; XIV, 5; XXXVI, 4) que ce serait une erreur de croire servir au mieux le bien du monde le plus vaste en sacrifiant les mondes plus petits. La force et l'extension du sentiment sont en raison inverse l'une de l'autre : aussi importe-t-il extrêmement que l'intérêt se concentre dans les sphères plus restreintes et s'y fortifie avant de passer aux sphères plus grandes. L'exactitude dans les petites choses est une condition nécessaire afin de pouvoir obtenir quelque résultat dans les grandes. Le monde moral est, comme le monde physique, soumis à la loi de continuité : rien ne saurait y être omis. D'ailleurs l'idée de l'empire universel de l'humanité n'a d'abord d'autre rôle que celui-ci : elle nous interdit d'élever des barrières arbitraires et assigne à *chaque* être humain un centre qui l'empêche de pouvoir jamais être regardé comme une *simple* fin. L'empire de l'humanité ne se trouve ni *en dehors* ni *au-dessus* de la famille, de l'association de culture et de l'Etat; mais c'est lui au contraire — nous l'avons constaté à chaque instant dans les pages

précédentes — qui fournit les principes de leur organisation morale. Nous ne sommes pas d'abord membres de la famille, ouvriers de la culture, citoyens de l'Etat, et ensuite hommes, mais nous devons précisément vivre en hommes dans toutes les circonstances pouvant se présenter au sein de la famille, de l'association de culture ou de l'Etat, et nous traiter en hommes les uns les autres. L'idée d'une société humaine universelle n'influe donc pas seulement sur l'*étendue*, mais encore sur la *nature* de nos efforts et c'est pourquoi elle nous a servi de base à tous les moments de la présente exposition. L'empire de l'humanité peut exister dès que deux ou trois hommes seulement se trouvent en présence.

Mais cela n'exclut nullement la possibilité d'une organisation particulière de la société humaine universelle en société comprenant toutes les nations et tous les Etats. Ce serait la continuation naturelle de l'évolution opérée dans chaque peuple isolé. De même que le peuple reçoit son organisation par l'Etat, on pourrait évidemment concevoir une organisation susceptible d'unir tous les Etats en un vaste ensemble.

Les diverses nations vivent encore les unes avec les autres dans l'état de nature. La force s'oppose à la force et le besoin domine de s'étendre aux dépens d'autrui. L'idée d'une paix perpétuelle flotte sans doute comme un but éloigné, mais chaque Etat voudrait bien, en entrant dans cette paix, être le plus vaste et le plus riche possible. Peut-être aussi n'admet-on même pas la possibilité de jamais atteindre ce but. Un grand maréchal allemand a été jusqu'à nommer la guerre un élément nécessaire de l'ordre divin du monde. S'attribuer une connaissance familière de l'ordre divin de l'univers est un héritage de l'ancienne philosophie allemande qui semble avoir passé maintenant aux généraux. Considérée d'un point de vue plus naturel, la guerre apparaît comme un reste de cette brutalité, caractère ordinaire des étapes inférieures de l'évolution humaine. Il ne s'ensuit aucunement que la guerre doive cesser un jour, car rien ne dit que nous atteindrons le plus haut degré d'évolution concevable. Mais nous n'avons pas non plus, en morale, à nous occuper de rêves sur l'avenir. Par contre, c'est bien une question morale que celle de savoir dans quelle mesure il est actuellement possible de réaliser l'empire de l'humanité et le règne de la paix, de refouler la brutalité sur une plus large échelle qu'on n'a réussi à le faire jusqu'ici. Nous sommes ainsi ramenés par une voie nouvelle à toute une série d'efforts dont nous avons déjà eu l'occasion de parler à d'autres points de vue.

2. — Un état de guerre semblable à celui qui règne aujourd'hui entre les Etats régnait auparavant, dans chacun d'eux, entre les divers individus, les diverses familles et les diverses classes. L'Etat moderne est né seulement de l'arrêt de ces guerres intestines. Une des premières formes grâce auxquelles on arriva à refouler l'instinct d'agression et de vengeance fut la transaction. Les premiers tribunaux furent des tribunaux d'arbitrage. Les résultats ainsi obtenus en petit, il sera légitime de chercher à les appliquer en grand. D'ailleurs les tribunaux d'arbitrage ne sont plus une rareté entre les nations, quoique les questions soumises à leurs sentences ne soient pas à vrai dire les plus capitales; pour la solution de celles-ci, on préfère s'en remettre à la force — quand on croit l'avoir de son côté.

Une autre considération est plus encourageante. Les guerres sont faites de plus en plus humainement. Il y a environ l'espace d'une génération, les efforts philanthropiques du genevois Henry Dunant réussirent à faire regarder comme neutres sur le champ de bataille les blessés et tout le personnel de santé, militaire ou libre, chargé de les soigner. Lorsque Dunant eut, avec beaucoup de dévouement, préparé les voies et négocié avec les divers gouvernements, le conseil fédéral les invita à la conférence tenue à Genève au mois d'août 1864, où fut acceptée la convention dite de Genève. Depuis lors la croix rouge, symbole de cette convention, marque un endroit consacré à la paix, lors même que la bataille se poursuivrait tout autour avec acharnement [1].
— De plus, tout en restant constamment sur le pied de guerre, les grandes puissances, dans leurs relations mutuelles, obéissent beaucoup plus à des intérêts pacifiques que guerriers. Tandis que du temps de Grotius, comme l'indique d'ailleurs le titre de son livre [2], le droit des gens consistait par essence uniquement en règles pour faire la guerre et conclure la paix, aujourd'hui ce sont surtout les relations et les tâches pacifiques qui forment

---

[1] Rudolf Müller. *Henry Dunant, der Begründer des Roten Kreuzes und der Genfer Konvention.* Stuttgart, 1896.

[2] *De jure belli et pacis*, ouvrage paru en 1625. Au début du premier chapitre, Grotius déclare se proposer de traiter de la guerre, mais être aussi obligé de parler de la paix, puisqu'elle est l'origine et le but de la guerre.

la matière du droit international[1]. Ce sont les tâches de la culture (matérielle, idéale et philanthropique) qui mettent les peuples en contact, et malgré le grand nombre possible des guerres à certaines périodes, les relations pacifiques croissent tellement en fréquence et en variété qu'elles ont de beaucoup la prépondérance. Nous avons mentionné dans un autre chapitre l'importance considérable du commerce pour la fondation de sociétés. La culture idéale marche sur les traces de la matérielle et parfois même la devance. Par conséquent, aussi bien les intérêts égoïstes que les intérêts idéaux contribuent à créer un lien entre les hommes de nationalités diverses. Il existe en fait une société humaine pour laquelle les limites nationales n'ont pas une importance décisive. — Dans son remarquable écrit *Zum ewigen Frieden*, KANT insiste particulièrement sur cette idée que les intérêts égoïstes et l'esprit commercial devraient amener un état de paix et la formation d'une ligue générale entre les nations, quoiqu'il fût naturellement convaincu que cette ligue internationale trouverait seulement sa vraie justification le jour où elle serait acceptée en vertu d'une disposition d'esprit morale.

Cette évolution sera d'autant plus facilitée que chaque Etat particulier réussira mieux à refouler l'élément de la force brutale, c'est-à-dire laissera réellement jouer un plus grand rôle à la liberté politique. L'emploi de la force au dehors est en étroite connexion avec son emploi au dedans.

Au point de vue moral, la croyance au royaume général de l'humanité coïncide avec la première apparition de l'idée de l'amour général de l'humanité (III, 8, 13). A mesure donc que cet amour croîtra dans l'espèce, il conduira aussi à reconnaître ce royaume en pratique, à restreindre l'état de guerre au minimum. Ce n'est pas seulement dans les rapports mutuels des peuples civilisés que cette reconnaissance pratique laisse beaucoup à désirer. Cela n'est pas moins vrai des rapports des

---

[1] « Le droit international moderne se compose en majeure partie de règles dues à des conditions physico-sociales qui n'existaient pas il y a deux siècles. Par suite de la facilité des communications, des relations postales et télégraphiques, comme des idées morales plus larges et des principes commerciaux plus éclairés, les rapports mutuels des diverses nations et des citoyens de nationalités différentes sont bien plus importants et plus considérables en temps de paix qu'en temps de guerre. » SHELDON AMOS. *The science of Law*, 2ᵉ éd., Londres, 1874, p. 341.

peuples européens avec les habitants des autres parties du monde. Les Européens se sont posés partout en seigneurs-nés de la terre ; ils ont traité les autres races en usurpatrices et leur sol en bien vacant. Pourtant la conscience humaine a commencé à s'émouvoir de cette conduite. Non seulement les philosophes ont depuis longtemps protesté contre elle [1], mais il s'est encore formé des ligues pour la protection des peuples primitifs non civilisés [2].

Quand même la paix perpétuelle ne devrait jamais triompher, il n'en existe pas moins la possibilité comme la nécessité morale d'un progrès dans le sens de cet idéal. Les efforts susceptibles de nous conduire en ce sens sont, pour la plupart, de simples prolongements d'efforts déjà manifestés dans des sphères plus petites.

3. — Il y a environ un siècle, Kant posa la question de savoir si le genre humain se trouvait sous le rapport moral en progrès continu. L'expérience, suivant lui, était à cet égard incertaine et ambiguë, du moins tant qu'on ne pourrait montrer un fait attestant l'existence dans la nature humaine d'une disposition morale, d'un penchant vers le bien. Or il crut trouver ce fait dans l'enthousiasme général provoqué de toutes parts en Europe par la tentative des Français pour établir une organisation sociale plus d'accord avec la raison et la justice. « La Révolution que nous voyons s'accomplir de nos jours chez un peuple intelligent dût-elle réussir ou échouer ; dût-elle être tellement remplie de malheurs et d'atrocités qu'un homme bien intentionné, même s'il avait l'espoir, en la reprenant, de la mener à bien, hésiterait pourtant à faire une expérience si chèrement payée, cette Révolution rencontre pourtant dans l'esprit de tous les spectateurs (n'étant pas eux-mêmes impliqués dans ce drame) une sympathie voisine de l'enthousiasme, et, comme sa manifestation n'était point sans danger, elle ne saurait avoir d'autre cause qu'une disposition morale de l'espèce humaine »... « En effet, un semblable phénomène dans l'histoire de l'humanité *ne s'oublie plus,* parce qu'il a mis au jour dans la nature hu-

---

[1] Kant. *Zum ewigen Frieden.* Königsberg, 1795, p. 42.

[2] L. Félix. *Der Einfluss der Sitten und Gebräuche auf die Entwickelung des Eigentums.* Leipzig, 1886, p. 395. — Cet ouvrage raconte d'ailleurs que les Chinois oppriment aussi les habitants primitifs de l'Empire céleste et les considèrent comme sans droits.

maine une disposition et une aptitude au mieux comme nul politicien n'aurait su en faire sortir du cours des choses [1]. »

Ce que cherchait Kant, il y a lieu de le chercher en tout temps. Et il a sûrement raison de faire consister l'essentiel dans l'existence d'une force et d'une tendance intérieures qui puissent servir de base. Nous serons seulement fondés à partager son espoir si l'expérience nous fournit des faits semblables à celui qu'il invoquait. Or toute la morale exposée ici repose précisément sur le postulat d'une faculté de sympathie universelle et désintéressée existant dans la nature humaine, et l'appréciation des actions humaines et des formes de vie que nous avons essayé de construire ici n'a pas d'autre base.

Toutefois, nous serions assurément plus exigeants aujourd'hui que les esprits éminents du xviii° siècle. La fin de ce siècle fut caractérisée par un idéalisme grandiose. La confiance dans les forces de l'esprit humain, confiance d'autant plus justifiée que certaines des œuvres les plus importantes de cet esprit datent de ce temps, régnait sous diverses formes dans les porte-parole de cette époque. Rien d'étonnant si l'on était convaincu qu'il suffirait d'écarter toutes les barrières et tous les obstacles au libre déploiement de l'esprit humain, pour rendre le progrès illimité. En aucun temps, sans doute, il ne s'est trouvé au monde un enthousiasme plus noble et plus pur.

Depuis lors, nous avons beaucoup vécu. Nous sommes devenus plus prudents et devons prendre garde de ne pas tomber dans la prudence des vieillards. Nous n'avons plus une ferme confiance dans la force interne de l'esprit humain pour arranger les circonstances de la vie d'après ses idéaux. Nous nous sommes aperçus des conditions multiples et complexes qui interviennent ici. Nous avons beaucoup étudié l'histoire, non seulement celle du siècle dernier, la plus proche de nous, mais encore celle des époques antérieures : elles nous apparaissent maintenant sous un autre jour. Nous restons plus ou moins sceptiques en face des réformateurs et des correcteurs de la société. La persistance et la ténacité des forces historiques, l'artère profonde apportant encore aux organes du présent le sang des temps passés, les solides liens rattachant à l'actuel, même chez ceux qui s'ima-

---

[1] *Streit der Fakultäten*, 1798. (Vermischte Schriften, Halle, 1799, III), p. 440 sqq.; 445.

ginent représenter les dernières nouveautés, les choses anciennes, oubliées, voire méprisées, nous voyons maintenant tout cela. Nous admirons sans doute l'impétuosité du fleuve, mais nous nous mettons alors à rechercher les multiples petits ruisseaux dont la réunion fait sa puissance. *La meilleure, la plus sincère et la plus vigoureuse volonté ne peut rien si les circonstances ne s'y prêtent.* Et souvent le progrès nous paraît exiger tant de conditions qu'il faut désespérer de les rencontrer toutes dans la réalité. L'histoire revêt par là souvent pour nous un caractère tragique, car nous avons vu bien des fois les meilleures forces échouer ou mal finir, parce que la réalité opposait trop de résistance et que les petits ruisseaux restaient impuissants à se réunir en un grand fleuve.

Toutefois, l'esprit historique par lequel a été remplacé chez nous le genre de pensée abstrait du xviii° siècle ne doit pas forcément étouffer la foi idéaliste, malgré toute la sévérité que nous apportions à sa critique. Nous devons simplement nous familiariser avec l'idée que toute grande chose exige du temps et reste souvent imperceptible à ses débuts. C'est encore là une idée maintes fois mise en lumière dans la présente exposition. Il faut y joindre cet autre principe connexe : la spontanéité précède la réflexion. Nous devons vivre et faire des expériences avant de pouvoir former les pensées capables de réagir sur la vie. La vie même produit les formes susceptibles d'être fixées, développées et utilisées par nous pour un nouvel épanouissement de la vie. Grâce à l'étroite connexité entre le petit et le grand mise en lumière par la théorie moderne de l'évolution, il nous est possible de rattacher notre réalisme à l'idéalisme de nos prédécesseurs, en nous imposant la règle de « ne nous enthousiasmer que pour les grandes choses, mais d'être exact dans les petites ».

# APPENDICES

Chap. III, 8 (p. 34).

Je me sers ici *du mot sympathie*, comme on peut le voir non seulement par cet endroit, mais encore par ma Psychologie (VI, C), pour désigner un sentiment où l'on fait immédiatement siens le plaisir et la douleur d'autres hommes, ou dans lequel, pouvons-nous dire encore, on se met à la place des autres et sent la vie comme eux. C'est avec cette signification que le mot a été employé dans l'ancienne psychologie danoise, notamment par TRESCHOW (*Om den menneskelige Natur*. Copenhague, 1812, p. 355), et F. C. SIBBERN (*Psychologisk Pathologi*, Copenhague, 1828, p. 27 ; 30). Le mot est pris dans le même sens dans deux des meilleurs ouvrages parus sur la psychologie du sentiment, DOMRICH : *Die psychologischen Zustände*. Iéna, 1849, p. 219, et BAIN : *Emotions and Will*, 3ᵉ édition, Londres, 1875, p. 111. — N. H. BANG (*Begrebet Moral*. Copenhague, 1897, p. 86 ; 128 sqq) emploie le mot dans une autre acception, pour désigner un sentiment de satisfaction éprouvé en présence de plaisirs ou de peines qu'on ressentirait soi-même dans une situation analogue. Cette signification est donnée ici comme étant celle du langage ordinaire. Il est évident que la « sympathie » ainsi entendue peut entrer en conflit avec la sympathie entendue dans le premier sens. Dans un cas, la cause de mon sentiment est l'accord des autres avec moi, dans l'autre, c'est exactement leur état interne. Quel que soit le sens ordinaire, il en existe un troisième, où ce mot désigne la faculté de reproduire en nous les sentiments d'autrui, que nous les partagions ou non. La sympathie en ce sens est supposée non seulement dans la part prise à la joie ou à la douleur d'autrui, mais encore dans l'envie, la cruauté, la joie de nuire, comme aussi dans l'ambition et la honte. C'est dans cette acception que JODL (*Lehrbuch der Psychologie*, Stuttgart, 1896, p. 664) préférerait voir le terme employé. — Nous pouvons seulement indiquer ici que les trois espèces de sentiments, susceptibles d'être ainsi représentés par ce mot, peuvent, en vertu de lois psychologiques connues, se transformer l'une dans l'autre. La « sympathie » dans les deux dernières acceptions (employées par Bang et Jodl) peut être la condition et la préparation de la sympathie entendue (comme je le fais) dans la première.

### Chap. III, 13 (p. 46).

Toutes les fois qu'on essaie de fonder des jugements moraux, il faut commencer par poser certaines fins, ou valeurs immédiates. Une exigence ne saurait être fondée que si la chose exigée est un moyen nécessaire d'atteindre un but accepté (c'est-à-dire quelque chose d'immédiatement précieux). Si le but n'est pas accepté, l'exigence ne saurait l'être non plus. C'est pourquoi l'idée du devoir ne saurait être en morale l'idée première. Le devoir en effet pose une exigence, et celle-ci ne peut se fonder que sur une fin. L'idée de cette fin doit donc être en morale la première, et la morale doit commencer par postuler une conscience acceptant la fin. C'est seulement en se fondant sur cette base que l'exigence ou le devoir même peut être apprécié, et sa valeur reconnue. Dans les leçons que je fis à Zürich, pendant l'été de 1896, sur la « théorie des principes moraux », je ne parlai nullement de l'idée du devoir, parce que suivant moi le devoir fait lui-même partie des choses à juger et reçoit seulement la place que lui assignent les fins prises pour base. Au cours de la discussion qui suivit ces leçons, on me fit le reproche d'avoir omis dans mon exposé la notion du devoir. Je répondis : « L'idée du devoir ne rentre pas dans la théorie des principes, car le devoir existe seulement lorsqu'il faut maintenir dans la réalité et poursuivre rigoureusement les choses posées en principes. J'admire l'exposé donné par Kant de la conscience du devoir, où cet important côté de la vie morale est décrit en ses traits généraux et essentiels. Mais Kant a commis une erreur en regardant l'idée du devoir comme purement formelle et non comme conditionnée par des fins réelles ; psychologiquement, son explication ne vaut pas sa description. Mais tout point de vue moral peut adopter la description kantienne de la conscience du devoir, dès qu'il s'agit de savoir comment maintenir et poursuivre dans la bataille de la vie les fins et les principes posés par la volonté. »

Mais si toute justification morale dépend de l'admission de certaines fins comme valables et précieuses, il en résulte nécessairement des limites dans la possibilité de fonder les jugements moraux. Divers systèmes d'appréciation deviennent possibles, d'après les diverses fins, plus ou moins compréhensives, prises pour base. Là-dessus N. H. Bang (*Begrebet Moral*, p. 113 sqq) proteste au nom de « la conscience morale ». « Car, dit-il, un jugement déclarant un acte moral ou immoral exprime que l'acte sera d'ordinaire favorable ou défavorable au bien de la société et que si la société encourage ou réprime de pareils actes au moyen de ses organes, l'État ou l'opinion publique, c'est dans l'intérêt du bien général ». A quoi il faut remarquer que cette justification vaut seulement pour qui s'intéresse au bien général ; pour tout autre, elle n'est qu'une exigence intellectuelle. Or pour Bang, lui aussi, la justification tirée du « bien général » n'est rien de plus. Car il dit expressément que le fait de pouvoir démontrer qu'un acte exerce sur la société un effet dissolvant ne suffit pas encore à prouver que moi ou celui auquel je le démontre nous ne devions pas le faire ! (p. 144). Par là disparaît un désaccord essentiel que l'auteur trouve entre ma conception et la sienne propre. En effet, si j'ai contesté la possibilité d'une justification universelle des jugements moraux, c'est en entendant par là une justification ayant en même temps une importance pratique. Or, quelle importance ont donc des jugements moraux, s'ils ne sont pas des exigences ? « Toute règle d'appréciation des actes s'appuie sur certains postulats psychologiques et historiques déterminés. Celui qui veut *accepter et appliquer* le principe du plus grand bien possible du plus grand nombre possible d'êtres conscients ne doit être ni égoïste, ni individualiste, ni sectaire, ni patriote fanatique, mais être à même de considérer les actes humains avec une sympathie universelle et désintéressée. Tel est le postulat subjectif du principe objectif. *Sans lui*, lorsqu'on applique le principe et ses conséquences au jugement des actes, *on ne fait que satisfaire une pure curiosité intellectuelle.* » (*Morale*, 1re édition allemande, p. 40 sqq. ; édition française, p. 44-45). On verra par ce passage et par d'autres, que le sens où je conteste une justification universellement valable de la morale s'accorde avec celui où Bang accorde son impossibilité. L'expérience montre que les hommes prennent souvent pour fin non le bien de la société mais le leur propre. Pour ceux-là, une déduction partant du bien de la société n'aura rien de réellement convaincant. Ils avoueront qu'en partant de *ce* bien il faut logiquement poser certaines exigences, mais ils n'en partiront pas eux-mêmes dans leur appréciation pratique. Bang accorde d'ailleurs (il est vrai seulement à la fin de son ouvrage, après avoir longtemps parlé de « la société » comme s'il n'en existait qu'une) qu'il y a plusieurs sociétés différentes, souvent en conflit. C'est de ce fait justement qu'il faut partir si l'on veut discuter l'universalité des jugements moraux.

Chap. VIII, 5 (p. 144).

La doctrine esquissée par N. H. BANG dans son travail *Begrebet Moral* est, elle aussi, un compromis. En prétendant s'appuyer sur une analyse de la conscience morale ordinaire, il découvre une idée de la morale comprenant uniquement les choses susceptibles d'être exigées de nous par les lois de l'État et les manifestations de l'opinion publique. En dehors du cercle relativement restreint des devoirs dont ces autorités sont en droit d'exiger l'accomplissement, l'individu pourrait vivre à sa guise, chercher le bonheur comme il l'entend.

Nous voyons donc reparaître ici le dualisme propre aux théories de conciliation. Il apparaît chez Bang d'une manière particulièrement frappante, car selon cet auteur : « les qualités psychiques les plus admirables, les qualités d'un grand homme » se manifestent peut-être justement dans le transgresseur de la morale. « Nous n'avons jamais soutenu que l'acte moral soit l'acte le plus parfait. » (p. 145) « La moralité est une perfection, une vertu parmi les autres; elle est la vertu sociale fondamentale, mais non la seule, celle qui comprend tout, non plus que la plus haute. » (p. 190). Il est dès lors évident qu'il doit y avoir une appréciation comprenant à la fois la moralité et les vertus supérieures. Il faut bien qu'il y ait un critère commun, permettant de mettre certaines qualités au-dessus de celles qui font partie de la moralité. On ne saurait montrer plus clairement quelle restriction tout artificielle a subi ici l'idée de moralité.

Quant à l'appel fait au langage ordinaire, l'auteur le rétracte à vrai dire lui-même en avouant à regret l'imprécision de ce langage. En dehors de l'acception combattue par l'auteur, le mot serait en effet encore employé à propos de règles individuelles de sagesse ; de même une action noble ou méritoire, dépassant le minimum « obligatoire », serait également appelée action morale (p. 30, 35). Il me semble que si l'on considère le langage usuel comme une autorité, on doit aussi tenir compte de ses oscillations. L'usage vivant de la langue est toujours en marche, et, en se mouvant, il peut être guidé par un instinct tout aussi sûr qu'étant au repos. On s'apercevra de la justesse de l'instinct qui le guide dans ses variations si on laisse les mots continuer leur chemin et qu'on se contente d'observer quelles diverses fins les hommes peuvent se proposer et quelle influence ce fait exerce logiquement sur leurs jugements. Les questions à traiter par la théorie de l'appréciation des actions et des institutions humaines sont les suivantes : comment les hommes arrivent-ils à se poser des fins et comment, partant de là, doivent-ils logiquement juger leur propre conduite et celle des autres ? Ces variations du langage usuel montrent que la « conscience ordinaire » est, elle aussi, attentive au problème dans toute son étendue.

Chap. xi, 5-6 (p. 185 et 192).

Cette section (de l'édition danoise) venait d'être envoyée à l'impression quand le bureau de statistique de l'Etat danois publia une intéressante étude sur le *suicide au Danemark durant la période décennale* 1886-1895. Il en résulte que la cause principale du suicide durant cette période a été la mélancolie, le dégoût de la vie et la maladie mentale, plus de 1/4 des suicides, et même en ce qui concerne les femmes les 2/5, ayant eu lieu pour ce motif. Cela s'accorde très bien avec l'impression que l'on retire des lettres éditées par Kayser. — Quant aux âges, on voit que dans la jeunesse (de 15 à 25 ans) l'amour malheureux, le remords ou la crainte du châtiment jouent un rôle important comme motifs du suicide. Dans l'âge mûr, l'ivrognerie et les soucis d'argent prennent le premier rang. Dans la vieillesse, les motifs prépondérants deviennent de plus en plus les souffrances corporelles, la mélancolie, le dégoût de la vie ou la maladie mentale et cela plutôt chez les femmes que chez les hommes.

Pourquoi le Danemark présente-t-il un nombre relativement si considérable de suicides? La statistique ne saurait le dire. La raison ne s'en peut trouver ni dans les courants intellectuels (d'ordre religieux ou irréligieux) ni dans l'ivrognerie, comme on le montre en détail ; pourtant, sous ce dernier rapport, c'est un fait notable qu'environ 37 p. 100 des suicidés aient été adonnés à la boisson. « En fin de compte, à défaut d'autre raison, nous avons sans doute affaire à quelque chose d'insaisissable pour la statistique, comme le tempérament, et peut-être une sorte d'intrépidité dépourvue d'imagination pousse-t-elle notre population, nos vieillards, à mettre plus aisément que partout ailleurs fin à leurs peines et à leurs maux de leur propre main. »

Ce doit être la tâche de la morale individuelle de rechercher les causes susceptibles d'affaiblir la force de résistance ou de fermer les yeux sur les éventualités meilleures et les obligations non remplies. En tant que le phénomène du suicide se rattache aux inconvénients et aux discordances de l'organisation sociale, en particulier dans les conditions économiques et le développement de la culture, les faits en question nous fournissent une partie des matériaux sur lesquels se fonde la discussion du problème social. Le cours de l'évolution de la société et de la culture ne rentre dans la morale individuelle que dans la mesure où il agit sur les conditions privées, car il peut alors arrêter ou favoriser le courage de l'individu dans la lutte pour l'existence.

# INDEX DES NOMS PROPRES

## A

ABRAHAM (personnage biblique), 176.
ALEXANDER (S.), 177.
ALEXANDRE LE GRAND, 44, 238 sqq., 440.
AMBROISE (SAINT), 177.
AMOS (SHELDON), 556.
ANTIPATER, 261.
ARISTIPPE DE CYRÈNE, 27.
ARISTOTE, 31, 36, 74-75, 79, 175 sqq., 195 sqq., 203 sqq., 213, 236 sqq., 326, 392, 415, 498, 528.
ARMINIENS, 94.
ARNAUD, 165.
AUGUSTIN (SAINT), 89-90, 92, 94, 107, 177, 191, 434.

## B

BACHOFEN, 250, 288.
BACON, 395.
BAIN, 561.
BALL (SIDNEY), 364.
BANG (N.-H.), 561 sqq.
BARBARES, 69, 280.
BARBEYRAC, 191, 229.
BEALE (LIONEL), 200.
BECKMAN (ERNST), 382.
BENTHAM, 24, 40, 43, 45, 50-51, 59, 75, 142, 218, 315.
BERTILLON, 277.
BIRCKNER (M.-G.), 212.
BISMARK, 539.
BJÖRNSON, 529.
BONHÖFFER, 260, 328.
BOSANQUET (B.), 469.
BOUDDHISME, 205, 461, 465.
BRANDES (G.), 501.

BRENTANO (LUJO), 309, 331, 345, 349, 352, 369, 378-379, 381, 512.
BROUGHAM (LORD), 472.
BRUNO (TELESIO), 178.
BRYCE (JAMES), 450, 492 sqq., 530, 545, 549.
BUCKLE, 397.
BUTLER (JOSEPH), 170.

## C

CALVIN, 75.
CALVINISTES, 94.
CAMPANELLA, 178, 355, 362, 372.
CARLYLE, 174, 224.
CARUS (PAUL), 440 sqq.
CATHOLICISME, 56, 64-65, 85, 191, 446, 451.
CATHREIN (VICTOR), 63, 65 85, 128.
CATON, 189.
CHANTEPIE DE LA SAUSSAYE, 434.
CHRISTIANISME, 18, 35, 56, 134, 160, 164, 173, 176 sqq., 205, 211, 229, 272, 434 sqq., 461, 465.
CICÉRON, 34, 73, 176, 328-329.
CLARKE, 218.
CLIFFORD (W.-K.), 225-226.
COIT (STANTON), 438.
COLERIDGE, 227.
COLLIN (CHR.), 416.
COMENIUS, 380.
COMTE (AUGUSTE), 138 sqq., 178, 330.
COPERNIC, 241.
CYNIQUES, 134.
CYPRIEN (SAINT), 434.

## D

DANTE (LE), 100, 105, 108, 118 sqq., 420.

## INDEX DES NOMS PROPRES

DARWIN (CHARLES), 123, 151, 262, 295, 336.
DAUDET (ALPH.), 239.
DÉMOCRITE, 67.
DESCARTES, 178, 395.
DESPINE (PROSPER), 266, 295, 531.
DOMRICH, 561.
DORNER (A.), 286.
DOSTOJEWSKI, 110.
DOUCKHOBORS (secte russe des), 276.
DUCHATEL, 471.
DÜHRING (EUGEN), 303, 364, 503, 528.
DUNANT (HENRY), 555.
DUNS SCOT, 13.
DURKHEIM (E.), 123, 441.

### E

EHLERS (E.), 266.
ELIOT (CHARLES W.), 456.
ELIOT (GEORGE), 290, 444.
ELISABETH d'Angleterre, 472.
ELLIOT (ARTHUR), 455.
ENGELS (FR.), 357, 464.
ÉPICTÈTE, 211.
ÉRASME, 94.
ESCHYLE, 105.
ESQUIROL, 200.
EUCKEN (RUDOLPH), 62.

### F

FALBE-HANSEN (V.), 207, 317-318, 320, 376.
FEILBERG (LUDWIG), 121.
FÉLIX (L.), 392, 557.
FÉRÉ (CHARLES), 200.
FERGUSON (ADAM), 332.
FERRI (LUIGI), 10.
FEUERBACH (ANSELM VON), 96, 487, 515.
FICHTE (J.-G.), 75, 106, 138 sqq., 174, 178, 301, 365, 369, 379, 387, 428, 470, 487, 518, sqq., 527 sqq.
FOURIER (CH.), 257, 356, 364.
FUSTEL DE COULANGES, 252, 513.

### G

GAND (programme socialiste de), 372.
GAROFALO, 520.
GASS, 229.
GENÈVE (Convention de), 555.

GERMAIN (SOPHIE), 290.
GILLILAND (MARY), 285.
GNEIST, 379, 464, 473, 507 sqq, 551.
GOETHE, 101, 119, 127, 174, 204, 291, 417, 420 ; (Faust), 117.
GOLTZ, 318.
GONCOURT (frères DE), 417.
GOOS, 219, 308, 486, 518.
GOTHA (programme socialiste de), 339, 368, 372.
GRECS, 62, 67, 134, 175, 176, 239, 280, 296, 317, 328-329, 395.
GRÉGOIRE DE NAZIANZE (SAINT), 229.
GROTIUS (HUGO), 271, 555.
GRUNDTVIG, 498.
GUYAU, 161.

### H

HAFSTRÖM, 253, 261.
HAGERSTRÖM (AXEL), 52, 128.
HAGERUP (FRANCIS), 523.
HAMILTON (ALEXANDER), 503, 534, 536 sqq., 544.
HARNAK (ADOLF), 35.
HARTLEY, 237.
HARTMANN (EDOUARD DE), 288.
HEEGAARD, 93, 96, 135.
HEGEL, 59, 75, 140, 205, 238 sqq., 365, 498.
HEINZE, 218.
HELLÈNES, 69.
HELVETIUS, 322.
HENSEL (PAUL), 126.
HÉRODOTE, 476.
HETTNER, 419.
HOBBES, 59, 158, 240, 245, 499.
HOLBERG, 188.
HOLM (E.), 537, 551.
HOLTZENDORFF (FRANZ VON), 493, 518, 531.
HOMÈRE, 67, 106, 299, 420, 462.
HUFELAND, 380.
HUGO DE SAINT-VICTOR, 108.
HUMBOLDT (WILHELM VON), 276, 533 sqq.
HUME, 59, 158, 178, 203, 271.
HUTCHESON, 59, 74, 178, 218.

### I

IBSEN (HENRIK), 110, 135, 417.
IHERING, 90, 207, 219, 237, 280, 482, 489, 491.

IMITATION DE J.-C., 171.
IRMISCHER, 111.

## J

JACOBI, 3, 224.
JEAN (SAINT), 229.
JÉHOVAH, 434.
JÉRÔME (SAINT), 257.
JÉSUS, 75, 130.
JEVONS (STANLEY), 284, 295, 319-350.
JODL, 561.
JUIFS, 270, 275.

## K

KANT, 9, 21, 24, 37 sqq., 43, 57, 63, 70, 75, 79, 85, 148 sqq., 178 sqq., 181, 199, 210 sqq., 216, 219, 235, 313, 365, 400 sqq., 450, 464, 487, 525 sqq., 529, 556 sqq., 562.
KAYSER, 184, 565.
KETTELER, 408-409, 453, 497, 546.
KEYSER (R.), 252, 296, 512.
KIERKEGAARD, 135, 137, 167, 221, 223-224.
KOTZEBUE, 75.
KRAFFT-EBING, 93, 200.
KRAPOTKINE, 137, 161.
KRARUP (F.-C.), 35.
KROMAN, 93-94, 96, 98.

## L

LAAS (E.), 528, 532.
LAGARDE, 275, 501.
LANGE (JULIUS), 420.
LASSALLE, 340.
LAVELEYE (DE), 207.
LAVIOSA (GIACOMO), 74.
LECKY, 171, 221, 229, 275-276, 295-296, 464-465.
LEGOYT, 188.
LEIST (B.-W.), 252, 272, 275, 383, 462, 483.
LIEBNER, 108.
LOCKE (JOHN), 543.
LOMBROSO, 520.
LÖNING (E.), 219, 269, 473.
LOTZE, 290, 528.
LOUIS (SAINT), 513.
LOWELL (LAWRENCE), 542.
LUBBOCK, 520.
LUC (SAINT), 18, 221.

LUTHER, 91, 94, 111.
LUTHÉRIENS, 90, 229.
LYELL, 319.

## M

MAC-LENNAN, 250.
MADVIG, 452.
MAÏMONIDE, 271.
MAINE (HENRY), 275, 439, 502, 514, 533, 542.
MALEBRANCHE, 165.
MALTHUS, 215, 335 sqq., 374.
MANTEGAZZA, 264, 277.
MARC-AURÈLE, 160, 187, 202, 204, 210.
MARTENSEN, 192, 401, 450, 453, 461 sqq., 496.
MARTIN (HENRI), 514.
MAX (KARL), 323, 357-362, 374, 379.
MATHIEU (SAINT), 18.
MAUDSLEY, 204, 209-210.
MEINONG (ALEXANDER), 93.
MÉLANCHTON, 75, 99.
MEYER (RICHARD), 417.
MICHEL-ANGE, 418-419.
MILL (JAMES), 75, 287, 322, 468.
MILL (STUART), 75, 86, 116 sqq., 142 sqq., 151, 269, 273, 279-284, 289, 292, 322, 340, 350 sqq., 364, 396, 406, 494.
MOÏSE, 476.
MOLESWORTH, 550.
MÜLLER (PAUL), 223-224, 450.
MOLOKANES (secte russe des), 274, 276.
MONDIÈRE, 397.
MONTAIGNE (MICHEL DE), 252.
MONTESQUIEU, 487.
MORRIS, 533.
MORSELLI, 192.
MORUS (THOMAS), 189, 355, 362, 379, 520.
MÖSER (JUSTUS), 291.
MÜLLER (F.), 279.
MÜLLER (HANS), 353, 364, 366.
MÜLLER (P. E.), 115.
MÜLLER (RUDOLF), 553.
MUSSET (ALFRED DE), 183.

## N

NATORP (P.), 177.
NAVILLE, 472.

NELLEMANN (J.), 273.
NÉOPLATONISME, 164, 173.
NEWMANN, 490.
NIELSEN (M.-H.), 466.
NIETZSCHE (FRÉDÉRIC), 127, 136, 138, 159, 464-465.

O

OERSTED (A.-S.), 143, 483, 518 sqq., 521, 528 sqq.
OERSTED (H.-C.), 135.
OETTINGEN, 192, 266, 308, 397.
OWEN (ROBERT), 356, 365.
OZANAM, 108.

P

PANÉTIUS, 73, 176 sqq., 328.
PANUM, 218.
PASCAL, 130, 224.
PAUL (SAINT), 18, 434, 447.
PEEL (ROBERT), 549.
PÉLASGE, 90, 94.
PÈRES DE L'ÉGLISE, 176 sqq.
PERSES, 476.
PHILISTINS, 201.
PLADE (PETER), 273.
PLATON, 13, 31, 165, 175 sqq., 182, 217, 240, 355, 362, 372, 387, 428, 462, 483, 498, 519.
PLOTIN, 173.
PLUTARQUE, 189.
POLLOCK (F.), 450.
POLLOCK (J.), 448.
POST (A.-H.), 252, 289, 449, 512 sqq.
PREYER, 304.
PROTESTANTISME, 56, 68, 273.

R

RAPHAËL, 410.
RAUMER (F.), 465.
RÉFORME, 465.
RÉFORMÉS, 220.
RENAISSANCE, 178 sqq., 281, 410.
RENAN, 275.
RÉVOLUTION FRANÇAISE, 288, 322-323, 345, 357, 374, 391, 396, 446.
RIBBING (SEVED), 200.
RITSCHL (ALBRECHT), 64, 76.
RODBERTUS, 387.

ROMAINS, 189, 280.
ROSCHER, 318, 375.
ROUSSEAU (J.-J.), 160, 190, 218, 224, 301, 332, 396, 400 sqq. 504.
ROYCE (JOSIAH), 303.
RUBIN (MARCUS), 192, 266-267, 285-286, 397.
RÜMELIN, 269, 286, 308, 310, 397, 493.

S

SAINT-SIMON, 356, 364, 366, 368.
SAND, 75.
SAND (GEORGE), 290.
SARAH (personnage biblique), 476.
SAY (LÉON), 322.
SCHÆFFLE, 370, 470.
SCHARLING, 93.
SCHIERN, 462.
SCHILLER, 46, 414, 418.
SCHLEIERMACHER, 21, 74, 133, 166.
SCHMEKEL, 73.
SCHMIDT (ADOLF), 288, 391, 399, 412.
SCHMIDT (LÉOPOLD), 40, 64, 67, 402.
SCHMOLLER (G.), 291.
SCHOPENHAUER, 178, 214, 219, 428, 499, 521.
SCHREMPF (CHRISTOPH), 226, 438, 454.
SCYTHES, 476.
SEIDEL (ROBERT), 380.
SÉNÈQUE, 187.
SERPI (PAOLO), 272.
SERVET, 73.
SHAFTESBURY, 178.
SHAKESPEARE, 420; (Hamlet), 99; (Richard III et Othello), 110.
SCHARP (F.-C.), 71.
SIBBERN (F.-C.), 64, 84, 106, 108, 169, 220, 237, 490, 561.
SIBBERN (GABRIEL), 220.
SIDGWICK (HENRY), 43.
SLAVES, 206.
SMITH (ADAM), 59, 178, 203, 214, 322, 331, 378.
SOCRATE, 16, 45, 67, 72, 92, 106, 109-110, 116 sqq., 217, 410, 495.
SOETBEER (H.), 374.
SOMBART (WERNER), 361, 365-366.
SPENCER, 83 sqq., 139 sqq., 178, 207, 240, 250, 270, 279, 288, 292, 310, 471, 476, 480, 512, 514, 535.
SPINOZA, 78, 92, 106, 138, 160, 165, 171, 178, 203, 237, 428.
STAËL (Mᵐᵉ DE), 186.

STARCKE (C.-N.), 144 sqq, 251, 270, 383.
STÄUDLIN, 271.
STEINTHAL, 207, 501.
STOÏCIENS, 68, 72, 134, 187, 210 sqq., 261, 281, 328.
STRAUSS (D.-F.), 183.
STURLESON (SNORRE), 270.
SULLY (JAMES), 165.
SUNESEN (ANDRÉAS), 108.

### T

TAINE (H.), 288, 323, 416, 499, 533.
TARDIEU, 95.
TEJSEN (N.), 52.
TERTULLIEN, 434.
THAMIN )R.), 177.
THÉOPHRASTE, 67.
THOMAS D'AQUIN (SAINT), 177, 434.
THUCYDIDE, 162.
TOCQUEVILLE, 399, 544 sqq, 551.
TÖNNIES (FERDINAND), 332, 342, 463, 524 sqq.
TRAGIQUES GRECS, 100.
TRESCHOW, 561.
TSAKNI (S.), 274, 276.
TURGOT, 322.
TYLOR, 325.

### U

UEBERWEG, 218.

### V

VIDAR (revue théologique), 16, 52.

### W

WAGNER (ADOLF), 380, 470.
WAITZ (Th.), 279.
WALLACE (D.-M.), 384, 551.
WEBB (BÉATRICE), 340, 345-346, 350, 353, 364, 376.
WEBB (SIDNEY), 340, 345-346, 364, 376.
WESTERGAARD, 267, 269, 277, 286.
WESTERMARCK (EDWARD), 251.
WETTE (DE), 177.
WHATELY, 468.
WILKENS, 93, 207.
WILLCOX (W.-F.), 277.
WILLE (BRUNO), 68, 128, 137.
WUNDT, 140 sqq., 237, 239.

### X

XÉNOPHON, 217.

### Z

ZADROUGAS, 206.
ZELLER (EDOUARD), 183, 451, 455.
ZEUS, 100.
ZIEGLER (TH.), 217, 501.

# TABLE ALPHABÉTIQUE DES MATIÈRES

## A

AFFIRMATION DE SOI, XI, 157, 158.
ALTRUISME, 138.
AMÉLIORATION (théorie pénale de l'), 516 sqq, cf. 525.
AMOUR ; du genre humain, 18, 48, 52 ; l' — des autres êtres, 208-219 ;
  l' — libre, 257 sqq.
ANARCHISME, 137.
ANIMAUX (devoirs envers les), 217 sqq.
APPRÉCIATION morale, 1 sqq, 7, 23 sqq, 30, 39 sqq.
ARISTOTÉLIQUE (le principe), 66, 237 sqq, 263, 302, 313 sqq, 348, 443, 538.
ART ; l' — et la vie, xxx ; l' — et la science, 413.
ASCÉTISME, 115, 165.
ASSISTANCE PUBLIQUE, 469 sqq.
ASSOCIATION ; forme de l'organisation du travail, 344 sqq. ; — ouvrières,
  344 sqq ; V. *Culture*.
AUTOMATISME secondaire, 237.
AUTONOMIE, 530 sqq.
AUTORITÉ ; principe de l'—, 12 sqq, 53, 64 sqq, 314 ; la conscience comme
  suprême — en morale, 74 sqq.
AVEUGLEMENT, 109 sqq.

## B

BASE de la morale ; définition, 1.
BÉNÉFICES ; participation des ouvriers aux —, 350, 352.
BIEN MORAL ; le — dans l'individualisme, 32, dans la morale humaine, 39 ;
  le principe du —, 39 sqq, 77 ; théorie du —, VII.

## C

CATÉGORIQUE (impératif), 37 sqq.
CAUSALITÉ ; le principe de — et la morale, 88 sqq, 103 sqq.
CHOIX (liberté du), 91.
CIVIQUES (droits), 207.
COMMERCE ; le — et sa valeur morale, 386, 388.
COMMUNISME, 206.
COMPENSATION ; théorie de la —, 97 sqq, 511 sqq ; V. *Talion*.
CONNAISSANCE ; importance morale de la — scientifique, XXVIII.
CONSCIENCE MORALE, IV ; comment elle se développe, 167 sqq.
CONSEIL ; — s et préceptes en morale, 85.

CONSERVATION ; la — personnelle, 180-192.
CONSOMMATION ; sociétés coopératives de —, 352-354.
CONSTITUTION de l'État, XL.
CONTRÔLE ; le double — est le grand problème de la politique, 536 sqq
COOPÉRATIVES, V. *Sociétés*.
COSMIQUE (sentiment de la vie), 122 sqq.
COUTUMES, 489 sqq.
CRITÈRE de l'appréciation morale, sa définition, 1 ; cf. 410 sqq.
CULTE, 431 sqq.
CULTURE ; son rôle moral, 124 sqq ; libre association de —, 244, 311-473 ; la liberté et la —, XXIII ; différentes sortes de —, 325 sqq ; — matérielle, 325-388 ; — matérielle et idéale, XXVII ; idéale, 326, 389-456 ; — philanthropique, 457 sqq ; bons et mauvais côtés de la — idéale, 392 sqq ; — intellectuelle, 395, 412 ; — esthétique, 413, 420 ; — religieuse, 421, 456.

## D

DÉTERMINISME, 92 sqq.
DEVOIR ; dans l'individualisme, 32 ; sentiment du —, 36 sqq ; cf. 131, 502 : peut-on le dépasser ? 85 sqq.
DÉVOUEMENT, XII ; cf. 159, 179, 208.
DIVERSITÉS individuelles en morale, 70 sqq, 162.
DIVISION du travail, 331 ; cf. 279 sqq ; ses effets fâcheux, 321.
DIVORCE, 275 sqq.
DOGME, son importance religieuse, 432 sqq.
DROIT ; le — et la morale pratique XXXVII ; — moral, 132 ; —s politiques des femmes, 292 ; — légal, 180 sqq ; — des gens, 555 sqq ; science du —, 47 sqq.
DROITURE intellectuelle, 225.

## E

ÉCOLES et partis, 403, 411.
ÉCONOMIE POLITIQUE ; ses rapports avec la morale, 47, 342 sqq.
ÉDUCATION, 301 sqq.
ÉGLISE : l'— et l'État, XXXIII, 436.
ÉGOÏSME, 32 sqq.
ÉLÉVATION de l'esprit, 178.
ÉMANCIPATION ; l' — forme de l'évolution morale, 236 ; — et association, 344 sqq ; — individuelle, 491.
EMPIRE SUR SOI-MÊME, 192, 202.
EMPIRIQUE (socialisme), 363 sqq.
ENDURCISSEMENT, 111 ; — corporel et moral, 70 sqq.
ENFANCE ; sa valeur propre, 300 sqq.
ENFANT ; droits de l'enfant, 296 ; l'État et les enfants, XXII ; enfants naturels, 308.
ESTHÉTIQUE (culture), 413, 420.
ÉTAT, 244, 474 sqq ; nature de l'—, 496 sqq ; le peuple et l'—, XXXVI ; importance morale de l'—, XXXVIII ; pouvoir répressif de l'—, XXXIX.
ÉVOLUTIONNISME ; ses rapports avec la morale, 80 sqq.
EXERCICE ; son importance, 164 sqq.

## F

FAMILLE, 246-310 ; son importance morale, XIV ; ses rapports avec la libre association de culture et l'État, 242 sqq.

Femme, sa condition morale, 278-293 ; ses droits politiques, 292.
Force ; — d'âme, 178 ; rôle de la — dans l'Etat, 499 sqq ; cf. 536.
Fusion des motifs, 237.

## G

Généralisation dans l'appréciation morale, 56.
Générosité, 213 sqq ; cf. 178.
Gens (droit des), 555 sqq.
Grace, distinction entre la — et la charité, 463.

## H

Hétairisme, 252 sqq.
Honneur, condition de l'indépendance, 205.
Humanisation, dans l'évolution morale, 235.
Humanitaire (sentiment), 178.
Humanité (royaume de l'—), 241, 543 sqq.
Humilité, 203.
Idéal et réalité, 57 sqq. ; V. *Culture*.
Idéalisation morale, 59 sqq.
Ignorance, 109 sqq.
Impératif catégorique, 57 sqq.
Imputabilité, 97 sqq.
Indépendance, 202-207.
Indéterminisme, 92 sqq.
Individu ; souveraineté de l'—, 29 sqq. : rapports de l'— et de la société 133.
Individualisation de la peine, 518 sqq.
Individualisme, 32 sqq, 501.
Individuel : morale — le et morale sociale, 54, 131 sqq ; morale — le, 157-232, divisions de la morale — le, ix ; différences — les, dans la conscience morale, 70 sqq, 162 ; cf. 193 sqq.
Inertie, cause du mal moral, 104 sqq.
Infanticide, 291 sqq.
Instant (morale de l'), 27 sqq.
Instinct, la conscience morale comme —, 62 sqq.
Instruction, 303 ; droit de l'enfant à l'—, 309 sqq.
Intellectuel ; droiture — le, 224 ; V. *Culture*.
Intériorisation dans l'appréciation morale, 56.
International (droit), 555 sqq.
Intimidation (théorie pénale de l'), 521.

## J

Jugement ; base et contenu des —s moraux, 1 sqq, 20 sqq, 45 sqq ; — de Dieu par l'épée, 513.
Justice ; sentiment de la —, 36 : — égale vertu morale par excellence, 157 sqq, 174 sqq, 179, 339, 343.

## L

Légalité et moralité, 486 sqq.
Liberté ; de la volonté, v ; — extérieure, 204 ; — religieuse, 441 sqq ; poli

tique, 537 sqq.; — individuelle de la femme, 291 sqq.; la — et la culture, XXIII.
Loi; — morale dans l'individualisme, 32 ; dans la morale humaine, 38.
Loisir, son importance morale, 391-392; cf. 379.
Loyauté, 223.

## M

Majorité, — et minorité, 543 sqq.
Mal moral, VI; cf. 26, 39, 422 sqq : le — dans l'individualisme, 32.
Mariage, 250-277.
Masse sociale, 369 ; cf., 339.
Matériel ; travail —, 337 sqq ; V. *Culture*.
Mégalopsychie et micropsychie, 203.
Menace (théologie pénale de la), 521.
Mensonge, 228.
Mérite, 85 sqq, 169.
Méthode de la morale, III.
Mobile : de l'appréciation morale, 1, 24, 56 : — de l'appréciation morale et —s des appréciations particulières, 55 sqq.
Modèles, 4, 173 sqq.
Mœurs, 489 sqq.
Moi réel, 29 sqq, 36, 63 sqq, 132.
Monogamie ; la — libre, 16.
Morale: moralité positive et — scientifique, 1; — théologique et — philosophique, II ; — historique, 7 sqq ; — chrétienne primitive, 18-19 ; la — est une science pratique, 20 sqq. ; — subjective et objective, 23-27, 45 sqq : — individuelle et — sociale, 54 ; — et métaphysique, 15 sqq ; — et économie politique, 47, 342 sqq ; cf. 343 ; — et science du droit, 47: la — et le sentiment religieux, XXXI ; VIII sqq.
Moralité positive, XXXVII, 4 sqq, 12.
Mort ; pensée de la —, 74 sqq. ; peine de —, 522, 530.
Motifs, substitution des —, 9, 237 sqq, 348, 359 sqq, 526-527.

## N

National (sentiment), 475 sqq.
Naturels (enfants), 308.

## O

Obéissance, 176, 301.
Opinion publique, 4, 491 sqq, 537.
Organisation du travail; — par l'association libre, 344, 354 ; — par l'intervention de l'État ou de la commune, 364 sqq.
Organisme et société, 240 sqq.
Orgueil, 104 sqq.
Ouvriers ; — et patrons, 330 ; — manuels, 331 ; participation des ouvriers aux bénéfices, 350-352.

## P

Paix ; tendances vers la — perpétuelle, 555 sqq.
Parents et enfants, 294, 310.
Participation, — des ouvriers aux bénéfices, 350-352.
Partis ; écoles et —, 403, 411 ; — politiques, 545 sqq.

PÉDAGOGIE ; — et véracité, 223 sqq; la morale et la —, xxi.
PÉDAGOGIQUE ; théorie — de la peine, 516 sqq.
PEINE ; théories sur la —, 511 sqq ; — de mort, 522-530.
PERMIS (notion du), 132.
PERSONNALITÉ ; principe de la —, 16, 148 sqq; 360, 519 ; unité formelle de la —, 30 sqq.
PERSONNEL, la base — le de la vie morale, x ; vérité —, 223.
PEUPLE ; le — et l'Etat. xxxvi.
PHILANTHROPIE ; nature et importance de la —, xxxiv; organisation de la —, xxxv.
PHILANTHROPIQUE (socialisme), 356 sqq.
PIÉTÉ, 230.
PLÉBISCITE, 504, 542.
POLITIQUE, V. *Constitution, Droit, Etat, Partis.*
POLYGAMIE, 255 sqq ; cf, 262 sqq.
POPULATION ; importance de la question de la —, 334 sqq.
POSITIVE ; moralité, —, 1 ; religions — s, 431 sqq ; religions — s et morale pratique, 434.
PRÉCEPTES ; — et conseils en morale, 85.
PRÉMÉDITATION, 531 sqq.
PRINCIPES ; les — de la morale, III ; — objectif et subjectif de la morale, 25 sqq.
PROBABILISME, 65.
PRODUCTION ; sociétés coopératives de — 351-352.
PROMISCUITÉ ; — des sexes, 255 sqq.
PROPRIÉTÉ ; — condition de l'indépendance, 206 ; — privée, sa justification et sa valeur morale, 382-386.
PUBLIQUE (opinion), 491 sqq.
PUNIR ; fondement moral du droit de —, 515 sqq.

## Q

QUESTION SOCIALE, xxv.

## R

RAISON PRATIQUE, 69.
RÉEL (moi), 29 sqq, 36 sqq, 132.
RÉFÉRENDUM, 504, 542.
RELATIVITÉ, la — en morale, 42 sqq, 174, 234.
RELIGIEUX ; sentiment —, 422, sqq ; liberté religieuse, 441 sqq ; V. *Culture.*
RELIGION ; morale et —, II, xxxi; importance éthico-sociale des — positives, xxxii ; —s positives, 431 sqq ; —s positives et morale pratique, 434 ; — domestiques, 439 ; — nationales, 439 ; — universelles, 440.
REMORDS, 98 sqq.
REPENTIR, 98 sqq.
RESPONSABILITÉ, 97 sqq.
RÉVOLUTIONS, légitimité morale des —, 486.
ROYAUME, — de l'humanité, 241, 543 sqq.

## S

SANCTION ; — sociale, 5 ; morale, 77 sqq., 98 sqq.
SCIENCE ; liberté nécessaire de la —, xxix ; la — et l'art, 413.

SCIENTIFIQUE ; morale —, 1 ; importance morale de la connaissance —, XXVIII.
SENTIMENT ; — sympathique, 33 sqq, 178 ; — moral, 35 sqq ; — du devoir, 36 ; — de la justice, 36.
SENTIMENTALITÉ, 160.
SERMENT légal, 449 sqq.
SEXUEL ; rôle moral des rapports sexuels, 197 sqq ; cf. *Mariage*.
SIMPLIFICATION, — dans l'appréciation morale, 56.
SINCÉRITÉ ; devoir de —, 220 sqq.
SOCIALE ; morale — et morale individuelle, 54, 131 sqq ; morale —, 233 sqq ; oppositions sociales, XXIV ; la question —, XXV ; solutions possibles de la question —, XXVI.
SOCIALISME, 339 sqq, 354 sqq.
SOCIÉTÉ ; — et communauté, 352 ; —s ouvrières, 345 sqq ; —s coopératives de production, 351-352 ; — de consommation, 352-354.
SOCIOLOGIE, ses rapports avec la morale, 233 sqq.
SOUVERAINETÉ ; — de l'instant, 17 sqq ; — de l'individu, 29 sqq.
SPÉCULATIF (socialisme), 357 sqq.
SUBSTITUTION ; — des motifs, 9, 237 sqq, 348, 359 sqq, 526-527 ; — des valeurs, 238, 349.
SUICIDE, 183 sqq, 564-565.
SYMBOLES religieux, 425 ; Cf. 430 sqq, 435.
SYMPATHIE, 52 sqq, 208, 561 ; son rôle moral, 34 sqq.
SYNDICATS professionnels, 344 sqq.

## T

TALION (loi du), 512 sqq, 525 sqq.
TENDANCE, la conscience morale comme —, 69.
THÉOLOGIE, ses rapports avec la morale, II ; Cf. 51.
THÉORIE, — et pratique, 103.
TOLÉRANCE, 228 sqq.
TRAVAIL ; — matériel, 327 sqq ; — et propriété, 329 sqq ; division du —, 331 ; Cf. 279 sqq ; fâcheux effets de la division du —, 321.

## U

UNITÉ formelle de la personnalité, 30 sqq.
UNIVERSEL (sens), 220.
UTILITARISME, 43, 50 sqq, 126, 405.
UTOPIQUE (socialisme), 355 sqq.

## V

VALEUR ; notion de —, 141 ; substitution des —s, 238, 349.
VENDETTA, origine de la justice pénale, 511 sqq.
VENGEANCE (instinct de), 511 sqq, 527 sqq.
VÉRITÉ ; amour de la —, 220-230 ; — personnelle, 223.
VERTU, 132, 175 sqq.

ÉVREUX, IMPRIMERIE DE CHARLES HÉRISSEY

www.ingramcontent.com/pod-product-compliance
Lightning Source LLC
Chambersburg PA
CBHW070312240426
43663CB00038BA/1569